Mikołajewska • Mahabharata

Księga XII • *Santi Parva*
część 1

Mahabharata

opowiada
Barbara Mikołajewska

Księga XII. *Santi Parva*, część 1
(w trzydziestu pięciu opowieściach)

Napisane na podstawie
Mahābharēta, 12. Santi Parva, part 1
w angielskim tłumaczeniu z sanskrytu Kisari Mohan Ganguli,
Munshiram Manoharlal Publishers Pvt. Ltd., New Delhi, 2004,
http://www.sacred-texts.com/hin/m06/index.htm
również
The Mahabharata, Vol. 7: Book 12. The Book of Peace, Part One
w angielskim tłumaczeniu z sanskrytu James L. Fitzgerald,
The University of Chicago Press, Chicago, 2004

The Lintons' Video Press
New Haven, CT, USA
2012

Copyright © 2012 by Barbara Mikolajewska. All rights reserved.

Technical and editorial advisor: F. E. J. Linton.

e-mail inquiries: **tlvpress@yahoo.com**.

Printed in the United States of America.

History: Episode 109 first posted on the web in January 2011, with subsequent episodes, updates and corrections added irregularly thereafter. Now at the URL **http://tlvp.net/~b.mikolajewska/booknook/Mahabharata/** . First printed edition reflects status of Internet edition as of late April 2012. Look for further episodes, updates and corrections sporadically in the future.

Typography and page layout accomplished using Microsoft Word 2000.

Published in the United States in 2012 by
The Lintons' Video Press
New Haven, CT
USA

ISBN-10: 1-929865-39-2
ISBN-13: 978-1-929865-39-0

Spis treści

Księga XII (Santi Parva), część 1   strona 7

Synopsis   9
Wahania Judhiszthiry
Opowieść 109: Król Prawa opłakuje sekret Kunti i swój grzech bratobójstwa   19
Opowieść 110: Król Prawa szuka pokuty za swe grzechy w żebraczym stylu życia   27
Opowieść 111: Wjasa poucza Króla Prawa, że podjęcie władzy jest jego obowiązkiem   54
Opowieść 112: Wjasa poucza Króla Prawa, że obowiązkiem króla jest działanie   67
Opowieść 113: Wjasa poucza Króla Prawa o grzesznych działaniach i pokucie   80
Opowieść 114: Namaszczenie Króla Prawa na króla Hastinapury   92
Nauki Bhiszmy: Prawo (*dharma*) Królów
Opowieść 115: Kryszna prosi umierającego Bhiszmę o przekazanie Królowi Prawa swej wiedzy   101
Opowieść 116: Bhiszma rozpoczyna swe nauki o Prawie (*dharmie*) uprawomocnione autorytetem Kryszny   120
Opowieść 117: O „nauce o rządzie" (*Dandaniti*) Brahmy i początku władzy królewskiej   131
Opowieść 118: O obowiązkach czterech kast, czterech trybach życia i ochranianiu ich przez Prawo Królów   141
Opowieść 119: O nadrzędności Prawa Królów w stosunku do innego Prawa   152
Opowieść 120: O związku między prawością króla, stanem królestwa i eonem   161
Opowieść 121: O współpracy wojowników i braminów w zarządzaniu królestwem   174
Opowieść 122: O kapłanach, ministrach i doradcach króla   191
Opowieść 123: O stolicy, gospodarce, podatkach i skarbcu   209
Opowieść 124: O królu jako uosobieniu Prawa (*dharmy*)   218
Opowieść 125: O tym, kiedy przemoc staje się „dobrą" przemocą   229
Opowieść 126: O zasadach zwiększania szans na zwycięstwo   238

Opowieść 127: O granicy nieuczciwości jako strategii
pokonywania wroga   249
Opowieść 128: O prawości w sytuacji, gdy Prawda
przybiera wygląd fałszu   260
Opowieść 129: O konieczności kontroli własnych uczuć
przy doborze ministrów   276
Opowieść 130: O znaczeniu kary i wymiaru
sprawiedliwości   288
Opowieść 131: O trzech celach życiowych: Prawie, Zysku
i Przyjemności   296

Prawo (*dharma*) w sytuacji katastrofy

Opowieść 132: O pryncypiach w sytuacji katastrofy   310
Opowieść 133: O negocjacjach z wrogiem i granicy
zaufania   320
Opowieść 134: O naukach mędrca Bharadwadży   340
Opowieść 135: O tym jak mędrzec Wiśwamitra spożył
nieczyste mięso nie popełniając grzechu   346
Opowieść 136: O tym jak prawy gołąb udzielając ochrony
okrutnemu ptasznikowi zmienił jego serce   358
Opowieść 137: O tym jak Dźanamedźaja dzięki łasce
mędrca Indroty oczyścił się z grzechu nieświadomego
zabójstwa bramina   365
Opowieść 138: O „uczonych" mowach sępa i szakala i
prawdziwej potędze Śiwy   371
Opowieść 139: O tym jak drzewo *Śalmali* ukarało się za
swą pychę   379
Opowieść 140: O grzechu, pokucie, ignorancji, trzynastu
wadach, zjadliwości, samo-kontroli, umartwieniach,
Prawdzie i ochronie braminów   384
Opowieść 141: O narodzinach miecza   400
Opowieść 142: O wiecznym potępieniu dla niewdzięcznego
przyjaciela   405
Opowieść 143: Pochwała Wyzwolenia (*mokszy*)   415

Dodatki   419

Słowniczek *Mahabharaty* (księga XII, cz. 1)   421
Indeks imion   429

Księga XII

Santi Parva, część 1

(w trzydziestu pięciu opowieściach)

Synopsis

Księga XII *Mahabharaty* zwana Księgą Pokoju (*Santi Parva*) jest najdłuższą z osiemnastu ksiąg i składa się z trzech części. Część pierwszą przedstawioną w tym tomie można z kolei podzielić na dwie części: pierwsza (opowieści 109-114) przedstawia rozmowy Pandawów i mędrców z Królem Prawa doprowadzające ostatecznie do jego koronacji na króla Hastinapury, a druga (opowieści 115-143) nauki Bhiszmy na temat królewskiej *dharmy* podzielone na Prawo Królów (opowieści 116-131) i Prawo w sytuacji katastrofy (opowieści 132-143).

Król Prawa, Judhiszthira, przygnębiony zniszczeniem, do którego doprowadziła braterska wojna z Kaurawami oraz popełnionymi grzechami odmawia podjęcia władzy i chce udać się do lasu, aby żyjąc w ubóstwie szukać Wyzwolenia (*mokszy*) i odpokutować za grzechy. Jego bracia próbują odwieść go od tego zamiaru (opowieść 110), argumentując, że odmawiając podjęcia władzy schodzi ze ścieżki *dharmy* wyznaczonej dla króla. Dowodzą, że obowiązkiem króla jest gromadzenie bogactwa, pokonywanie wroga, ochrona poddanych i wymierzanie sprawiedliwości. Król oczyszcza się z grzechów poprzez sponsorowanie wielkich rytuałów ofiarnych, a nie poprzez żebraczy styl życia. Wyzwolenie jest ostatecznym celem życia, lecz zdobywa się je nie po prostu poprzez ubóstwo i żebractwo, lecz poprzez wyrzeczony styl życia, który polega na wykonywaniu przypisanych danej osobie działań jako ofiary. Żebraczy styl życia jest ponadto wyznaczony dla braminów w ostatnim okresie życia i po zrealizowaniu innych obowiązków. Wyrzeczone działania realizuje się w kolejnych, następujących po sobie trybach życia. Pandawowie wychwalają szczególnie domowy (rodzinny) tryb życia jako odpowiedni obecnie dla fazy życia Judhiszthiry. Król Prawa polemizuje z tymi argumentami przeciwstawiając wedyjskiej ścieżce rytuału i Prawa ścieżkę jogi i Wyzwolenia (*mokszy*).

Wszystkie użyte przez Pandawów argumenty przedstawione w opowieści 110 będą później przedmiotem szczegółowych nauk Bhiszmy dotyczących Prawa Królów. W kontekście nauk o Prawie Królów będzie powracał również temat Wyzwolenia, choć sam w sobie stanie sie głównym przedmiotem analizy dopiero w części drugiej *Santi Parvy*, której zostanie poświęcony tom następny. W tym miejscu warto zwrócić uwagę na to, używane przez różne osoby argumenty i wygłaszane tezy nie zawsze są ze sobą w każdym szczególe zgodne i jasno zaprezentowane. Uważny czytelnik odkryje więc pewne sprzeczności, które są cechą oryginalnego tekstu, który jest niejednolity i prawdopodobnie powstawał w dłuższym okresie czasu.

Do podjęcia władzy próbują również skłonić Judhiszthirę swymi argumentami mędrzec Dewasthana i Wjasa (opowieści 111-112). Dewasthana poucza, że człowiek został stworzony po to, aby gromadzić bogactwo, które powinno zostać złożone w ofierze jako środek utrzymania istnienia świata i bogów, i opisuje różne drogi pobożności właściwe dla różnych kast. Wjasa z kolei wychwala domową fazę życia właściwą dla wszystkich kast, która realizowana zgodnie z nakazami *Wed* dostarcza środków utrzymania całemu światu i równocześnie jest drogą gromadzenia religijnych zasług. Utrzymanie i harmonia świata zależy również od królewskiego berła sprawiedliwości, i w związku z tym król powinien zawsze charakteryzować się siłą i prawością. Król jest zmuszany niekiedy do okrutnych czynów, ale dopóty, dopóki działa w zgodzie z Prawem Królów, nie popełnia grzechu.

Król Prawa kontynuując swą rozmowę z braćmi i Wjasą argumentuje, że droga poszukiwania wiedzy jest lepsza od tej drogi, która nakazuje gromadzenia bogactwa w celu złożenia go w ofierze, bo szukając bogactwa ławo zejść na drogę grzechu, jak to się stało jego zdaniem z nim samym, bo to jego żądza królestwa doprowadziła do wymordowania całej rodziny. Wjasa doradza mu jednak podjęcie działania wykonanego jak ofiara, podobnie jak Kryszna doradzał Ardżunie przed rozpoczęciem bitwy, gdyż takie postępowanie jest zgodne z jego wynikającym z urodzenia obowiązkiem. Król zdobywa niebo działaniem, a nie kontemplacją. Wjasa przypomina mu ponadto, że nie powinien obwiniać sam siebie o to, co się stało, bo „ja" nie jest tym, kto działa, i ponieważ ludzki rozum jest ograniczony, człowiek powinien w wyborze działań kierować sie nakazami i stwierdzeniami *Wed*. Wjasa przekonuje Króla Prawa, że podejmując wojnę z Kaurawami wykonał to, czego żądał od niego Czas i że obecnie powinien oczyścić się z powstałego zła właściwą dla króla pokutą. Na prośbę Judhiszthiry kontynuuje swą mowę opisując różne rodzaje pokuty właściwej dla różnych grzechów.

Judhiszthira zrozumiawszy w końcu, że król, który nie podejmuje władzy schodzi ze ścieżki Prawa, uspakaja swój wzburzony umysł i gdy kończy się okres wyznaczony na żałobę opuszcza pola Kurukszetry i w uroczej procesji powraca do Hastinapury, aby podjąć władzę. Podczas koronacji przyjaciel Durjodhany, rakszasa o imieniu Czarwaka, przybiera postać bramina i rzekomo w imieniu wszystkich braminów potępia Judhiszthirę. Oburzeni bramini zabijają go przy pomocy dźwięku świętej sylaby „OM". Ten rodzaj śmierci był mu od dawna przeznaczony.

Druga część pierwszej części księgi dwunastej *Santi Parvy* jest całkowicie poświecona naukom Bhiszmy. Za namową Kryszny i mędrca Wjasy Król Prawa i jego bracia udają się ponownie na pola Kurukszetry, aby zgromadzić się wokół Bhiszmy, który leży na swym łożu ze strzał czekając na właściwy moment, aby uwolnić z ciała swą duszę. Bhiszma łączy się z Kryszną dzięki jodze i otrzymuje od niego pełną wiedzę Prawa (opowieść 115). Choć Bhiszma waha się, czy w obecności Kryszny, który jest Stwórcą świata i głosem *Wed*, powinien wygłaszać swe nauki, Kryszna nadaje mu swymi słowami pełny autorytet (opowieść 116).

Nauki Bhiszmy zostały podzielone na dwie księgi: pierwsza *Rajadharmanusasana Parva* dotyczy Prawa Królów, a druga *Apaddharmanusasana Parva*—Prawa w sytuacji katastrofy.

Po ogólnej charakterystyce królewskich obowiązków Bhiszma rozpoczyna szczegółowy opis Prawo Królów odnosząc je do Prawa innych kast. Rozpoczyna swe nauki opowiadaniem o powstaniu „nauki o rządzie" (*Dandaniti*) Brahmy, która dostarcza wiedzy na temat sprawowania władzy królewskiej (opow. 117), oraz o narodzinach pierwszego króla, Prithu, odległego potomka Wisznu, który zdołał poznać całą „naukę o rządzie" i został namaszczony przez braminów na króla. W jego ciele zamieszkał Wisznu nadając mu prawomocność.

Następnie wyjaśnia obowiązki wszystkich kast, omawia cztery tryby życia wyznaczone dla braminów i wskazuje na nadrzędność Prawa Królów w stosunku do innego Prawa, bo obowiązki królów leżą u podstaw Prawa innych kast umożliwiając ich realizację (opowieść 118). Kontynuując ten temat (opowieść 119) opisuje rozmowę króla Mandhatri z Wisznu (Narajaną), który ukazał się przed nim w czasie rytuału ofiarnego przybierając formę Indry i poucza go, że król powinien być herosem, który idzie drogą bogów, i działając zgodnie z „nauką o rządzie" realizuje swe okrutne obowiązki niszcząc wrogów wszechświata i umożliwiając braminom utrzymywanie religii i funkcjonowania tego świata. Bhiszma poucza ponadto Juchiszthirę, że król realizując swe obowiązki, które są najwyższe, idąc własną drogą, zdobywa najwyższą nagrodę równą tej, którą zdobywa bramin realizujący przypisane mu cztery tryby życia. Bhiszma kontynuując nauczanie o znaczeniu króla dla całego wszechświata (opowieść 120) wyjaśnia, że nie tylko stan królestwa, ale charakter eonu zależy od prawości króla i jego znajomości i umiejętności stosowania „nauki o rządzie".

W kolejnych naukach Bhiszma omawia bardziej szczegółowo, w jaki sposób król powinien realizować swe obowiązki ochrony Prawa, królestwa i poddanych (opowieści 121-124). Jak podkreśla, król realizuje te obowiązki własną prawością, współpracą z braminami, poprzez odpowiedni dobór kapłanów, ministrów i doradców, oraz właściwą organizację administracji, gospodarki, obrony jak i właściwą politykę podatkową.

Gdy król zaniecha współpracy z braminami w królestwie zapanuje chaos. Król powinien korzystać z rady swego troskliwie dobranego kapłana i troszczyć się o prawdziwych braminów, bo bramini zostali stworzeni pierwsi i ziemia, którą król powinien ochraniać, faktycznie do nich należy (opowieść 121). „Ochrona i rozwój królestwa bazuje na królu, a ochrona i rozwój króla bazuje na królewskim kapłanie. Królestwo cieszy się pomyślnością, gdy ukryty wewnątrz lęk mieszkańców zostaje rozproszony przez braminów, a ich lęk przed zagrożeniami zewnętrznymi zostaje rozproszony przez króla dzięki sile jego broni".

W kolejnych naukach Bhiszma poucza Judhiszthirę w sprawie doboru kapłanów, ministrów i doradców oraz konieczności przestrzegania reguł zarówno przy podejmowaniu politycznych decyzji jak i wymierzaniu sprawiedliwości (opowieść 122). Podkreśla, że „zdolność do bycia nieufnym wobec każdego należy do tajemnic nauki o sprawowaniu władzy". Następnym tematem jest gospodarka, podatki i skarbiec (opowieść 123).

Bhiszma podsumowuje swe szczegółowe nauki o zarządzaniu królestwem podkreślając raz jeszcze, że prawość i obrona prawości są właściwymi środkami rządzenia (opowieść 124) i dlatego król powinien mieć prawą duszę będąc uosobieniem Prawa (*dharmy*) i jego obrońcą. „Wszystkie żywe istoty zależą od Prawa, a Prawo bazuje na królu". W tym kontekście warto pamiętać że Judhiszthira syn boga Prawa, Dharmy, jest uosobieniem prawości—Królem Prawa, Dharmaradżą—który narodził sie na ziemi, aby z boską pomocą Kryszny przywrócić na ziemi moc Prawa zniszczonego przez Bezprawie. Jego dzieje w *Mahabharacie* są dziejami upadku i powrotu Prawa na ziemi, co jest równoznaczne z upadkiem i powrotem religii.

Kontynuując swe nauki Bhiszma omawia różne niuanse prawości w postępowaniu z wrogiem (opowieści 125-127). Szukanie zwycięstwa wymaga niekiedy użycia postępu i wykonania czynów uchodzących zwykle za okrutne. Bhiszma wyjaśnia, kiedy tego rodzaju przemoc jest dozwolona stając się dobrą przemocą w obronie Prawa i opisuje granice nieuczciwości w postępowaniu z wrogiem. Bhiszma wychwala herosów oddających życie w uczciwej walce z wrogiem podkreślając, że bitwa jest wielkim rytuałem ofiarnym otwierającym drogę wprost do nieba. Wojownik uczestnicząc w tym wielkim rytuale ofiarnym realizuje swój obowiązek i oczyszcza się z grzechów. „Cały ten świat opiera sie na ramionach herosów. Herosi stoją na straży dobrobytu innych i wszystko, co istnieje zależy od herosów".

Walka powinna być jednak prowadzona zgodnie z regułami Prawa (opowieści 125-126). Istnieją reguły zarówno uczciwej walki jak i granic nieuczciwości na drodze prowadzącej do zwycięstwa. Bhiszma wskazuje na różny charakter reguł: niektóre bazują na związku z Prawdą, inne wynikają z rozumowania, a jeszcze inne mają charakter instrumentalny. Istnieje wiele instrumentalnych reguł, które zwiększają szanse na zwycięstwo. Niektóre z nich zalecają jednak postępowanie, które w języku Prawa uchodzi za grzeszne i nieuczciwe. Szukający zwycięstwa król powinien znać zarówno uczciwe jak i nieuczciwe sposoby pokonywania wroga. Środków nieuczciwych może używać jednak jedynie wówczas, gdy jest to jedyna droga ochrony przed niebezpieczeństwem, które grozi mu ze strony wroga.

Opowieść o rozmowie króla Kszemadarsina z mędrcem Kalakawriksziją (opowieść 127) dowodzi, że choć dozwolone jest używanie w walce podstępu, z którego skutków można oczyścić się przy pomocy odpowiedniego rytuału ofiarnego, nie powinno się wybierać nigdy takich sposobów pokonania wroga, które wymagałyby od króla oparcia całego swego życia na fałszu i Bezprawiu. Gdy jeden prawy król pokona innego prawego króla w uczciwej walce, powinni szukać dla siebie dalej prawych środków współdziałania. Choć walka należy do obowiązków wojownika, pokój jest lepszy niż wojna, i król powinien zawsze najpierw szukać rozwiązań pokojowych.

W dalszym nauczaniu (opowieść 128) Bhiszma powraca to pojawiającego się już wcześniej w *Mahabharacie* (księga VIII, *Karna Parva*, opow. 95, p. 6) tematu umiejętności rozróżniania Prawdy od fałszu i prawości od Bezprawia. Prawda przybiera niekiedy formę fałszu, i to co ongiś uchodziło za prawe działanie, staje się grzeszne. Kroczenie ścieżką prawości wymaga więc rozwagi i umiejętności dokonywania moralnych rozróżnień w konkretnej sytuacji. Bardzo trudno określić z góry i w każdym szczególe, które działania są i które nie są prawe, jak i to, czym jest Prawo. Bhiszma nie zgadza się z poglądem, że Prawem jest po prostu to, co zostało wypowiedziane w świętych naukach i opowiada się za bardziej ogólnym rozumieniem Prawa twierdząc, że Prawem, czyli *dharmą* jest to, co służy podtrzymywaniu życia wszystkich żywych istot i poszczególne jednostki powinny brać to pod uwagę w swych konkretnych wyborach działań. Święte nauki swymi nakazami dostarczają jednakże wskazówek, co czynić, aby nie zejść ze ścieżki Prawa i na prośbę Judhiszthiry Bhiszma wymienia szereg z nich.

Bhiszma powraca do tematu doboru ministrów i służby przez króla, który chce realizować swe obowiązki, pouczając, że król nie powinien kierować się w tej sprawie sympatiami, lecz rozpoznaniem prawdziwej natury kandydatów na te stanowiska i ich umiejętności i powinien poddawać ich surowym testom i kontroli. Jako ostrzeżenie przytacza opowieść o pewnym ascecie i psie, który po otrzymaniu od litościwego ascety straszliwej formy Sarabhy w celu samoobrony, zapomniał szybko o swej psiej naturze i chciał zjeść swego dobroczyńcę (opowieść 129). Mając źle dobranych ministrów, król nie zdoła wykonać wyznaczonych mu zadań. W tym kontekście Judhiszthira prosi Bhiszmę, aby raz jeszcze podsumował obowiązki i zadania króla. Bhiszma czyni to robiąc analogię między królem i pawiem oraz opisując, w jaki sposób król realizuje swe zadania z pomocą swych ministrów.

Dotychczas w swym nauczaniu Bhiszma często wspominał o królewskim berle kary. Kara w rękach króla staje się wymiarem sprawiedliwości lub inaczej legalną procedurą (*Wjawaharą*) (opowieść 130). Legalna procedura ma swe źródło w Brahmie i wyróżnia się jej trzy rodzaje. Wszystkie one sprawdzają się w jakimś sensie do *Wed*. Sama kara została królowi przekazana w długim procesie sukcesji, który ma swój początek w Wisznu, który na prośbę Brahmy przybrał formę kary, gdy zniknęła ona z Brahmy po przybraniu przez niego łagodnej formy. Król trzymając w dłoni berło kary jest tym, kto zmusza obywateli do prawości i wymierza sprawiedliwość w stosunku do tych, co zeszli ze ścieżki Prawa. „Wymiar sprawiedliwości jest uważany za największego obrońcę wszystkich i wszystkiego. Sprowadza cały świat na ścieżkę prawości".

Nauczanie o Prawie Królów Bhiszma zakańcza omówieniem trzech często wspominanych w *Mahabharacie* celów życiowych, którymi są Prawo, Zysk i Przyjemność (opowieść 131). Poucza, że szukanie Wyzwolenia (*mokszy*) nie musi być alternatywną ścieżką, bo podążanie za tymi celami we właściwy sposób traktując je jako drogę do poznania jaźni, ostatecznie doprowadzi do Wyzwolenia. Osiągnięcie Wyzwolenia jest jednak trudne, a szukanie Zysku i Przyjemności z pominięciem Prawa zanieczyszcza grzechem. Król powinien się z tych zanieczyszczeń oczyszczać przy pomocy różnych religijnych praktyk. Choć zrealizowanie ostatecznego celu przez podążanie za Prawem, Zyskiem i Przyjemnością nie jest łatwe, to jednak należy pamiętać, że porzucenie tych trzech celów życiowych w swym działaniu może mieć fatalne skutki niszcząc inteligencję i prowadząc do nikczemnych działań. Najlepszą drogą realizowania tych trzech celów życiowych jest praktykowanie „dobrego zachowania". Bhiszma ilustruje tę tezę opowiadaniem o rozmowie Dhritarasztry z Durjodhaną oraz o demonie Prahladzie, którego Indra pozbawił królestwa odbierając mu „dobre zachowanie", dzięki któremu Prahlada odebrał poprzednio królestwo Indrze. Bhiszma kontynuuje swe nauki wskazując, że ludzie szukając owoców działań upierają się często przy pewnych działaniach, bo nie mogą pozbyć się nadziei, że przyniosą one oczekiwane rezultaty. Należy jednak uwolnić się od takiej złudnej nadziei.

Dalej, pod wpływem pytania Judhiszthiry Bhiszma ostrzega, że istnieją sytuacje, w których nie wystarczy praktykowanie „dobrego zachowania" i odwołanie się do pamięci przeszłych działań, aby pozostać osobą prawą, i w których co więcej, może być konieczne wykonanie działań uchodzących w normalnych warunkach za bezprawne. Do takich sytuacji należy sytuacja klęski, nieszczęścia, czy katastrofy. Wówczas należy wybierać działania bazując na swej umiejętności odróżnienia dobra od zła i biorąc pod uwagę pewne pryncypia. Do takich pryncypiów należy na przykład konieczność podjęcia działań służących wypełnieniu skarbca, bo pozbawiony majątku król nie może realizować swego naczelnego obowiązku, którym jest podtrzymywanie życia. Król i królestwo powinny ochraniać się nawzajem. Gdy kryzys się kończy król powinien powrócić do dawnych praktyk i oczyścić się z popełnionych grzechów poprzez wykonanie odpowiednich rytów.

W drugiej części swych nauk (*Apaddharmanusasana Parva*) Bhiszma zajmuje się bardziej szczegółowo Prawem w sytuacji katastrofy. Na prośbę Judhiszthiry wymienia szereg pryncypiów, które król powinien brać pod uwagę decydując o swym postępowaniu (opowieść 132). Przede wszystkim powinien mieć na uwadze ochronę własnego życia, bo dopóki żyje król, dopóty jest nadzieja na odzyskanie utraconego królestwa, jednakże, gdy zostanie zmuszony przez wroga do podjęcia walki, powinien walczyć i zginąć z odwagą herosa. Powinien również ochraniać życie braminów, bo to oni dzięki swej umiejętności różnicowania między dobrem i złem dostarczają standardów dobrego zachowania, a król jest obrońcą istnienia standardów i Prawa. Następnym pryncypium jest obowiązek podjęcia walki o wypełnienie skarbca i odzyskanie władzy, która dostarcza Prawu oparcia. Król powinien użyć swego bogactwa na utrzymanie armii i sponsorowanie rytuałów ofiarnych, i w swym działaniu powinien zawsze brać pod uwagę różnice miejsca i czasu.

Bhiszma dalej ilustruje różne właściwe sposoby działania w kryzysowej sytuacji przytaczając starożytne opowieści. Konieczność podejmowania negocjacji nawet z wrogiem ilustruje opowieścią o kocie Lomasa i myszy o imieniu Palita (opowieść 133) wskazując jednak, że zaufanie myszy do kota było czasowe bazując na fakcie, że groziło im to samo niebezpieczeństwo i gdy sytuacja zmieniła się mądra mysz nie ufała już dłużej słodkim słowom kota bazując na znajomości własnej i kociej natury. Bhiszma kontynuuje ten temat granicy zaufania bazującej na znajomości natury rzeczy opowieścią o królu Brahmadacie i ptaku Pudżani, których przyjaźń uległa nieodwracanemu zniszczeniu z powodu wyrządzonego sobie nawzajem niezamierzonego zła i mimo słodkich słów nie może być dłużej szczera. Jak konkluduje Bhiszma, człowiek biorąc pod uwagę warunki, w których się znalazł, powinien być zdolny „do pokoju z wrogiem i sprzeczki z przyjacielem".

Bhiszma ilustruje zachowanie braminów w sytuacji kryzysu opowieścią o tym jak Wiśwamitra, który posiadał umiejętność rozróżniania dobra od zła, nie popełnił grzechu, gdy w okresie wielkiego głodu dla ratowania swej jaźni zamieszkującej ciało próbował utrzymać się przy życiu spożywając zakazane psie mięso należące do niedotykalnego Czandali (opowieść 135).

Dalej Bhiszma poucza, że nawet wtedy gdy ktoś sam został dotknięty przez nieszczęście, nie powinien odmawiać udzielenia ochrony tym, którzy o nią proszą i w swym opowiadaniu wychwala prawość gołębia, który wierny zasadzie gościnności nakarmił własnym ciałem grzesznego ptasznika, który szukał u niego ochrony, gdy spadło na niego nieszczęście (opowieść 136). Jego prawy akt samo poświęcenia zmienił złe serce ptasznika, który porzucił swój niegodziwy zawód, aby szukać nieba.

Następnie Bhiszma wychwalając mądrość braminów opowiada o królu Dźanamedźaja, który popadł w nieszczęście popełniając nieświadomie grzech zabójstwa bramina, lecz oczyścił się z niego dzięki życzliwości bramina Indroty, który sam narażając się na krytykę ze strony innych braminów, zechciał z nim mimo jego grzechu rozmawiać, aby móc pouczyć jego i wszystkich innych królów jak radzić sobie z trudnymi sytuacjami (opowieść 137).

W kolejnej rozmowie Bhiszma poucza, że ten, kto popadł w nieszczęście, może z łatwością paść ofiarą słodkich słów fałszywych przyjaciół ilustrując to opowieścią o żałobnikach, którzy opłakując śmierć swego jedynego potomka padli ofiarą słodkiej i „uczonej" mowy sępa i szakala, którzy wykorzystując ich nieszczęście wypowiadali słodkie słowa mając na uwadze swój własny interes (opowieść 138).

Następnie Judhiszthira pyta, co powinien uczynić ten, który sam sprowadził na siebie nieszczęście prowokując potężnego wroga swą pychą. Bhiszma w odpowiedzi opowiada o potężnym drzewie *Salmali*, które zrozumiawszy swój błąd samo ukarało się za to, że chwaliło się przed Wiatrem, że zdoła przewyższyć go swą siłą i z własnej woli poddało się jego władzy (opowieść 139).

Pod wpływem dalszych pytań Judhiszthiry Bhiszma powraca do ogólniejszej rozmowy na tematy moralności i Prawa. Judhiszthira pyta o grzech, pokutę, ignorancję, ludzkie wady, Prawdę, samo-kontrolę i umartwienia (opowieść 140). Bhiszma wyjaśnia, że grzech i ignorancja mają swe korzenie w zawiści, wychwala samo-kontrolę jako najlepszą drogę realizowania prawości, dowodzi, że Prawda mieszka w każdym bez względu na przynależność kastową i jest równoznaczna z prawością, wymienia manifestacje Prawdy w człowieku. Kontynuując nauczanie omawia wady człowieka, poświęcając specjalną uwagę ludziom zjadliwym i nieżyczliwym. W końcu wyróżnia dobrych i złych braminów, omawia obowiązek króla, aby dostarczać im środków do życia oraz mówi o pokucie i sposobach oczyszczania się z grzechów.

Po tej ogólnej rozmowie na tematy moralności i Prawa powraca do szczegółów i w odpowiedzi na pytanie Nakuli opowiada o narodzinach miecza, który pojawił się podczas wielkiego rytuału ofiarnego jako myśl Brahmy i został użyty przez Śiwę do pokonania asurów, a następnie w łańcuchu kolejnych sukcesji znalazł się w rękach Bharatów (opowieść 141). Ostatnim pouczeniem Bhiszmy w tym tomie jest opowieść o wiecznym potępieniu dla niewdzięcznego przyjaciela. Bhiszma opowiada o odległym potomku bramina Gautamy, który opuścił swój własny kraj szukając bogactwa i w końcu obdarowany przez pewnego bogatego Czandalę zamieszkał we wiosce okrutnych myśliwych i zapominając o swym urodzeniu przejął ich styl życia. Pewnego dnia pod wpływem krytyki ze strony bramina, który odwiedził wioskę Czandalów, postanowił opuścić myśliwych. Jednakże mając podłą duszę po zdobyciu bogactwa dzięki życzliwości pewnego szlachetnego żurawia który nakarmił go również i ogrzał, gdy znalazł się w trudnej sytuacji nie potrafił mu się odwdzięczyć przyjaźnią, lecz zabił go, aby go zjeść. Za swój podły czyn zapłacił piekłem.

W poniższym opracowaniu pierwszą część księgi dwunastej *Mahabharaty* zakańcza rozmowa Pandawów na temat celów życiowych (opowieść 143), w której Judhiszthira prosi braci, aby wypowiedzieli swą opinię na temat tego, który z celów jest najważniejszy. Podczas gdy poszczególni bracia wychwalają pierwszeństwo jednego z trzech celów, którymi są Prawo, Zysk i Przyjemność, Judhiszthira wychwala czwarty cel, jakim jest szukanie Wyzwolenia (*mokszy*). W ten sposób część pierwsza *Santi Parvy* wraca na zakończenie do swego początku, gdzie Judhiszthira rozpaczając z powodu grzechów popełnionych podczas wojny z Kaurawami chce wyrzec się władzy, aby szukać Wyzwolenia. Król Prawa od samego początku jest nastawiony na szukanie Wyzwolenia, jednakże—jak pouczają go bracia, mędrcy i Bhiszma—chciał to uczynić wybierając ścieżkę dla siebie nieodpowiednią. Porzucenie królestwa i żebraczy styl życia są dla wojownika nieodpowiednie. Król powinien szukać Wyzwolenia realizując własne zadania, dla których narodził się na ziemi. Obecnie powinien uwolnić się od smutku wynikającego z tego, że prowadząc wojnę z Kaurawami doprowadził do zniszczenia własnej rodziny, szedł bowiem drogą swego obowiązku i uczynił to, czego wymagał od niego Czas. W wielkim rytuale ofiarnym, którym była ta wojna, on sam razem z braćmi odgrywał rolę wielkiego ofiarnika, którzy złożył w ofierze to, co miał najdroższego—swych własnych krewnych i nauczycieli—za cenę ustanowienia porządku bazującego na szacunku dla *dharmy* i bogów i utrzymaniu istnienia całego świata. To dzięki ich działaniu krew przelana na świętych polach Kurukszetry oczyściła świat z chaosu i zła.

Opowieść 109
Król Prawa opłakuje sekret Kunti
i swój grzech bratobójstwa

1. Judhiszthira opłakuje fakt, że Pandawowie zabijając Karnę nieświadomie popełnili grzech bratobójstwa; 2. Narada opowiada, że śmierć Karny była mu od dawna przeznaczona; 3. Judhiszthira rzuca klątwę na kobiety, że nie będą mogły już dłużej ukrywać swych nieślubnych synów.

> Narada rzekł: „O Judhiszthira, nad Karną ciążyły liczne klątwy i zarówno jego narodziny jak i śmierć należą do tajemnic bogów. Ongiś, gdy na ziemi długo panował pokój, bogowie zaczęli zastanawiać się nad tym, jak umożliwić wojownikom zdobycie nieba, które jest miejscem wiecznej ekstazy. Postanowili, że na ziemi narodzi się nieślubny syn Kunti, Karna, w celu sprowokowania wielkiej wojny, która otworzy im drogę do nieba".

(*Mahābhārata*, Santi Parva, Part 1, Section II)

1. Judhiszthira opłakuje fakt, że Pandawowie zabijając Karnę nieświadomie popełnili grzech bratobójstwa

Osiemnastodniowa wojna Kaurawów z Pandawami skończyła się zwycięstwem Króla Prawa przynosząc wyniszczenie kasty wojowników. Król Hastinapury, Dhritarasztra, w towarzystwie Widury, Pandawów i opłakujących śmierć mężów i synów kobiet udali się na pola Kurukszetry, aby wykonać ryty pogrzebowe dla poległych. Zanieczyszczeni przez kontakt ze śmiercią pozostali jeszcze przez cały miesiąc poza granicami miasta wykonując odpowiednie ryty oczyszczające. Udali się nad brzeg Gangesu, gdzie po wykonaniu rytuału lania wody gromadzili się liczni asceci i odrodzeni duchowo riszi z najlepszymi uczniami. Judhiszthira powitał ich rytami właściwymi dla tego okresu żałoby. Wśród nich byli Wjasa, Narada, Dewala i liczni inni, którzy poprzez swe religijne praktyki zdobyli wiedzę i poznali wszystkie sekrety *Wed*. Zachowując właściwy porządek usiedli na kosztownych dywanach wokół pogrążonego w żałobie Króla Prawa próbując swymi mowami ukoić jego ból.

Mędrzec Narada rzekł: „O Judhiszthira, walcząc w słusznej sprawie, dzięki swej sile i łasce Kryszny zdobyłeś całą ziemię. Uwolnij się teraz od smutku i ciesz się zwycięstwem".

Król Prawa rzekł: „O wielki mędrcu, bazując na dzielności wojowników, łasce braminów, sile Bhimy i Ardżuny zdobyłem faktycznie władzę nad całą ziemią. Moje serce wypełnia jednak żal, że to ja sam swoją chciwością spowodowałem tę straszliwą rzeź swych krewnych. Zwycięstwo jest dla mnie jak porażka. Jakże po spowodowaniu śmierci syna siostry Kryszny, Abhimanju, zdołam spojrzeć jej teraz w oczy? Jakże zdołam znieść rozpacz naszej prawej żony Draupadi, która straciła wszystkich synów? Jakże sam Kryszna po powrocie do Dwaraki zdoła spojrzeć w oczy swym krewnym?

Jest jeszcze jedna sprawa, która odbiera mi spokój i wypełnia serce bezgranicznym żalem. Jest to sekret, który nasza matka, Kunti, wyjawiła nam dopiero po zakończeniu wojny, że Karna— ten wielki heros o sile setki słoni, dumie i kroku lwa, wrażliwy na punkcie honoru, mądry, pełen współczucia, szczodry i zawsze realizujący swe surowe śluby, który był podporą Kaurawów i którego zabiliśmy—był jej nieślubnym synem i naszym najstarszym bratem. Jego ojcem był bóg słońca Surja i gdy się urodził, nasza matka chcąc utrzymać ten fakt w tajemnicy włożyła niemowlę do lekkiego koszyka i położywszy koszyk na wodach Gangesu pozwoliła mu płynąć wraz z nurtem. Cały świat uważał go za syna królewskiego woźnicy i Radhy, którzy wyłowili go z wód, podczas gdy faktycznie był on wojownikiem i naszym bratem.

O biada mi! To ja sam z żądzy królestwa spowodowałem śmierć własnego brata! Na myśl o tym cały płonę. Ardżuna, który go zabił, nic o tym pokrewieństwie nie wiedział. Podobnie nieświadomy go był Bhima i bliźniacy, Nakula i Sahadewa. Karna jednakże o tym wiedział od naszej matki, która mając na uwadze nasze dobro i chcąc zapobiec tej wojnie udała się do niego jeszcze przed jej rozpoczęciem z prośbą, aby stanął po naszej stronie. Karna się na to nie zgodził. Rzekł do naszej matki: 'O matko, nie mogę zawieść oczekiwań mego przyjaciela Durjodhany i opuścić go, bo takie zachowanie byłoby niehonorowe, okrutne i niewdzięczne. Poza tym, gdybym uczynił to, o co mnie prosisz, ludzie uznaliby mnie za tchórza i twierdziliby, że przeszedłem na stronę Judhiszthiry z lęku przed Ardżuną. Pokój z Judhiszthirą zawrę dopiero po pokonaniu Ardżuny i Kryszny'. Nasza matka odpowiedziała: 'O Karna, walcz więc z Ardżuną, ale nie szukaj śmierci moich pozostałych czterech synów'. Karna stojąc z pobożnie złożonymi dłońmi przed swą drżącą na całym ciele matką rzekł: 'O matko, obiecuję ci to, o co prosisz. Będę szukał jedynie śmierci Ardżuny i nawet wówczas gdy zdobędę przewagę nad którymś z twoich pozostałych czterech synów, nie pozbawię go życia. W ten sposób będziesz miała zawsze pięciu synów'. Nasza matka mając na uwadze dobro swych wszystkich synów rzekła: 'O synu, niech tak się stanie'.

Zarówno Karna jak i nasza matka do końca bronili przed nami swego sekretu czyniąc z nas w ten sposób nieświadomych bratobójców. Karna dotrzymał danego jej słowa i choć każdego z nas pokonał i upokorzył, podjął śmiertelną walkę jedynie z Ardżuną. W walce z tej zginął pozostawiając naszej matce pięciu synów.

Myśl o tym, że to ja sam spowodowałem śmierć mojego najstarszego brata, pali mnie żywym ogniem! Gdybym miał po swej stronie zarówno Karnę jak i Ardżunę, mógłbym pokonać każdego wroga! Od dawna tak jakby przeczuwałem pokrewieństwo z Karną. Pamiętam, że gdy grzeszni synowie króla Dhritarasztry pokonali mnie w grze w kości i znęcali się nad nami upokarzając nas i naszą żonę Draupadi, widok stóp Karny studził mój gniew nawet wówczas, gdy słuchałem jego podłych słów. Jego stopy przypominały mi bowiem stopy naszej matki. Długo rozmyślałem nad tym podobieństwem szukając dlań wyjaśnienia, lecz nie potrafiłem go znaleźć.

O wielki mędrcu, powiedz mi, dlaczego Karna musiał zginąć? Dlaczego ziemia pochłonęła koła jego rydwanu podczas pojedynku z Ardżuną? Jakie ciążyło nad nim przekleństwo?"

2. Narada opowiada, że śmierć Karny była mu od dawna przeznaczona

Narada rzekł: „O Judhiszthira, nad Karną ciążyły liczne klątwy i zarówno jego narodziny jak i śmierć należą do tajemnic bogów. Ongiś, gdy na ziemi długo panował pokój, bogowie zaczęli zastanawiać się nad tym, jak umożliwić wojownikom zdobycie nieba, które jest miejscem wiecznej ekstazy. Postanowili, że na ziemi narodzi się nieślubny syn Kunti, Karna, w celu sprowokowania wielkiej wojny, która otworzy im drogę do nieba.

Wyposażony w ogromną energię Karna, porzucony przez swą matkę Kunti i wychowany przez woźnicę króla Dhritarasztry o imieniu Adhiratha, był uważany na królewskim dworze za syna Suty. Wyrokiem przeznaczenia i ulegając własnej naturze od najwcześniejszych lat zaprzyjaźnił się z Durjodhaną i na was wszystkich patrzył złym okiem. Razem z wami uczył się walki od wywodzącego się z linii Angirasa bramna Drony, lecz widząc siłę Bhimy, lekkość ręki Ardżuny, jego przyjaźń z Kryszną, pokorę bliźniaków Nakuli i Sahadewy i miłość, jaką darzyli was wasi poddani, płonął cały od ognia zawiści.

Nie mogąc znieść tego, że Ardżuna przewyższa wszystkich łuczniczymi umiejętnościami, zbliżył się pewnego dnia do bramina Drony i rzekł: 'O braminie, obdaruj mnie bronią Brahmy razem z wszystkimi mantrami potrzebnymi do uruchamiania jej i wycofywania, bo pragnę walczyć z Ardżuną. Wiem, że wszystkich swych uczniów darzysz takim samym uczuciem jak swego syna. Pozwól więc, abym dzięki twej łasce mógł zaspokoić swoje pragnienie i zdobyć uznanie największych mistrzów w użyciu broni'. Bramin Drona świadomy grzesznych zamiarów Karny i darząc Ardżunę większą miłością niż pozostałych uczniów rzekł: 'O Karna, ten, kto nie jest braminem lub kto będąc wojownikiem nie praktykował surowej ascezy, nie może być w posiadaniu broni Brahmy'.

Karna po zakończeniu swej nauki u Drony i pragnąc ciągle zdobyć broń Brahmy udał się do lasu Mahendra, gdzie przebywał bramin-wojownik Paraśurama, z zamiarem zostania jego uczniem. Pokłonił się przed nim i przedstawił się jako bramin z rodu Bhrigu. Paraśurama nie podejrzewając kłamstwa serdecznie go powitał i zaakceptował go jako ucznia. Karna mieszkając w pokrytych lasem górach Mahendra sięgających aż do nieba spotkał tam licznych gandharwów, bogów i jakszów i pilnie uczył się użycia różnego rodzaju broni. Szybko stał się faworytem gandharwów, bogów i rakszasów.

Pewnego dnia włócząc się samotnie po lesie uzbrojony w łuk i miecz zawędrował nad brzeg morza, gdzie znajdowała się bramińska pustelnia. Ćwicząc się w użyciu nowo nabytej broni przypadkowo zabił dostarczającą ofiarnego mleka krowę, należącą do pewnego bramina, który codziennie używał jej mleka wykonując rytuał *agnihotry*. Wiedząc, że dokonał tego czynu przez przypadek i nieuwagę, poinformował o tym bramina, do którego należała ta krowa błagając go o wybaczenie. Jednakże rozgniewany jego czynem bramin strofując go rzekł: 'O Karna, dokonałeś podłego czynu i zasłużyłeś na śmierć! Będziesz więc musiał spożyć owoc swego czynu. W czasie, gdy będziesz walczył na śmierć i życie z tym, którego tak bardzo chcesz pokonać, ziemia pochłonie koło twego rydwanu i twój wróg wykorzystując to utnie ci głowę swą strzałą, tak jak ty uciąłeś głowę mojej krowie'. Karna słysząc te straszliwe słowa próbował przebłagać rozgniewanego bramina oferując mu swe krowy, bogactwo i klejnoty. Bramin jednakże nie uległ jego prośbom i rzekł: 'O Karna, moje słowa zrealizują się, bo moje usta nie kłamią! Pogódź się więc z tym i rób dalej, co chcesz'. Przygnębiony klątwą Karna, bezradny wobec gniewu bramina, rozmyślając nad tym ze smutkiem powrócił do pustelni Paraśuramy.

Bramin-wojownik Paraśurama był bardzo zadowolony z Karny, który wyróżniał się swą umiejętnością walki, ascezą, samokontrolą i oddaniem dla swego nauczyciela. Z radosnym sercem obdarował go bronią Brahmy razem z mantrami służącymi przywołaniu jej i wycofaniu. Karna zdobywszy to, czego tak bardzo pragnął, żył dalej szczęśliwie w pustelni Paraśuramy rozwijając swą znajomość wszelkiej broni.

Pewnego dnia Paraśurama wędrując w towarzystwie Karny po lesie wyczerpany ascezą poczuł nagle senność. Pełen miłości i zaufania do ucznia położył głowę na jego kolanach i zapadł w głęboki sen. W tym samym czasie na udo Karny wdrapał się przeraźliwy robak żywiący się śluzem, krwią i mięsem, i wbił w nie swe bardzo bolesne żądło. Karna bojąc się obudzić swego nauczyciela, choć cierpiał straszliwy ból, nie odważył się ani strząsnąć robaka ze swego uda, ani go zabić. Znosił cierpliwie jego kolejne użądlenia i nawet się nie poruszył, choć krew zalewała mu nogi. Paraśurama obudził się nagle czując dotknięcie jego krwi i zawołał z przerażeniem: 'O uczniu, co czynisz! Zanieczyszczasz mnie swą krwią!'

Karna wyjaśnił mu, że został użądlony podczas jego snu i Paraśurama faktycznie dostrzegł robaka o imieniu Alarka, który swym wyglądem przypominał dziką świnię. Miał osiem stóp, cztery kły i całe ciało pokryte szczeciną ostrą jak igły. Pod wpływem wzroku Paraśuramy skurczył się ze strachu i wyzionął ducha mieszając się z krwią, którą się opił. W tym samym momencie na nieboskłonie ukazał się rakszasa o przeraźliwym kształcie, ciemnej skórze, czerwonym karku, zdolny do przybierania dowolnej formy. Stojąc przed Paraśuramą ze złożonymi pobożnie dłońmi rzekł: 'O najwspanialszy z wszystkich ascetów, bądź błogosławiony. Uwolniłeś mnie z najgorszego z piekieł'. Paraśurama rzekł: 'O demonie, powiedz mi, kim jesteś i jak znalazłeś się w piekle?'

Rakszasa rzekł: 'O wielki mędrcu, w moim poprzednim życiu byłem potężnym asurą o imieniu Dansa i podczas kritajugi byłem w tym samym wieku, co mędrzec Bhrigu. Gdy zauroczony widokiem jego ukochanej żony porwałem ją, Bhrigu rzucił na mnie klątwę mówiąc: «O niegodziwcze, narodzisz się na ziemi w formie robaka, który żywi się moczem i śluzem i twoje życie stanie się prawdziwym piekłem». I jak powiedział, tak się stało. Mocą jego klątwy musiałem żyć na ziemi jako nieczysta dusza. Na moje gorączkowe pytania o to, kiedy uwolnię się od klątwy, rzekł: «O demonie, uwolnisz się od mej klątwy, gdy na ziemi narodzi się mój odległy potomek Paraśurama». I tak się właśnie stało. Wyzwoliłeś mnie z mojego grzesznego życia'. Po wypowiedzeniu tych słów rakszasa pokłonił się przed Paraśuramą i następnie zniknął.

Paraśurama zwracając się do Karny rzekł z gniewem: 'O uczniu, powiedz mi, kim naprawdę jesteś! Bramin nie potrafiłby znieść straszliwego bólu wywołanego żądłem tego robaka z taką jak ty cierpliwością. Taki ból potrafiłby znieść jedynie kszatrija!' Karna bojąc się jego klątwy i pragnąc uciszyć jego gniew rzekł: 'O nauczycielu, jestem synem królewskiego woźnicy, który jest Sutą i jego żony Radhy. Ludzie nazywają mnie Karną. Błagam cię, zaakceptuj mnie. Zostałem twym uczniem, bo pragnąłem zdobyć niebiańską broń Brahmy. Powiedziałem tobie, że jestem braminem i że tak jak ty sam pochodzę z rodu Bhrigu, i wcale nie skłamałem, bo nauczyciel, który przekazał całą wiedzę swemu uczniowi, jest uważany za jego ojca'.

Karna drżąc na całym ciele stał przed Paraśuramą z pokornie złożonymi dłońmi. Paraśurama, choć ciągle rozgniewany, rzekł z uśmiechem: 'O греszniku, ponieważ zdobyłeś broń Brahmy dzięki oszustwu kierując się żądzą, twoja pamięć, jak ją przywołać, zawiedzie cię w momencie, gdy będziesz jej najbardziej potrzebował i podczas walki z równym tobie wojownikiem, gdy nadejdzie moment twej śmierci, zapomnisz uruchomiającej ją mantry. Zanim jednak to się stanie, żaden wojownik na całej ziemi nie będzie mógł cię w walce pokonać. A teraz odejdź, bo u mego boku nie ma miejsca dla oszusta'.

Karna po pożegnaniu swego nauczyciela powrócił do Hastinapury i rzekł do Durjodhany: 'O królu, wróciłem do twego pałacu po poznaniu wszelkiej możliwej broni. Jestem gotowy do walki z Ardżuną'".

Prorok Narada kontynuował: „O Judhiszthira, Karna po zdobyciu broni Brahmy od Paraśuramy wiódł u boku Durjodhany życie wypełnione radością. Pewnego dnia Durjodhana dowiedział się, że król Kalingów, Citrangada, urządza dla swej córki festiwal wyboru męża i setki królów udało się do stolicy jego kraju Radżapury, aby starać się o jej rękę. Durjodhana również tam się udał mając Karnę za swego towarzysza. Nie mogąc znieść tego, że królewska córka o jasnej cerze pominęła go tak jak i wielu innych i nie wybrała go na męża, pijany od swej pychy postanowił porwać ją siłą. Konkurujący o rękę panny królowie z głośnym krzykiem ruszyli w pościg za Durjodhaną i Karną, który bronił jego tyłów, zasypując ich gradem strzał. Karna celnymi ostrzami niszczył ich strzały i łuki i zabijał ich woźniców. W końcu, nie mogąc wytrzymać uderzenia jego strzał, zaczęli się wycofywać. Durjodhana ochraniany przez Karnę z radością w sercu zawiózł porwaną pannę do Hastinapury.

Po tym wydarzeniu sława Karny rozniosła się szybko po całej ziemi. Król Magadhy, Dżarasamdha, słysząc o jego potędze wyzwał go do walki. Obaj wyposażeni w niebiańską broń walczyli ze sobą tak długo, aż wyczerpał się cały zapas ich broni i wówczas zaczęli walczyć ze sobą na pięści. Karna wiedząc o tym, że Dżarasamdha urodził się w dwóch połówkach złączonych razem przez demonkę Dżarę, próbował ponownie rozerwać go na dwie połowy. Dżarasamdha czując wielki ból wycofał swe wyzwanie i rzekł do Karny, że ich walka już go zadowoliła i z przyjaźni do niego obdarował go miastem Malini. Od tego momentu Karna był nie tylko królem Angi, którą obdarował go Durjodhana, ale również władcą Malini. Indra widząc potęgę Karny i chcąc ochraniać przed nim swego syna Ardżunę skłonił go wówczas podstępem do oddania mu w darze złotej zbroi i kolczyków, w których się urodził i które chroniły jego życia".

Narada zakończył swe opowiadanie mówiąc: „O Judhiszthira, Karna był wojownikiem nie do pokonania. Jego śmierć w pojedynku z Ardżuną stała się jednak nieunikniona w konsekwencji wspomnianego daru złożonego Indrze, jak i klątw rzuconych na niego przez bramina, którego krowę zabił, oraz przez Paraśuramę. Była ona również konsekwencją poniżania go przez Bhiszmę, który nazywał go uparcie pół-wojownikiem, polityki Kryszny oraz niszczenia jego energii podczas pojedynku z Ardżuną przez mowę jego woźnicy króla Śalji, jak i zdobycia przez Ardżunę niebiańskiej broni od bogów i nauczycieli, Drony i Krypy. Twój najstarszy brat Karna nie mógł uniknąć śmierci od strzały Ardżuny, która była mu przeznaczona. Zginął jednak w walce z bronią w ręku i bramy nieba stoją przed nim otworem. Zdobył wyższe światy i osiągnął najwyższy cel i w związku z tym nie zasługuje na to, aby opłakiwać jego śmierć".

3. Judhiszthira rzuca klątwę na kobiety, że nie będą mogły już dłużej ukrywać swych nieślubnych synów

Prorok Narada zamilkł, podczas gdy pogrążony w smutku i ciężko wzdychający Judhiszthira zagłębił się w medytacjach. Jego widok bardzo zasmucał jego matkę Kunti pozbawiając ją nieomal zmysłów. Podeszła do niego i rzekła słodkim matczynym, pełnym troski głosem: „O mój prawy synu o potężnych ramionach, nie daj pokonać się żalowi. Zniszcz go przy pomocy wiedzy. Posłuchaj moich słów. Jeszcze zanim zaczęła się ta wojna, poinformowałam Karnę o jego pokrewieństwie z wami. Podobnie uczynił jego ojciec, bóg słońca, Surja, ukazując się mu podczas snu i innym razem podczas mojej obecności. Nasze argumenty odwołujące się zarówno do rozsądku jak i emocji nie zdołały go jednak ułagodzić i skłonić do pojednania się z wami. Ulegając wpływowi Czasu był zdecydowany, aby wyładować na was swą wrogość. Widząc jego upór musiałam się z tym pogodzić".

Judhiszthira wysłuchawszy słów swej matki, ze łzami w oczach i sercem wzburzonym żalem rzekł: „O matko, to w konsekwencji zatajenia przez ciebie tego, że Karna był twoim synem, spadło na nas to straszliwe nieszczęście". I nie mogąc opanować swych emocji rzucił klątwę na wszystkie kobiety mówiąc: „Niech więc od tego momentu żadna kobieta nie będzie zdolna do utrzymania w tajemnicy swego macierzyństwa". Następnie ten szlachetny syn boga Dharmy i Król Prawa wspominając swych poległych ojców, synów i innych krewnych i myśląc o opustoszałej ziemi zagłębił się w jeszcze większym smutku i niepokoju. W swej rozpaczy był jak ogień przykryty kłębami dymu.

Napisane na podstawie fragmentów *Mahābhārata*,
Santi Parva, Part 1, Sections I-VI
(Rajadharmanusasana Parva).

Opowieść 110
Król Prawa szuka pokuty za swe grzechy
w żebraczym stylu życia

1. Król Prawa chce wyrzec się władzy i rozpocząć pokutę żyjąc jak żebrak, aby oczyścić się z popełnionych podczas wojny grzechów; 2. Ardżuna przypomina, że król oczyszcza się z grzechów poprzez wielkie rytuały ofiarne, a nie poprzez życie w ubóstwie; 3. Król Prawa upiera się przy wyborze żebraczego stylu życia i szukaniu *mokszy*; 4. Bhima krytykuje interpretację obowiązku wojownika przez Króla Prawa i wybieranie ścieżki pustelnika; 5. Ardżuna przypomina, jak Indra pouczał młodych braminów, że domowy tryb życia jest lepszy niż żebraczy; 6. Nakula wychwala domowy tryb życia realizowany zgodnie z wedyjskimi rozporządzeniami jako prawdziwie wyrzeczony; 7. Draupadi zarzuca Królowi Prawa szaleństwo i nakłania go do wzięcia w dłonie królewskiego berła sprawiedliwości; 8. Ardżuna wychwala królewskie berło sprawiedliwości jako podstawę utrzymywania na ziemi prawości; 9. Bhima namawia Króla Prawa do pokonania swego umysłu bo inaczej zaniedbując swe obowiązki nie uniknie reinkarnacji; 10. Judhiszthira wychwala zdobywanie wiedzy i dążenie do *mokszy*; 11. Ardżuna przypomina argumenty żony króla Dźanaki, że król prawdziwie wyrzeczony uwalnia się od przywiązania wewnątrz swej jaźni, a nie przez strój żebraczy; 12. Król Prawa przeciwstawia ścieżkę jogi i *mokszy* ścieżce realizowania rytuałów opisanych w *Wedach*.

> *Bhima słysząc, że Judhiszthira załamuje się pod ciężarem swych grzechów i chce wyrzec się swej z takim trudem odzyskanej władzy i wycofać do lasu, aby żyć jak pustelnik, rzekł: „O Królu Prawa, świat rozwija się dzięki temu, że każda żywa istota działa zgodnie ze swoją naturą. Każdy musi więc wykonywać własne działania, aby osiągnąć sukces".*

(*Mahābhārata*, Santi Parva, Part 1, Section X)

1. Król Prawa chce wyrzec się władzy i rozpocząć pokutę żyjąc jak żebrak, aby oczyścić się z popełnionych podczas wojny grzechów

Król Prawa uginając się pod ciężarem swego nieświadomego grzechu bratobójstwa i innych grzechów popełnionych podczas braterskiej wojny z Kaurawami rzekł do Ardżuny: „O bracie, gdybyśmy wiedli życie żebracze w miastach należących do Wrisznich i w Dwarace, nie doświadczylibyśmy tego strasznego nieszczęścia, którym jest wymordowanie wszystkich krewnych. Choć odnieśliśmy zwycięstwo, przegraliśmy. Nasi wrogowie bohaterską śmiercią zdobyli wyższe światy, podczas gdy my zostaliśmy przy życiu pozbawieni wszelkich życiowych celów, bo czy po zniszczeniu samych siebie możemy jeszcze zebrać jakiś owoc płynący z prawości? Hańba obowiązkom wojownika! Hańba waleczności, gniewowi i sile, bo to one sprowadziły na nas to nieszczęście. Chwała takim cnotom, jak wybaczanie, czystość samo-kontrola, prawdomówność, wyrzeczenie, pokora i unikanie ranienia, które są praktykowane przez tych, którzy wybrali żebracze życie w dżungli. My sami zamiast kontynuować życie w dżungli i praktykować te cnoty, ulegliśmy szaleństwu i żądzy słodyczy suwerenności i pełni pychy i arogancji sami sprowadziliśmy na siebie tę katastrofę. Po zabiciu wszystkich królów ziemi, pozbawieni przyjaciół i celów, musimy teraz znosić ciężar własnej egzystencji.

Walczyliśmy ze sobą jak stado psów o kawałek mięsa, który okazał się bez żadnej wartości. Widząc do czego doprowadziła nas ta żądza królestwa, nie potrafiłbym czerpać radości nawet ze zdobycia władzy nad trzema światami. Nie powinniśmy się zabijać nawet za cenę posiadania całej ziemi, wszystkich koni i wszystkich krów! Zaangażowani w tę wojnę królowie szukając przyjemności i ulegając gniewowi szli drogą wyznaczoną przez śmierć, prowadzącą wprost do królestwa boga śmierci Jamy. Ich ojcowie praktykowali niegdyś ascezę i wyrzeczenie prosząc bogów o synów, którzy przyniosą im powodzenie. Ich matki dzięki swym postom, rytuałom ofiarnym, ślubom i dobrze wróżącym ceremoniałom stały się ciężarne i nosiły ich w swym łonie przez dziesięć miesięcy niepokojąc się o to, czy przeżyją poród, będą wystarczająco potężni, zdobędą szacunek innych i czy przyniosą im szczęście na tym i na tamtym świecie. Nadzieje ich rodziców pozostaną na zawsze niespełnione! Ich synowie udali się do świata Jamy, zanim zdołali spłacić im swój dług. Zginęli, zanim ich rodzice zdołali zebrać owoc płynący z ich potęgi i bogactwa. Ich serca były zawistne, wypełnione żądzą materialnych przedmiotów, poddające się łatwo wpływowi zarówno radości jak i gniewu.

Jakimż piekłem będzie dla nas dalsze życie na ziemi! Ci którzy zginęli śmiercią herosów, zdołali zdobyć regiony wiecznej ekstazy. Dlaczego ci, którzy ich zabili, nie zasłużyli sobie tym na niebo? My, którzy przeżyliśmy tę rzeź, będziemy uważani za tych, co przynieśli zniszczenie całemu światu, chociaż faktycznie cała wina leży po stronie synów króla Dhritarasztry. To oni swym zachowaniem doprowadzili do tej wojny. Stary król Dhritarasztra tolerował niegodziwe postępowanie Durjodhany wobec nas z miłości do niego. Ignorując rady Widury i Bhiszmy i nie próbując powstrzymać swego zawistnego syna, który był całkowicie we władzy namiętności, zniszczył zarówno samego siebie jak i nas. Jego syn powodując śmierć braci i rozpacz starych rodziców spłonął w końcu w ogniu, który sam rozniecił.

Jakże straszną katastrofą stała się ta wojna! W jej rezultacie ani Kaurawowie, ani my nie zrealizowaliśmy swych celów. Wszyscy Kaurawowie zginęli i nie mogą już dłużej cieszyć się władaniem ziemią, piękną muzyką i towarzystwem pięknych kobiet. Co im teraz z nich przyjdzie? Spalani przez nienawiść do nas nie potrafili zaznać ani spokoju, ani szczęścia. Durjodhana zawsze miał grzeszne serce gotowe do użycia podstępu, zawsze miał złe zamiary i był nałogowym oszustem, i choć niczym go nie obraziliśmy, zawsze zachowywał się w stosunku do nas wrogo i nieuczciwie. Nikt wśród wysoko urodzonych nie potrafiłby używać podobnych słów wobec krewnych, jakich on użył w stosunku do nas—i to w obecności Kryszny—pragnąc wojny. Był samym wcieleniem wrogości i naszą złą gwiazdą. To przez niego jesteśmy na zawsze straceni będąc jak słońce końca eonu, które spala wszystko, co żywe swą straszliwą energią. To on doprowadził do tego, że własnymi rękami zniszczyliśmy nasz ród. To przez niego cały świat nas teraz potępia za zabicie tych, których nie należy zabijać. Zabijając ich uciszyliśmy nasz gniew, lecz popełniliśmy straszliwy grzech i wywołany tym żal całkowicie mnie oszołamia".

Judhiszthira kontynuował: „O Ardżuna, pozwól mi wycofać się z życia i udać się do lasu, gdzie po złożeniu ślubu milczenia będę podążać ścieżką wiedzy. Przyjmij ode mnie królestwo i zostań królem na tej ziemi, która została oczyszczona ze wszelkich cierni i gdzie po zabiciu naszego wroga powrócił spokój. Ja sam nie pragnę już dłużej ani posiadania królestwa, ani nie poszukuję żadnej przyjemności. Chcę wyrzec się wszystkiego i odpokutować za grzechy poprzez publiczne przyznanie się do nich, wyrażanie skruchy, dobre uczynki, dary, umartwienia, rozmyślanie nad świętymi pismami i pielgrzymkę do świętych miejsc Ten, kto praktykuje wyrzeczony tryb życia, nie popełnia dalszych grzechów i odnajdując drogę prowadzącą do *Brahmana* uwalnia się od ponownych narodzin. Święte księgi nauczają, że możliwe jest przekroczenie cyklu narodzin i śmierci, jednakże—jak to wiem ze świętych ksiąg i doświadczyłem na własne oczy—ten, kto jest związany z ziemskimi sprawami i pragnie zdobyć przedmioty materialne, nie może osiągnąć tego celu. Poszukując Wyzwolenia (*mokszy*) udam się więc do lasu wyrzekając się królestwa i wszystkich spraw ziemskich. Uwolnię się tam od wszystkich więzi z tym światem i wolny od wszelkich uczuć uwolnię się od żalu i zdobędę spokój".

2. Ardżuna przypomina, że król oczyszcza się z grzechów poprzez wielkie rytuały ofiarne, a nie poprzez życie w ubóstwie

Słowa Króla Prawa rozgniewały Ardżunę. Rzekł z lekką kpiną, jakby był osobą niezdolną do wybaczania obrazy: „O bracie, jakże bolesny jest twój widok z sercem tak silnie wzburzonym! Jak to możliwe, że po dokonaniu ponadludzkiego czynu, jakim było pokonanie wroga, chcesz teraz wyrzec się odzyskanego królestwa! Ulegając kaprysom serca chcesz porzucić wszystko to, co zdobyłeś uczciwą drogą krocząc ścieżką swego obowiązku! Walcząc z wrogiem zachowałeś się jak król i wojownik! Czy eunuch lub człowiek niezdecydowany zdołał kiedykolwiek zdobyć królestwo? Po co zabijałeś tych wszystkich herosów, skoro chcesz teraz wyrzec się władzy? Król, który wyrzeka się wyznaczonego mu działania i zdaje się na łaskę innych, nie może przy pomocy swych czynów zdobyć ziemskich dóbr, które są mu potrzebne do zdobycia zarówno ziemi jak i nieba. Nie posiadając żadnych źródeł utrzymania i dobrobytu nie zdoła zdobyć na ziemi ani sławy, ani synów, czy krów.

Co ludzie o tobie powiedzą, gdy porzucisz królestwo, aby prowadzić nędzne życie żebraka? Urodziłeś się w kaście królów i nagle pod wpływem szaleństwa po odzyskaniu królestwa chcesz porzucić swe obowiązki i zaprzestać szukania na ziemi dobrobytu. Pod twą nieobecność nieuczciwi ludzie będą niszczyć składane ofiary i ich grzech spadnie na ciebie i ciebie zanieczyści. Powiadają, że nasz odległy przodek, król Nahusza, zmuszony do życia w nędzy popełnił wiele grzesznych uczynków. Przeklinał ten stan i mówił, że jest on odpowiedni jedynie dla pustelników. Nie dostarczając żadnej żywności na następny dzień jest właściwy tylko dla riszich. Sam wiesz o tym doskonale. Życie w nędzy nie pasuje do króla, gdyż to, co jest nazywane obowiązkiem (*dharmą*) króla, bazuje całkowicie na posiadaniu bogactwa. Ten, kto ograbia króla z bogactwa, ograbia go z możliwości realizacji jego królewskiego obowiązku i zamyka przed nim bramy nieba. Jaki król mógłby więc wybaczyć taką grabież?

Bieda sama w sobie jest złem. Biedak jest zawsze podejrzewany o jakieś przestępstwo. Jak więc możesz ją wychwalać? Biedak cierpi tak samo jak człowiek upadły. Wszelkie chwalebne czyny wiążą się ze zwiększaniem bogactwa. Prawo, przyjemność jak i samo niebo wypływają z bogactwa. Bez bogactwa świat nie mógłby utrzymać się przy życiu. Działania osoby pozbawionej wszelkiego bogactwa usychają jak płytkie strumienie w letnim sezonie. Ten, kto posiada bogactwo, ma przyjaciół, krewnych i umiejętności, podczas gdy ten, kto nic nie posiada, nie może zrealizować swych upragnionych celów. Bogactwo rodzi się z bogactwa. Z bogactwa rodzą się też Prawo, przyjemność, radość, odwaga, gniew, uczenie się i poczucie godności. Dzięki bogactwu rodzina zdobywa swój honor i dzięki bogactwu dana osoba może gromadzić religijne zasługi. Nędzarz nie zdobędzie ani tego, ani tamtego świata. Nie posiadając nic nie zdoła wykonać religijnych działań, które wypływają z bogactwa. Nędzarzem nie jest bowiem ten, kto wychudził swe ciało ascezą, lecz ten, kto nie posiada ani koni, krów, służby, ani gości.

O królu, osądź swe działania porównując je z zachowaniami bogów i demonów. Czyż największym pragnieniem bogów nie jest eksterminacja ich kuzynów asurów? Utrzymują oni władzę w niebie walcząc z nimi na śmierć i życie. Skoro sami bogowie zapewniają sobie władzę dzięki tej braterskiej wojnie, jak można uważać ją za zło? Sam widzisz, że bogowie zachowują się w ten sposób i nieśmiertelne nauki *Wed* również to akceptują.

Starożytni mędrcy studiując *Wedy* sformułowali wniosek, że królowie powinni żyć recytując każdego dnia *Wedy*, zdobywając bogactwo i sponsorując dzięki niemu rytuały ofiarne. Bogactwo, które król odbiera innym, staje się środkiem prowadzącym do ich dobrobytu. Królowie zdobywają bogactwo kosztem innych podbijając świat. Zdobywszy je nazywają je swoim, tak jak synowie nazywają swoim bogactwo odziedziczone po ojcach. Czy królowie mogliby zbierać religijne zasługi, gdyby przywłaszczanie sobie przez nich bogactwa należącego do kogoś innego nie było uważane za słuszne? Królewscy mędrcy, którzy zdobyli niebo, uznali podbój za obowiązek królów. Bogactwo w królewskim skarbcu jest jak woda rzek wpadających do oceanu, która rozpływa się w różnych kierunkach.

O bracie, ziemia, która w dawnych czasach należała do króla Dilipy, Nahuszy, Amwariszy i Mandhatriego, należy teraz do ciebie. Przygotuj więc wielki rytuał ofiarny dostarczając hojnych darów wszelkiego rodzaju i ogromnych stosów plonów ziemi. Jeżeli zaniedbasz wykonania tego rytuału, wszystkie grzechy popełnione w twym królestwie spadną na ciebie. Poddani króla, który wykonał wielką Ofiarę Konia (*Aświamedha*), zostają oczyszczeni i uświęceni przez ablucje zakańczające rytuał. Oczyść swych poddanych tak jak niegdyś Najwyższy Bóg Śiwa w swej kosmicznej formie oczyścił cały wszechświat w wielkim rytuale ofiarowania wszystkiego (*Sarwamedha*), który wymaga libacji z wszelkiego rodzaju ciał, wlewając do ognia wszystkie żywe istoty łącznie z samym sobą na jego zakończenie. Droga wielkiej ofiary jest odwieczna, jej owoc nigdy nie ulega zniszczeniu. Jest to droga królów zwana *Daśarathą*. Jeżeli tej ścieżki zaniechasz, jaka droga ci pozostanie?"

3. Król Prawa upiera się przy wyborze żebraczego stylu życia i szukaniu *mokszy*

Judhiszthira rzekł: „O Ardżuna, nie wysłuchałeś uważnie mych słów. Skoncentruj bardziej swą uwagę i zatrzymaj umysł i słuch na swej najbardziej intymnej jaźni. Gdy będziesz słuchał mnie z odpowiednim nastawieniem, zaaprobujesz moje słowa. Nie chcę iść dalej drogę królów, którą tak wychwalasz, lecz porzucając wszystkie ziemskie przyjemności chcę ruszyć drogą wyrzeczonych. Posłuchaj, o tej pomyślnej drodze, którą idzie się w samotności.

Porzuciwszy wszystkie przyjemności i obrzędy realizowanie przez człowieka na tym świecie i uprawiając surową ascezę będę włóczył się po lesie ubrany w skórę czarnej antylopy, żyjąc wśród zwierząt i żywiąc się owocami i korzonkami. Karmiąc ogień ofiarny libacją o właściwej godzinie, wykonując ablucje rano i wieczorem, wychudzę swe ciało odpowiednią dietą. Znosząc cierpliwie zimno, wiatr, upał, głód, pragnienie i trud uwolnię się od mego ciała poprzez właściwe umartwienia zgodnie z obrządkiem.

Będę unikał ranienia wszelkich żywych istot. Nie raniąc nikogo będę traktował tak samo wszystkie żywe istoty bez względu na to, czy podążają drogą swego obowiązku, czy są we władzy zmysłów. Z nikogo nie będę drwił i nikogo nie będę potępiał. Kontrolując wszystkie zmysły będę miał zawsze zadowoloną twarz. Nie pytając nikogo o drogę będę włóczył się po całym świecie bez zwracania uwagi na kraj i kierunek i bez oglądania się za siebie. Uwolniwszy się od wszelkich pragnień i gniewu, skierowując mój wzrok do wewnątrz, oczyszczę duszę i ciało z pychy. Nie troszcząc się o pożywienie będę go szukał w najwyżej pięciu napotykanych domach. Pozostając obojętny wobec sukcesu i porażki i zerwawszy więź z wszelkim pragnieniem zbiorę zasługi płynące z ascezy.

Porzuciwszy wszystko to, co jest mi drogie, jak i to, co jest mi nienawistne, będę kontynuował życie z ciałem pokrytym popiołem szukając dla siebie schronienia w porzuconych domach lub pod drzewami. Śpiew ptaków i głosy leśnych zwierząt będą cieszyć me serce i słuch, zapachy leśnych kwiatów mój węch, a widok mieszkańców lasu mój wzrok. Wycofawszy się ze spraw tego świata i praktykując kontemplację będę żywił się produktami lasu oferując bogom i Ojcom dary z leśnych owoców i źródlanej wody i zadowalając ich recytacją hymnów *Wed*. Prowadząc życie ascety będę w pokoju czekał na moment, kiedy moja dusza uwolni się z ciała. Żyjąc w całkowitej samotności, ogoliwszy głowę i czyniąc ślub milczenia, usiądę pod drzewem utrzymując się przy życiu dzięki owocom, którymi obdaruje mnie to jedno drzewo. Nie pozwalając sobie ani na smutek, ani na radość, ignorując zarówno krytykę jak i pochwałę, nadzieję i utrapienie, traktując tak samo wszystkie przeciwieństwa i dualizmy uwolnię się od wszystkich przedmiotów tego świata. Nie rozmawiając z nikim osiągnę wewnętrzne zadowolenie czerpiąc szczęście z własnej jaźni, pozostając dla zewnętrznego świata głuchoniemym ślepcem.

W swym zachowaniu pozostanę całkowicie obojętny wobec śmierci. Nie będę zachowywał się ani jak ktoś, kto żyje, ani jak ktoś, kto nie żyje. Nie będę źle życzył temu, kto zechce odrąbać mi jedno ramię, ani nie będę błogosławił tego, który zechce natrzeć moje drugie ramię pastą sandałową. Zaniechawszy wszelkich tych działań, które można wykonać z myślą o dobrobycie, ograniczę swe działania do zamykania i otwierania oczu oraz picia i jedzenia w minimalnym stopniu potrzebnym do utrzymania się przy życiu.

Pozbawiony przywiązania do działania i kontrolując funkcje zmysłów, wolny od wszelkich pragnień, oczyszczę moją duszę z wszystkich materialnych zanieczyszczeń. Zerwawszy wszelkie więzi ze światem materialnym będę wolny jak wiatr. Żyjąc wolny od wszelkich uczuć zdobędę wieczne nasycenie i zadowolenie.

To z powodu żądzy i ignorancji popełniłem straszne grzechy. Owoce działań wykonanych przez daną duszę podczas jej życia na ziemi podążają za nią po śmierci i odradza się ona na ziemi w formie odpowiedniej dla wykonanych poprzednio działań. Żywe istoty obdarzone działaniami wpadają w koło życia, które obraca się jak koła rydwanu i na tym świecie spotyka inne żywe istoty. Zdobędzie szczęście i uwolni się z tego koła wiecznych powrotów jedynie ten, kto całkowicie porzuci ziemski bieg życia, który jest faktycznie przemijającym złudzeniem, chociaż wydaje się wieczny, obciążony narodzinami, śmiercią, zniedołężnieniem, chorobą i bólem.

Skoro nawet bogowie i wielcy mędrcy mogą stracić swe zaszczytne miejsca na ziemi z powodu swych przeszłych działań, przeto kto po poznaniu prawa *karmy* będzie dalej pragnął szukania na ziemi choćby nawet największego dobrobytu. Uświadomiwszy sobie to wszystko chcę uwolnić się od konieczności powrotu na ziemię i odnaleźć dla siebie miejsce, które jest wieczne i niezmienne. Wybierając pustelniczą drogą życia uwolnię się od cielesnych ram, które muszą rodzić się i umierać i cierpieć od zniedołężnienia, choroby i bólu".

4. Bhima krytykuje interpretację obowiązku wojownika przez Króla Prawa i wybieranie ścieżki pustelnika

Bhima rzekł: „O królu, w swym rozumowaniu tracisz z oczu Prawdę. Mówisz jak osoba recytująca *Wedy* bez głębszego zrozumienia. Jeżeli chcesz prowadzić w dżungli życie gnuśne i bezużyteczne ignorując swe obowiązki króla, to po co zabijałeś Kaurawów? Gdybyśmy znali wcześniej twoje intencje, nie rozpoczynalibyśmy tej wojny i nie zabilibyśmy jednej żywej istoty. Zamiast prowadzić tę wojnę, kontynuowalibyśmy nasze życie na wygnaniu w dżungli, aż do momentu uwolnienia z ciała naszych dusz.

Wybaczanie, współczucie, powstrzymywanie się od ranienia nie należą do cnót wojownika. Mędrcy mówią, że wszystko to, co widzimy, jest pożywieniem dla silnych. Faktycznie, cały świat ruchomy i nieruchomy jest przedmiotem radości dla osoby, która jest silna. Mędrcy obeznani z obowiązkami wojownika mówią również, że każdy, kto utrudnia królowi odzyskanie jego królestwa, zasługuje na śmierć. Wrogowie naszego królestwa zasługiwali więc na śmierć. Po zabiciu ich zgodnie z Prawem wojownika rządź więc teraz naszym królestwem!

Wyrzeczenie się obecnie królestwa jest jak działanie kogoś, kto kopiąc studnię zabrudził się błotem i zniechęcony tym przestał kopać tuż przed dotarciem do wody; lub jak kogoś, kto wdrapał się na drzewo w poszukiwaniu miodu, lecz zabił się, zanim zdołał go skosztować; lub jak kogoś kto zawrócił z dalekiej drogi, zanim osiągnął cel podróży; lub jak kogoś, kto po zabiciu swych wrogów sam się zabił; lub jak kogoś zgłodniałego, kto odmawia jedzenia po zdobyciu go; lub też jak kogoś, kto po zdobyciu upragnionej kobiety odmawia spotkania z nią.

My sami staniemy się przedmiotem krytyki, bo podążaliśmy za tobą dlatego, że jesteś naszym najstarszym bratem. Choć sami jesteśmy wyposażeni w wielką energię, mamy silne ramiona i zdobyliśmy wiedzę, byliśmy całkowicie posłuszni twym słowom, jakbyśmy byli bezsilni jak eunuch. Choć sami jesteśmy zdolni do obrony wszystkich tych, którzy są bezsilni, zostaniemy uznani za niezdolnych do realizacji własnych celów.

Pomyśl o tym, co mówię. W świętych pismach zostało wyraźnie stwierdzone, że królowi wolno wycofać się do lasu jedynie w obliczu katastrofy lub pokonania go przez wroga, czy też własną zgrzybiałość. Mędrcy nie akceptują więc wycofania się do dżungli jako stylu życia wojownika. Twierdzą natomiast, że z byciem wojownikiem wiąże się niekiedy zejście ze ścieżki cnoty i popełnienie grzechu. Ci, którzy urodzili się w kaście wojowników nie mogą poddawać własnych obowiązków krytyce. Gdy te obowiązki zaczną być krytykowane, to wkrótce sam Stwórca stanie się przedmiotem krytyki. Tylko ci królowie, których opuściło szczęście i utracili dobrobyt lub którzy stracili wiarę, mogą wygłaszać takie mowy jak ty o wyborze żebraczego stylu życia przez króla.

Droga wyrzeczenia, o której mówisz, nie jest odpowiednia dla wojownika. Wojownik, który potrafi sam podtrzymywać życie dzięki swej odwadze i utrzymać się przy życiu własnym wysiłkiem, faktycznie schodzi ze ścieżki własnego obowiązku, gdy wybiera styl życia ascety. Tylko ci, którzy sami nie są w stanie dostarczyć pożywienia swym synom, wnukom, mędrcom, gościom, bogom i Ojcom, mogą zdobyć niebo prowadząc w dżungli żebraczy tryb życia. Tak jak jelenie, dziki i ptaki nie mogą zdobyć nieba tylko dlatego, że mieszkają w lesie, lecz muszą zebrać zasługi przy pomocy działań dla nich wyznaczonych, tak wojownik, który nie stracił swej waleczności, nie może zdobyć nieba poprzez życie w dżungli.

Gdyby każdy mógł zdobyć niebo przez opisaną przez ciebie praktykę wyrzeczenia, zdobyłyby je wszystkie góry i drzewa. One nigdy nikogo nie ranią i nie angażują się w sprawy tego świata. One wszystkie są jak *brahmacarini*. Skoro jednak zdobycie nieba przez daną istotę zależy od tego, co czyni ona w ramach własnego porządku, a nie w ramach porządku wyznaczonego dla innych, przeto będąc wojownikiem musisz zachowywać się jak wojownik. Ten kto nie podejmuje wyznaczonych mu działań, nie zdobędzie nieba. Ograniczenie działań do zaspokajania tylko własnego głodu, nie gwarantuje nieba. Gdyby tak było, wszystkie ryby zdobywały niebo, bo utrzymują przy życiu tylko same siebie. Świat rozwija się dzięki temu, że każda żywa istota działa zgodnie ze swoją naturą. Każdy musi więc wykonywać własne działania, aby osiągnąć sukces".

5. Ardżuna przypomina, jak Indra pouczał młodych braminów, że domowy tryb życia jest lepszy niż żebraczy

Wysłuchawszy słów Bhimy Ardżuna rzekł do Judhiszthiry: „O bracie, w kontekście słów Bhimy i na ich poparcie pozwól mi zacytować opowieść o rozmowie Indry z ascetami, którą recytują bramini.

Pewni dobrze urodzeni i bardzo młodzi bramini, którzy nie zdobyli jeszcze pełnego zrozumienia i którym nawet nie urosła jeszcze broda, porzucili swe domy i udali się do lasu z zamiarem prowadzenia żebraczego stylu życia. Uważając to za cnotę ci młodzieńcy w kwiecie wieku porzucili ojców i braci ślubując życie w celibacie.

Indra widząc, że błądzą, pożałował ich i przybrawszy kształt złotego ptaka zbliżył się do nich i rzekł: 'O bramini, najtrudniejsze są te działania, które są wykonywane przez ludzi, którzy spożywają resztki z ofiary i one przynoszą największe zasługi. Życie takich osób zasługuje na najwyższą pochwałę. Te oddane prawości osoby po zrealizowaniu celów życia (którymi jest Prawo, Zysk i Przyjemność) osiągają najwyższy cel, jakim jest niebo'.

Bramini słysząc te słowa ptaka zaczęli szeptać między sobą: 'O bramini, ten ptak wychwala tych, którzy utrzymują się przy życiu żywiąc się resztkami. To nas wychwala, bo my sami żywimy się tym, co oferują nam inni'.

Złoty ptak rzekł: 'O bramini, to nie was wychwalam, bo wy sami tarzacie się w błocie i nieczystościach i nie jesteście osobami, które żywią się resztkami z ofiary. Żywicie się odpadkami i jesteście grzesznikami'.

Bramini odpowiedzieli: 'O ptaku, my sami uważaliśmy nasz styl życia za wysoce błogosławiony. Powiedz nam, co mamy czynić, aby osiągnąć sukces, bo mamy zaufanie do twoich słów'.

Złoty ptak rzekł: 'O bramini, skoro ufacie mym słowom, posłuchajcie słów prawdy o tym, co jest dla was korzystne'.

Bramini rzekli: 'O ty o czystej duszy, będziemy z uwagą słuchać twych słów, bo ty znasz różne drogi. Wskaż nam właściwą dla nas drogę i powiedz nam, co powinniśmy uczynić, aby zrealizować najwyższy cel'.

Złoty ptak rzekł: 'O bramini, jak zostało stwierdzone w *Wedach* wśród cztero-kopytnych krowa zajmuje najwyższe miejsce, wśród metali złoto, wśród słów rytualne mantry, a wśród istot dwunożnych bramin.

Poszczególnym etapom życia bramina zaczynając od narodzin poprzez młodość, dorosłość, starość aż do śmierci przypisane są odpowiednie ryty wymagające wypowiadania właściwych rytualnych mantr. Droga poprzez te wedyjskie ryty jest drogą największej ofiary prowadzącą do nieba. Wedyjskie ryty są tymi działaniami, które dzięki wypowiadanym mantrom przynoszą sukces osobom szukającym nieba.

Żywe istoty pragną trojakiego rodzaju sukcesu: chcą po śmierci dotrzeć do regionów słonecznych, księżycowych lub gwiezdnych. Rodzaj osiąganego sukcesu zależy od działania. Ten, kto żyjąc na tym świecie oddaje cześć swej duszy widząc w niej bóstwo określonego rodzaju, zdobywa sukces zgodny z naturą tego bóstwa. Zależy on także od momentu śmierci: słoneczne regiony ekstazy zdobywają ci, którzy umierają latem podczas jasnej fazy księżyca, a księżycowe regiony zdobywają ci, którzy umierają zimą podczas ciemnej fazy księżyca. Zarówno pierwsi i drudzy muszą jednak po upływie określonego czasu powrócić na ziemię. Jednakże ci, którzy dzięki odpowiedniej praktyce uwolnili się od wszelkiego przywiązania do przedmiotów zmysłowych, docierają do wiecznego regionu *Brahmana* bez względu na to, kiedy umarli i nie muszą rodzić się ponownie na ziemi.

Wśród wszystkich stylów życia dostępnych dla bramina domowy styl życia prowadzony zgodnie z zaleceniami *Wed* jest uważny za stojący najwyżej i święty i jest nazywany «polem kultywowania sukcesu» (analogicznie np. do pola uprawy ryżu). Osoby o niewielkim zrozumieniu, które odrzucają wszelkie działanie i nie zdobywają bogactwa potrzebnego do wykonania wedyjskich rytów, idą drogą grzechu. Żyją zaniechawszy odwiecznej drogi bogów, mędrców i braminów i w ten sposób idą drogą dezaprobowaną przez święte pisma.

Święte mantry nakazują: «Ofiarniku, złóż ofiarę z cennych przedmiotów, a otrzymasz w zamian trzy źródła szczęśliwości: synów, krowy i niebo». Życie w zgodzie z tym nakazem jest praktykowaniem najwyższego rodzaju ascezy. Zamiast żyć jak żebracy powinniście wykonywać rytuały ofiarne i umartwiać się poprzez czynienie darów. Ścisłe wykonanie odwiecznych bramińskich obowiązków—którymi są oddawanie czci bogom, studiowanie *Wed*, zadowalanie Ojców, wyrażanie szacunku do nauczycieli— jest uważne za najwyższy rodzaj umartwień. Sami bogowie zdobyli władzę i sławę dzięki realizacji tych prawdziwie trudnych umartwień.

Posłuchajcie więc tego co wam mówię: zamiast żyć tak jak żyjecie, żywiąc się odpadkami, podejmijcie odpowiednie dla was prawdziwie ciężkie obowiązki życia domowego. Umartwienia i asceza niewątpliwie stoją wśród wszelkich rzeczy najwyżej, są one jednak realizowane najlepiej poprzez prowadzenie życia domowego, od którego zależy wszystko (tzn. Prawo, Zysk i Przyjemność). Ci, którzy spożywają resztki z uczty po podzieleniu każdego ranka i wieczora całego zgromadzonego własnym wysiłkiem jedzenia między krewnych, realizują cele bardzo trudne do zrealizowania. To ci, którzy jedzą sami dopiero po nakarmieniu gości, bogów, mędrców i krewnych są nazywani tymi, którzy żywią się resztkami ofiary.

Ludzie prawdomówni realizujący własne obowiązki, dotrzymujący ślubów, zdobywają w świecie szacunek, który wzmacnia ich własną wiarę. Wolni od pychy, realizując te czyny, które są najtrudniejsze, zdobywają niebo i żyją wiecznie w królestwie Indry'".

Ardżuna kontynuował: „O Królu Prawa, młodzi asceci słysząc te głęboko słuszne słowa złotego ptaka zaniechali przyjętego przez nich żebraczego stylu życia, który był niewłaściwy dla ich wieku i doświadczenia, i przyjęli odpowiedni dla nich domowy tryb życia. Wyciągnij z tej opowieści właściwe nauki i porzuciwszy myśl o życiu żebraczym podejmij królewskie obowiązki i rządź światem, który jest w tej chwili oczyszczony z wrogów".

6. Nakula wychwala domowy tryb życia realizowany zgodnie z wedyjskimi rozporządzeniami jako prawdziwie wyrzeczony

Nakula rzekł: „O królu, bogowie zbudowali niegdyś ołtarze w regionie zwanym Wiśakhajupa. Oznacza to, że oni sami stali się bogami dzięki ścisłemu przestrzeganiu nakazów wedyjskich rytów. Również Ojcowie, którzy dzięki deszczowi podtrzymują życie nawet tych, którym brak wiary, realizują odpowiednie obrządki zadeklarowane przez Stwórcę w *Wedach*. Osoba biorąca pod uwagę rozporządzenia *Wed* we wszystkich działaniach zdobywa regiony niebieskie tą samą drogą, co bogowie. Ten natomiast, kto odrzuca te rozporządzenia, jest znany jako ateista.

Wszyscy ci, którzy poznali mądrość *Wed,* twierdzą, że domowy tryb życia przewyższa wszystkie pozostałe. Ten, kto prowadząc gospodarstwo domowe poddaje swą duszę samo-kontroli i podczas rytuałów ofiarnych obdarowuje znających *Wedy* braminów bogactwem (Zyskiem), które zdobył swym prawym działaniem (Prawo), jest uważany za osobę prawdziwie wyrzeczoną. Natomiast ten, kto pomijając domowy tryb życia będący największym źródłem Przyjemności przeskakuje do następnego, którym jest wyrzeczenie się jedzenia, działa pod wpływem jakości natury zwanej ciemnością (*tamas*).

Mędrcy, którzy próbowani ongiś zważyć różne tryby życia stwierdzili, że gdy domowy tryb życia postawi się na jednej szali, na drugiej trzeba postawić wszystkie pozostałe tryby ascetycznego życia, aby go zrównoważyć. Widząc ten rezultat jak i to, że w tym trybie życia realizowane są Prawo, Przyjemność i Zysk, wielcy riszi wybrali go jako własną drogę i stał się on azylem dla osób obeznanych z funkcjonowaniem tego świata. Spokój, samokontrola, hart ducha, uczciwość, czystość, prostota, ofiara, cierpliwość i prawość są tymi cnotami, które są zalecane przez mędrców i które są kultywowane w domowym trybie życia. Prawdziwym ascetą jest więc ten, kto prowadzi domowy tryb życia traktując go jako swój obowiązek i równocześnie wyrzeka się owoców działania, a nie ten kto nie zdobywszy pełnej wiedzy i zrozumienia porzuca swój dom i otoczenie i udaje się do lasu. Hipokryta, który żyje w dżungli, choć nie zdołał pokonać żądzy, wkrótce padnie jej ofiarą.

Działania wynikłe z próżności nie produkują owocu. Natomiast wyrzeczone działania, które są wykonywane nie z myślą o owocu, lecz jako ofiara, rodzą liczne owoce. W domowym trybie życia działania są wykonywane jako ofiara z myślą o Ojcach, bogach i gościach realizując wszystkie trzy cele życia, którymi są Zysk, Prawo i Przyjemność. Ten, kto przestrzega ściśle wszystkich reguł związanych z tym trybem życia, nie będzie stracony ani na tym, ani na tamtym świecie.

Bezgrzeszny Pan Wszystkich Żywych Istot o sprawiedliwej duszy stworzył żywe istoty, aby czciły go ofiarą z licznych darów. Jako składniki ofiary zostały stworzone pnącza, drzewa, zioła, zwierzęta uważane za rytualnie czyste i oczyszczony tłuszcz. Wśród riszich są tacy którzy uważają studiowanie *Wed* za składanie ofiary. Inni uważają kontemplację za wielką ofiarę składaną w umyśle. Nawet bogowie pragną towarzystwa takiej duchowo odrodzonej osoby, która dzięki koncentracji umysłu staje się równa Brahmie. Ten, kto żyje zgodnie z zasadami domowego trybu życia jest zobowiązany do gromadzenia bogactwa i realizowania ofiar i dlatego ten tryb życia jest uważany za bardzo trudny i wymagający. Ten kto posiada bogactwo, kukurydzę i bydło i nie składa ofiar, popełnia śmiertelny grzech".

Nakula kontynuował: „O królu, chcąc żyć w dżungli jak pustelnik i opóźniając wykonanie wielkiego rytuału ofiarnego, w którym mógłbyś oferować całe to ogromne bogactwo, które zdobyłeś pokonując wroga, dowodzisz jedynie słabości swej wiary. Nigdy nie widziałem króla, który żyjąc w zgodzie z domowym trybem życia wyrzekłby się swego bogactwa w inny sposób niż poprzez wykonanie wielkich rytuałów ofiarnych, jak rytuał *Radżasuja* czy

Aświamedha. Idź w ślady króla bogów Indry i wykonaj wielki rytuał ofiarny wychwalany przez braminów.

Król, którego poddani są okradani przez złodziei i który nie dostarcza im właściwej ochrony, jest uważany za samo ucieleśnienie Kali (uosobienia chaosu). Jeżeli udamy się do lasu, zamiast rozdać braminom w wielkim rytuale ofiarnym zdobyte ogiery, bydło, słonie, niewolnice wioski, pola i domy, będziemy wśród królów jak Kali, bowiem król, który nie rozdaje darów i nie dostarcza ochrony poddanym, grzeszy i zamiast ekstazy zbiera nieszczęście zarówno na tym jak i na tamtym świecie.

Jeżeli udasz się do lasu bez przeprowadzenia wielkich rytów na rzecz swoich zmarłych przodków i nie wykąpiesz się w świętych wodach, zginiesz jak niewielka chmura oderwana przez wiatr od gęstych chmur. Będziesz upadły zarówno na tym, jak i tamtym świecie i narodzisz się ponownie na ziemi w formie pisaka. Prawdziwe wyrzeczenie polega na pozbyciu się wewnętrznie przywiązania do zmysłowych przedmiotów, a nie na opuszczeniu domowego ogniska i życiu w lesie. Tylko ci, co urodzili się w kaście bramińskiej, mogą prowadzić życie pustelnika bez popełniania grzechu. Posłuszny własnym obowiązkom wychwalanym przez starożytnych i praktykowanym przez najlepszych z królów przestań rozpaczać z powodu zabicia swego potężnego wroga. Żyjąc zgodnie z Prawem wojownika zdobyłeś świat dzięki swej odwadze i teraz obdaruj nim braminów w wielkim rytualne ofiarnym i zdobądź niebo".

Sahadewa chcąc wesprzeć słowa swego brata bliźniaka Nakuli rzekł: „O Królu Prawa, sukcesu nie osiąga się wyłącznie poprzez zewnętrzne wyrzeczenie się wszystkich przedmiotów zmysłowych. Co więcej, trudno go nawet uzyskać poprzez odrzucenie mentalnego przywiązania. Oby szczęście osiągane przez tego, kto wyrzeka się zewnętrznych przedmiotów, lecz w swym umyśle ciągle ich skrycie pożąda, należało do wroga, a szczęście, które zdobywa ten, kto rządzi ziemią po odrzuceniu wszelkiego wewnętrznego przywiązania, należało do naszych przyjaciół!

Sanskryckie słowo *mama* oznaczające 'to jest moje' składa się z dwóch sylab i jest jaźnią należącą do śmierci, podczas gdy jego przeciwieństwo *na-mama* oznaczające 'to nie jest moje' składa się z trzech sylab i jest jaźnią prowadzącą do wiecznego *Brahmana*. Śmierć i *Brahman* wkraczają niepostrzeżenie do każdej duszy skłaniając wszystkie żywe istoty do działania.

Bycie zwane duszą jest niezniszczalne, przeto ten, kto niszczy ciało żywych istot, nie może być obwiniany o zabijanie bycia.

Gdyby dusza ulegała zniszczeniu razem z ciałem, wówczas droga poprzez rytuały i działania zarządzona w *Wedach* byłaby całkowicie bezowocna. Mędrzec biorąc to pod uwagę i wolny od wątpliwości, co do nieśmiertelności duszy, wybiera tę drogę, którą kroczyli jego przodkowie w zamierzchłych czasach.

Życie króla, który po zdobyciu całej ziemi nie sprawuje nad nią władzy, jest całkowicie bezowocne. Podobnie człowiek, który żyje w lesie żywiąc się leśnymi owocami i korzonkami, choć nie zerwał więzi z ziemskimi przedmiotami, żyje w uścisku śmierci. Serca i zewnętrzne formy wszystkich żywych istot są jedynie manifestacjami jaźni. Ci, którzy widzą wszystkie żywe istoty w swej własnej jaźni uwalniają się od lęku przed zniszczeniem.

O Królu Prawa, jesteś moim starszym bratem, nauczycielem, królem i obrońcą. Wybacz mi więc moje niespójne słowa, które wypowiedziałem kierując się miłością i szacunkiem dla ciebie".

7. Draupadi zarzuca Królowi Prawa szaleństwo i nakłania go do wzięcia w dłonie królewskiego berła sprawiedliwości

Judhiszthira siedząc w otoczeniu braci słuchał ich mów odwołujących się do *Wed* w milczeniu. Towarzyszyła im ich szlachetnie urodzona i oddana żona Draupadi, do której zawsze odnosili się z uczuciem. Ta piękna dama o szerokich biodrach zawsze krocząca ścieżką Prawa rzekła do Judhiszthiry: „O Królu Prawa, dlaczego nie reagujesz na mowy braci i pozwalasz, aby mówili w pustkę? Zadowól swym słowem tych herosów, którzy muszą ciągle wypijać przygotowany dla nich przez ciebie puchar goryczy.

Podczas wygnania, gdy mieszkaliśmy nad jeziorem Dwaita, mówiłeś do nich: 'O bracia, przygotujmy się do pokonania wroga. Zabijemy Durjodhanę i będziemy się cieszyć całą ziemią, która jest zdolna do spełnienia każdego życzenia. Po pokryciu pola bitewnego martwymi ciałami wroga wykonamy wielkie rytuały ofiarne rozdając bogate dary. Uwolnimy się w ten sposób od cierpienia wynikłego z życia na wygnaniu'.

Ty sam mówiłeś te słowa. Dlaczego więc chowasz w sercu tak wiele smutku? Teraz, gdy pokonałeś potężne siły wroga— wyposażone bogato zarówno w słonie, konie i rydwany jak i w trzy siły, którymi są posiadanie dobrego dowódcy, dobrej rady oraz wytrwałości i odwagi—ciesz się władaniem całą ziemią. Tylko eunuch nie może czerpać radości z posiadania bogactwa i potomstwa. Król i wojownik musi władać ziemią dzierżąc w dłoni berło sprawiedliwości. Bez królewskiego berła sprawiedliwości poddani nigdy nie będą zadowoleni. Współczucie dla wszystkich żywych istot, studiowanie *Wed* i praktykowanie ascezy należą do obowiązków bramina, podczas gdy najważniejszymi obowiązkami króla jest karanie niegodziwców, nagradzanie sprawiedliwych i walka z wrogiem. Aby wypełniać swe obowiązki, król musi być zdolny zarówno do gniewu, jak i do wybaczania, karania i nagradzania, dawania i brania, strachu i nieustraszoności. Król nie zdobywa ziemi poprzez studiowanie *Wed* lub żebractwo.

Już przedtem swym berłem sprawiedliwości ujarzmiłeś region Krauncza, który jest jak region Dżamwudwipa, ale na zachód od Góry Meru, region Saka, który jest jak Krauncza, ale na wschód od Góry Meru i region Bhadraśwa, który jest jak region Saka, ale na północ od Góry Meru. Ujarzmiłeś również regiony leżące w ich sąsiedztwie należące do różnych państw i po przebyciu oceanu liczne wyspy. Jakże po dokonaniu tych wszystkich wielkich czynów, za które wychwalają cię nawet bramini, twoja dusza może być ciągle w rozterce?

Spójrz na swych heroicznych braci odważnych jak bojowe słonie i spraw im radość swymi słowami! Wszyscy jesteście potężni jak bogowie, zdolni do pokonania każdego wroga. Byłabym szczęśliwa mając za męża choćby jednego z was, a cóż dopiero, gdy mam was wszystkich pięciu i troszczycie się o mnie jak pięć zmysłów troszczy się o ciało. Słowa waszej matki Kunti nie mogą być nieprawdziwe. Powiedziała ona kiedyś do mnie: 'O Draupadi, Judhiszthira zawsze cię uszczęśliwi'.

Przez swe własne szaleństwo chcesz doprowadzić do tego, aby twe wielkie czyny pozostały bezowocne. Młodsi bracia podążają za śladami starszego i wkrótce tak jak on stracą rozum. Swym szaleństwem sprowadzisz szaleństwo na nas wszystkich. Twoi młodsi bracia powinni zamknąć cię w więzieniu razem z tymi wszystkimi, co stracili wiarę, i biorąc władzę w swe ręce sami rządzić całą ziemią! Ten, kto działa jak ty, z powodu utraty rozumu, nigdy nie zdoła przynieść na ziemię dobrobytu. Ten, kto wybiera ścieżkę szaleńca, powinien trafić pod opiekę medyków!

O mężu, wiem, że ja sama jestem godna potępienia będąc najgorszą z wszystkich kobiet, bo chcę dalej żyć, mimo śmierci moich wszystkich synów. Nie ignoruj jednak moich słów tak jak ignorujesz słowa braci, którzy pragną wyperswadować ci twój zamiar porzucenia królestwa i życia jak żebrak. Porzucając władzę prowokujesz niepomyślność i sprowadzisz na siebie nieszczęście. Teraz po dokonaniu wielkich czynów sam błyszczysz tak jak dwaj wielcy królowie, Mandhatri i Amwarisza, uważani w odległych czasach za panów ziemi. Rządź więc Matką Ziemią ochraniając poprzez Prawo swych poddanych. Zamiast tracić ducha, oddaj cześć bogom sponsorując wielkie rytuały ofiarne i obdaruj braminów zdobytym bogactwem".

8. Ardżuna wychwala królewskie berło sprawiedliwości jako podstawę utrzymywania na ziemi prawości

Ardżuna po wysłuchaniu słów Draupadi i ukazując najstarszemu bratu należny mu szacunek rzekł:

„O Judhiszthira, król sprawuje władzę poprzez swe berło kary, które jest na ziemi wymiarem sprawiedliwości ochraniającym płody ziemi i stojącym na straży realizacji trzech celów życia, którymi są Prawo, Zysk i Przyjemność.

Wiedząc o tym uchwyć w dłonie swe królewskie berło i stój na straży porządku tego świata, gdzie praktycznie wszystko się na nim opiera. Istnieje klasa ludzi, która powstrzymuje się przed zabijaniem się nawzajem jedynie z lęku przed królewskim berłem sprawiedliwości. Ludzie tonęliby w głębiach piekielnych, gdyby nie mieli ochrony z jego strony. Królewskie berło sprawiedliwości, czyli *danda* (uderzenie, zatrzymanie, rózga, maczuga), zawdzięcza swą nazwę temu, że ogranicza niesfornych i karze przestępców.

Król zarządza różne kary w zależności od kasty przestępcy. I tak bramina karze jedynie słowną krytyką, wojownika dostarczając mu jedynie głodowej ilości jadła, kupca karą pieniężną i konfiskatą własności, a służącego dodatkową pracą, bo służący nie posiada żadnej własności.

Aby skłaniać ludzi do realizowania obowiązków i ochraniać ich ziemską własność, zostają sformułowane specjalne rozporządzenia, których skuteczności broni królewskie berło sprawiedliwości. Tam, gdzie królewskie berło czuwa, gotowe do uchwycenia każdego przestępcy, i gdzie prawy król ma słuszną wizję, poddani nigdy nie schodzą ze ścieżki Prawa. Zarówno *brahmacarini*, jak i ci, którzy żyją zgodnie z domowym trybem życia, pustelnicy i religijni żebracy, kroczą ścieżką Prawa z lęku przed karą. Ci, którzy nie boją się kary na tym lub na tamtym świecie, nie wykonują rytuałów ofiarnych, nie rozdają darów, nie dotrzymują uzgodnień i paktów.

Królowi trudno zdobyć na tym świecie bogactwo i dobrobyt bez wykonywania heroicznych czynów i powstrzymując się od zabijania wszelkich żywych istot. Bez zabicia wroga trudno zdobyć sławę, bogactwo i poddanych. Sam Indra stał się wielkim

Indrą dzięki pokonaniu Wrtry. Ludzie oddają cześć tym bogom, którzy zabili swych wrogów. Rudra, Skanda, Indra, Agni, Waruna, Kala, Waju, Surja, bogowie wasu, marutusi i inni są zabójcami swych wrogów. Ludzie onieśmieleni i przerażeni ich potęgą im oddają cześć, a nie pokojowemu Brahmie, czy synom Aditi, Dhatarowi i Puszanowi. Tylko niewielu ludzi o szlachetnym usposobieniu oferuje wszystkie swe działania tym bogom, którzy mają podobny do nich stosunek do wszystkich żywych istot, samokontrolują się i są nastawieni na pojednanie.

Na tym świecie nie widzę żadnej takiej istoty, która byłaby zdolna do podtrzymywania życia bez wyrządzania innej żadnej szkody. Zwierzęta żywią się innymi zwierzętami, silniejsi żywią się słabszymi. Mangusta zabija mysz, kot zabija mangustę, pies zabija kota, leopard zabija psa i gdy nadejdzie na to właściwy czas wszystkie żywe istoty są ostatecznie zabijane przez Niszczyciela. Cały ruchomy i nieruchomy wszechświat jest pożywieniem dla żywych istot. Tak zarządzili bogowie. Człowieka, który zdobył wiedzę, fakt ten nie oszołamia. Bądź więc tym, kim się urodziłeś i zmień swój zamiar. Tylko wojownik pozbawiony rozumu uwalnia się od gniewu i radości i szuka dla siebie ucieczki w dżungli.

Nie ma wyższego obowiązku od obowiązku utrzymywania się przy życiu. Nawet asceci nie potrafią jednak utrzymać się przy życiu całkowicie bez zabijania żywych istot. Liczba żywych istot w wodzie, na ziemi i w owocach jest niezliczona. Nie można uniknąć ich zabijania. Niektóre żywe istoty są tak małe, że ich istnienia można się jedynie domyślać. Samo spojrzenie na nie może je zabić. Niektórzy, którzy porzucili domowy tryb życia i opanowując gniew i pychę udali się do dżungli, są tak oszołomieni, że żyją tam zabijając tyle samo żywych istnień, jak poprzednio. Ci, którzy prowadzą domowy tryb życia zgodnie z wedyjskimi regułami i uprawiają ziemię, wyrywają zioła, obcinają drzewa, zabijają ptaki i zwierzęta składając je w ofierze i zarabiają tym przynajmniej niebo".

Ardżuna kontynuował: „O bracie, wszystkie przedsięwzięcia podejmowane na ziemi przez żywe istoty kończą się sukcesem, tylko wtedy gdy wymiar sprawiedliwości funkcjonuje właściwie. Gdy ulega on zniszczeniu, żywe istoty także ulegają zniszczeniu. Silniejsze niszczą słabsze. Tę prawdę wypowiedział niegdyś sam Brahma mówiąc: 'Królewskie berło sprawiedliwości właściwie użyte ochrania żywe istoty. Tak jak wygasły ogień rozpala się na nowo ze strachu przed uderzeniem wiatru, tak strach przed wymiarem sprawiedliwości ożywia żywe istoty'.

Gdy w świecie brakuje królewskiego berła sprawiedliwości, które różnicuje dobro od zła, cały świat pokrywają ciemności i wszystkie przedmioty mieszają się ze sobą. Gdy królewskie berło sprawiedliwości jest silne, wówczas nawet przestępcy i ateiści, którzy szydzą z *Wed*, zaczynają się skłaniać do przestrzegania ich zasad.

Człowiek czysty i prawy w sposób naturalny odczuwa lęk przed królewskim berłem sprawiedliwości i ten lęk skłania go do przestrzegania zarządzeń i zakazów. Królewski wymiar sprawiedliwości został ustanowiony przez samego Stwórcę, aby stać na straży Prawa, Zysku i Przyjemności we wszystkich czterech kastach i aby skłaniać ludzi do skromności i prawości w zachowaniu. Tam, gdzie berło sprawiedliwości nie budzi lęku, tam drapieżne bestie będą pożerać zwierzęta i oczyszczony tłuszcz potrzebny do prowadzenia rytuałów ofiarnych. Gdyby go nie było, nikt nie studiowałby *Wed*, nie doiłby krów, a panny pozostawałyby bez mężów. Wszystkim rządziłaby zemsta i zagubienie. Wszelkie bariery uległyby zniszczeniu i zniknęłaby idea własności i posiadania i ludzie przestaliby wykonywać rytuały ofiarne wymagające darów. Nikt nie wykonywałby zarządzeń *Wed* odnoszących się do różnych trybów życia i nikt by się niczego nie uczył. Nikt nie zakładałby uprzęży na wielbłądy, woły i konie.

Wszystkie żywe istoty potrzebują berła sprawiedliwości i dlatego mędrcy twierdzą, że jest ono u korzeni wszystkiego. Na jego istnieniu opiera się cały świat i zdobywanie nieba. Gdy berło sprawiedliwości jest właściwie użyte, grzech, oszustwo i wszelka niegodziwość znikają z tego świata. Żaden pies nie zdoła polizać ofiary i żadna wrona nie zdoła jej ukraść".

Ardżuna kontynuował: „O królu, obecnie naszym obowiązkiem jest uwolnienie się od żalu. Królestwo należy teraz do nas bez względu na to, czy zdobyliśmy je w prawy czy bezprawny sposób. Ciesz się więc zwycęstwem i przeprowadź wielki rytuał ofiarny. Osiągnięcie dobrobytu jest niemożliwe bez gromadzenia bogactwa. Ludzie są zadowoleni, gdy mogą gromadzić dobra prowadząc własne gospodarstwo domowe, żyjąc z żonami i dziećmi, jedząc smakowite posiłki, nosząc atrakcyjne ubrania i praktykując cnotę. Nasze wszelkie działania zależą od bogactwa, a bogactwo zależy od istnienia wymiaru sprawiedliwości.

Nie zapominaj o znaczeniu królewskiego berła sprawiedliwości. Prawo przez nie ochraniane zostało ogłoszone po to, aby utrzymywać w świecie związki potrzebne do jego funkcjonowania. Żyjąc na tym świecie każdy ma wybór między powstrzymywaniem się od ranienia i zadawaniem ran, gdy skłania go ku temu słuszny motyw. Za lepszy uważa się zawsze wybór tego działania, poprzez które realizuje się Prawo. Żadne działanie nie jest ani całkowicie bezgrzeszne, ani całkowicie grzeszne. W każdym działaniu jest realizowane zarówno dobro jak i zło. Na tym świecie, który jest nietrwały i pełen okrucieństwa i bólu, należy zawsze iść drogą odwiecznego zwyczaju i Prawa przestrzegając ściśle ich reguł. Wiedząc o tym krocz dalej odwieczną ścieżką królów. Sponsoruj rytuały ofiarne, rozdawaj dary, ochraniaj swych poddanych i swym berłem sprawiedliwości utrzymuj Prawo. Zabijaj wrogów i ochraniaj przyjaciół. Dbaj o zadowolenie i dobrobyt poddanych. Ten, to tak czyni, nie popełnia grzechu. Król, który zabija atakującego go wroga, nie popełnia tego samego grzechu, co ten, kto zabija nienarodzone jeszcze dziecko, bo jego gniew jest odpowiedzią na gniew wroga. Dusza każdej żywej istoty jest nieśmiertelna i dlatego nie można zniszczyć bycia, które zmienia jedynie swe ciała. Porzucając zużytą formę nabywa nową. Ci, którzy poznali Prawdę, nazywają tę zmianę ciała przez duszę śmiercią".

9. Bhima namawia Króla Prawa do pokonania swego umysłu, bo inaczej zaniedbując swe obowiązki nie uniknie reinkarnacji

Bhima nieomal tracąc całą swą cierpliwość rzekł: „O Królu Prawa, znasz doskonale swe królewskie obowiązki i nie istnieje nic, czego byś nie wiedział. Choć pragniemy naśladować cię w zachowaniu, nie możemy tego teraz uczynić. Choć chciałem milczeć, nie potrafię zachować milczenia. Wysłuchaj więc moich słów.

Twa nagła utrata rozumu grozi nam wszystkim zagładą i napawa nas straszliwym smutkiem odbierając nam siły. Jak to możliwe, abyś ty, który jesteś władcą całego świata i poznałeś wszelkie gałęzie wiedzy, stracił nagle całą zdolność rozumienia ulegając kaprysom serca i zachowywał się jak tchórz! Znasz przecież różnicę między Prawem i Bezprawiem i nic, co należy do teraźniejszości, przeszłości i przyszłości nie jest ci nieznane!

Choć wiesz wszystko, pozwól mi jednak wymień racje przemawiające za tym, abyś otrząsnął się ze swego stanu i podjął władzę.

Wyróżnia się dwa rodzaje chorób: fizyczne i umysłowe. Te dwa rodzaje chorób wypływają ze siebie nawzajem.

Ktoś, kto poddaje się żalowi myśląc o przeszłym fizycznym i mentalnym nieszczęściu, wzmacnia swym obecnym cierpieniem przeszłe nieszczęście i cierpi podwójnie.

Zimno, ciepło i wiatr są atrybutami ciała. Ich harmonia jest znakiem zdrowia. Gdy jeden z nich przewyższa inne, potrzebne jest lekarstwo. Zimo leczy się ciepłem, a ciepło zimnem.

Dobro (*sattwa*), namiętność (*radżas*) i ciemność (*tamas*) są atrybutami umysłu. Ich harmonia jest znakiem mentalnego zdrowia. Przewaga jednej z nich wymaga lekarstwa. Nadmiar radości leczy smutek, nadmiar smutku leczy radość. Ten kto doświadcza przesadnej ekstazy, leczy się wspominając swe przeszłe nieszczęścia, a ten kto ugina się pod ciężarem smutku, wspomina momenty wywołujące ekstazę.

Przeznaczenie zdaje się rządzić wszystkim. Jeżeli jednak twój obecny stan wynika z twej własnej natury, dlaczego nie próbujesz rozproszyć swego obecnego smutku wynikłego ze świadomości zniszczenia swych krewnych przypominając sobie o tym, jak znęcali się nad naszą żoną Draupadi i jak zmusili nas do udania się na wygnanie i życie w dżungli. Dlaczego zamiast tego pieścisz teraz w swym umyśle bolesne wspomnienie śmierci Bhiszmy i Drony?

Bitwa, którą teraz toczysz, nie wymaga strzał, przyjaciół i krewnych, bo jest to bitwa z własnym umysłem. Jeżeli uwolnisz duszę z ciała, zanim pokonasz umysł i podejmiesz swe obowiązki, będziesz musiał przybierając inne ciało ponownie narodzić się na ziemi. Wygraj więc tę walkę ze swym umysłem wspomagany swymi czynami. Wygrywając ją wyzwolisz się z cyklu życia.

Używając intelektu i rozmyślając nad słuszną i niesłuszną ścieżką, którą kroczą żywe istoty, wybierz tą samą drogą, którą kroczyli twoi ojcowie i rządź odzyskanym królestwem zgodnie z Prawem. Wyrokiem dobrego losu pozbyłeś się wrogów. Zachowuj się więc jak król i wykonaj Ofiarę Konia rozdając bogate dary. Zarówno my jak i Kryszna Wasudewa będziemy twoimi sługami".

10. Judhiszthira wychwala zdobywanie wiedzy i dążenie do *mokszy*

Judhiszthira rzekł: „O Bhima, będąc pod wpływem grzesznych uczuć—jak rozgoryczenie, przywiązanie do ziemskich przedmiotów, niepokój, poczucie potęgi, szaleństwo i pycha—ciągle pragniesz władzy i królestwa. Staraj się osiągnąć szczęście uwalniając się od żądzy i obojętny zarówno na radość jak i smutek zdobądź spokój umysłu. Niezrównany król, który będzie rządził całą bezkresną ziemią, będzie miał tylko jeden żołądek. Dlaczego pochwalasz bazujący na żądzy styl życia? Żądzy nie sposób zaspokoić ani przez jeden dzień, ani przez wiele miesięcy. Osoba opanowana przez żądzę nie potrafi faktycznie zaspokoić jej przez całe życie. Ogień karmiony paliwem rozpala się, lecz gdy paliwa zabraknie gaśnie. Ugaś więc ogień odczuwanego głodu dostarczając mu mniej pożywienia. Pokonaj najpierw swój żołądek. Gdy tego dokonasz, będziesz zdolny do zdobycia całej ziemi i czerpania z tego korzyści dla siebie.

Wychwalasz żądzę i dobrobyt zapominając, że to ci, którzy wyrzekli się wszelkiej przyjemności i wychudzili ciała praktykując ascezę, zdobywają błogosławione regiony niebieskie. Ten, kto pragnie królestwa, grzeszy, bo królestwo nabywa się i utrzymuje zarówno poprzez prawe, jak i grzeszne działania. Uwolnij się od ciężaru pragnienia go i praktykuj wyrzeczenie.

Król, który akceptuje posiadanie ziemskiej własności, nigdy nie zdoła znaleźć zadowolenia praktykując wyrzeczenie. Piekła zdoła uniknąć jedynie ten, kto utrzymuje się przy życiu jedząc liście i mieląc ziarno zębami lub przy pomocy dwóch kamieni, lub ten, kto żywi się jedynie wodą i powietrzem. Powiadają, że cel życia realizuje ten, kto traktuje tak samo złoto i kamień, a nie król, który włada całą ziemią. Zaprzestań podejmowania działań z zamiarem zrealizowania swych intencji, uwolnij się od przywiązania do nich. Ci, którzy uwolnili się od pragnień i posiadania, uwalniają się od cierpienia. Uwalniając się od żądzy i posiadania uwolnisz swą mowę od fałszu".

Judhiszthira kontynuował: „O Bhima, mamy do wyboru dwie drogi: drogę Ojców, która prowadzi do wiecznej ekstazy poprzez wykonywanie wedyjskich rytuałów ofiarnych i drogę bogów, która jest drogą prowadzącą do Wyzwolenia nie przez rytuały, lecz przez medytację i pobożne działania. Mędrcy, którzy uwalniają się ze swego ciała praktykując umartwienia, *brahmacarję* i studiowanie *Wed* udają się do regionów, których nie dosięga moc śmierci. Ziemskie przyjemności będące dla duszy jak kajdany, są również nazywane *karmą* (działaniem). Uwolnij się od przywiązania do ziemskich przyjemności i uwolnij się od *karmy* i zrealizuj w ten sposób najwyższy cel.

Król Dżanaka, który uwolnił się od wszelkich dualizmów, żądzy i własności idąc ścieżką prowadzącą do *mokszy* (wyzwolenia z cyklu ponownych narodzin) zwykł nucić następujące słowa: 'Choć nic nie posiadam, moje bogactwo jest niezmierzone. Gdyby więc nawet stolica mego kraju, Mithila, spłonęła, nic spłonęłoby nic mojego'.

Tak jak ten, kto znalazł się na wierzchołku, patrzy z góry na tych, co znajdują się na dole, tak ten, kto osiągnął szczyt wiedzy, spogląda z góry na ludzi, który opłakują utratę rzeczy, których nie warto opłakiwać. Okiem rozumienia patrzy na przedmioty ten, kto widzi je takimi, jakimi naprawdę są. Rozumienie zawdzięcza swą nazwę temu, że daje zdolność pojęcia przedmiotów nieznanych i niepojętych. Ci, którzy są obeznani ze słowami mędrców o oczyszczonych duszach, którzy dotarli do *Brahmana*, zdobywają wielkie honory. Ten, kto widzi jedność w nieskończonej różnorodności żywych istot będących różnymi emanacjami z tej samej esencji, ten dociera do *Brahmana*. To ci, którzy zdobędą ten wysoki poziom kultury, docierają do najwyższego miejsca szczęśliwości, a nie ci, którzy nie zdobyli wiedzy, są małymi i miernymi duszami, nie zdobyli rozmienia lub nie praktykowali umartwień. Wszystko bazuje na kultywowaniu rozumienia".

11. Ardżuna przypomina argumenty żony króla Dźanaki, że król prawdziwie wyrzeczony uwalnia się od przywiązania wewnątrz swej jaźni, a nie przez strój żebraczy

Ardżuna poruszony do żywego słowami swego najstarszego brata rzekł: „O Królu Prawa, pozwól, że przymnę ci recytowaną przez mędrców rozmowę między królem Dźanaką, który porzucił swe żony, synów, królestwo i królewską drogę gromadzenia zasług wybierając żebraczy tryb życia i jego rozpaczającą z tego powodu żoną.

Król Dźanaka ogoliwszy głowę wdział strój żebraczy i uwolniwszy się od bogactwa i wszelkiego rodzaju pychy udał się do lasu, gdzie żył przestrzegając ślubu nie ranienia żadnej żywej istoty. Pewnego dnia jego żona zobaczyła go, jak siedział bez ruchu, obojętny na wszystko z garstką jęczmienia w dłoni. Zbliżyła się do niego i rzekła z gniewem: 'O mężu, dlaczego prowadzisz ten żebraczy styl życia porzuciwszy królestwo opływające w różnego rodzaju bogactwo, ze spichlerzami pełnymi kukurydzy, skoro nie potrafisz wyrzec się tej garstki zebranego z ziemi jęczmienia, którą trzymasz w dłoni. Twoje działania nie są zgodne z twoimi postanowieniami. Porzuciłeś wielkie i bogate królestwo, lecz patrzysz z zawiścią na tę garstkę jęczmienia. Czy wystarczy jej, aby zadowolić ofiarą gości, bogów, riszich i Ojców?

Zaniechawszy wszelkiego działania, opuszczony przez gości, bogów, riszich i Ojców prowadzisz życie wędrownego żebraka. Gdy żyłeś jak król, dostarczałeś wsparcia tysiącom braminów studiujących *Wedy*. Jakże więc teraz możesz prosić ich o swoje własne jedzenie? Porzuciwszy swój własny dobrobyt rozglądasz się teraz wokół za jedzeniem jak pies. Swą matkę pozbawiłeś syna, a żony uczyniłeś wdowami. Wojownicy szukający możliwości zebrania religijnych zasług poprzez swą walkę w tobie pokładali wszystkie nadzieje. Do jakiego udasz się po śmierci regionu zawodząc ich nadzieje, skoro zbawienie duszy zależy od działania w czasie życia na ziemi? Porzucając żony nie zdobędziesz ani tego, ani tamtego świata, bo działania religijne wymagają ich obecności.

O mężu, dlaczego wiedziesz to życie wędrownego żebraka powstrzymując się od działania i porzuciwszy zdobiące cię girlandy, klejnoty i królewskie szaty? Jak możesz czekać na dary od innych i oddawać innym cześć, będąc dotychczas dla żywych istot jak święte jezioro lub jak godne czci wielkie drzewo dostarczające im schronienia? Nawet słoń zostanie pożarty przez robaki i mięsożerne bestie, jeżeli zaprzestanie wszelkiego działania.

Jakże mogłeś nastawić serce na ten tryb życia, który nakazuje, aby wyposażyć się w gliniany garnuszek i kij wędrowny i porzuciwszy wszystko utrzymywać się przy życiu z garstki jęczmienia? Jeżeli twierdzisz, że nie ma dla ciebie różnicy między królestwem i garstką jęczmienia, dlaczego porzuciłeś królestwo, a trzymasz się kurczowo tej garstki jęczmienia? Skoro przywiązałeś się do tej garstki jęczmienia i nie chcesz jej oddać nikomu, twoje postanowienie wyrzeczenia się wszystkiego rozpada się w proch. Nie potrafisz faktycznie zrealizować swego postanowienia i wyrzec się wszystkiego wewnątrz swej jaźni.

Mógłbyś faktycznie żyć dalej jako władca ziemi praktykując wyrzeczenie wewnątrz swej jaźni. Żebraczy tryb życia mogą prowadzić biedacy, którzy szukają szczęścia, ale nie posiadają ani żadnych dóbr, ani przyjaciół. Jednakże król, który naśladuje ich porzucając swój domowy tryb życia, swe królewskie łoże, pałac, rydwan, klejnoty i stroje, błądzi.

Część ludzi zawsze przyjmuje dary, a inna część zawsze rozdaje dary. Jeżeli dary daje się temu, kto zawsze akceptuje dary lub jest w szponach pychy, dar nie zrealizuje swego celu będąc jak dolewanie tłuszczu do palącego się lasu. Tak jak ogień nie gaśnie, zanim nie pochłonie wszystkiego, co zostało do niego wrzucone, tak zwykły żebrak nie przestanie żebrać, aż otrzyma swój dar. Na tym świecie jedzenie rozdawane przez dobroczyńcę powinno wspierać pobożnych. Jeżeli król nie będzie obdarowywał pobożnych jedzeniem, dokąd oni pójdą?

Ci, którzy prowadzą domowy tryb życia zawsze dysponują żywnością. To oni karmią żebraków. Życie jest utrzymywane dzięki jedzeniu. Tak więc ten, kto obdarowuje innych jedzeniem, obdarowuje ich życiem. Żebracy, którzy prowadzili poprzednio domowy tryb życia, stają się zależni od tych, do których sami przynależeli.

Ludzie, którzy ćwiczą się w samo-kontroli, zdobywają dzięki temu sławę i moc. Nikogo nie nazywa się pustelnikiem-żebrakiem tylko dlatego, że porzucił to, co posiadał lub żyje z jałmużny. Pustelnikiem-żebrakiem nazywa się tego, kto wyrzekł się własności i przyjemności wewnątrz swej własnej jaźni. Ten, kto jest wolny od gniewu i przywiązania do zmysłowych przedmiotów wewnątrz swego serca, choć żyje wśród tych przedmiotów i kto nie widzi różnicy między wrogiem i przyjacielem, jest uważany za prawdziwie wyrzeczonego. Ludzie golą swe głowy, ubierają strój żebraczy żyjąc jak wędrujący żebrak, choć nie uwolnili się od swego przywiązania do zmysłowych przedmiotów. Zaprzestawszy studiowania *Wed* i porzuciwszy wyznaczone im obowiązki, żony i dzieci są faktycznie ludźmi o niewielkiej wiedzy i wybierają żebraczy styl życia pragnąc znaleźć łatwe środki utrzymania się przy życiu i nie szukają prawdziwego wyzwolenia duszy.

O mężu, poszuku regionów wiecznej ekstazy kontrolując swe żądze i realizując swoje obowiązki dostarczania utrzymania tym, którzy wśród różnego rodzaju żebraków są prawdziwie pobożni. Któż może być bardziej prawy od króla, który podtrzymuje ogień ofiarny, sponsoruje rytuały ofiarne dostarczając zwierząt ofiarnych i darów i bez wytchnienia praktykuje dobroczynność'".

Ardżuna kontynuował: „O Królu Prawa, król Dżanaka jest znany całemu światu jako oświecona dusza. A jednak nawet on stracił orientację opuszczając królestwo i swe obowiązki i wybierając żebraczy styl życia jako drogę prowadzącą do wyzwolenia duszy. Nie popełniaj tego samego błędu".

12. Król Prawa przeciwstawia ścieżkę jogi i *mokszy* ścieżce realizowania rytuałów opisanych w *Wedach*

Judhiszthira rzekł: „O Ardżuna, w *Wedach* znajdujemy dwa rodzaje pouczeń: jedne zalecają działanie, a inne wyrzeczenie się działania. Święte pisma nie zawsze są jasne i płynące z nich wnioski bazują na interpretacji. Prawda, która jest zawarta w *Mantrach* jest mi doskonale znana, podczas gdy ty sam krocząc ścieżką herosów i pragnąc zapoznać się z wszelką bronią nie zdołałeś poznać świętych pism równie dobrze jak ja i nie zdołałeś w pełni zrozumieć ich prawdziwego sensu. Gdybyś znał naprawdę dobrze Prawo, zrozumiałbyś, że słów podobnych do twoich nie powinien wypowiadać pod moim adresem nawet ktoś, kto osiągnął pełne zrozumienie znaczenia świętych pism i Prawa. Wiem jednakże, że wypowiedziałeś je motywowany braterską troską i dlatego uważam je za właściwe.

Na całym świecie nie ma nikogo, kto realizowałby ściślej od ciebie swe wojenne obowiązki i był w ich realizacji zręczniejszy. Masz więc wszelkie prawo, aby wypowiadać się w sprawie różnych subtelności dotyczących tego przedmiotu, których inni nie są w stanie uchwycić swym umysłem. Nie powinieneś jednak poddawać w wątpliwość mojej zdolności rozumienia świętych pism. Nie znasz wniosków tych, którzy studiowali przedmiot wyrzeczenia w każdym szczególe".

Judhiszthira kontynuował: „O Ardżuna, twoje stwierdzenie, że najwyżej z wszystkiego stoi bogactwo jest błędne. Spróbuję cię o tym przekonać.

Mędrcy, którzy poszukiwali zrozumienia, która z trzech dróg prowadzących do zbawienia—umartwienia, wyrzeczenie, docieranie do *Brahmana*—stoi najwyżej, doszli do wniosku, że wyrzeczenie przewyższa umartwienia, a docieranie do *Brahmana* przewyższa wyrzeczenie.

Wszyscy prawi ludzie są oddani uprawianiu ascetycznych umartwień i studiowaniu *Wed*. Riszi, przed którymi stoi otworem szereg niebiańskich regionów, również zbierają zasługi poprzez umartwienia. Inni, którzy zdobyli spokój duszy, nie mają żadnego wroga i żyją w dżungli, zdobywają niebo poprzez umartwienia i studiowanie *Wed*.

Pobożny człowiek dzięki swym religijnym praktykom, może poruszać się w trzech różnych kierunkach. Ten, który uwolnił się od swych pragnień, ziemskiej własności i ciemności zrodzonej z utraty rozumu idzie oświeconą drogą na północ do regionów zarezerwowanych dla tych, co praktykują wyrzeczenie. Droga na południe prowadzi do regionów księżycowych, które są zarezerwowane dla tych, co są oddani działaniu. Te dwa rodzaje regionów są zarezerwowane dla tych, co nie uwolnili się z cyklu narodzin i śmierci. Jednakże istnieje jeszcze trzeci region, do którego zmierza osoba szukająca Wyzwolenia (*mokszy*), który jest nie do opisania. Drogą prowadzącą do tego regionu jest praktykowanie jogi. Bardzo trudno jest to komuś wytłumaczyć.

Wielu spośród tych, którzy są uczeni, rozmyślają nad świętymi pismami pragnąc w nich znaleźć coś, co jest nierzeczywiste. Często zbaczają w tym lub innym kierunku wierząc, że odnaleźli przedmiot swych poszukiwań. Tracą jednak z oczu to, co jest rzeczywiste będąc jak ludzie, którzy szukają w powalonej przez wiatr palmie bananowej nieistniejącego prawdziwego drewna.

Opowieść 110

Niektórzy, nie wierząc w jedność kosmicznej Jaźni, wierzą błędnie, że indywidualna jaźń (dusza) przybywając w swej fizycznej formie zbudowanej z pięciu elementów nabywa atrybutów żądzy i awersji. Nie rozumieją, że (kosmiczna) Jaźń będąc dla wzroku niewidzialna, dla rozumu trudno uchwytna i niewyrażalna w słowach porusza się w kole reinkarnacji wśród różnych żywych istot zamieszkujących ziemię z powodu ulegania iluzji (*awidja*), czyli z powodu braku prawdziwej wiedzy i angażowania się w działanie wykonywane faktycznie przez jakości natury (*guny*). Człowiek uwalnia się z kajdan *karmy* i konieczności ponownych narodzin skierowując duszę na samą siebie po pokonaniu wszelkiej żądzy umysłu i po zaprzestaniu wszelkiego działania.

O Ardżuna, skoro istnieje droga jogi prowadząca do Wyzwolenia (*mokszy*), którą wybierają pobożni, dlaczego chwalisz drogę prowadzącą poprzez gromadzenie bogactwa i składanie ofiar, która niesie ze sobą różne rodzaje nieszczęść? W danych czasach ludzie znający święte pisma, rozdający dary, sponsorujący rytuały, angażujący się w działania mieli podobną do twojej opinię. Istnieją tacy, którzy zaprzeczają w ogóle istnieniu Jaźni. Tacy ludzie nie potrafią zaakceptować prawdy o ostatecznym Wyzwoleniu (*mokszy*). Ci biegli w argumentacji pseudo-uczeni niegodziwcy wędrują po całej ziemi wygłaszając mowy odmawiające wartości doktrynie prawdziwego Wyzwolenia. Nie potrafią oni zrozumieć ani prawdziwego sensu świętych pism, ani tych mądrych i pobożnych ludzi, którzy są prawdziwie wielcy i poznali głębokie sens ukryty w świętych pismach. Człowiek, który poznał Prawdę, dotrze do *Brahmana* poprzez ascezę i wiedzę i zdobędzie szczęście poprzez wyrzeczenie".

Napisane na podstawie fragmentów *Mahābharāta*,
Santi Parva, Part 1, Sections VII-XIX
(Rajadharmanusasana Parva).

Opowieść 111
Wjasa poucza Króla Prawa,
że podjęcie władzy jest jego obowiązkiem

1. Mędrzec Dewasthana poucza, że bogactwo zostało stworzone po to, aby zostać użyte w rytuale ofiarnym ; 2. Mędrzec Dewasthana poucza, że wojownik powinien szukać Wyzwolenia drogą dla niego wyznaczoną; 3. Ardżuna przypomina, że tak jak bramin może działać niekiedy jak wojownik, wojownik nie powinien działać jak bramin; 4. Wjasa przypomina, że obowiązkiem króla w jego domowej fazie życia jest dostarczanie innym środków do życia; 5. Wjasa poucza, że król musi być silny, bo na jego sile opiera się królewskie berło sprawiedliwości i społeczna harmonia; 6. Wjasa poucza, że król, który idzie ścieżką królewskiego obowiązku nie popełnia grzechu; 7. Wjasa przypomina, że wszystko, co żywe podlega prawu Czasu (zmianie) i że człowiek zdobywa to, co wieczne poprzez realizowanie swego obowiązku.

Mędrzec Wjasa rzekł: „O Królu Prawa, ty sam poznałeś wszystkie Wedy i zgromadziłeś wiele zasług płynących z ascezy, będąc silny jak wół pociągowy dźwigaj więc na swych barkach ciężar odziedziczonego po przodkach królestwa realizując swe królewskie obowiązki w domowym trybie życia. Pozostaw braminom zdobywanie nieba poprzez życie w samotności, umartwienia, kontemplację, prowadzenie żebraczego stylu życia, szukanie Brahmana. Obowiązkiem wojownika jest zdobywanie bogactwa, sponsorowanie rytuałów ofiarnych, obdarowywanie tych, co na to zasłużyli, podejmowanie wysiłku, trzymanie w dłoni berła sprawiedliwości, waleczność, ochrona poddanych, dobre zachowanie, poznawanie Wed i ćwiczenie się w samo-kontroli. Realizowanie tych obowiązków przez króla przyniesie mu sukces zarówno na tym jak i na tamtym świecie".

(*Mahābharāta*, Santi Parva, Part 1, Section XXIV)

1. Mędrzec Dewasthana poucza, że bogactwo zostało stworzone po to, aby zostać użyte w rytuale ofiarnym

Król Prawa, Judhiszthira, przebywając ciągle ze swymi braćmi i innymi żałobnikami nad brzegami Gangesu, nie potrafił uwolnić się od żalu z powodu spowodowania tej strasznej rzezi na polach Kurukszetry będącej wynikiem walki z Kaurawami o odzyskanie królestwa. Rozżalony tym, do czego prowadzi dążenie do dobrobytu i bogactwa, nagle, po odniesieniu zwycięstwa i odzyskaniu swego królestwa, postanowił wyrzec się władzy, jak i wszystkich dóbr materialnych, i przybrawszy strój żebraczy udać się do lasu, aby odpokutować i oczyścić się ze swych grzechów. Zarówno jego bracia, jak i ich żona Draupadi, zaniepokojeni jego nagłą utratą rozumu próbowali uciszyć jego ból swymi argumentami i skłonić go do podjęcia władzy. Król Prawa pokonany przez niechęć do spraw tego świata pozostawał jednak głuchy na ich argumenty wychwalając proces uwalniania się od wszelkiej żądzy i szukania Wyzwolenia.

Przysłuchujący się rozmowie między braćmi riszi Dewasthana rzekł: „O Królu Prawa, po pokonaniu wroga i zdobyciu ziemi w prawy sposób nie powinieneś wyrzekać się władzy i pozostawiać ziemi samej sobie. W poszukiwaniu nieba chcesz porzucić wszystko, co posiadasz i polemizujesz ze stwierdzeniem Ardżuny, który wychwala szukanie dobrobytu i gromadzenie bogactwa jako drogę właściwą dla króla i osoby w twoim wieku. Posłuchaj w tej sprawie mojej opinii.

Wedy opisują cztery kolejne tryby (fazy) życia w zależności od wieku: *brahmacarja* (faza uczenia się), *grihastha* (domowy tryb życia), *wanaprastha* (wycofanie się), *sannjasa* (wyrzeczenie). Nie omijając żadnego z nich realizuj je więc po kolei. W twej obecnej fazie życia, którą jest faza domowa, twym obowiązkiem jest wykonywanie wielkich rytuałów ofiarnych i rozdawanie bogatych i licznych darów.

Wśród mędrców są tacy, którzy składają ofiary poprzez studiowanie *Wed* i szukanie wiedzy. Prawdziwi asceci poświęcają się jednak działaniu. Choć Waikhanasowie głoszą, że ten, kto pozbywa się bogactwa, przewyższa tego, kto je gromadzi, ja sam się z nimi nie zgadzam i uważam, że ten, kto podąża za ich nauką, ryzykuje popełnienie grzechu.

Ludzie gromadzą liczne przedmioty postępując zgodnie z nakazami *Wed*. Lecz ten, kto bazując na własnym rozumowaniu rozdaje swe bogactwo obdarzając nim osobę, która na to nie zasługuje i pomijając osobę, która na to zasługuje, popełnia grzech równy zabiciu nienarodzonego płodu, który jest równy grzechowi zabicia samego siebie, bo posiadane przez kogoś bogactwo jest jak on sam. Ze względu na konieczność rozróżnienia tych, którzy na dar zasługują, uprawianie obowiązku dobroczynności nie jest łatwe.

Najwyższy Zarządca stworzył bogactwo po to, aby służyło ofierze i stworzył człowieka po to, aby się o to bogactwo starał i wykorzystywał je w rytuale ofiarnym. Dlatego też całe należące do kogoś bogactwo powinno zostać użyte w rytualne ofiarnym. Przyjemność będzie naturalną konsekwencją takiej ofiary.

Wszystko powinno zostać złożone w ofierze. Najwyższy Bóg Śiwa odziany w jelenią skórę zdobył swą pozycję przewyższając i podporządkowując sobie wszystkie żywe istoty we wszechświecie dzięki Ofierze Wszystkiego (*Sarwamedha*) zakończonej libacją z samego siebie. Indra wykonując liczne ofiary i rozdając ogromną ilość darów przewyższył wszystkich bogów i po zdobyciu w ten sposób swej królewskości, błyszczy teraz w niebie jako król bogów. Słyszałeś też zapewne o królu Hariścandrze, który zebrał wiele zasług i zdobył szczęśliwość sponsorując liczne rytuały ofiarne. Choć był tylko człowiekiem zdołał zwyciężyć Indrę swym bogactwem. Podobnie król Marutta pokonał Indrę dzięki swej hojności. W sponsorowanym przez niego rytuale wszystkie naczynia ofiarne były ze szczerego złota i nawet bogini Lakszmi przybyła z wizytą. Z tych to powodów należy złożyć w ofierze całe swe bogactwo".

2. Mędrzec Dewasthana poucza, że wojownik powinien szukać Wyzwolenia drogą dla niego wyznaczoną

Mędrzec Dewasthana kontynuował: „O Judhiszthira, nauczyciel bogów Brihaspati rzekł niegdyś do króla bogów Indry, który zapytał go o to, czym jest stan najwyższej ekstazy:

'O Indra, najwyższym niebem i największą ekstazą jest nasycenie. Nie istnieje nic, co je przewyższa. Przed tym, kto wycofał ze zmysłowych przedmiotów całą żądzę, będąc jak żółw, który chowa się w swym pancerzu, manifestuje się w pełni naturalna jasność jego jaźni. Ten, kto nie lęka się żadnej żywej istoty i sam nie budzi w nikim lęku i kto pokonał zarówno swą chęć jak i niechęć, ten widzi swoją duszę. Kto w mowie i nie żywi do nikogo wrogości i nie pielęgnuje żadnego pragnienia, ten dociera do *Brahmana*'.

Żywe istoty zbierają owoce zgodne z ich religijną praktyką. Obudź się więc mając to na uwadze! Religijność jest praktykowana na wiele różnych sposobów. Niektórzy wychwalają pokojowość, inni wysiłek, jeszcze inni kontemplację jako drogę prowadzącą do stanu najwyższej ekstazy. Inni zalecają składanie ofiar lub wyrzeczenie, chwalą dawanie darów lub ich przyjmowanie. Niektórzy porzucają wszystko i żyją w milczeniu, inni cenią sobie władzę, pokonywanie wroga i troskę o poddanych. Mędrcy obserwując tę różnorodność doszli do wniosku, że godna aprobaty jest ta religijna praktyka, która za najwyższą wartość ma unikanie ranienia innych. Oprócz tego Manu Swajambhuwa zalecał, prawdomówność, współczucie, samo-kontrolę, płodzenie potomstwa ze swą żoną, uprzejmość, skromność, cierpliwość uważając praktykowanie tych cnót za najlepszą religijną praktykę. Idź więc tą drogą pobożności.

Bogate owoce swej pobożności zarówno na tym, jak i na tamtym świecie zdobędzie ten król, który trzyma zawsze w ryzach swą duszę, traktuje wszystkich równo bez względu na to, jak są mu drodzy, żywi się resztkami ze składanej ofiary i znając swe królewskie obowiązki akceptuje swe zwierzchnictwo, karze niegodziwców, nagradza sprawiedliwych, skłania swych poddanych do kroczenia ścieżką obowiązku własnym przykładem, i który po osiągnięciu starości przekazuje władzę synowi i sam wycofuje się do lasu żyjąc tam zgodnie z nakazami *Wed*.

Wyzwolenie, o którym wspominałeś w rozmowie z braćmi i stan najwyższej ekstazy jest bardzo trudny do osiągnięcia i prowadząca do niego droga jest najeżona mnóstwem przeszkód, jednakże król i wojownik, wolny od żądzy i gniewu, realizujący swe obowiązki, praktykujący dobroczynność, ascezę i współczucie, rządzący sprawiedliwie swymi poddanymi i dostarczający ochrony braminom jest na drodze prowadzącej do realizacji tego najwyższego celu. Rudrowie, wasuowie, aditjowie i liczni królowie uprawiali ten właśnie rodzaj pobożności i realizując troskliwie swe obowiązki wojownika swym działaniem zdobyli najwyższy cel".

3. Ardżuna przypomina że tak jak bramin może działać niekiedy jak wojownik, wojownik nie powinien działać jak bramin

Ardżuna po wysłuchaniu słów mędrca Dewasthany raz jeszcze zabrał głos. Rzekł: „O Królu Prawa, dlaczego ty, który znasz doskonale wszystkie rodzaje obowiązku, chcesz teraz nagle po dokonaniu wielkich czynów i zdobyciu władzy porzucić ścieżkę królów i pozwalasz sobie na to, aby pogrążać się w smutku z powodu śmierci wielkich herosów? Wiesz przecież doskonale, że poległy w walce wojownik swą śmiercią zbiera większe zasługi niż przez sponsorowanie różnych rytuałów ofiarnych. Tak zostało zadeklarowane w rozporządzeniach ustalających obowiązki kast.

Jesteś mądrym Królem Prawa znającym doskonale wojenne rzemiosło i sprawiedliwą duszą, potrafisz też rozróżnić na tym świecie dobro od zła. Uwolnij się więc od smutku przez silną wolę działania i pokutę właściwą dla wojownika. Serce wojownika musi być twarde jak piorun i tak jak pokonałeś wroga idąc ścieżką wojownika, pokonaj swą jaźń idąc tą samą drogą poprzez sponsorowanie ofiar i dobroczynność.

Praktykowanie umartwień i ascezy należy do obowiązków braminów, podczas gdy bohaterska śmierć na polu bitewnym jest zarezerwowana dla wojownika jako droga prowadząca do nieba. Wojownik realizuje swe obowiązki poprzez użycie broni, co niesie ze sobą krew i gwałt, i gdy nadejdzie właściwy czas, powinien zginąć na polu bitewnym od uderzenia broni. Wojownik wyłonił się z *Brahmana* (jako drugi) i dlatego bramin, który nosi broń i żyje w zgodzie z obowiązkami wojownika, nie podlega krytyce, lecz wojownikowi nie wolno żyć jak bramin. Umartwianie się, utrzymywanie się przy życiu z żebractwa i zależność od bogactwa posiadanego przez innych oczekiwane od bramina nie należą do działań przypisanych wojownikowi.

Indra, będąc synem mędrca Kaśjapy i córki Dakszy, Aditi, oryginalnie był braminem i stał się wojownikiem dzięki pokonaniu w walce osiemset i dziesięć razy swoich grzesznych kuzynów asurów. Jego waleczne działania zasługują na chwałę. Dzięki nim stał się królem bogów. Bądź więc jak Indra, uwolnij się od choroby swego serca, podejmij władzę i przygotowuj liczne dary sponsorując wielkie rytuały ofiarne. Nie opłakuj tego, co należy już do przeszłości. Ci którzy zginęli na polach Kurukszetry zdobyli niebo uświęceni przez swą bohaterską śmierć i wierne kroczenie drogą wojownika. Wszystko to, co się wydarzyło było wyrokiem przeznaczenia, którego nikt nie potrafi uniknąć".

4. Wjasa przypomina, że obowiązkiem króla w jego domowej fazie życia jest dostarczanie innym środków do życia

Mędrzec Wjasa widząc, że Król Prawa wysłuchuje słów swego brata w milczeniu rzekł: „O Judhiszthira, Ardżuna ma rację. Znasz całe Prawo, zastanów się więc nad tym, czy realizujesz właściwie wszystkie obowiązki dla ciebie wyznaczone. Jak to zostało zadeklarowane w świętych pismach, najwyższa ścieżka pobożności bazuje na obowiązkach życia domowego. Porzucenie tych obowiązków i wycofanie się do lasu nie pasują do fazy życia, w której się obecnie znajdujesz.

Utrzymanie się przy życiu przez bogów, Ojców, gości i służących zależy od pracy osób prowadzących domowy tryb życia. Zadbaj więc o to, by dostarczyć im wszystkim środków do życia. Ptaki, zwierzęta i liczne inne żywe istoty są również wspomagane przez człowieka w tym trybie życia. Ponieważ życie tak wielu istot od niego zależy, ten, kto żyje w zgodzie z tym trybem życia jest stawiany wyżej od wszystkich innych. Domowy tryb życia uchodzi za najtrudniejszy z wszystkich czterech kolejnych trybów życia, będąc szczególnie trudny do realizacji przez tych, co nie kontrolują swych zmysłów.

Ty sam poznałeś wszystkie *Wedy* i zgromadziłeś wiele zasług płynących z ascezy, będąc silny jak wół pociągowy dźwigaj więc na swych barkach ciężar odziedziczonego po przodkach królestwa realizując swe królewskie obowiązki w domowym trybie życia. Pozostaw braminom zdobywanie nieba poprzez życie w samotności, umartwienia, kontemplację, prowadzenie żebraczego stylu życia, szukanie *Brahman*. Obowiązkiem wojownika jest zdobywanie bogactwa, sponsorowanie rytuałów ofiarnych, obdarowywanie tych, co na to zasłużyli, podejmowanie wysiłku, trzymanie w dłoni berła sprawiedliwości, waleczność, ochrona poddanych, dobre zachowanie, poznawanie *Wed* i ćwiczenie się w samokontroli. Realizowanie tych obowiązków przez króla przyniesie mu sukces zarówno na tym jak i na tamtym świecie.

Nauczyciel bogów Brihaspati zwykł mówić: 'Tak jak wąż pochłania mysz, tak ziemia pochłonie króla niezdolnego do prowadzenia wojny i bramina, który zbyt przywiązał się do domowego stylu życia'".

5. Wjasa poucza, że król musi być silny, bo na jego sile opiera się królewskie berło sprawiedliwości i społeczna harmonia

Prorok Wjasa kontynuował: „O Królu Prawa, z wszystkich królewskich obowiązków najważniejszym jest trzymanie berła sprawiedliwości. Siła musi więc zawsze być cechą króla, bo na tej sile opiera się królewskie berło sprawiedliwości. W tym kontekście posłuchaj starożytnej opowieści o królu o imieniu Sudjumna, który tak jak Daksza Pracetasa osiągnął najwyższy sukces dzięki sile swego berła sprawiedliwości, którego nie zawahał się użyć nawet w stosunku do godnego szacunku bramina, który mając na uwadze dobro całego królestwa sam zażądał dla siebie kary.

W odległych czasach żyli na ziemi dwaj bracia bramini Sankha i Likhita realizujący surowe śluby. Każdy z nich mieszkał w oddzielnej i pięknej pustelni usytuowanej nad brzegami strumienia Wahuda, otoczonej drzewami wiecznie pokrytymi kwiatami i owocami. Pewnego dnia Likhita przybył z wizytą do pustelni swego starszego brata Sankhy pod jego nieobecność i bez żadnych skrupułów zaczął zjadać dojrzałe owoce z należących do pustelni jego brata drzew.

Sankha po swym powrocie widząc go jedzącego owoce zapytał: 'O bracie, skąd pochodzą te owoce, które zajadasz z takim smakiem?'

Likhita powstał na powitanie i rzekł z uśmiechem: 'O bracie, zerwałem je z drzewa rosnącego na terenie twej pustelni'.

Rozgniewany tym Sankha rzekł: 'O bracie, zrywając te owoce popełniłeś kradzież. Nasz król nie toleruje kradzieży. Udaj się więc przed jego oblicze i przyznaj się do popełnionego przestępstwa. Poproś go, aby wymierzył ci należną złodziejowi karę'.

Bramin Likhita posłuszny rozkazowi swego starszego brata, udał się do królewskiego pałacu. Król Sudjumna dowiedziawszy od strażników o wizycie tego pobożnego bramina wyszedł mu naprzeciw, aby go powitać.

Rzekł: 'O święty mężu, witaj. Powiedz mi o celu twej wizyty. Proś mnie o co chcesz uznając z góry swą prośbę za spełnioną'.

Bramin rzekł: 'O królu, wysłuchawszy mej prośby, uczyń więc tak jak mówisz: spełnij ją. Zjadłem owoce należące do mojego starszego brata bez jego wiedzy. Popełniłem więc kradzież. Ukarz mnie więc tak jak karzesz złodzieja'.

Król odpowiedział: 'O braminie, skoro króla uważa się za tego, kto ma kompetencje wymierzania kary, przeto król musi być również uznany za tego, kto może przestępstwo wybaczyć. Oczyszczony z przestępstwa przez moje wybaczenie, uznaj je za niebyłe. Zapomnij, że prosiłeś mnie o karę i wypowiedz jakieś inne życzenie, abym mógł zrealizować moją obietnicą i je spełnić'.

Mędrzec Likhita nie chciał jednak wypowiedzieć innego życzenia. Król Sudjumna nie chcąc zaprzeczać swym słowom, zrealizował więc jego prośbę i rozkazał obciąć mu dłonie.

Mędrzec Likhita znosząc cierpliwie ból udał się z powrotem do pustelni brata i wypełniony uczuciem rzekł: 'O bracie, teraz, gdy zostałem przez króla sprawiedliwie ukarany, powinieneś wybaczyć mi moje przestępstwo'.

Mędrzec Sankha rzekł: 'O bracie, nie żywię w mym sercu gniewu i swym czynem mnie nie zraniłeś. To twoja prawość została zraniona przez twój czyn. Uwolniłem cię więc z opałów, w których się znalazłeś wysyłając cię do króla, aby wymierzył ci sprawiedliwość. Udaj się teraz jak najszybciej nad brzeg rzeki Wahuda i wykonując rytuał lania wody zadowól bogów, riszich i Ojców i nigdy więcej nie nastawiaj swego serca na Bezprawie'.

Mędrzec Likhita przed wykonaniem właściwego rytuału wszedł do wody, aby oczyścić się kąpielą w świętym strumieniu. Gdy to czynił z obciętych kikutów wyrosły nowe dłonie, jak rozwijające się z pąków kwiaty lotosu. Zadziwiony tym cudem powrócił do swego brata, aby mu je pokazać.

Mędrzec Sankha rzekł: 'O bracie, stało się to dzięki sile moich umartwień. Nie bądź więc tym zdziwiony'.

Likhita rzekł: 'O bracie, skoro taka jest siła twej ascezy, dlaczego nie oczyściłeś mnie z mego Bezprawia, zanim król obciął mi dłonie?'

Sankha rzekł: 'O bracie, nie wolno mi było tego uczynić. Nie do mnie należy bowiem wymierzanie sprawiedliwości. Król karząc cię za Bezprawie, oczyścił nie tylko ciebie, ale także samego siebie jak i Ojców'".

Wjasa kontynuował: „O Judhiszthira, król Sudjumna poprzez swój akt wymierzenia kary uzyskał najwyższą doskonałość równą Dakszy. Rządzenie i wymierzanie sprawiedliwości jest obowiązkiem króla-wojownika. Uwolnij się więc od smutku i posłuchaj skierowanych do ciebie słów twego brata Ardżuny. Obowiązkiem króla jest dzierżenie berła sprawiedliwości a nie golenie głowy i wycofywanie się do lasu".

6. Wjasa poucza, że król, który idzie ścieżką królewskiego obowiązku nie popełnia grzechu

Wjasa kontynuował: „O Królu Prawa, podejmij władzę i rządź ziemią, jak król Jajati, syn Nahuszy. Spełnij w ten sposób życzenia swych potężnych i szlachetnych braci i zrealizuj plany, które snuliście uprawiając surową ascezę podczas życia na wygnaniu, do którego zmusili was Kaurawowie. Wasza niedola się skończyła. Zanim znowu wycofasz się do lasu osiągnąwszy podeszły wiek i oddasz się ascezie podążając za nakazami *Wed*, ciesz się odpowiednim obecnie dla ciebie domowym trybem życia. Gromadź przez wyznaczony ci na to czas bogactwo i religijne zasługi, doświadczaj przyjemności i co najważniejsze spłać swój dług braminom, Ojcom i bogom. Przygotuj z pomocą braci wielkie rytuały ofiarne *Sarwamedha* i *Aświamedha* i poprzez bogate obdarowywanie braminów zdobądź na ziemi sławę i najwyższe niebo po śmierci. Idź dalej ścieżką króla i wojownika, bo król, który realizuje swe obowiązki postępując zgodnie z Prawem Królów, nie popełnia grzechu. Istnieje powiedzenie, że 'król wybiera drogę wojny i zwycięstwa tylko z powodu zamiarów ludzi, których działania przypominają kradzież'. Postępując zgodnie z tą zasadą nie zejdziesz ze ścieżki prawości.

Pamiętaj o tym, że:

Obowiązkiem króla jest pokonanie wroga poprzez użycie siły lub dyplomacji.

Król nie może tolerować karygodnych czynów w swoim królestwie i powinien skłaniać do praktykowania Prawa.

Król realizując swe obowiązki wymierzania kary nie traci przez to swych zasług, jeżeli postępuje ściśle w zgodzie z naukami świętych pism, nie ulega żądzy lub gniewowi i będąc jak ojciec nikogo nie wyróżnia.

Król, który swe rozumowanie opiera na tym, co mówią święte pisma i w swych decyzjach bierze pod uwagę czas i miejsce, nie popełnia grzechu nawet wtedy, gdy ułaskawia dużą grupę przestępców.

Król powinien szczególnie ochraniać ludzi prawych, posiadających wiedzę i umiejętności, braminów, którzy są obeznani z treścią *Wed* i prowadzeniem rytuałów ofiarnych oraz tych, którzy zdobyli bogactwo.

Rozważny król nigdy nie powinien pokładać całego swego zaufania tylko w jednej osobie bez względu na to jak wielkie są jej zasługi i do wykonania procedur prawnych i religijnych powinien zatrudniać ludzi w tych dziedzinach wykształconych.

Król, który pod wpływem nieszczęścia nie realizuje działania, które powinien, przez takie zaniedbanie nie popełnia grzechu.

Działanie starannie wykonane po zastanowieniu się i przekonsultowaniu go z osobami zdolnymi do udzielenia dobrej rady nie rodzi grzechu nawet wtedy, gdy nie realizuje swego celu. Zrealizowanie celów działania zależy od losu, jeżeli jednak został podjęty wysiłek wykonania działania, grzech nie zabrudzi króla.

Pamiętaj jednak również o tym, że:

Król, który nie realizuje swego obowiązku i nie ochrania swego kraju, choć pobiera szóstą część ich bogactwa w formie podatku, przyjmuje na siebie czwartą część grzechów swoich poddanych.

Król, który nie ochrania odpowiednio swych poddanych, nie kontroluje swych emocji, jest pełen pychy, wyniosłości, złej woli popełnia grzech i zasługuje na miano tyrana.

Jeżeli poddani króla marnieją z powodu braku ochrony z jego strony i są karani przez bogów i okradani przez złodziei, ich grzechy obciążają króla".

Prorok Wjasa kontynuował: „O Judhiszthira, bramini w swych pieśniach głoszą chwałę starożytnych królów, którzy idąc ścieżką królewskich obowiązków odnieśli najwyższy sukces za życia i po śmierci. Posłuchaj pieśni o heroicznym i wolnym od grzechu królu Hajagriwie, który po zabiciu ogromnej liczby wroga utracił całe swe wojsko i sam zginął zdobywając niebo i wielką sławę swym prawym działaniem.

Bramini nucą: 'Król Hajagriwa przystąpił do bitwy, która przyniosła mu sławę po uczynieniu wszystkiego, co można, aby powstrzymać wroga i po wykorzystaniu wszystkich możliwych środków ochrony i cieszy się teraz w niebie najwyższą ekstazą.

Pamiętając zawsze o królewskich obowiązkach pokaleczony od broni napastników stawiał im zacięty opór i oddając w walce życie zdobył niebo. Jego łuk był jego ofiarą, a cięciwa sznurem do wiązania ofiary. Jego strzały i miecz były jak mniejszy i większy czerpak służący do wlewania do ognia oczyszczonego tłuszczu, a krew była jak oczyszczony tłuszcz. Jego rydwan był jak ołtarz ofiarny, jego gniew był jak ogień, a jego cztery ogiery były jak czterej kapłani prowadzący rytuał ofiarny. Wlewając wrogów do ognia swego gniewu i oddając swój życiowy oddech na zakończenie ofiary wielki król Hajagriwa oczyścił się z grzechów i udał się do nieba, gdzie przebywa w towarzystwie bogów.

Zapewniając królestwu ochronę przy pomocy odpowiedniej taktyki i rozumu król Hajagriwa o wyrzeczonej jaźni, wielkiej sile umysłu i zdolności do realizacji licznych rytuałów ofiarnych, zdobył sławę w całym świecie i teraz cieszy się towarzystwem bogów.

Zbierał zasługi płynące ze sponsorowania ofiar i kierowania ludzkimi sprawami, trzymając w dłoni berło sprawiedliwości i władając ziemią z energią, lecz bez pychy i dzięki swej prawości cieszy się teraz niebem.

Pełen wiary i wdzięczności zdobywał wiedzę, praktykował wyrzeczenie i realizował wyznaczone mu działania i teraz po opuszczeniu świata ludzi zdobył regiony zarezerwowane dla tych, którzy są mądrzy, zachowują się w aprobowany sposób i są gotowi do oddania w walce życia.

Poznając mądrość *Wed* i innych pism, rządząc królestwem we właściwy sposób i dbając o to, aby wszystkie cztery kasty realizowały swe obowiązki, zdobył regiony zamieszkałe przez bogów.

Wygrywając wiele bitew, troszcząc się o poddanych, pijąc somę podczas rytuałów ofiarnych, obdarowując braminów licznymi darami, używając sprawiedliwie berła sprawiedliwości, oddając swój życiowy oddech na polu bitewnym żyje teraz szczęśliwie w niebie. Życie tego króla w pełni godne wszelkich pochwał jest wychwalane przez mądrych i uczciwych ludzi. Swymi prawymi uczynkami zdobył on regiony przeznaczone dla herosów i w ten sposób zrealizował najwyższy cel osiągając pełny sukces'".

7. Wjasa przypomina, że wszystko, co żywe podlega prawu Czasu (zmianie) i że człowiek zdobywa to, co wieczne poprzez realizowanie swego obowiązku

Król Prawa wysłuchał z uwagę słów mędrca Wjasy, lecz ani jego słowa, ani widok gniewnego Ardżuny nie zdołały uwolnić go od żalu wywołanego świadomością, że to on sam doprowadził do wyniszczenia własnego rodu i zmienić jego nieodpartej chęci porzucenia spraw tego świata i kontynuowania życia w stroju żebraczym. Rzekł: „O wielki mędrcu, myśl o ziemskiej władzy i różnych rodzajach satysfakcji, które ona przynosi, nie raduje mego serca, które jest wypełnione po brzegi dotkliwym smutkiem z powodu śmierci wszystkich naszych krewnych. Nie potrafię znaleźć spokoju myśląc o lamencie kobiet, które straciły swych heroicznych mężów, ojców i synów".

Wjasa rzekł: „O Królu Prawa, nie powinieneś rozpaczać z powodu uzyskanych rezultatów, bo rezultaty działań nie zależą wyłącznie od podejmowanego przez człowieka wysiłku. Tak naprawdę, sam człowiek nie zdobywa niczego wyłącznie poprzez własne działania i składane ofiary, i nic też innemu nie daje, bo rozporządzeniem Najwyższego Zarządcy wszystko to, co człowiek uzyskuje, zależy od Czasu. Jeżeli Czas temu nie sprzyja, człowiek nie zdoła zdobyć dóbr ziemskich poprzez studiowanie świętych pism i dzięki inteligencji i czasami nabywa je głupiec i ignorant. Czas jest pośrednikiem w osiąganych rezultatach wszelkich działań. Gdy Czas jest niepomyślny ani nauka, ani mantry, ani lekarstwo nie pomogą w osiągnięciu upragnionych owoców działania. Gdy Czas jest pomyślny, nauka, mantry, lekarstwa właściwie zastosowane przynoszą takie owoce. To Czas przynosi huraganowe wiatry, deszczowe chmury, kwitnięcie lotosów i owocowanie drzew, ciemność nocy, jasność dnia i zmiany faz księżyca. Przed nadejściem właściwego Czasu rzeki nie wypełnią się wodą, zwierzęta nie zaczną szukać partnera, kobiety nie będą zdolne do poczęcia, nie zmienią się pory roku, nikt się nie urodzi i nikt nie umrze, dziecko nie zacznie mówić, chłopiec nie zmieni się w młodzieńca, z nasiona nie wyrośnie roślina, nie wzejdzie i nie zajdzie słońce, nie będzie odpływu i przypływu.

Żyjący w odległych czasach król Senadżit, gdy spotkało go nieszczęście, recytował: 'Wszystko na tym świecie zależy od Czasu. Dojrzewający Czas niszczy ziemskie przedmioty. Ludzie, którzy zabili innych, sami zostają zabici. Taki jest język tego świata. Faktycznie jednak nikt nikogo nie zabija i nie zostaje zabity, bo zamieszkująca ciało dusza jest wieczna. Zarządzone przez Najwyższego Zarządcę narodziny i śmierć żywych istot są konsekwencją ich natury. Opłakujemy śmierć naszych ojców, synów i żon. Opłakujemy utratę bogactwa. Płaczemy nad tym, co nie zasługuje na płacz. Koncentracja na własnym żalu tylko go wzmacnia i tylko głupiec pogrąża się w coraz większym żalu. Moje ciało nie jest nawet moje. Nic na tej ziemi nie jest moje. Ziemskie przedmioty nie należą również do innych. Ten, kto o tym wie, nie ulega złudzeniu i nie cierpi. Na co dzień istnieje tysiące powodów zarówno do smutku jak i do radości. Tylko ignorant się im poddaje. Powody te stając się przedmiotem awersji lub miłości i wydając się nieszczęściem lub szczęściem krążą w kole Czasu unieszczęśliwiając żywe istoty.

Na tym świecie nie ma szczęścia, tylko cierpienie. Smutek rodzi się z nieszczęścia zwanego żądzą, a radość z nieszczęścia zwanego smutkiem. Smutek zastępuje radość, a radość zastępuje smutek. Nikt nie odczuwa smutku lub radości bez przerwy. Radość zawsze kończy się smutkiem i wywodzi się z samego smutku. Ten, kto pragnie zdobyć stan wiecznej szczęśliwości musi uwolnić się zarówno od smutku jak i radości. Ponieważ smutek następuje po wyczerpaniu się radości, a radość po wyczerpaniu się smutku, należy pozbyć się—jak kończyny ukąszonej przez węża—tego, co powoduje odczuwanie smutku, tej zawiści podsycanej przez smutek, która jest u korzeni niepokoju. Należy znosić z nieporuszonym sercem zarówno to, co radosne jak to, co smutne, to, co przyjemne i nieprzyjemne. Na tym świecie szczęśliwi są jedynie ekstremalni głupcy oraz ci, którzy zdobyli samo-kontrolę i stali się panami swej duszy. Wszyscy pozostali mieszczący się pomiędzy tymi dwoma krańcami doświadczają jedynie cierpienia'".

Mędrzec Wjasa kontynuował: „O Judhiszthira, takie to słowa wypowiadał mądry król Senadżit realizujący swe obowiązki, który poznał na tym świecie dobro i zło, szczęście i cierpienie. Smutkowi nie ma końca i smutek rodzi się z samej radości. Szczęście i nieszczęście, powodzenie i niepowodzenie, zysk i strata, narodziny i śmierć przychodzą do każdej żywej istoty. Mędrzec, który o tym wie, nie poddaje się ani radości ani smutkowi. Prowadzenie bitwy jest uważane za ofiarę składaną przez króla. Ścisłe przestrzeganie zasad w wymierzaniu sprawiedliwości uważa się za jego jogę. Sponsorowanie rytuałów ofiarnych i rozdawanie zdobytego bogactwa jako *dakszyny* uważa się za jego praktykę wyrzeczenia. Wszystkie te działania uświęcają króla. Król o wielkiej duszy rządząc mądrze swym królestwem przy pomocy dyplomacji, uwalniając się od pychy, sponsorując rytuały ofiarne, patrząc na wszystkich i wszystko bez uprzedzeń i z życzliwością dotrze po śmierci do niebiańskich regionów i będzie się cieszył towarzystwem bogów. Wygrywając bitwy, ochraniając królestwo, pijąc wyciskaną podczas rytuału ofiarnego somę, rozwijając dobrobyt poddanych, wymierzając sprawiedliwość i w końcu ginąc na polu bitwy, zdobędzie niebo. Studiując *Wedy* i inne pisma, dbając o to, aby wszystkie cztery kasty realizowały swe własne obowiązki zostaje uświęcony i ostatecznie zdobywa niebo. Najlepszym królem jest ten, którego postępowanie jest wychwalane nawet po jego śmierci przez mieszkańców jego kraju, doradców i przyjaciół. Taka jest droga królów".

Napisane na podstawie fragmentów *Mahābharāta*,
Santi Parva, Part 1, Sections XX-XXV
(Rajadharmanusasana Parva).

Opowieść 112
Wjasa poucza Króla Prawa,
że obowiązkiem króla jest działanie

1. Król Prawa porównuje drogę do nieba poprzez szukanie bogactwa i poprzez szukanie wiedzy; 2. Król Prawa wskazuje na zło przywiązania się do bogactwa i wychwala wyrzeczenie się wszystkich pragnień; 3. Król Prawa lamentuje nad śmiercią swych krewnych przypisując swemu „ja" całą winę; 4. Wjasa powstrzymuje Króla Prawa przed wycofaniem się z życia wskazując, że król został stworzony po to, aby działać, lecz rezultaty działania zależą od losu; 5. Wjasa poucza, że bogactwo i krewni nie trwają wiecznie i człowiek nie powinien kierować się w działaniu emocjami lecz nakazami *Wed* szukając tego co wieczne; 6. Wjasa poddaje w wątpliwość pojęcie „działającego ja" i możliwości ludzkiego rozumu i poucza, że w ocenie działań należy kierować się stwierdzeniami *Wed*; 7. Wjasa przekonuje Króla Prawa, że pokonując Kaurawów uczynił to czego żądał od niego Czas i teraz powinien oczyścić się z powstałego zła właściwą dla króla pokutą.

Prorok Wjasa rzekł: „O Judhiszthira, wielkim grzesznikiem święte pisma nazywają tego, kto rozmyślnie popełnia grzeszne akty i nie odczuwając z tego powodu żadnego wstydu kontynuuje swe grzeszne działanie. Jego grzechów nie zdoła oczyścić żadna pokuta. Ty sam należysz do gatunku ludzi szlachetnych. Zmuszony do walki przez grzechy innych zabiłeś ich w końcu po wyczerpaniu wszelkich możliwych środków utrzymania pokoju i teraz szukasz pokuty. Właściwą dla ciebie pokutą nie jest przyjęcie żebraczego stylu życia, lecz wykonanie wielkiej Ofiary Konia. Uczyń więc odpowiednie przygotowania i oczyść się w ten sposób ze swoich grzechów. Bądź jak Indra, który po zabiciu z pomocą marutusów swych wrogów asurów wykonał setkę rytuałów ofiarnych i zdobył imię Satakratu (wykonawca setki ofiar)".

(*Mahābhārata*, Santi Parva, Part 1, Section XXXIII)

1. Król Prawa porównuje drogę do nieba poprzez szukanie bogactwa i poprzez szukanie wiedzy

Judhiszthira zwracając się do Ardżuny rzekł: „O Ardżuna, wychwalasz posiadanie bogactwa i twierdzisz, że biedak, który nie posiada nic, co mógłby złożyć w ofierze, ma zamkniętą drogę do nieba, szczęścia i możliwości zrealizowania pragnień. To, co mówisz, jest jednak nieprawdą. Wielu żyjących w ubóstwie riszich odniosło najwyższy sukces zdobywając wieczne regiony ekstazy dzięki ofierze w formie praktykowania umartwień i studiowania

Wed. Ci, którzy tak żyją, są traktowani przez bogów jak bramini. Ajasowie, Priszniowie, Sikatowie, Arunowie, Kitawowie zdobyli niebo wyłącznie dzięki studiowaniu *Wed* i tych riszich, którzy są oddani poszukiwaniu wiedzy należy zawsze uważać za głęboko prawych. Wszystkie nasze prawe działania opierają się na opinii tych, którzy poświęcili się nabywaniu wiedzy i docieraniu do *Brahmana*. Taka jest opinia Waikhanasów.

Ludzie pobożni żyjący ściśle z zaleceniami *Wed*, którzy prowadzą wojny, składają ofiary, kontrolują namiętności, po opuszczeniu ciała idą do nieba za słońcem poruszającym się w kierunku południowym (*Dakszinajana*) do regionów, które są wyznaczone dla tych, co realizują wedyjskie nakazy, natomiast ci, którzy są oddani praktykowaniu jogi i medytacji idą do nieba ścieżką północną (*Uttarajana*). Wieczne i jaśniejsze północne regiony nieba należą bowiem do joginów. Mędrcy obeznani z *Puranami* wychwalają bardziej regiony północne.

Człowiek zdobywa niebo poprzez nasycenie (uwolnienie się od pragnień). Z nasycenia wypływa błogość i nie ma nic, co stałoby wyżej od nasycenia. Dla jogina, który zdobył kontrolę zarówno nad gniewem jak i radością, nasycenie jest najwyższą chwałą i sukcesem. W tym kontekście pozwól mi zacytować słowa króla Jajatiego: 'Ten, kto wycofał z tego świata swe pragnienia będąc jak żółw, który chowa się do swej skorupki, odniesie sukces. Ten, kto nie poddaje się żądzy i gniewowi i nie krzywdzi żadnej żywej istoty w mowie, myśli i uczynku, dotrze do *Brahmana*. Ten pobożny człowiek o promieniującej duszy, który opanował swą pychę i szaleństwo i pozbył się przywiązania do zmysłowych przedmiotów, jest na drodze do wyzwolenia się z konieczności ponownych narodzin w zindywidualizowanej i odseparowanej formie'".

2. Król Prawa wskazuje na zło przywiązania się do bogactwa i wychwala wyrzeczenie się wszystkich pragnień

Judhiszthira kontynuował: „O Ardżuna, niektórzy ludzie pragną prawości, inni dobrego zachowania, a jeszcze inni bogactwa. Lepiej jednak wyrzec się w ogóle żądzy niż pożądać bogactwa, choćby nawet jedynie w celu rozdania go podczas rytuału ofiarnego. Bogactwo niesie za sobą wiele zła, które zanieczyszcza wszystkie te religijne działania, których wykonanie wymaga bogactwa. Sami tego doświadczyliśmy na własnej skórze, trudno, abyś tego nie dostrzegł.

Mędrcy, którzy poznali *Wedy*, powtarzają: 'Stwórca stworzył bogactwo po to, aby zostało ofiarowane w rytuale ofiarnym, a człowieka po to, aby je ochraniał i wykonywał rytuały ofiarne. Całe bogactwo powinno więc zostać użyte w rytualne ofiarnym, a nie do zaspokojenia ludzkiej żądzy przyjemności. Stwórca obdarzył nim śmiertelników w trosce o rytuały ofiarne'. Ten, kto pragnie bogactwa, często jednakże nie potrafi wyrzec się tego, czego powinien szukając nieba. Co więcej, bogactwa nie można zdobyć bez ranienia innych i dlatego posiadanie go niesie ze sobą zło.

Ludzie małego serca pozbawieni skrupułów atakują innych nawet za cenę niewielkiej korzyści i popełnienia grzechu zabicia bramina. Zdobywszy bogactwo żałują go nawet na opłatę dla służących, czując się tak, jakby byli okradani przez złodziei. Ten, kto posiada bogactwo, lecz się nim nie dzieli, staje się przedmiotem plotek i oszczerstw, podczas gdy ten, kto nic nie posiada, nie podlega krytyce. Osoba wolna od przywiązania do wszelkich przedmiotów zmysłowych czerpie szczęście z przebywania we własnej jaźni zadowalając się jałmużną. Posiadanie bogactwa nikogo nie uszczęśliwia.

Mędrcy nie przypadkiem twierdzą, że ziemskie bogactwo nie należy do nikogo. Ten, kto je zdobył powinien go użyć do sponsorowania rytuałów ofiarnych i obdarowania nim tych, co mają prawe serca. Bogactwa nie należy marnować lub używać na ziemskie przyjemności, lecz należy je rozdać w formie darów. Praktykowanie dobroczynności nie jest jednak wcale łatwe. Ludzie o niewielkim zrozumieniu, którzy nie potrafią rozróżnić tych, którzy zasługują i którzy nie zasługują na dary i którzy obdarowują swym bogactwem tych, którzy zaniedbują obowiązki własnej kasty, będą musieli przez sto lat żyć na nieczystościach i brudzie. Dobroczyńcy bez przerwy grozi jeden z dwóch grzechów: obdarowanie tych, którzy na to nie zasłużyli i nieobdarowanie tych, co na to zasłużyli".

3. Król Prawa lamentuje nad śmiercią swych krewnych obwiniając o nią swą żądzę bogactwa

Judhiszthira kontynuował: „O Ardżuna, wychwalasz bogactwo, lecz ja nie potrafię wybaczyć sobie tego, że z żądzy posiadania królestwa, stałem się niszczycielem własnego rodu.

To ja odpowiadam za śmierć twego syna Abhimanju, którego pod twoją nieobecność skłoniłem do wdarcia się w kolistą formację wroga, choć nie wiedział jak się z niej wydostać.

To ja doprowadziłem do śmierci seniora naszego rodu Bhiszmy, na którego kolana wdrapywałem się będąc małym chłopcem. Moje serce pęka z bólu na wspomnienie tego szlachetnego człowieka twardego jak piorun atakowanego przez Śikhandina, do którego nie chciał strzelać, drżącego i zataczającego się od uderzeń twoich strzał i w końcu padającego na ziemię jak bezsilny stary lew. Tracę nieomal zmysły na wspomnienie tego niszczyciela wrogich rydwanów potężnego jak górski szczyt upadającego bez sił na taras swego rydwanu z twarzą zwróconą ku wschodowi.

To ja przyczyniłem się do śmierci tego syna bogini Gangi, który pokonał w walce na polach Kurukszetry samego Paraśuramę z rodu Bhrigu i który porywając księżniczki Kasi na żony dla swego młodszego brata sam jeden stawił ongiś czoło wojownikom z całego świata.

To ja spowodowałem, że ten wspaniały wojownik został zabity. Od momentu, gdy zobaczyłem go leżącego na ziemi w kałuży krwi, moje serce płonie jak w gorączce. On, który opiekował się nami i wychowywał nas, gdy byliśmy chłopcami, został przez nas zabity z powodu mej grzesznej żądzy. Jakże wielkim jestem głupcem, że doprowadziłem do śmierci czcigodnych seniorów mego rodu kierując się żądzą posiadania królestwa, które jak wszystko na ziemi będzie trwało tylko chwilę.

Biada mi, gdyż to ja swym kłamstwem doprowadziłem do śmierci naszego nauczyciela i wielkiego wojownika bramina Drony. Na samo wspomnienie uginają się pode mną kolana. Wierząc w to, że nie potrafię kłamać zwrócił się do mnie z pytaniem o to, czy jego syn został faktycznie zabity. Okłamałem go potwierdzając śmierć Aświatthamana i choć dodałem cicho słowo 'słoń', bo to słoń o tym imieniu został zabity, Drona sądził, że potwierdzam śmierć jego syna. Jestem zawistnym grzesznikiem i kłamcą opanowanym przez żądzę i zabójcą swych nauczycieli i seniorów własnego rodu. Po popełnieniu tak straszliwych uczynków dokąd się udam po śmierci?

To ja spowodowałem śmierć mojego najstarszego brata Karny. Czy istnieje na tej ziemi grzesznik większy ode mnie? Przyczyniając się także do śmierci Abhimanju i synów Draupadi dopuściłem się grzechu dzieciobójstwa. Do dziś nie jestem zdolny spojrzeć w oczy jego matki i siostry Kryszny, Subhadry. Moje serce tonie w żalu, gdy pomyślę o Draupadi, która bez swych synów jest jak ziemia pozbawiona swych pięciu łańcuchów górskich. Jestem przestępcą, grzesznikiem i niszczycielem ziemi. Zasługuję na pokutę. Powinienem nie ruszać się już z tego miejsca, gdzie się znajduję i odmawiając posiłków czekać na śmierć. Będąc zabójcą swych nauczycieli i niszczycielem własnego rodu muszę uczynić tę przysięgę, bo inaczej narodzę się ponownie na ziemi wśród istot miernego gatunku".

4. Wjasa powstrzymuje Króla Prawa przed wycofaniem się z życia wskazując, że król został stworzony po to, aby działać, lecz rezultaty działania zależą od losu

Zwracając się do proroka Wjasy Król Prawa kontynuował: „O wielki mędrcu, pozwol mi uczynić mój ślub i uwolnić się surową ascezą od mego ciała i życiowego oddechu".

Mędrzec Wjasa rzekł: „O Królu Prawa, powstrzymaj się z wypowiadaniem słów swej przysięgi! Nie wolno ci pozwalać sobie na utonięcie w tak gorzkiej rozpaczy! Powtórzę ci raz jeszcze to, co już mówiłem i o czym ty sam doskonale wiesz: człowiek jest bezsilny wobec przeznaczenia. Wszystkie żywe istoty rodząc się na ziemi łączą się z różnymi siłami materii i wszystkie umierają uwalniając się od swego materialnego ciała. Pojawiają się i znikają jak bańka mydlana, a na koniec eonu wszystko, co żywe zostaje zniszczone, aby się odrodzić w nowym eonie. To, co się wznosi, opada. To, co się jednoczy, rozpada się. To, co się rodzi, umiera. Gnuśność przynosząc chwilowo ulgę, ostatecznie kończy się cierpieniem, podczas gdy wymagające umiejętności i wysiłku działanie, choć przynosi chwilowe cierpienie, kończy się radością. Gromadzenie bogactwa, rozwój dobrobytu, skromność, nasycenie i sława są wynikiem działania wymagającego wysiłku i umiejętności, a nie gnuśności. Własne działanie ma największą moc w powodowaniu radości i cierpienia. Przyjaciele nie mają tej samej mocy, aby przynieść szczęście, a wrogowie, aby przynieść cierpienie. Podobnie, sama wiedza nie przyniesie bogactwa i samo bogactwo nie przyniesie szczęścia. Zostałeś przez Stwórcę stworzony po to, aby działać, a nie żeby unikać działania. Podejmij więc władzę i rządź sprawiedliwie odzyskanym królestwem".

5. Wjasa poucza, że bogactwo i krewni nie trwają wiecznie i człowiek nie powinien kierować się w działaniu emocjami lecz nakazami *Wed* szukając tego, co wieczne

Prorok Wjasa kontynuował: „O Królu Prawa, pozwól, że w tym kontekście przytoczę słowa bramina Aśmy wypowiedziane niegdyś do króla Dźanaki, który uginając się pod ciężarem smutku i żalu wywołanych zmiennością losu udał się do bramina Aśmy z prośbą, aby pomógł mu w rozwianiu dręczącej go niepewności. Rzekł: 'O braminie, wytłumacz mi, co powinien czynić prawy król, który zdobył świadomość zmienności tego świata i wie, że zarówno bogactwo, jak i krewni są tym, co można zdobyć i utracić?'

Bramin Aśma rzekł: 'O królu, wraz z formowaniem się ciała dołączają się do niego radość i cierpienie. Każde z nich może z łatwością zawładnąć człowiekiem i pozbawić go rozumu. Gdy człowiekowi się powodzi, myśli: «Jestem wysoko urodzony. Mogę robić, co tylko zechcę. Nie należę do ludzi przeciętnych». Jego umysł tonie w tej trójwymiarowej próżności. Uzależniając się od ziemskich przyjemności marnuje swe bogactwo odziedziczone po przodkach. Ubożejąc zaczyna uważać za chwalebne przywłaszczanie sobie tego, co należy do innych.

Król powinien polować na złodziei jak myśliwy na jelenie karząc tych, którzy przywłaszczają sobie cudzą własność i ukarany złodziej zamiast żyć na ziemi całe sto lat, będzie żył jedynie dwadzieścia lub trzydzieści. Obserwując zachowanie wszystkich swych poddanych powinien również znaleźć właściwe środki, aby ulżyć ich smutkowi. Istnieją jedynie dwie przyczyny smutku: ułuda umysłu i dotyk nieszczęścia. Wszystkie rodzaje niedoli wynikające ze zbytniego przywiązania do ziemskich przedmiotów mają u podłoża te dwie przyczyny. Inne przyczyny nie istnieją. Zgrzybiałość i śmierć są jak dwa głodne wilki, które pożerają każdą żywą istotę, zarówno silną jak i słabą, wysoką i niską. Żaden człowiek nie potrafi przed nimi uciec, nawet ten, kto zdobył całą ziemię otoczoną przez oceany.

Wiedząc o tym, co jest nieuchronne, człowiek powinien z obojętnością przyjmować zarówno spotykające go szczęście jak i nieszczęście i nie ulegać emocjonalnym wzlotom i upadkom. Nieszczęście czyha na człowieka od najmłodszych lat. Ten kto z zawiścią szuka wiecznego ziemskiego szczęścia, może przeoczyć szansę zdobycia niebiańskiej ekstazy. Przeznaczenie odpowiada za to, czy żywa istota napotyka na swej drodze zło, czy dobro, szczęście, czy nieszczęście, radość, czy smutek. Zarówno jej narodziny i śmierć, jak straty i zyski są z góry zdeterminowane. Tak jak zapach, kolor, smak, dotyk wypływają z natury, a ilość dostępnego jedzenia i picia zależą od Czasu, tak radość i cierpienie wypływają z tego, co zostało z góry dla danej istoty wyznaczone. Nawet lekarze zapadają na choroby, silni słabną i powodzenie opuszcza tych, którym się wiodło. Nie można uwolnić się od Czasu i przeznaczenia. Wysokie urodzenie, zdrowie, piękno, powodzenie, posiadanie przedmiotów będących źródłem przyjemności od nich zależą. To ich wyrokiem biedak ma liczne potomstwo, a bogaty pozostaje bezdzietny. Zło przynoszące choroby, pożary, powodzie, wojny, głód, truciznę, gorączkę, śmierć spotyka człowieka w rezultacie przeznaczenia, z którym się narodził. Na tym świecie niektórych spotykają liczne klęski, choć nie popełnili żadnych grzechów, podczas gdy inni, choć grzeszą, cieszą się powodzeniem. Niektórzy, choć bogaci umierają młodo, inni dożywają setki lat, aż pokona ich w końcu zgrzybiałość. Niektórzy urodzeni w niskiej kaście żyją długo, a inni z wysokiej kasty żyją krótko. Bogacz cierpi na niestrawność, podczas gdy biedak potrafiłby strawić nawet trociny.

Człowiek o niegodziwej duszy popychany przez przeznaczenie myśli: «to ja jestem tym, kto działa» i sądzi, że może robić wszystko, co zechce. Jednakże człowiek mądry i o prawej duszy zna ograniczenia i krytykuje nałogi takie jak polowanie, gra w kości, kobiety, picie wina, awantury i kłótnie. Na ten typ nałogów chorują nawet ci, którzy poznali święte pisma. Różne przedmioty budzące zawiść lub awersję są przydzielane człowiekowi przez biegnący własnym torem Czas. To Czas przynosi ze sobą powietrze, przestrzeń, ogień, słońce, księżyc, gwiazdy, noc i dzień, ciepło i zimno, upał i suszę. To Czas przynosi na człowieka zarówno radość jak i smutek. Człowiekowi, któremu Czas przyniósł zgrzybiałość i śmierć, nie pomogą ani święte mantry, ani lekarstwa. Czas łączy żywe istoty i je rozdziela. Czas traktuje tak samo bogacza i żebraka.

Na tym świecie człowiek wchodzi w liczne rodzaje związków, jak związek ojca i matki z synem, czy męża z żoną. Bycie z kimś w związku nie znaczy jednak, że ten ktoś jest przez nas posiadany lub, że on nas posiada. Nasze związki z krewnymi i małżonkami są równie nietrwałe jak związek między podróżnikami w przydrożnej karczmie. Spokój umysłu zdobędzie ten, kto będzie rozmyślał nad pytaniami takimi jak: Gdzie jestem? Dokąd idę? Kim jestem? Jak się tutaj znalazłem? Kogo i dlaczego opłakuję? Życie i jego środowisko kręci się ustawicznie jak koło rydwanu i towarzystwo tych, którzy są nam drodzy jest przemijające i krótkotrwałe.

Człowiek, który zdobył wiedzę widzi tamten świat—choć jest niewidzialny—oczami wiedzy. Ten, kto szuka wiedzy, musi mieć wiarę i nie powinien lekceważyć świętych pism. Zdobywszy wiedzę powinien wykonywać odpowiednie ryty przeznaczone dla Ojców i bogów, realizować swe religijne obowiązki i krocząc ścieżką prawości szukać odpowiedniej przyjemności i zysku.

Biada temu, kto nie rozumie, że świat jest zanurzony w przepastnym oceanie Czasu rojącym się od krokodyli noszących imiona Zniedołężnienie i Śmierć. Nie ucieknie przed nimi ani ten kto studiował medycynę, ani ten kto bierze różne rodzaje lekarstw, ani ten, kto zgromadził liczne zasługi swą ascezą, jest oddany studiowaniu *Wed*, prowadzi działalność charytatywną i rytuały ofiarne. Dla śmiertelnika dni, które już były, nie powrócą i są na zawsze stracone. Człowiek, którego pobyt na ziemi jest przelotny, jest zmuszony przez bieg Czasu, bez względu na to czy tego chce, czy też nie, do kroczenia tą samą szeroką drogą życia i śmierci, którą idą wszystkie żywe istoty i wszystkie jego związki z żonami, krewnymi i przyjaciółmi są równie chwilowe jak związki między podróżującymi tą samą drogą wędrowcami. Człowiek nie może nabyć na wieczność nawet swego własnego ciała, a co dopiero mówić o towarzyszu życia. Gdzież są teraz twój ojciec i dziad? Odeszli. I ani ty nie możesz ich dłużej zobaczyć, ani oni ciebie.

Nikt nie potrafi dostrzec swymi zwykłymi oczami ani nieba, ani piekła. Człowiek pobożny zdobywa w nie wgląd poprzez święte pisma. Planuj więc swe działania bazując na *Wedach*.

Osoba o czystym sercu powinna iść po kolei przez cztery fazy (tryby) życia wyznaczone przez prawo Czasu i opisane w Wedach. Po zakończeniu fazy pierwszej, którą jest faza uczenia się (*brahmacarja*) i przed rozpoczęciem trzeciej i czwartej fazy życia, którymi są wycofanie się i wyrzeczenie, człowiek bez względu na to do jakiej należy kasty, powinien zrealizować drugą fazę życia, którą jest domowy tryb życia. Podczas domowej fazy życia powinien spłodzić potomstwo i wykonywać rytuały ofiarne, aby spłacić tym swój dług Ojcom, bogom i ludziom. Mając wiedzę za swe oczy i uwalniając swe serce od wszelkiej troski i niepokoju życia powinien w tym trybie życia szukać nieba, dobrobytu na ziemi i swej duszy. Prawość praktykuje ten król, który przy pomocy swej mądrości walczy o zdobycie zarówno ziemi jak i nieba i nabywa ziemskie dobra zgodnie z wedyjskimi zaleceniami zdobywając swym działaniem szacunek i sławę wśród wszystkich żywych istot zamieszkujących trzy światy'".

Wjasa kontynuował: „O Judhiszthira, król Dźanaka słuchając ze zrozumieniem tych mądrych słów bramina Aśmy uwolnił się od swego smutku. Uczyń tak samo. Uwolnij się od żalu i rządź królestwem realizując swój obowiązek. Jesteś równy samemu Indrze. Zdobyłeś ziemię idąc ścieżką wyznaczoną dla wojownika. Nie lekceważ moich słów, podejmij władzę i ciesz się zwycięstwem".

Wjasa kontynuował: „O Królu Prawa, podążaj dalej drogą swoich przodków. Ci, którzy kroczą ścieżką Prawa uważają Prawo za wszechpotężne. I tak jak obowiązkiem królów jest ochrona poddanych, obowiązkiem braminów są umartwienia i szukanie wiedzy. Umartwienia konstytuują więc ścieżkę prawości braminów. Takie jest odwieczne rozporządzenie *Wed*. Wojownik z kolei dostarcza ochrony wszystkim kastom umożliwiając im realizowanie swych obowiązków i powinien zadbać o to, aby człowiek uzależniony od ziemskich posiadłości, który łamie królewskie zakazy zagrażając społecznej harmonii, poniósł surową karę. Każdy szaleniec, który występuje przeciw usankcjonowanemu autorytetowi—służący, syn, czy nawet święty—powinien zostać surowo ukarany, choćby nawet śmiercią. Król który nie ochrania społecznej harmonii przy pomocy berła sprawiedliwości, grzeszy i jest uważany za kogoś, kto sam zszedł ze ścieżki prawości.

Twoi kuzyni Kaurawowie zeszli ze ścieżki Prawa wchodząc na drogę przestępstwa i zasłużyli sobie tym na śmierć. Zabijając ich w walce na polu bitewnym postąpiłeś zgodnie z obowiązkiem wojownika. Król powinien zadać śmierć tym, którzy na to zasłużyli i obdarowywać tych, którzy na to zasłużyli i ochraniać w ten sposób swych poddanych, jak i społeczną harmonię".

6. Wjasa poddaje w wątpliwość pojęcie „działającego ja" i możliwości ludzkiego rozumu i poucza, że w ocenie działań należy kierować się stwierdzeniami *Wed*

Judhiszthira rzekł: „O wielki mędrcu, nie wątpię w słuszność twoich słów. Ty wiesz wszystko, co dotyczy Prawa i obowiązku. Jednakże tym, co spala mnie żywym ogniem są moje własne uczynki: to ja sam spowodowałem śmierć tak wielu osób z żądzy posiadania królestwa".

Wjasa rzekł: „O Królu Prawa, zastanów się nad tym, w jakim sensie twoje uczynki są twoje własne? Kto jest tym, kto działa: człowiek, czy też Najwyższe Bycie? Czy wszystko na tym świecie jest rezultatem przypadku, czy też owocem działań wykonanych w poprzednim wcieleniu? Jeżeli człowiek wykonuje wszystkie dobre i złe działania skłaniany do tego przez Najwyższe Bycie, owoce tych czynów powinny związać się z samym Najwyższym Byciem. Jeżeli człowiek ucina drzewo w lesie przy pomocy siekiery, człowiek jest tym, kto popełnia grzech, a nie siekiera. Jeżeli siekiera jest jedynie materialną przyczyną ścięcia drzewa, wówczas konsekwencje tego czynu powinny związać się z czynnikiem ożywionym, czyli z człowiekiem, który zrobił siekierę. Takie rozumowanie nie może być poprawne. Gdyby było słuszne, człowiek ponosiłby konsekwencje działań wykonywanych przez innych i w końcu zrzuciłby całą odpowiedzialność za swe czyny na Najwyższe Bycie. Z drugiej strony, gdyby wyłącznie człowiek sam był sprawcą wykonywanych przez siebie niegodziwych i prawych czynów, wówczas nie byłoby Najwyższego Bycia i świata pośmiertnego i czyny człowieka nie miałyby dla niego żadnych dobrych czy złych konsekwencji.

Nikt nie może uniknąć tego, co zostało mu przeznaczone. Gdyby jednak przeznaczenie było wyłącznie rezultatem działań wykonanych w poprzednim życiu, wówczas żaden grzech popełniony w obecnym życiu nie mógłby dołączyć się do duszy człowieka tak jak grzech obcięcia drzewa nie może przywiązać się do tego, kto wyprodukował siekierę. Gdyby jednak światem rządził wyłącznie przypadek, a nie przeznaczenie, wówczas taki akt zniszczenia jak rzeź na polach Kurukszetry nie mógłby się nigdy wydarzyć. Opierając się wyłącznie na własnym rozumie trudno zrozumieć funkcjonowanie świata. Dlatego w ocenie tego, co jest w tym świecie dobrem i co złem należy szukać pomocy w świętych pismach. W pismach tych zostało wyraźnie stwierdzone, że zadaniem króla jest trzymanie w dłoni berła sprawiedliwości i ochrona Prawa (*dharmy*). Dobre i złe działania krążą ustawicznie jak obracające się koło rydwanu i ludzie konsumują dobre i złe owoce swych działań. Jedno grzeszne działanie prowadzi do następnego. Unikaj więc wszelkich grzesznych działań realizując swe własne obowiązki, choć wydają się one okrutne. Nie niszcz samego siebie swoją żałobą. Z każdego popełnionego zła można się oczyścić przy pomocy odpowiedniej pokuty. Taką pokutę może jednak wykonać tylko ten, kto pozostaje przy życiu. Tonąc w żałobie niszczysz własną jaźń zaniedbując pokutę przeznaczoną dla króla. Zamiast rozmyślać nad tym jak uwolnić się od swego ciała, podejmij władzę i wykonaj wielkie rytuały ofiarne. Jeżeli zaniedbasz za życia wykonania tej pokuty przeznaczonej dla króla będziesz musiał za to zapłacić po śmierci".

7. Wjasa przekonuje Króla Prawa, że pokonując Kaurawów uczynił to, czego żądał od niego Czas i teraz powinien oczyścić się z powstałego zła właściwą dla króla pokutą

Judhiszthira rzekł: „O święty mędrcu, jakże zdołamy odpokutować za nasze grzechy po spowodowaniu tak wielkiej rzezi? Jakże zdołamy obronić się przed piekłem? Moje serce krwawi z żalu. Co czeka teraz te wszystkie wysoko urodzone kobiety, które straciły ojców, mężów i synów? Uważając nas za okrutnych morderców będą rzucać się w rozpaczy na ziemię, aby uwolnić się od życiowego oddechu i udać się wprost do królestwa boga śmierci Jamy. Ścieżka Prawa jest trudna do zrozumienia. W końcu to my sami, choć zostaliśmy zmuszeni do tej wojny przez Kaurawów, będziemy musieli ponosić również winę za śmierć tych kobiet. Po popełnieniu tych straszliwych grzechów spadniemy do piekieł głową w dół!"

Wjasa rzekł: „O Królu Prawa, uwolnij się od żalu. Wszyscy ci, którzy polegli, zginęli realizując swe obowiązki wojownika. Szukając na ziemi dobrobytu i sławy zginęli z własnej winy zniszczeni przez upływający Czas. To nie ty lub twoi bracia ich zabili. To Czas pozbawił ich życiowego oddechu działając zgodnie ze swym prawem upływu. Czas jest bezwzględny i nie posiada ani matki, ani ojca, ani nikogo, kogo chciałby wyróżnić. Jest świadkiem działań wszystkich żywych istot i je wszystkie zabiera. Wielka bitwa z Kaurawami była jedynie okazją zarządzoną przez Czas. To Czas powoduje, że żywe istoty giną od uderzenia broni innych żywych istot będących jedynie jego narzędziem i w ten to sposób realizuje swą nieodpartą moc. Czas wyznaczony dla żywych istot zależy od ich przeszłych działań i jest świadkiem ich złych i dobrych czynów. Przynosi im owoce ich działań wypełnione ekstazą lub niedolą.

Pomyśl o działaniach tych wojowników, którzy polegli. To ich własne działania były przyczyną ich destrukcji i zginęli w ich konsekwencji. Pomyśl też o własnych działaniach, które polegały na realizowaniu z poddaną kontroli duszą uczynionych poprzednio ślubów i pomyśl też o tym, jak byłeś zmuszany do realizacji tej rzezi przez Najwyższego Zarządcę. Tak jak broń zrobiona przez kowala lub stolarza jest pod kontrolą osoby, która jej używa i porusza się, gdy osoba ta się porusza, tak wszechświat jest kontrolowany przez działania wykonane w Czasie i porusza się wraz z ruchem tych działań. Widząc, że narodziny i śmierć żywych istot mają miejsce bez wyznaczonej przyczyny i w doskonałej swobodzie, płacz i radość nic tu nie pomogą. Ta obecna matnia twego serca jest zaledwie złudzeniem, lecz jeżeli tylko zechcesz, możesz wykonać rity pokutnicze, aby oczyścić się z grzechów.

Jak o tym sam wiesz, bogowie i asurowie walczyli ze sobą, choć są braćmi, z zawiści o bogactwo. Asurowie są starsi od bogów. Ich zacięta walka toczyła się przez trzydzieści dwa tysiące lat zmieniając ziemię w ocean krwi. Gdy bogowie pokonali asurów i zdobyli władzę w niebie, osiemdziesiąt osiem tysięcy braminów znanych pod imieniem Salawrikowie ogłupionych przez pychę stanęło po stronie asurów i uchwyciło za broń udzielając im wsparcia. Bogowie jednakże zabili ich wszystkich razem z asurami. Zasłużyli sobie w pełni na śmierć mając podłe dusze i pragnąc zniszczenia prawości. Jeżeli pozbawienie życia jednej osoby ratuje całą rodzinę lub zabicie jednej rodziny ratuje całe królestwo, wówczas takie zabójstwo nie jest uważane za przestępstwo. Grzech wygląda niekiedy jak cnota, a cnota wygląda niekiedy jak grzech. Mędrcy nie dają się jednak oszukać przez zewnętrzny wygląd. Ucisz więc swój ból odwołując się do swej znajomości świętych pism. Walcząc i pokonując Kaurawów, którzy chcieli zniszczyć na ziemi prawość, kroczyłeś ścieżką bogów.

Ludzie tak szlachetni jak ty nigdy nie spadają do piekieł. Zamiast rozpaczać, ukój ból swych braci i przyjaciół. Wielkim grzesznikiem święte pisma nazywają tego, kto rozmyślnie popełnia grzeszne akty i nie odczuwając z tego powodu żadnego wstydu kontynuuje swe grzeszne działanie. Jego grzechów nie zdoła oczyścić żadna pokuta. Ty sam należysz do gatunku ludzi szlachetnych. Zmuszony do walki przez grzechy innych zabiłeś ich w końcu po wyczerpaniu wszelkich możliwych środków utrzymania pokoju i teraz szukasz pokuty. Właściwą dla ciebie pokutą nie jest przyjęcie żebraczego stylu życia, lecz wykonanie wielkiej Ofiary Konia. Uczyń odpowiednie przygotowania i oczyść się w ten sposób ze swoich grzechów. Bądź jak Indra, który po zabiciu z pomocą marutusów swych wrogów asurów wykonał setkę rytuałów ofiarnych i zdobył imię Satakratu (wykonawca setki ofiar). Indra wolny od grzechu zdobywszy władzę nad niebem i wygrywając liczne regiony ekstazy, szczęścia i dobrobytu, otoczony przez marutusów oświetla swym splendorem cztery ćwiartki nieba. Riszi i boskie nimfy apsary wielbią go i oddają mu cześć.

Dzięki swej dzielności zdobyłeś całą ziemię pokonując wszystkich królów. Wróć więc teraz razem z braćmi do swego królestwa i umieść ich na ich własnych tronach. Zachowując uprzejmość nawet dla nienarodzonych jeszcze dzieci uszczęśliwiaj swych poddanych i władaj ziemią. Umieść na tronach córki tych wysoko urodzonych, co nie mają synów. Kobiety lubią władzę i przyjemności. Obdarowując je uwolnisz je od żałoby i smutku. Po uczynieniu tego, oddaj cześć bogom wykonując Ofiarę Konia, tak jak uczynił to Indra. Wojownik o wielkiej duszy nie powinien tonąć w oceanie żalu z powodu heroicznej śmierci wojowników, którzy pokonani przez potęgę Niszczyciela oddali życie w walce idąc drogą obowiązku. Ty sam walcząc z Kaurawami zrealizowałeś swój obowiązek wojownika i zdobywszy ziemię oczyszczoną z wszelkich cierni swym czynem zarobiłeś sobie na niebiańskie regiony wiecznej ekstazy".

Napisane na podstawie fragmentów *Mahābharāta*,
Santi Parva, Part 1, Sections XXVI-XXXIII
(Rajadharmanusasana Parva).

Opowieść 113
Wjasa poucza Króla Prawa
o grzesznych działaniach i pokucie

1. Wjasa wymienia działania, które uchodzą za grzeszne; 2. Wjasa wymienia warunki, w których działania uchodzące za grzeszne nie są grzeszne; 3. Wjasa opisuje różne rodzaje pokuty; 4. Wjasa cytuje wypowiedzi Manu na temat grzeszności działań i pokuty; 5. Wjasa cytuje wypowiedzi Manu na temat czystego i nieczystego jedzenia; 6. Wjasa cytuje wypowiedzi Manu na temat tego, kto zasługuje i kto nie zasługuje na dary; 7. Wjasa radzi Królowi Prawa, aby po koronacji udał się do umierającego Bhiszmy z prośbą o pouczenie go o Prawie Królów; 8. Pod wpływem słów Wjasy Król Prawa decyduje się na podjęcie władzy i królewska procesja wyrusza w kierunku Hastinapury.

> Wjasa rzekł: „O Królu Prawa, opisałem ci, w jaki sposób można oczyścić się po popełnieniu różnych grzesznych czynów poprzez pokutę. Dla każdego grzechu istnieje właściwa pokuta za wyjątkiem czynów wyjątkowo haniebnych. ...
> Oczyść się więc z grzechu spowodowania rzezi wszystkich wojowników poprzez realizowanie obowiązków króla i ochronę swego życiowego oddechu i dziedzictwa. Jeżeli to ci nie wystarczy i ciągle będziesz uważał siebie za grzesznika, wykonaj właściwe ryty pokutne, lecz zaniechaj szaleńczej myśli o prowadzeniu żebraczego stylu życia i uwolnieniu z ciała swej duszy". ...
> Król Prawa rzekł: „O święty mędrcu, ten dyskurs o pokucie, czystym jedzeniu i właściwych darach wypełnił me serce radością. Zrozumiałem, że dla króla porzucenie obowiązku sprawowania władzy jest zawsze sprzeczne ze ścieżką prawości".

(*Mahābhārata*, Santi Parva, Part 1, Sections XXXVI, XXXVIII)

1. Wjasa wymienia działania, które uchodzą za grzeszne

Król Prawa słuchał z uwagą słów mędrca Wjasy, który w długiej rozmowie próbował skłonić go do zaniechania zamiaru porzucenia spraw tego świata i zamiast tego szukania pokuty odpowiedniej dla króla i wojownika. Chcąc się dowiedzieć więcej o grzechu i pokucie rzekł: „O wielki mędrcu, wytłumacz mi, jakie działania wymagają pokuty i na czym ta pokuta polega?"

Wjasa rzekł: „O Królu Prawa, pokucie powinien poddać się ten, kto nie wykonał nakazanych działań, wykonał działania zakazane lub używał podstępu i oszustwa.

Pokutę powinien wykonać ten, kto choć ślubował *brahmacarję*, wstaje po wschodzie słońca i kładzie się spać o zachodzie; ten, kto ma zniszczone paznokcie i czarne zęby; ten, którego młodszy brat ożenił się pierwszy, jak i ten, kto ożenił się przed swym starszym bratem; ten, kto popełnił grzech zabójstwa bramina; ten, kto mówi źle o innych; ten, kto ożenił się z młodszą siostrą, zanim starsza wyszła za mąż; ten, kto ożenił się ze starszą siostrą po tym, jak młodsza wyszła za mąż; ten, kto złamał swój ślub; ten, kto przekazał wedyjskie nauki osobie, która na to nie zasłużyła lub nie przekazał ich osobie, która na to zasłużyła; ten, kto wielu zabił; ten, kto sprzedaje ciało; ten, kto zaniedbał swój święty ogień; ten, kto każe sobie płacić za nauczanie *Wed*; ten, kto zabił kobietę lub swego nauczyciela; ten, kto urodził się w grzesznej rodzinie; ten, kto zabił zwierzę dla innych celów niż ofiara; ten, kto podpalił czyjś dom; ten, kto żyje z oszustwa; ten, kto występuje przeciw swemu nauczycielowi; ten, kto złamał umowę.

Wymienię ci teraz działania, których człowiek powinien unikać i które są zakazane przez *Wedy*. Są to: odrzucenie własnej wiary lub praktykowanie wiary innego narodu; asystowanie w ofierze lub religijnym rycie przez osobę tego niegodną; spożywanie zakazanego jedzenia; opuszczenie kogoś, kto błaga o pomoc; zaniedbywanie własnych służących oraz tych, którzy są na czyimś utrzymaniu; sprzedaż soli, melasy i innych podobnych substancji; zabijanie ptaków i zwierząt; odmowa obdarowania dziećmi swej żony; zaniedbanie codziennych darów w formie garści trawy dla krów i *dakszny* dla braminów; poniżanie braminów; sprzeciwianie się swemu ojcu; spanie z żoną swego nauczyciela".

2. Wjasa wymienia warunki, w których działania uchodzące za grzeszne nie są grzeszne

Wjasa kontynuował: „O Królu Prawa, posłuchaj teraz o tym, w jakich warunkach człowiek, choć popełnił czyny uchodzące za grzeszne, nie popełnia grzechu. Wymienię ci tylko te przypadki, które są uświęcone przez *Wedy*.

Zostało stwierdzone, że jeżeli bramin uchwyci za broń schodząc ze swej ścieżki Prawa i rusza do walki z wojownikiem z zamiarem zabicia go, wojownik może go zabić bez popełniania grzechu zabójstwa bramina. W tym przypadku gniew zabójcy jest odpowiedzią na gniew zabitego.

Osoba wypijająca alkohol z braku wiedzy lub pod wpływem rady medyka dla ratowania życia może oczyścić się z grzechu poprzez wykonanie pokutnych ceremonii.

Uczeń, który śpi z żoną swego nauczyciela na jego rozkaz, nie popełnia grzechu. W tym kontekście *Wedy* wspominają o synu mędrca Uddalaki, o imieniu Swetaketu, który został na jego rozkaz spłodzony przez jego ucznia.

Kradzież własności nie należącej do bramina wykonana w sytuacji zagrożenia dla ratowania nauczyciela, nie jest uważana za grzech pod warunkiem, że uczeń nie przywłaszcza sobie jej części.

Kłamstwo nie jest grzechem, jeżeli zostało wypowiedziane dla obrony czyjegoś życia, dobra nauczyciela, zadowolenia kobiety lub zdobycia żony.

Erotyczne sny nie powodują złamania ślubu *brahmacarji*. Można się z nich oczyścić pokutą lania oczyszczonego tłuszczu do ognia.

Młodszy brat nie popełnia grzechu żeniąc się przed starszym, jeżeli ten starszy wyrzekł się świata i udał się do lasu lub uchodzi za osobę upadłą z powodu popełnionych grzechów.

Erotyczny związek z kobietą, która o to prosi, nie jest uważany za grzech.

Zabijanie zwierząt wyłącznie w celach ofiarnych nie jest grzechem. Nabrały one bowiem świętości jako zwierzę ofiarne dzięki nakazowi życzliwości w stosunku do nich wyrażonego w *Wedach* przez samego Stwórcę.

Obdarowanie bramina, który na to nie zasługuje, jak i nieobdarowanie kogoś, kto na to zasługuje z powodu braku wiedzy, nie jest grzechem.

Porzucenie niewiernej żony nie jest grzechem i co więcej takie zachowanie męża oczyszcza ją z jej grzechu.

Ten, kto wie, że soma jest używana w rytuale ofiarnym, aby zadowolić bogów, nie popełnia grzechu sprzedając ją.

Zwolnienie służącego niezdolnego do służby nie jest grzechem".

3. Wjasa opisuje różne rodzaje pokuty

Prorok Wjasa kontynuował: „O Judhiszthira, jeżeli człowiek nie popełnia ponownie tych samych grzechów, może oczyścić się z nich poprzez umartwienia, religijne ryty i dobroczynność. Posłuchaj teraz o różnych rodzajach pokuty.

Z grzechu zabicia bramina można oczyścić się poprzez ograniczanie się przez dwanaście lat do jednego posiłku dziennie przygotowanego samemu lub otrzymanego w formie jałmużny; żyjąc jak żebrak i włócząc się po świecie z ludzką czaszką w jednej dłoni i kijem żebraczym (*Khatanga*) w drugiej; ślubując celibat, będąc zawsze gotowym do podjęcia wysiłku, uwalniając się od wszelkiej urazy, śpiąc na gołej ziemi, ogłaszając światu swe przestępstwo. Zabójca bramina oczyszcza się również ze swego grzechu poprzez spożywanie zgodnie z zaleceniami ascetycznego posiłku przez sześć lat. Stosując surowszą ascezę może oczyścić się w ciągu trzech lat, a spożywając tylko jeden posiłek na miesiąc może oczyścić się w ciągu roku. Stosując jeszcze surowszą ascezę może oczyścić się w jeszcze krótszym czasie. Z grzechu zabicia bramina oczyszcza się również ten, kto ginie od uderzenia broni ze swej własnej woli lub za radą osoby znającej święte pisma; rzuca się trzy razy w przepaść z głową w dół lub skacze w ogień; wędruje długi dystans recytując *Wedy*; oddaje braminom cały swój majątek lub przynajmniej zapewnia im byt; oraz ten, kto dostarcza ochrony krowom i braminom. Z grzechu zabicia bramina oczyszcza również Ofiara Konia. Ten, kto poddał się kąpieli po szczęśliwym zakończeniu tego rytuału oczyszcza się z wszystkich grzechów. Tak zostało ogłoszone w *Wedach*. Śmierć na polu bitewnym oczyszcza z grzechu zabicia bramina, jak i z wszystkich innych grzechów. Podobną moc ma uczynienie daru z dwudziestu pięciu tysięcy krów rasy Kapila z cielątkami.

Od grzechów uwalnia się też ten, kto w momencie śmierci obdarowuje zasługującego na to biedaka tysiącem krów z cielątkami, ten kto obdarowuje braminów setką koni rasy Kambhodżów, jak i ten, kto daje to, o co został poproszony i nie wychwala się później za ten czyn.

Bramin oczyszcza się z grzechów wypijając gorący napój alkoholowy w formie kary; rzucając się w ogień lub przepaść; udając się na wieczną wędrówkę po wyrzeczeniu się dóbr tego świata. Bramin pijący napój alkoholowy w formie kary oczyszcza się z tego przez wykonanie rytuału ofiarnego zgodnie z zaleceniami nauczyciela bogów Brihaspatiego. Po wypiciu napoju alkoholowego uświęca się i oczyszcza z grzechów ten, kto zachowuje się z pokorą, czyni dar z należącej do niego ziemi i nie bierze alkoholu do ust nigdy więcej.

Uczeń, który popełnił grzech cudzołóstwa z żoną nauczyciela powinien za karę położyć się na żelaznym łożu rozgrzanym do czerwoności i po obcięciu penisa udać się do lasu z wzrokiem skierowanym ku górze. Ostatecznie uwolni się od grzechu opuszczając swe ciało. Kobieta, z którą zgrzeszył, oczyszcza się poprzez prowadzenie ściśle kontrolowanego życia przez rok. Uczeń, który realizuje surowe śluby, rozdaje cały swój majątek lub ginie w walce w obronie nauczyciela, oczyszcza się ze swych grzechów. Uczeń, który okłamuje nauczyciela lub mu się przeciwstawia, oczyszcza się z grzechu poprzez zrealizowanie jakiejś jego prośby.

Ten, kto złamał ślub celibatu, oczyszcza się poprzez noszenie przez sześć miesięcy krowiej skóry zamiast ubrania i poprzez realizowanie pokuty tej samej, jak za zabicie bramina. Osoba popełniająca cudzołóstwo lub kradzież oczyszcza się poprzez przestrzeganie przez rok surowych ślubów. Ten, kto ukradł cudzą własność, powinien starać się o zwrócenie jej w takiej samej wartości. Młodszy brat, który ożenił się wyprzedzając starszego, jak i jego straszy brat, oczyszczają się z grzechu realizując ze skupioną duszą surowe przysięgi przez dwanaście dni. Jednakże ponowne małżeństwo młodszego brata zawarte dla ratowania ciągłości rodu, oczyszcza z grzechów zarówno jego jak i jego pierwszą żonę. Mędrcy znający *Wedy* zadeklarowali, że kobiety oczyszczają się nawet z wielkich grzechów realizując ślub „czterech miesięcy" (*czaturmasja*), w czasie których żywią się bardzo skąpym i oczyszczonym jedzeniem. Grzechy kobiet są zmywane przez ich comiesięczną krew, tak jak mosiężny talerz jest oczyszczany przez popiół. Ten, kto zabił ptaka lub zwierzę lub obciął żywe drzewo powinien ogłosić swój grzech i pościć przez trzy doby. Ten, kto odbył zakazany stosunek seksualny powinien chodzić w mokrym ubraniu i spać na łożu z popiołu.

Zostało powiedziane, że bramini powinni poznać i praktykować Prawo w jego wszystkich czterech częściach; Prawo zredukowane o jedną ćwiartkę zostało zarządzone dla wojowników, zredukowane o dwie ćwiartki zostało zarządzone dla waiśjów, a o trzy dla szudrów. Ocena powagi grzechu w każdej z czterech kast bazuje na tym fakcie. Pokuta za grzeszny czyn zależy od przypadku, motywu, jak i tego, co zostało stwierdzone w *Wedach*. Bramin może oczyścić się z wszystkich grzechów poprzez recytowanie świętej mantry *Gajatri*, ascezę, uwolnienie się od urazy, gniewu i nienawiści, obojętność zarówno wobec wychwalania jak i obwiniania, oraz ślub milczenia, włóczenie się po lesie i spanie pod gołym niebem. Powinien też trzy razy w ciągu dnia i nocy zanurzać się w wodach jeziora lub strumienia wykonując ablucje. Powinien powstrzymywać się od rozmowy z kobietami, szudrami i grzesznikami. Żyjąc w ten sposób oczyści się nawet z wszystkich tych grzechów, których popełnienia jest nieświadomy. Dana osoba udając się na tamten świat zdobywa dobry lub zły owoc swych działań na ziemi, których świadkami było pięć elementów. Po śmierci doświadcza skutków swego życia na ziemi. Człowiek zwiększa więc swoje szczęście poprzez umartwienia, wiedzę i prawe działania i zwiększa swe cierpienie przez grzeszne działania. Człowiek powinien więc zawsze wykonywać te działania, które są prawe i powstrzymywać się od tych, które są grzeszne".

Wjasa kontynuował: „O Judhiszthira, opisałem ci, w jaki sposób można oczyścić się po popełnieniu różnych grzesznych czynów poprzez pokutę. Dla każdego grzechu istnieje właściwa pokuta za wyjątkiem czynów wyjątkowo haniebnych. Jeśli chodzi o grzechy spowodowane przez spożycie nieczystego jedzenia lub nieczystą mowę, to dzieli się je na dwie klasy w zależności od tego, czy zostały popełnione świadomie, czy nieświadomie. Grzechy popełnione świadomie są ciężkie, podczas gdy popełnione nieświadomie są lekkie i trywialne. Dla każdego z tych grzechów jest jednak dostępna właściwa pokuta. Można oczyścić się z nich realizując odpowiednie zarządzenia. Zarządzenia te odnoszą się jednak tylko do tych, którzy posiadają wiarę, są bezużyteczne dla ateistów lub tych, których pokonały pycha i szaleństwo. Osoba, która szuka dobrobytu zarówno na tym jak i tamtym świecie, powinna uciekać się do prawych zachowań, szukać rady u prawych doradców i wykonywać obowiązki wyznaczone dla jego kasty. Oczyść się więc z grzechu spowodowania rzezi wszystkich wojowników poprzez realizowanie obowiązków króla i ochronę swego życiowego oddechu i dziedzictwa. Jeżeli to ci nie wystarczy i ciągle będziesz uważał siebie za grzesznika, wykonaj właściwe ryty pokutne, lecz zaniechaj szaleńczej myśli o prowadzeniu żebraczego stylu życia i uwolnieniu z ciała swej duszy".

4. Wjasa cytuje wypowiedzi Manu na temat grzeszności działań i pokuty

Mędrzec Wjasa kontynuował: „O Królu Prawa, pozwól mi zacytować rozmowę między ascetami i wielkim antenatem człowieka, Manu, która miała miejsce niegdyś w czasie kritajugi. Święci asceci zbliżyli się do Manu i rzekli: 'O panie stwarzania, powiedz nam, jakie działania powinny i jakie nie powinny być wykonane, jakie jedzenie nadaje się do jedzenia, kto zasługuje na otrzymywanie darów, co nadaje się na dary, jak należy studiować, jakie umartwienia należy wykonywać'.

Boski i Samo-Stwarzający się Manu rzekł: 'O święci asceci, posłuchajcie najpierw, co mam ogólnie do powiedzenia na temat cnoty i pokuty. Istnieją różne czynności oczyszczające z grzechów, takie jak recytowanie mantr na terenie, który nie jest zakazany, ograniczanie posiłków, poznawanie jaźni, jak i pewne miejsca takie jak święte rzeki, czy pustelnie zamieszkałe przez ascetów uprawiających surowe umartwienia, które oczyszczają z grzechów. Oczyszczającą moc mają też niektóre góry, spożywanie złota, kąpiel w wodach, gdzie znajdują się klejnoty i drogie kamienie, pielgrzymka do świętych brodów, spożywanie uświęconego masła. Ponadto ten, kto pragnie długiego życia powinien przez trzy noce pić gorącą wodę jako pokutę za popadanie w pychę. Mądry człowiek nigdy nie pozwala sobie na uleganie pysze.

Za cnotę uważa się niebranie tego, co nie zostało dane, dobroczynność, studiowanie świętych pism, umartwianie, unikanie ranienia, prawdomówność, uwolnienie się od gniewu, czczenie bogów ofiarą. Jednakże to, co w pewnych warunkach uchodzi za cnotę, może stać się grzechem, i cnotą może stać się to, co uchodziło za grzech, jak zabranie czegoś, co należy do innych, powiedzenie nieprawdy, zranienie kogoś lub zabicie.

Z punktu widzenia osoby zdolnej do sądu istnieją dwa rodzaje działań: cnotliwe i grzeszne. Z doczesnego i wedyjskiego punktu widzenia cnota i grzech są dobre lub złe zależnie od swych konsekwencji. Z wedyjskiego punktu widzenia cnota i grzech są klasyfikowane jako działanie i niedziałanie. Niedziałanie prowadzi do wyzwolenia się z konieczności ponownych narodzin, podczas gdy działanie prowadzi do śmierci i ponownych narodzin. Z doczesnego punktu widzenia cnota i grzech są różnicowane ze względu na swe konsekwencje: grzeszne działanie mają złe konsekwencje, a cnotliwe dobre. Działania ewidentnie grzeszne, lecz wykonywane ze względu na dobro bogów, *Wedy*, życie i środki służące utrzymaniu życia, mają dobre konsekwencje i są klasyfikowane jako dobre.

Kiedy podejmuje się działanie z oczekiwaniem, że spowoduje w przyszłości szkodę lub gdy jego szkodliwość jest natychmiast widoczna, musi być odpokutowane. Jeżeli takie szkodliwe działanie było wykonane z gniewu lub utraty rozumu, pokutą powinno być zadanie bólu w sposób zgodny z tradycją, pismami i zdrowym rozsądkiem. Jeżeli grzeszny akt służy umysłowej przyjemności lub nieprzyjemności, wymaga pokuty spożywania uświęconego jedzenia i recytacji mantr.

Król, który w jakimś przypadku zaniechał wymierzenia kary, powinien jedną dobę pościć. Kapłan, który powstrzymał się od skłonienia króla do wymierzenia w określonym przypadku kary, powinien pościć przez trzy doby. Osoba, która z rozpaczy próbuje zabić się przy pomocy broni, powinna pościć trzy doby. Nie ma pokuty na oczyszczenie się z grzechów przez tych, którzy zaniechali realizowania obowiązków swej kasty, kraju i rodziny i porzucili swoją wiarę. W przypadku jakichkolwiek wątpliwości, co do pokuty, należy zaciągnąć rady u dziesięciu osób, które zajmują się recytowaniem *Wed*".

5. Wjasa cytuje wypowiedzi Manu na temat czystego i nieczystego jedzenia

Judhiszthira rzekł: „O święty mędrcu, wytłumacz mi, jakie jedzenie jest uważane za czyste i jakie za nieczyste?"

Wjasa rzekł: „O Królu Prawa, według nauk Manu bramini nigdy nie powinni jeść ziemi, mięsa byka, drobnych mrówek, robaków żyjących w ziemi, trucizny, ryb bez łuski, czteronogich zwierząt wodnych za wyjątkiem żółwi, mięsa drapieżnych ptaków i zwierząt, samicy osła, wielbłąda, jelenia, posiłku oferowanego przez kobietę świeżo po urodzeniu dziecka lub pochodzącego od nieznanej osoby, i nie powinien pić owczego mleka i mleka krowy, która się świeżo ocieliła. Spożycie posiłku ugotowanego przez wojownika osłabia energię bramina, a przyjęcie posiłku od szudry przyciemnia jego blask. Jedzenie od złotnika oraz od bezdzietnej i nie posiadającej męża kobiety skraca jego życie. Spożycie posiłku przygotowanego przez lichwiarza jest jak jedzenie nieczystości, a przez prostytutkę jest jak jedzenie nasienia.

Zakazane jest jedzenie sporządzone przez kogoś, kto toleruje nieczystość swej żony lub podporządkuje się władzy swych żon. Bramin nie powinien również spożywać posiłku przygotowanego przez osobę wyznaczoną do otrzymywania darów w określonej fazie rytuału ofiarnego, nieczystą kobietę, kogoś kto nie uprawia dobroczynności, sprzedaje somę, przez szewca, lekarza, praczkę, stróża, przez wiele osób równocześnie, przez kogoś na kogo wskazała cała wieś, przez kogoś, kto zarabia na tańcu tancerek, kto ożenił się przed swoim starszym bratem, przez zawodowego śpiewaka lub poetę, przez nałogowego gracza, podawanego lewą ręką lub takiego, które jest nieświeże, zmieszane z alkoholem, próbowane przez kogoś innego lub stanowi resztki z jakiejś wielkiej uczty.

Nie należy spożywać ciasta, trzciny cukrowej, warzyw, czy ryżu gotowanych w słodzonym mleku, jeżeli straciły swój smak, ani prażonego zmielonego jęczmienia lub innych ziaren zmieszanych z jogurtem, jeżeli się zestarzał. Bramin prowadzący domowy tryb życia nie powinien spożywać ryżu gotowanego w słodkim mleku, jedzenia zmieszanego z nasionami *tila*, jak i mięsa i ciasta przed oferowaniem go bogom, mędrcom i Ojcom. Głowa rodziny żyjąc w ten sposób w swym własnym domu żyje w swym własnym domu jak święty żebrak w dżungli. Żyjąc w ten sposób w domowej atmosferze ze swoją żoną gromadzi zasługi".

6. Wjasa cytuje wypowiedzi Manu na temat tego, kto zasługuje i kto nie zasługuje na dary

Judhiszthira rzekł: „O święty mędrcu, wytłumacz mi, jakie dary są uważane za godne pochwały i kto zasługuje na dar, a kto nie?"

Wjasa rzekł: „O Królu Prawa, jeśli chodzi o dary, to Manu pouczał, że nikt nie powinien dawać darów swemu dobroczyńcy lub dla zdobycia sławy, czy z lęku przed krytyką. Prawy człowiek nie powinien też dawać darów tym, którzy utrzymują się przy życiu z tańca lub śpiewu, błaznom, tym, którzy są pijani, chorym psychicznie, złodziejom, oszczercom, idiotom, osobom o bladej skórze lub zniekształconych kończynach, garbusom, niegodziwcom, urodzonym w podłej rodzinie, pochodzącym z niskiej kasty. Nie należy też dawać darów braminowi, który nie zna *Wed*. Na dary zasługują jedynie te osoby, które zdobyły wiedzę *Wed* (*Śrotrija*).

Niewłaściwy dar i niewłaściwe zaakceptowanie daru ma złe konsekwencje zarówno dla tego, kto daje dar jak i dla tego, kto go przyjmuje. Tak jak ogień przykryty mokrym drzewem nie rozpala się, tak osoba pozbawiona wytrwałości w studiowaniu *Wed*, praktykowaniu ascezy i pobożności akceptująca dar nie może niczym swemu dobroczyńcy odpłacić. Same *Wedy* bez właściwego działania nie rodzą owocu.

Kierując się współczuciem można obdarować kogoś opanowanego przez zawiść i upadłego bramina, który nie potrafił zdobyć znajomości właściwych mantr, nie realizował ślubów i nie poznał świętych pism lub biedaka, nieszczęśnika czy kalekę. Nie należy jednak obdarowywać tych ludzi z wiarą, że taki dar przyniesie jakieś duchowe korzyści lub religijne zasługi. Dar taki nie przyniesie owocu z winy odbiorcy daru.

Bramin nieznający *Wed* jest równie nieprawdziwy jak słoń zrobiony z drewna lub wypchany jeleń. Oni wszyscy są niczym więcej poza imieniem. Bramin nie znający mantr jest równie niezdolny do wyprodukowania owocu jak eunuch niezdolny do spłodzenia dzieci, krowa bez byka, czy ptak pozbawiony piór. Dar dany braminowi, któremu brakuje właściwej wiedzy jest jak kłosy bez ziarna, studnia bez wody lub libacja lana na wystygły popiół. Taki bramin jest wrogiem wszystkich i niszczycielem jedzenia oferowanego bogom i Ojcom. Przyjmując dar jest złodziejem społecznego dobra i nigdy nie zdoła zdobyć niebiańskich terenów wiecznej ekstazy".

7. Wjasa radzi Królowi Prawa, aby po koronacji udał się do umierającego Bhiszmy z prośbą o pouczenie go o Prawie Królów

Wysłuchawszy słów Wjasy Król Prawa rzekł: „O święty mędrcu, ten dyskurs o pokucie, czystym jedzeniu i właściwych darach wypełnił me serce radością. Zrozumiałem, że dla króla porzucenie obowiązku sprawowania władzy jest zawsze sprzeczne z kroczeniem ścieżką prawości. Opisz mi teraz, proszę, z wszystkimi szczegółami obowiązki królów jak i obowiązki wyznaczone dla pozostałych kast. Wytłumacz mi jak należy zachowywać się w obliczu nieszczęścia i jak mam zdobywać świat krocząc ścieżką prawości".

Wjasa rzekł: „O Królu Prawa, jeżeli chcesz posłuchać o obowiązkach króla ze wszystkimi szczegółami, udaj się do seniora swego rodu Bhiszmy, który leży na łożu ze strzał czekając na odpowiedni moment, aby uwolnić z ciała swą duszę. Ten syn bogini Gangi i króla Śamtanu widział Indrę i wszystkich bogów na własne oczy i zdobył pełną wiedzę *Wed* zadawalając tym niegdyś wszystkich starożytnych mędrców z nauczycielem bogów Brihaspatim na czele, zna doskonale całe Prawo i potrafi uwolnić twe serce od wszystkich wątpliwości, które pozbawiają cię spokoju. Czyniąc surowe śluby pobierał nauki również u mędrców Wasiszty i Bhargawy Cjawany, jak i u nauczyciela demonów Śukry. Jego nauczycielem był również syn Brahmy, Sanatkumara, który ma pełną znajomość duchowej rzeczywistości i wewnętrznego ducha oraz mędrzec Markandeja znający wszystkie sekrety Prawa. Techniki walki uczył się od Indry i Paraśuramy.

Bhiszma choć urodził się na ziemi w formie człowieka, dzięki darowi ojca ma ciągle kontrolę nad momentem swej śmierci. Choć bezdzietny ma zapewnione zdobycie po śmierci niebiańskich regionów wiecznej ekstazy. Był zawsze wychwalany przez riszich o wielkich zasługach i nie istnieje nic, co byłoby mu nieznane. Znając wszystkie obowiązki i wszelkie subtelności Prawa (*dharmy*) udzieli ci najlepszych nauk. Udaj się więc do niego, zanim uwolni się od życiowego oddechu".

Judhiszthira rzekł: „O wielki mędrcu, powodując rzeź mych własnych krewnych popełniłem zbrodnię przeciw wszystkim i stałem się niszczycielem ziemi. Sam też przyczyniłem się do tego, że ten szlachetny człowiek, Bhiszma, który w walce nigdy nie schodził ze ścieżki Prawa, został podstępnie i w nieuczciwy sposób zabity. Jakże obciążony w ten sposób mogę zbliżyć się do tego wielkiego człowieka i pytać go o królewskie obowiązki i subtelności Prawa?"

Kryszna słysząc te słowa Judhiszthiry i mając na uwadze dobro wszystkich czterech kast i całego świata rzekł: „O Judhiszthira, nie wolno ci teraz dać się pokonać przez żal. Uczyń tak, jak doradza ci mędrzec Wjasa. Bramini, twoi bracia i wasza żona Draupadi proszą cię o to, jak mieszkańcy ziemi proszą Indrę na koniec lata o deszcz. Proszą cię o to również pozostali przy życiu wojownicy oraz inni mieszkańcy twego królestwa należący do pozostałych kast. Posłuszny życzeniu Wjasy i mając na uwadze dobro całego świata uczyń to, o co cię wszyscy prosimy".

8. Pod wpływem słów Wjasy Król Prawa decyduje się na podjęcie władzy i królewska procesja wyrusza w kierunku Hastinapury

Król Prawa wysłuchawszy tych słów Kryszny, biorąc pod uwagę dobro całego świata i ulegając prośbom mędrców i swych braci powstał z ziemi gotowy do odrzucenia swego żalu i niepokoju i podjęcia władzy. Znając słowa *Wed* i ich interpretację i wiedząc wszystko, co należy wiedzieć, odzyskał pełny spokój umysłu i nastawił się na realizowanie tego, co powinno zostać zrobione.

Tymczasem czas przeznaczony na żałobę dobiegł końca i wszyscy po opuszczeniu brzegów Gangesu z królem Dhritarasztrą na czele ruszyli w kierunku Hastinapury. Zanim przekroczyli bramy miasta, Król Prawa zarządził wykonanie odpowiednich rytów ku czci bogów i braminów. Następnie wychwalany przez śpiewaków i poetów wsiadł do białego powozu wysłanego dywanami i jelenią skórą ciągnionego przez szesnaście białych wołów noszących na swym ciele szczęśliwe znaki i uświęconych przez specjalne mantry. Wyglądał jak bóg Soma (księżyc) na swym powozie. Jego brat Bhima o przeraźliwej sile był jego woźnicą, a Ardżuna stał obok niego osłaniając go białym parasolem-baldachimem, który wyglądał jak biała chmura na firmamencie. Dwaj heroiczni synowie Madri, Nakula i Sahadewa, ochładzali go trzymając w dłoniach białe wachlarze ozdobione drogimi kamieniami. Pięciu braci Pandawów jadąc w tym powozie w strojach ozdobionych klejnotami wyglądali jak tworzące ciało pięć elementów. Za Judhiszthirą w białym powozie ciągnionym przez rącze konie jechał Jujutsu, syn króla Dhritarasztry ze służącą. Kryszna i Satjaki jechali na złotym rydwanie Kryszny zaprzężonym do jego czterech ogierów. Król Dhritarasztra i jego żona Gandhari jechali na powozie niesionym na ramionach przez silnych mężczyzn. W oddzielnych powozach jechały inne damy łącznie z Kunti i Draupadi podążając za Widurą. Za nimi wszystkimi podążała spora liczba pojazdów, koni i słoni ozdobionych ornamentami jak i piechurzy. Gdy przekroczyli bramy miasta, mieszkańcy Hastinapury witali ich z radością. Ulice ozdobili kwiatami, transparentami, girlandami i wieńcami. Z każdego miejsca dochodził słodki zapach kadzidełek, perfum i kwiatów. U drzwi każdego domostwa stały metalowe dzbany ze świeżą wodą. Wszędzie gromadziły się grupki pięknych młodych kobiet o jasnej cerze.

Napisane na podstawie fragmentów *Mahābhārata*,
Santi Parva, Part 1, Sections XXXIV-XXXVIII
(Rajadharmanusasana Parva).

Opowieść 114
Namaszczenie Króla Prawa
na króla Hastinapury

1. Mieszkańcy Hastinapury witają zwycięskich Pandawów; 2. Bramini zabijają dźwiękiem OM rakszasę Czarwakę, który swymi słowami atakuje Króla Prawa; 3. Król Prawa zostaje namaszczony na króla Hastinapury; 4. Król Prawa rozdziela braciom odpowiednie pozycje i najwyższe miejsce rezerwuje dla króla Dhritarasztry; 5. Pandawowie wykonują ryty należne poległym po upływie jednego miesiąca od śmierci; 6. Król Prawa głosi chwałę Kryszny o stu imionach; 7. Po zakończeniu ceremonii koronacyjnych Pandawowie udają się na spoczynek do swych pałaców.

> Na prośbę Kryszny kapłan Pandawów, Dhaumja, przestrzegając ściśle wszystkich reguł zbudował ołtarz na gruncie obniżającym się łagodnie w kierunku północno-wschodnim i po usadzeniu Króla Prawa i Draupadi na stojącym nieruchomo na ziemi i pokrytym skórą tygrysa tronie zwanym Sarwatobhadra, nucąc odpowiednie mantry rozpoczął ceremonię lania oczyszczonego tłuszczu do ognia ofiarnego.
> Następnie Kryszna powstał ze swego tronu i polał wodą z uświęconej konchy głowę Judhiszthiry namaszczając go na króla Hastinapury. Na prośbę Kryszny to samo uczynił król Dhritarasztra i wszyscy poddani.

(*Mahābhārata*, Santi Parva, Part 1, Section XLI)

1. Mieszkańcy Hastinapury witają zwycięskich Pandawów

Król Prawa jadąc na jednym rydwanie ze swymi braćmi i towarzysząca im królewska procesja przekroczyli bramy Hastinapury. Całe miasto huczało od radosnego gwaru. Mieszkańcy tłumnie wylegli na ulice chcąc ich zobaczyć i powitać. Gromadzący się na udekorowanych skwerach i ulicach tłum rósł jak ocean w fazie przypływu. Mieszczące się po obu stronach ulic pałace zdawały się uginać pod ciężarem ozdób i gromadzących się w oknach dam. Wznoszono okrzyki wychwalające Króla Prawa, jego braci i ich wierną żonę Draupadi. Wołano: „O księżniczko Pańcalów, niech ci będzie chwała! Przez cały czas stałaś wiernie u boku swych mężów tak jak Gautami stała u boku siedmiu starożytnych mędrców. Twoje działania i śluby zrodziły owoce!"

Król Prawa po przejażdżce przez ulice miasta udał się do królewskiego pałacu specjalnie udekorowanego na jego powitanie. Zebrani tam ludzie ze stolicy i prowincji wołali: „O królu, niech ci będzie chwała, wyrokiem dobrego losu odzyskałeś królestwo dzięki odwadze i prawości. Króluj nam teraz przez sto lat ochraniając nas, twych poddanych, tak jak król bogów Indra ochrania mieszkańców nieba".

Zwycięski Król Prawa przy akompaniamencie tych życzliwych mów i bramińskich błogosławieństw przekroczył udekorowaną bramę pałacu, który wyglądał równie wspaniale jak rezydencja Indry, i po opuszczeniu swego rydwanu wszedł do pałacowych pomieszczeń, aby oddać honory domowym bogom oferując im klejnoty, kadzidełka i kwiaty. Następnie wyszedł ponownie na zewnątrz, gdzie czekał na niego pokaźny tłum braminów trzymających w dłoniach dobrze wróżące przedmioty, aby przy ich pomocy go pobłogosławić. Król Prawa w ich otoczeniu wyglądał równie wspaniale jak księżyc wśród gwiazd. Mając u boku swego kapłana Dhaumję i króla Dhritarasztrę wykonał odpowiednie ryty na cześć braminów obdarowując ich klejnotami, złotem, sukniami i krowami. Głośne okrzyki błogosławiące ten dzień wypełniły cały nieboskłon radując serca wszystkich przyjaciół Pandawów. Słodki dla ucha dźwięk błogosławieństw i melodyjnych słów wypowiadanych przez braminów był donośny i czysty jak krzyki stada łabędzi. Wkrótce dołączył się do nich głośny dźwięk bębnów i konch ogłaszających zwycięstwo.

2. Bramini zabijają dźwiękiem OM rakszasę Czarwakę, który swymi słowami atakuje Króla Prawa

Po pewnym czasie, gdy bramini umilkli i zapadła cisza, dał się nagle słyszeć głos rakszasy Czarwaki, przyjaciela Durjodhany, który w bramińskim przebraniu, z bramińską laską w dłoni i włosami związanymi w ciężki węzeł ukrył się w tłumie błogosławiących króla braminów. Ta nikczemna istota chcąc zaszkodzić Królowi Prawa i pomścić Durjodhanę, rzekła kłamliwie bez porozumienia z innymi braminami: „O Królu Prawa, wszyscy zebrani tu bramini uczynili mnie swym reprezentantem i kazali ci powiedzieć, co następuje: 'Bądź przeklęty. Jesteś nikczemnym królem i niszczycielem własnego rodu! Zabiłeś też swych zwierzchników i nauczycieli. Lepiej byłoby dla ciebie zginąć niż przeżyć tę wojnę!'"

Słowa tego grzesznego rakszasy głęboko uraziły braminów, podczas gdy Król Prawa zapłonął strasznym wstydem i zawładnął nim na nowo niepokój. Rzekł: „O wielebny braminie, kłaniam się tobie i pokornie cię proszę, abyś mnie nie przeklinał. Zaakceptowałem władzę wyłącznie z troski o mych braci".

Tymczasem rozgniewani słowami rakszasy bramini, którzy rozpoznali swym duchowym wzrokiem jego prawdziwą tożsamość, zaczęli wołać: „O Królu Prawa, ten nikczemnik nie jest wcale naszym reprezentantem i nie przemawia w naszym imieniu. On nie jest wcale braminem, lecz rakszasą Czarwaką, przyjacielem Durjodhany. Przybrał postać jednego z nas z intencją pomszczenia Durjodhany. Uwolnij się od niepokoju i niech dobry los sprzyja tobie i twoim braciom".

Koncentrując całą swą uwagę na świętym dźwięku wszyscy razem jednym głosem wypowiedzieli świętą sylabę OM zabijając podłego rakszasę jej dźwiękiem. Rakszasa spalony energią tego dźwięku padł martwy na ziemię jak potężne drzewo spalone piorunem Indry.

Kryszna rzekł do Judhiszthiry, który stał w otoczeniu braci: „O Królu Prawa, na tym świecie braminom należy zawsze oddawać cześć. Oni są na ziemi bogami. Ich słowa mają moc trucizny, ale łatwo ich zadowolić.

Posłuchaj, co mam ci do powiedzenia o tym podłym demonie, którego zabili swym głosem. Ongiś, jeszcze w czasach kritajugi, rakszasa ten uprawiał bardzo surowe umartwienia na terenie Badari, świętej pustelni Nary i Narajany. Gdy zadowolony z niego Brahma obiecał spełnić jego prośbę, rakszasa poprosił o uwolnienie go od lęku przed każdą żywą istotą zamieszkującą wszechświat. Brahma spełnił jego prośbę z zastrzeżeniem, że powinien jednak uważać, aby nie obrazić braminów.

Po otrzymaniu tego daru ten potężny i grzeszny rakszasa zaczął prześladować bogów. Bogowie udali się więc wszyscy razem przed oblicze Brahmy, aby prosić go o wskazanie sposobu na zniszczenie swego wroga. Brahma rzekł: 'O bogowie, ja sam z góry zarządziłem środki służące unicestwieniu tego rakszasy i już wkrótce wasze życzenie się spełni. Na ziemi narodził się już bowiem król Durjodhana, który nawiąże z nim przyjaźń i pewnego dnia Czarwaka kierując się tą przyjaźnią obrazi braminów, których potęga tkwi w mowie, i zginie od siły ich słów'.

Dziś właśnie zrealizowało się to, co od dawna było mu przeznaczone. Nie ulegaj więc ponownie smutkowi myśląc o tych, którzy polegli. Wszyscy twoi krewni oddali życie realizując obowiązek wojownika i udali się prosto do nieba. Czyń więc dalej to, co jest twoim obowiązkiem: walcz z wrogiem, ochraniaj poddanych i oddawaj cześć braminom, i w ten sposób zrealizuj najwyższy cel".

3. Król Prawa zostaje namaszczony na króla Hastinapury

Król Prawa z sercem wolnym od żalu zasiadł na złotym tronie z twarzą skierowaną ku wschodowi. Bhima i Ardżuna siedzieli po jego obu stronach, a Nakula i Sahadewa po obu stronach matki Pandawów, Kunti. Naprzeciw Króla Prawa z twarzą skierowaną ku niemu zasiedli na złotych tronach Kryszna i Satjaki. Kapłan Kaurawów, Sudharman, oraz kapłan Pandawów, Dhaumja, i król Dhritarasztra siedzieli na oddzielnych złotych tronach, podczas gdy Jujutsu, Widura i Gandhari siedzieli u stóp króla Dhritarasztry.

Król Prawa dotknął ustawionych przed nim białych kwiatów, symboli swastyki, naczyń wypełnionych różnymi artykułami, ziemi, złota, srebra i klejnotów. Następnie powitał wszystkich poddanych, którzy prowadzeni przez Dhaumję przybyli, aby go zobaczyć przynosząc ze sobą różne dobrze wróżące przedmioty.

Kapłani zgromadzili wszystkie przedmioty potrzebne do wykonania koronacji, takie jak ziemia, złoto i różne rodzaje klejnotów. Wniesiono złote naczynia wypełnione po brzegi wodą, oraz naczynia zrobione z miedzi, srebra i gliny, kwiaty, prażony ryż, trawę kuśa, mleko, odpowiednie drewno potrzebne do rozpalenia ofiarnego ognia, miód, oczyszczony tłuszcz, czerpaki do wlewania oczyszczonego tłuszczu i konchy ozdobione złotem.

Na prośbę Kryszny kapłan Pandawów, Dhaumja, przestrzegając ściśle wszystkich reguł, zbudował ołtarz na gruncie obniżającym się łagodnie w kierunku północno-wschodnim i po usadzeniu Króla Prawa i Draupadi na stojącym nieruchomo na ziemi i pokrytym skórą tygrysa tronie zwanym *Sarwatobhadra*, nucąc odpowiednie mantry rozpoczął ceremonię lania oczyszczonego tłuszczu do ognia ofiarnego. Następnie Kryszna powstał ze swego tronu i polał wodą z uświęconej konchy głowę Judhiszthiry namaszczając go na króla Hastinapury. Na prośbę Kryszny to samo uczynił król Dhritarasztra i wszyscy poddani.

Król Prawa i jego bracia obmyci wodą laną ze świętej konchy wyglądali pięknie. Poddani przy akompaniamencie dźwięków bębnów zaczęli wówczas wnosić różne dary, na które Król Prawa odpowiadał swymi darami. Wypowiadających błogosławieństwa braminów obdarował specjalnym darem tysiąca złotych monet. Wszyscy oni studiowali *Wedy*, zdobyli wiedzę i praktykowali właściwe działania. Zadowoleni z darów swymi melodyjnymi głosami życzyli Królowi Prawa dobrobytu i zwycięstwa. Mówili: „O Królu Prawa, dzięki dobremu losowi zwyciężyłeś wroga i z pomocą braci własnym wysiłkiem odzyskałeś utraconą pozycję. Wykonaj więc teraz wszystkie te działania, które powinny zostać wykonane i rządź szczęśliwie królestwem". W ten to sposób Król Prawa błogosławiony przez braminów i otoczony przez przyjaciół został namaszczony na króla Hastinapury.

4. Król Prawa rozdziela braciom odpowiednie pozycje i najwyższe miejsce rezerwuje dla króla Dhritarasztry

Król Prawa słuchając wychwalających Pandawów słów rzekł: „O przyjaciele, synowie króla Pandu muszą być prawdziwie błogosławieni, skoro ich zasługi są wychwalane przez zebranych tutaj razem największych braminów. Musicie nas darzyć wielką życzliwością, skoro przypisujecie nam tak wiele pozytywnych atrybutów. Najwyższa chwała należy się jednak nie nam, lecz staremu królowi Dhritarasztrze, który jest dla nas jak ojciec i bóg. I ten, kto chce mnie zadowolić, powinien zawsze być jemu posłuszny i starać się go zadowolić. Po zabiciu wszystkich naszych krewnych tylko ze względu na niego jeszcze żyję. Moim obowiązkiem jest służyć mu zawsze z najwyższym szacunkiem. Odnoście się więc do niego z takim samym szacunkiem jak dotychczas. On jest panem tego świata, jak i naszym i waszym panem. Cały ten świat łącznie z Pandawami należy do niego. Nie zapomnijcie nigdy o mych słowach".

Przystępując do rządzenia państwem Król Prawa ogłosił Bhimę swym spadkobiercą, a Ardżunie powierzył ochronę królestwa przed atakiem wroga i obowiązek ścigania grzeszników. Nakuli powierzył kontrolę nad liczbą utrzymywanej armii, opłatą za służbę i innymi sprawami związanymi z utrzymaniem armii. Sahadewa natomiast miał zawsze pozostawać u jego boku, bo Król Prawa uważał, że sam powinien zawsze ochraniać tego brata, który był młodszym z jego braci bliźniaków.

Swym doradcą w sześciu najważniejszych dziedzinach rządzenia państwem uczynił Widurę znanego ze swego głębokiego rozumienia spraw państwa. Sandżaji, który był już w podeszłym wieku, powierzył kontrolę nad królewskim skarbcem. Dhaumji powierzył opiekę nad wykonaniem rytów ku czci bogów i Ojców oraz nad wszystkimi innymi religijnymi działaniami.

Po rozdzieleniu stanowisk związanych z zarządzaniem państwa Król Prawa rzekł do Widury i swego kuzyna Jujutsu: „Nie zapominajcie nigdy o tym, aby zawsze realizować z uwagą i skwapliwością to, czego sobie zażyczy stary król Dhritarasztra. Nie czyńcie też nic w sprawie obywateli Hastinapury i mieszkańców prowincji bez zgody starego króla".

5. Pandawowie wykonują ryty należne poległym po upływie jednego miesiąca od śmierci

Od zakończenia wojny upłynął już miesiąc i Król Prawa postępując zgodnie z nakazami *Wed* zarządził wykonanie dla każdego ze swych krewnych oddzielnie odpowiednich rytów.

Judhiszthira w odpowiednich ceremoniach mając u boku swą żonę Draupadi dostarczył braminom licznych darów na intencję bramina Drony, Karny, Dhrisztadjumny, Abhimanju, syna Bhimy Ghatotkaki, króla Wiraty, pięciu synów Draupadi, i wielu innych herosów łącznie z tymi, którzy opuścili ten świat nie pozostawiając za sobą żadnych krewnych i przyjaciół. Z myślą o ich duszach ufundował domy służące do rozdawania posiłków i wody. Spłacał w ten sposób swój dług wobec poległych i unikał krytyki, że jest niewdzięczny. Oddawał należne honory Widurze, Dhritarasztrze i Gandhari i z uprzejmością i troską odnosił się do wszystkich tych kobiet, które straciły w wojnie mężów i synów. Pełen współczucia otaczał także opieką nędzarzy, ślepców i sieroty dostarczając im ubrań, jadła i dachu nad głową.

Stary król Dhritarasztra mając również na uwadze dobro swoich synów na tamtym świecie obdarował braminów ogromną ilością smakowitego jadła, krowami i różnymi klejnotami.

6. Król Prawa głosi chwałę Kryszny o stu imionach

Król Prawa po zakończeniu ceremonii koronacyjnej i oczyszczony już od kontaktu ze śmiercią stanął przed Kryszną ze złożonymi dłońmi i rzekł: „O Kryszna, biję przed tobą pokłony. Ty jesteś ucieczką dla wszystkich swych wielbicieli. To Ciebie nazywają Jedynym Byciem. To dzięki Twej łasce, strategii, mocy i inteligencji udało nam się odzyskać nasze utracone dziedzictwo.

Duchowo odrodzeni wychwalają Cię przy pomocy setki imion. Niech będzie Tobie chwała.

Ty jesteś duszą wszechświata i wszechświat z Ciebie wypływa. Ty jesteś Wisznu, Dżisznu, Hari i Kryszna.

Ty jesteś Waikuntha, Ty jesteś Najwyższą Osobą.

To Ty, jak to stwierdzają *Purany*, narodziłeś się siedem razy z łona Aditi, zwanej również Priszini.

Ty jesteś Jeden, choć pojawiasz się we wszystkich trzech eonach i wszystkie Twoje dokonania są święte.

Ty jesteś Panem naszych zmysłów.

Ty jesteś Panem wychwalanym w rytuale ofiarnym.

Ty jesteś nazywany Wielkim Łabędziem, Ty jesteś trójokim Sambhu.

Ty jesteś Jednym, Ty jesteś znany jako Damodara (Kryszna).

To Ty się narodziłeś w formie dzika, Ty jesteś Ogniem, Ty jesteś Słońcem, to Ty masz byka na swym proporcu i masz na swym proporcu Garudę.

Ty jesteś niszczycielem niezliczonego wroga, Ty jesteś tym Byciem, które przenika wszystkie formy we wszechświecie, Twoja odwaga nie ma granic.

Ty jesteś Pierwszy wśród wszystkich rzeczy, jesteś gwałtowny, jesteś naczelnym dowódcą w bitwie, jesteś Prawdą, jesteś dostarczycielem żywności, jesteś niebiańskim dowódcą.

Ty sam jesteś niezniszczalny i to Ty powodujesz zniszczenie wśród swoich wrogów.

Ty jesteś Brahmą, to Ty wypływasz z zamieszania.

Ty jesteś wielki, spacerujesz po wyżynach, jesteś jak góra i to Ciebie nazywają Wriszadarbha i Wriszakapi (imiona Kryszny).

Ty jesteś Oceanem, Ty jesteś bez atrybutów, Ty masz trzy garby i trzy miejsca zamieszkiwania, to Ty przybierasz ludzkie formy na ziemi i schodzisz z nieba na ziemię.

Ty jesteś imperatorem i Ty przewyższasz imperatora.

Ty jesteś naczelnikiem bogów, Ty jesteś przyczyną, z której wypływa cały wszechświat.

Ty jesteś wszechpotężny, Ty jesteś byciem w każdej formie, Ty sam nie masz formy, Ty jesteś Kryszną i Ty jesteś Ogniem.

Ty jesteś Stwórcą, Ty jesteś ojcem wszystkich niebiańskich lekarzy.

Ty jesteś mędrcem Kapilą i to Ty narodziłeś się na ziemi w formie karła.

Ty jesteś ucieleśnioną Ofiarą, Ty jesteś Dhruwa, Ty jesteś Garudą.

Ty jesteś Drupadą, Śikhandinem, Nahuszą.

Ty jesteś konstelacją Punarwasu.

Ty jesteś ofiarą znaną po imieniem Uktha, Ty jesteś Suszena, Ty jesteś opalonej barwy, to Twój rydwan nie pozostawia śladu.

Ty jesteś lotosem dobrej koniunktury, Ty jesteś chmurą nazywaną Puszkara, Ciebie zdobią girlandy z kwiatów.

Jesteś zasobny, mężny, trudny do uchwycenia umysłem i to Ciebie opisują *Wedy*.

Ty jesteś naczyniem wód, Ty jesteś Brahmą, Ty jesteś świętym schronieniem, Ty jesteś miejscem zamieszkania dla wszystkich.

To Ciebie nazywają Hiranyagarbha (Złoty Embrion), Ty jesteś mantrami swadha i swaha, to Ty jesteś Kesawa (Stwórca, zabójca demona Keśina).

Ty jesteś przyczyną wszystkiego, co się wyłania i Ty przynosisz temu zniszczenie.

To Ty stworzyłeś wszechświat na samym początku i Ty masz nad nim kontrolę.

O Stwórco wszechświata uzbrojony w konchę, dysk i miecz, kłaniam się Tobie".

Kryszna wychwalany publicznie w ten sposób przez Króla Prawa był bardzo zadowolony i zrewanżował się mu chwalącymi go mowami.

7. Po zakończeniu ceremonii koronacyjnych Pandawowie udają się na spoczynek do swych pałaców

Król Prawa po zakończeniu wszystkich ceremonii koronacyjnych zezwolił poddanym, aby powrócili do swych domostw. Promieniując swym pięknem rzekł do braci: „O bracia, wasze ciała ciągle noszą na sobie ślady ran otrzymanych podczas bitwy, a wasze serca nie uleczyły się jeszcze w pełni z żalu i gniewu. Musicie być bardzo zmęczeni. To przeze mnie musieliście doświadczać niedoli życia na wygnaniu, jakbyście byli zwykłymi przestępcami. Cieszcie się teraz naszym zwycięstwem. Udajcie się na spoczynek i po regeneracji sił spotkajcie się ponownie ze mną o poranku".

Pandawowie pożegnali swego brata i każdy z nich udał się do swego pałacu. Bhima będąc jak Indra w swej świątyni udał się do pałacu należącego poprzednio do Durjodhany, na który składało się wiele budynków i pomieszczeń, ozdobionego klejnotami, gdzie czekała na niego niezliczona służba obojga płci. Judhiszthira oddał mu ten pałac za zgodą króla Dhritarasztry.

Ardżuna otrzymał pałac Duhśasany, który nie był gorszy od pałacu Durjodhany, i na który składało się również wiele różnych struktur i liczna służba obojga płci. Kryszna razem z Satjaki udali się do pałacu Ardżuny.

Pałac Durmarszany, wspaniały jak pałac samego boga bogactwa Kubery, Judhiszthira oddał Nakuli, a Sahadewie dał ozdobiony złotem pałac należący poprzednio do Durmukhi. Sahadewa był z tego daru równie zadowolony jak Kubera po zamieszkaniu na górze Kailasa.

Jujutsu z kolei, jak i Widura, Sandżaja i kapłani Dhaumja i Sudharman udali się do własnych pałaców, które zamieszkiwali jeszcze przed wojną.

Pandawowie po szczęśliwej nocy, którą spędzili ucztując i pijąc przygotowane dla nich napoje, o poranku stawili się ponownie przed obliczem Króla Prawa.

Napisane na podstawie fragmentów *Mahābharāta*,
Santi Parva, Part 1, Sections XXXIX-XLV
(Rajadharmanusasana Parva).

Opowieść 115
Kryszna prosi umierającego Bhiszmę o przekazanie Królowi Prawa swej wiedzy

1. Król Prawa zastaje Krysznę pogrążonego w czwartym stanie świadomości (jodze); 2. Kryszna wyjaśnia, że przyczyną jego medytacji była wizyta u Bhiszmy, który skupił na nim swą myśl przygotowując się do uwolnienia swej duszy z ciała; 3. Bhiszma przygotowując się do uwolnienia z ciała swej duszy wychwala Krysznę; 4. Kryszna obdarza Bhiszmę pełną wiedzą i rusza w towarzystwie Pandawów na pole bitewne, gdzie leży Bhiszma; 5. Kryszna opowiada Królowi Prawa, jak kasta wojowników odrodziła się po zniszczeniu jej przez Paraśuramę; 6. Wychwalany przez Bhiszmę Kryszna prosi go o przekazanie swej wiedzy Królowi Prawa, bo inaczej zginie ona ze światem razem z jego śmiercią.

> *Kryszna rzekł: „O Bhiszma, na ziemi pozostało ci jeszcze pięćdziesiąt sześć dni życia. ... Gdy słońce zakończy swój bieg w kierunku północnym, udasz się do regionów zdobywanych przez ludzi wiedzy, z których się nigdy nie powraca na ziemię. Gdy opuścisz ten świat, cała wiedza zgromadzona w tobie przepadnie. Zebraliśmy się tutaj u twego łoża ze strzał, aby do tego nie dopuścić. Chcemy posłuchać tego, co masz do powiedzenia na temat obowiązku, prawości i jogi. Obdarz więc swymi słowami Prawdy tego Króla Prawa, który zawsze kroczy ścieżką prawości, lecz którego umysł zaciemnia ból z powodu spowodowania śmierci wszystkich krewnych. Rozprosz jego żałobę swymi słowami".*

(*Mahābhārata*, Santi Parva, Part 1, Section LI)

1. Król Prawa zastaje Krysznę pogrążonego w czwartym stanie świadomości (jodze)

Król Prawa wydając odpowiednie rozporządzenia przywrócił do Hastinapury pokój. Swym braciom przydzielił odpowiednie funkcje w rządzeniu państwem, uhonorował odpowiednio starego króla Dhritarasztrę i królową Gandhari jak i swego nauczyciela Krypę, obdarował bogato braminów.

Następnego dnia zastanawiając się nad tym, co należy dalej uczynić, udał się na spotkanie z Kryszną. Zobaczył go siedzącego na swym łożu ozdobionym klejnotami. Sam w kolorze deszczowej chmury, ubrany w żółte jedwabne szaty ozdobione niebiańskimi ornamentami, błyszczał swym splendorem jak samo złoto. Z piersią ozdobioną klejnotem Kaustubha wyglądał jak góra Udaja ozdobiona wschodzącym słońcem. We wszystkich trzech światach nie było niczego równie pięknego jak ten widok.

Judhiszthira zbliżył się ze złożonymi dłońmi do Kryszny, który był samym Wisznu w ucieleśnionej formie, i rzekł z uśmiechem: „O Ty, który przekraczasz wszystkie trzy światy trzema krokami, niech będzie ci chwała. To dzięki twej łasce odzyskaliśmy królestwo nie schodząc ze ścieżki obowiązku i zdobyliśmy władzę nad całą ziemią. Powiedz mi, czy wypocząłeś dobrze dzisiejszej nocy?"

Na to pytanie Judhiszthiry Kryszna nie odpowiedział jednak nic, bo był pogrążony w głębokich medytacjach.

Król Prawa zauważył to i rzekł: „O Ty o nieskończonej mocy, dostrzegam, że zanurzyłeś się w medytacjach! Czy wszystkie trzy światy pozostają w pokoju? Mój umysł wypełnia się zachwytem, gdy widzę, jak Ty sam wycofałeś się z tego świata w czwarty stan świadomości (*Turiya*) osiągany przez jogina, gdy jego indywidualna jaźń uwalnia się od samej siebie i skupia się całkowicie na Najwyżej Jaźni. Pięć życiowych oddechów działających w ciele wprowadziłeś dzięki swej kontroli w stan bezruchu. Rozkoszujesz się zmysłami, które wycofały się z Twej jaźni i skupiły się w Twym umyśle. Zarówno mowa jak i umysł skupiły się z kolei całkowicie w Twym rozumieniu.

O Najwyższy Bogu, na ten widok włosy jeżą mi się na głowie. Twój umysł i rozumienie pozostają w całkowitym bezruchu. Jesteś w tej chwili doskonale nieruchomy jak drewniany maszt lub kamień. Pozostajesz nieruchomy, jak ogień kamforowy w miejscu pozbawionym wiatru, lub jak skała.

O Stwórco i Niszczycielu, jeżeli uważasz, że jestem tego godzien, wyjaśnij mi, proszę, przyczynę Twych medytacji. Ty sam jesteś równocześnie zniszczalny i niezniszczalny, bez początku i bez końca. To Ty jesteś pierwszym i najistotniejszym z wszystkich istnień.

O Ty, który przewyższasz wszystkich swą prawością, wyjaśnij mi przyczynę Twej jogi. Jestem Twym wielbicielem i biję przed Tobą pokłony".

2. Kryszyna wyjaśnia, że przyczyną jego medytacji była wizyta u Bhiszmy, który skupił na nim swą myśl przygotowując się do uwolnienia swej duszy z ciała

Pogrążony w jodze Kryszna, do którego Król Prawa przemawiał w ten wzniosły sposób, przywołał swój umysł, rozumienie i zmysły z powrotem do ich zwykłego stanu i rzekł z uśmiechem łagodnym głosem: „O Judhiszthira, Bhiszma, który leży na łożu ze strzał i jest jak wygasający ogień, skupił całą uwagę na mnie pogrążając się w medytacjach. Stąd mój umysł skupił się na nim. Myślałem o tym wielkim herosie, który sam jeden pokonał wszystkich królów porywając trzy córki króla Kasi dla swego młodszego brata i którego nie potrafił pokonać nawet Paraśurama walcząc z nim przez dwadzieścia trzy dni. Obecnie ten wielki wojownik z pomocą rozumienia skupił wszystkie swe zmysły w swym umyśle i myśląc o mnie we mnie szuka obrony.

Skupiłem więc też swą całą myśl na tym synu bogini Gangi, który narodził się z niej w formie zwykłego człowieka, gdy ona sama przybrała ludzką formę i który był ulubionym uczniem Wasiszty i Paraśuramy. Myślałem o tym herosie o potężnej energii i inteligencji, który poznał każdą niebiańską broń, jak i cztery *Wedy* z wszystkimi odgałęzieniami, i jest naczyniem wszelkich nauk. On zna przeszłość, przyszłość i teraźniejszość, jak i wszelkie sekrety Prawa. Gdy ten wspaniały człowiek opuści ciało i uda się do nieba, ziemia będzie wyglądała jak pozbawiona księżyca".

Kryszna kontynuował: „O Królu Prawa, udaj się przed oblicze Bhiszmy pełen pokory, aby zapytać go o to, co pragniesz wiedzieć. Zapytaj go o wszelkie dziedziny wiedzy dotyczącej zbawienia jak i Prawa, Zysku i Przyjemności. Zapytaj go o ofiary i ryty właściwe dla czterech kast, jak i o cztery tryby życia zależne od wieku, i poproś go o opis królewskich obowiązków z wszystkimi szczegółami. Razem z jego śmiercią zniknie z tego świata cała zgromadzona w nim wiedza. Udaj się więc czym prędzej do niego, aby temu zapobiec".

Król Prawa rzekł głosem załamującym się z żalu: „O Kryszna, wszystko to, co mówisz o znakomitości Bhiszmy jest prawdą. Nie mam co do tego najmniejszych wątpliwości. Słuchałem wielokrotnie słów braminów wychwalających jego wielkość. Jeżeli ty, który jesteś Stwórcą świata, jesteś dalej skłonny do ukazywania nam swej łaski, poprowadź nas przed oblicze Bhiszmy, który zamierza opuścić ten świat, gdy słońce na niebie przesunie się w kierunku północnym, aby udać się do regionów wiecznej ekstazy. Zasłużył sobie w pełni na to, aby przed śmiercią ujrzeć ciebie, który jesteś pierwszym wśród bogów, zniszczalnym i zarazem niezniszczalnym i który jest przepastnym naczyniem *Brahmana*".

Kryszna słysząc te słowa Judhiszthiry poprosił siedzącego obok niego Satjaki, aby zajął się przygotowaniem do wyjazdu jego rydwanu. Satjaki udał się natychmiast do woźnicy Kryszny, Daruki, przekazując mu jego słowa. Daruka zaprzągł więc cztery ogiery do rydwanu Kryszny ozdobionego szmaragdami, księżycowymi i słonecznymi klejnotami i proporcem ze znakiem Garudy, pięknym jak wschodzące słońce, i po wykonaniu swego zadania stanął przed Kryszną ze złożonymi dłońmi gotowy do drogi.

3. Bhiszma przygotowując się do uwolnienia z ciała swej duszy wychwala Krysznę

Od chwili, w której słońce przekroczyło moment przesilenia dnia z nocą, Bhiszma skoncentrował całą swą uwagę na jednym punkcie, powodując, że jego jaźń równocześnie związana z i niezależna od ciała połączyła się z jego Jaźnią w jej niezależnym i absolutnym stanie. Ten wielki heros z ciałem przeszytym przez niezliczone strzały leżał na swym łożu wojownika rozświetlając przestrzeń swą mocą duchową. Wokół niego zebrali się liczni niebiańscy prorocy i bramini. Przybył tam Wjasa, Narada, Wasiszta, Śukra, Brihaspati, Angiras, Markandeja, Daksza i wielu innych. Bhiszma w otoczeniu tych szlachetnych duszy o największej prawości, niezachwianej wierze, żelaznej samo-kontroli, które osiągnęły spokój umysłu, wyglądał jak księżyc wśród planet i gwiazd. Leżąc na swym łożu ze strzał z czystym sercem i złożonymi dłońmi skupił cały swój umysł, mowę i działanie na Krysznie. Radosnym i czystym głosem wypowiadał hymny ku czci Kryszny, zabójcy demona Madhu, mistrza jogi, z którego pępka wyrasta lotus, Pana Wszechświata zwanego Wisznu i Dżisznu. Wychwalał Wasudewę mówiąc:

„O Kryszna, Ty jesteś Najwyższym Byciem (Osobą) i cała moja myśl skupiła się na Tobie. Wysłuchaj moich wychwalających Ciebie słów.

O Najwyższa Jaźni zamieszkująca wszystkie żywe istoty, całym mym sercem u Ciebie szukam ochrony. Ty jesteś czystością i jaźnią czystości. Przekraczasz wszystko i dlatego *Wedy* nazywają Cię Hansa (łabędź, któremu żaden ptak nie dorówna w lataniu) i nazywają Cię 'To', bo jesteś nieuchwytny przez umysł i niewyrażalny przez słowa. Ty jesteś Najwyższym Panem.

Nie masz ani początku, ani końca. Jesteś *Brahmanem* i tym, co wyższe od wysokości. Jesteś niezniszczalny. Ani bogowie ani riszi Cię nie znają. Zna Cię tylko Boski Stwórca Narajana lub Hari. Wielcy Siddhowie, Nagowie, bogowie i niebiańscy riszi poznają Cię jedynie poprzez Narajanę. Bogowie, danawowie, gandharwowie, jakszowie nie wiedzą ani kim jesteś, ani skąd jesteś.

Wszystkie światy i wszystko to, co zostało stworzone, żyje w Tobie i gdy przychodzi całkowite zniszczenie, chowa się w Tobie. Tak jak klejnoty naszyjnika są nawlekane na jedną nić, tak wszystkie rzeczy, które posiadają atrybuty, są zawieszone na Tobie, Najwyższym Panu.

Wszechświat, który masz za Swe działanie i za Swoje kończyny, zbudowany z umysłu i materii, rezyduje w Twej wiecznej i wszystko przenikającej Jaźni, jak kwiaty tworzące girlandę na mocnej nitce.

Ty jesteś nazywany Hari o tysiącu głów, tysiącu stóp, tysiącu oczu, tysiącu ramion, tysiącu koron i tysiącu twarzy o wielkim splendorze. Ty jesteś nazywany Narajaną, boskością, ucieczką dla całego wszechświata. Jesteś najbardziej nieuchwytny wśród tego, co nieuchwytne, najbardziej nieprzezroczysty z tego, co nieprzezroczyste, najcięższy z tego, co ciężkie, najwyższy z tego, co wysokie.

W *Mantrach*, *Brahmanach*, *Niszadach* i *Upaniszadach* jesteś nazywany Najwyższym Byciem (Osobą) o nieodpartej sile, a *Samaweda*, której deklaracje są zawsze prawdziwe, nazywa Cię duszą Prawdy.

Ty jesteś poczwórną duszą (*Brahmanem*, żywą istotą [*dżiwą*], umysłem, świadomością). Ukazujesz się swym wiernym w czterech manifestacjach i jesteś czczony pod czterema imionami: Wasudewa, Sankarshana, Pradjumna, Aniruddha.

Wykonywane ku Twej czci przez żywe istoty umartwienia nie są nigdy stracone. Zamieszkują w Twej formie i są tam zawsze obecne.

To Ty jesteś Duszą i wiedzą wszechświata. Ty jesteś wszechświatem. Jesteś wszechwiedzący. Jesteś Stwórcą wszystkiego we wszechświecie.

Tak jak z pocierania dwóch kawałków drewna rodzi się ogień, tak Ty narodziłeś się ze zjednoczenia Dewaki z Wasudewą, aby ochraniać na ziemi *Brahmana* (tj. *Wedy*, braminów i ofiarę).

To Ty swą chwałą przewyższasz Surję. Jesteś niepoznawalny ani przez zmysły, ani rozumienie. Oddany Tobie wielbiciel szukając wiecznej ekstazy porzuca wszystkie pragnienia i wycofując z wszystkiego swój umysł widzi Ciebie jako czystą Jaźń w swej własnej jaźni.

O Panie wszystkich żywych istot, oddaję się Tobie pod opiekę. *Purany* nazywają Cię Puruszą, czyli przenikającym wszystko duchem. Na początku każdego nowego eonu jesteś nazywany Brahmą, a w momencie powszechnego rozpadu jesteś nazywany Sankarshaną.

O Kryszna, wielbię Ciebie, który jesteś godny uwielbienia. Choć jesteś jeden, masz niezliczoną liczbę form. O Ty, który kontrolujesz w pełni swe namiętności i spełnisz wszystkie życzenia. Oddani Tobie wielbiciele wykonują wiernie wszystkie ryty opisane w świętym pismach składając Ci ofiarę. W Tobie żyje wszystko to, co zostało stworzone. Tak jak łabędź i gęś pływają po powierzchni jeziora, tak wszystkie widzialne światy pływają w Tobie. Jesteś Prawdą i nie podlegasz zniszczeniu. Jesteś *Brahmanem*, jesteś 'Tym', co jest poza umysłem i materią. Jesteś bez początku, środka i końca. Jesteś przedmiotem uwielbienia dla bogów, asurów, gandharwów, Siddhów i riszich. Jesteś lekarstwem na wszelki smutek. Nie narodziłeś się i nie umierasz. Jesteś boski. Jesteś Samo-Stwarzający się. Jesteś wieczny. Jesteś niewidzialny i niepoznawalny.

O Potężny! Nosisz imię Hari i Narajana. *Wedy* ogłaszają, że jesteś Stwórcą Wszechświata i Panem wszystkiego, co istnieje we wszechświecie. Jesteś Najwyższym Obrońcą wszechświata. Nie ulegasz zniszczeniu i jesteś tym, co znajduje się najwyżej.

Jesteś w odcieniu złota, jesteś zabójcą asurów i choć jesteś jeden, matka bogów Aditi urodziła Cię w dwunastu formach. Chwała Tobie, który jesteś duszą Słońca. Chwała Tobie w formie Księżyca, który jest nazywany Panem odrodzonych duchowo i który podczas swej jasnej fazy dostarcza somy bogom, a podczas swej ciemnej fazy Ojcom.

Jesteś czystą wiedzą, która mieszka poza ciemnością ignorancji. Kłaniam się Tobie w każdej formie, w której jesteś wielbiony, a szczególnie w formie czystej światłości, którą jedynie jogin widzi swym duchowym wzrokiem.

W wielkim rytuale ofiarnym, podczas którego jest recytowany wedyjski hymn *Uktha*, bramini wielbią Cię jako 'Tego Wielkiego'. W wielkiej ofierze ognia wielbią Cię w swym śpiewie jako głównego kapłana Adhwarju.

To Ty jesteś duszą wedyjskich tekstów. Zamieszkujesz w hymnach *Rigwedy*, nabożnych melodiach *Samawedy* (*samanach*), ofiarnych formułach (jadżusach) *Jadżurwedy*.

To Ty jesteś pięcioma rodzajami uświęconej libacji podczas rytuałów ofiarnych, którymi są *Dhana* (bogactwo), *Karambha* (placek), *Pariwapa* (prażone ziarna lub kwaśne mleko) i woda. Ty jesteś siedmioma głównymi wątkami (mantrami) *Wed*. Chwała Tobie w formie składanej w rytuale ofiarnym Ofiary.

Chwała Tobie, który jesteś duszą ceremonii *homa*, podczas której libacja jest wlewana do ognia ofiarnego przy akompaniamencie siedemnastu jednosylabowych dźwięków.

Chwała Tobie w formie świętych hymnów *Wed*. To Ty jesteś Puruszą (Osobą, Człowiekiem) wyśpiewywanym w sylabach *Wed*. *Jadżusy* są Twoim imieniem. Wedyjskie rytmy są Twoimi członkami. Składana w trzech *Wedach* Ofiara jest Twoimi trzema głowami. *Samany* śpiewane podczas wielkiego rytuału ofiarnego *Rathantara* są Twoim dźwiękowym wyrazem zadowolenia.

To Ty jesteś tym riszim, który dzięki Twej łasce pojawił się podczas wielkiego rytuału ofiarnego trwającego przez tysiąc lat wykonywanego przez wielkich ofiarników Pradżapatich. Ty jesteś tym wielkim łabędziem o złotych skrzydłach. Chwała Tobie w formie łabędzia.

Wedy ogłosiły, że jesteś świętym słowem. Korzenie słów (sylaby) z wszystkimi przedrostkami i przyrostkami są Twoimi kończynami, dźwiękowe kombinacje (*Sandhis*) są Twoimi stawami. Spółgłoski i samogłoski są Twoimi ornamentami. Chwała Tobie jako słowu.

Przybrawszy formę dzika uniosłeś ziemię z wód mając na uwadze dobro wszystkich trzech światów. Chwała Tobie jako nieskończonej waleczności.

Pogrążony w jodze spoczywasz na wężu o tysiącu głów jak na sofie. Chwała Tobie pogrążonemu w jodze.

Dla osób prawych budujesz most poprzez ocean życia prowadzący do Prawdy wskazując sposoby kontrolowania zmysłów i osiągania Wyzwolenia. Chwała Tobie w formie Prawdy.

Ludzie pragnąc zdobyć określone owoce płynące z różnych religijnych obrządków praktykują różne religijne drogi. Chwała Tobie w formie tych różnych religijnych dróg. To z Ciebie one wszystkie wypływają.

To Ty pobudzasz wszystkie żywe istoty ubrane w fizyczną formę, którą włada żądza. Chwała Tobie w formie pobudzania.

Wielcy mędrcy poszukują Twojej nie zamanifestowanej jaźni wewnątrz tego, co zamanifestowane. Nazywają Cię Kszetra-dżina (znawca pola w każdym ciele), który zamieszkuje Kszetrę (umysł danej jednostki). Chwała Tobie w Twojej formie Kszetry.

To Ciebie szkoła Sanhkja opisuje jako zawsze świadomego i obecnego w indywidualnej jaźni w trzech stanach świadomości (tj. obudzonym, śniącym i śpiącym), posiadającego szesnaście atrybutów (tj. jedenastu zmysłów plus pięć elementów) i ucieleśnionego w liczbie siedemnaście (tj. nieskończoności dodanej do szesnastu atrybutów). Chwała Tobie w formie opisanej przez szkołę Sanhkja.

Jogini ograniczając swe zmysły, sen i swój oddech i wycofując się do swej jaźni widzą Ciebie jako wieczne światło. Chwała Tobie w formie wiecznego światła.

Sannjasinowie (tj. ludzie w swej ostatniej fazie życia poświęcający się całkowicie sprawom duchowym), wolni od lęku przed ponownymi narodzinami w konsekwencji zniszczenia zarówno swych grzechów jak i zasług, docierają do Ciebie. Chwała Tobie w formie Wyzwolenia.

Po upływie tysiąca eonów przybierasz formę ognia, który konsumuje wszystkie żywe istoty. Chwała Tobie w Twej niszczącej formie.

Po skonsumowaniu wszystkich żywych istot i zalaniu całego wszechświata wodą śpisz na tych wszechogarniających wodach w formie dziecka. Chwała Tobie w Twojej formie Mai (złudzenia).

Z pępka Samo-Stwarzającego się o oczach jak płatki lotosu wyrasta lotos. Na tym lotosie zostaje ustanowiony wszechświat. Chwała Tobie w formie lotosu.

Masz tysiąc głów i przenikasz wszystko. Jesteś niemierzalną duszą i ujarzmiłeś cztery rodzaje żądzy, które są równie przepastne jak cztery oceany. Chwała Tobie w formie pogrążonego we śnie jogina.

Chmury są Twoimi włosami, rzeki są stawami w Twych kończynach, a cztery oceany są Twoim żołądkiem. Chwała Tobie w formie wód.

Narodziny i śmierć wypływają z Ciebie. Wszystkie rzeczy w momencie stwarzania wszechświata wypływają z Ciebie i w momencie rozpadu rozpływają się w Tobie. Chwała Tobie w formie przyczyny wszechświata.

W okresie dnia Brahmy jesteś zajęty obserwując prawe i grzeszne działania wszystkich. Chwała Tobie w formie obserwatora.

Nie ma takiego działania, którego nie mógłbyś wykonać. Zawsze jesteś gotowy do wykonania prawych działań. Chwała Tobie w formie działania, która nosi imię Waikuntha

Popadając w gniew dwadzieścia jeden razy zniszczyłeś w walce wojowników, którzy stratowali swymi stopami prawość i autorytet. Chwała Tobie w Twej okrutnej formie.

Dzieląc siebie na pięć części przybrałeś formę pięciu życiowych oddechów obecnych w każdym i wprawiających żywe istoty w ruch. Chwała Tobie w formie powietrza.

Pojawiasz się w każdym eonie w formie miesiąca, pory roku, półrocza, roku i jesteś przyczyną zarówno stwarzania jak i niszczenia. Chwała Tobie w formie Czasu.

Bramini są Twymi ustami, wojownicy są twoimi ramionami, waiśjowie są Twoim żołądkiem i udami, a szudrowie są Twoimi stopami. Chwała Tobie w formie kast.

Ogień jest Twoimi ustami, niebo Twoją koroną, przestworza Twoim pępkiem, ziemia Twoimi stopami, słońce Twoimi oczami, kierunki przestrzeni Twoimi uszami. Chwała Tobie w formie trzech światów.

Ty sam przewyższasz zarówno Czas jak i Ofiarę. Jesteś wyższy od tego, co najwyższe. Jesteś początkiem wszechświata będąc sam bez początku. Chwała Tobie w Twej formie wszechświata.

Mieszkańcy świata zgodnie atrybutami przypisywanymi Tobie przez filozofię Waiseszika traktują Cię jako obrońcę świata. Chwała Tobie w formie obrońcy.

Przybierając formę jedzenia, picia i paliwa wzmacniasz w żywych istotach humory i życiowe oddechy i podtrzymujesz ich życie. Chwała Tobie w formie życia.

Dla utrzymania życiowych oddechów spożywasz cztery rodzaje jedzenia (przeżuwane, ssane, lizane, wypijane). W żołądku przybierasz formę Agniego, aby strawić jedzenie. Chwała Tobie w formie trawiącego gorąca.

To Ty przybrawszy formę pół-człowieka i pół-lwa mając kły i pazury za swoją broń zabiłeś szefa asurów. Chwała Tobie w formie mężności.

Bogowie, gandharwowie i demony nie potrafią naprawdę Cię poznać. Chwała Twej subtelności.

Przybrawszy formę przystojnego i walecznego węża Ananty przebywasz w regionach podziemnego świata utrzymując na swych zwojach ziemię. Chwała Tobie w formie siły.

Zdumiewasz wszystkie żywe istoty swym przywiązaniem i miłością do kontynuowania stwarzania, choć zalecane jest uwolnienie się od przywiązania. Chwała Tobie w Twej formie wprowadzającej w zdumienie.

Zważywszy na to, że prawdziwą samo-wiedzą, do której chce dotrzeć jogin jest znajomość pięciu elementów, ludzie docierają do Ciebie poprzez wiedzę. Chwała Tobie w formie wiedzy.

Twoje rozumienie i Twój wzrok są oddane wszystkiemu. Jesteś nieskończony i niemierzalny. Chwała Tobie w formie nieskończoności.

To Ty przybrałeś formę pustelnika z włosami związanymi w ciężki węzeł, laską w dłoni, obwisłym brzuchem i miską żebraczą zamiast kołczanu. Chwała Tobie w formie *brahmacarina*.

To Ty trzymasz w dłoni trójząb, jesteś Panem niebian i masz na czole trzecie oko. Twoje ciało jest zawsze pomazane popiołem i twój falliczny symbol jest zawsze skierowany ku górze. Chwała Tobie w formie Rudry.

Sierp księżyca ozdabia Twe czoło. Wokół Twej szyi owinął się potężny wąż zastępując świętą nić. Obok trójzębu trzymasz w dłoni swój łuk Pinaka. Chwała Tobie w Twej ognistej formie.

Jesteś duszą wszystkich żywych istot, ich Stwórcą i Niszczycielem. Jesteś wolny od gniewu, wrogości i przywiązania. Chwała Tobie w formie pokoju.

Wszystko zawiera się w Tobie i wszystko wywodzi się z Ciebie. Jesteś wszystkim. Wszystko jest Tobą. Jesteś zawsze we wszystkim. Chwała Tobie w formie wszystkiego.

Chwała Tobie, którego działaniem jest wszechświat, który jest duszą wszechświata, z którego wszechświat wypływa, w którym wszechświat się rozpływa i który jest poza pięciu elementami tworzącymi przedmioty.

Chwała Tobie, który jesteś trzema światami, i który jesteś ponad nimi. Chwała Tobie, który jesteś wszystkimi kierunkami. Ty jesteś tym jednym naczyniem wszystkiego.

Chwała Tobie O Boski Panie, O Wisznu, O wieczne źródło wszystkich światów. Ty jesteś Hrishikesą (wiecznym szczęściem), Stwórcą, Niszczycielem. Ty jesteś nie do pokonania. Nie mogę dostrzec niebiańskiej formy, w której ukazywałeś się w przeszłości, teraźniejszości i przyszłości, lecz mogę dostrzec Twą wieczną formę. Swoją głową sięgasz niebios, a stopami stoisz na ziemi i swoją mężnością wypełniasz wszystkie trzy światy. Jesteś wieczny i przenikasz wszystko we wszechświecie. Kierunki są Twoimi ramionami, słońce jest Twoimi oczami i mężność jest Twoim życiowym płynem. Jesteś Panem wszystkich żywych istot. Pogrążony w jodze stoisz nieruchomo zamknąwszy siedem dróg wiatru o niezmierzonej energii.

O Gowinda o niegasnącej potędze, w swych żółtych szatach jesteś jak kwiat Atasi. Już schylenie przed Tobą w pokłonie głowy jest równe szczęśliwemu ukończeniu dziesięciu Ofiar Konia. Przeprowadzenie Ofiary Konia nie uwalnia od konieczności ponownych narodzin, lecz bicie pokłonów przed Tobą uwalnia. Mówi się, że ci, którzy ślubowali Kryszne i myślą o Kryszne w dzień i w nocy, mają Krysznę za swe ciało. Ludzie ci po śmierci łączą się z Jaźnią Kryszny tak jak uświęcony mantrami oczyszczony tłuszcz łączy się z płomieniami ognia ofiarnego.

Chwała Tobie, który rozpraszasz lęk przed piekłem. Jesteś jak okręt przeprowadzający na drugi brzeg poprzez ocean ziemskiego życia.

Chwała Tobie, który jest samą jaźnią Brahmy, dobroczyńcą braminów, krów i całego wszechświata, który jest Kryszną i Gowindą.

Dwie sylaby Ha-ri konstytuują ratunek dla tych, którzy zatrzymali się w dżungli życia. Są lekarstwem uleczającym z wszystkich ziemskich upodobań przynoszącym ulgę smutkowi i bólowi. Skoro Prawda, wszechświat i wszystko jest wypełnione Wisznu, przeto niech moja jaźń wypełni się Wisznu i niech ulegną zniszczeniu moje wszystkie grzechy.

O Wisznu, jestem Tobie oddany i u Ciebie szukam ochrony i wyzwolenia dla mej duszy. Ty jesteś bez początku. Ty jesteś początkiem wiedzy i umartwień. Niech Ci będzie chwała. Oddaję Ci cześć w mej ofierze realizowanej w formie mowy.

O Narajana, bądź ze mnie zadowolony. *Wedy*, umartwienia i bogowie wychwalają Narajanę. Wszystko jest zawsze Narajaną. Przed Tobą biję pokłony. Chwała Tobie".

4. Kryszna obdarza Bhiszmę pełną wiedzą i rusza w towarzystwie Pandawów na pole bitewne, gdzie leży Bhiszma

Gdy Bhiszma wychwalał w swych słowach Krysznę koncentrując na nim cały swój umysł, Kryszna rozpoznając poprzez swoją jogę siłę jego oddania, wszedł na moment do jego ciała i obdarzył go pełną wiedzą na temat przeszłości, teraźniejszości i przyszłości. Bhiszma zamilkł, podczas gdy otaczający go z wszystkich stron bramini nucili modlitwy i święte mantry wychwalając Krysznę.

Tymczasem Pandawowie pod sugestią Kryszny i mając go za towarzysza przy akompaniamencie śpiewów braminów wyruszyli ponownie w kierunku pola bitewnego, gdzie Bhiszma leżał na łożu ze strzał przygotowując się do opuszczenia ciała, aby otrzymać od niego całą wiedzę na temat Prawa, która była w jego posiadaniu. Kryszna i Satjaki na jednym rydwanie jechali na czele, Judhiszthira z Ardżuną podążali za nimi. Na trzecim rydwanie jechał Bhima z Nakula i Sahadewą, a za nimi bramin Krypa z Jujutsu i Sandżaja na odrębnym rydwanie.

5. Kryszna opowiada Królowi Prawa, jak kasta wojowników odrodziła się po zniszczeniu jej przez Paraśuramę

Wkrótce dotarli do pól Kurukszetry, które ubarwione tysiącami wygasłych stosów pogrzebowych i stosami porzuconej zbroi i broni wyglądało jak opuszczony niedawno teren harców samego Niszczyciela. Grasowały po nim ciągle tłumy duchów i rakszasów. Gdy zatrzymali się na moment, Kryszna rzekł do Judhiszthiry: „O Królu Prawa, z miejsca, gdzie teraz stoimy, można dostrzec pięć jezior krwi. Tam właśnie Paraśurama oferował krew wojowników cieniom swych przodków i po pokonaniu ich dwadzieścia jeden razy i uwolnieniu ziemi od ich ciężaru odłożył w końcu broń pokonany przez Bhiszmę". Judhiszthira rzekł: „O Kryszna, opowiedz mi, jak Paraśurama zdołał zniszczyć całą kastę wojowników i z jakiej przyczyny oraz w jaki sposób kasta ta zdołała się odrodzić?" Kryszna rzekł: „O Judhiszthira, posłuchaj więc o tym, jak Paraśurama, syn Dżamadagniego, wywodzący się z rodu mędrca Bhrigu, zabił miliony wojowników.

Syn króla Puru, Jadu, miał syna o imieniu Radżas, który miał syna o imieniu Walakasła, który z kolei miał syna o imieniu Kauśika słynnego ze swej prawości. Kauśika, który był na ziemi jak Indra w niebie, poddawał się surowym umartwieniom prosząc Indrę o syna. Indra spełnił jego prośbę i sam narodził się na ziemi w formie jego syna o imieniu Gadhi. Mężny Gadhi miał córkę o imieniu Satjawati, którą oddał za żonę braminowi z rodu Bhrigu o imieniu Rcika. Rcika był bardzo zadowolony z zachowania swej żony i z jej czystości i zapragnął dać jej syna.

W tym czasie matka Satjawati i żona Gadhiego zapragnęła również mieć syna. Na jej prośbę bramin Rcika ugotował specjalnie dla niej posiłek z darów oferowanych najpierw bogom, składających się z mleka i ryżu, wypowiadając święte mantry. Przywołał swą żonę i rzekł: 'O Satjawati, przygotowałem dla ciebie i dla twej matki posiłek z ofiarnego jedzenia. Po spożyciu go twoja matka urodzi syna o wielkiej energii, który będzie ozdobą kasty wojowników. Nikt nie będzie zdolny go pokonać. Jeśli zaś chodzi o ciebie, to spożycie posiłku przeznaczonego dla ciebie przyniesie ci syna o wielkiej mądrości, samo wcielenie spokoju umysłu, który będzie ozdobą kasty bramińskiej'.

Po wypowiedzeniu tych słów Rcika nastawił swe serce na kontynuowanie swej religijnej praktyki i udał się do lasu. W tym samym czasie król Gadhi, który odbywał pielgrzymkę do świętych brodów, przybył do pustelni Rciki. Satjawati z wielką radością i pośpiechem zaniosła obie porcje ofiarnego jedzenia przygotowanego przez Rcikę swej matce, która przez pomyłkę dała córce do zjedzenia porcję przygotowaną dla niej, a sama zjadła porcję przygotowaną dla córki. Po spożyciu tego posiłku ciało Satjawati zapłonęło żądzą i poczęła dziecko o przeraźliwej formie, którego celem miało być zniszczenie kasty wojowników. Rcika widząc to dziecko leżące w jej łonie rzekł do swej niebiańsko pięknej żony: 'O błogosławiona, twoja matka cię oszukała. Twój syn zasłynie z okrutnych uczynków i mściwego serca, podczas gdy jej syn i twój brat będzie braminem oddanym szukaniu *Brahmana*. Twoja matka zjadła święty posiłek przeznaczony dla ciebie, w którym było nasienie najwyższego *Brahmana*, a ty zjadłaś posiłek przeznaczony dla niej, gdzie została umieszczona cała energia wojownika. W konsekwencji pomieszania tych posiłków twoja matka urodzi bramina, a ty wojownika'.

Satjawati schyliła głowę do stóp swego męża i drżąc na całym ciele rzekła: 'O mężu, nie wypowiadaj do mnie takich okrutnych słów'.

Rcika rzekł: 'O piękna, to, co się stało, nie było moim zamiarem. Poczęłaś syna, który zasłynie z okrutnych uczynków, z powodu zamiany przeznaczonego dla ciebie uświęconego posiłku'.

Satjawati rzekła: 'O mężu, gdybyś zechciał, mógłbyś stworzyć nawet inny świat, czymże w porównaniu z tym jest stworzenie jednego dziecka. Nie wypada ci obdarzać mnie synem, który nie jest oddany pokojowi i prawości'.

Rcika rzekł: 'O błogosławiona, nigdy nie wypowiedziałem żadnego kłamstwa nawet dla żartu. Cóż dopiero mówić o tak poważnej okazji jak przygotowywanie uświęconego posiłku na ogniu z pomocą wedyjskich formuł. To co się stało, musiało zostać niegdyś zarządzone przez przeznaczenie. Swymi umartwieniami doprowadziłem do jego realizacji. Od tego momentu wszyscy potomkowie twego ojca będą mieli bramińskie cechy'.

Satjawati rzekła: 'O wielki asceto, niech zamiast twego syna twój wnuk ma cechy wojownika. Niech nasz syn szuka pokoju'.

Rcika rzekł: 'O kobieto o jasnej cerze, dla mnie nie ma różnicy między synem i wnukiem. Niech więc będzie tak jak sobie życzysz'.

Syn Satjawati o imieniu Dżamadagni był oddany ascetycznym praktykom i szukaniu pokoju. Syn jej matki, Wiśwamitra, choć był wojownikiem, miał wszystkie cechy bramina. Ognisty Paraśurama, niszczyciel kasty wojowników, był wnukiem Satjawati i synem Dżamadagniego. Swymi umartwieniami w górach Gandhamadana zadowolił Śiwę i otrzymał od niego różne rodzaje broni, wśród której był jego słynny topór, dzięki któremu nikt nie potrafił go w walce pokonać.

W międzyczasie prawy król Ardżuna, syn Kartawirji, władca Haihajów, wyposażony dzięki łasce wielkiego mędrca Dattatreji w ogromną energię i setkę ramion, siłą swych ramion podbił całą ziemię z jej górami i siedmioma wyspami i gdy stał się potężnym imperatorem przeprowadzając Ofiarę Konia obdarował nią braminów. Nasycił również wygłodniałego boga ognia, który wyskakując z głowic jego strzał spalał wsie, miasta, stada krów, góry i lasy. Ogień wspomagany przez syna Kartawirji i silny wiatr wdarł się do pustelni Apawy, który unosząc się gniewem rzucił klątwę na potężnego monarchę wołając: 'O królu, gdy nadejdzie na to właściwy Czas, Paraśurama obetnie twoje tysiąc ramion'.

Potężny król Ardżuna nastawiony na pokój i ochraniający braminów nie przejął się zbytnio tą klątwą. Jednakże jego waleczni synowie spowodowali swym zachowaniem, że klątwa ta miała się spełnić przynosząc mu śmierć. Pewnego dnia młodzi królewicze uprowadzili cielę świętej krowy Homa należące do ojca Paraśuramy, Dżamadagniego. Paraśurama płonąc gniewem obciął tysiąc ramion Ardżuny i przyprowadził z powrotem do pustelni swego ojca więzione w pałacu króla cielątko. Niemądrzy synowie Ardżuny szukając zemsty, pod nieobecność Paraśuramy, który udał się do lasu w poszukiwaniu drewna i trawy potrzebnych w rytuale ofiarnym, napadli na pustelnię Dżamadagniego i obcięli mu głowę. Paraśurama szukając zemsty uchwycił za broń i przysiągł, że uwolni ziemię od ciężaru wojowników. Realizując swą przysięgę pozbawił życia wszystkich synów i wnuków króla Kartawirji. Zabijając Haihajów tysiącami zalał ziemię ich krwią. Nie mogąc się zatrzymać szybko pozbawił ziemię wszystkich wojowników. W końcu jednak pod wpływem współczucia zaprzestał zabijania i wycofał się do lasu.

Po upływie tysięcy lat gniewny i mściwy z natury Paraśurama padł ofiarą oskarżenia o tchórzostwo. Wnuk Wiśwamitry o imieniu Parawasu uczynił taki rzut publicznie mówiąc: 'O Paraśurama, przechwalałeś się, że zabijesz wszystkich kszatrijów, a tymczasem chowasz się w dżungli łamiąc swą przysięgę. Czyżby ci czterej mężowie o imionach Wasumanas, Pratardana, Śibi i Asztaka, prowadzący rytuał ofiarny w czasie, gdy ich ojciec król Jajati spadł z nieba na ziemię, nie należeli do kasty wojowników?'

Rozgniewany ich słowami Paraśurama ponownie uchwycił za broń i pokrył ziemię setkami martwych ciał wojowników. Setkom wojowników udało się jednak przeżyć i wkrótce rozmnożyli się na nowo stając się na ziemi potężnymi monarchami. Paraśurama ponownie ich wszystkich pozabijał nie oszczędzając nawet dzieci. Jak nowe dzieci przychodziły na świat, natychmiast je zabijał. Niektóre żony wojowników zdołały jednak ukryć przed nim swe dzieci. Niestrudzony Paraśurama oczyszczał ziemię z wojowników aż dwadzieścia jeden razy. W końcu, gdy jak się zdawało zrealizował swe zadanie, podczas prowadzonej Ofiary Konia obdarował ziemią starożytnego mędrca Kaśjapę.

Kaśjapa chcąc ochronić kastę wojowników przed całkowitym wyginięciem, trzymając ciągle w dłoni ofiarny czerpak rzekł: 'O Paraśurama, udaj się na południowy brzeg oceanu, bo nie chcę, abyś mieszkał na terenie należącym do mnie'. Ocean słysząc te słowa Kaśjapy utworzył dla Paraśuramy na swym przeciwnym brzegu specjalny region o nazwie Surparaka. Kaśjapa zaakceptował ziemię, którą obdarował go Paraśurama, i po oddaniu jej braminom udał się do dżungli, aby kontynuować swe religijne praktyki.

Tymczasem na ziemi pozbawionej wojowników waiśjowie i szudrowie zaczęli się łączyć z żonami braminów. Zapanowała tam anarchia, silni gnębili słabych i nikt nie był panem na swej ziemi. Ziemia nie ochraniana przez prawych wojowników i łupiona przez niegodziwców zaczęła tonąć w coraz większej głębi. Kaśjapa widząc, że ziemia tonie ze strachu, wziął ją na kolana i ponieważ ten wielki prorok trzymał ją na kolanach (*uru*) ziemia została nazwana Urwi.

Ziemia ukojona przez Kaśjapę, szukając ochrony zaczęła go prosić o króla. Rzekła: 'O święty mędrcu, ukrywam na swej powierzchni pewne kobiety z kasty wojowników z rodu Haihajów. Niech mnie ochraniają. Na mej powierzchni jest też jedna osoba z rodu Puru, syn Widurathy, który wzrasta wśród niedźwiedzi w górach Rikszawat. Przeżył również syn Saudasa ochraniany przez współczucie ascety Parasary o wielkiej duchowej energii, wiecznie zaangażowanego w ofiarę. Ten syn Saudasa, choć pochodzi z kasty wojowników, usługuje mędrcom, jakby był szudrą i nosi imię Sarwakarman (wykonujący wszystkie prace). Syn Siwi, Gopati, żyje w lesie wśród krów, podobnie jak syn Pratardana o imieniu Watsa. Syn Diwirathy o imieniu Brihadratha żyje nad brzegiem Gangesu ochraniany przez proroka Gautamę. Książę ten jest ochraniany przez wilki w górach Griddhrakuta. Przeżyli również synowie króla Marutty ochraniani przez ocean.

Pozwól, aby ktoś z tej królewskiej kasty ochraniał mnie. Królewskie dzieci, których ojcowie i dziadowie zostali zabici przez Paraśuramę ciągle żyją na mej powierzchni w różnych miejscach wśród artystów i złotników. Gdy dostarczą mi ochrony przestanę drżeć i utrzymam się w miejscu. Moim obowiązkiem jest wykonanie właściwych rytów pogrzebowych dla tych, którzy zginęli. Nie chcę być rządzona przez moich obecnych władców. Uczyń odpowiednie kroki, abym mogła żyć tak jak dawniej'.

Prorok Kaśjapa chcąc spełnić prośbę bogini Ziemi udał się do miejsc przez nią wskazanych i po odnalezieniu królewskich dzieci osadził ich wszystkich na tronach nakazując im realizowanie ich królewskich obowiązków".

Król Prawa wysłuchawszy opowiadania Kryszny rzekł: „O Kryszna, twe słowa napełniły me serce otuchą. Bramin-wojownik Paraśurama uwalniając ziemię od ciężaru napęczniałych od pychy wojowników, dorównywał walecznością Indrze, jednakże ocean, tygrysy, niedźwiedzie i małpy nie pozwoliły, aby kasta wojowników całkowicie wymarła i ziemia pozostała bez ochrony".

6. Wychwalany przez Bhiszmę Kryszna prosi go o przekazanie swej wiedzy Królowi Prawa, bo inaczej zginie ona ze świata razem z jego śmiercią

Spędzając czas na pouczającej pogawędce Król Prawa i Kryszna razem ze swymi towarzyszami zbliżyli się do miejsca nad brzegami rzeki Oghawati, które należało do najświętszych miejsc na całej ziemi, gdzie leżał Bhiszma. Bhiszma na swym łożu ze strzał wyglądał jak przykryte swymi promieniami wieczorne słońce lub jak wypalający się ogień.

Kryszna widząc Bhiszmę gotowego do uwolnienia z ciała swej duszy rzekł ze smutkiem: „O synu króla Śamtanu, dzięki darowi ojca ty sam zadecydujesz o momencie śmierci. Powiedz mi, czy twoja percepcja i rozumienie są równie jasne jak poprzednio? Czy jesteś w stanie znieść ból od zadanych ci ran? Nawet ukłucie igły sprawia ból, a cóż dopiero setka strzał tkwiących w twym ciele. Ciało słabnie również od mentalnego cierpienia. Twoje rany zdają się jednak nie przynosić ci bólu.

Twoja wiedza jest ogromna. Jesteś zdolny do nauczania samych bogów o początku i końcu wszystkich żywych istot. Znasz całą przeszłość, teraźniejszość i przyszłość i wiesz wszystko o zniszczeniu żywych istot i nagrodach zdobywanych przez sprawiedliwych. Jesteś oceanem prawości. Mając na uwadze dobro swego ojca przysiągłeś życie w celibacie. Poza tobą nie znam nikogo, kto leżąc na łożu śmierci byłby zdolny dzięki swym duchowym mocom powstrzymywać śmierć, kto byłby tak jak ty oddany Prawdzie, umartwieniom, broni i unikaniu ranienia, dobroczynności, ofierze, *Wedom* i ochronie tych, którzy wymagają ochrony, i kto byłby równie czysty w działaniu i samo-kontroli i równie nieugięty w walce. Jesteś zdolny do pokonania w pojedynkę wszystkich bogów, asurów, gandharwów, jakszów i rakszasów. Bramini powtarzają, że jesteś ósmym bogiem wasu, swą cnotą przewyższasz jednak zarówno bogów wasu jak i samego Indrę. Bogowie wychwalają twą mężność, a tu na ziemi nigdy nie widzieliśmy i nigdy nie słyszeliśmy o kimś, kto miałby twoje atrybuty. Urodzony w kaście wojowników przewyższasz bogów każdym ze swoich atrybutów, a swą nagromadzoną ascetyczną mocą potrafisz stworzyć cały wszechświat ruchomych i nieruchomych istot".

Kryszna kontynuował: „O Bhiszma, zanim opuścisz ten świat, rozprosz smutek Króla Prawa wynikły ze spowodowania śmierci wszystkich krewnych. Ty wiesz wszystko o obowiązkach czterech kast, co zostało zadeklarowane w czterech *Wedach* oraz filozofii Jogi i Sankhji. Wiesz wszystko o obowiązkach tych, który pochodzą z mieszanych kast oraz o obowiązkach wobec kraju, plemiona, rodziny. Znasz całą historię i wszystkie *Purany*. Masz w swym umyśle wszystko, co napisano kiedykolwiek o praktykowaniu obowiązku. Przekaż Królowi Prawa całą swą wiedzę, bo nikt inny poza tobą nie potrafi rozwikłać wątpliwości związanych z Prawem. Rozwiej smutek Judhiszthiry przy pomocy swej wiedzy. Ludzie tacy jak ty, którzy zgromadzili tak ogromną wiedzę, żyją po to, aby oświecać tych, którzy tego potrzebują".

Bhiszma uniósł z lekka głowę i rzekł składając pobożnie dłonie: „O Najwyższa Osobo, w Tobie światy mają swój początek i w Tobie się rozpływają. Ty jesteś Stwórcą i Niszczycielem. Ty jesteś Hrishikesą (wiecznym szczęściem), którego nikt nie potrafi zniszczyć. Wszechświat jest Twoją własną pracą. Ty jesteś duszą wszechświata i wszechświat z Ciebie wypływa. Ty jesteś ponad pięcioma elementami. Chwała Tobie, który jesteś trzema światami i który jesteś ponad nimi. Chwała Tobie, który jesteś panem jogi i ucieczką dla wszystkiego. Dzięki Twym słowom mogę dostrzec Ciebie w formie Twych manifestacji w trzech światach. Widzę Cię również w Twej wiecznej formie. Stoisz zanurzony w jodze zamknąwszy siedem dróg wiatru o potężnej energii. Stoisz stopami na ziemi, podczas gdy Twa głowa tworzy nieboskłon. Punkty przestrzeni są Twymi ramionami, słońce Twymi oczami, a Indra Twą mężnością. Twa Osoba odziana w żółte szaty w swym kolorze przypomina kwiaty Atasi i jawi się nam jak chmura naładowana elektrycznością.

O Ty o lotosowych oczach, Tobie jestem oddany i u Ciebie szukam ochrony. Niech moja skromna jaźń połączy się z Tobą w stanie wiecznej ekstazy".

Kryszna rzekł: „O Bhiszma, twoje uwielbienie dla mnie jest wielkie i dlatego ukazałem się przed Tobą w mojej niebiańskiej formie. Tej formy nie potrafi dostrzec ktoś, kto nie jest szczery w swym oddaniu lub nie potrafi kontrolować swej duszy. Ty sam jesteś w pełni zdolny do samo-kontroli, twoje serce jest czyste i nigdy nie schodzisz ze ścieżki swego obowiązku będąc zawsze nastawiony na realizowanie umartwień i oferowanie darów. Jesteś zdolny do ujrzenia mnie dzięki swej ascezie.

Ten wieczny region, z którego już się nie powraca na ziemię, stoi przed tobą otworem. Na ziemi pozostało ci jeszcze pięćdziesiąt sześć dni życia. Po uwolnieniu z ciała swej duszy zostaniesz nagrodzony za swe prawe działania na ziemi. Wszyscy bogowie łącznie z bogami wasu o ognistym splendorze czekają w swych boskich rydwanach na Twoje przybycie łącznie z poruszającym się ku północy słońcem. Gdy słońce zakończy swój bieg, udasz się do regionów zdobywanych przez ludzi wiedzy, z których się nigdy nie powraca na ziemię. Gdy opuścisz ten świat, cała wiedza zgromadzona w tobie przepadnie. Zebraliśmy się tutaj u twego łoża ze strzał, aby do tego nie dopuścić. Chcemy posłuchać tego, co masz do powiedzenia na temat obowiązku, prawości i jogi. Obdarz więc swymi słowami Prawdy tego Króla Prawa, który zawsze kroczy ścieżką prawości, lecz którego umysł zaciemnia ból z powodu spowodowania śmierci swych krewnych. Rozprosz jego żałobę swymi słowami".

Bhiszma rzekł: „O Narajana, Twe słowa wypełniają moje serce radością. Wszystko na temat prawości zostało już powiedziane w *Wedach*. *Wedy* są mową Najwyższej Osoby. To Ty jesteś Panem, który mówi. Jakież słowa instrukcji mogę więc ja sam powiedzieć w Twojej obecności, skoro wszystko to, o czym mówi mowa, jest mówione przez Ciebie?

Wszystko na tym świecie, co powinno i jest czynione, wypływa z Twojej Jaźni. W Twej obecności do interpretacji Prawa, Zysku i Przyjemności oraz zbawienia ma prawo tylko ta osoba, która jest wystarczająco kompetentna, aby dyskutować sprawy nieba w obecności króla bogów Indry. Sam nauczyciel bogów Brihaspati nie chciał przemawiać w Twej obecności.

Mój umysł i rozumienie są zaciemnione przez ból od moich ran, moje kończyny są słabe. Tkwiące w mym ciele strzały palące jak ogień lub trucizna odbierają mi siłę. Mój głos osłabł. Nie zdołam wypowiedzieć zbyt wielu słów. Mój życiowy oddech spieszy się, aby mnie opuścić. Płomień życia ledwo się we mnie tli. Z trudem rozróżniam niebo od ziemi i punkty przestrzeni.

O Kryszna, wybacz mi więc moją niechęć do mówienia. Ty sam udziel instrukcji Królowi Prawa, bo to Ty jesteś źródłem tych wszystkich rozporządzeń. Skoro Ty jesteś Stwórcą wszechświata, jakże ja mogę udzielać komuś w Twej obecności instrukcji?"

Kryszna rzekł: „O Bhiszma, jesteś wielką duszą wyposażoną w ogromną energię, cierpliwość i wiedzę na temat Prawa. Uczyń więc to, o co cię proszę. A jeśli chodzi o twój ból i słabość, uwolnij się od nich dzięki mojemu darowi. Mój dar oczyści również twą pamięć i postrzeganie. Twój umysł zawsze wolny od namiętności i ciemności, podążający za dobrem i jasnością cię nie zawiedzie. Twoje rozumowanie będzie zdolne do zgłębienia każdej kwestii z dziedziny Prawa, Zysku i Przyjemności, o której pomyślisz. Przyjmij więc ode mnie dar boskiej wizji, który pozwoli ci widzieć jasno obowiązki wszystkich czterech kast".

Zebrani wokół Bhiszmy mędrcy i asceci z Wjasą na czele słysząc te słowa Kryszny sławili go nucąc słowa *Rigwedy*, *Samawedy* i *Jadżurwedy*. Z nieba sypały się kwiaty i dochodziły na ziemię dźwięki niebiańskiej muzyki i śpiew boskich nimf apsar. Wiał lekki, przyjemny i dobrze wróżący wietrzyk niosąc ze sobą zapach kwiatów i słychać było śpiewy ptaków.

Dzień się kończył i słońce chyliło się już ku zachodowi. Mędrcy powoli wycofywali się do swych pustelni z zamiarem powrotu o poranku. Z podobnym zamiarem Pandawowie z Kryszną i innymi towarzyszami udali się na noc do Hastinapury.

Napisane na podstawie fragmentów *Mahābhārata*,
Santi Parva, Part 1, Sections XLVI-LII
(Rajadharmanusasana Parva).

Opowieść 116
Bhiszma rozpoczyna swe nauki
o Prawie (dharmie)
uprawomocnione autorytetem Kryszny

1. Pandawowie razem z Kryszną udają się ponownie na spotkanie z Bhiszmą; 2. Kryszna swym autorytetem nadaje słowom Bhiszmy prawomocny charakter; 3. Bhiszma prosi Króla Prawa, aby się do niego bez lęku zbliżył; 4. Bhiszma naucza, że najważniejszym obowiązkiem króla jest ochronna poddanych i religii; 5. Bhiszma wymienia różne działania dobrego króla, dzięki którym realizuje on swe najważniejsze obowiązki; 6. Bhiszma mówi o sposobach realizowania królewskiego obowiązku ochrony poddanych.

> *Bhiszma rzekł: „O Kryszna, dzięki twej łasce zdobyłem pełne rozumienie i z myślą o dobru całego świata jestem zdolny do rozmowy. Wzmocniony przez rozmyślania o tobie, czuję się znowu jak młodzieniec. Wytłumacz mi jednak, dlaczego ty sam nie chcesz pouczyć Pandawów w sprawie tego, co jest dobre?"*
>
> *Kryszna rzekł: „O Bhiszma, to ja jestem u korzeni sławy i wszystkiego, co prowadzi do dobra. Wszystkie rzeczy dobre i złe wypływają ze mnie. Zdobyłem już pełnię sławy i trudno do niej coś więcej dodać. Obdarzyłem cię więc boską wizją i proszę cię o przekazanie swej wiedzy Pandawom pragnąc zwiększyć twoją sławę. Dopóki będzie istnieć ziemia, dopóty twa sława będzie żyła we wszystkich światach, a dopóki sława człowieka utrzymuje się na świecie, dopóty żyją jego osiągnięcia. Wszystko, co powiesz Królowi Prawa będzie uznawane na ziemi za prawomocną interpretację nakazów Wed. Osoba, która będzie działała zgodnie twymi deklaracjami, zdobędzie nagrody na tym i tamtym świecie".*

(*Mahābhārata*, Santi Parva, Part 1, Section LIV)

1. Pandawowie razem z Kryszną udają się ponownie na spotkanie z Bhiszmą

Następnego ranka Kryszna obudził się w Hastinapurze tuż przed wschodem słońca i zanurzył się w medytacjach. Kontrolując swe zmysły całą swą myśl skupił na *Brahmanie*. Grupa śpiewaków o słodkich głosach nuciła hymny i *Purany* wychwalając Wasudewę, Pana wszystkich żywych istot i Stwórcę Wszechświata. Słychać też było dźwięki bębnów, citar, fletów i tysięcy konch. Cały pałac rozbrzmiewał muzyką. Podobnie w pałacu Króla Prawa dały się słyszeć słodkie głosy wypowiadające dobrze wróżące słowa i nucące pieśni oraz dźwięki akompaniujących im instrumentów.

Kryszna po wykonaniu ablucji i recytacji świętych mantr ofiarował ogniowi ofiarnemu oczyszczony tłuszcz. Bramini obdarowani przez niego tysiącem krów witali go błogosławieństwem. Następnie po dotknięciu różnych dobrze wróżących przedmiotów i zobaczeniu swego odbicia w lustrze rzekł do towarzyszącego my Satjaki: „O Satjaki, udaj się do pałacu Króla Prawa i dowiedz się, czy jest gotowy do drogi na spotkanie z Bhiszmą".

Judhiszthira dowiedziawszy się od Satjaki, że Kryszna jest gotowy do drogi, rzekł do Ardżuny: „O Ardżuna, zatroszcz się o to, aby mój rydwan był gotowy do drogi. Udajmy się tym razem na spotkanie z Bhiszmą sami bez towarzyszących nam poprzednio strażników i żołnierzy, aby nie niepokoić go ich obecnością. Bhiszma będzie mówił o sprawach wielkiej wagi, które są tajemnicą królów. Nie chcę więc, aby wokół niego gromadzili się ci, którzy nie powinni jego słów słuchać".

Pięciu braci Pandawów będący jak pięć elementów wsiedli na rydwany i ruszyli na spotkanie z Kryszną. Zastali go wsiadającego właśnie do swego rydwanu. Powitali się nawzajem pytaniami o zdrowie i spędzoną noc i następnie już bez dalszej zwłoki ruszyli w kierunku pól Kurukszetry. Poganiane przez Darukę ogiery Kryszny, Walahaka, Meghapuszpa, Saiwja i Sugriwa, galopowały pozostawiając głębokie ślady swych podków.

Bhiszma leżąc na swym łożu ze strzał w otoczeniu licznych riszich wyglądał jak Brahma w otoczeniu zgromadzonych bogów. Pandawowie, Kryszna i Satjaki zeszli z rydwanów i wznosząc prawą dłoń powitali riszich. Judhiszthira z lękiem w sercu ruszył nieśmiało w kierunku Bhiszmy, który leżąc na swym łożu ze strzał wyglądał jak opadłe z firmamentu słońce.

2. Kryszna swym autorytetem nadaje słowom Bhiszmy prawomocny charakter

Obecny u boku Bhiszmy Narada rzekł: „O Królu Prawa, Bhiszma już niedługo uwolni się od życiowego oddechu. Nadszedł więc właściwy moment, aby zapytać go o instrukcje w dziedzinie moralności i Prawa. Pytaj go więc, aby rozwiać dręczące twój umysł wątpliwości".

Pandawowie zbliżywszy się do Bhiszmy na jego widok nie byli w stanie wyrzec jednego słowa. Król Prawa rzekł do Kryszny: „O

Kryszna, przemów do Bhiszmy w naszym imieniu, bo poza tobą, nie widzę nikogo, kto mógłby zadawać mu pytania. Ty sam nas wszystkich przewyższasz i znasz wszystkie tajniki Prawa".

Kryszna rzekł swym słodkim głosem: „O Bhiszma, czy noc przeszła ci szczęśliwie? Czy twe rozumienie jest klarowne? Czy rozświetla cię twoje wewnętrzne światło? Czy twój umysł uwolnił się od niepokojącego go bólu?"

Bhiszma rzekł: „O Kryszna, dzięki twej łasce opuścił mnie palący ból od moich ran, odrętwienie i zmęczenie. Całą przeszłość, teraźniejszość i przyszłość widzę tak jasno, jakby były owocem trzymanym w dłoniach. Dzięki twemu darowi widzę też jasno całe Prawo opisane w *Wedach*, zadeklarowane przez mędrców, obowiązujące w różnych krajach, plemionach i rodzinie. Pamiętam wszystkie szczegóły dotyczące królewskich obowiązków i czterech trybów życia zależnych od wieku. Powiem wszystko to, co powinno zostać powiedziane. Dzięki twej łasce zdobyłem pełne rozumienie i z myślą o dobru całego świata jestem zdolny do rozmowy. Wzmocniony przez rozmyślania o tobie, czuję się znowu jak młodzieniec. Wytłumacz mi jednak, dlaczego ty sam nie chcesz pouczyć Pandawów w sprawie tego, co jest dobre?"

Kryszna rzekł: „O Bhiszma, to ja jestem u korzeni sławy i wszystkiego, co prowadzi do dobra. Wszystkie rzeczy dobre i złe wypływają ze mnie. Zdobyłem już pełnię sławy i trudno do niej coś więcej dodać. Obdarzyłem cię więc boską wizją i proszę cię o przekazanie swej wiedzy Pandawom pragnąc zwiększyć twoją sławę. Dopóki będzie istnieć ziemia, dopóty twa sława będzie żyła we wszystkich światach, a dopóki sława człowieka utrzymuje się na świecie, dopóty żyją jego osiągnięcia. Wszystko, co powiesz Królowi Prawa będzie uznawane na ziemi za prawomocną interpretację nakazów *Wed*. Osoba, która będzie działała zgodnie twymi deklaracjami, zdobędzie nagrody na tym i tamtym świecie.

Spójrz na tych królów, którzy przeżyli tę wojnę i zgromadzili się wokół twego łoża ze strzał. Osiągnąłeś podeszły wiek i zawsze postępowałeś zgodnie z nakazami *Wed*. Jesteś znany im wszystkim ze swej prawości i znajomości Prawa. Mędrcy zadeklarowali, że mądra osoba powinna przekazywać innym swą wiedzę, szczególnie, gdy ci, którzy ją o to proszą, sami słyną ze swej prawości. Pouczenie Pandawów jest więc twoim obowiązkiem. Popełnisz grzech, gdy tego nie uczynisz. Przemów więc do nich i poucz ich w dziedzinie Prawa i wiecznych obowiązków człowieka".

3. Bhiszma prosi Króla Prawa, aby się do niego bez lęku zbliżył

Bhiszma rzekł: „O Kryszna, ty jesteś nieśmiertelną duszą w każdej żywej istocie i dzięki twej łasce mój umysł i mowa są jasne i w pełni sprawne. Niech więc sprawiedliwy i prawy Król Prawa pyta mnie o to, co chciałby wiedzieć".

Kryszna rzekł: „O Bhiszma, Król Prawa owładnięty przez wstyd z powodu spowodowania na ziemi tej straszliwej rzezi i zabicia tych, którzy zasługiwali na oddawanie im czci, obawia się twej klątwy i nie śmie się do ciebie zbliżyć".

Bhiszma rzekł: „O Kryszna, tak jak wiecznym obowiązkiem braminów jest praktykowanie dobroczynności, umartwień i studiowania *Wed*, tak wiecznym obowiązkiem wojownika jest oddanie życia na polu bitewnym. Wojownik ma obowiązek zabicia swych dziadów, ojców, braci i innych krewnych, którzy podjęli z nim wojnę w niesłusznej sprawie, jak i zabicia swego nauczyciela, jeżeli jest on zawistny, grzeszny i łamie swe obowiązki i przysięgi. Obowiązkiem wojownika jest walka z każdym, kto kierując się zawiścią przekracza odwieczne granice prawości. Wyzwany do walki powinien zawsze podejmować walkę, gdyż jak to stwierdził kiedyś Manu, sprawiedliwa bitwa jest jego drogą do nieba i sławy".

Syn boga Dharmy, Judhiszthira, słysząc te słowa Bhiszmy z pokorą zbliżył się do jego łoża ze strzał i padł mu do stóp. Bhiszma rzekł: „O Królu Prawa, uwolnij się od lęku i pytaj mnie bez niepokoju o wszystko, co chcesz".

4. Bhiszma naucza, że najważniejszym obowiązkiem króla jest ochronna poddanych i religii

Król Prawa złożywszy pokłon Krysznie i Bhiszmie i po uzyskaniu zgody króla Dhritarasztry i zebranych przy łożu Bhiszmy braminów rzekł: „O Bhiszma, mędrcy powiadają, że królewskie obowiązki należą do najwyższej nauki o obowiązku. Realizowanie ich nakłada na króla wielki ciężar. Opisz mi, proszę, z wszystkimi szczegółami obowiązki króla. Nauka o królewskim obowiązku ma na celu ochronę całego świata życia. Realizacja trzech celów życia, którymi są Prawo, Zysk i Przyjemność, bazuje na nauce o królewskim obowiązku. Podobnie praktyki prowadzące do Wyzwolenia. Tak jak lejce hamują rozszalałe konie, a hak słonia, tak nauka o królewskim obowiązku jest lejcami do kierowania tym światem. Jeżeli król straci orientację, co do swego obowiązku, cała ziemia pogrąży się w chaosie. Tak jak wschodzące słońce rozprasza ciemności, tak nauka o królewskim obowiązku niszczy pojawiające się w świecie zło".

Bhiszma rzekł: „O Judhiszthira, kłaniając się bogowi Prawa, Dharmie i Krysznie, który jest w pełni *Brahmanem* oraz braminom będę cię teraz nauczał o wiecznych obowiązkach człowieka. Słuchaj więc z uwagą i koncentracją tego, co mam do powiedzenia.

Jeżeli chodzi o króla, to mając na uwadze zadowolenie poddanych powinien zawsze oddawać pierwszeństwo i cześć bogom i braminom, bo w ten sposób spłaca swój dług wobec obowiązku i Prawa, i w zamian zdobywa szacunek poddanych.

Król musi być zawsze gotowy do podejmowania starań i wysiłku, bo licząc wyłącznie na los nie zdoła zrealizować swych celów. W każdym działaniu konieczny jest udział losu i własnego wysiłku. Podejmowanie wysiłku uważam jednak za ważniejsze, bo los jest rezultatem tego, co najpierw było wysiłkiem. Nie pozwalaj sobie na żal, jeżeli to, co zostało rozpoczęte, zakończyło się katastrofą, lecz powtórz to samo działanie z podwojoną uwagą. Taki jest obowiązek króla.

Nie istnieje nic, co miałoby większy wpływ na osiągany przez króla sukces, niż Prawda. Król, który jest oddany Prawdzie, zdobywa sukces zarówno na tym jak i na tamtym świecie. Dla króla, tak jak i dla mędrców, Prawda jest tym, co jest uważane za najwyższą wartość i inspiruje zaufanie do samego siebie.

Dobra koniunktura nigdy nie opuści tego króla, który zdobył pełną ogładę i dobre zachowanie, jest przystojny, zdolny do samokontroli, pełen pokory, prawy, kontroluje swe namiętności, i który jest we właściwym stopniu liberalny.

Król zapewnia sobie dobrobyt przez wymierzanie sprawiedliwości, przestrzeganie zasad prawego działania oraz trzech zasad polityki, którymi są ukrywanie własnych słabości, wykrywanie słabości wroga i zaciąganie rady u kompetentnych doradców.

Gdy król staje się zbyt łagodny, wszyscy go lekceważą, a gdy staje się zbyt surowy, przeraża swych poddanych. Powinien więc dostosowywać swe zachowanie do okoliczności.

Król nie powinien nigdy karać prawdziwego bramina śmiercią, bo bramin na ziemi jest najprzedniejszym z wszystkich istnień. Manu w tym kontekście zwykł nucić dwa wersety (*śloki*), które powinieneś zawsze pamiętać: 'Ogień wypłynął z wód, wojownik z *Brahmana* (modlitwy), a żelazo z kamienia i choć mogą wszystko zniszczyć swą siłą, w kontakcie ze swym źródłem tracą swą moc. Ogień gaśnie, gdy walczy z wodą, żelazo jest słabe wobec kamienia, a wojownik traci swą moc walcząc z *Brahmanem* (modlitwą)'. Skoro tak jest, prawdziwi bramini zasługują zawsze na oddawanie im czci. To oni ochraniają na ziemi *Wedy* i rytuały ofiarne, jednakże wobec tych, którzy są braminami jedynie z pozoru i żądają dla siebie czci bezprawnie, należy bez wahania użyć siły.

Od tej zasady są jednak wyjątki. W odległych czasach riszi Śukra nucił dwa wersety, które również powinieneś zapamiętać: 'Prawy król powinien zabić nawet prawdziwego bramina, który zdobył pełną znajomość *Wed*, jeżeli rusza on do walki z nim z bronią w ręku. Prawy król który stoi na straży Prawa, nie popełnia wówczas grzechu, bo gniew agresora uprawomocnia jego gniew jako tego, który wymierza karę'.

Za wyjątkiem tych okoliczności, o których nucił Śukra, król powinien zawsze ochraniać życie bramina i ukazywać mu swe współczucie nawet wówczas, gdy popełnił przestępstwo. Najwyższą karą dla bramina powinno być wygnanie go z królestwa, nawet wówczas gdy popełnił takie przestępstwo jak zabicie bramina, dzielenie łoża z żoną nauczyciela, spowodowanie aborcji lub zdrada państwa. Wobec bramina nie należy stosować żadnych kar fizycznych.

Stanowiska państwowe król powinien oferować tym, którzy darzą braminów szacunkiem. Selekcja właściwych doradców jest dla króla największym skarbem. Wśród sześciu 'filarów', na których opiera się król i o których wspominają święte pisma, posiadanie gotowych do służby i kochających króla poddanych jest najsolidniejszym. Dlatego król powinien zawsze ukazywać swe współczucie wszystkim czterem kastom. Prawy i sprawiedliwy król zawsze zdobędzie miłość poddanych. Król nie może jednak być pobłażliwy wobec każdego, bo zbyt łagodny król jest równie zły jak pozbawiony waleczności bojowy słoń.

W świętych pismach opracowanych przez nauczyciela bogów Brihaspatiego jest następujący werset: 'Jeżeli król będzie każdemu wybaczał, wówczas nawet osoba stojąca najniżej weźmie nad nim górę, będąc jak jeździec ujeżdżający słonia. Król nie powinien więc być ani zbyt łagodny, ani zbyt surowy. Powinien być jak wiosenne słońce, które nie jest ani za ciepłe, ani za zimne'.

Król powinien analizować swych wrogów i przyjaciół bazując na świadectwie własnych zmysłów, domniemaniach, porównywaniu i regułach opisanych w pismach.

Król powinien unikać zbytniego angażowania się w rozrywki takie jak gra w kości, czy polowanie. Nie znaczy to, że nie powinien ich w ogóle uprawiać, lecz że powinien unikać zbytniego przywiązywania się do nich i popadania w nałóg. Król, który rozwinął ten rodzaj nałogu, staje się łatwy do pokonania.

Król, który nie darzy swych poddanych miłością, budzi w ich sercach niepokój. Król powinien patrzyć na poddanych jak matka, która dla dobra dziecka jest gotowa poświęcić nawet najbardziej umiłowane przedmioty. Prawy król powinien zawsze przedkładać dobro poddanych nad swoje własne.

Król nigdy nie powinien tracić hartu ducha. Król, który jest zawsze gotowy do wymierzenia sprawiedliwości wobec tych, co popełnili przestępstwo, nie ma powodu do obaw.

Król nigdy nie powinien pozwalać sobie na ukazywanie swej słabości i żarty ze służbą, bo wówczas służba zacznie go lekceważyć zapominając o tym, gdzie jest jej właściwe miejsce. Zacznie opierać się wykonaniu jego rozkazów i wyjawiać jego sekrety i plotkować na temat jego niegodziwych uczynków. Będzie pozwalać sobie na gniew i zechce zająć jego miejsce. Będzie sprzedawać się za łapówki i oszukiwać go wprowadzając wszędzie fałsz i zaburzając porządek w państwie. Zacznie ubierać się jak ich król i dzielić łoże z pokojówkami. Będzie pozwalać sobie na kasłanie i czkanie w jego obecności i mówienie o nim w obecności innych z lekceważeniem. Zacznie jeździć na tych samych, co on koniach, słoniach i rydwanach śmiejąc się z jego gniewu i ignorując jego łaskę. Nie będzie słuchać jego rozkazów i zamiast używać tych przedmiotów, które należą do niej, będzie używać tych, które należą do króla. Będzie bawić się z królem jak kot z myszką dając innym do zrozumienia w jak zażyłych jest z nim stosunkach i jak on ją kocha".

5. Bhiszma wymienia różne działania dobrego króla, dzięki którym realizuje on swe najważniejsze obowiązki

Bhiszma kontynuował: „O Królu Prawa, król powinien być zawsze gotowy do podjęcia wysiłku i działania. W tym kontekście nauczyciel asurów Śukra nucił następujący werset: 'Tak jak wąż połyka mysz, tak ziemia połknie króla, który nie podejmuje wojny i bramina, który jest zbyt przywiązany do swych żon i dzieci'. Nigdy o tym nie zapominaj.

Utrzymuj pokój z tymi wrogami, z którymi powinno się żyć w pokoju i walcz z tymi, z którymi należy walczyć. Zabij każdego, kto zachowuje się wrogo wobec któregoś z siedmiu odnóży twego królestwa (którymi są: król, armia, doradcy, przyjaciele, bogactwo, terytorium i forty) bez względu na to, czy jest on twym przyjacielem lub nauczycielem. Król Marutta nucił niegdyś w tym kontekście następujące wersety pochodzące oryginalnie od Brihaspatiego: 'Zgodnie ze starożytnym postanowieniem karze podlega nawet nauczyciel, jeżeli stał się zbyt wyniosły, nie zważa na to, co należy i czego nie należy czynić i łamie wszelkie ograniczenia'.

Król Sagara mając na uwadze dobro poddanych wygnał z królestwa swego najstarszego syna Asamandżasa, który topił dzieci jego poddanych, a riszi Uddalaka wypędził swego syna Swetaketu uprawiającego surową ascezę z powodu jego skłonności do zapraszania braminów z fałszywą obietnicą rozrywki.

Dbałość o szczęście poddanych, obrona Prawdy i rzetelność w sprawach publicznych są wiecznymi obowiązkami królów.

Król nie powinien pożądać bogactwa należącego do innych i powinien dawać to, co należy dawać.

Dobra koniunktura nie opuści króla charakteryzującego się odwagą, prawdomównością, umiejętnością wybaczania, który z duszą wolną od nałogów jest zdolny do kontrolowania gniewu, w swych decyzjach pozostaje w zgodzie ze świętymi pismami i szuka zbawienia kierując się Prawem, Zyskiem i Przyjemnością.

Król powinien stać na straży realizowania obowiązków przez wszystkie cztery kasty i dbać o to, żeby obowiązki te były dla nich klarowne.

Król powinien wymierzać sprawiedliwość jak bóg śmierci Jama i gromadzić bogactwo jak bóg bogactwa Kubera. Powinien ubierać się ze splendorem, być sprawny we władaniu bronią, hojny, zdolny do samo-kontroli.

Król sam powinien się troszczyć o ocenę swej siły i słabości w terminach sześciu podstawowych wymogów suwerenności (tj. utrzymywania pokoju z silniejszym wrogiem, wojny z wrogiem, który jest równy siłą, podbijanie słabszych, stanie w miejscu, szukanie dla siebie ochrony, sianie waśni wśród dowódców wrogiej armii). Na pochwałę zawsze zasługuje ten król, który potrafi dostrzec słabości wroga i nie zapominając o Prawie, Zysku i Przyjemności wysyła swych szpiegów, aby wykryli sekrety wroga i próbuje przekupić oficerów wroga.

Król powinien również troszczyć się o ocenę siły i słabości swych zdobyczy i strat, jak i realizacji tego, co należy do jego własnego zwierzchnictwa. Powinien nakarmić tych, którzy są głodni i pytać o tych, którzy są nasyceni. Powinien przemawiać słodkim głosem i z uśmiechem i bez ociągania się dawać pierwszeństwo starszym. Powinien zawsze starannie naśladować zachowanie sprawiedliwych. Nigdy nie powinien odbierać ludziom prawym ich własności, lecz powinien obdarowywać ich bogactwem odebranym przestępcom.

Król powinien mieć zaufanie tylko do własnej służby, choć nawet im nie powinien w pełni ufać. Zdrada ze strony królewskich doradców jest największą klęską króla. Król, który szuka dobrobytu powinien więc otaczać się ludźmi, którzy są nieprzekupni, dobrze urodzeni, oddani mu, dobrze zachowujący się i związani ze swymi dobrze zachowującymi się rodzinami, cieszący się szacunkiem, nie mający skłonności do obrażania innych, znający wszystkie nauki i obeznani z tym światem i jego sprawami, zawsze wykonujący swe obowiązki, uczciwi i niezachwiani jak góra. Nie powinno być różnicy między nimi a nim, jeżeli chodzi o przedmioty rozrywki. Jedyną różnicą powinien być królewski baldachim i królewska moc wydawania rozkazów. Król powinien traktować ich jak sobie równych. Król przestrzegający tych zasad nie popadnie w nieszczęście. Nieuczciwy i zawistny król, który jest wobec każdego podejrzliwy i nakłada na poddanych wysokie podatki, szybko zginie z rąk swej służby i krewnych. Natomiast król, który jest w swym zachowaniu prawy i stara się o to, aby zdobyć serca poddanych, nie zginie nawet wtedy, gdy zaatakuje go wróg i odzyska swą pozycję, jeżeli wróg go pokona.

Król, który kontroluje swój gniew, nałogi i namiętności, i nie jest przesadnie surowy w stosowanych karach, stanie się dla wszystkich podporą.

Najlepszy jest ten król, który zdobył mądrość, jest szczodry, gotowy do działania, zdolny do wykorzystywania słabości wroga, wiedzący, co przynosi szkodę każdej z czterech kast, sponsorujący rytuały ofiarne i realizujący swe religijne obowiązki, wymagający wykonania wszystkich swych rozkazów. W królestwie rządzonym przez dobrego króla poddani żyją z taką swobodą jak synowie w domu swego ojca, nie muszą ukrywać swego bogactwa, wiedzą, co jest dla nich dobre i co jest złe, realizują swe obowiązki nawet za cenę życia, są posłuszni, hojni, łatwi do kierowania, unikają kłótni i niepotrzebnych dysput.

Zasługi zbiera ten król, w którego królestwie nie ma oszustwa i zawiści, ukrywania się i niegodziwości. Ten król, który ochrania wiedzę, jest oddany świętym pismom i ludziom kroczącym ścieżką Prawa i którego szpiedzy, plany i intencje pozostaną dla wroga nieznane, naprawdę zasłużył na swe królestwo.

Riszi Śukra opowiadając ongiś o życiu Ramy zwykł nucić następujący werset o obowiązku króla: 'Szukając dla siebie miejsca, trzeba najpierw wybrać króla, a następnie szukać dla siebie żony i bogactwa. Gdyby nie było króla, nie byłoby ani żony, ani bogactwa'.

Ochrona poddanych jest odwiecznym i najważniejszym obowiązkiem króla. Bez królewskiej ochrony świat pogrążyłby się w chaosie. Syn Wiwaswata, Manu, zwykł nucić następujące wersety: 'Należy unikać sześciu osób, którzy są jak dziurawa łódź na pełnym morzu: nauczyciela, który milczy, kapłana, który nie studiuje *Wed*, króla, który nie dostarcza ochrony swym poddanym, kłótliwej żony, pasterza, który włóczy się po wiosce, zamiast pilnować stada i golibrody, który szuka życia w dżungli'".

6. Bhiszma mówi o sposobach realizowania królewskiego obowiązku ochrony poddanych

Bhiszma kontynuował: „O Judhiszthira, szukający *Brahmana* mędrcy, jak Brihaspati, Śukra Manu i Bharadwadża, w swych rozprawach o Prawie Królów za najważniejszy uważali obowiązek ochronny poddanych. Posłuchaj teraz o środkach jego realizacji.

Król ochrania swych poddanych poprzez zatrudnianie za godziwą zapłatę szpiegów i służących, słuszną politykę podatkową nie bazującą na kaprysie i zachciankach, zatrudnianie uczciwych ludzi na stanowiskach państwowych, heroizm, umiejętności, zdolności do prowadzenia transakcji, myślenie o tym, co jest dobre dla wszystkich, skłócanie wewnętrzne swych wrogów poprzez użycie uczciwych i nieuczciwych środków, naprawę zniszczonych budynków, stosowanie właściwych kar fizycznych i pieniężnych wobec przestępców, troskę o ludzi prawych i wysoko urodzonych, magazynowanie tego, co powinno być magazynowane, szukanie towarzystwa ludzi inteligentnych, wynagradzanie wojska, nadzorowanie poddanych, wypełnianie skarbca, kontrolowanie lojalności strażników strzegących bram miast, rozbijanie lojalności w miastach wroga, troska o przyjaciół i sprzymierzeńców mieszkających wśród wroga, ścisłe kontrolowanie służby i pracowników państwowych, obserwowanie tego, co dzieje się w stolicy, utrzymywanie traktatów z wrogiem, używanie dyplomacji, bycie zawsze gotowym do podjęcia działania, nie lekceważenie nigdy wroga i oczyszczanie królestwa z niegodziwców.

U korzeni królewskich obowiązków leży gotowość króla do podejmowania wysiłku. Brihaspati zwykł nucić następujący werset: 'Dzięki wysiłkowi został zdobyty eliksir nieśmiertelności; dzięki wysiłkowi bogowie zabili asurów; dzięki wysiłkowi Indra zdobył władzę nad niebem i ziemią. Herosi wysiłku stoją wyżej od herosów mowy. Herosi mowy oddają cześć herosom wysiłku'.

Król, który nie podejmuje wysiłku, choć jest inteligentny, zostanie pokonany przez wroga tak jak pozbawiony jadu wąż. Król nigdy nie powinien lekceważyć nawet słabego wroga. Jedna iskra może spowodować pożar, a kropla trucizny może zabić. Nawet jeden wróg we własnym forcie może zniszczyć prosperującego i silnego króla.

Król chcąc utrzymać poddanych w posłuszeństwie powinien być w swych działaniach prawy i sprawiedliwy. Ludzie o nieuczciwym umyśle nie potrafią unieść ciężaru imperium. Jednakże tajne mowy króla, gromadzenie wojsk, intencje co do realizowania pewnych celów powinny pozostać utajnione. Królestwa, które staje się przedmiotem zawiści innych, nie można utrzymać jedynie przy pomocy prostoty i otwartości. Słaby król nie potrafi utrzymać swej najwyższej pozycji, która zależy od wymagającego wysiłku działania.

Król w sprawowaniu władzy musi zawsze manewrować między otwartością i nieszczerością i w obronie poddanych nie powinien unikać nawet narażania się samemu na niebezpieczeństwo".

W tym miejscu Bhiszma przerwał. Zebrani wokół niego mędrcy, jak i Pandawowie, Kryszna, Krypa i Satjaki słuchali jego słów z nabożnością i radosnymi twarzami. Bhiszma zakończył swą mowę prosząc Króla Prawa o zadawanie mu szczegółowych pytań. Król Prawa z oczami pełnymi łez schylił się do jego stóp i rzekł: „O seniorze Bharatów, słońce chyli się już ku zachodowi, pozwól więc nam teraz odejść i powrócić tutaj o poranku. Wówczas będę cię pytał o sprawy, które budzą moje wątpliwości".

Po oddaniu czci Bhiszmie i zgromadzonym wokół niego braminom Pandawowie, Kryszna, Krypa i Satjaki udali się do świętego brodu Drisadwati, gdzie oczyścili się kąpielą i po wykonaniu rytuału lania wody dla uczczenia swych przodków, recytacji właściwych mantr i wykonaniu dobrze wróżących czynności udali się na noc do Hastinapury i zamiarem powrócenia tu o poranku.

Napisane na podstawie fragmentów *Mahābharāta*,
Santi Parva, Part 1, Sections LIII- LVIII
(Rajadharmanusasana Parva).

Księga XII, cz. 1   Opowieść 117   131

Opowieść 117
O „nauce o rządzie" (Dandaniti) Brahmy i początku władzy królewskiej

1. Król Prawa prosi Bhiszmę o wyjaśnienie, skąd się wzięła na ziemi władza królewska; 2. O powstaniu „nauki o rządzie" Brahmy mającej na celu utrzymanie na ziemi prawości; 3. O tym jak Brahma oświadcza że jego „nauka o rządzie" ochraniająca świat będzie realizowana przez króla i jego berło kary; 4. O tym, jak bramini namaszczają na pierwszego króla potomka Wisznu, Prithu, który rodzi się z ramienia Weny zabitego przez nich trawą *kuśa*; 5. O tym, jak bramini i bogowie koronują pierwszego króla na ziemi Prithu wykonując rytuał koronacyjny; 6. O tym, jak Wisznu zamieszkując w ciele Prithu potwierdza jego władzę i nadaje mu jego wspaniałość.

> *Bhiszma rzekł*: *„O Królu Prawa, pierwszy władca ziemi, Prithu, realizując 'naukę o rządzie' skłonił wszystkie żywe istoty do uznania prawości za najwyższą wartość i ponieważ zadowalał wszystkich, był nazywany radżą, czyli królem. I ponieważ bronił braminów przed zranieniem, zdobył imię kszatrija (wojownik)".* ...
> *Bhiszma kontynuował*: *„O Królu Prawa, najwyższą zasługą króla jest poznanie 'nauki o rządzie' (Dandaniti) i właściwe jej stosowanie".*

(*Mahābharāta*, Santi Parva, Part 1, Section LIX, LXIX)

1. Król Prawa prosi Bhiszmę o wyjaśnienie, skąd się wzięła na ziemi władza królewska

Następnego poranka po wykonaniu porannych rytów zgodnie z nakazami *Wed* Pandawowie razem z Kryszną udali się ponownie na spotkanie z Bhiszmą, który leżał na polu bitewnym na łożu ze strzał. Zbliżywszy się do jego łoża powitali go uprzejmymi pytaniami jak przeszła mu noc. Z odpowiednimi honorami powitali również zgromadzonych wokół jego łoża mędrców, którzy odpowiedzieli błogosławieństwem.

Gdy Bhiszma poprosił Judhiszthirę o zadawanie pytań, Król Prawa rzekł: „O Bhiszma, wytłumacz mi, proszę, skąd się wzięło na ziemi słowo 'król' (*radża*) i jego władza nad innymi? Osoba nazywana 'królem' jest przecież fizycznie taka sama jak każda inna. Tak jak wszyscy inni ma dłonie, ramiona, kark i plecy, usta i żołądek, kości i szpik kostny, ciało i krew. Tak samo oddycha wdychając i wydychając powietrze, jest wyposażona w zmysły i rozumienie, doświadcza radości i smutku, rodzi się i umiera.

Człowiek, którego nazywa się królem, dzieli z ludzkością te same atrybuty, dlaczego więc rządzi on całym światem, na którym żyje wielu innych ludzi wyposażonych tak jak on w odwagę i inteligencję? Jak doszło do tego, że jedna osoba rozkazuje całemu tłumowi odważnych, wysoko urodzonych i prawych ludzi, którzy zamieszkują ziemię? Dlaczego wszyscy ludzie pragną zdobyć jego przychylność? Dlaczego wszyscy są zadowoleni, gdy on jest zadowolony i cierpią, gdy on cierpi? Dlaczego cały świat chyli głowy przed królem jak przed bogiem?"

Bhiszma rzekł: „O Królu Prawa, przed powstaniem 'nauki o rządzie' królewskie zwierzchnictwo nie istniało. Posłuchaj więc o tym, jak na ziemi pojawiła się 'nauka o rządzie' i jak narodził się pierwszy król Prithu zdolny do rozumienia jej i realizowania jej w praktyce, oraz o tym, jak sam Wisznu wstąpił w Prithu nadając mu boskość.

Tak więc na samym początku w czasie kritajugi nie było zwierzchnictwa, króla, wymiaru sprawiedliwości i wymierzającego sprawiedliwość. Wszyscy ludzie byli prawi i ochraniali się nawzajem swą prawością. Jedynym źródłem ich cierpienia był upływ Czasu.

Do ich serc zaczęło się jednak wkradać błądzenie. Narażona na błąd ludzka percepcja zaczęła się zaciemniać. Ludzie zaczęli tracić swe zalety i odczuwać żądzę. Próbując zdobywać przedmioty, które do nich nie należały, padali ofiarą zawiści. Zawiść przyniosła ze sobą gniew. Gdy ludźmi zawładnął gniew, przestali zważać na to, co powinni i czego nie powinni robić. Zaczęli całkowicie folgować swym seksualnym popędom i mówić wszystko, co ślina przyniosła im na język i co przyszło im do głowy. Zatarła się różnica między czystym i nieczystym jedzeniem oraz między cnotą i występkiem. *Wedy* zostały całkowicie zapomniane.

Gdy *Wedy* i prawość znikły z powierzchni ziemi, bogów opanował lęk i zaczęli szukać ochrony u Brahmy. Stojąc przed nim ze złożonymi dłońmi rzekli: 'O dziadku wszechświata, zawiść i błąd, które wdarły się do świata człowieka, niszczą odwieczne *Wedy*. Budzi to w nas ogromny lęk, gdyż wraz ze zniknięciem *Wed* zniknie z ziemi prawość i wówczas wszystkie trzy światy zostaną zredukowane do poziomu człowieka.

Deszcz, który lejemy z nieba na ziemię, jest naszą odpowiedzią na laną do ognia ofiarę, która unosi się w górę do nieba. W konsekwencji zaniechania przez ludzi rytów zaczniemy zamierać.

A gdy my zginiemy, zginie ziemia pozbawiona deszczu. Mając na uwadze nasze dobro powiedz nam, co należy uczynić, aby nie dopuścić do zniszczenia całego świata'.

Brahma rzekł: 'O bogowie, uwolnijcie się od lęku. Dajcie mi trochę czasu, abym mógł zastanowić się nad tym, co przyniesie wam korzyść'.

2. O powstaniu „nauki o rządzie" Brahmy mającej służyć utrzymaniu na ziemi prawości

Brahma rozmyślając nad środkami utrzymania prawości na ziemi i wzmocnieniu w ten sposób siły bogów, skomponował dzięki własnej inteligencji rozprawę o stu tysiącach rozdziałów podsumowującą właściwe cele ludzkich działań i właściwe sposoby ich realizacji, które miały być ochraniane przez królewski wymiar kary.

Traktat Brahmy dotyczył trzech celów życiowych, którymi są Prawo, Zysk i Przyjemność, które Brahma nazwał trójelementową całością. Czwartym odrębnym i odrębnie omawianym celem życiowym było wyzwolenie się ze znaczeniowych dualizmów i atrybutów. Wyzwolenie było rozważane w kontekście innej trójelementowej całości, którą tworzą trzy atrybuty natury (dobrojasność, namiętność i ciemność-inercja) oraz praktykowania obowiązku bez nadziei na ekstazę lub nagrodę na tym lub tamtym świecie. Inna trójnia celów omawiana w traktacie Brahmy—Utrzymywanie, Rozwój, Zniszczenie—wiązała się z użyciem przez króla wymiaru (berła) kary. Z kolei ludzkie serca, miejsce, czas, środki, działania, sojusze były w tej rozprawie uznane za sześcioelementową całość, której uwzględniania wymaga dobre rządzenie.

Ogólnymi naukami opisanymi w tej rozprawie były trzy *Wedy*, analizy intelektualne, gospodarka i rządzenie poprzez użycie królewskiego berła kary. Również omówiono tam ochranianie siebie przez króla przed doradcami, spadkobiercami, szpiegami i innymi agentami zbierającymi tajne informacje. Omówiono tam także godzenie i rozdzielanie przeciwników, dawanie darów, użycie siły i wyrozumiałość. Opisano tam w całości tajne intencje i ich fiasko, skłócanie wrogów, konsekwencje zrealizowania i niezrealizowania swych zamiarów. Opisano tam również sojusze dobre, średnie i złe, bazujące na lęku, przysłudze i darach, cztery rodzaje czasu właściwego na wyprawę wojenną, trzy rodzaje zwycięstwa, tj. zdobytego uczciwą drogą, dzięki bogactwu i podstępem oraz trzy atrybuty (dobry, średni, zły) pięcioelementowej całości tworzącej królestwo, którymi są doradcy, kraj, forty, armia i skarbiec stanowiące składniki królestwa (dwoma dodatkowymi składnikami królestwa są sam król i sojusznicy tworząc razem siedmioelementową całość wymogów suwerenności).

Brahma w swym traktacie omówił dwa rodzaje przemocy — jawną i ukrytą. Narzędziami jawnej przemocy jest zabieranie wrogowi rydwanów, słoni, koni, piechurów, wyrobników, załogi, płatnych służących w armii i przewodników. Narzędziami ukrytej przemocy jest zatruwanie szat, jedzenia i wypowiadanie zaklęć.

Dalej omówieni tam zostali wrogowie, sprzymierzeńcy i ci, którzy pozostają neutralni; różne cechy dróg, których wybór powinien zależeć od układu gwiazd i planet; źle wróżące planetarne koniunkcje; atrybuty ziemi nadającej się na obóz wojenny; środki obrony; kontrola budowy rydwanów i innego sprzętu wojennego oraz różne środki ich ochrony i doskonalenia. Omówione tam zostały różne manewry, strategie i formacje wojenne, zręczne metody walki i wycofywania się, różne sposoby użycia broni, opanowania chaosu w armii, inspirowania w armii radości i entuzjazmu do walki, zachowania się w sytuacji stresu i zagrożenia, dowodzenia piechotą, budzenia lęku w armii wroga poprzez ukazywanie proporców; różne metody niszczenia królestwa wroga przez złodziei i agresywne plemiona, podpalaczy, trucicieli, oszustów, rozbijanie jedności wśród dowódców wroga, niszczenie zbóż wroga i jego słoni, sianie wśród wroga podejrzliwości, napastowanie jego sprzymierzeńców, zdobywanie kontroli nad jego drogami, wzbudzanie w nim zaufania.

W traktacie tym omówiono też to, co wzmacnia lub osłabia siedem elementów suwerenności (na które składają się sam król, kraj, forty, sojusznicy, armia i skarbiec); zdolność do działań i sposoby ich realizacji; metody powiększania własnego królestwa, sposoby zjednywania sobie ludzi zamieszkałych na terenie wroga, przemoc i niszczenie siłą silnych; realizowanie sprawiedliwości, zniszczenie przestępców; nabywanie umiejętności walki na pięści i z użyciem broni; metody dawania prezentów i przechowywania potrzebnych przedmiotów; dostarczanie żywności głodnym i nadzorowanie sytych; uwalnianie się od nałogów; atrybuty królów, kwalifikacje wojskowych dowódców; różne rodzaje złych intencji; zachowanie służby; zbytnia podejrzliwość; unikanie niedbałości; zdobywanie nowych przedmiotów; doskonalenie przedmiotów już nabytych; nagradzanie tych, którzy na to zasłużyli; zużywanie bogactwa na pobożne cele; nabywanie upragnionych przedmiotów; obrona przed niebezpieczeństwem i niedolą.

Brahma w swym traktacie wspominał również o dziesięciu typach złych nawyków zrodzonych z nienasycenia i nieopanowania. Czterema rodzajami nałogów zrodzonych z nienasycenia są polowanie, gra w kości, picie alkoholu, seksualna rozpusta, a sześcioma rodzajami występków zrodzonych z nieopanowania są nieuprzejmość mowy, zawziętość, surowość w karaniu, zadawanie fizycznego bólu, samobójstwo, niszczenie swej własności.

Omówione zostały tam także różne rodzaje maszyn wojennych i ich działanie, różne sposoby niszczenia terenów należących do wroga i oznakowań lądu, ścinanie drzew dostarczających wrogowi cienia, zdobywanie fortów wroga, sześć rodzajów prywatnej własności (klejnoty, zwierzęta, ziemia, szaty, niewolnice i złoto) i sposoby ich zdobywania i niszczenia własności należącej do wroga, pacyfikacja nowo zdobytych terenów.

Omówiono tam także metody przechowywania produktów ziemi, strojów, zbroi i sposoby ich produkcji; cechy i użycie konch, bębnów i innych muzycznych instrumentów; oddawanie honorów zasłużonym i kultywowanie przyjaźni z mędrcami; zasady wykonywania religijnych rytów, dotykania dobrze wróżących przedmiotów, rozdzielania darów; staranność w ozdabianiu ciała; różne sposoby przygotowywania jedzenia; zdobywanie sukcesu poprzez podążanie swą własną ścieżką Prawa; prawdomówność i słodycz mowy; ścisłe przestrzeganie obrządków podczas festiwali, spotkań publicznych i domowych; jawne i ukryte działania ludzi w różnych miejscach spotkań; stałe nadzorowanie zachowań ludzi; immunitet i niekaralność braminów; oddawanie odpowiednich honorów poddanym należnym im z racji ich zasług i pokrewieństwa; ochrona poddanych i sposoby poszerzania królestwa; rady, których król żyjący w sąsiedztwie tuzina innych królów powinien słuchać biorąc pod uwagę cztery typy sprzymierzeńców, cztery typy wroga, cztery postawy neutralne; siedemdziesiąt dwa działania opisane w pracach medycznych służące ochronie, ćwiczeniu i doskonaleniu swego ciała; różne praktyki obserwowane w różnych krajach, plemionach i rodzinach".

3. O tym, jak Brahma oświadcza że jego „nauka o rządzie" ochraniająca świat będzie realizowana przez króla i jego berło kary

Bhiszma kontynuował: „O Królu Prawa, Brahma w swym traktacie omówił wszystkie środki, które zapobiegają zbaczaniu przez ludzi ze ścieżki Prawa i które były dotychczas nieznane.

Po skomponowaniu tego obszernego traktatu naukowego rzekł radośnie do bogów z Indrą na czele czekających na jego radę: 'O bogowie, stworzyłem tę naukę o rządzie mając na uwadze dobro świata i chcąc ustanowić na ziemi trzyelementową całość celów życiowych, którą jest Prawo, Zysk i Przyjemność. Poświęcona powstrzymywaniu zła i faworyzowaniu dobra, wspierana przez karzące berło sprawiedliwości należące do króla, ochraniając świat będzie rozszerzać się na wszystkie zaludnione tereny. Będzie realizowana przez królewskie berło kary i będzie nadawać berłu kary kierunek. Nazwana «nauką o rządzie» (*Dandaniti*) rozszerzy się na wszystkie trzy światy. Nauka ta będzie zawsze wysoce ceniona i wychwalana przez osoby o wielkiej duszy'.

Boski Śiwa o licznych formach będący źródłem wszelkiej łaski był pierwszym, który dokładnie przestudiował i udoskonalił tę naukę o ogromnym znaczeniu sformułowaną oryginalnie przez Brahmę. Biorąc pod uwagę zmniejszający się stopniowo okres życia człowieka skrócił ją odpowiednio do dziesięciu tysięcy rozdziałów. Jego skrót, znany pod nazwą *Waisalakasza*, otrzymał Indra, który skrócił go do pięciu tysięcy rozdziałów. Skrót Indry jest znany pod nazwą *Wahudantaka*. Nauczyciel bogów Brihaspati skrócił go do trzech tysięcy nauk i jego skrót jest znany pod nazwą *Warhaspatja*. Następnie nauczyciel jogi Kawi o wielkiej mądrości skrócił go do tysiąca nauk. Mędrcy skracali go dalej mając na uwadze dobro świata i widząc, że okres życia człowieka na ziemi coraz bardziej się skraca i wszystko podlega stopniowej degradacji".

4. O tym, jak bramini namaszczają na pierwszego króla potomka Wisznu, Prithu, który rodzi się z ramienia Weny zabitego przez nich trawą *kuśa*

Bhiszma kontynuował: „O Królu Prawa, bogowie obdarowani 'nauką o rządzie' udali się przed oblicze Wisznu i rzekł: 'O Bogu, powiedz nam, kto na ziemi zasługuje na to, aby podporządkować sobie wszystkich i kto byłby w stanie wprowadzić w życie «naukę o rządzie» sformułowaną oryginalnie przez Brahmę?'

Boski i potężny Narajana po krótkim namyśle stworzył ze swej własnej energii przez rozporządzenie swej woli syna o imieniu Wiradżas. Syn ten jednakże nie chciał być władcą na ziemi. Jego umysł był skłonny do ascezy i wyrzeczenia. Miał on syna o imieniu Krittimat, który również wyrzekł się wszelkiej przyjemności i rozrywki. Krittimat miał syna o imieniu Kardama, który także praktykował surową ascezę. Kardama miał syna o imieniu Ananga.

Pobożny Ananga poznał 'naukę o rządzie' i realizując ją stał się obrońcą żywych istot. Ananga miał syna o imieniu Atiwala, który również poznał całą 'naukę o rządzie', lecz po śmierci ojca i odziedziczeniu jego bogactwa stał się niewolnikiem swych zmysłów.

Żoną Atiwala była znana na całym świecie córka Mritju (bogini śmierci) narodzona z jej umysłu o imieniu Sunita, która urodziła mu syna o imieniu Wena. Wena będąc niewolnikiem swego gniewu i złych zamiarów zachowywał się niegodziwie w stosunku do wszystkich żywych istot. Widząc to nucący *Wedy* riszi zabili go przy pomocy źdźbła trawy *kuśa*. Wypowiadając święte mantry przeszyli trawą *kuśa* jego prawe udo, z którego wyskoczyła na ziemię brzydka istota o krótkich kończynach, nabiegłych krwią oczach i czarnych włosach swym wyglądem przypominająca wypaloną pochodnię. Riszi rzekli do niej: 'Niszada (usiądź) tutaj' i z tej brzydkiej istoty narodzili się Niszadowie, nikczemne plemiona zamieszkujące góry i dżunglę oraz tysiące innych nie-aryjskich barbarzyńskich plemion zamieszkujących góry Windhja.

Następnie riszi przeszyli trawą *kuśa* prawe ramię Weny. Z ramiona wyskoczyła osoba wyglądająca jak drugi Indra. Odziana była w zbroję, uzbrojona w miecz, łuk i strzały i znała doskonale wszystkie *Wedy* z ich odgałęzieniami. Wszystkie rozporządzenia 'nauki o rządzie' stanęły przed nim w swej ucieleśnionej formie. Ten syn Weny otrzymał imię Prithu.

Ten syn Weny stanął przed mędrcami ze złożonymi pobożnie dłońmi i rzekł: 'O wielcy mędrcy, osiągnąłem zrozumienie, które jest wysoce przenikliwe i w zgodzie z prawością. Powiedzcie mi dokładnie, co mam z tym rozumieniem uczynić. Bez chwili wahania realizuję zadanie, które mi wskażecie'.

Mędrcy i obecni tam również bogowie rzekli do niego: 'O potężny, realizuj bez cienia lęku wszystkie te działania, w których rezyduje prawość. Ignorując zarówno to, co jest ci drogie jak i to, co nie jest, patrz na wszystkie żywe istoty takim samym okiem. Pozbądź się wszelkiej żądzy, gniewu, zawiści i pychy i będąc zawsze w zgodzie z nakazami prawości (*dharmy*) ukarz swą własną dłonią każdego człowieka, bez względu na to kim on jest, który zboczył ze ścieżki odwiecznego obowiązku.

Przysięgnij również, że w myśli, mowie i uczynku będziesz zawsze utrzymywał religię wdrożoną na ziemi za pośrednictwem *Wed* i że będziesz nieustraszenie bronił realizacji obowiązków opisanych w *Wedach* bazując na 'nauce o rządzie' oraz że nigdy nie będziesz w swym działaniu kierował się kaprysem. Przysięgnij również, że będziesz ochraniał świat przed mieszaniem się ludzi z różnych kast i pamiętaj zawsze o tym, aby ochraniać braminów'.

Syn Weny Prithu rzekł: 'O bogowie i mędrcy, zapewniam was, że zawsze będę oddawał cześć braminom'".

5. O tym, jak bramini i bogowie koronują pierwszego króla na ziemi Prithu wykonując rytuał koronacyjny

Bhiszma kontynuował „O Królu Prawa, święte pisma ogłaszają, że syn Weny, Prithu, który został na ziemi pierwszym królem, był ósmym pokoleniem zrodzonym z Wisznu (Wisznu, Wiradżas, Krittimat, Kardama, Ananga, Atiwala, Wena, Prithu).

Riszi Śukra został kapłanem Prithu, Walakhiljowie zostali jego doradcami, a Saraswatowie zostali jego towarzyszami. Wielki riszi Garga został jego astrologiem. Suta i Magadha, którzy pojawili się na świecie zostali jego śpiewakami. Zadowolony z ich służby Prithu obdarował Sutę ziemią położoną nad brzegami oceanu, a Magadhę obdarował krajem znanym jako Magadha.

Prithu wyrównał powierzchnię ziemi, która w długim okresie zwanym *Manlantara* była nierówna. Usunął z ziemi pokrywające ją skały i masy skalne przy pomocy rogu swego łuku. W ten sposób pokrywające ziemię góry stały się wyższe.

Wisznu, bogowie razem z Indrą, riszi i bramini zebrali się wszyscy razem, aby ukoronować Prithu na króla ziemi. Na uroczystość przybyła również Ziemia w swej ucieleśnionej formie przynosząc kamienie szlachetne i klejnoty w daninie. Indra, Ocean i król gór Himawat obdarowali go niezmierzonym bogactwem. Złota góra Meru dała mu stosy złota. Bóg bogactwa Kubera, który porusza się na ramionach człowieka, Pan jakszów i rakszasów, obdarował go bogactwem wystarczającym na zadowolenie Prawa (*dharma*), Zysku (*artha*) i Przyjemności (*kama*). Ogiery, słonie, rydwany i ludzie rodzili się całymi milionami, gdy tylko syn Weny o nich pomyślał".

Bhiszma kontynuował: „O Judhiszthira, w tamtych czasach, gdy Prithu rządził ziemią, nie było na ziemi zniedołężnienia, głodu, chorób, czy klęsk. Dzięki ochronie ze strony króla nikt nie obawiał się wężów, czy złodziei. Gdy król zbliżał się do oceanu, jego wody nieruchomiały. Góry rozstępowały się czyniąc dla niego przejście, a jego proporzec był zawsze widoczny z każdego miejsca na ziemi. Tak jak mleczarz doi krowę zbierając mleko, tak Prithu uprawiając ziemię otrzymywał od niej siedemnaście rodzajów pożywienia żywiąc nim jakszów, rakszasów, nagów i inne żywe istoty.

Realizując swą złożoną braminom przysięgę skłonił wszystkie żywe istoty do uznania prawości za najwyższą wartość i ponieważ zadowalał wszystkich, był nazywany *radżą*, królem. I ponieważ bronił braminów przed zranieniem, zdobył imię *kszatrija* (wojownik). I ponieważ w swoim regionie na ziemi zwanej *Prithwi* był wychwalany jako ten, który praktykuje prawość, zdobył imię Prithu".

6. O tym, jak Wisznu zamieszkując w ciele Prithu potwierdza jego władzę i nadaje mu jego wspaniałość

Bhiszma kontynuował: „O Królu Prawa, królewską władzę Prithu potwierdził sam wieczny Wisznu mówiąc do niego: 'O królu, nikt nie będzie nad tobą górował'. I w konsekwencji surowej ascezy uprawianej przez Prithu Wisznu wszedł do jego ciała. Wiedząc o tym cały wszechświat oddawał Prithu cześć. W tamtym czasie z czoła Wisznu narodził się złoty lotos. Z tego losu narodziła się bogini Śri (królewski splendor), która została żoną boga Prawa, Dharmy. Śri urodziła Dharmie syna o imieniu Artha (materialny dobrobyt). Od tego czasu wszyscy trzej, tj. Dharma (Prawo), Śri (królewski splendor) i Artha (materialny dobrobyt) są fundamentem królewskości.

Osoba, która po wyczerpaniu swych zasług rodzi się ponownie jako król obeznany z 'nauką o rządzie', zostaje wyposażona we wspaniałość i jest faktycznie na ziemi cząstką Wisznu. Jest wyposażona w wielką inteligencję i zdobywa nad wszystkimi przewagę jako ten, kto został ustanowiony królem przez riszich i bogów. Z tego to powodu wszyscy słuchają jednego, i z tego to powodu świat nie może mu rozkazywać. Z tego powodu wszyscy słuchają wypowiadanych przez niego rozkazów, choć należy on do tego samego świata, co oni i ma podobne ciało.

Dobre działania prowadzą do dobra. Każdy, kto choć raz zobaczył uprzejmą twarz Prithu, stawał się mu posłuszny. Od tego momentu uważał go za pięknego, bogatego i błogosławionego. W konsekwencji potęgi jego berła praktykowanie Prawa i prawe działania stały się na ziemi widoczne. Z tego to powodu na ziemi zaczęła panować prawość i cnota.

O Judhiszthira, twoje królestwo powinno być zawsze ochraniane przy pomocy 'nauki o rządzie'. Również dzięki troskliwej obserwacji swych szpiegów ochraniaj je tak, aby nikt nie potrafił go zranić. Wszystkie dobre działania przynoszą dobro. Działaniem króla powinna kierować jego własna inteligencja jak i pojawiające się możliwości i środki".

Bhiszma zakończył swą mowę mówiąc: „O Królu Prawa, traktat 'o rządzie' Brahmy omawiał wszystko, łącznie z historią wszelkich zamierzchłych wydarzeń, początkiem wielkich riszich, opisywał święte wody, planety i gwiazdy, obowiązki wszystkich czterech trybów życia, obowiązki czterech kast, cztery rodzaje rytuałów ofiarnych *homa*, cztery gałęzie nauki. Wszystkie rzeczy i przedmioty znajdujące się na świecie zostały w tym traktacie omówione. Została tam omówiona historia, *Wedy*, filozofia *Njaja*, umartwienia, wiedza, szacunek dla każdej żywej istoty i powstrzymywanie od ranienia, Prawda, fałsz, najwyższa prawość, szacunek dla starszych, dobroczynność, czystość zachowania, gotowość do podejmowania wysiłku, współczucie dla wszystkich żywych istot. Od czasu powstania traktatu Brahmy mędrcy zaczęli mówić, że nie ma różnicy między bogiem a królem. Stąd się wzięła wspaniałość króla".

Napisane na podstawie fragmentów *Mahābhārāta*,
Santi Parva, Part 1, Section LIX
(Rajadharmanusasana Parva).

Opowieść 118
O obowiązkach czterech kast, czterech trybach życia i ochranianiu ich przez Prawo Królów

1. O głównych obowiązkach czterech kast; 2. O obowiązku składania ofiary i „oddaniu" (nabożności) jako najwyższej formie ofiary dostępnej dla wszystkich czterech kast; 3. O czterech trybach życia wyznaczonych dla braminów; 4. O grzeszności tych, którzy realizują działania należące do obowiązków innej kasty; 5. O atrybutach prawdziwego i grzesznego bramina; 6. O odpowiedniości żebraczego trybu życia dla trzech pozostałych kast (kszatrijów, waiśjów, szudrów); 7. O najwyższym charakterze królewskich obowiązków, które stoją nawet ponad żebraczy trybu życia ochraniając jego istnienie.

> *Bhiszma rzekł: „O Królu Prawa, tak jak zwierzę ofiarne staje się środkiem do zniszczenia religijnej wartości zabijanej ofiary, jeżeli zostaje zabite przez człowieka z gminu, tak wszystkie inne obowiązki stracą swą obowiązującą moc, jeżeli zostaną pozbawione ochrony przez królewskie obowiązki".*

(*Mahābhārata*, Santi Parva, Part 1, Section LXIII)

1. O głównych obowiązkach czterech kast

Leżący na swym łożu ze strzał Bhiszma zachęcał Judhiszthirę, aby zadawał mu dalsze pytania dotyczące Prawa Królów. Król Prawa stojąc przed nim ze złożonymi pobożnie dłońmi rzekł:

„O Bhiszma, opisz mi, proszę, obowiązki czterech kast i powiedz mi, który z czterech trybów życia jest dla każdej z nich właściwy? Wyjaśnij mi także w tym kontekście obowiązki królów. Przy pomocy jakich środków król powinien przyczyniać się do rozwoju swego królestwa, obywateli, służących i samego siebie? Jakiego rodzaju bogactw, kary, fortów, sprzymierzeńców, doradców, nauczycieli i kapłanów powinien unikać? Komu powinien ufać w obliczu nieszczęścia i zagrożenia? Jakiego zła powinien zdecydowanie unikać i jakie powinien zwalczać?"

Bhiszma rzekł: „O Królu Prawa, pouczając cię o Prawie, które jest niezmienne i wieczne, składam pokłony przed bogiem Prawa, Dharmą, który jest wielki, Kryszną, który jest *Brahmanem* i przed zebranymi u mego łoża braminami. Posłuchaj, co mam ci do powiedzenia.

Mówiąc ogólnie, wszystkie cztery kasty powinny realizować dziewięć obowiązków, którymi są: prawdomówność, hamowanie gniewu, sprawiedliwość, zdolność do wybaczania, obdarowanie żony potomstwem, czystość zachowania, unikanie kłótni, prostota i utrzymywanie przy życiu tych, którzy są na czyimś utrzymaniu.

Posłuchaj teraz o obowiązkach należących wyłącznie do braminów. Są nimi rozwój samo-kontroli, studiowanie *Wed* i cierpliwość w praktykowaniu ascezy. Stanowią one ich środki do realizowania wszystkich innych działań i celów. Poprzez studiowanie *Wed* bramin realizuje wszystkie pobożne działania dla niego wyznaczone i jest rozpoznawany jako bramin i przyjaciel wszystkich żywych istot.

Gdy bramin, który zdobył spokój i wiedzę, zdobywa również bogactwo, powinien poszukać dla siebie żony, obdarować ją potomstwem i zająć się uprawieniem dobroczynności i prowadzeniem rytuałów ofiarnych. Mędrcy zadeklarowali w świętych pismach, że zdobyte przez bramina bogactwo powinno zostać rozdane między jego krewnych i osoby, które sobie na nie zasłużyły.

Posłuchaj teraz o obowiązkach należących wyłącznie do wojownika. Obowiązkiem wojownika jest dawanie, a nie żebranie, oraz realizowanie samemu swych ofiar, choć nie wolno mu zastępować w ofiarach kapłana. Nie powinien też nigdy nauczać *Wed*, lecz powinien je studiować mając bramina za nauczyciela. Obowiązkiem wojownika jest też dostarczanie ludziom ochrony. Powinien on więc być zawsze gotowy do podjęcia walki i starań, aby zniszczeć złodziei i nikczemników. Wojownik, który wykonał wielkie rytuały ofiarne, poznał *Wedy* i zwyciężał w bitwach, zdobywa dzięki zebranym zasługom regiony wiecznej ekstazy.

Dobroczynność, nauka i ofiary przynoszą królowi pomyślność. Król, który chce zgromadzić religijne zasługi, powinien szukać walki, bo bez walki nie zdoła powiększać swego królestwa i zdobyć bogactwa potrzebnego do sponsorowania rytuałów ofiarnych i dawania darów. Król, który ochrania swych poddanych, jest uważany za prawego i najlepszego z ludzi bez względu na to, co jeszcze czyni lub nie czyni.

Posłuchaj teraz o obowiązkach waiśjów. Waiśja powinien dawać dary, studiować *Wedy*, wykonywać odpowiednie rytuały ofiarne i nabywać bogactwo uczciwymi sposobami. Powinien również zajmować się hodowlą bydła i ochraniać je tak jak swoich synów. Ochranianie zwierząt domowych przyniesie mu najwyższe zasługi. To sam Stwórca po stworzeniu zwierząt domowych powierzył opiekę nad nimi waiśjom.

Posłuchaj teraz o zawodach wykonywanych przez waiśjów i o tym, w jaki sposób zdobywają oni środki potrzebne im do życia. Jeżeli waiśja hoduje dla kogoś sześć krów, może pobierać mleko z jednej krowy jako zapłatę, a jeżeli hoduje dla kogoś setkę krów, może zabrać dla siebie jako zapłatę jedną rozrodczą parę. Jeżeli handluje dobrem należącym do kogoś innego, może zabrać dla siebie jako zapłatę siódmą część zysku. Jeżeli zajmuje się dla kogoś uprawą zbóż, może zabrać dla siebie siódmą część plonów. Powinno to stanowić jego roczną zapłatę. Waiśja powinien zawsze sam sprawować opiekę nad zwierzętami domowymi i nie powinien nikogo do tego zatrudniać.

Posłuchaj teraz o obowiązkach szudrów. Szudra został stworzony jako służący dla trzech pozostałych kast i służenie im jest jego głównym obowiązkiem. Służąc im zdobywa szczęście. Szudra powinien zawsze dawać pierwszeństwo członkom pozostałych trzech kast uwzględniając porządek starszeństwa. Nigdy nie powinien gromadzić bogactwa, aby przy jego pomocy zmuszać przedstawicieli pozostałych kast do posłuszeństwa sobie. Takie zachowanie jest grzeszne. Jednakże szudra za zgodą króla może otrzymywać zapłatę za wykonanie usług religijnych.

Szudra sam nie może być właścicielem żadnego majątku. Cokolwiek posiada, należy do jego pana. Ludzie z trzech wyższych kast mają obowiązek dostarczania mu środków utrzymania się przy życiu. Ich obowiązkiem jest oddawanie mu zużytych parasoli, łóż, turbanów, ubrań, obuwia, wachlarzy, których sami nie powinni już dłużej używać. Mają też obowiązek dostarczenia mu zatrudnienia, jeżeli oferuje im swe usługi, oraz żywności, gdy jest już stary i niezdolny do pracy i wykonania rytuału pogrzebowego, gdy umiera bezdzietny.

Szudra nie powinien nigdy porzucać swego pana bez względu na to jakiego rodzaju dotknęło go nieszczęście. Ze szczególną gorliwością powinien służyć swemu panu, który stracił swój majątek".

2. O obowiązku składania ofiary i „oddaniu" (nabożności) jako najwyższej formie ofiary dostępnej dla wszystkich czterech kast

Bhiszma kontynuował: „O Judhiszthira, ofiara jest obowiązkiem wszystkich kast. Jest ona więc również obowiązkiem szudrów.

Szudrom jednakże nie wolno czytać *Wed* i słuchać lub wypowiadać wedyjskich mantr, takich jak takie jak '*swaha*' lub '*swadha*', choć według niektórych interpretacji pism mogą wypowiadać pewne rytualne formuły i oddawać cześć bogom w niektórych drugorzędnych rytuałach ofiarnych, takich jak *Paka-jadźna*, do których należy zjednywanie sobie złych planet lub oddawanie czci pomniejszym bogom, i w których darem (*dakszina*) dla braminów, nawet gdy nie uczestniczą w rytuale, jest *Purna-patra*, czyli naczynie z ryżem lub garść ryżu

Mędrcy opowiadają, że w dawnych czasach szudra Paidżawana zasłynął z tego, że podczas jednego z rytuałów ofiarnych rozdał braminom dary w wielkości setki tysięcy *Purna-patra* analogicznie do setki tysięcy krów lub koni będących *dakszina* w rytuałach ofiarnych realizowanych przez pozostałe kasty zgodnie z obrządkiem znanym pod nazwą Indra-Agni".

Bhiszma kontynuował: „O Królu Prawa, tak więc, choć *Wedy* są dla szudrów niedostępne, ofiara jest również ich obowiązkiem tak samo jak trzech pozostałych kast. Z wszystkich ofiar 'oddanie' (nabożność) zostało ustanowione jako najważniejsza z ofiar. Szudra poprzez swe oddanie dla członków pozostałych kast zbiera takie same zasługi, jak płynące z wedyjskiej ofiary, choć sam nie ma prawa do wypowiadania mantr. Samo oddanie jest bóstwem, które oczyszcza wszystkich ofiarników.

Bramini są dla szudrów najważniejszymi z bogów. Bramini oddają cześć bogom w trwających długie lata rytuałach ofiarnych z intencją urzeczywistnienia różnych planów i mając na uwadze dobro całego świata. Członkowie pozostałych trzech kast wyłonili się (biologicznie) z braminów[1], (i są zdolni do mentalnej postawy oddania), lecz tylko bramini mają prawo do wykonywania rytuału ofiarnego przy pomocy swego ciała, słów i umysłu. Wojownicy i waiśjowie, choć mogą wypowiadać mantry i wykonywać ofiarę w swym umyśle, nie mogą fizycznie prowadzić wedyjskiego rytuału ofiarnego i muszą w tym celu zatrudniać bramina. Szudra może wykonywać rytuał ofiarny jedynie w swym umyśle bez wypowiadania świętych mantr poprzez zobowiązanie się do uczczenia bogów właściwym darem, co powinien faktycznie wykonać.

Bramini są bogami dla samych bogów, bo wypowiadane przez nich słowa zawsze służą dobru całego wszechświata. Skutki

---

[1] Powyższa interpretacja sanskryckiego oryginału przez Ganguli zakładająca biologiczne pochodzenie wszystkich kast od braminów jest dyskusyjna.

wszystkich rodzajów prowadzonych przez nich ofiar w sposób naturalny odnoszą się do wszystkich czterech kast łącznie z kastą szudrów, choć oni sami nie mogą uczestniczyć w ofiarach wyższych kast i wypowiadać mantr. Inaczej być nie może.

Bramin wypowiadający hymny *Rigwedy* i formuły *Jadżurwedy* i *Samawedy* powinien być zawsze czczony jak bóg. Bramin ma za swego boga Agniego, wojownik Indrę, a szudra, dla którego słowa *Rigwedy, Jadżurwedy* i *Samawedy* są niedostępne, ma za swego boga Pradżapatiego, któremu może oddawać cześć przy pomocy innych niż wedyjskie ryty.

Duchowa ofiara (ofiara w umyśle) została zarządzona dla wszystkich czterech kast. Nie jest prawdą, że bogowie lub inne święte osoby nie chcą dzielić ofiary składanej w takim rytualne z szudrą. Ofiara w umyśle, czyli 'oddanie' została zarządzona dla wszystkich czterech kast.

Wśród bogów bramin zajmuje pierwsze miejsce. Nie jest prawdą, że nie wykonuje on ofiar na rzecz pozostałych kast. Ogień ofiarny w domach szudrów o nazwie Witana, choć jest uważany za poślednieiszy, pochodzi zgodnie z nakazem z domu waiśjów i został ożywiony przez mantry. Bramin wykonuje więc ofiary na rzecz wszystkich kast i dlatego wszystkie cztery kasty są święte. Wszystkie cztery kasty są ze sobą powiązane pokrewieństwem poprzez kasty pośrednie. Wszystkie one wyłoniły się z kasty bramińskiej, która została stworzona najpierw. I tak jak na początku była tylko jedna *Weda*, z której wyłoniły się *Rigweda, Samaweda, Jadżurweda*, tak pozostałe kasty wyłoniły się z jednej kasty bramińskiej.

W tym kontekście ludzie znający dawne wydarzenia cytują wersety nucone na cześć ofiary przez mędrców Waikhanasów w czasie prowadzonego przez nich rytuału ofiarnego:

'Człowiek kontrolując swe zmysły powinien wlewać ofiarę do ognia z sercem wypełnionym oddaniem przed lub po wschodzie słońca, tak jak zostało zarządzone. Oddanie jest w ofierze potężnym czynnikiem.

Istnieje wiele różnych rodzajów ofiar, których owoce są różnorodne. Jeśli chodzi o wedyjskie ofiary *(homa)*, to ich odmiany nazywane *skanna* (rozsypana, upadła) są początkowe, podczas gdy te, które są nazywane *askanna* (niezachwiana, zjednoczona) są końcowe, choć pierwsze w sensie zasług.

Kwalifikacje do prowadzenia rytuałów ofiarnych ma bramin, który posiadł oddanie i znajomość wszystkich świętych pism. Jednakże każda osoba, która pragnie wykonać ofiarę jest uważana za sprawiedliwą, nawet jeżeli jest złodziejem lub najgorszym z grzeszników. Riszi chwalą taką osobę i z całą pewnością mają słuszność.

Członkowie wszystkich czterech kast powinni zawsze w miarę dostępnych im środków składać ofiary, gdyż we wszystkich trzech światach nie ma niczego, co byłoby równe ofierze. Każdy więc z sercem wolnym od złej woli, wspomagany przez oddanie (nabożność), które jest święte, powinien w miarę swej mocy i możliwości składać ofiary'".

3. O czterech trybach życia wyznaczonych dla braminów

Bhiszma kontynuował: „O Królu Prawa, posłuchaj teraz o czterech trybach życia wyznaczonych dla braminów. Są nimi wycofanie się do lasu (*wanaprastha*), żebraczy tryb życia (*bhaikszja*), domowy tryb życia (*grihastha*) oraz faza celibatu i uczenia się (*brahmacarja*).

Wycofany tryb życia (*wanaprastha*) jest wyznaczony dla bramina, który wykonał najpierw cały cykl oczyszczających rytów inicjujących go na studenta *Wed*, przeszedł przez ryty odrodzenia duchowego, wykonywał przez określony okres czasu ryty związane ze świętym ogniem, studiował *Wedy*, i który po wykonaniu wszystkich obowiązków domowego trybu życia z oczyszczoną duszą i zmysłami pod kontrolą udał się razem ze swoją żoną lub bez niej do dżungli. Ten cnotliwy samotnik po przestudiowaniu pism zwanych *Aranjakami* (Księgi Lasu), żyjąc obecnie w celibacie (po spłodzeniu wcześniej dzieci) zostanie całkowicie wchłonięty przez wieczną Jaźń, która nie podlega zniszczeniu. Świętego mędrca (*Muni*) można poznać po opisanych wyżej oznakach, które zdobywa on dzięki odpowiedniej praktyce.

Żebraczy tryb życia (*bhaikszja*) powinien podjąć ten bramin, który ukończył pierwszą fazę życia, którą jest faza celibatu i uczenia się (*brahmacarja*), oraz drugą fazę życia, którą jest domowy tryb życia (*grihastha*). Niekiedy jednak bramin, który szuka Wyzwolenia, kwalifikuje się do podjęcia żebraczego trybu życia zaraz po ukończeniu pierwszego trybu życia z pominięciem drugiego. Śpiąc tam, gdzie zastał go podczas jego wędrówki wieczór, nie pragnąc poprawy swej sytuacji, wyrzekając się domu, żywiąc się jedynie tym, co udało mu się wyżebrać, oddając się kontemplacji i praktykowaniu samo-kontroli, uwalniając się od wszelkich pragnień, lubienia i awersji do różnych przedmiotów, traktując tak samo wszystkie żywe istoty, studiując *Wedy* łączy się z wieczną Jaźnią.

Bramin prowadzący domowy tryb życia (*grihastha*) powinien po zakończeniu studiowania *Wed* zrealizować ze starannością wszystkie religijne działania i aprobowane obowiązki tego trybu życia, które zostały dla niego wyznaczone i które są trudne do wykonania bez wykroczeń. Powinien dać swej żonie potomstwo doświadczając z nią przyjemności i komfortu. Powinien być zadowolony ze swej żony i kłaść się z nią do łoża tylko celem spłodzenia dzieci. Powinien realizować wszystkie rozporządzenia zawarte w świętych pismach i unikać przebiegłości i oszustwa. Powinien przestrzegać ascetycznej diety, być oddany bogom, wdzięczny, łagodny, o spokojnym sercu, unikający okrucieństwa, wybaczający, uległy i dbały w swych ofiarach składanych bogom i Ojcom. Powinien być zawsze gościnny dla braminów, gotowy do wykonania wedyjskich rytów, wolny od pychy i nie powinien ograniczać swych aktów dobroczynnych tylko do jednej sekty.

W kontekście domowego trybu życia riszi cytują często słowa o wielkim znaczeniu nucone niegdyś przez Narajanę: 'Dzięki swej prostocie, prawdomówności, gościnności, realizowaniu celów życiowych i czerpaniu radości z kontaktu ze swą żoną, człowiek zdobywa szczęście zarówno za życia jak i po śmierci'.

Utrzymywanie przy życiu swej żony i synów i studiowanie *Wed* tworzą główne obowiązki tych, którzy prowadzą domowy tryb życia. Bramin, który nie zapomina nigdy o prowadzeniu rytuałów ofiarnych, i który przechodzi przez fazę życia domowego realizując starannie wszystkie obowiązki, zdobywa nagrody w niebie, które czekają na niego przez całą wieczność tak jak służący czeka na rozkazy swego pana.

Bramin, który prowadzi tryb życia *brahmacarina* służy zawsze *Wedom*. Nucąc mantry, które otrzymał od swego nauczyciela i czcząc wszystkie bóstwa czeka pokornie na swego nauczyciela z ciałem posmarowanym gliną i popiołem. W tym trybie życia powinien realizować surowe przysięgi, kontrolować swe zmysły i zwracać baczną uwagę na otrzymywane instrukcje. Rozmyślając ustawicznie nad *Wedami* i realizując wszystkie obowiązki dotyczące kontemplacji i zachowania *brahmacarina* powinien żyć dając zawsze pierwszeństwo swemu nauczycielowi i zawsze bijąc przed nim pokłony.

Jeszcze innymi obowiązkami tego, kto prowadzi tryb życia *brahmacarina* jest nieangażowanie się w zakazaną dla niego w tym okresie pracę, taką jak wykonywanie rytuałów ofiarnych dla kogoś, wykonywanie działań dla ich rezultatów lub na czyjąś korzyść lub niekorzyść".

4. O grzeszności tych, którzy realizują działania należące do obowiązków innej kasty

Judhiszthira rzekł: „O Bhiszma, powiedz nam teraz, czy opisane przez ciebie prawe uczynki realizowane przez braminów w czterech trybach życia, które nie ranią nikogo, są akceptowane przez wszystkich i są drogą prowadzącą do szczęścia, zostały również wyznaczone dla osób takich jak my".

Bhiszma rzekł: „O Judhiszthira, opisane przeze mnie tryby życia zostały wyznaczone dla braminów. Nie należą one do obowiązków pozostałych kast, choć pozostałe kasty je w pewnym stopniu naśladują. Odpowiednie dla królów działania będące ich drogą prowadzącą do nieba, które ci już częściowo opisałem, są inne. Nie należą one do działań uznawanych za przyjemne i zostały wyznaczone dla wojowników, którzy muszą być bezlitośni.

Wojownicy nie powinni realizować działań wyznaczonych dla braminów i bramini nie powinni realizować działań wyznaczonych dla wojowników. Bramin, który wykonuje działania wyznaczone dla kszatrijów, waiśjów lub szudrów jest uważany za grzeszną duszę i po śmierci żyje w piekle. Jest określany przez ludzi przy pomocy tych samych słów, co niewolnicy, psy, wilki i inne bestie. Regiony wiecznej ekstazy zdobywa natomiast ten bramin, który przechodząc po kolei przez wszystkie cztery fazy życia, ćwiczy się w samo-kontroli, praktykując kontrolowanie swego oddechu i kontemplację, realizuje wszystkie swe obowiązki, jest cierpliwy, kontroluje swe emocje, oczyszcza swe serce, praktykuje umartwianie i dobroczynność i nie szuka poprawy swego losu.

Czyjąś naturę określa natura jego działań, ich okoliczności, miejsca, środków i motywu. Studiowanie *Wed* przez bramina, które pozwala mu zgromadzić tak wiele zasług, należy uważać za równe sprawowaniu władzy przez króla i uprawianiu ziemi, handlowi i polowaniu przez waiśjów.

Świat jest wprowadzany w ruch przez Czas i bieg Czasu wyznacza jego funkcjonowanie. Człowiek wykonuje swe działania, dobre, złe i neutralne będąc całkowicie we władzy Czasu, zdeterminowany przez uczynki dokonane w poprzednim życiu. Chociaż wśród dobrych działań z przeszłego życia człowieka, te, które wywierają największy wpływ na następne, wyczerpują się i człowiek zawsze angażuje się w nowe działania, do których prowadzą jego zamiary. Te zamiary mogą poprowadzić żywe istoty w każdym kierunku i te nowe działania będą wyznaczać charakter jego nowego życia".

5. O atrybutach prawdziwego i grzesznego bramina

Bhiszma kontynuował: „O Judhiszthira, naciąganie cięciwy, walka z wrogiem, uprawa ziemi, handel, opieka nad domowymi zwierzętami, służba dla zarobku są działaniami nieodpowiednimi dla bramina. Bramin prowadzący domowy tryb życia powinien wykonywać sześć wedyjskich działań, którymi są recytowanie *Wed*, nauczanie, wykonywanie ofiar, prowadzenie rytuałów ofiarnych dla ich sponsorów, dawanie i przyjmowanie darów. Wycofanie się bramina do lasu po zrealizowaniu celów życia domowego jest wysoce aprobowane. Bramin powinien unikać służenia królowi, zarobków płynących z uprawy ziemi i handlu, wszelkiego rodzaju oszustw, towarzystwa kobiet, które nie są jego żonami oraz lichwy.

Grzeszny bramin, który nie realizuje swych obowiązków i zachowuje się jak niegodziwiec, narodzi się ponownie na ziemi jako szudra. Szudrą staje się również ten bramin, który ma żonę z kasty szudrów, jest tancerzem lub służącym, bez względu na to, czy ciągle recytuje *Wedy*, czy też nie. Jego niewłaściwe zachowania degradują go. Zasłużył sobie na to, aby przebywać i jeść posiłki razem z szudrami i nie powinien wykonywać dłużej funkcji kapłana.

Ten, kto daje dary przeznaczone dla bogów lub Ojców braminowi, który przekroczył zakazy, zabrudził się grzesznym działaniem, jest okrutny i ma grzeszne zamiary, nie zbiera żadnych zasług.

Cztery tryby życia zostały wyznaczone braminom przez Brahmę. Czystość i samo-kontrola są ich obowiązkiem. Prawdziwym braminem jest ten, który zdobył samo-kontrolę, pije somę podczas rytuałów ofiarnych, zachowuje się właściwie, ma współczucie dla wszystkich żywych istot i cierpliwość, aby znieść wszystko, nie pragnie poprawy swego położenia poprzez zdobycie bogactwa, jest szczery, prosty, łagodny, wybaczający, wolny od okrucieństwa.

Ludzie, którzy pragną realizować Prawo, poszukują wsparcia u szudrów, waiśjów i kszatrijów. Wisznu odmówi tym trzem kastom swej łaski, jeżeli nie podejmą swych pokojowych obowiązków, aby wspierać innych w ich prawości. A gdy Wisznu będzie niezadowolony, zostaną na zawsze stracone wszystkie deklaracje *Wed*, wszystkie rodzaje rytuałów ofiarnych, wszystkie obowiązki odpowiednie dla poszczególnych kast i trybów życia, wszystkie religijne akty człowieka i zasługi płynące z realizowania swych obowiązków oraz możliwość zdobycia szczęścia w niebie".

6. O odpowiedniości żebraczego trybu życia dla trzech pozostałych kast (kszatrijów, waiśjów, szudrów)

Bhiszma kontynuował: „O Królu Prawa, posłuchaj teraz o tym, jaka jest relacja między obowiązkami realizowanymi kolejno w czterech trybach życia przez braminów, a obowiązkami pozostałych trzech kast. Wojownik, który troszczy się o to, aby członkowie trzech pozostałych kast w jego królestwie ściśle realizowali swe obowiązki, powinien o tym wiedzieć.

Wszystkie tryby życia za wyjątkiem uniwersalnego spokoju i samo-kontroli są dozwolone dla szudry, który słucha tych pism, które nie są dla jego kasty zakazane. Szudra, który osiągnął podeszły wiek, zrealizował już swe obowiązki i spłodził synów, który czystością swego zachowania zatarł różnicę między sobą i wyższymi kastami, może rozpocząć żebraczy tryb życia (*Bhikshu*).

Żebraczy tryb życia został również ustanowiony dla kasty waiśjów i wojowników, którzy osiągnęli podeszły wiek i zrealizowali obowiązki wcześniejszych trybów życia.

Waiśja po wypełnieniu obowiązków swej kasty i wypełnieniu swej służby dla króla i osiągnięciu sędziwego wieku mając na to zgodę króla może rozpocząć żebraczy tryb życia. Również kszatrija, który osiągnął podeszły wiek, studiował *Wedy* i rozprawy dotyczące obowiązków króla, spłodził potomstwo, pił somę, sprawiedliwie rządził swym królestwem i ochraniał poddanych, wykonał koronacyjny rytuał *Radżasuja*, Ofiarę Konia i inne wielkie rytuały ofiarne, prosił braminów o recytowanie *Wed* i bogato ich obdarował, wygrał małe lub wielkie bitwy, oddał swój tron swemu synowi lub jakiemuś innemu wojownikowi wysokiego urodzenia, oddawał cześć Ojcom, bogom i mędrcom wykonując właściwe ryty—jeżeli chce wieść życie mędrca, może rozpocząć żebraczy tryb życia. Nie powinien jednak nigdy tego uczynić w celu cieszenia się przyjemnościami tego świata.

Wojownicy, waiśjowie i szudrowie po zakończeniu fazy życia domowego mogą więc rozpocząć żebraczy tryb życia, przyjmując tylko minimum pożywienia potrzebnego do utrzymania się przy życiu. Żebraczy tryb życia nie należy jednak do ich obowiązków.

Mogą oni jednak przyjąć ten tryb życia, jeżeli takie jest ich życzenie".

7. O najwyższym charakterze królewskich obowiązków, które sięgają nawet ponad żebraczy tryb życia ochraniając jego istnienie

Bhiszma kontynuował: „O Królu Prawa, wśród wszystkich ludzi najwyższe obowiązki są praktykowane przez króla. Cały świat zależy od siły jego ramion. Do jego obowiązków należy czuwanie nad realizowaniem obowiązków przez pozostałe trzy kasty. Tak zostało stwierdzone w *Wedach*. I tak jak odciski stóp innych zwierząt chowają się w odcisku kopyta słonia, tak obowiązki wszystkich pozostałych kast chowają się w obowiązkach wojownika.

Mędrcy znający święte pisma mówią, że wojownik poprzez realizowanie swych obowiązków ochrania wszystkie kasty. Realizowanie tych obowiązków wymaga od niego wszelkiego rodzaju wyrzeczenia i wyrzeczenie jest uważane za wieczną i najważniejszą z wszystkich jego cnót.

Gdy na ziemi zniknie realizowana przez króla sprawiedliwość, znikną również *Wedy* i wszystkie te pisma, które przedstawiają obowiązki człowieka. Gdy wojownik zaniecha realizacji swych obowiązków, wszystkie obowiązki wyznaczone dla różnych kast i różnych trybów życia znikną z powierzchni ziemi.

Do obowiązków wojownika należą różne rodzaje wyrzeczenia i inicjacji, różne rodzaje nauk i różne rodzaje działania na ziemi. Tak jak zwierzę ofiarne staje się środkiem do zniszczenia religijnej wartości zabijanej ofiary, jeżeli zostaje zabite przez człowieka z gminu, tak wszystkie inne obowiązki stracą swą obowiązującą moc, jeżeli zostaną pozbawione ochrony przez królewskie obowiązki".

Napisane na podstawie fragmentów *Mahābhārata*,
Santi Parva, Part 1, Sections LX-LXIII
(Rajadharmanusasana Parva).

Opowieść 119
O nadrzędności Prawa Królów
w stosunku do innego Prawa

1. O wątpliwościach niektórych, co do tego, czyje obowiązki (jakie Prawo) są nadrzędne; 2. O tym, jak Wisznu rozstrzygnął wątpliwości króla Mandhatri, informując go, że obowiązki wojownika (Prawo Królów) są pierwotne i nadrzędne; 3. O ciężarze spoczywającym na królu i wojowniku jako strażniku wszelkiego Prawa; 4. O zasługach zbieranych przez realizującego swe obowiązki króla równych zasługom realizowanym przez braminów w różnych trybach życia.

> *Indra rzekł do króla Mandhatri: „O królu, realizowanie innych niż królewskie obowiązki nie przynosi najwyższych nagród bez ograniczeń. Królewskie obowiązki są bowiem tymi, które pierwsze wypłynęły z pierwotnego boga, Narajany, podczas gdy inne wypłynęły dopiero później z jego ciała.*
>   *Niezliczone są te obowiązki, które łącznie z wycofaniem się do lasu (wanaprastha) zostały stworzone później. Ich ograniczeniem jest jednak to, że nie mogą one rodzić swych owoców w nieskończoność. Obowiązki wojowników przewyższają je, bo wszystkie pozostałe obowiązki zależą od ich istnienia jako pierwsze. Wszystkie inne obowiązki są więc włączone do obowiązków wojownika i dlatego obowiązki kszatrijów uważa się za najważniejsze ze wszystkich.*
>   *Zarówno bogowie, jak i mędrcy o niezmierzonej energii od najdawniejszych czasów są ochraniani przez wielkiego Wisznu, który realizując swe obowiązki wojownika pokonuje siłą i niszczy swego wroga. Gdyby Wisznu o niewyobrażalnej energii tego nie czynił i nie zabijał asurów, na świecie nie narodziliby się ani bogowie—łącznie Stwórcą świata Brahmą—ani bramini, ani obowiązki braminów i pozostałych kast".*

(*Mahābhārata*, Santi Parva, Part 1, Section LXIV)

1. O wątpliwościach niektórych, co do tego, czyje obowiązki (jakie Prawo) są nadrzędne

Bhiszma po szczegółowym opisaniu obowiązków właściwych dla czterech kast i czterech trybów życia i wskazaniu, że królewskie obowiązki stoją ponad nimi ochraniając ich samo istnienie, kontynuował tę myśl mówiąc: „O Królu Prawa, opisane przeze mnie obowiązki wyznaczone dla czterech trybów życia, jak i wszystkie przepisy plemienne i zwyczaje regulujące zachowania ludzi są przedmiotem królewskich obowiązków. Prawo Królów odnosi się do wszystkich tych działań i dlatego, gdy funkcje władzy królewskiej ulegają zakłóceniu, zło zaczyna prześladować wszystkie żywe istoty.

Obowiązki (*dharma*) ludzi nie są jednak wcale same z siebie oczywiste i to, czy królewskie obowiązki są nadrzędne w stosunku do obowiązków ustanowionych dla poszczególnych trybów życia jest na różne sposoby interpretowane. Niektórzy prowadzeni przez liczne fałszywe systemy myślowe zaprzeczają ich odwiecznej naturze. Inni, którzy opierając swą wiarę na wnioskach wysnutych przez zwykłych śmiertelników bez faktycznej znajomości natury tych obowiązków zadeklarowanej w świętych pismach, gubią się w końcu w gmatwaninie opartych na wierze przekonań.

Jak to zostało stwierdzone w pismach, królowie idą ścieżką bogów, a bogowie tacy jak sadhjowie, wasuowie, aświnowie, marutusi, rudrowie, wiśwasowie, stworzeni w starożytnych czasach przez pierwszego z bogów, realizują obowiązki wojowników.

Obowiązki nałożone na wojowników są jasno sformułowane, mnożące szczęśliwość, ewidentne w kontekście swych skutków i przynoszące korzyść całemu światu. Przedmiotem królewskich obowiązków jest bowiem cały świat łącznie z wszystkimi dobrymi działaniami.

W tym kontekście posłuchaj starożytnej opowieści o tym, jak ongiś w dawnych czasach liczni królowie szukali spotkania z boskim Wisznu, który jest Panem wszystkich żywych istot, pragnąc, aby rozwiązał ich wątpliwości, co do użycia przez nich siły i stosowania kary.

Królowie ci porównali własne obowiązki z obowiązkami wyznaczonymi w pismach dla czterech trybów życia i troszcząc się o stwierdzenia zawarte w świętych pismach poparte przykładami, szukali spotkania z Narajaną, aby wyjaśnił im, czy i w jakim sensie obowiązki wojownika są nadrzędne w stosunku do obowiązków wyznaczonych dla tych trybów życia. Wyrecytuję ci teraz tę opowieść bogatą w konkluzje dotyczące Prawa i Zysku. Posłuchaj więc o tym, jak Wisznu przybrawszy postać Indry pouczył w tej sprawie króla Mandhatri".

2. O tym, jak Wisznu rozstrzygnął wątpliwości króla Mandhatri, informując go, że obowiązki wojownika (Prawo Królów) są pierwotne i nadrzędne

Bhiszma kontynuował: „O Judhiszthira, w odległych czasach, gdy danawowie rozmnożyli się i zmietli z ziemi wszystkie bariery i różnice powodując chaos, królem został potężny Mandhatri. Pragnąc zobaczyć Boga bogów, Narajanę, i rozwiązać swe wątpliwości, co do królewskich obowiązków, przygotował wielki rytuał ofiarny. Podczas tego rytuału oddawał z pokorą cześć Wisznu. Gdy Wisznu przybrawszy formę Indry ukazał się przed nim, Mandhatri razem z towarzyszącymi mu królami oddał mu należną cześć.

Indra rzekł: 'O królu, w jakim celu pragniesz ujrzeć tego starożytnego i pierwszego z bogów, Narajanę, którego energia i potęga iluzji nie znają granic. Nawet ja sam i Brahma nie możemy zobaczyć tego boga o nieskończonej formie. Zrezygnuj więc ze swego zamiaru i pozwól, że ja zamiast niego spełnię wszystkie twoje inne życzenia. Jestem z ciebie zadowolony, bo to ty jesteś pierwszym wśród ludzi. Jesteś oddany prawości, twoja dusza jest spokojna, twe zmysły są pod kontrolą i twe serce jest sercem herosa. Ze stoickim spokojem starasz się zawsze zadowolić bogów. Znając twą inteligencję, oddanie i wiarę jestem gotowy spełnić każde twoje życzenie'.

Mandhatri rzekł: 'O Indra, chylę przed tobą czoła. Ciągle jednak pragnę zobaczyć Narajanę, tego pierwszego wśród bogów, aby dowiedzieć się, jak mam wywiązać się z obowiązków, które są w świecie najwyższe. Porzucając wszystkie ziemskie żądze chciałbym zebrać religijne zasługi prowadząc najwyższy z wszystkich tryb życia, który jest drogą ludzi prawych i który jest wysoce ceniony przez wszystkich. Realizując obowiązki wojownika zarobiłem na ziemi sławę i zdobyłem liczne regiony niewyczerpalnych zasług na tamtym świecie. Nie wiem jednakże, jak wywiązać się z tych obowiązków, które są najważniejsze i które pierwsze wypłynęły z Narajany'.

Indra rzekł: 'O królu, realizowanie innych niż królewskie obowiązki nie przynosi najwyższych nagród bez ograniczeń. Królewskie obowiązki są bowiem tymi, które pierwsze wypłynęły z pierwotnego boga, Narajany, podczas gdy inne wypłynęły dopiero później z jego ciała.

Niezliczone są te obowiązki, które łącznie z wycofaniem się do lasu (*wanaprastha*) zostały stworzone później. Ich ograniczeniem jest jednak to, że nie mogą one rodzić swych owoców w nieskończoność. Obowiązki wojowników przewyższają je, bo wszystkie pozostałe obowiązki zależą od ich istnienia jako pierwszych. Wszystkie inne obowiązki są przedmiotem obowiązków wojownika i dlatego obowiązki kszatrijów uważa się za najważniejsze ze wszystkich.

Zarówno bogowie jak i mędrcy o niezmierzonej energii od najdawniejszych czasów są ochraniani przez wielkiego Wisznu, który realizując swe obowiązki wojownika pokonuje siłą i niszczy swego wroga. Gdyby Wisznu o niewyobrażalnej energii tego nie czynił i nie zabijał asurów, na świecie nie narodziliby się ani bogowie—łącznie Stwórcą świata Brahmą—ani bramini, ani obowiązki braminów i pozostałych kast.

Gdyby ten pierwszy z wszystkich bogów nie zdobył dzięki swej odwadze ziemi oczyszczając ją z asurów, obowiązki wszystkich czterech kast i wszystkie cztery tryby życia uległyby zniszczeniu w konsekwencji zniszczenia braminów. Nieśmiertelne obowiązki ludzi uległyby zniszczeniu. To dzięki wykonaniu swych obowiązków przez wojowników zostają one ponownie ożywione.

Na początku każdego eonu najpierw zostają ustanowione obowiązki braminów, którymi jest docieranie do *Brahmana*. Możliwość ich realizacji jest jednakże stworzona i ochraniana przez królewskie obowiązki. Z tego powodu królewskie obowiązki są uważane za nadrzędne.

Do obowiązków realizowanych przez królów należą gotowość do oddania życia w walce, współczucie dla wszystkich żywych istot, znajomość spraw tego świata, ochrona ludzi przed niebezpieczeństwem, przynoszenie ulgi tym, którzy są ciemiężeni i których dotknęło nieszczęście.

Zarówno ci, którzy nie potrafią sami kontrolować swej żądzy i gniewu, jak i ci, którzy są skłonni do prawych działań, powstrzymują się od grzesznych zachowań i realizują swe obowiązki z lęku przed królewską karą. Z tego powodu królewskie obowiązki, choć okrutne, są uważane za godne pochwały. Wszystkie żywe istoty mogą żyć spokojnie na ziemi, bo są ochraniane przez realizujących swe królewskie obowiązki królów, tak jak dzieci są ochraniane przez rodziców.

Obowiązki wojowników są więc pierwotne i nadrzędne w stosunku do wszystkich innych obowiązków. Należy do nich ochrona każdej żywej istoty. Będąc same wieczne, otwierają innym drogę do wiecznego Wyzwolenia'.

3. O ciężarze spoczywającym na królu i wojowniku jako strażniku wszelkiego Prawa

Indra kontynuował: 'O Mandhatri, obowiązki wojownika, które mają w sobie tak wielką energię, że w swą realizację włączają wszystkie inne obowiązki i które są najważniejsze, bo wszystkie inne obowiązki zależą od ich realizacji, powinny być realizowane przez osobę o wielkiej duszy, taką jak ty, która jest zaangażowana w szukanie dobra dla całego świata. Gdy królewskie obowiązki nie są właściwie realizowane, wszystkie żywe istoty ulegają zniszczeniu. Dobry król obdarzony współczuciem dla wszystkich żywych istot powinien dbać o użyźnianie i uprawę ziemi, wykonywać wielkie rytuały ofiarne celem oczyszczenia samego siebie z grzechów, unikać żebractwa i ochraniać swych poddanych. Za jego największą zaletę mędrcy uważają zdolność do rezygnacji z posiadanych dóbr, a najwyższą formą tej rezygnacji jest oddanie życia w walce. Władca ziemi idący ścieżką wojownika powinien zawsze odnosić się z pokorą do swego nauczyciela zdobywając wiedzę i po przejściu przez fazę uczenia się (*brahmacarja*) powinien podjąć domowy tryb życia. Realizując sprawiedliwość i wydając wyroki w sprawie konfliktów między swymi poddanymi powinien być całkowicie bezstronny'.

Indra kontynuował: 'O Mandhatri, królewskie obowiązki stoją ponad wszystkimi innymi. Są to obowiązki sformułowane dla herosów i to przede wszystkimi herosi je wypełniają.

Są one uważane za najwyższe, bo należy do nich dbanie o to, aby wszystkie kasty realizowały swe obowiązki, dostarczanie im ochrony, wynalazków i środków działania oraz nieszczędzenie wysiłku i ukazywanie swej odwagi. W ten sposób obowiązki króla włączają w siebie wszystkie inne obowiązki. Pozostałe kasty są bowiem zdolne do realizacji własnych obowiązków dzięki temu, że król realizuje swoje. I z tego to powodu mówi się, że zalety pozostałych trzech kast zależą od zalet króla.

O tych, którzy lekceważą wszystkie ograniczenia i którzy są zbytnio przywiązani do pogoni za ziemskimi przedmiotami, mówi się, że mają zwierzęcą naturę. Dzięki realizowaniu przez króla swych królewskich obowiązków zostają oni zmuszeni do prawego działania.

Król sprawuje również kontrolę nad kastą braminów. Bramini powinni zachowywać się zgodnie z rozporządzeniami trzech *Wed* i gdy nie realizują tych rozporządzeń w swym zachowaniu, powinni zostać przez króla ukarani tak jak szudra.

Bramini powinni realizować obowiązki wyznaczone dla czterech trybów życia sformułowane w *Wedach*. Poza tym nie mają innych obowiązków i jeżeli zachowują się inaczej niż nakazują *Wedy*, król i wojownik nie powinien troszczyć się o utrzymanie ich przy życiu. Religijne zasługi wzrastają w konsekwencji działania, i ten bramin, który nie zachowuje się tak jak powinien, nie zasługuje na królewski szacunek. Taki bramin nie jest godny zaufania'.

Król Mandhatri wysłuchawszy słów Indry dotyczących królewskiego obowiązku w stosunku do arian, chciał się dowiedzieć, jakie obowiązki ma aryjski król w stosunku do nie-arian. Rzekł: 'O Indra, ty sam jesteś królem bogów i przyjacielem wojowników. Poucz mnie więc w następującej sprawie. Aryjski król ma pod swoim zwierzchnictwem szereg barbarzyńskich królestw i plemion, które nie są aryjskiego pochodzenia i utrzymują się przy życiu z kradzieży. Jakie są ich obowiązki? Do jakich działań aryjski król powinien ich skłaniać swą siłą?'

Indra rzekł: 'O królu, wszystkie zbójeckie plemiona powinny służyć swym matkom, ojcom, nauczycielom, starszyźnie i swemu królowi. Powinny również wykonywać obowiązki i ryty wpajane przez *Wedy*. Powinny wykonywać rytuały ofiarne na cześć Ojców, kopać studnie na wspólny użytek, oferować łoże i wodę spragnionym podróżnikom i odpowiednie dary braminom. Wszyscy ci, którzy pragną dobrobytu, powinni praktykować powstrzymywanie się od ranienia i gniewu, prawdomówność, czystość, spokój, wspieranie odpowiednimi darami braminów i swych krewnych, dostarczanie środków utrzymania żonie i dzieciom. Barbarzyńcy powinni wykonywać różne rodzaje pomniejszych rytuałów ofiarnych, w których darem dla braminów podczas rytuałów są różne rodzaje gotowanego jedzenia i bogactwa. Takie właśnie obowiązki zostały wyznaczone w starożytnych czasach dla ludzi ze zbójeckich plemion'.

Król Mandhatri chciał się jeszcze dowiedzieć, dlaczego królestwo okresowo zanurza się w chaosie i pojawia się wielu fałszywych proroków. Indra rzekł: 'O królu, gdy król przestaje realizować swe obowiązki i «nauka o rządzeniu» zostaje zapomniana, królewska tyrania przynosi nieszczęście na wszystkie żywe istoty.

Na koniec kritajugi, gdy król porzuca w części ścieżkę swego Prawa, powstaje wiele niejasności, co do trybów życia i pojawia się wielu fałszywych świętych żebraków i wiele różnych sekt. Ludzie ignorując *Purany* i religijne prawdy, poganiani przez nienasycenie i gniew opuszczają ścieżkę Prawa. Tylko wtedy, gdy herosi o wielkiej duszy mając wsparcie w «nauce o rządzie» powstrzymują grzeszne osoby od grzesznych działań, Prawo i religia, które są wieczne i nadrzędne w stosunku do wszystkiego i stoją u źródeł tego wszystkiego, co dobre, mają silne podstawy i rządzą ziemią.

Dary, libacja i ofiary składane Ojcom nie przynoszą żadnych owoców, jeżeli są wykonane przez człowieka lekceważącego króla, który jest nadrzędny w stosunku do wszystkiego. Nawet bogowie oddają cześć prawemu królowi. Stwórca wszechświata i wszystkich żywych istot stworzył bowiem na ziemi króla po to, aby rządził ludźmi wymierzając sprawiedliwość, gdyż ludzie mają skłonność do utraty respektu dla swych obowiązków. Ja sam oddaję cześć ziemskiemu królowi, który zdobywszy zrozumienie stoi na straży realizowania swych obowiązków przez poddanych'".

Bhiszma kontynuował: „O Judhiszthira, wypowiedziawszy te słowa boski i odważny Narajana, który ukazał się przed królem Mandhatri w formie Indry w otoczeniu marutusów, powrócił do swego wiecznego miejsca pobytu o niewyczerpalnej szczęśliwości.

Któż mądry i o czystej duszy chciałby lekceważyć wojownika, dzięki któremu wszystkie obowiązki są realizowane przez ludzi prawych jak w starożytnych czasach. To dzięki niemu, ci, którzy zgubili ścieżkę Prawa, ulegają zniszczeniu jak gubiący swą drogę ślepcy. Pamiętaj więc zawsze o tym strzeżonym przez króla kole obowiązków, które zostały po raz pierwszy ustanowione dawno temu i przywrócone do życia przez naszych starożytnych przodków, z którymi jesteś zresztą znakomicie obeznany".

4. O zasługach zbieranych przez realizującego swe obowiązki króla równych zasługom realizowanym przez braminów w różnych trybach życia

Bhiszma kontynuował: „O Królu Prawa, choć ty sam znasz tak samo dobrze jak ja wszystkie obowiązki praktykowane na świecie przez ludzi prawych, posłuchaj, co mam do powiedzenia na temat zasług, które zbiera prawy król. Takiemu królowi przypada bowiem w udziale całość zasług, które bramini zbierają realizując poszczególne fazy (tryby) życia.

Król, który nie kieruje się żądzą i gniewem, sprawuje władzę opierając się na 'nauce o rządzeniu', pozostaje bezstronny i oddaje cześć tym, którzy na nią zasługują, zdobywa świat Brahmy, którego zdobycie jest celem żebraczego trybu życia (*bhaikszja*).

Cel wyznaczony dla domowego trybu życia (*grihastha*) realizuje ten mądry król, który we właściwych okolicznościach obdarowuje tych, którzy na to zasługują, wie jak należy nagradzać i karać, przestrzega ściśle zaleceń *Wed* w swym działaniu, zdobywa spokój duszy, recytuje codziennie w umyśle mantry, oddaje bogom cześć zgodnie z nakazami *Wed*, przynosi ulgę uciskanym, oddaje honory sprawiedliwym i ochrania wszystkie żywe istoty, w szczególności tych, którzy zdobyli wiedzę dzięki umartwieniom.

Do domowych obowiązków króla należy zaproszenie do swego domu osób, które wycofały się do lasu i nakarmienie ich oraz rozdzielanie nagród i kar wśród swych żon, młodszych i starszych braci, synów i wnuków, co jest równocześnie jego preferowaną formą samo-umartwiania się.

Król, który w miarę swych mocy stara się ratować krewnych i przyjaciół w nieszczęściu, realizuje cel trybu życia, którym jest wycofanie się do lasu (*wanaprastha*) i wyrzeczenie (*sannjasa*). Podobnie cel ten realizuje ten król, który zawsze oddaje honory najprzedniejszym wśród arian i nie-arian, składa codzienną ofiarę Ojcom i wszystkim żywym istotom łącznie z ludźmi, niszczy królestwa innych celem ochrony sprawiedliwych, przystępuje do walki w obronie swego królestwa gotowy na śmierć, obdarowuje ascetów żyjących w lesie i znających *Wedy* braminów.

Król, który codziennie studiuje *Wedy*, rozwija sw umiejętności wybaczania, oddaje szacunek swym nauczycielom i służy im, realizuje cel trybu życia, którym jest celibat i uczenie się (*brahmacarja*).

Król, który ściśle realizuje swe obowiązki sformułowane przez Stwórcę i któremu nie brakuje żadnej z królewskich zalet, zbiera więc zasługi gromadzone przez braminów we wszystkich czterech trybach życia. Taki król, manifestuje swe współczucie do wszystkich żywych istot, młodych i starych, bez względu na okoliczności i powstrzymuje się od okrucieństwa, spełnia swe obowiązki wobec kraju i rodziny, hojnie obdarowuje we właściwych momentach tych, którzy na to zasłużyli i skłania poddanych do realizowania swych obowiązków nawet wtedy, gdy doświadczają nieszczęścia.

Król, który ochrania ludzi zamieszkujących jego królestwo, zbiera także część zasług przez nich zarobionych. Natomiast król, który nie dostarcza sprawiedliwym odpowiedniej ochrony, bierze na siebie część grzechów popełnianych przez poddanych. Również ci ludzie, którzy pomagają królowi w dostarczaniu poddanym ochrony, biorą na siebie część gromadzonych przez nich zasług lub grzechów.

Człowiek, który wszystkie inne żywe istoty traktuje jak siebie samego, nikogo nie rani, potrafi kontrolować swój gniew, zdobywa szczęście na tym i tamtym świecie. Król, który ma swe królewskie obowiązki za okręt, swe dary za dmący w żagle wiatr, święte pisma za oparcie, inteligencję za sternika i moc prawości za siłę chroniącą jego okręt przed zatonięciem, z łatwością przepłynie ocean tego świata. Gdy prawo żądzy kierujące jego sercem wycofa się z wszystkich ziemskich przedmiotów, będzie on uważany za kogoś, kto bazuje na samym rozumieniu. W tym stanie dotrze on wkrótce do *Brahmana*. Osiągnąwszy zadowolenie dzięki medytacji i opanowaniu namiętności serca i angażując się w realizowanie swego obowiązku dostarczania innym ochrony zbierze wielkie zasługi".

Bhiszma zakończył swą mowę mówiąc: „O Judhiszthira, realizuj swe królewskie obowiązki i ochraniaj braminów pobożnych uczynków, którzy są oddani *Wedom*, jak i wszystkich innych poddanych. Król poprzez dostarczanie ochrony zbiera sto razy większe zasługi od tych, które zarobiłby przez samotne życie w dżungli".

Napisane na podstawie fragmentów *Mahābharāta*,
Santi Parva, Part 1, Sections LXIV-LXVI
(Rajadharmanusasana Parva).

Opowieść 120
O związku między prawością króla, stanem królestwa i eonem

1. O niszczącej sile anarchii i potrzebie króla; 2. O boskości króla i konieczności oddawania mu czci; 3. O środkach, dzięki którym król ochrania poddanych i pokonuje wrogów; 4. O zależności między działaniem króla i charakterem eonu; 5. Cechy dobrego króla.

> Bhiszma rzekł: „O Judhiszthira, nie ma wątpliwości co do tego, że to król stwarza poszczególne eony, a nie odwrotnie. Gdy król rządzi opierając się całkowicie i ściśle na całej 'nauce o rządzie', rozpoczyna się najwspanialszy z eonów, czyli kritajuga. ... Król, który w swym działaniu opiera się jedynie w trzech czwartych na 'nauce o rządzie', rozpoczyna tretajugę, otwierając czwartą część dla Bezprawia. ... Jeżeli król w swym działaniu uwzględnia jedynie połowę 'nauki o rządzie' i otwiera w połowie drogę dla Bezprawia, rozpoczyna dwaparajugę. ... Gdy król odrzuca 'naukę o rządzie' w całości i gnębi poddanych realizując w swym działaniu różnego rodzaju zło, rozpoczyna kalijugę. ... Najwyższą zasługą króla jest poznanie 'nauki o rządzie' i właściwe jej stosowanie".
>
> (*Mahābhārata*, Santi Parva, Part 1, Section LXIX)

1. O niszczącej sile anarchii i potrzebie króla

Judhiszthira zachęcany przez leżącego na swym łożu ze strzał Bhiszmę do zadawania dalszych pytań rzekł: „O Bhiszma, powiedz mi, co jest najwyższym obowiązkiem w królestwie?"

Bhiszma rzekł: „O Judhiszthira, pierwszym i najważniejszym obowiązkiem w królestwie jest wybór i koronacja króla. Królestwo, w którym panuje bezkrólewie i anarchia, jest bowiem słabe i łupione przez złodziei. Anarchia jest najgorszym z możliwych stanów. W królestwie bez króla prawość nie zdoła się długo utrzymać i Agni nie zechce nosić bogom libacji wlewanej w jego płomienie.

Święte teksty ogłaszają, że w osobie króla zostaje ukoronowany na ziemi sam król bogów Indra i każdy, kto szuka dobrobytu powinien czcić ziemskiego króla na równi z Indrą.

Obywatele żyjący w królestwie niszczonym przez anarchię, mając na uwadze swe własne dobro, powinni raczej zaakceptować króla, który napada na nich z zamiarem poszerzenia swego królestwa i obdarzyć go należnym mu szacunkiem niż podejmować z nim walkę. Nie ma bowiem niczego gorszego od anarchii i jeżeli najeźdźca jest sprawiedliwy, jego panowanie przyniesie ludziom dobrobyt, podczas gdy walka z nim doprowadzi do zniszczenia.

Ludzie powinni poddawać się woli króla, którzy jest potężny pamiętając o tym, że krowa, która poddaje się temu, kto ją doi, nie cierpi, a gałąź, która łatwo się ugina pod uderzeniami wiatru, nie łamie się. Człowiek, który chyli głowę przed królem, chyli głowę przed Indrą.

Ci, którzy mieszkają w kraju opanowanym przez anarchię nie mogą cieszyć się ani swym bogactwem, ani żonami, bo są okradani przez tych, którzy czerpią przyjemność z przywłaszczania sobie cudzych dóbr. W takim kraju nawet grzesznik nie potrafi znaleźć na długo szczęścia, bo zostanie okradziony przez jeszcze większego grzesznika.

Bogowie stworzyli króla, aby ochraniał ludzi przed nimi samymi. Gdyby na ziemi nie było króla, który dzierży w dłoni swe berło sprawiedliwości, silniejsi pożeraliby słabszych jak ryby w wodzie.

Mędrcy opowiadają o tym, jak w dawnych czasach, w kraju niszczonym przez anarchię grupa ludzi umówiła się, że będzie pozbywać się każdego, kto jest opryskliwy w mowie, nieopanowany w gniewie, uwodzi lub napastuje cudze żony lub przywłaszcza sobie bogactwo należące do innych. Choć swą umową chcieli wzbudzić poczucie bezpieczeństwa we wszystkich kastach, nie potrafili jej zrealizować. Udali się więc do dziadka wszechświata Brahmy i bijąc przed nim pokłony rzekli: 'O Brahma, bez króla zniszczymy się wszyscy nawzajem. Daj nam więc króla, któremu będziemy oddawać cześć i który dostarczy nam ochrony'.

Brahma wysłuchawszy ich próśb wyznaczył na ich króla Manu. Manu jednakże nie chciał się na to zgodzić. Rzekł: 'O mieszkańcy ziemi, lękam się wszelkich grzesznych działań. Rządzenie królestwem jest niezwykle trudne, bo ludzie zawsze zachowują się podstępnie i fałszywie'.

Mieszkańcy ziemi odpowiedzieli: 'O Manu, uwolnij się od lęku. Grzechy popełniane przez ludzi będą zanieczyszczać tylko tych, którzy je popełniają i nie będą zabrudzać ciebie. Bądź więc naszym królem. Aby zwiększyć twój skarbiec oddamy tobie piątą część naszych zwierząt hodowlanych i metali szlachetnych oraz dziesiątą część naszych zbóż. Oddamy ci także za żony najpiękniejsze z naszych kobiet. Nasi najodważniejsi wojownicy, pierwsi w operowaniu bronią i powożeniu końmi, będą posłuszni twym rozkazom, tak jak bogowie są posłuszni rozkazom Indry. Wzmocniony przez nas w ten sposób i wyposażony w wielką odwagę będziesz nie do pokonania i jako nasz król będziesz nas ochraniał, tak jak bóg bogactwa Kubera ochrania jakszów i rakszasów. Czwarta część zasług zbieranych przez twych poddanych będzie należała do ciebie. Wzmocniony przez te zasługi ochraniaj nas, tak jak Indra ochrania bogów. Spalaj naszych wrogów swą potęgą, tak jak słońce spala wszystko swymi promieniami. Zniszcz ich pychę i spraw, aby na świecie zatryumfowała prawość i sprawiedliwość'.

Wyposażony w ogromną energię Manu płonął blaskiem swej siły i odwagi. Mieszkańcy ziemi widząc jego potęgę z lęku przed karą nastawili swe serca na realizację swych obowiązków. Manu będąc jak chmura naładowana elektrycznością w swej dobroczynnej misji objechał w koło całą ziemię oczyszczając ją z grzesznych działań i skłaniając ludzi do realizacji właściwych dla nich obowiązków".

Podsumowując swe nauki Bhiszma rzekł: „O Judhiszthira, tak więc pierwszym obowiązkiem ludzi, którzy poszukują na ziemi dobrobytu, jest wybranie i ukoronowanie króla, który dostarczy im wszystkim ochrony. Tak jak uczniowie zachowują się z pokorą w obecności nauczycieli, a bogowie w obecności Indry, tak wszyscy ludzie powinni bić pokłony przed królem. Król honorowany przez poddanych budzi szacunek również we wrogu, podczas gdy ten, któremu poddani nie oddają należnej mu czci, jest lekceważony przez wrogów. A gdy zostanie przez wroga pokonany, sprowadzi nieszczęście na wszystkich swych poddanych. Z tych to powodów król powinien zamieszkiwać pałace wyposażone w bogate trony, łoża i liczne przedmioty użytku i pokazu, zdobić ciało klejnotami i jeździć wspaniałymi pojazdami ozdobionymi baldachimami pełnymi przepychu. Uczyni go to nie do pokonania przez wrogów i pomoże mu w realizowaniu obowiązku ochraniania poddanych.

Do króla należy mówić uprzejmym i słodkim głosem i król również powinien zawsze przemawiać z uśmiechem. Kontrolując swe namiętności, uprzejmy dla tych, którzy mu służą i oddany tym, którzy zasługują na jego szacunek, spłaci im swój dług. Na ich spojrzenia odpowie łagodnym, słodkim i pięknym spojrzeniem".

2. O boskości króla i konieczności oddawania mu czci

Judhiszthira rzekł: „O Bhiszma, wytłumacz mi, dlaczego bramini twierdzą, że król, który jest władcą ludzi, jest bogiem?"

Bhiszma rzekł: „O Królu Prawa, w odpowiedzi na twe pytanie posłuchaj mej opowieści o rozmowie między nauczycielem bogów Brihaspatim a mądrym królem Kosalów, Wasumanasem, cytowanej zwykle w podobnym kontekście.

Król Wasumanas, który w swym działaniu zawsze brał pod uwagę dobro wszystkich i znał doskonale wymóg pokory, chcąc zapewnić ludziom szczęście udał się niegdyś przed oblicze mędrca Brihaspatiego, aby go zapytać o rozporządzenia w sprawie królestwa. Okrążywszy go pobożnie stanął przed nim ze złożonymi dłońmi i rzekł: 'O wielki mędrcu, wytłumacz mi, dzięki jakim środkom żywe istoty wzrastają i co powoduje ich niszczenie. Komu powinny oddawać cześć, aby zdobyć wieczne szczęście?'

Brihaspati rzekł: 'O królu, poddani powinni przede wszystkim oddawać cześć swemu królowi. Obowiązki wszystkich ludzi są bowiem zakorzenione w ich królu i tylko z lęku przed nim nie niszczą się nawzajem. To król przynosi na ziemię pokój, bo dzięki realizowaniu swych obowiązków powstrzymuje ich od lekceważenia ograniczeń i folgowania swej żądzy. Czyniąc tak zdobywa chwałę. Tak jak żywe istoty nie potrafią się nawzajem zobaczyć bez słońca i księżyca, tak ludzie pozbawieni królewskiej ochrony toną w ciemnościach i niszczą się nawzajem jak stado krów bez pastucha.

Bez królewskiej ochrony silniejszy zagarnie siłą dobra należące do słabszego i jeżeli słabszy będzie się temu sprzeciwiał, zapłaci za to życiem. Nikt więc nie będzie mógł nazywać dóbr swymi własnymi i takie dobra jak żona, synowie, jedzenie i inne rodzaje własności przestaną istnieć. Ruina ogarnie wszystko. Nikczemnicy będą okradać innych z ich pojazdów, ornamentów, sukni i klejnotów. Ludzie prawi będą doświadczać różnego rodzaju nieszczęść i w końcu Bezprawie stanie się powszechną praktyką. Osoby posiadające bogactwo będą mordowane, więzione i prześladowane i sama idea własności zaniknie. Wszystko będzie przedwcześnie niszczone, każda część kraju będzie opanowana przez złodziei i każdy będzie doświadczał mąk iście piekielnych.

Ludzie zaczną lekceważyć i nawet zadawać rany swym starym ojcom i matkom, nauczycielom, gościom i seniorom swego rodu. Znikną wszystkie ograniczenia dotyczące kazirodczych związków. Stracą swą jasność wszelkie zasady dotyczące rolnictwa i handlu. Zasady moralności osłabną i w końcu znikną. Wszystkie trzy *Wedy* zostaną zapomniane i wykonanie ofiary zgodnie z rozporządzeniami przestanie być praktykowane. Zaniknie małżeństwo i w końcu społeczeństwo przestanie istnieć.

Byki przestaną zapładniać krowy, masło przestanie być ubijane i ludzie żyjący z hodowli krów ulegną zniszczeniu. Bramini przestaną studiować *Wedy*, uprawiać ascezę, szukać wiedzy i realizować swe śluby. Zabójstwo osoby, która zabiła bramina nie będzie już dłużej nagradzane i zabójca bramina będzie się cieszył bezkarnością. Między ludźmi znikną wszelkie bariery i każdy z sercem pełnym lęku będzie szukał dla siebie bezpieczeństwa w walce. Pojawią się różne rodzaje niesprawiedliwości; kasty zaczną się mieszać i w królestwie zacznie panować głód.

W królestwie ochranianym przez króla ludzie mogą spać spokojnie nie zamykając nawet na noc drzwi. Gdy król ochrania poddanych przy pomocy swego berła sprawiedliwości, kobiety ubrane w klejnoty mogą bezpiecznie chodzić same po ulicach miast. W sercach mężczyzn zamiera potrzeba odwetu i realizując swe obowiązki pomagają sobie nawzajem. Trzy wyższe kasty z oddaniem realizują wyznaczone dla nich rytuały ofiarne i angażują się w nabywanie wiedzy. Cały świat jest ochraniany przez *Wedy* i utrzymuje się przy życiu dzięki rozwojowi rolnictwa i handlu.

Król biorąc na swe barki ciężar ochrony poddanych umożliwia im życie w szczęściu i spokoju. Któż nie oddawałby więc czci królowi, dzięki którego istnieniu może sam istnieć i którego zniszczenie przyniesie mu zniszczenie?

Ten, kto czyni to, co zadawala króla i bierze na swe barki część ciężaru jego obowiązków, które trzymają w ryzach wszystkie kasty, zdobywa zarówno ten jak i tamten świat, podczas gdy ten, kto szkodzi królowi, będzie cierpiał zarówno na tym jak i tamtym świecie.

Nikt nie powinien traktować króla jak zwykłego człowieka, bo faktycznie jest on wyższą boskością ukrytą w ludzkiej formie. W pięciu różnych okolicznościach król przybiera jedną z pięciu różnych boskich form Ognia, Słońca, Niszczyciela, Kubery i Jamy. Gdy król pali przy pomocy swej gwałtownej energii grzesznego przestępcę, przybiera formę Ognia. Gdy przy pomocy swych szpiegów obserwuje działania wszystkich ludzi i działa na rzecz powszechnego dobra, przybiera formę Słońca. Gdy unosząc się gniewem niszczy setki niegodziwców razem z ich synami, wnukami i innymi krewnymi, przybiera formę Niszczyciela. Gdy obdarowuje bogactwem tych, którzy mu służą i odbiera majątek tym, którzy obrazili jego majestat, przybiera formę Kubery. Gdy powstrzymuje niegodziwców stosując surowe kary i faworyzuje ludzi prawych stosując nagrody, przybiera formę Jamy.

Człowiek obdarzony rozumem i zdolny do pracy, który pragnie rozwijać swe cnoty i nie żywi złych zamiarów, nie powinien nigdy mówić źle o swym królu. Nikt nie zdobędzie szczęścia poprzez działania przeciw królowi, nawet wówczas gdy jest synem króla, jego bratem lub bliskim towarzyszem, którego król uważa za swoją drugą jaźń. Gniew króla spali na popiół każdego, kto go wywoła. Nikt nie powinien pożądać żadnego przedmiotu należącego do króla, bo zginie jak jeleń dotykający trucizny. Człowiek mądry ochrania królewską własność z równą troską jak swoją własną. Przywłaszczanie sobie królewskiej własności jest uważne za wielką hańbę.

Któż więc nie zechce oddawać czci królowi nazywanemu takimi imionami, jak dawca szczęścia, radość ludzi, sprawca dobrobytu, uzdrowiciel, pan ziemi, obrońca ludzi? Człowiek, który szuka dobrobytu, przestrzega ograniczeń, opanował swe namiętności, kontroluje duszę i zdobył odpowiednie umiejętności działania, powinien zawsze oddawać cześć swemu królowi.

Król z kolei powinien właściwie uhonorować ministra, który kontroluje swe zmysły, jest mądry, o wielkim sercu, lojalny, prawy i posłuszny nakazom polityki. Powinien ustosunkowywać się życzliwie do człowieka, który jest lojalny, wdzięczny, prawy, samo-kontrolujący się, odważny, wspaniałomyślny w swych działaniach, kompetentny w samodzielnym realizowaniu zadań. Wiedza napełnia ludzi dumą. Król uczy ludzi pokory. Człowiek odrzucony przez króla nie zdobędzie takiej szczęśliwości, jak królewski faworyt.

Król jest sercem swego narodu. Jest jego obrońcą, chwałą i największym szczęściem. Poddani przywiązani do swego króla zdobędą zarówno ten jak i tamten świat, a król rządząc ziemią z pomocą takich zalet jak samo-kontrola, prawda i życzliwość oraz czcząc bogów w wielkich rytuałach ofiarnych zdobędzie chwałę na ziemi i wieczne miejsce w niebie'".

Bhiszma zakończył swe opowiadanie mówiąc: „O Judhiszthira, po wysłuchaniu tych mądrych słów Brihaspatiego król Kosalów, Wasumanas, z radosnym sercem oddał się realizacji królewskich obowiązków dostarczając ochrony swym poddanym".

3. O środkach dzięki którym król ochrania poddanych i pokonuje wrogów

Judhiszthira rzekł: „O Bhiszma, powiedz mi, w jaki sposób król powinien ochraniać królestwo i ujarzmiać wrogów? Kiedy powinien korzystać z usług szpiegów? W jaki sposób powinien zdobyć zaufanie poddanych z różnych kast, służby, żon i synów?"

Bhiszma rzekł: "O Judhiszthira, najpierw król powinien ujarzmić samego siebie i dopiero potem szukać ujarzmienia wrogów. Król, który jest niezdolny do pokonania własnej jaźni, nie zdoła też pokonać swych wrogów. Dopiero ten król, który ujarzmił swe pięć zmysłów, potrafi stawić skuteczny im opór swym wrogom.

Król powinien mieć swych żołnierzy w fortach, na granicach państwa, w miastach, parkach, ogrodach i we wszystkich miejscach, gdzie sam przebywa, łącznie ze swym pałacem.

Zatrudniani przez niego szpiedzy powinni robić wrażenie głupców, ślepców lub głuchoniemych, choć faktycznie posiadają szpiegowskie umiejętności sprawdzone przez króla, są mądrzy i potrafią długo wytrzymać zarówno głód jak i pragnienie. Szpiedzy nie powinni się znać nawzajem.

Król powinien również szpiegować swych doradców, przyjaciół i synów, swe prowincje, miasta i tereny, które są pod jego zwierzchnictwem. Mając szpiegów w sklepach, miejscach zabaw i zgromadzeń, wśród żebraków i mędrców, na własnym dworze i w domach swych obywateli powinien być zdolny do rozpoznania szpiegów wroga.

Król, który odkrył, że jest słabszy od wroga powinien po zaciągnięciu rady u swych doradców zawrzeć z nim pokój. Król, który ochrania królestwo dzięki swej prawości, zawsze powinien starać się zawrzeć z wrogiem pokój, jeżeli widzi jakieś płynące z tego korzyści. Powinien żyć w pokoju z tymi, którzy realizują wszystkie swe cele, są zdolni do podejmowania wysiłku, prawi i uczciwi.

Gdy królowi grozi śmiertelne niebezpieczeństwo powinien bez wahania pozbawić życia tych przestępców, których przeoczył oraz wszystkich wskazanych mu przez poddanych.

Król nie powinien wiązać się z tymi, którzy nie mogą mu przynieść żadnej korzyści, wyrządzić jakiejś szkody lub uratować go przed katastrofą.

Jeśli chodzi o działania wojenne, to król, który jest pewien swej militarnej potęgi, powinien po zabezpieczeniu swej stolicy stanąć odważnie na czele armii i dać rozkaz do wymarszu bez informowania o swym celu wroga, który jest pobawiony przyjaciół i sprzymierzeńców lub zaangażowany w wojnę z kimś innym i stąd nieostrożny lub który jest wyraźnie słabszy.

Król nie powinien też nigdy zgadzać się długo na życie pod jarzmem innego, który jest potężniejszy. Nawet gdy sam jest słaby, powinien szukać sposobu na pokonanie okupanta mając silną wolę odzyskania niepodległości i dzierżenia władzy samemu. Powinien szukać wyzwolenia posługując się bronią, ogniem, trucizną lub siejąc niezgodę wśród jego doradców lub służby.

Nauczyciel bogów Brihaspati nauczał, że rozumny król powinien unikać wojny dla zdobycia nowego terenu. Powinien raczej poszerzać swe królestwo poprzez umowę, dary, aneksję.

Król powinien pobierać szóstą część zarobków swych poddanych w formie podatku celem pokrycia kosztów związanych z ich ochroną. W tym samym celu powinien również odbierać siłą cały majątek, bez względu na to jak wielki, należący do dziesięciu rodzajów przestępców wymienionych w świętych pismach.

Król powinien troszczyć się o poddanych jak o własne dzieci. W rozstrzyganiu ich konfliktów nie powinien jednak kierować się współczuciem. Do wysłuchiwania ich zażaleń i rozstrzygania konfliktów powinien wyznaczyć osoby, które zdobyły odpowiednią wiedzę w zakresie spraw tego świata, bo państwo faktycznie bazuje na właściwym wymierzaniu sprawiedliwości.

Król, który realizuje właściwie sprawiedliwość, zbiera wielkie zasługi. Właściwe zarządzanie karą jest najwyższym obowiązkiem króla i przynosi mu wielką chwałę.

Król powinien również zatrudnić osoby uczciwe i godne zaufania, aby sprawowały kontrolę nad jego spichlerzami, solą, promami i oddziałami słoni.

Król powinien znać wszystkie *Wedy* i ich różne odgałęzienia, zdobywać wiedzę, praktykować dobroczynność i umartwienia i realizować rytuały ofiarne. Wszystkie te zalety powinny zawsze charakteryzować króla. Król niezdolny do wymierzania kary nie zdobędzie ani nieba, ani sławy.

Król zaatakowany przez silniejszego wroga powinien schronić się w swym forcie i po naradzie z doradcami podjąć odpowiednie środki obrony. Ignorując nawet swój obowiązek ochraniania przyjaciół powinien szukać ochrony u władcy innego królestwa, szczególnie tego, które jest wrogiem jego wroga i jest zdolny do walki z jego wrogiem na polu bitewnym. Mając na uwadze bezpieczeństwo poddanych powinien zatroszczyć się o ich przesiedlenie. Do fortów powinien również przenieść zapasy zbóż, a jeżeli jest to niemożliwe, powinien zniszczyć swe spichlerze przy pomocy ognia. Powinien również starać się zniszczyć zboża na polach wroga korzystając z pomocy cywilów lub swej armii. Na terenie swego królestwa powinien zniszczyć wszystkie mosty i zbiorniki wodne i niewielkie forty niezdolne do obrony. Powinien również wyciąć wszystkie mniejsze drzewa za wyjątkiem świętego drzewa *Czaitja* oraz uciąć gałęzie większych drzew.

Wokół swych fortów powinien kazać wznieść wały ochronne i wypełnić fosę wodą pełną krokodyli i rekinów pozostawiając w murze małe wyjście, aby mieć dostęp do fosy. Powinien kazać przygotować obronę bram głównych i umieścić różne rodzaje pocisków na wałach ochronnych.

Dla ochrony miast i wsi przed ogniem powinien kazać pokryć słomiane domy gliną i usunąć suchą trawę. Szczególną troską należy otoczyć ogień używany w kuźniach i do oświetlania pomieszczeń. Posiłki powinno się gotować nocą i podczas dnia za wyjątkiem ognia ofiarnego nie należy palić żadnego innego rodzaju ognia. Surowe kary powinny być zastosowane wobec tych, którzy rozpalają ogień w ciągu dnia.

Należy oczyścić miasta z żebraków, eunuchów i mimów, gdyż inaczej sprowadzą ze sobą zło i we wszystkich miejscach publicznych król powinien mieć swych szpiegów.

Król powinien zadbać o budowę szerokich dróg i stacji, gdzie można zaopatrzyć się w wodę i inne produkty. Miejsca składania różnych towarów, arsenały broni, obozy wojskowe, stajnie dla koni i słoni, ogrody odpoczynku i przyjemności powinny być trzymane w tajemnicy.

Król zaatakowany przez wrogą armię powinien zadbać o zgromadzenie odpowiednich zapasów oleju, tłuszczu, miodu, oczyszczonego masła, różnego rodzaju lekarstw, korzonków, owoców, węgla, trawy *mundża*, liści, strzał zwykłych i zatrutych, różnego rodzaju włóczni, mieczy i innej broni. Powinien również mieć łatwy dostęp do różnego rodzaju skrybów, lekarzy, aktorów, tancerzy, atletów i różnych osób zdolnych do ukrywania się pod różnym przebraniem.

Król powinien starać się zdobyć kontrolę nad każdą osobą, która budzi w nim lęk, bez względu na to, czy jest to jego służący, doradca, obywatel jego kraju, czy władca sąsiedniego królestwa. Powinien nagradzać bogactwem lub dziękczynną mową każdego, kto pomógł mu w realizacji jego królewskich zadań.

Zostało powiedziane w świętych pismach, że król podbijając lub zabijając wroga spłaca dług swym poddanym.

Król powinien się troszczyć o siedem rzeczy, którymi są: własna jaźń, doradcy, skarbiec, system wymiaru kary, przyjaciele, prowincje i stolica. Powinien ochraniać swe królestwo, które bazuje na tych siedmiu odnóżach.

Król, który jest obeznany z sześcioma wymogami suwerenności (którymi są: utrzymywanie pokoju z silniejszym wrogiem, wojna z wrogiem, który jest równy siłą, podbijanie słabszych, stanie w miejscu, szukanie dla siebie ochrony, sianie waśni wśród dowódców wrogiej armii), oraz z trójelementową całością celów wymiaru sprawiedliwości (Utrzymywanie, Rozwój, Zniszczenie) i wyższą trójelementową całością celów życiowych (Prawo, Zysk, Przyjemność) zdobędzie zwierzchnictwo nad całą ziemią.

Król powinien zawsze we właściwym czasie brać opisane wyżej elementy pod uwagę w swym działaniu. Z ich pomocą będzie rządził z sukcesem ziemią przez długi okres czasu.

W tym kontekście pozwól mi zacytować dwa wersety nucone niegdyś przez syna Angirasa, Brihaspatiego: 'Po zrealizowaniu wszystkich swych obowiązków i dostarczeniu ochrony ziemi i jej miastom król zdobywa wieczne szczęście w niebie. Po co pytać, jak dobre są umartwienia i jak dobre są ofiary tego króla, który właściwie ochrania swych poddanych? Ten król posiadł bowiem wszystkie królewskie zalety'".

4. O zależności między działaniem króla i charakterem eonu

Król Prawa rzekł: „O Bhiszma, wytłumacz mi w jaki sposób 'nauka o rządzie', król i poddani wspierają się nawzajem?"

Bhiszma rzekł: „O Judhiszthira, posłuchaj o tym, jak wielkim błogosławieństwem jest 'nauka o rządzeniu'. Zalecane przez nią wymierzanie sprawiedliwości i należyte stosowanie kary zmusza ludzi do realizowania wyznaczonych dla nich obowiązków. Ludzie są prawdziwie szczęśliwi w tych czasach, w których wszystkie cztery kasty realizują swe obowiązki i utrzymane są wszystkie zdrowe bariery. Gdy z realizowania 'nauki o rządzeniu' płynie pokój, ludzie uwalniają się od lęku i trzy wyższe kasty dokładają wszelkich starań, aby utrzymać społeczną harmonię.

Nie ma wątpliwości co do tego, że to król stwarza poszczególne eony, a nie odwrotnie. Gdy król rządzi opierając się całkowicie i ściśle na całej 'nauce o rządzeniu', rozpoczyna się najwspanialszy z eonów, czyli kritajuga. Królewska prawość rozpoczyna kritajugę. W tym eonie Bezprawie nie istnieje. Serca ludzi należących do czterech kast nie czerpią z Bezprawia żadnej przyjemności. W czasie tego eonu wszyscy ludzie zdobywają przedmioty, których pragną i ich nie tracą. Wszystkie wedyjskie rytuały przynoszą zasługi. Wszystkie pory roku są przyjemne i wolne od wszelkiego zła. Znikają choroby i ludzie cieszą się długim życiem. Ich głosy, wymowa i umysły stają się jasne i radosne. Ziemia nawet bez uprawy rodzi zboża, a zioła i inne rośliny rosną w obfitości. Kora drzew jest silna i zdrowa, a liście i owoce pokrywają je w obfitości. Takie są cechy kritajugi.

Król, który w swym działaniu opiera się jedynie w trzech czwartych na 'nauce o rządzie', rozpoczyna tretajugę, otwierając czwartą część dla Bezprawia. Ziemia rodzi zboża, zioła, i inne rośliny, tylko wtedy gdy jest uprawiana.

Jeżeli król w swym działaniu uwzględnia jedynie połowę 'nauki o rządzie' otwierając w połowie drogę dla Bezprawia, rozpoczyna dwaparajugę. Ziemia nawet uprawiana rodzi plony jedynie w połowie swej mocy.

Gdy król odrzuca 'naukę o rządzie' w całości i gnębi swych poddanych realizując w swym działaniu różnego rodzaju zło, rozpoczyna kalijugę. W czasie tego eonu dominuje Bezprawie i zanika prawość. Serca ludzi z wszystkich kast odsuwają się od właściwych dla nich obowiązków. Szudrowie żyją jak bramini wybierając żebraczy tryb życia, a bramini żyją jak służący. Ludzie są niezdolni do zdobywania upragnionych przedmiotów i utrzymywania tych, które już posiadają. Cztery kasty mieszają się ze sobą. Wedyjskie rytuały przestają przynosić pozytywne skutki. Każda pora roku obfituje w katastrofy. Pojawiają się różne choroby i ludzie zaczynają przedwcześnie umierać. Ich głosy, wymowa i umysły tracą swój wigor. Pojawia się wiele wdów i wielu złych mężczyzn. Chmury przestają przynosić deszcz i ziemia przestaje rodzić plony.

To król powoduje pojawienie się odpowiedniego eonu. Gdy przynosi na ziemię swym działaniem kritajugę, zdobywa wieczne szczęście. Gdy przynosi tretajugę zdobędzie niebiańskie szczęście na określony czas. Gdy przynosi dwaparajugę zdobywa niebo odpowiednio do zgromadzonych zasług. Przynosząc kalijugę obciąża się ogromnym ładunkiem grzechu. Zabrudzony przez swe niegodziwe uczynki zarabia piekło i tonąc w grzechach swych poddanych ściąga na siebie wielką hańbę.

Wojownik i król powinien dokładać wszelkich starań, aby zdobywać przedmioty, których pragnie i utrzymywać te, które już zdobył nie tracąc z oczu 'nauki o rządzie'. 'Nauka o rządzie', która skłania wszystkich ludzi do realizacji swych obowiązków, jest fundamentem wszelkich zdrowych zróżnicowań i faktycznie utrzymuje świat i wprawia go w ruch. Będąc właściwie stosowana ochrania wszystkich ludzi, tak jak matka i ojciec ochraniają swe dzieci. Samo życie wszystkich żywych istot zależy od niej".

Bhiszma zakończył swą mowę mówiąc: „O Judhiszthira, najwyższą zasługą króla jest poznanie 'nauki o rządzie' i właściwe jej stosowanie. Ochraniaj więc właściwie swych poddanych bazując na znajomości tej nauki. Czyniąc tak zdobędziesz wieczne szczęście w niebie".

5. Cechy dobrego króla

Bhiszma kontynuował: „O Królu Prawa, mędrcy mówią o trzydziestu sześciu zaletach, którymi powinien być obdarzony król, które są powiązane z innymi trzydziestoma sześcioma cechami. Król nimi obdarzony zbierze swym działaniem wielkie zasługi.

Pozwól, że wymienię ci te zalety. Tak więc król powinien realizować swe królewskie obowiązki bez gniewu i złych zamiarów. Nie powinien nigdy zapominać o uprzejmości. Powinien mieć wiarę. Powinien zdobywać bogactwo unikając okrucieństwa i prześladowań. Powinien szukać przyjemności, ale bez przywiązywania się do niej. Powinien z entuzjazmem wypowiadać to, co sympatyczne i być odważnym, ale bez przechwałek. Powinien być tolerancyjny, ale nie powinien obdarowywać nikogo, kto nie przestrzega jego zarządzeń. Powinien być waleczny, ale bez okrucieństwa. Nigdy nie powinien ujawniać swych celów niegodziwcom lub zawierać z nimi sojuszy, zatrudniać ich i przyjmować od nich pomocy. Nie powinien zachowywać się wrogo w stosunku do przyjaciół. Jako szpiegów powinien zatrudniać jedynie osoby mu oddane. Nigdy nie powinien próbować realizować swych celów używając prześladowań. Powinien mówić o zasługach innych, unikając mowy o swoich własnych. Nigdy nie powinien odbierać dóbr należących do jego prawych poddanych, zarządzać kary, zanim nie ma dowodów winy. Nigdy nie powinien ujawniać swych zamiarów. Powinien dawać dary, lecz nie tym, którzy są zawistni. Powinien obdarzać innych zaufaniem, lecz nie tych, którzy mu już zaszkodzili. Powinien dostarczać ochrony swym żonom. Powinien być czysty i nie powinien zawsze ulegać współczuciu. Nie powinien też zbytnio ulegać wpływowi kobiet. Powinien spożywać jedynie zdrową żywność. Powinien zawsze obdarzać szacunkiem tych, którzy na to zasługują i oddawać cześć swym nauczycielom i starszyźnie. Wolny od pychy powinien oddawać cześć bogom. Powinien szukać dobrobytu, nie czyniąc jednak niczego, co przynosi niesławę. Z pokorą powinien oddawać pierwszeństwo starszym. Powinien być mądry w interesach czekając zawsze na właściwy moment. Powinien dodawać ludziom otuchy i nie odsyłać ich z pustymi rękami. Nie powinien zaniedbywać swych faworytów. Nie powinien atakować z niewiedzy. Po zabiciu swych wrogów nie powinien ulegać smutkowi. Powinien wyrażać swój gniew, ale nie bez powodu. Powinien być łagodny, ale nie w stosunku do tych, którzy go obrazili".

Bhiszma zakończył swą mowę mówiąc: „O Judhiszthira, jeżeli pragniesz dobrobytu, rządząc swym królestwem realizuj w swym zachowaniu opisane ci przeze mnie królewskie zalety, bo inaczej narazisz na niebezpieczeństwo. Król, który je realizuje, będzie błogosławiony na ziemi i zdobędzie wielkie nagrody w niebie".

Napisane na podstawie fragmentów *Mahābharāta*,
Santi Parva, Part 1, Sections LXVII-LXX
(Rajadharmanusasana Parva).

Opowieść 121
O współpracy wojowników i braminów w zarządzaniu królestwem

1. O tym, jak król ochrania poddanych swą prawością; 2. O narodzinach czterech kast, najwyższej pozycji braminów będących oryginalnymi właścicielami ziemi i roli króla jako strażnika ziemi; 3. O konieczności współdziałania wojowników i braminów w zarządzaniu królestwem, aby uniknąć niszczącej siły Rudry; 4. O walorach łączenia siły właściwej dla bramina z siłą właściwą dla króla w rządzeniu królestwem; 5. O tym, jak król Kaikejów obronił się przed demonem swą prawością; 6. O królewskim obowiązku w stosunku do złych i dobrych braminów; 7. O warunkach, w których bramini mogą realizować działania wyznaczone dla innych kast bez popełniania grzechu; 8. Bhiszma krytykuje zamiar Judhiszthiry, aby porzucić królestwo i rozpocząć żebraczy tryb życia właściwy dla braminów.

> Bhiszma rzekł: „O Judhiszthira, król i kapłan powinni mieć podobne serca i żyć w przyjaźni. Przyjaźń wojowników z braminami uszczęśliwia poddanych, a wrogość między nimi przynosi im zniszczenie. Bramini i wojownicy są nazywani przodkami wszystkich ludzi i bronią świat przed niszczącą siłą Rudry".

(*Mahābhārata*, Santi Parva, Part 1, Section LXXIII)

1. O tym, jak król ochrania poddanych swą prawością

Król Prawa stojąc przed Bhiszmą ze złożonymi pobożnie dłońmi pytał dalej: „O Bhiszma, powiedz mi w jaki sposób powinien postępować król, który chce ochraniać poddanych unikając błędów i wykroczeń przeciw prawości?"

Bhiszma rzekł: „O Judhiszthira, chcąc zrealizować ten cel, powinieneś przede wszystkim oddawać cześć bogom i braminom, którzy poznali *Wedy* i z oddaniem realizują swe bramińskie obowiązki, jak i różnego rodzaju ascetom, którzy zgromadzili liczne zasługi realizując surowe przysięgi, i gdy przybędą do twego pałacu, powinieneś poprosić ich o udział w sponsorowanych przez ciebie rytuałach ofiarnych. Razem z towarzyszącym ci kapłanem powinieneś na ich widok wstać ze swego tronu, aby dotknąć ich stóp i wykonać wszelkie inne zalecane pobożne czynności, które będą działać na twą korzyść. Witani z szacunkiem asceci i obdarowywani bogato bramini obdarzą cię swym błogosławieństwem, które przyniesie ci sukces w realizacji twoich własnych celów.

Księga XII, cz. 1   Opowieść 121   175

Krocz ścieżką uczciwości ze szczerością i mądrością unikając ulegania żądzy i gniewowi. Król, który podąża wyłącznie za Zyskiem nie pokonawszy najpierw swej żądzy i gniewu, nie rozwinie odpowiednich zalet i w końcu także nie zdobędzie Zysku. Na swych pomocników nie zatrudniaj nigdy tych, którzy w sprawach Przyjemności i Zysku są nienasyceni i głupi, lecz takich, którzy zdobyli odpowiednie umiejętności i są wolni od zawiści. Osoby, które szukają Zysku opanowane przez żądzę i gniew nie posiadając odpowiednich umiejętności w prowadzeniu interesu, będą ciemiężyć innych różnego rodzaju nieuczciwościami i oszustwami.

Król powinien wypełniać swój skarbiec nakładając finansowe kary na przestępców, pobierając szóstą część plonów i ściągając zgodne z przepisami podatki nałożone na kupców i sprzedawców w zamian za dostarczaną im ochronę. Gdy król pobiera uczciwe podatki, jest sprawiedliwy, czujny, szczodry, wolny od gniewu i żądzy, obywatele nie czują się uciskani i są mu głęboko oddani.

Nigdy nie próbuj wypełniać skarbca nieuczciwą drogą ulegając zawiści. Król, który nie działa zgodnie z nakazami *Wed* i dąży jedynie do zdobycia bogactwa, nie zdoła zgromadzić ani bogactwa, ani religijnych zasług Jego bogactwo będzie jak bezwartościowy przedmiot. Chciwy król, który dla własnego kaprysu uciska swych poddanych nakładając na nich nieuczciwe podatki, szkodzi sam sobie. Tak jak osoba szukająca mleka nie zdobędzie go poprzez obcięcie krowie wymion, tak królestwo rządzone przy pomocy niewłaściwych środków nie przyniesie królowi Zysku. Natomiast król, który ochrania królestwo właściwie i rządzi nim z pomocą rozumu, zdobędzie bogactwo zarówno za życia jak i po śmierci. Ziemia prawidłowo uprawiana zrodzi plony i dostarczy złota będąc jak karmiąca dziecko matka. Król powinien podążać za przykładem ogrodnika, który troskliwie polewa wodą hodowane rośliny, a nie za przykładem tego, kto odcina drzewa od korzeni używając ich na opał. Ochraniając w ten sposób ziemię będzie cieszył się nią bez końca.

Gdy twój skarbiec opróżni się jednak z powodu ataku wroga, powinieneś go wypełnić pobierając bogactwo od swych obywateli z wyjątkiem braminów. Nawet gdy znajdziesz się w całkowitej nędzy, nie pozwól swemu sercu, aby wzburzyło się zawiścią na widok posiadającego bogactwo bramina. Natomiast gdy sam posiadasz bogactwo w wielkiej obfitości, powinieneś obdarowywać nim braminów biorąc pod uwagę ich duchowe walory i ochraniać ich najlepiej jak potrafisz. Zachowując się w ten sposób i ochraniając poddanych swą prawością zdobędziesz wieczną sławę za życia i trudne do zdobycia niebiańskie regiony po śmierci.

Ochrona poddanych jest najwyższym obowiązkiem króla, gdyż współczucie dla wszystkich żywych istot i chronienie ich przed zranieniem jest najwyżej cenioną religijną zasługą. Król, który zaniedbuje tej ochrony, choćby na jeden dzień, zasługuje na cierpienia piekielne przez tysiąc lat. Realizując ją zdobywa wszystkie te niebiańskie regiony, które bramini osiągają poprzez realizację obowiązków zarządzonych dla czterech trybów życia. Żadna osoba, która nie jest królem, nie może zdobyć tak wielkich zasług realizując swój podstawowy obowiązek. Tylko prawy król swą prawością może zdobyć tak wielkie zasługi".

Bhiszma zakończył swą mowę mówiąc: „O Judhiszthira, odzyskawszy królestwo i będąc rozumny nie zapominaj nigdy o obowiązku ochraniania poddanych. Zadowalaj też Indrę oferując mu somę jak i swych przyjaciół spełniając ich życzenia".

2. O narodzinach czterech kast, najwyższej pozycji braminów będących oryginalnymi właścicielami ziemi i roli króla jako strażnika ziemi

Bhiszma kontynuował: „O Judhiszthira, król w trosce o obywateli powinien mianować na swego kapłana kogoś, kto również działa na rzecz ochrony tych, co czynią dobro i karania tych, co czynią zło, aby wspierał go swą radą. Ziemia ochraniana przez wojowników należy bowiem do braminów i król powinien zawsze słuchać rad dobrego bramina. W tym kontekście posłuchaj starożytnej opowieści o tym, jak Wiatr w rozmowie z królem Pururawasem, synem Aila, wyjaśnił mu starszeństwo braminów i konieczność współpracy z nimi przy zarządzaniu ziemią.

Król Pururawas rzekł: 'O bogu wiatru, wytłumacz mi, skąd wzięli się na ziemi bramini i trzy pozostałe kasty i dlaczego bramini wśród kast mają najwyższy status?'

Wiatr odpowiedział: 'O królu, bramini wypłynęli najpierw z ust Brahmy, wojownicy wypłynęli następnie z jego ramion, a waiśjowie z jego ud. A na końcu z jego stóp zostali stworzeni szudrowie.

Bramini stworzeni jako pierwsi narodzili się na ziemi w roli panów wszystkich żywych istot i są skarbnicą wszystkich obowiązków. Ich obowiązkiem jest dbanie o utrzymywanie na ziemi *Wed* i innych świętych pism. Druga z kolei kasta, wojownicy, została stworzona, aby władać ziemią, wymierzać sprawiedliwość i ochraniać wszystkie żywe istoty. Waiśjowie zostali stworzeni po to, aby poprzez uprawę ziemi i handel dostarczać sobie i dwóm wyższym kastom środków do życia, a szudrowie po to, aby usługiwać trzem wyższym kastom'.

Pururawas rzekł: 'O bogu wiatru, powiedz mi, do kogo należy ziemia: do braminów, czy do wojowników?'

Wiatr odpowiedział: 'O królu, wszystko, co istnieje we wszechświecie należy do braminów, gdyż oni narodzili się pierwsi i oni zajmują pierwsze miejsce wśród czterech kast. Tak mówią ci, którzy poznali wszelkie sekrety prawości. Wszystko to, co bramin spożywa, jest jego własne. Miejsce, w którym mieszka, też jest jego własne i jego własne jest to, co daje. Zasługuje więc na szacunek pozostałych kast. Jest najstarszy i pierwszy w porządku kast.

Jednakże tak jak kobieta w przypadku śmierci męża akceptuje na męża jego młodszego brata, tak ziemia w konsekwencji wyrzeczenia się jej przez bramina akceptuje na swego pana wojownika, który narodził się tuż po nim. Taka jest ogólna zasada. Zasada ta nie obowiązuje jednak w czasach katastrofy. Wówczas, jeżeli chcesz zrealizować obowiązki swej kasty i zdobyć niebo, oddaj zdobyty przez ciebie ląd braminom, którzy posiedli wiedzę i prawe zachowanie, uprawiają umartwienia i realizując swe obowiązki są wolni od zawiści wywołanej bogactwem.

Szlachetnie urodzony bramin wyposażony w wiedzę i pokorę potrafi pouczyć króla w każdej sprawie. Będzie królowi przypominał o jego obowiązkach i swymi poradami przyniesie mu dobrobyt. Dopóki król wierny swym obowiązkom i wolny od pychy będzie chciał słuchać rad i instrukcji braminów, dopóty będzie czczony przez poddanych zdobywając sławę.

Królewski kapłan ma więc swój udział w zasługach zbieranych przez króla. Gdy król podążając za jego radą kroczy wytrwale ścieżką prawości, jego poddani biorąc z niego przykład i znajdując w nim oparcie, wolni od lęku również praktykują prawość. Czwarta część ich zasług należy do króla. Dobrobyt ludzi, bogów, Ojców, gandharwów i rakszasów zależy od realizacji rytuałów ofiarnych sponsorowanych przez króla. Ofiara, którą żywią się bogowie i Ojcowie, bazuje na królu. W kraju pozbawionym króla zanika ofiara.

Latem ludzie poszukują ulgi w cieniu drzew, zimnej wodzie lub chłodnych powiewach wiatru, podczas gdy zimą czerpią przyjemność z cieplejszych ubrań, miejsca przy ogniu i promieni słońca. Serca ludzi radują dźwięki, widoki, dotyk niektórych przedmiotów, smak i zapach. Lęk pozbawia ich jednak możliwości odczuwania tych przyjemności i dlatego król, który uwalnia ich od lęku, zbiera wielkie zasługi. We wszystkich trzech światach nie ma większego daru od daru życia, który swym poddanym daje prawy król.

Król na ziemi przybiera różne boskie formy. Jest Indrą, Jamą, Dharmą. To on strzeże wszystkiego i utrzymuje wszystko przy życiu'".

3. O konieczności współdziałania wojowników i braminów w zarządzaniu królestwem, aby uniknąć niszczącej siły Rudry

Bhiszma kontynuował: „O Judhiszthira, król, który w swym działaniu bierze pod uwagę Prawo i Zysk, powinien więc jak najszybciej zatrudnić do pomocy w rządzeniu kapłana znającego wszystkie sekrety *Wed*, aby pomagał mu rozwikłać wymogi Prawa i Zysku, które często w konkretnym przypadku są nieoczywiste i powikłane. Król o szlachetnej duszy znający zasady polityki, który ma za doradców kapłanów o podobnych walorach, osiąga powodzenie we wszystkich działaniach. Zarówno królowie jak i kapłani o takich zaletach, którzy praktykują dotrzymywanie ślubów i umartwienia, zasługują na szacunek. Razem zdołają utrzymać przy życiu swych poddanych, dzieci, bogów i Ojców i przynieść im rozwój.

Król i kapłan powinni mieć podobne serca i żyć w przyjaźni. Przyjaźń wojowników z braminami uszczęśliwia poddanych, a wrogość między nimi przynosi im zniszczenie. Bramini i wojownicy są nazywani przodkami wszystkich ludzi i bronią świat przed niszczącą siłą Rudry. W tym kontekście posłuchaj starożytnej opowieści o rozmowie króla Pururawasa z mędrcem Kaśjapą na ten temat.

Pururawas rzekł: 'O wielki mędrcu, powiedz mi, co się stanie gdy bramin przestanie wspierać wojownika, a wojownik bramina? Wyjaśnij mi także, który z nich powinien być uznany za nadrzędnego i od istnienia którego z nich zależy utrzymanie się pozostałych kast przy życiu?'

Kaśjapa rzekł: 'O królu, gdy bramini i wojownicy spierają się ze sobą, królestwu grozi ruina. Wdziera się do niego chaos, zaczynają je trapić złodzieje i ci, którzy są prawi, odmawiają królowi przynależności do aryjskiej rasy. Woły i ich potomstwo umierają, mleko przestaje być ubijane, a rytuały ofiarne przestają być wykonywane. Młodzi bramini przestają studiować *Wedy* i prowadzić rytuały ofiarne. Znika dobrobyt. Wojownicy, którzy odrzucają braminów, tracą swą czystą krew i stają się ze swej natury złodziejami.

Bramini i wojownicy są ze sobą w sposób naturalny powiązani i powinni ochraniać się nawzajem. Bramini rozwijają się dzięki wsparciu wojowników, a wojownicy dzięki wsparciu braminów. Ich pomyślność zależy od wspierania się nawzajem. Gdy ich wzajemna życzliwość sięgająca starożytnych czasów załamie się, chaos opanuje wszystko i nikomu nie uda się przepłynąć oceanu życia. Wszystkie cztery kasty stracą jasność swych obowiązków i ulegną zniszczeniu. Bramini są jak drzewa, i gdy są właściwie ochraniani, na ziemię leje się miód i złoto, a gdy nie są, ziemię zalewają łzy i grzech. Gdy bramini zapominają o *Wedach*, Indra przestaje polewać ziemię deszczem i różne klęski zaczynają nawiedzać królestwo. Gdy zabójstwo kobiety lub bramina przestaje wywoływać oburzenie i strach przed królewską karą już ich nie powstrzymuje, sam król znajdzie się w niebezpieczeństwie. W konsekwencji grzechów zatwardziałych grzeszników w królestwie pojawi się Rudra niosąc ze sobą zemstę i swym gniewem zniszczy wszystkich bez różnicy, zarówno uczciwych jak i grzeszników'.

Pururawas rzekł: 'O wielki mędrcu, żywe istoty niszczą żywe istoty. Powiedz mi, skąd Rudra wypłynął i jakie przybiera formy?'

Kaśjapa rzekł: 'O królu, Rudra mieszka w ludzkich sercach. To on niszczy ciała tych, w których mieszka, jak i ciała innych. Mędrcy mówią, że Rudra jest jak burzowe powietrze i ma formy takie same jak wiatry'.

Pururawas rzekł: 'O wielki mędrcu, podmuchy wiatru same w sobie nie zawsze przynoszą człowiekowi zniszczenie, tak samo nie czyni tego Indra oblewając ziemię deszczem. Z drugiej strony widzimy jednak, że ludzie tracą zmysły i zabijają się nawzajem z zawiści i szaleństwa'.

Kaśjapa rzekł: 'O królu, tak jak ogień płonący w jednym domu potrafi spalić całą wieś, tak Rudra najpierw odbiera rozum kilku, a następnie ta utrata rozumu dotyka wszystkich bez wyjątku, zarówno uczciwych jak i niegodziwych'.

Pururawas rzekł: 'O wielki mędrcu, skoro kara za grzechy popełnione przez kilku spada na wszystkich, jaki sens ma czynienie dobra? Czy nie lepiej byłoby dla dobrych czynić zło?'

Kaśjapa rzekł: 'O królu, ludzie prawi, którzy uniknęli kontaktu z grzesznikiem, są czyści jak łza, jednakże ci, którzy przebywają w tym samym korcu, co grzesznicy, padają ofiarą kary wymierzonej grzesznikom. Kara ta jest jak pożar, który niszczy zarówno te drzewa, które są suche i te które są mokre, lecz rosną w ich sąsiedztwie. Dlatego człowiek uczciwy powinien starać się unikać kontaktu z grzesznikiem'.

Pururawas rzekł: 'O wielki mędrcu, ziemia nosi na swej powierzchni zarówno ludzi prawych jak i grzeszników, lecz wiatr wieje na nich tak samo i tak samo pada na nich deszcz'.

Kaśjapa rzekł: 'O królu, taki faktycznie jest bieg materialnego świata. Nie jest tak jednak dłużej po śmierci. Na tamtym świecie jest wielka różnica między tym, co spotyka grzeszników i ludzi uczciwych. Regiony zdobywane przez tych, którzy zgromadzili za życia liczne zasługi, są o splendorze złota lub ognia karmionego oczyszczonym tłuszczem i powiązane ze źródłem eliksiru nieśmiertelności. Osoby przebywające w tych regionach doświadczają stanu wielkiej błogości uwalniając się od zgrzybiałości, smutku i śmierci. Grzesznicy natomiast udają się do regionów piekielnych pokrytych wieczną ciemnością, wypełnionych smutkiem i przynoszących niekończące się cierpienie. Grzesznik tonąc w hańbie przez długie lata będzie pokutował za swe grzechy'".

Bhiszma zakończył swą mowę mówiąc: „O Judhiszthira, w konsekwencji niezgody między braminami i wojownikami na ludzi spadną różne nieszczęścia. Król wiedząc o tym powinien jeszcze przed koronacją mianować na swych kapłanów doświadczonych braminów, którzy zdobyli pełną wiedzę. Tak zostało zarządzone w świętych pismach. Tam też zostało zadeklarowane, że bramin wśród wszystkich żywych istot zajmuje pierwsze miejsce Jak mówią ci, którzy poznali wszystkie *Wedy*, bramin narodził się pierwszy i w konsekwencji jego bycia pierworodnym wszystko to, co jest na tym świecie dobre, ma w nim swój kapitał. Będąc legalnym dziedzicem wszystkiego dobrego, co wypłynęło ze Stwórcy, powinien również z racji swej pierworodności być czczony i szanowany przez wszystkie żywe istoty. Król, bez względu na to jak jest potężny, powinien zdaniem świętych pism, obdarzać bramina wszystkim, co jest najlepsze i stoi wyżej od wszystkiego innego. Bramin ma swój wkład w ulepszanie króla i król ma swój wkład w ulepszanie bramina. Król powinien więc zawsze oddawać braminom należną im cześć".

4. O walorach łączenia siły właściwej dla bramina z siłą właściwą dla króla w rządzeniu królestwem

Bhiszma kontynuował: „O Judhiszthira, w pismach zostało stwierdzone, że ochrona i rozwój królestwa bazuje na królu, a ochrona i rozwój króla bazuje na królewskim kapłanie. Królestwo cieszy się pomyślnością, gdy ukryty wewnątrz lęk mieszkańców zostaje rozproszony przez braminów, a ich lęk przed zagrożeniami zewnętrznymi zostaje rozproszony przez króla, dzięki sile jego broni. W tym kontekście posłuchaj jeszcze jednej starożytnej opowieści o rozmowie między królem Muczukundą a bogiem bogactwa, Kuberą, zwanym również Waiśrawana, która miała miejsce wówczas, gdy król Muczukunda pokonał Kuberę dzięki pomocy swego kapłana.

Król Muczukunda po podbiciu całej ziemi chciał wypróbować swe siły napadając na królestwo boga bogactwa Kubery zwanego również Alaka. Kubera siłą swej ascezy stworzył potężny oddział demonów rakszasów, który zniszczył nacierające na nich wojska króla Muczukundy, który z kolei widząc to zaczął prosić o pomoc swego kapłana Wasisztę. Wasiszta w odpowiedzi poddał się bardzo surowym umartwieniom i dzięki swym duchowym mocom zniszczył oddział rakszasów.

Kubera widząc klęskę swej armii ukazał się przed królem Muczukundą i rzekł: 'O królu, żaden ze starożytnych królów nawet potężniejszych od ciebie nie odważył się zaatakować mnie z pomocą swego kapłana. Widząc we mnie tego, od kogo zależy ich dobrobyt i niedola, zbliżali się do mnie tylko po to, aby oddawać mi cześć. Jeżeli masz dość siły w swej armii, ukaż ją. Dlaczego korzystasz z pomocy swego kapłana?'

Rozgniewany tymi słowami król Muczukunda rzekł bez lęku i bez pychy: 'O Kubera, dlaczego mnie ganisz? Samo-Stwarzający Się *Brahman* stworzył zarówno bramina jak i wojownika. Obaj pochodzą więc z tego samego źródła. Siłą bramina są jego umartwienia i mantry, a siłą wojownika potęga jego broni. Jeżeli nie będą współdziałać w używaniu swych mocy, nie zdołają utrzymać istnienia świata. Król powinien ochraniać swych poddanych wykorzystując obie te potęgi'.

Kubera rzekł: 'O królu, bez rozkazu Samo-Stwarzającego się nigdy nie obdarowałem nikogo suwerennością i nikomu jej nie odebrałem. Przyjmij więc ją ode mnie w darze i rządź całą ziemią'.

Król Muczukunda rzekł: 'O Kubera, nie chcę od ciebie takiego daru. Chcę się cieszyć suwerennością zdobytą siłą moich własnych ramion i dlatego pokonałem twą armię'".

Bhiszma kontynuował: "O Judhiszthira, Kubera usłyszawszy te słowa i widząc odwagę Muczukundy i jego upór w kroczeniu ścieżką wojownika popadł w zdumienie. Tymczasem Muczukunda oddany swym własnym obowiązkom i mając do pomocy duchową potęgę swego kapłana władał całą ziemią, którą sam zdobył. Prawy król, który włada królestwem dając pierwszeństwo i korzystając z pomocy braminów zdobędzie całą ziemię i wielką sławę. Bramin jednakże powinien zawsze realizować swoje obowiązki wykonując religijne ryty, a wojownik swoje będąc zawsze gotowy do użycia broni. Do nich razem należy każda rzecz we wszechświecie".

Bhiszma kontynuował: „O Judhiszthira, posłuchaj raz jeszcze, jak powinien zachowywać się król, aby przynieść powodzenie poddanym i zdobyć niebo.

Król powinien być szczodry i sponsorować rytuały ofiarne, z oddaniem realizować swój obowiązek dostarczania ochrony poddanym, praktykować umartwienia i dotrzymywanie ślubów, oddawać honory tym, którym się one należą wstając na ich widok i obsypując ich bogatymi darami. Gdy będzie przestrzegał tych zasad, wszyscy inni będą również uwzględniać je w swym działaniu, bo poddani biorą przykład ze swego króla.

Król ze swym berłem sprawiedliwości w dłoni powinien być dla swych wrogów jak sama śmierć. Powinien niszczyć złodziei nie darowując żadnemu.

Do króla należy jedna czwarta zasług jego poddanych zebranych przez nich pod jego ochroną. Króla obciąża jednak również jedna czwarta grzechów popełnionych przez jego poddanych w konsekwencji nieszczęść sprowadzonych na królestwo przez jego zaniedbania w realizacji swych obowiązków. Niektórzy twierdzą, że na króla spada połowa, a inni mówią, że całość konsekwencji grzechu wynikłego z jego okrucieństwa lub wypowiedzenia kłamstwa. Ludzie szukają ochrony u króla tak jak ptaki szukają dla siebie ochrony na wielkim drzewie. Takiej ochrony nie zdoła jednak dostarczyć swym poddanym król, który ma duszę okrutną i zawistną i szuka jedynie zaspokojenia własnej żądzy.

Król może się oczyścić z grzechów popełnionych przez poddanych zwracając im dobra ukradzione przez złodziei, lub wyrównując ich stratę bogactwem ze swego skarbca. Dóbr należących do braminów powinien strzec tak samo jak ich życia. Ten, kto dokona przestępstwa przeciw własności bramina, powinien zostać wygnany z królestwa. Ochrona dóbr braminów jest równa ochronie wszystkiego. Dzięki łasce czującego się bezpiecznie bramina, król osiąga powodzenie".

5. O tym, jak król Kaikejów obronił się przed demonem swą prawością

Bhiszma kontynuował: „O Judhiszthira, prawy król wspierany przez braminów nie musi obawiać się demonów. Posłuchaj starożytnej opowieści o tym jak troszczący się o braminów i realizujący surowe śluby król Kaikejów skłonił swą mową porywającego go demona rakszasę, aby go uwolnił dowodząc, że jego królestwo jest w rozkwicie, a jego dusza jest zbyt prawa, aby mógł nią zawładnąć.

Pewnego dnia, gdy król Kaikejów udał się do dżungli, aby zrealizować swój ślub, dostrzegł go grasujący po lesie demon rakszasa i zbliżywszy się do niego próbował go porwać. Król Kaikejów rzekł: 'O demonie, w jaki sposób chcesz wedrzeć się do mego serca? Na terenach należących do mojego królestwa nie znajdziesz ani jednego złodzieja, czy innego niegodziwca. Nie znajdziesz też ani jednej osoby używającej alkoholu. Nie ma takiego domostwa, gdzie nie płonąłby święty ogień i gdzie nie wykonywałoby się rytuałów ofiarnych.

W moim królestwie nie ma bramina, który nie zna *Wed* i nie realizuje swych przysiąg lub nie pije somy i który nie byłby bogato obdarowany na zakończenie każdego rytuału ofiarnego. Wszyscy bramini w moim królestwie sami studiują *Wedy*, nauczają innych, wykonują ofiary, asystują w ofiarach sponsorowanych przez innych, przyjmują i dają dary wykonując w ten sposób wszystkie sześć wyznaczonych dla nich działań. Nikt, kto nie ma do tego prawa, nie zajmuje się studiowaniem *Wed*. Bramini oddani swym obowiązkom są otoczeni czcią i nie brakuje im środków do życia. W swej mowie są łagodni i prawdomówni. W jaki sposób chcesz więc zdobyć moją duszę?

W moim królestwie również wojownicy realizują obowiązki wyznaczone dla ich kasty. Nigdy nie biorą, tylko zawsze dają, uczą się, lecz nie nauczają, wykonują swe własne rytuały ofiarne, ale nigdy nie wykonują ich dla innych. Dostarczają braminom ochrony i nigdy nie uciekają przed bitwą. Podobnie waiśjowie realizują ściśle obowiązki swej kasty. Z prostotą i bez oszustwa utrzymują się przy życiu zajmując się uprawą ziemi, hodowlą i handlem. Realizują właściwe dla nich religijne ryty i są prawdomówni. Obdarowują gości, kontrolują swą duszę i troszczą się o swych krewnych. Szudrowie również realizują swe obowiązki dając pierwszeństwo i służąc z pokorą i bez ukrytej wrogości trzem wyższym kastom. W jaki sposób chcesz więc zdobyć moją duszę?

Ja sam dostarczam środków utrzymania ludziom bezradnym i chorym oraz starcom. Utrzymuję też zwyczaje, które przetrwały od najdawniejszych czasów. Asceci w moim królestwie są ochraniani i czczeni. Zawsze są witani honorami i posiłkiem. W moim królestwie nikt poza tymi, którzy praktykują celibat lub prowadzą żebraczy tryb życia, nie musi żebrać o posiłek. Nikt, kto nie jest kapłanem, nie wlewa oczyszczonego tłuszczu do ognia ofiarnego. Ja sam nigdy nie jem bez dzielenia się swoim posiłkiem z mojego talerza. Nigdy nie odwiedzam kobiet, które są czyimiś żonami. Nie uprawiam nałogowo gier. Nigdy nie znieważam ascetów, mędrców, starców i tych, co praktykują umartwienia. Ochraniam swych poddanych nawet podczas ich snu. W jaki sposób chcesz więc zdobyć moją duszę? Mój własny kapłan zdobył wiedzę swej jaźni. Uprawia umartwienia i jest oddany swym obowiązkom. To do niego należy moje królestwo. Ja sam poprzez swą dobroczynność szukam wiedzy i przez swą prawdomówność i ochronę braminów pragnę zdobyć błogosławione regiony w niebie. Odpłacam swą służbą swym nauczycielom. W moim królestwie nie ma ani wdów, ani niegodziwych braminów lub braminów asystujących w niedozwolonych rytuałach, oszustów, złodziei i innych rodzajów grzeszników. Na moim ciele nie ma miejsca nawet na dwa palce, które nie byłoby usiane wojennymi bliznami i zawsze jestem gotowy do walki w obronie sprawiedliwych. W moim królestwie ludzie bez przerwy mnie błogosławią, pragnąc abym mógł zawsze ich ochraniać i sponsorować rytuały ofiarne. Będąc prawy nie boję się demonów takich jak ty. W jaki sposób chcesz więc zdobyć moją duszę?'

Skruszony mową króla rakszasa wypuścił go ze swego uścisku i stając przed nim z pobożnie złożonymi dłońmi rzekł: 'O królu Kaikejów, wracaj tam, skąd przyszedłeś i bądź błogosławiony. Królom, którzy ochraniają swych krewnych, braminów i wszystkich poddanych nic nie może grozić ze strony rakszasów i innych grzeszników. Królowie, którzy dają pierwszeństwo braminom i których potęga zależy od potęgi braminów i których poddani realizują swój obowiązek gościnności, zawsze zdobywają niebo'".

Bhiszma kontynuował: "O Judhiszthira, pamiętaj więc o tym, żeby ochraniać braminów, którzy w odpowiedzi będą ciebie ochraniać i ich błogosławieństwo będzie ci zawsze towarzyszyć. Chcąc jednakże również ochraniać prawość (*dharmę*) powinieneś umieć odróżnić i oddzielić dobrych braminów, którzy realizują swe bramińskie obowiązki od złych braminów, którzy tego nie czynią. Gdy będziesz działać w ten sposób przyniesiesz królestwu dobrobyt i zdobędziesz niebo".

6. O królewskim obowiązku w stosunku do złych i dobrych braminów

Król Prawa rzekł: "O Bhiszma, niektórzy bramini realizują obowiązki właściwe dla ich kasty, podczas gdy inni realizują obowiązki przypisane innym kastom. Jaka jest różnica między tymi dwiema klasami braminów?"

Bhiszma rzekł: "O Judhiszthira, istnieją różne rodzaje braminów. I tak ci, którzy poznali wszystkie *Wedy*, są skłonni do dobroczynności i patrzą na wszystkie żywe istoty takim samym okiem, są równi Brahmie. Ci, którzy znają święte formuły *Rigwedy*, *Jadżurwedy*, *Samawedy* i z oddaniem realizują praktyki wyznaczone dla ich kasty, mają status równy bogom. Jednakże ci wśród nich, którzy nie są czystej krwi i nie są wystarczająco oddani bramińskim praktykom, są jak szudrowie. Ci, którzy są zatrudniani do poszczególnych usług np. w sądach i innych instytucjach wymiaru sprawiedliwości, wykonują rytuały na zamówienie otrzymując za to zapłatę, dostarczają religijnych usług waiśjom i szudrom, wykonują rytuały na rzecz całej wioski lub udają się nad brzeg oceanu, są równi Czandalom, którzy odsługują ciała umarłych. Ci, którzy wykonują królewskie rytuały ofiarne, są przyjaciółmi, doradcami i posłami króla, mają status wojowników. Ci, którzy jeżdżą na koniu, słoniu, wozie lub pełnią rolę żołnierzy piechoty są równi waiśjom.

Prawy król powinien ściągać daninę i nie udzielać zapłaty za publiczne usługi tym braminom, którzy nie znają wystarczająco *Wed* i nie mają swych własnych ogni ofiarnych.

W przypadku, gdy królewski skarbiec jest pusty, król może obciążyć stojących niżej braminów podatkiem. Nigdy jednak nie powinien żądać podatku od tych braminów, którzy są równi bogom lub Brahmie. W *Wedach* zostało powiedziane, że król jest panem dóbr należących do jego poddanych za wyjątkiem dóbr braminów. Król może zabrać dobra jedynie tego bramina, który podupadł i nie realizuje swych czysto bramińskich obowiązków.

Król jednakże nigdy nie powinien pozostawać obojętny wobec tych braminów, którzy nie realizują swych obowiązków. Mając na uwadze utrzymanie prawości wśród poddanych, powinien odseparować ich od innych. Król, w którego królestwie bramin zachowuje się jak złodziej, jest uważany przez mędrców za tego, kto odpowiada za jego przestępcze uczynki. Obowiązkiem króla jest dostarczenie realizującym swe obowiązki braminom środków utrzymania, aby nie musieli ich szukać posuwając się do kradzieży.

Jeżeli jednak bramin ucieka się do kradzieży pomimo dostarczania mu przez króla środków utrzymania, powinien zostać ukarany wygnaniem z królestwa razem ze swymi krewnymi".

7. O warunkach, w których bramini mogą realizować działania wyznaczone dla innych kast bez popełniania grzechu

Judhiszthira rzekł: „O Bhiszma, mędrcy powiadają, że w sytuacji katastrofy bramini mogą utrzymywać się przy życiu przyjmując ścieżkę wojownika. Powiedz mi, czy bramini mogą również w szczególnej sytuacji praktykować obowiązki waiśjów?"

Bhiszma rzekł: „O Królu Prawa, gdy bramin doświadcza katastrofy i traci swe zwykłe środki utrzymania się przy życiu i jest niezdolny do podjęcia obowiązków wojownika, może realizować działania wyznaczone dla waiśjów i utrzymywać się z rolnictwa, czy hodowli bydła".

Judhiszthira rzekł: „O Bhiszma, jeżeli bramin idzie ścieżką waiśjów, to czym może handlować bez groźby utraty nieba?"

Bhiszma rzekł: „O Judhiszthira, bez względu na warunki, w których się znaleźli, braminom nigdy nie wolno handlować winem, nasieniem sezamowym, zwierzętami, które mają grzywy, bykami, miodem, mięsem, gotowanym jedzeniem. Piekło pochłonie tych, którzy będą handlować wymienionymi przedmiotami. Sprzedając kozła popełniają grzech sprzedaży boga ognia. Sprzedając owcę popełniają grzech sprzedaży boga wód, a sprzedając konia popełniają grzech sprzedaży boga słońca. Sprzedając gotowany posiłek popełniają grzech sprzedaży ziemi, a sprzedając krowę popełniają grzech sprzedaży ofiary i somy. Kupno nieugotowanego jedzenia w zamian za ugotowane nie jest aprobowane. Nieugotowane jedzenie może być jednak dane do ugotowania, nie popełnia więc grzechu ten, kto spożywa czyjeś ugotowane jedzenie, dając mu w zamian nieugotowane jedzenie do ugotowania. Pamiętaj o odwiecznej praktyce wymiany—dawania czegoś za coś—sięgającej korzeniami do starożytności. Taka wymiana jest słuszna. Zabieranie komuś czegoś bez zapłaty jest grzechem. Zasady tej przestrzegają zarówno riszi jak i inni".

Judhiszthira rzekł: „O Bhiszma, gdy wszystkie cztery kasty porzucają swe obowiązki i występują zbrojnie przeciw królowi, królewska władza słabnie. W jaki sposób w takiej sytuacji król powinien realizować swój obowiązek ochraniania poddanych?"

Bhiszma rzekł: „O Królu Prawa, w takiej sytuacji wszystkie kasty pod przewodnictwem braminów powinny działać na rzecz swego własnego dobra używając takich środków jak dobroczynność, umartwienia, rytuały ofiarne, spokój i samo-kontrola. Ci wśród nich, którzy są obdarzeni wedyjską siłą powinni korzystając ze swej mocy wzmocnić siłę króla tak jak bogowie wzmacniają siłę Indry. Gdy królewska władza słabnie, bramini są dla króla wsparciem i ucieczką. Mądry król szuka wzmocnienia swej siły siłą braminów. Kiedy zwycięski król przynosi pokój, wszystkie kasty powracają do swych obowiązków. Gdy złodzieje łamiąc wszelkie ograniczenia sieją wokół zniszczenie, członkowie wszystkich kast mogą uchwycić za broń nie popełniając grzechu".

Judhisztira rzekł: „O Bhiszma, kto będzie ochraniał braminów i *Wedy*, gdy wojownicy zwrócą się przeciw braminom? Co bramini powinni czynić w takiej sytuacji i gdzie powinni szukać ratunku?"

Bhiszma rzekł: „O Judhisztira, w takiej sytuacji wojownicy powinni zostać pokonani przy pomocy broni lub sił duchowych w uczciwej walce lub przy pomocy oszustwa. Jeżeli wojownik nie realizuje swych obowiązków szczególnie w stosunku do braminów, zostanie pokonany przez same *Wedy*. Choć ogień wypłynął z wód, wojownik z bramina, a żelazo z kamienia, to każdy z nich ginie, gdy wejdzie kontakt ze swym źródłem. Woda niszczy ogień, bramin niszczy wojownika, a kamień żelazo. Tak więc energia wojownika, bez względu na to jak potężna, zostanie zniszczona, gdy skieruje się przeciw braminowi.

Gdy energia braminów i wojowników słabnie i gdy ludzie odmawiają braminom szacunku, ci którzy bez lęku angażują się w walkę w obronie braminów motywowani przez prawość i siłę ducha, zdobędą po śmierci najwyższe regiony wiecznej ekstazy. W obronie braminów wszyscy powinni uchwycić za broń i te odważne osoby, które tak czynią, zdobywają nagrody równe tym, które są zdobywane przez studiowanie *Wed*, surową ascezę i oddanie życia w płomieniach ognia.

Bramin, który chwyta za broń w obronie trzech pozostałych kast, nie popełnia grzechu. W takich warunkach oddanie życia w walce jest jego najwyższym obowiązkiem.

Chylę głowę przed tymi, którzy są gotowi oddać swe życie w walce z wrogami braminow. Śmierć w takich warunkach otwiera drogę do tych samych regionów, które są wyznaczone dla braminów. Tak ogłosił sam Manu. Tak jak człowiek oczyszcza się z wszystkich grzechów biorąc kąpiel na zakończenie Ofiary Konia, tak uwalniają się od swych grzechów ci, którzy giną od uderzenia broni walcząc przeciw niegodziwcom.

W zależności od miejsca i czasu Prawo może stać się Bezprawiem, a Bezprawie Prawem. Taka jest potęga miejsca i Czasu w determinowaniu charakteru ludzkich uczynków. Obrońcy prawości zdobywają niebo nawet po wykonaniu okrutnych uczynków. I tak wojownik zdobywa błogosławione regiony niebieskie nawet po popełnieniu grzesznych działań. Podobnie bramin, który chwyta za broń w samoobronie lub w celu skłonienia innych do realizacji swych obowiązków i ukarania złodziei".

Judhiszthira rzekł: „O Bhiszma, czy w sytuacji, gdy królestwo opanują złodzieje, załamią się granice między kastami i gdy wojownicy stracą swe umiejętności zaprowadzenia porządku, czy wówczas heroiczna osoba z innej kasty może bez grzechu uchwycić za broń w obronie królewskich poddanych?"

Bhiszma rzekł: „O Judhiszthira, każda osoba, która jest zdolna do zatrzymania powodzi Bezprawia i uwolnienia ludzi od lęku, zasługuje na szacunek i miłość, jakby była bliskim krewnym, bez względu na to z jakiej pochodzi kasty. Jaki użytek jest z byka, który nie nosi na swym grzbiecie ciężaru, krowy, która nie daje mleka, bezpłodnej żony? Podobnie jaki użytek jest z króla, który nie potrafi dostarczyć ochrony swym poddanym? Bramin bez znajomości *Wed* i król niezdolny do zapewnienia ochrony swym poddanym są jak drewniany słoń, wypchany jeleń, bezpłodny eunuch lub nie dająca plonów ziemia. Tylko taka osoba, która jest zdolna do udzielenia ochrony sprawiedliwym i zniszczenia niegodziwców zasługuje na bycie królem i rządzenie całym światem".

8. Bhiszma krytykuje zamiar Judhiszthiry, aby porzucić królestwo i rozpocząć żebraczy tryb życia właściwy dla braminów

Judhiszthira rzekł: „O Bhiszma, ja sam nigdy nie szukałem ani samej władzy, która wymaga okrutnych i grzesznych działań, ani przyjemności w jej sprawowaniu. Zgodziłem się na jej przyjęcie ze względu na zasługi, które przynosi. Dziś jednak wątpię nawet w to, czy przynosi jakieś zasługi. Po co mi więc władanie królestwem? Chciałbym odłożyć królewskie berło kary i wycofać się do lasu, gdzie żywiąc się owocami i korzonkami pokonałbym swe zmysły i nie raniąc nikogo zdołałbym zebrać wiele zasług prowadząc życie świętego ascety".

Bhiszma rzekł: „O Judhiszthira, znam doskonale stan twego serca i wiem jak łagodne jest twoje usposobienie. Nie można jednak osiągnąć powodzenia w rządzeniu królestwem wyłącznie samą łagodnością. Gdy serce króla jest zbyt litościwe i pełne współczucia, gdy myśli tylko o niepopełnianiu grzechu i brak mu energii, ludzie przestają go darzyć należytym szacunkiem. Podążaj drogą swych heroicznych przodków, bo król nigdy nie powinien wybierać tej drogi, której ty sam teraz pragniesz. Nie powinieneś nigdy odczuwać winy z powodu realizacji swych królewskich obowiązków bez względu na to, jak są okrutne i zachowywać się jak bramin, gdyż zachowując się w ten sposób nigdy nie zdołasz zdobyć zasług, które płyną z ochraniania poddanych.

Życie ascety, które chcesz prowadzić, jest w sprzeczności z błogosławieństwami, którymi obdarzyli cię twój ojciec Pandu i twa matka Kunti. Życzyli ci zawsze odwagi, siły, uczciwości, energii i szczodrości. Odpłać im za ich błogosławieństwa. Narodziłeś się w kaście wojowników i musisz realizować swe własne obowiązki, którymi jest nabywanie wiedzy, składanie ofiary i ochrona poddanych, bez względu na to, czy realizujące je działania są w szczególnych okolicznościach grzeszne, czy też przynoszą zasługi. Sława nigdy nie opuści tych ludzi, którzy potrafią unieść ciężar swych obowiązków idąc przez życie. Nawet wytrenowany właściwie koń potrafi unieść swój ciężar, cóż więc dopiero mówić o człowieku. Gdy ktoś realizuje działania i wypowiada słowa, które są dla niego właściwe, nie sprowadza na siebie kary, bo osiągnięcie sukcesu zależy od właściwych działań i słów.

Żaden człowiek, bez względu na to, jaki tryb życia prowadzi, i czy jest królem, czy *brahmacarinem*, nie zdoła osiągnąć sukcesu bez popełniania żadnych błędów. Nie zapominaj, że zawsze lepiej wykonywać działania, choć przynoszą niewielkie zasługi, niż w ogóle zaniechać działań, bo takie całkowite zaniechanie jest grzeszne. Prawy król, który zdołał osiągnąć sukces w gromadzeniu bogactwa, osiągnie sukces we wszystkim innym, gdy po zdobyciu królestwa ujarzmi innych poprzez rozdawanie darów, słodkie słowa lub użycie siły. Nikt nie zbiera więcej zasług niż król, który uwalnia poddanych od lęku przed utratą środków utrzymania i pozwala im żyć w zadowoleniu".

Judhiszthira rzekł: „O Bhiszma, powiedz mi, dzięki jakim działaniom król zdobywa niebo i jaka jest natura szczęścia, które one przynoszą. Na czym polega zdobywana dzięki nim pomyślność?"

Bhiszma rzekł: „O Judhiszthira, najbardziej na niebo zasługuje ta osoba, która choć na moment przynosi ulgę tym, których prześladuje strach. Wiedząc o tym rządź swym królestwem i zdobądź niebo karząc niegodziwców i uwalniając od strachu poddanych. Niech twoi przyjaciele i wszyscy uczciwi ludzie mają w tobie takie samo oparcie jak żywe istoty znajdują je w oblewającym ziemię deszczem Indrze, a ptaki w obsypanym owocami drzewie. Ludzie szukają ochrony u herosa, który jest zdolny zarówno do współczucia jak i do użycia broni, zdobył kontrolę nad swymi zmysłami, jest sprawiedliwy i darzy wszystkich takim samym ciepłym uczuciem".

Napisane na podstawie fragmentów *Mahābharāta*,
Santi Parva, Part 1, Sections LXXI-LXXVIII
(Rajadharmanusasana Parva).

Opowieść 122
O kapłanach, ministrach i doradcach króla

1. O konieczności ścisłego przestrzegania rozporządzeń *Wed* w rytualne ofiarnym i o wyborze królewskiego kapłana; 2. O zagrożeniu płynącym z pełnego zaufania do ministrów i o ich wyborze; 3. O nieufnym stosunku do krewnych i wygrywaniu ich serc swą prawością; 4. O konieczności ochrony tych, którzy działają na rzecz królewskiego dobra krytykując jego ministrów; 5. O cechach, które powinny charakteryzować królewskich ministrów i doradców; 6. O znaczeniu doboru właściwych doradców i konsultacji w polityce; 7. O znaczeniu uprzejmej mowy; 8. O konieczności przestrzegania właściwych procedur w wymierzeniu sprawiedliwości i o wykonawcach tych procedur.

> *Bhiszma rzekł: „O Judhiszthira, całkowite zaufanie króla do ministrów jest niszczące zarówno dla Prawa jak i Zysku. Całkowita ufność jest jak przedwczesna śmierć. Ufność czyni człowieka bezbronnym i naraża na niebezpieczeństwo. Ten, kto bezgranicznie ufa innemu, zdaje się na jego łaskę. Z tych to powodów król powinien zawsze traktować innych z pewną dozą podejrzliwości. Jest to odwieczna zasada polityki, o której nie wolno zapominać".*

(*Mahābhārata*, Santi Parva, Part 1, Section LXXX)

1. O konieczności ścisłego przestrzegania rozporządzeń *Wed* w rytualne ofiarnym i o wyborze królewskiego kapłana

Judhiszthira stojąc ze złożonymi dłońmi przed leżącym na swym łożu ze strzał Bhiszmą chciał wiedzieć, czym powinien kierować się król wybierając swych doradców, ministrów i kapłanów. Rozpoczął od pytania o kapłana. Rzekł: „O Bhiszma, powiedz mi, jakie cechy powinny charakteryzować osoby pełniące rolę królewskich kapłanów i co należy do ich obowiązków?"

Bhiszma rzekł: „O Judhiszthira, królewskimi kapłanami powinni być bramini, którzy znają wszystkie wedyjskie hymny i wszystkie ryty oraz inne religijne akty, których wykonanie ma na celu przyniesienie królowi pomyślności. Powinni być lojalni i oddani królowi i wspierać go swymi mowami, żyć ze sobą w przyjaźni i patrzyć na wszystko takim samym okiem. Powinni być szczerzy, prawdomówni, prostolinijni, wolni od wszelkiej skłonności do okrucieństwa i żaden z nich nie powinien być lichwiarzem.

Osoby posiadające wszystkie te zalety są najlepszymi kapłanami i zasługują na głęboki szacunek. Zostało stwierdzone w *Wedach*, że kapłan o pokojowej naturze, skromny, wolny od pychy, skłonny do dobroczynności, samo-kontrolujący się, nasycony, wolny od żądzy, inteligentny, prawdomówny, realizujący swe przysięgi, nie zadający ran innym, posiadający wiedzę i trzy bramińskie walory, którymi są *Wedy*, dobre zachowanie i dobre pochodzenie—jest równy Brahmie".

Judhiszthira rzekł: „O Bhiszma, wedyjskie teksty mówią o konieczności obdarowywania kapłanów prowadzących rytuały ofiarne *dakszą*. Mówią, że 'powinna być dana', nie mówią jednak nic o jej wielkości. Rozporządzenie to nie bierze też pod uwagę możliwości i ograniczeń ofiarnika. W *Wedach* zostało też stwierdzone, że najwyższą formą ofiary jest oddanie, jaki jednak sens ma oddanie, skoro osoba taka, jak na przykład szudra, nie może dać *dakszyny* kapłanom, bo nie posiada żadnego bogactwa? Wytłumacz mi, czy wolno składać ofiarę pomijając niektóre rozporządzenia *Wed*?"

Bhiszma rzekł: „O Judhiszthira, nikt nie zdobędzie zasług i błogosławieństwa płynącego z ukończenia rytuału, jeżeli pominął choć w jednym szczególe rozporządzenia *Wed* lub uciekł się do oszustwa. *Dakszina* jest jednym z koniecznych elementów rytuału ofiarnego i bez niej rytuał nie przyczynia się do zbawienia. Jak już ci tym mówiłem, *dakszyną* może być dostępna nawet dla szudrów *Purna-patra*, czyli naczynie z ryżem lub garść ryżu. Tak więc wszystkie kasty łącznie z szudrami powinny wykonywać dozwolone dla nich rytuały ofiarne łącznie z dawaniem *dakszyny*.

Aby ofiara przyniosła oczekiwane skutki, jej trzy elementy składowe—tj. sam rytuał, prowadzący ofiarę i soma—muszą mieć właściwy i zgodny regułami charakter. Człowiek, który nie działa zgodnie z regułami, sam nie zdobywa zasług i nie przynosi ich innym.

Znający wszelkie tajniki Prawa riszi deklarują, że ofiara wykonywana nawet przez bramina o wielkiej duszy, lecz sponsorowana przez dobra zdobyte dzięki ciężkiej pracy fizycznej, nie przynosi wielkich zasług. Jednakże ofiara sponsorowana z zysku płynącego ze sprzedaży somy przynosi zasługi. Bramini sprzedają bowiem somę w imię możliwości wykonania ofiary, a nie dla utrzymania się przy życiu.

W *Wedach* zawarte jest stwierdzenie, że umartwienia przynoszą nawet większe zasługi niż rytuały ofiarne. Prawdziwymi umartwieniami nie jest jednak wycieńczanie swego ciała, lecz praktykowanie takich cnót, jak powstrzymywanie się od ranienia, prawdomówność, życzliwość i współczucie.

Brak szacunku dla *Wed*, zaniechanie realizacji ich rozporządzeń i odrzucanie wszystkich ograniczeń jest samo-niszczące. Zwolennicy doktryny lania dziesięciu libacji w ciągu dnia stwierdzili, co następuje: 'Dla tych, którzy wykonują ofiarę w formie umartwień, joga, poprzez którą szukają połączenia z *Brahmanem*, jest ich łyżką do lania libacji, ich serce jest wlewaną do ognia libacją, a ich wiedza jest ich pędzelkiem zrobionym z trawy *kuśa* służącym do spryskiwania ognia oczyszczonym tłuszczem'.

Pamiętaj, że wszelkie rodzaje nieuczciwości są drogami prowadzącymi do śmierci i ponownych narodzin, a wszelkie rodzaje uczciwości są drogami prowadzącymi do *Brahmana*. Tej prawdy nie zdołają zmienić żadne systemy budowane przez fałszywych uczonych".

2. O zagrożeniu płynącym z pełnego zaufania do ministrów i o ich wyborze

Judhiszthira rzekł: „O Bhiszma, król potrzebuje do rządzenia królestwem pomocy ze strony różnych ministrów. Powiedz mi teraz, jakie działania należą do ministrów? Komu król powinien zaufać i komu nie powinien?"

Bhiszma rzekł: „O Judhiszthira, królowie mają cztery rodzaje przyjaciół: takich, którzy dążą do tego samego celu, którzy są mu oddani, którzy są z nim związani poprzez urodzenie i których zdobył dzięki swym darom i uprzejmości. Wśród nich za najlepszych uchodzą wymienieni jako drudzy i trzeci, podczas gdy pierwszy i czwarty typ przyjaciela powinien być zawsze traktowany z pewną podejrzliwością.

Piątym rodzajem przyjaciela jest osoba o prawej duszy, która jest zawsze prostolinijna i służy tylko jednej stronie. Taka osoba stoi zawsze po tej stronie, gdzie jest prawość i nigdy nie opuszcza ścieżki prawości. Król szukający sukcesu jest jednak zobowiązany do realizacji zarówno działań uchodzących za prawe, jak i takich, które są uważane za bezprawne i dlatego z szacunku dla takiej prawej osoby nie powinien ujawniać przed nią wszystkich swoich celów, a szczególnie tych o których wie, że nie spotkałyby się z jej akceptacją.

Faktycznie, ze względu na typ działań, które król musi sam wykonywać, nigdy nie powinien traktować nikogo z pełnym zaufaniem. Król powinien być zawsze ostrożny w stosunkach ze swymi przyjaciółmi, bo inaczej inni zdobędą nad nim władzę. Ludzie nieuczciwi często udają uczciwych, a uczciwi mogą stać się nieuczciwi. Wróg może stać się przyjacielem, a przyjaciel wrogiem. Człowieka umysł jest zmienny. Nikt, nawet sam król, nie zasługuje na pełne zaufanie.

Całkowite zaufanie króla do ministrów jest więc niszczące zarówno dla Prawa jak i Zysku. Całkowita ufność jest jak przedwczesna śmierć. Ufność czyni człowieka bezbronnym i naraża na niebezpieczeństwo. Ten, kto bezgranicznie ufa innemu, zdaje się na jego łaskę. Z tych to powodów król powinien zawsze traktować innych z pewną dozą podejrzliwości. Jest to odwieczna zasada polityki, o której nie wolno zapominać.

Należy zawsze być nieufnym wobec tych, którzy poszukują u ciebie korzyści materialnych. Mądry człowiek uważa takich ludzi za swych wrogów. Ci, którzy z jakichś powodów pragną twej szkody, zawsze są twymi wrogami. Natomiast osoba, którą raduje twoje powodzenie i zasmuca twoja klęska, jest twym najlepszym przyjacielem. Ona jest dla ciebie jak ty sam. Osoba taka jest godna zaufania równego temu, jakim obdarzasz swą starszyznę. Na takie samo zaufanie zasługuje również osoba, która próbuje ochronić cię przed zranieniem nawet podczas rytów religijnych, gdyż będzie zachowała się podobnie w innych sytuacjach i powinieneś ją uważać za swego najlepszego przyjaciela. Podobnie osoba o dużej inteligencji i dobrej pamięci, zdolna do prowadzenia transakcji, czująca odrazę do okrucieństwa, zdolna do opanowania gniewu, zawsze tak samo zadowolona bez względu na okoliczności, która jest twoim kapłanem, nauczycielem lub przyjacielem, zasługuje na wszelkie honory, jeżeli zaakceptuje pozycję twego doradcy i zamieszka w twoim pałacu. Taka osoba może być poinformowana o twoich sekretnych zamiarach i wszystkim co dotyczy Prawa i Zysku. Możesz jej ufać, jak swej własnej starszyźnie.

Przed królem stoi wiele różnych zadań. Do realizacji każdego z nich powinieneś zatrudniać tylko jedną osobę a nie trzy lub więcej, bowiem gdy kilka osób próbuje realizować to samo zadanie, powstają między nimi niepotrzebne kłótnie i przestają się tolerować nawzajem.

Twoim pierwszym ministrem powinna być osoba, która zdobyła sławę, przestrzega wszystkich ograniczeń, nigdy nie zazdrości innym ich zdolności i kompetencji, nigdy nie schodzi ze ścieżki prawości pod wpływem żądzy, zawiści lub gniewu i nie czyni zła, jest zdolna do prowadzenia transakcji i potrafi wypowiadać słowa mądre i pełne znaczenia.

Na ministrów zajmujących się poszczególnymi sprawami powinieneś wybierać osoby o wysokim urodzeniu i prawym zachowaniu, charakteryzujące się szerokimi horyzontami, brakiem pychy, odwagą, szeroką wiedzą i zdobytym szacunkiem. Uhonorowani przez ciebie i obdarowani bogactwem powinni działać na rzecz twego dobra i pomagać ci w rządzeniu. Realizując różne zadania mając na uwadze Zysk powinni przynosić królestwu dobrobyt. Motywowani zdrową rywalizacją powinni realizować swe obowiązki konsultując się ze sobą, gdy zajdzie taka potrzeba".

3. O nieufnym stosunku do krewnych i wygrywaniu ich serc swą prawością

Bhiszma kontynuował: „O Judhiszthira, nie powinieneś też nigdy obdarzać pełnym zaufaniem swych krewnych. Powinieneś raczej bać się ich, jak samej śmierci. Krewny z trudem znosi powodzenie innego krewnego, tak jak lennik z trudem znosi powodzenie swego zwierzchnika. Któż inny, jak nie krewny cieszy się z klęski swego prawdomównego, uczciwego, łagodnego i skromnego krewnego. Z drugiej strony jednak, ten, kto nie ma krewnych, nie potrafi być szczęśliwy i w związku z tym nikt nie zasługuje równie silnie na współczucie jak osoba pozbawiona krewnych. Taka osoba łatwo pada łupem wrogów. Krewni są ratunkiem dla tych, którzy są dotknięci przez wroga, gdy traktują zadawane im rany jak swoje własne.

Pokrewieństwo ma więc zarówno swe zalety jak i wady. Mając to na uwadze król powinien zawsze oddawać krewnym należną im cześć w słowach i uczynkach obsadzając nimi odpowiednie stanowiska i unikając ranienia ich w jakikolwiek sposób. Nie ufając im w głębi serca, powinien zachowywać się w stosunku do nich tak, jakby im w pełni ufał. W ten sposób może rozbroić potencjalnego wroga i uczynić z niego przyjaciela".

Judhiszthira rzekł: „O Bhiszma, powiedz mi więcej, co należy czynić, aby wśród swych krewnych wygrać serca potencjalnych wrogów i utrzymać serca przyjaciół?"

Bhiszma rzekł: „O Judhiszthira, w tym kontekście posłuchaj opowieści o rozmowie między Kryszną Wasudewą i boskim mędrcem Naradą.

Wasudewa rzekł cngiś do Narady: 'O wielki mędrcu, który mocą swej woli poruszasz się między niebem a ziemią, chcąc być przywódcą Jadawów stałem się niewolnikiem własnych krewnych. Oddałem im połowę tego, co sam posiadam i wybaczam im ich wrogie mowy. Tak jak krzesiwo jest uderzane przez tego, kto chce wykrzesać ogień, tak moje serce jest uderzane przez ich nieprzyjazne mowy. Każdego dnia płonę żywym ogniem od ich wrogich słów!

W moim starszym bracie, Balaramie, zamieszkała siła, w moim młodszym bracie o imieniu Gada łagodność, a mój syn Pradjumna przewyższa mnie urodą. Choć mam ich po swej stronie, nie mam w nich oparcia. Poza tym, jak sam wiesz, wielu spośród Wrisznich i Andhaków charakteryzuje się odwagą, siłą i wytrwałością. Są jednak ze sobą skłóceni, tak jak np. Ahuka i Akrura. Tych dwóch jest tak potężnych, że ten, kto ma jednego z nich za przeciwnika, zginie, a ten, kto ma go po swej stronie, zwycięży. Ja jednakże nie preferując żadnego z nich mam ich obydwóch po swej stronie i każdy z nich namawia mnie, aby unikał drugiego. Powiedz mi, co mam czynić w takiej sytuacji mając na uwadze zarówno własne dobro jak i dobro moich krewnych?'

Narada rzekł: 'O Kryszna, istnieją dwa rodzaje niedoli: wewnętrzna, która ma przyczynę we własnych działaniach, oraz zewnętrzna, sprowadzona na nas przez działania innych. Chcąc być przywódcą swych krewnych doświadczasz niedoli będącej rezultatem własnego zachowania.

Jeśli chodzi o ciebie samego, to władzę, którą zdobyłeś zabijając uzurpatora Kansę władającego bezprawnie Mathurą, oddałeś prawowitemu królowi Jadawów, Ugrasenie, który był ojcem Kansy i którego Kansa pozbawił tronu. Choć miałaś po swej stronie mężczyzn, którzy byli twoimi przyjaciółmi, własnym czynem sprowadziłeś na siebie nieszczęście. Nie możesz bowiem teraz odebrać władzy, której podstawy sam ustanowiłeś i którą sam komuś innemu oddałeś, tak jak nie możesz spożyć ponownie strawionego posiłku. Nie możesz odebrać królestwa Ugrasenie i potężnemu Babhru bez spowodowania wewnętrznej niezgody. Gdybyś to uczynił, przyniósłbyś na swój własny ród straszliwą rzeź lub nawet całkowite zniszczenie. Pokieruj więc swymi krewnymi używając broni, która choć nie jest zrobiona ze stali, jest zdolna do przeszycia wszystkich serc. Przy pomocy tej broni wprowadź poprawki do języka swych krewnych'.

Kryszna rzekł: 'O wielki mędrcu, zdradź mi, co to za broń?'

Narada rzekł: 'O Wasudewa, dostarczanie innym pożywienia w ramach swej mocy, wybaczanie, szczerość, łagodność i oddawanie honorów tym, którym się one należą, są konstytuantami tej broni, która choć jest potężna, nie jest zrobiona ze stali. Ucisz gniew swych krewnych swymi łagodnymi słowami, zmień nimi ich serca, umysły i oszczercze języki. Tylko wielki człowiek o oczyszczonej duszy, który ma na swym koncie heroiczne czyny i jest wspierany przez przyjaciół, zdoła wziąć na swe barki taki ciężar. Weź na siebie ten ciężar, bo ty potrafisz go unieść. Bez twej pomocy brak jedności wśród Wrisznich i Bhodżów przyniesie im w końcu zniszczenie. Ty sam przewyższasz ich wszystkich. Działaj więc tak, aby uchronić ich przed zniszczeniem. Obrona swego rodu jest zawsze godna pochwały. Posiadasz wiedzę i inteligencję, jesteś skłonny do wybaczania, szczodry i kontrolujesz swe zmysły. Masz pełną wiedzę polityki i sztuki wojny. To od ciebie zależy los wszystkich twoich krewnych jak i wszystkich światów i ich władców. Riszi zawsze wychwalają cię i błogosławią. Ty jesteś Panem wszystkich żywych istot. Znasz całą przeszłość, teraźniejszość i przyszłość. Jesteś pierwszy wśród wszystkich Jadawów, którzy dzięki tobie chcą żyć w zadowoleniu'".

4. O konieczności ochrony tych, którzy działają na rzecz królewskiego dobra krytykując jego ministrów

Bhiszma kontynuował: „O Judhiszthira, broń opisana przez Naradę jest pierwszym wśród narzędzi, których powinien używać król do sprawowania kontroli nad umysłami swych krewnych. Posłuchaj teraz o jeszcze innej broni. Otóż król powinien zawsze ochraniać tych, którzy działają na rzecz jego dobra. Jeżeli jakaś osoba, opłacana przez ciebie lub nie, przybędzie do ciebie z informacją o okradaniu twego skarbca przez ministra, powinieneś jej wysłuchać w tajemnicy i ochraniać ją przed oskarżonym ministrem, który będzie szukał jej śmierci. Dla ilustracji posłuchaj starożytnej opowieści o tym, jak król Kosalów, Kszemadarsin, z korzyścią dla siebie samego wysłuchał i udzielił ochrony mędrcowi Kalakawrikszji, który wykrył występki jego ministrów i padł ofiarą ich zemsty.

Pewnego dnia, gdy po śmierci starego króla na tronie Kosalów zasiadł jego syn Kszemadarsin, królestwo odwiedził przyjaciel starego króla, mędrzec Kalakawrikszija. Mędrzec ten wędrował po całym królestwie razem ze swoją wroną, którą nosił w klatce i chcąc zbadać uczciwość służb królewskich ogłaszał wszystkim, że studiuje mądrość wron i że wrony, które wiedzą wszystko, informują go o wszystkim, co dotyczy przeszłości, teraźniejszości i przyszłości. Ogłosiwszy to wszem i wobec zajął się obserwacją różnych nawet najdrobniejszych wykroczeń popełnianych przez królewskich ministrów.

Oceniwszy stan spraw w królestwie i odkrywszy, że wszystkie osoby bez wyjątku zatrudniane przez króla mają na swym koncie oszustwa i wykroczenia, udał się z wizytą do króla i rzekł: 'O królu, przewędrowałem przez cały twój kraj i wiem o wszystkim, co dzieje się w twoim królestwie'.

Widząc w królewskim pałacu pierwszego ministra bogato udekorowanego insygniami swej pozycji zbliżył się do niego i rzekł: 'O ministrze, moja wrona poinformowała mnie szczegółowo o twoich występkach i o okradaniu królewskiego skarbca'. Dodał: 'Moja wrona nigdy nie kłamie. Przyznaj się więc przed królem do winy lub dowiedź mi kłamstwa'. Następnie udał się do innych ministrów wypowiadając podobne słowa i oskarżając ich o podobne wykroczenia.

Królewscy ministrowie zranieni do głębi tymi oskarżeniami zjednoczyli się razem i wykorzystując ciemność nocy i sen mędrca przebili jego wronę celną strzałą.

O poranku mędrzec Kalakawrikszija widząc swą wronę przebitą strzałą udał się ponownie do króla Kszemadarsina i rzekł: 'O królu, jesteś panem majątku i życia swych poddanych. Udziel mi ochrony, bo nie czuję się bezpiecznie w twoim kraju. Na twój rozkaz, powiem ci o tym, co służy dobru twego kraju. Uważam się za twego przyjaciela i przybyłem przed twe oblicze z oddania dla ciebie i chcąc ci służyć całym swym sercem. Będąc świadkiem przestępstwa, chcę wnieść oskarżenie: twoi ministrowie, okradają cię z twych bogactw. Chcę ci tego dowieść, abyś nie miał żadnych wątpliwości. Chcę otworzyć ci na to oczy i skłonić cię do działania. Ty sam będąc osobą, która ma na względzie swój własny interes, dobrobyt i wzrost, powinieneś wybaczyć przyjacielowi, że wtrąca się w twoje sprawy motywowany oddaniem i chęcią służenia ci'.

Król rzekł: 'O braminie, mów bez żadnych obaw, co masz do powiedzenia. Nie jestem obojętny i ślepy na moje własne dobro. Zniosę spokojnie to, co masz mi do powiedzenia i postąpię zgodnie z twoimi instrukcjami'.

Mędrzec Kalakawrikszija rzekł: 'O królu, po zakończeniu mej wędrówki po twym kraju i dokonaniu oceny zasług i występków tych, którzy ci służą i mając na uwadze ciążącą nad tobą groźbę wynikłą z ich zachowania, w pełni tobie oddany przybyłem przed twoje oblicze, aby ujawnić przed tobą całą prawdę.

Nasi starożytni nauczyciele dawno temu zadeklarowali, co oznacza dla danej osoby bycie na służbie u króla. Zbliżanie się do króla jest jak zbliżanie się do jadowitego węża. Królowie mają równie wielu przyjaciół, jak i wrogów. Ci, którzy służą królowi są zagrożeni przez nich wszystkich i w każdej chwili muszą odczuwać przed nimi lęk. W każdym momencie muszą również czuć lęk przed samym królem.

Osoba służąca krolowi i szukająca dobrobytu nie może wykonywać swych zadań niedbale. Najdrobniejsze zaniedbanie może wywołać królewski gniew i przynieść jej zniszczenie. Powinna nauczyć się, jak zachowywać się wobec króla, który jest jak płonący ogień. Gotowa w każdej chwili na śmierć powinna służyć mu z wytężoną uwagą, bo król jest wszechpotężny, jak jadowity wąż i jest panem życia i majątku wszystkich. W obecności króla nigdy nie powinien wypowiadać niewłaściwych słów lub wykonywać niewłaściwych ruchów lub w jakikolwiek inny sposób wyrażać brak szacunku. Gdy król będzie z niego zadowolony obsypie go darami tak jak bóg, lecz gdy nie będzie, spali go na popiół. Tak zostało zadeklarowane przez samego Jamę i takie są prawa tego świata.

O królu, przybyłem do ciebie jako twój przyjaciel, aby mając na uwadze twe dobro, zbadać uczciwość twoich ministrów i udzielić ci duchowego wsparcia w sytuacji kryzysu.

Dzisiejszej nocy podczas mego snu zabita została moja wrona, która towarzyszyła mi podczas całej wędrówki wzdłuż i wszerz twego kraju. Nie winię o to ciebie, bo nikt, kto darzy cię miłością, nie popełniłby takiego występku. Bazując na tym fakcie sam oceń, kto jest twoim przyjacielem i kto wrogiem. Wszyscy twoi ministrowie są faktycznie malwersantami i wcale nie troszczą się o dobro twoich poddanych i dlatego ja sam, który dowiedziałem się o tym wszystkim od mojej wrony, naraziłem się na ich wrogość. Zawistni o twe królestwo sprzymierzają się z tymi, którzy mają do ciebie bezpośredni dostęp pragnąc cię zniszczyć. Nie zdołają jednak zrealizować swych planów, jeżeli im w tym przeszkodzisz. Ja sam nie czuje się w twym królestwie bezpieczny i z lęku przed nimi opuszczę je niedługo poszukując gdzieś indziej azylu.

Choć jestem wolny od wszelkich ziemskich pragnień i nic nie posiadam, oszuści ci zabili swą strzałą towarzyszącą mi wszędzie wronę wysyłając ją do królestwa boga śmierci Jamy. Ich strzała faktycznie była wymierzona we mnie, co mogłem widzieć na własne oczy dzięki mojej duchowej wizji udoskonalonej przez moje umartwienia. Mędrcy mówią, że miejsca pokryte ciemnością można przekroczyć z pomocą światła, a rzeki z pomocą łodzi, cóż jednak zdoła pomóc królowi w wędrówce poprzez labirynt królewskich spraw?

Twoje królestwo jest jak pokryta ciemnością nieprzebyta dżungla. Ty sam nie możesz czuć się w nim bezpiecznie, a tym bardziej ja. Nie jest to przyjazne miejsce do zamieszkania. Ciemność pokrywa tam zarówno zło jak i dobro. Śmierć spotyka tego, kto w swym działaniu kroczy ścieżką Prawa, a ten kto popełnia występki, żyje bezkarnie. Sprawiedliwość żąda, aby było przeciwnie. Przebywanie w takim królestwie jest samobójcze i człowiek przy zdrowych zmysłach powinien je jak najszybciej opuścić. Jest ono jak rzeka o nazwie Sita, w której tonie każda łódź. Zdaje się być złapane w morderczą sieć.

O królu, ty sam jesteś jak jesień, która bezskutecznie czeka na zbieraczy miodu lub jak pięknie wyglądający zatruty posiłek. Jesteś jak źródło czystej wody otoczone wkoło przez jadowite węże lub jak rzeka o słodkich wodach, której wysokie brzegi nie dają do wody dostępu. Jesteś jak łabędź wśród psów, sokół wśród szakali. Tak jak potężne zdrowe drzewo zostaje zniszczone przez pasożytujące na nim drzewo figowe, tak twoje królestwo padło ofiarą pasożytujących na nim ministrów. Poddaj ich kontroli i sprowadź na dobrą drogę. Żywisz ich, podczas gdy oni spiskują przeciw tobie zagrażając dobrobytowi twego królestwa. Poznawszy ich występki i ukrywając je przed tobą żyję w ustawicznym lęku i czuję się jak ktoś, w którego sypialni zamieszkał jadowity wąż lub jak kochanek żony wielkiego herosa.

Przybyłem do twego królestwa, aby ocenić twoje duchowe walory, posłuszeństwo twoich ministrów i zadowolenie twoich poddanych. Jestem z ciebie zadowolony i jesteś mi równie drogi jak jedzenie dla zgłodniałego. Nie lubię jednak twoich ministrów, którzy są jak pełen goryczy napój podany spragnionemu. Zwrócili się przeciw mnie, bo działam z myślą o twoim dobru. Jestem pewien, że ich niechęć do mnie ma to właśnie za jedyną przyczynę. Ja sam nie zraniłem ich w żaden sposób. Obserwuję jedynie i odnotowuję ich występki. Każdy jednak powinien się strzec wroga o niegodziwym sercu jak jadowitego węża'.

Król Kszemadarsin rzekł: 'O braminie, uwolnij się od lęku i zamieszkaj w moim pałacu! Ja sam będę zawsze traktował cię z należnym ci szacunkiem i będę oddawał ci cześć. Nikt, kto nie darzy cię sympatią, nie będzie miał do mego pałacu wstępu. A teraz powiedz mi, co sądzisz o moim wymiarze sprawiedliwości? Czy funkcjonuje on właściwie? Co jeszcze wymaga w mym królestwie naprawy? Pokieruj mną tak, abym mógł zapewnić królestwu dobrobyt. Wyjaśnij mi, co należy uczynić w stosunku do nieuczciwych osób, o których wspomniałeś'.

Mędrzec Kalakawrikszija rzekł: 'O królu, jeśli chodzi o twoich nieuczciwych ministrów, to działaj ostrożnie zamykając chwilowo oczy na ich przestępstwo, którym było zabicie mojej wrony, nie atakuj ich wszystkich naraz. Najpierw dowiedź im ich przestępstwa traktując każdego z nich indywidualnie i osłabiając ich związek. Gdy wiele osób równocześnie jest oskarżonych o to samo przestępstwo, mogą osłabić twoje argumenty jednocząc się. Zmuś ich najpierw do ujawnienia ich tajnej zmowy. Król powinien skutecznie zwalczać przestępstwa wymierzając karę. Jeśli zaś chodzi o mnie, to my bramini jesteśmy zawsze pełni współczucia i unikamy sprawiania innym bólu. Ja sam, nawet gdy pragnę dobra dla siebie, szukam równocześnie twego dobra jak i dobra wszystkich innych. Jestem mędrcem i zawsze podążam za Prawdą.

Jestem twoim przyjacielem i twój ojciec również uważał mnie za swego przyjaciela. Gdy podczas jego rządów na królestwo spadło nieszczęście, mając na uwadze jego dobro poddałem się surowym umartwieniom zapominając o wszystkim innym, aby udzielić mu wsparcia. Teraz, gdy ty odziedziczyłeś po swym ojcu królestwo, przybyłem do ciebie motywowany moją przyjaźnią, aby uchronić cię przed popełnieniem błędu, którym jest obdarzanie zbytnim zaufaniem tych, którzy na to nie zasługują'.

Król Kosalów po wysłuchaniu słów mędrca mianował go swoim kapłanem. Kalakawrikszija wykonał na jego rzecz wiele wielkich rytuałów ofiarnych. Król Kosalów słuchając jego mądrych rad podbił całą ziemię i zdobył wielką sławę".

5. O cechach, które powinny charakteryzować królewskich ministrów i doradców

Judhiszthira rzekł „O Bhiszma, powiedz mi teraz jakie cechy powinni mieć królewscy ministrowie, naczelni dowódcy oraz jego doradcy i dworzanie?"

Bhiszma rzekł: „O Judhiszthira, takie osoby powinny charakteryzować się skromnością, samo-kontrolą, prawością, uczciwością i odwagą.

Ci, którzy należą do rady królewskiej i są zawsze u boku króla służąc mu w sytuacji zagrożenia, powinni być odważni, wysoko urodzeni, wykształceni w rzemiośle wojennym i wiedzy duchowej, wytrwali w realizacji swych celów i działań.

Oficerami w królewskiej armii powinni zostać ludzie wysoko urodzeni, obywatele jego kraju, którzy charakteryzują się wiedzą, urodą, zachowaniem pełnym dostojeństwa i którzy są mu oddani.

Osoby nisko urodzone, skłonne do zawiści, okrutne i bezwstydne będą służyć królowi jedynie dopóty, dopóki będzie je przekupywał darami i zmuszał do posłuszeństwa. Jako swych ministrów powinien więc zawsze zatrudniać osoby wysokiego urodzenia i dobrego zachowania, wolne od skłonności do okrucieństwa, zdolne do rozumienia wymogów czasu i miejsca jak i do odczytywania różnych sygnałów i gestów, mające zawsze na uwadze dobro króla i nie dające się przekupić. Ludzie o wielkim sercu, którzy zdobyli wiedzę, są wytrwali w swych działaniach, prawdomówni, zawsze realizują swe przysięgi i nigdy króla w nieszczęściu nie opuszczą.

Zostało powiedziane, że gdy król znajdzie się w sytuacji konieczności wyboru między dwiema stronami, nie powinien zaniedbywać wielu na korzyść jednego. Jednakże jeżeli ten jeden swymi osiągnięciami przewyższa wielu, wówczas należy wybrać jego stronę zaniedbując wielu. Znakami jego nadrzędności są: odwaga, oddanie swemu celowi i przestrzeganie wszystkich wedyjskich ograniczeń. Taki człowiek oddaje honory wszystkim, którzy na to zasługują, nigdy nie porzuca ścieżki prawości pod wpływem żądzy, lęku, gniewu, zawiści. Charakteryzuje go pokora, prawdomówność, skłonność do wybaczania. Ma poczucie godności, kontroluje swą duszę i sprawdza się w różnych sytuacjach. Innymi znakami jego nadrzędności są: wysokie urodzenie, czystość krwi, skłonność do wybaczania, mądrość, czystość duszy, odwaga, wdzięczność i uczciwość. Człowiek obdarzony tymi znakami oczyści swych wrogów z ich wrogości i zmieni ich w przyjaciół.

Dobry król, który sam zdobył kontrolę nad swoją duszą, zanim wybierze ministrów, powinien szczegółowo zbadać ich wady i zalety. Szukając dobrobytu i sławy wśród współczesnych, powinien wybierać na ministrów ludzi powiązanych z osobami, którym już od dawna ufa, o wysokim urodzeniu, których nie można skorumpować, wolnych od wszelkich nałogów i pychy, którzy ukończyli z sukcesem wszystkie testy.

Na swych pięciu najbliższych doradców powinien zatrudnić pięć osób, które przeszły pięć królewskich testów. Powinni to być ludzie pełni wigoru, elokwentni, obeznani ze swymi zadaniami, pochodzący z dobrych rodzin, znający znaczenie różnych gestów i zdolni do brania pod uwagę zmieniających się wymogów miejsca i czasu oraz mający zawsze na uwadze dobro swego króla.

Król powinien unikać zatrudniania tych, którym brak energii i których opuścili przyjaciele, gdyż takie osoby nie potrafią wykonywać swych zadań z konieczną wytrwałością i nie zdołają zrealizować wyznaczonych im zadań. Nie pomogą im ani inteligencja, ani znajomość środków działania. Również minister, który nie zdobył wystarczającej wiedzy, nie zdoła wybrać właściwych działań, mimo swego wysokiego urodzenia i brania w swym działaniu pod uwagę Prawa Zysku i Przyjemności. Podobnie jednak osoba o niskim urodzeniu, mimo zdobytej wiedzy, będzie błądzić we wszystkich działaniach wymagających właściwej zręczności i umiejętności przewidywania.

Król nigdy nie powinien ufać ministrowi, który nie jest mu oddany i nie powinien wyjawiać mu swych zamiarów. Taki minister może bowiem spiskując z innymi przynieść królowi ruinę. Ponadto rozgniewany król może skarcić swego ministra lub zwolnić go z jego stanowiska i kierując się swoją wolą może go też ponownie zatrudnić. Tylko człowiek oddany królowi może znieść i wybaczyć takie potraktowanie i tylko takiemu ministrowi król może zaufać".

6. O znaczeniu doboru właściwych doradców i konsultacji w polityce

Bhiszma kontynuował: „O Judhiszthira, król nigdy nie powinien konsultować się z osobą o nieuczciwej duszy, nawet wówczas gdy osoba ta jest mu oddana i posiada szereg zalet, jak również z osobą sprzymierzającą się z wrogiem. Osoba taka powinna być uznana za wroga. Podobnie król powinien unikać konsultacji z osobami, które są nieczyste, wypełnione pychą, lubią się przechwalać, biją pokłony przed wrogiem, są nieprzyjazne, zawistne. Król również nie powinien szukać rady u kogoś, kto jest w jego kraju obcy, nawet jeżeli jest mu oddany, posiada wiedzę i choć król dostarcza mu środków do życia. Powinien również unikać szukania rady u osoby, która została niesprawiedliwie skazana królewskim rozporządzeniem na banicję nawet wówczas, gdy zostały jej przywrócone jej prawa i środki utrzymania, jak i u osoby wysoce zasłużonej, lecz której majątek został skonfiskowany z powodu drobnego przestępstwa.

Doradcą króla, który chce władać królestwem bazując na wymiarze sprawiedliwości, powinna być osoba inteligentna, która przeszła przez pięć królewskich testów uczciwości, zdobyła wiedzę i odpowiednie umiejętności, jest obywatelem jego królestwa, oczyściła swą duszę, w swym działaniu zawsze kroczy ścieżką Prawa, zna skłonności królewskich wrogów i przyjaciół i będąc królewskim przyjacielem jest jak jego druga jaźń. Powinna ona pochodzić z rodziny królewskich ministrów, być prawdomówna, łagodna, nasycona, szlachetna, pełna godności, wroga wobec niegodziwców, obeznana z zasadami polityki, wrażliwa na uwarunkowania miejsca i czasu, odważna, zdolna do uzyskania pojednania, mająca zaufanie mieszkańców stolicy i prowincji.

Król powinien mieć co najmniej trzech ministrów obdarzonych wymienionymi cechami, którzy rozumieją podstawy funkcjonowania królestwa i chcą jego wielkości, i odnosić się do nich z należną czcią. Powinni oni koncentrować całą swą uwagę na rozpoznawaniu słabych punktów swego króla jak i jego wrogów. Królestwo, które ma swe korzenie w takiej radzie królewskich ministrów, rozkwita.

Królewscy doradcy powinni działać w taki sposób, aby wrogowie nigdy nie odkryli słabych punków króla. Z drugiej znając słabości wroga powinni tę wiedzę wykorzystywać do pokonania go. Tak jak żółw chroni swe ciało w swej skorupie, tak królewscy doradcy powinni ochraniać słabości swego króla. Ci, którzy zdołali tego dokonać, są uważani za obdarzonych mądrością. Rady takich ministrów są zbroją dla króla i kończynami dla jego poddanych i funkcjonariuszy.

Powiada się, że królestwo ma swe korzenie w szpiegach i tajnych agentach, a jego siła leży w konsultowaniu polityki. Gdy królowie i ministrowie potrafią dostarczać sobie nawzajem wsparcia opanowując swą pychę, gniew, zawiść i próżność, razem zdobędą sukces.

Sam proces konsultowania polityki powinien być zgodny z rozporządzeniami. Król po przemyśleniu danej sprawy samemu i po dokonaniu oceny opinii swoich trzech doradców, których poprosił o konsultację, powinien udać się do swego nauczyciela, którym powinien być bramin znakomicie obeznany ze sprawami Prawa, Zysku i Przyjemności, aby przedstawić mu te opinie łącznie ze swoją własną i aby poprosić go o jego opinię. Król powinien uformować swą ostateczną opinię po przedyskutowaniu wszystkich opinii ze swym nauczycielem i następnie wprowadzić ją w życie. Znawcy nauki o konsultacjach twierdzą, że król powinien zawsze podejmować decyzję w ten sposób, gdyż wówczas zdoła zdobyć akceptację i serca poddanych.

W miejscu, gdzie król dokonuje konsultacji tych różnych opinii, nie powinien przebywać nikt wycieńczony chorobą, żaden ślepiec, karzeł, garbus, eunuch, opóźniony umysłowo, kulawy, żadna kobieta. Nic nie powinno tam być ruszane ani na froncie, ani na tyłach, ani na górze, ani na dole, ani w poprzek.

Konsultacje powinny mieć miejsce na podwyższonym pustym tarasie znajdującym się na otwartym terenie nieporośniętym trawą lub trawiastymi krzakami, gdzie widać ląd aż po horyzont. Król powinien konsultować się ze swymi doradcami unikając niewłaściwych słów i gestów".

7. O znaczeniu uprzejmej mowy

Bhiszma kontynuował: „O Judhiszthira, co do znaczenia właściwych słów i gestów posłuchaj starożytnej opowieści o dialogu między nauczycielem bogów Brihaspatim i królem bogów Indrą.

Indra rzekł: 'O Brihaspati, wymień mi jeden czyn, który będąc starannie wykonany, może przynieść danej osobie sławę przyciągając do niej uwagę wszystkich żywych istot'.

Brihaspati rzekł: 'O Indra, takim aktem jest uprzejma mowa. Uszczęśliwia ona wszystkich i przynosi temu, kto ją praktykuje miłość żywych istot. Osoba, która nie mówi i której twarz jest wykrzywiona dezaprobatą, budzi w innych nienawiść. Ten, kto na widok innej osoby odzywa się pierwszy z uśmiechem na twarzy, nagradza tym innych. Nawet dar dany bez słowa nie zadowala obdarowanego będąc jak ryż bez przyprawy. Nawet złodziej łagodzi serce okradanego, jeżeli zabierając mu jego własność słodko do niego przemawia. Król nawet gdy wymierza sprawiedliwość powinien wypowiadać uprzejme słowa. Słodkimi słowami nie można zranić czyjegoś serca. Osoba zdolna do dobrych uczynków i słodkiej mowy nie ma sobie równych'".

8. O konieczności przestrzegania właściwych procedur w wymierzeniu sprawiedliwości i o wykonawcach tych procedur

Judhiszthira rzekł „O Bhiszma, powiedz mi teraz, jak król, który jest strażnikiem swych poddanych, zdobywa nieśmiertelną sławę wymierzając sprawiedliwość".

Bhiszma rzekł: „O Judhiszthira, król o czystej duszy który postępuje ściśle według uczciwych procedur sprawiedliwości, zbiera swym działaniem zasługi i zdobywa sławę za życia i po śmierci".

Judhiszthira rzekł: „O Bhiszma, powiedz mi, jakich procedur powinien król przestrzegać wymierzając sprawiedliwość i na pomocy jakich ludzi powinien się opierać? Wymieniłeś poprzednio szereg zalet, które powinni posiadać ludzie wykonujący zlecone im przez króla zadania, lecz nie sądzę, aby można było łatwo znaleźć na ziemi osobę, która miałaby wszystkie te zalety".

Bhiszma rzekł: „O Judhiszthira, to, co mówisz jest słuszne. Osoba wyposażona równocześnie we wszystkie te zalety rzadko rodzi się na ziemi. Jednakże, gdy się podejmie odpowiedni wysiłek, można znaleźć ludzi o dobrym charakterze.

Na swych doradców w sprawach sądowych powołaj następujące osiem osób: czterech pełnych godności braminów o czystym zachowaniu, znających *Wedy*, którzy realizującą praktykę i przysięgi porządku *Snataka*; trzech szudrów charakteryzujących się pokorą, czystym zachowaniem i oddaniem w realizowaniu swych codziennych obowiązków; oraz jedną osobę będącą *sutą* (pochodząca z mieszanych kast), która zna *Purany* i charakteryzuje się ośmioma głównymi zaletami, którymi są: umiejętność słuchania, gotowość do uczenia się, zdolność do rozumienia, dobra pamięć, zdolność do krytyki, konstruktywne argumentowanie, zdolność do widzenia rzeczy w ich szczegółach i zdolność do rozumienia ich w terminach fundamentalnej rzeczywistości.

Niektórzy twierdzą, że król powinien dodatkowo zatrudnić jako swych doradców w sprawach sądowych ośmiu wojowników o potężnej sile i umiejętności walki przy pomocy różnego rodzaju broni oraz dwudziestu waiśjów posiadających duży majątek.

Każdy z poprzednio wymienionych powinien być w średnim wieku (mieć pięćdziesiąt lat), charakteryzować się poczuciem godności, znajomością świętych pism, pokorą, brakiem stronniczości, zdolnością do posiadania własnej opinii i podejmowania własnej decyzji w sytuacji, gdy dyskutanci zalecają różne biegi działania, wolnością od żądzy i zawiści oraz od siedmiu głównych wad zwanych *Wjasana*, którymi są polowanie, gra w kości, kobiety, alkohol, karanie, nieprzyjemna mowa, marnotrawienie bogactw.

W sprawie poszczególnych wyroków sądowych król powinien konsultować się ze swymi doradcami przewodnicząc dyskusji. Swe wyroki powinien ogłaszać poddanym. Nikt nie powinien być skazywany zaocznie bez personalnego uczestnictwa w procesie sądowym. Procesy sądowe powinny być zawsze jawne, gdyż utajnienie ich je unieważnia. Nigdy nie powinieneś konfiskować czegoś, co zostało u ciebie zdeponowane lub przywłaszczyć sobie coś, co było przedmiotem sporu między dwiema stronami. Takie zachowanie byłoby niszczące dla twego wymiaru sprawiedliwości. A gdy wymiar sprawiedliwości przestanie być sprawiedliwy, dotknie cię grzech, a twych poddanych opanuje lęk. Całe królestwo utonie w lęku i grzechu.

Królestwo opiera się na sprawiedliwości. I ten minister lub królewski syn, czy inny urzędnik, który będąc zatrudniony w wymiarze sprawiedliwości działa niesprawiedliwie kierując się swym własnym interesem, a nie Prawem zasługuje na piekło razem z królem.

Ludzie bezbronni . prześladowani przez tych, którzy mają władzę, powinni mieć w swym królu obrońcę. W przypadku kłótni między dwiema stronami decyzja rozstrzygająca spór powinna bazować na dowodach dostarczonych przez świadków. W sytuacji, gdy jedna strona nie może dostarczyć świadków, król powinien postępować ze szczególną troską pełniąc rolę jej patrona. Nikt nie powinien ponosić kary za przestępstwa nie popełnione lub popełnione przez kogoś innego.

Osoba oskarżona powinna być albo skazana, albo uniewinniona. Kara wymierzona przestępcy powinna zależeć od przestępstwa. Ci, którzy posiadają majątek, powinni zostać ukarani grzywną i konfiskatą majątku, a biedacy utratą wolności. Ci, którzy popełnili szczególnie odrażające przestępstwo, powinni zostać ukarani karą cielesną. Ci którzy spiskują przeciw życiu króla, powinni zostać ukarani torturami i śmiercią. Tak sama kara powinna spotkać tego, kto jest winny podpalenia, kradzieży, jak i przestępstw seksualnych prowadzących do mieszania kast.

Król nigdy nie powinien doprowadzać do śmierci posła. Jak to zostało ustalone przez naszych starożytnych przodków, król, który zabija posła, popełnia grzech równy zabójstwu nienarodzonego płodu.

Król, który wymierza karę zgodnie z zaleceniami 'nauki o rządzie' nie popełnia swym czynem grzechu, lecz gromadzi tym zasługi. Jednakże ten król, który wymierza karę kierując się kaprysem, zniesławia się tym za życia i tonie w piekle po śmierci".

Bhiszma kończąc swą mowę rzekł: „O Judhiszthira, odpowiadając na twoje pytanie wyjaśniłem ci, jakie cechy powinni mieć ci, którzy służą królowi pomocą w sprawowaniu rządów. Zapamiętaj więc, że królewski minister powinien być zawsze obeznany z wnioskami płynącymi ze świętych pisma oraz zdolny to kierowania wojną i doprowadzania do traktatów. Powinien być czysty w swym działaniu, odważny, skromny, zdolny do dotrzymywania tajemnicy, wysoko urodzony, wyposażony w siłę umysłu. Posiadając te zalety jest godny swej pozycji. Podobne zalety powinien posiadać naczelny dowódca królewskiej armii. Ponadto powinien on znać wszystkie możliwe formacje wojenne i wszelkie rodzaje broni, być wytrzymały na zimno, deszcz i wiatr i zdolny do dostrzegania słabości wroga. Król z kolei powinien być zdolny do uśpienia czujności wroga i dawania mu fałszywego poczucia bezpieczeństwa. Sam jednak powinien być czujny i nie powinien nikomu ufać, nawet swemu synowi. Tak zostało stwierdzone w świętych pismach. Zdolność do bycia nieufnym w stosunku do każdego należy do tajemnic sztuki sprawowania władzy".

Napisane na podstawie fragmentów *Mahābharāta*,
Santi Parva, Part 1, Sections LXXIX-LXXXVI
(Rajadharmanusasana Parva).

Opowieść 123
O stolicy, gospodarce, podatkach i skarbcu

1. O królewskiej stolicy i systemie obronnym; 2. O organizacji i kontroli w królestwie; 3. O podatkach, które król nakłada na swych poddanych; 4. O sprawowaniu władzy przy pomocy właściwych środków.

> Bhiszma rzekł: „O Judhiszthira, stworzenia ruchome pożerają nieruchome zębate bezzębne, a wielkie jadowite węże mniejszych przedstawicieli własnego gatunku. Wśród ludzi funkcjonuje ta sama zasada: silniejszy poluje na słabszego. Dlatego król powinien być zawsze czujny zarówno w stosunku do poddanych, jak i wrogów. Gdy król będzie traktował ich z beztroską, rzucą się na niego jak sępy na swą zdobycz. Zatroszcz się więc o to, aby nie nakładać zbyt wielkich podatków na kupców, nie pozwalaj, aby rolnicy czując się ciemiężeni zaczęli opuszczać twoje królestwo i pamiętaj o oddawaniu czci bogom, Ojcom i wszystkim innym, którzy na to zasługują, gdyż to są właściwe środki sprawowania władzy i ochraniania poddanych".

(*Mahābharāta*, Santi Parva, Part 1, Section LXXXIX)

1. O królewskiej stolicy i systemie obronnym

Judhiszthira rzekł: „O Bhiszma, powiedz mi teraz, czy król powinien zamieszkać w mieście, które już istnieje, czy też powinien zbudować dla siebie nową stolicę?"

Bhiszma rzekł: „O Judhiszthira, król wybierając dla siebie miejsce zamieszkania powinien starannie zbadać możliwości jego obrony i dostępność środków utrzymania się przy życiu.

Królewska stolica powinna być specjalnie ochraniana przez system obronnych cytadeli. Budując miasta król powinien brać pod uwagę sześć możliwych systemów obronnych—miast-cytadel otoczonych pustynią, górami, dżunglą, wodą, zbudowanych na otwartej przestrzeni i ochranianych przez strażników i lojalnych mieszkańców—i możliwość wyposażenia ich w spichlerze z żywnością i składy broni.

Stolica, którą zamieszkuje król ze swymi ministrami i armią, powinna być otoczona przez mury i rowy obronne chronione przez strażników wykształconych w używaniu różnych maszyn obronnych, wypełniona obywatelami zdolnymi do prowadzenia różnego rodzaju biznesu jak i innymi pełnymi energii ludźmi, ozdobiona przez skwery i centra handlowe tętniące życiem. Jej odważni i bogaci mieszkańcy powinni mieszkać w obszernych domach, kroczyć ścieżką Prawa i żyć w pokoju. Powinna rozbrzmiewać muzyką, pieśniami i wedyjskimi hymnami czarując swą pięknością, i powinny tam mieć miejsce liczne religijne festiwale, jak i inne formy oddawania czci bogom.

Król rezydując w swej stolicy powinien starać się o powiększanie skarbca, wzmacnianie sił militarnych, zwiększanie liczby przyjaciół i ustanowienie sądów i innych instytucji wymiaru sprawiedliwości. Wymierzając sprawiedliwość powinien powstrzymywać mieszkańców miast i prowincji od czynienia zła. Powinien również gromadzić różnego rodzaju produkty i wypełniać nimi arsenały i spichlerze. Oprócz ryżu i ziarna powinien gromadzić zapasy paliwa, żelaza, sieczki, węgla, drewna, rogów, kości, bambusa, szpiku kostnego, oleju, oczyszczonego tłuszczu, miodu, lekarstw, lnu, żywicy, strzał, materiału do produkcji cięciwy oraz sznurów zrobionych z trawy *mundża* i innych roślin. Powinien również budować liczne zbiorniki wody pitnej, kopać studnie i ochraniać wielkie drzewa dostarczające cienia.

Król powinien też pamiętać o oddawaniu należnych honorów swym nauczycielom, kapłanom, wielkim łucznikom, słynnym architektom, astronomom, astrologom, lekarzom i wszystkim tym osobom, które zdobyły wiedzę i samo-kontrolę, charakteryzują się odwagą, wysokim urodzeniem i umysłową energią.

Król powinien nagradzać ludzi prawych i karać tych, co kroczą ścieżką Bezprawia. Gromadząc informacje o zachowaniu i stanie umysłu mieszkańców swych miast i prowincji poprzez swych szpiegów powinien podejmować odpowiednie środki. Działając ze zdecydowaniem powinien skłaniać ludzi do realizowania swych obowiązków.

Król powinien osobiście nadzorować swych szpiegów, doradców, jak i swój skarbiec i instytucje wymierzające karę. Zebrawszy od szpiegów informacje powinien sam ocenić działania i intencje wrogów, przyjaciół, jak i osób neutralnych. Z dużą starannością powinien obmyślać odpowiednie środki nagrodzenia lojalnych i karania wrogów.

Król powinien zawsze oddawać cześć bogom sponsorując rytuały ofiarne i rozdając dary. Powinien zawsze ochraniać swych poddanych zważając na to, aby nie czynić nic, co przyczyniałoby się do upadku prawości. Powinien dostarczać środków do życia starcom, kalekom, wdowom i innym, którzy są bezradni.

Król powinien zawsze witać z honorami ascetów i we właściwym czasie obdarowywać ich żywnością i ubraniem. Powinien również dyskutować z nimi swój własny stan umysłu i królestwa oraz strategie rządzenia zachowując się zawsze w ich obecności z pokorą. Ascetom o wysokim urodzeniu i wiedzy powinien zaoferować łoże i posiłek. Powinien im zawsze ufać bez względu na to, w jakiej sam znalazł się sytuacji. Nawet złodzieje ufają ascecie. Król może oddać im pod opiekę całe swe bogactwo i zdobyć od nich wiedzę.

Król nie powinien jednak poświęcać ascetom całej swej uwagi i zbytnio się koncentrować na oddawaniu im czci. Wśród ascetów powinien wybrać czterech jako swych przyjaciół: jednego spośród tych, co zamieszkują w jego królestwie, drugiego spośród tych, co zamieszkują na terenie jego wroga, trzeciego spośród tych, co mieszkają w lesie i czwartego spośród tych, co mieszkają w królestwach płacących daninę. Powinien służyć im gościnnością, oddawać im cześć i dostarczać środków utrzymania. Jego stosunek do ascetów zamieszkujących królestwo wroga powinien być taki sam jak do ascetów mieszkających w jego własnym królestwie, gdyż w sytuacji, gdy jego i jego królestwo dotknie nieszczęście, asceci ci dzięki swej sile duchowej udzielą mu pomocy".

2. O organizacji i kontroli w królestwie

Judhiszthira rzekł: „O Bhiszma, opowiedziałeś mi o mieście, w którym powinien zamieszkać król i jego systemie obronnym. Powiedz mi teraz, w jaki sposób król powinien jednoczyć i ochraniać całe swe królestwo?"

Bhiszma rzekł: „O Judhiszthira, każda wioska powinna mieć swego wodza. Każde dziesięć wiosek powinno być nadzorowanych przez inspektora. Dwóch inspektorów kontrolujących łącznie dwadzieścia wiosek, powinno mieć nad sobą wyższego urzędnika. Pięciu urzędników kontrolujących setkę wiosek powinno podlegać jeszcze wyższemu urzędnikowi, który powinien podlegać jeszcze wyższemu urzędnikowi kontrolującemu łącznie tysiąc wiosek.

Wódz powinien obserwować wszystkich mieszkańców wioski i oszacowywać błędy w ich zachowaniu wymagające poprawy i poinformować o tym inspektora kontrolującego dziesięć wiosek. Każdy z inspektorów powinien przekazać tę informację wyższemu urzędnikowi, który powinien przekazać ją znowu na wyższy szczebel.

Wódz w każdej wiosce powinien mieć kontrolę nad wszystkim, co jest tam produkowane i posiadane przez jej mieszkańców i dostarczać wyznaczoną cześć inspektorowi sprawującemu kontrolę nad dziesięcioma wioskami. Inspektor ten z kolei powinien oddawać wyznaczoną część nadzorcy nad dwudziestoma wioskami. Urzędnik dozorujący setkę wiosek powinien być odpowiednio uhonorowany przez króla i czerpać swe środki utrzymania z dużej i bogatej wsi. Wioska ta jednakże powinna być pod nadzorem urzędnika kontrolującego tysiąc wsi. Ten wyższy urzędnik z kolei powinien czerpać swe środki utrzymania z małego miasta, które powinno dostarczać mu zbóż, złota i innych towarów. W zamian powinien realizować swe obowiązki odnośnie rozstrzygania wewnętrznych konfliktów i innych spraw. Stojący ponad nim królewski minister powinien sprawować kontrolę nad jego zarządzaniem tym miastem i stosunkami z innymi urzędnikami na tym samym, co on poziomie.

Każde miasto powinno mieć urzędnika pełniącego rolę nadrzędną w stosunku do innych urzędników i zajmującego się wyznaczonymi dla niego sprawami związanymi z wymiarem sprawiedliwości. Bazując na informacji dostarczanej mu przez szpiegów powinien oceniać poprawność ich zachowania. Ci wyżsi urzędnicy powinni ochraniać ludzi przed mordercami, złodziejami, oszustami i wszystkiego innego rodzaju przestępcami".

3. O podatkach, które król nakłada na swych poddanych

Bhiszma kontynuował: „O Judhiszthira, posłuchaj teraz, co mam do powiedzenia na temat podatków.

Król może nakładać na poddanych wysokie podatki, lecz nie wolno mu pozbawiać ich środków do życia. O wielkości podatku powinna decydować ocena wielkości produkcji i włożonej pracy. I tak na przykład król nakładając podatki na tych, co trudnią się handlem, powinien brać pod uwagę czynniki, takie jak wielkość sprzedaży i kupna, czy stan dróg. Do podatku zobowiązani są także rzemieślnicy. Jego wielkość powinna jednak zależeć od rozmiaru ich produkcji i jej kosztów.

Nikt nie chciałby pracować, gdyby musiał całą swą produkcję oddawać królowi w formie podatku. Król powinien więc nakładać na swych poddanych podatki w taki sposób, żeby zarówno on jak i ci, którzy wytwarzają dany produkt swoją pracą, mogli mieć z niego korzyść.

Król powinien uważać, aby zbytnią żądzą nie zniszczyć podstaw, na których opiera się on sam i jego królestwo. Poddani nienawidzą króla, który słynie ze swego nienasycenia. Król powinien staranie unikać takich działań, w konsekwencji których jego poddani będą odczuwać do niego nienawiść i swoją polityką podatkową powinien starać się o zdobycie popularności.

Król znienawidzony przez poddanych nigdy nie zdoła osiągnąć dobrobytu, ani tego, co mogłoby służyć jego dobru. Król powinien traktować królestwo jak mleczną krowę, która karmiona i dojona właściwie żyje długo i daje mleko, lecz głodna i zbyt często dojona pada z wycieczenia. Sukces osiągnie ten król, który ochrania swe królestwo, pobiera uczciwe podatki i utrzymuje się z tego, co jest łatwe do uzyskania.

Dla króla całe królestwo jest jego bogactwem, a jego własne bogactwo jest jego łożem. Powinien więc w miarę swej mocy ukazywać współczucie wszystkim biedakom zamieszkującym jego miasta i prowincje bez względu na to, czy bezpośrednio od niego zależą, czy też nie. Wymierzając sprawiedliwość i karząc złodziei powinien ochraniać mieszkańców peryferyjnych wiosek. Dzięki temu obywatele jego królestwa, którzy dzielą z nim jego dolę i niedolę, będą z niego zadowoleni.

Król mając na uwadze wypełnianie skarbca i chcąc skłonić ludzi do płacenia podatków powinien osobiście odwiedzać główne centra swego królestwa z zamiarem wzbudzenia w ludziach lęku przed wrogiem i uświadomienia im konieczności zebrania środków potrzebnych do obrony. Przed wysłaniem agentów podatkowych powinien wygłaszać przemówienia mówiąc: 'O obywatele, powinniśmy zawsze pamiętać o możliwym ataku ze strony wroga, który może sprawdzić na nas wielkie nieszczęście. Jedynie wspólnymi siłami zdołamy go pokonać, bo jest on jak bambus, który zakwita zapowiadając swe zniszczenie. Złodzieje i wrogowie, którzy chcą nas zniszczyć, sami zostaną zniszczeni. W obliczu grożącego nam niebezpieczeństwa proszę was o pomoc w zebraniu środków potrzebnych na obronę. Ja sam odpłacę wam za to dostarczając wam ochrony przed wrogiem, który napadając na królestwo ograbi was z całego bogactwa i pozbawi życia zarówno was, jak i wasze żony i krewnych. Czyż nie pragniecie dla swych żon i synów dobrobytu? Wasz dobrobyt cieszy mnie i mając go na uwadze kieruję do was swe słowa, jakbyście byli moimi dziećmi. Nie chcę waszej szkody. Oddajcie mi więc w formie podatku tyle, na ile was stać, bo w sytuacji, gdy grozi nam niebezpieczeństwo ze strony wroga, musimy być silni jak wół zdolny do uniesienia swego ciężaru. W takiej sytuacji nikt nie powinien przywiązywać się zbytnio do swego bogactwa'.

Król zbierając podatki przez swych agentów wśród waiśjów zamieszkujących jego królestwo powinien wskazywać na konieczność wzmocnienia fortyfikacji i ochrony pokoju, koszty utrzymania wyższych urzędników i zagrożenie ze strony wroga. Powinien jednak traktować swych waiśjów z dużą wyrozumiałością, bo inaczej opuszczą jego królestwo. Powinien zjednywać ich sobie przyjaznym zachowaniem i ochraniać ich dając im poczucie bezpieczeństwa i umożliwiając im czerpanie radości z tego, co posiadają. Powinien czynić wszystko, co w jego mocy, aby zwiększyć ich możliwości wytwórcze, waiśjowie są bowiem główną siłą wytwórczą w królestwie przyczyniając się do zwiększania jego potęgi poprzez uprawę ziemię i handel. Mądry król powinien więc zawsze starać się ich zadowolić nie nakładając na nich zbyt drakońskich podatków".

4. O sprawowania władzy przy pomocy właściwych środków

Bhiszma kontynuował: „O Judhiszthira, król, który pragnie swym działaniem zgromadzić religijne zasługi i zdobyć niebo, powinien przede wszystkim mieć na uwadze dobro poddanych i w miarę swej mocy i inteligencji, biorąc pod rozwagę wymogi miejsca i czasu, dostarczać ochrony im i ich majątkom. Powinien podjąć odpowiednie kroki zabezpieczające zarówno ich, jak i jego własny majątek. Nakładając na poddanych podatki nie powinien wysysać z nich krwi jak pijawka. Swe królestwo powinien traktować z należytą troską, tak jak dobry gospodarz traktuje dojną krowę, a w stosunku do swych poddanych powinien być jak tygrysica w stosunku do swych małych, która dotyka je zębami bez zadawania im ran.

Król powinien zabierać swym poddanym na swoje utrzymanie po trochu zwiększając odpowiednio proporcję w miarę ich bogacenia się. Swe obciążenia powinien zwiększać stopniowo i powoli zachowując się jak ktoś, kto trenuje młodego woła, aby móc nałożyć nań cugle i skłonić do ciągnienia wozu. Traktując swych poddanych równie łagodnie i z troską będzie w stanie kierować nimi i skłaniać ich do posłuszeństwa. Podobnego efektu nie zdoła uzyskać działając wyłącznie siłą i używając nieuczciwych środków.

Niemożliwe jest traktowanie wszystkich ludzi w identyczny sposób i dlatego król po zjednaniu sobie wśród swych poddanych liderów, powinien od ogółu żądać posłuszeństwa w znoszeniu obciążeń. Król nigdy nie powinien jednak nakładać na obywatela takich obciążeń, których ciężaru nie potrafi on unieść. Takie postępowanie należy do sztuki uprawiania królewskiego rzemiosła akceptowanej przez *Wedy*. Tak jak woźnica prowadzi konie używając właściwej metody, tak król zdobywa posłuszeństwo poddanych tylko wtedy, gdy używa właściwych metod".

Bhiszma kontynuował: „O Judhiszthira, obowiązkiem króla jest również kontrola i powstrzymywanie poddanych od popełniania zła. Król, który tego nie czyni, bierze na siebie czwartą część ich grzechów. Tak zostało stwierdzone w świętych pismach.

Sklepy z alkoholem, domy publiczne, stręczyciele, aktorzy, hazardziści jak i wszystkie inne osoby, które mogą zakłócać w państwie porządek, powinny podlegać specjalnej kontroli, gdyż zamieszkując w królestwie mogą sprowadzić na obywateli lepszego gatunku liczne nieszczęścia.

Król powinien powstrzymywać grzeszne czyny, bo one wyjaławiają każdego. Osoba motywowana żądzą jest zdolna do każdego niegodziwego czynu i daje innym zły przykład.

Król kierując się współczuciem powinien wspomagać tych, którzy żebrzą popadłszy w nieszczęście, bowiem nikt poza świętym żebrakiem nie powinien chodzić po prośbie, bo gdyby wszyscy ludzie zamiast podejmować pracę, żyli z żebractwa, świat przestałby istnieć. Tak w dawnych czasach zarządził sam Manu.

Królestwo powinno być wolne zarówno od żebraków jak i złodziei. Uczciwi ludzie nie wspomagają zwykłych żebraków. Takie dary nie przynoszą nikomu prawdziwej korzyści. Król powinien więc zadbać o to, aby w jego królestwie mieszkali ludzie, którzy działają na rzecz dobra innych, a nie tacy, którzy doprowadzają do ich zniszczenia.

Król powinien karać tych urzędników, którzy ścigają z jego poddanych wyższe podatki niż to zostało ustalone i na ich miejsce zatrudnić ludzi uczciwych. Rolnictwo, hodowla i handel wymagają pracy ze strony wielu osób ze względu na konieczność podziału pracy. Gdy osoby wykonujące te prace czują się zagrożone przez złodziei i nieuczciwych urzędników, hańba spada na króla.

Król powinien również specjalnie troszczyć się o tych, którzy są bogaci i zachęcać ich do tego, aby tak jak on sam w swych działaniach brali pod uwagę dobro innych ludzi. Najbogatsi tworzą państwo w państwie i zajmują najwyższą pozycję. Ci, którzy są mądrzy, prawi, odważni bogaci, wpływowi, prawdomówni lub praktykują ascezę powinni pomagać królowi w dostarczaniu poddanym ochrony".

Po chwili przerwy Bhiszma kontynuował: „O Judhiszthira, ty sam darzysz miłością wszystkie żywe istoty i unikasz ranienia ich. Jesteś prawy, uczciwy i wolny od gniewu. Rządź więc swym królestwem wymierzając sprawiedliwość, zwiększając skarbiec, ochraniając poddanych i jednocząc swe królestwo. Praktykuj prawdomówność i uczciwość mając oparcie w przyjaciołach, skarbcu i armii.

Troszcz się również o to, aby w twym królestwie nie zostały wycięte drzewa, które rodzą owoce. Korzenie drzew i owoce są własnością braminów. Tak zostało zadeklarowane przez starożytnych mędrców. Dopiero nadwyżka z posiłku braminów powinna stanowić środki utrzymania dla reszty obywateli. Nikt nie powinien spożywać posiłku, zanim bramin się nie nasyci.

Jeżeli jakiś bramin chce opuścić królestwo w poszukiwaniu środków utrzymania się przy życiu gdzieindziej, król powinien z uczuciem i szacunkiem dla niego zapewnić mu środki do życia. Jeżeli pomimo tego, bramin ten ciągle chce opuścić jego królestwo, król powinien udać się na spotkanie ze zgromadzeniem braminów i rzec: 'O bramini, jeden z was pragnie porzucić moje królestwo. Jak mam go zatrzymać? Któż poza nim będzie miał wystarczający autorytet, aby wskazywać innym właściwy kierunek?' Gdy te królewskie słowa nie pomogą i wspomniany bramin ciągle będzie chciał opuścić królestwo, król osobiście powinien prosić go o zapomnienie jego przeszłych zaniedbań. Taki jest odwieczny obowiązek króla. Powinien dalej kontynuować swą mowę mówiąc: 'O braminie, choć ludzie mówią, że bramin powinien zadowolić się wyłącznie tym, co pozwala mu utrzymać się przy życiu, ja sam nie zgadzam się z tą opinią. Jeżeli jakiś bramin chce opuścić królestwo, bo poszukuje luksusu, król powinien go zatrzymać spełniając jego życzenie'.

Rolnictwo, hodowla i handel dostarczają ludziom środków do utrzymania się przy życiu, znajomość *Wed* dostarcza im jednak środków do zbawienia duszy i dlatego ci, którzy przeszkadzają w studiowaniu *Wed* i uprawianiu wedyjskich praktyk, są uważani za wrogów całego społeczeństwa. Brahma stworzył wojowników właśnie po to, aby ich zniszczyć. Wiedząc o tym pokonuj swych wrogów i ochraniaj poddanych, czcij bogów prowadząc rytuały ofiarne i wygrywaj bitwy.

Król powinien ochraniać to, co na ochronę zasługuje i ten, który tak czyni, jest dobrym władcą, podczas gdy ten, który tak nie czyni, wiedzie życie puste i bez znaczenia.

Mając na uwadze dobro poddanych król powinien zawsze próbować poznać ich działania i stan umysłu i dlatego powinien mieć wśród nich szpiegów. Powinien sprzyjać ich rozwojowi ochraniając ich przed nimi samymi jak i innymi.

Król powinien ochraniać całą ziemię ochraniając najpierw swą własną jaźń. Mędrcy twierdzą, że wszystko ma swe korzenie w jaźni. Król powinien nad tym rozmyślać. Powinien rozmyślać nad tym, czego zaniedbał, jakie ma nałogi, co jest źródłem jego słabości i błędów. Szpiedzy powinni dostarczać mu informacji, czy jego ostatnie zachowanie spotkało się z aprobatą jego poddanych i ogólnie czy jego linia postępowania jest przez nich aprobowana i czy cieszy się wśród nich dobrą sławą. Równocześnie powinien jednak pamiętać o tym, żeby nie prześladować tych, którzy go nie akceptują. Żadnemu człowiekowi nie udało się bowiem nigdy zdobyć aprobaty wszystkich ludzi na całym świecie. Każda osoba ma swych przyjaciół, wrogów oraz takich, którzy pozostają wobec niej obojętni.

Stworzenia ruchome pożerają nieruchome, zębate bezzębne, a wielkie jadowite węże mniejszych przedstawicieli własnego gatunku. Wśród ludzi funkcjonuje ta sama zasada: silniejszy poluje na słabszego. Dlatego król powinien być zawsze czujny zarówno w stosunku do poddanych jak i wrogów. Gdy król będzie traktował ich z beztroską, rzucą się na niego jak sępy na swą zdobycz. Zatroszcz się więc o to, aby nie nakładać zbyt wielkich podatków na kupców, nie pozwalaj, aby rolnicy czując się ciemiężeni zaczęli opuszczać twoje królestwo i pamiętaj o oddawaniu czci bogom, Ojcom i wszystkim innym, którzy na to zasługują, gdyż to są właściwe środki sprawowania władzy i ochraniania poddanych".

Napisane na podstawie fragmentów *Mahābhārata*,
Santi Parva, Part 1, Sections LXXXVI-LXXXIX
(Rajadharmanusasana Parva).

Opowieść 124
O królu jako uosobieniu Prawa (dharmy)

1. O Prawie jako środku osiągania rozwoju i dobrobytu; 2. O konieczności unikania pychy i niesprawiedliwości, które doprowadzają króla do ruiny; 3. O królewskim obowiązku ochraniania słabych i unikania nadużywania władzy; 4. O radach, jakie Wamadewa dał królowi Wasumanasowi, który pragnął kroczyć ścieżką Prawa.

> Mędrzec Utathja rzekł ongiś do króla Mandhatri, który zapytał go o właściwe środki rządzenia: „O Mandhatri, na imię króla zasługuje nie ten, kto w swych działaniach kieruje się kaprysem, lecz ten, kto działa w interesie Prawa. Król kroczący ścieżką Prawa zdobywa niebo i pozycję boga, podczas gdy ten, który schodzi ze ścieżki Prawa tonie w piekle.
>
> Król jest faktycznie obrońcą całego świata. Wszystkie żywe istoty zależą od Prawa, a Prawo bazuje na królu i dlatego tylko ten król, który dostarcza oparcia dla Prawa jest naprawdę godny imienia króla. Król obdarzony prawą duszą i wszelką łaską jest uważany za samo wcielenie Prawa".

(*Mahābharāta*, Santi Parva, Part 1, Section XC)

1. O Prawie jako środku osiągania rozwoju i dobrobytu

Bhiszma rzekł: „O Judhiszthira, opowiedziałem tobie o konieczności użycia właściwych środków w sprawowaniu władzy. Posłuchaj teraz mojej opowieści o rozmowie najstarszego syna mędrca Angirasa, Utathji, z królem Mandhatri, synem Juwanaświy, która ilustruje to, o czym poprzednio mówiłem.

Mędrzec Utathja rzekł ongiś do króla Mandhatri, który zapytał go o właściwe środki rządzenia: 'O Mandhatri, na imię króla zasługuje nie ten, który w swych działaniach kieruje się kaprysem, lecz ten, który działa w interesie Prawa. Król kroczący ścieżką Prawa zdobywa niebo i pozycję boga, podczas gdy ten, który schodzi ze ścieżki Prawa tonie w piekle.

Król jest faktycznie obrońcą całego świata. Wszystkie żywe istoty zależą od Prawa, a Prawo bazuje na królu i dlatego tylko ten król, który dostarcza oparcia dla Prawa jest naprawdę godny imienia króla. Król obdarzony prawą duszą i wszelką łaską jest uważany za samo wcielenie Prawa.

Bogowie opuszczą pałac króla, który zaniedbał wymierzanie kary przestępcom łamiącym Prawo, a wśród ludzi okryje się hańbą.

Wysiłki podejmowane przez ludzi kroczących ścieżką Prawa nigdy nie idą na marne. Z tych to powodów ludzie słuchają nakazów Prawa przynoszących im powodzenie.

Jeżeli grzech nie zostanie powstrzymany, prawe działania zanikną otwierając drogę Bezprawiu. Nikt nie będzie mógł stwierdzić, co jest i co nie jest jego własnością zgodnie z prawem własności opisanym w świętych pismach. Nikt nie będzie mógł czerpać radości z posiadania żony, domu, ziemi i zwierząt domowych. Bogowie i Ojcowie przestaną otrzymywać należną im cześć, a goście gościnność. Bramini przestaną praktykować surowe śluby, studiować *Wedy* i wykonywać rytuały. Umysł ludzi osłabnie i straci całą swą jasność.

To starożytni riszi, którzy widzą zarówno ten jak i tamten świat, uczynili króla najwyższą istotę zakładając, że będzie on na ziemi wcieleniem Prawa. Król kroczący ścieżką Prawa jest nazywany *radża*, co znaczy ten, który błyszczy prawością. Natomiast król, który zszedł ze ścieżki Prawa jest nazywany *wriszala*, tj. ten, który niszczy prawość. Boska *dharma* (tj. to, co dostarcza oparcia) nosi również nazwę *wrisza* (tj. ten, kto jest *dharma*), i dlatego ten, kto niszczy *dharmę* nazywa się *wriszala*.

Król powinien więc zawsze promować prawość. Żywe istoty rozwijają się wraz ze jej wzrostem i niszczeją wraz z jej niszczeniem. Nie wolno więc nigdy dopuścić do tego, aby prawość uległa zniszczeniu.

Prawość i sprawiedliwość nosi nazwę *dharma* (tj. to, co dostarcza oparcia), ponieważ pomaga w zdobywaniu i utrzymywaniu bogactwa (*dhana*, tj. bogactwo, szczodrość, obfitość). Zgodnie z deklaracją mędrców Prawo (*dharma*) nakłada ograniczenia na i eliminuje wszelkie złe działania ludzi. Samo-Stwarzający się Brahma stworzył *dharmę* mając na uwadze wzrost i rozwój żywych istot. I z tego powodu król dla dobra swych poddanych powinien być posłuszny *dharmie*. *Dharma* jest tym, co wśród wszystkich rzeczy stoi najwyżej.

Na imię króla zasługuje ten, kto wolny od żądzy i gniewu rządzi poddanymi zgodnie z nakazami Prawa. Prawość stoi najwyżej wśród wszystkich rzeczy, które sprzyjają dobrobytowi królów'.

2. O konieczności unikania pychy i niesprawiedliwości, które doprowadzają króla do ruiny

Utathja kontynuował: 'O Mandhatri, łonem dla *dharmy* są bramini i dlatego należy im zawsze oddawać cześć. Spełniaj z pokorą wszystkie ich życzenia. Król, który tego nie czyni, zamiast zwiększać liczbę przyjaciół, zwiększa liczbę wrogów i sam ściąga na siebie katastrofę. Brak troski o braminów wynikły z pychy wzbudzi w końcu gniew zamieszkującej u niego bogini dobrobytu, która opuści go tak jak niegdyś opuściła asurę o imieniu Bali i udała się do króla bogów Indry, zaciekłego wroga asurów. Bali nie mógł tego odżałować. Takie są skutki szaleństwa i pychy. Bądź tego świadomy i nie pozwól na to, aby bogini dobrobytu cię opuściła.

Święte pisma deklarują, że Bezprawie dało bogini dobrobytu syna o imieniu Pycha, który przynosi zniszczenie zarówno bogom jak i demonom asurom. Spowodował on również zniszczenie wielu królewskich mędrców. Bądź tego świadomy! Ten, kto zdołał pokonać Pychę staje się królem, a ten, który dał mu się pokonać staje się niewolnikiem. Jeżeli pragniesz wiecznego szczęścia, żyj tak jak król powinien, pokonując tych dwóch wrogów, którymi są Pycha i Bezprawie.

Unikaj towarzystwa tych, którzy szydzą z religii, są bezduszni, pijani pychą, nieuczciwi i nie szukaj ich akceptacji nawet wówczas, gdy są zjednoczeni. Trzymaj się z dala od towarzystwa kobiet i ministrów, którzy zostali przez ciebie poprzednio ukarani. Unikaj również gór, nierównego terenu, niedostępnych kryjówek, znarowionych słoni, koni i węzów. Zrezygnuj z nocnych wędrówek, unikaj skąpstwa, próżności, przechwałek i gniewu. Unikaj kontaktów seksualnych z nieznanymi ci kobietami o prowokującej seksualności i lubieżnym zachowaniu oraz z tymi, które są dziewicami lub żonami kogoś innego. Jeżeli król nie zdoła powstrzymać się od rozpusty, granice między kastami załamią się i nawet w rodzinach godnych szacunku zaczną się rodzić rakszasowie i osoby o nieokreślonej płci, pozbawione kończyn, o twardych językach i idioci.

Król mając na uwadze dobro poddanych powinien dawać przykład swym prawym zachowaniem. Nie troszcząc się wystarczająco o własne zachowanie, sam na siebie sprowadzi zło. Wzrost Bezprawia przyniesie do królestwa chaos. Zanikną różnice między kastami i porami roku i zimno pojawi się latem. Ludzie będą cierpieć z powodu suszy, powodzi i zarazy. Na niebie pojawiają się źle wróżące gwiazdy i planety. Pojawiają się różne złe znaki wróżące zniszczenie królestwa.

Poddani zniszczeni przez królewską niedbałość przyniosą zniszczenie królowi. Jedna osoba powiązana z drugą może zniszczyć tej drugiej dobro, a wiele osób powiązanych razem potrafi zniszczyć je obie. Król ponosi odpowiedzialność za chaos w królestwie. Gdy król zbacza ze ścieżki prawości i nie troszczy się o swe zachowanie, załamują się wszelkie prawa własności'.

3. O królewskim obowiązku ochraniania słabych i unikania nadużywania władzy

Prorok Utathja kontynuował: 'O Mandhatri, gdy król jest w swym działaniu prawy i Indra oblewa ziemię deszczem zgodnie z porami roku, w królestwie panuje dobrobyt i poddani są szczęśliwi. Wszystkie cztery kasty wykonują swoje zawody realizując swe obowiązki. Obowiązkiem szudrów jest służba, waiśjów uprawa roli, wojowników wymierzanie sprawiedliwości, a *brahmacarja*, umartwienia, mantry i Prawda jest obowiązkiem braminów. Ci, którzy nie potrafią realizować obowiązków swej kasty, rodzą się ponownie w kaście szudrów.

Wojownik, który wie, jak korygować grzeszne działania i jak skłaniać poddanych do powrotu na ścieżkę Prawa, jest dla nich jak ojciec i zasługuje na imię króla.

Królewskie działania mają wielką moc. Kolejne eony—kritajuga, tretajuga, dwaparajuga i kalijuga—zależą od działań króla. To król swymi działaniami nadaje eonowi jego charakter.

Gdy król nie troszczy się o własne działania, chaos wkrada się do czterech kast, *Wed* i czterech trybów życia. Zniszczeniu ulegają trzy rodzaje ognia, rytuały ofiarne i *dakszina*. To król swym działaniem stwarza wszystkie żywe istoty i doprowadza do ich zniszczenia. Król o prawej duszy jest uważany za stwórcę, a król o grzesznej duszy za niszczyciela.

Wszystkie żywe istoty są dziećmi króla i niesprawiedliwe działanie króla sprowadza na nie nieszczęście. Król, który nie troszczy się o prawość swych działań, unieszczęśliwia swe żony i przyjaciół. Jego konie, słonie i inne zwierzęta tracą cały swój wigor.

Sam Stwórca stworzył Władzę w celu ochraniania Słabości. Słabość sama w sobie jest wielką rzeczą, bo kontakt z nią i jej ochrona jest drogą prowadzącą do nieba.

Wzrok Słabości powinien być uważany za równie trudny do zniesienia jak wzrok mędrca lub jadowitego węża. Nie zachowuj się więc nigdy wrogo w stosunku do Słabości. Traktuj ją z należną pokorą. Dbaj o to, aby nie spaliła cię na popiół razem z twoimi krewnymi. Wzrok Słabości potrafi wypalić całe rody aż do korzeni. Słabość jest potężniejsza od Władzy, bo Władza spalona przez Słabość rozpada się w proch.

Kara boska spadnie na króla i zniszczy go, jeżeli nie dostarczy on ochrony pokrzywdzonej Słabości wołającej o pomoc. Ciesząc się Władzą nie zabieraj więc nigdy własności należącej do słabych. Wzrok pokrzywdzonych spala, a ich łzy niszczą potomstwo i dobrobyt krzywdziciela. Ochraniaj Słabość pamiętając o karze. Gdy wszyscy obywatele pobawieni dóbr będą zmuszeni do życia jak żebracy, przyniesie to królowi zniszczenie. Podobnie, gdy królewscy urzędnicy zaczną wyzyskiwać słabych, sprowadzą na królestwo bezgraniczne zło i zniszczą króla.

Królewski dobrobyt zależy od tego, czy obywatele w jego królestwie idą ścieżką wyznaczonego dla nich Prawa, realizują swe religijne obowiązki i wychwalają jego sprawiedliwe postępowanie. Porzucenie przez nich ścieżki Prawa sprowadza na króla nieszczęście. Gdy bezprawne działania nie napotkają kary, królestwem zaczyna władać bóstwo Kali, które przynosi chaos. W dobrobycie natomiast żyje to królestwo, w którym król karze przestępców i nagradza tych, którzy na to zasługują. Taki król zgromadzi swym działaniem wielkie zasługi i będzie władał całą ziemią.

Dzielenie się swymi dobrami z innymi, oddawanie należnych honorów ministrom, obrona swych granic, niszczenie złodziei oraz ujarzmianie tych, którzy są odurzeni swą władzą i pychą, należą do obowiązków króla i są jego drogą prowadzącą do nieba. Król pokonawszy swą żądzę i zawiść powinien w swych słowach i działaniach ochraniać wszystkich ludzi i nie wybaczyć nawet synowi, gdy popełni przestępstwo i zasługuje na karę. Powinien dostarczać środków do życia nędzarzom, ocierać łzy nieszczęśliwych, bezbronnych i starych próbując ich podnieść na duchu. Powinien z oddanym sercem czcić bogów i uwieńczać rytuały ofiarne bogatymi darami. Wzmacnianie przyjaciół, osłabianie wrogów, obdarowywanie ziemią, przyjmowanie gości i troska o poddanych należą do wiecznych obowiązków króla.

Król na ziemi jest uosobieniem samego boga śmierci Jamy i stoi na straży wszystkiego, co dobre i sprawiedliwe rozdzielając nagrody i kary. Pokonując swe zmysły zdobywa bogactwo, a ulegając nim popełnia grzech. Jama jest sędzią dla wszystkich bez wyjątku. Król powinien czynić to samo zmuszając wszystkich do realizacji własnych obowiązków. Król na ziemi jest też pod każdym względem jak król bogów Indra i to, co nazywa on prawym, powinno być za takie uznawane'.

Prorok Utathja kontynuował: 'O Mandhatri, będąc królem powinieneś kultywować inteligencję, wybaczanie, cierpliwość i miłość do wszystkich żywych istot. Powinieneś również być zdolny do oceny wad i zalet wszystkich ludzi oraz rozróżnienia dobra od zła. Zachowuj się tez właściwie w stosunku do wszystkich żywych istot przemawiając do nich pełnymi słodyczy słowami. Dbaj o to, aby mieszkańcy twej stolicy i prowincji byli zadowoleni.

Król, któremu brak inteligencji, nie zdoła dostarczyć swym poddanym ochrony. Zwierzchnictwo jest wielkim ciężarem i tylko ten król, który zdobył wiedzę, jest odważny i poznał «naukę o rządzie» potrafi je unieść. Wspomagany przez swych posiadających odpowiednie umiejętności przystojnych ministrów o wysokim urodzeniu, którzy są ci oddani, staraj się poznać serca i działania wszystkich ludzi łącznie z ascetami i świętymi żebrakami. W ten sposób poznasz obowiązki wszystkich kast. Pomoże ci to w realizowaniu twych obowiązków we własnym królestwie i poza nim.

Wśród trzech celów życiowych, którymi są Prawość, Zysk i Przyjemność, Prawość jest najważniejsza. Gdy ludzie są traktowani przez króla sprawiedliwie, będą gotowi porzucić na jego rzecz swe żony i synów. Przywiązując do siebie dobrych ludzi swymi darami, słodkimi słowami, troską i czystością własnego zachowania osiągniesz dobrobyt. Działaj więc mając to na uwadze.

Król powinien zawsze być świadomy zarówno własnych zaniedbań, jak i zaniedbań wroga. Swe własne zaniedbania powinien starać się naprawić i ukryć przed wrogiem. Taka jest droga postępowania Indry, Jamy, Waruny jak i wszystkich mędrców i taką drogą powinien kroczyć król. Idź więc tą drogą. Bogowie, starożytni mędrcy i gandharwowie o wielkiej energii wychwalają króla, który jest prawy i sprawiedliwy'".

Bhiszma zakończył swe opowiadanie mówiąc: „O Judhiszthira, po wysłuchaniu mowy mędrca Utathji król Mandhatri postępował zgodnie z jego radami i stał się panem całej ziemi. Rządząc swym królestwem działaj więc tak jak król Mandhatri. W ten sposób zdobędziesz zarówno niebo jak i ziemię".

4. O radach, jakie Wamadewa dał królowi Wasumanasowi, który pragnął kroczyć ścieżką Prawa

Judhiszthira rzekł: „O Bhiszma, wytłumacz mi, co powinien czynić król, który pragnie zawsze kroczyć ścieżką Prawa?"

Bhiszma rzekł: „O Judhiszthira, w kontekście twego pytania pozwól mi zacytować odpowiedź, którą znający prawdziwą wartość wszystkich rzeczy mędrzec Wamadewa udzielił ongiś królowi Wasumanasowi w odpowiedzi na podobne pytanie.

Wasumanas rzekł: 'O wielki mędrcu, poinstruuj mnie w swych świętych słowach, które są zawsze prawe i znaczące, jak powinienem działać, aby nie zejść ze ścieżki wyznaczonych dla mnie obowiązków?'

Asceta Wamadewa rzekł: 'O królu, w każdej sytuacji podążaj zawsze za Prawem. Nie istnieje bowiem nic, co stałaby wyżej od prawości działania. Król, który zawsze słucha Prawa, zdobędzie całą ziemię.

Prawością błyszczy ten król, który uważa Prawo za najbardziej skuteczny środek realizacji trzech celów życiowych, którymi są Prawo, Zysk i Przyjemność, i który działa zgodnie z radami tych, którzy są prawi. Natomiast król, który lekceważy Prawo i pragnie bazować w swym działaniu na sile, zejdzie w końcu ze ścieżki Prawa i swym działaniem nie zrealizuje ani celu, którym jest Prawo, ani nie zdobędzie Zysku, ani Przyjemności. Podobnie król, który działa zgodnie z radami występnych i grzesznych ministrów, staje się niszczycielem prawości i zasługuje razem z całą swoją rodziną na śmierć z rąk poddanych. Wkrótce napotka na swej drodze zniszczenie.

Zniszczeniu ulegnie również ten król, który choć zdobył całą ziemią jest niekompetentny w sztuce rządzenia państwem, działa pod wpływem kaprysu i przechwala się. Natomiast król wolny od szaleństwa, który pokonał swe zmysły i jest obdarzony inteligencją doświadczy dostatku, będąc jak ocean wypełniany wodą tysięcy strumieni.

Król nigdy nie powinien sądzić, że zrealizował już dość Prawa i zdobył wystarczającą ilość przyjemności, bogactwa, wiedzy i przyjaciół. Na nich bazuje funkcjonowanie całego świata. Dzięki rozmyślaniu nad nimi król zdobywa sławę, powodzenie, sukces i poddanych. Prawdziwą wielkością cieszy się ten król oddany prawości, który szuka wzrostu prawości i bogactwa i który podejmuje działania po starannym przemyśleniu swych celów. Król, który jest skąpy, pozbawiony współczucia, gwałtowny w reakcjach i skłania poddanych do posłuszeństwa jedynie groźbą kary, sprowadzi na siebie zniszczenie. Król, któremu brak inteligencji, nie dostrzeże nigdy swych wad. Ciesząc się złą sławą pogrąży się w piekle za życia i po śmierci.

Gdy król oddaje honory tym, którzy na to zasługują, jest szczodry w darach i rozumiejąc wartość słodkich słów wygłasza przy różnych okazjach słodkie mowy, wówczas jego poddani będą ochraniać go przed nieszczęściem, jak samych siebie.

Król, który nie ma mądrych doradców w sprawie Prawa, który nigdy nie pyta nikogo o radę i szuka bogactwa kierując się impulsem i kaprysem, nie zdoła na długo zdobyć szczęścia w przeciwieństwie do króla, który w swych poczynaniach kieruje się prawością słuchając instrukcji swych nauczycieli i który osobiście nadzoruje stan spraw w królestwie.

Król skłonny do tyranii, ignorujący nakazy świętych pism i rządzący królestwem twardą ręką, sam przyniesie na siebie zniszczenie. Gdy będzie używał bezprawnych środków w stosunku do pokonanych, inni będą go naśladować. W ten sposób wprowadzi w ruch grzech i w końcu jego królestwo rządzone Bezprawiem ulegnie zniszczeniu. Gdy sam stanie w obliczu nieszczęścia, nawet jego krewni nie będą tolerować jego bezprawnych działań. Król i wojownik—bez względu na to, czy jest zwycięski, czy pokonany—powinien zawsze iść ścieżką Prawa, która została mu wyznaczona od najdawniejszych czasów. Król, który kierując się pychą nie oddaje należnych honorów wrogowi, którego pojmał do niewoli i który poprzednio wspierał go w jego podbojach, schodzi ze ścieżki wyznaczonej dla wojownika. Obowiązkiem króla jest wykonywanie swej władzy zarówno w czasach pokoju jak i wojny. Król, który tak czyni, zdobywa miłość wszystkich żywych istot i zawsze odnosi sukces'.

Mędrzec Wamadewa kontynuował: 'O Wasumanas, staraj się nie wyrządzać innym krzywd i działaj na rzecz ich dobra. Poprzez czynienie dobra zdobywa się ich miłość. Bądź więc dla innych dobry bez niczyjej namowy i unikaj w stosunkach z nimi nieuczciwej mowy. Ludzie chcą, aby ich król był szczodry i dzielił z nimi wszystkie przedmioty sprawiające przyjemność, łagodny w usposobieniu, czysty w zachowaniu, troszczący się o dobro swych poddanych.

Nigdy nie zaniedbuj prawości ulegając żądzy i gniewowi, które ułatwiają jedynie wygraną twemu wrogowi. Nie odpowiadaj nieprzyjemnie na zadawane ci pytania. Nie wygłaszaj mów, które nie są ciebie godne. Nie wykonuj niczego w zbytnim pośpiechu.

Nie pozwalaj sobie na szaleństwo. Nie popadaj w zbytnią radość, gdy wszystko idzie po twej myśli i unikaj zbytniej rozpaczy, gdy spada na ciebie nieszczęście. Nie ulegaj żalowi nawet wówczas, gdy twe środki pieniężne wyczerpią się i pamiętaj zawsze o swym obowiązku działania na rzecz poddanych. Król, który jest zawsze nastawiony na czynienie dobra, i z właściwą uwagą troszczy się o tych, którzy z oddaniem mu służą mając na uwadze jego dobro, dzięki swej dyspozycji zdobędzie sukces we wszystkich celach.

Na stanowiskach państwowych król powinien zatrudniać osoby o czystym działaniu, które kontrolują swe zmysły, są mu oddane i posiadają odpowiednie umiejętności. Osoby o takich zaletach przyniosą mu powodzenie. Zatrudnianie na ważnych stanowiskach państwowych ludzi nieumiejętnych, ignorantów będących we władzy zmysłów, kierujących się zawiścią oszustów i hipokrytów o podłej duszy, skłonnych do ulegania czterem nałogom (picie alkoholu, gra w kości, kobiety i polowanie) sprowadzi na niego nieszczęście. Król, który ochrania zarówno swą własną jaźń, jak i wszystkich, którzy na ochronę zasługują, czerpie satysfakcję widząc rozwój i dobrobyt swoich poddanych. Taki król jest wielki.

Król, który zdobywa swe zwierzchnictwo dzięki swej dzielności, powinien ochraniać poddanych siłą swej broni i pokonywać wroga. Aby wzmocnić swą pozycję powinien również poprzez swych specjalnych szpiegów obserwować działania innych królów. Ten, kto zranił w jakiś sposób potężnego króla, nie powinien tracić czujności nawet wtedy, gdy mieszka w odległym kraju. W momencie nieuwagi zraniony przez niego król zaatakuje go równie nagle jak sokół swą ofiarę. Król pewien swej militarnej potęgi, powinien napaść na słabszego sąsiada i unikać wojny z silniejszym.

Na tym świecie nie ma nic wiecznego i wszystko ulega zniszczeniu. Pamiętając o tym prawy król powinien bronić poddanych w zgodny z Prawem sposób. Obrona fortów, walka na polu bitewnym, wymierzanie sprawiedliwości, konsultowanie politycznej strategii i przynoszenie zadowolenia poddanym są pięcioma działaniami, które prowadzą do wzrostu i rozwoju królestwa. Dzięki nim król ochrania królestwo i zdobywa swą wielkość. W realizacji tych zadań i sprawowaniu kontroli nad ich realizacją król korzysta z pomocy ministrów.

Prawy król wysłuchuje rad mędrców i akceptując je rezygnuje ze własnej niezgodnej z nimi opinii. Król, który jest niezdolny do wysłuchiwania z uwagą i zaakceptowania rad tych, którzy mu dobrze życzą, dlatego że są sprzeczne z jego własną opinią i który nie podąża w swym działaniu za wzorem dostarczonym przez osoby szlachetne i o wielkiej duszy, schodzi ze ścieżki Prawa wyznaczonej dla wojownika.

Król o chwiejnej duszy, który ulegając gniewowi i szaleństwu nie oddaje należnych honorów swym krewnym, którzy posiadają prawdziwe zalety, balansuje na granicy zniszczenia. Natomiast król, który troszczy się o dobro ludzi o wielkich zaletach i osiągnięciach, nawet choć w głębi serca nie bardzo ich lubi, zdobędzie wieczną sławę.

Król, który faworyzuje osoby o małej duszy ignorując swoich głównych ministrów doprowadzi się do katastrofy i nie zdoła zrealizować swych celów. Król powinien unikać kontaktu z ministrami, którzy zostali kiedyś ukarani, nieznajomych kobiet, niedostępnych terenów, znarowionych koni, słoni i wężów.

Nigdy nie obciążaj swych poddanych nadmiernymi podatkami. W obliczu nieszczęścia nie daj się pokonać żalowi, a w obliczu sukcesu—radości. Zawsze dąż do wykonania działań, które są dobre. Bądź zawsze świadomy, kto jest tobie szczerze oddany, jak i tego, kto ma jakie wady. Król, choć jest potężny, nie powinien ufać nawet słabym, którzy mogą zaatakować go w momencie jego nieuwagi, jak drapieżnik swą bezbronną ofiarę. Człowiek o podłej duszy zawsze chce zadać swemu panu rany, nawet wówczas, gdy wygłasza on słodkie mowy i ma na swym koncie wiele osiągnięć. Nie ufaj więc nigdy takim ludziom. Jak to stwierdził ongiś Jajati rozmyślając nad tajnikami sztuki rządzenia: «król powinien pozbawić życia każdego wroga, który jest nikczemnikiem»'.

Wamadewa kontynuował: 'O Wasumanas, król powinien starać się zwyciężać wroga bez konieczności prowadzenia bitwy—takie zwycięstwa są cenione najwyżej—i nie powinien szukać nowych zdobyczy, dopóki jego władza nie zdobędzie wystarczająco silnych podstaw. Władza króla ma silne podstawy, gdy obywatele jego opływającego w bogactwo królestwa są zadowoleni i lojalni, a jego armia nieustraszona. Król, którego żołnierze są zadowoleni, dobrze opłaceni i kompetentni w walce, potrafi zdobyć całą ziemię nawet z nieliczną armią. Władza królewska ma silne postawy, gdy jego poddani mieszkający zarówno na wsi, jak i w miastach mają wystarczająco dużo żywności i bogactw i darzą współczuciem wszystkie żywe istoty. Król, którego bogactwo wzrasta, który sam darzy współczuciem wszystkie żywe istoty, nie odkłada spraw na jutro i troszczy się o własną jaźń, zrealizuje swe cele, podczas gdy król, który traktuje nieuczciwie swych poddanych, niszczy swe korzenie.

Król powinien niszczyć wrogów, bo inaczej oni jego zniszczą. Jednakże król, który wie, jak pokonać swój własny gniew, nie będzie miał wrogów. Posiadając wiedzę i samo-kontrolę nie popełni nigdy żadnego czynu, który spotka się z dezaprobatą. Będzie zawsze wykonywał takie działania, które są korzystne zarówno dla niego jak i dla innych. Król, który zrealizował wszystkie swoje obowiązki, będzie zadowolony akceptując swoją własną świadomość i nie czyniąc wymówek ani sobie samemu, ani innym. Dzięki swemu prawemu dzianiu zdobędzie zarówno ten jak i tamten świat'".

Bhiszma kończąc swe opowiadanie rzekł: "O Judhiszthira, król Wasumanas po wysłuchaniu słów mędrca Wamadewy rządził swym królestwem postępując według jego wskazówek. Postępuj podobnie, i w ten sposób zdobędziesz sławę za życia na ziemi i niebo po śmierci".

Napisane na podstawie fragmentów *Mahābhārata*,
Santi Parva, Part 1, Sections XC-XCIV
(Rajadharmanusasana Parva).

Opowieść 125
O tym, kiedy przemoc
staje się „dobrą" przemocą

1. O zasadach uczciwej walki; 2. O regułach rządzących podbojem; 3. O tym, jak król oczyszcza się z krwi zabitych wrogów; 4. O bitwie jako rytuale ofiarnym będącym drogą do nieba; 5. O pochwale heroizmu.

> *Judhiszthira rzekł: „O Bhiszma, wojownik zabijając innych setkami dokonuje czynów uchodzących za grzeszne. Wytłumacz mi, dzięki jakim działaniom może on zdobyć niebo i szczęście?"*
>
> *Bhiszma rzekł: „O Judhiszthira, król oczyszcza się z krwi zabitego wroga poprzez wymierzanie sprawiedliwości, sponsorowanie rytuałów ofiarnych i dobroczynność. Oczyszcza się mocą swych ofiar i darów i zbiera zasługi działając na rzecz dobra i wzrostu żywych istot. To prawda, że szukając zwycięstwa wiele z nich rani, lecz dzięki zdobyciu zwycięstwa umożliwia im mnożenie się i rozwijanie".*

(*Mahābhārata*, Santi Parva, Part 1, Section XCVII)

1. O zasadach walki

Kontynuując rozmowę z Bhiszmą Judhiszthira rzekł: „O Bhiszma, w jaki sposób król, który chce kroczyć ścieżką Prawa, powinien walczyć z atakującym go przeciwnikiem?"

Bhiszma rzekł: „O Judhiszthira, wojownik zaatakowany przez wojownika, który nie nosi zbroi, powinien walczyć bez zbroi. Zaatakowany przez wojownika w zbroi, powinien walczyć w zbroi. Powinien walczyć dopóty, dopóki przeciwnik jest zdolny do walki. Powinien zaprzestać walki, gdy przeciwnik stracił swą zdolność do obrony. Wojownik, który stracił zbroję i poddaje się odłożywszy broń, może być wzięty do niewoli, ale nie wolno go zabijać.

Wojownik wspierany przez armię powinien walczyć jedynie z wojownikiem wspieranym przez armię. Gdy wróg używa podstępu, powinien również użyć postępu, ale jeżeli walczy uczciwie, powinien walczyć uczciwie.

Kawalerzysta powinien atakować tylko innego kawalerzystę, a wojownik na rydwanie powinien walczyć jedynie z innym wojownikiem na rydwanie.

W walce nie wolno używać zatrutych strzał, które są bronią niegodziwców.

Należy walczyć bez gniewu i chęci zabijania. Nie wolno atakować tych, którzy znajdują się w rozpaczliwym położeniu, stracili broń i rydwan lub opanował ich strach. Nie wolno zabijać słabych, bezdzietnych i rannych. Rannego należy odesłać do domu, a jeżeli przebywa w niewoli należy opatrzyć mu rany. Wojownicy, którzy zostali ranni lub dostali się w ręce wroga podczas wojny między prawymi królami, powinni otrzymać pomoc medyczną i zostać puszczeni wolno. Takie jest wieczne Prawo.

Jak to stwierdził Manu, należy walczyć zgodnie z regułami walki, bo ludzie prawi powinni zawsze pozostawać prawi w stosunkach z prawymi ludźmi. Powinni zawsze trzymać się ścieżki prawości, aby nie uległa ona zniszczeniu. Prawy wojownik, który schodzi ze ścieżki Prawa i dzięki temu zwycięża, zabija własną jaźń i popełnia grzech. Nawet niegodziwców należy zwyciężać przestrzegając reguł walki. Lepiej oddać życie za cenę prawości, niż wygrać grzesząc łamaniem reguł, choć grzech nie musi rodzić natychmiast owocu.

Grzesznik zdaje się czerpać przyjemność z dóbr zdobytych dzięki grzechowi i szybko uzależnia się od grzechu. Odmawiając cnocie wszelkiej wartości kpi sobie z ludzi prawego zachowania. Nie wierząc w wartość Prawa wkrótce sam doprowadzi się do zniszczenia. Choć jest już w sieci Waruny, uważa, że jest nieśmiertelny. Odrywa się całkowicie od cnoty będąc jak latawiec porwany przez wiatr. Wkrótce jednak zostaje zniszczony jak drzewo wyrwane przez wezbraną rzekę i staje się wart tyle, co rozbite na drobne kawałki gliniane naczynie. Król powinien zawsze szukać zwycięstwa krocząc ścieżką Prawa".

2. O regułach rządzących podbojem

Judhiszthira rzekł: „O Bhiszma, co powinien uczynić prawy król po pokonaniu innego króla i zajęciu jego ziemi?"

Bhiszma rzekł: „O Judhiszthira, prawy król, który wkracza na podbite tereny powinien ogłosić wśród pobitego ludu, co następuje: 'O obywatele, jestem waszym królem i od tej chwili będę was ochraniał w zamian za otrzymaną daninę. Zaakceptujcie więc moje warunki, albo walczcie'.

Jeżeli sformułowane przez króla warunki zostaną zaakceptowane, nie ma potrzeby kontynuowania walki i ewentualny opór stawiany przez tych, którzy nie należą do kasty wojowników i którzy nie mają obowiązku walki, powinien zostać stłumiony przy pomocy wszystkich możliwych środków. Członkowie innych kast mają bowiem prawo do podejmowania walki tylko wówczas, gdy są przekonani, że wojownicy stracili swą zdolność do walki i obrony kraju.

Król nigdy nie powinien dokonywać podboju przy pomocy środków niezgodnych z regułami wojny, nawet za cenę zdobycia całej ziemi. Zwycięstwo uzyskane w sposób niezgodny z Prawem nigdy nie jest trwałe i doprowadza do zniszczenia zarówno króla jak i ziemi.

Król nie powinien kontynuować walki z królem, który poddał się składając broń. Powinien sprowadzić go do swego pałacu i przez rok skłaniać go, aby mówił: 'Jestem twoim niewolnikiem'. Żyjąc przez rok w pałacu zwycięzcy odrodzi się na nowo jako jego syn, który może zostać puszczony wolno. Zwycięzca powinien też mu zwrócić skonfiskowane dobra. Jeżeli wziął do swego pałacu młodą kobietę należącą do dworu podbitego króla, może przez rok namawiać ją, aby została jego żoną, pozostawiając ją jednak fizycznie nietkniętą. Jeżeli nie zgodzi się na małżeństwo, powinien po upływie roku odesłać ją z powrotem. Podobnie powinien zwrócić mu zabranych siłą niewolników i zwierzęta domowe. Krowy, zanim zostaną zwrócone, powinny być oddane braminom, aby wypijali ich mleko, a byki powinny zostać użyte do pomocy w uprawie ziemi. Król również nigdy nie powinien przywłaszczać sobie bogactwa należącego do złodziei lub innych przestępców czekających na egzekucję.

Po dokonaniu podboju, król powinien natychmiast próbować uspokoić pobite ludy wygłaszając różne mowy i rozdając dary. Taka polityka jest zalecana i właściwa. Inaczej, ci, którzy są niezadowoleni, opuszczą królestwo sprzymierzając się z wrogami zwycięzcy i czekając na właściwy moment, aby nań uderzyć i go zniszczyć.

Król powinien walczyć jedynie z równym sobie królem i nikt, kto nie jest królem, nie powinien go atakować. Królowie powinni jednak zaniechać walki, jeżeli między nimi stanie nieustraszony bramin wzywając do pokoju. Ten, kto zabija bramina, łamie odwieczne Prawo i wojownik, który tak uczynił, przynosi hańbę swej kaście.

Król szukający zwycięstwa nigdy nie powinien iść drogą łamiącą Prawo, bo nie ma większej zdobyczy od zwycięstwa uzyskanego w zgodny z Prawem sposób. Wojownik, który niszczy prawość i przekracza wszystkie bariery hamujące zło, nie zasługuje na imię wojownika.

Wroga nie należy ani torturować, ani też całkowicie go zniszczyć, gdyż może to grozić zniszczeniem całego życia, a ono jest największym bogactwem.

Silne podstawy ma władza tego króla, który zgromadził wielkie bogactwo, zdobył lojalność poddanych i którego urzędnicy i służba są zadowoleni. 'Zdobywcą światów' nazywa się tego króla, który oddaje należyte honory braminom i nauczycielom. Poprzez takie właśnie zachowanie Indra zdobył zwierzchnictwo nad światem, a starożytni królowie zdobyli na ziemi status Indry.

Król zbiera zasługi, gdy po pokonaniu wroga zabiera mu w formie łupu tylko to, co powinien. I tak np. król Pratardana, który po pokonaniu wrogów w wielkiej bitwie zabrał im ich bogactwo łącznie ze zbożem i leczniczymi ziołami, ale pozostawił ich ziemię nietkniętą, nie popełnił grzechu, podczas gdy król Diwodasa popełnił grzech, gdy po pokonaniu wrogów zabrał ich ognie ofiarne, ofiarny tłuszcz i żywność. Prawy król Nabhaga zebrał wiele zasług obdarowując podbitymi królestwami braminów w formie *dakszinv* wykluczając z tego daru zamieszkujących tam braminów i ascetów. Postępowanie tego starożytnego króla zasługuje w pełni na aprobatę i pochwałę. Król, który szuka dobrobytu powinien dokonywać podbojów nie schodząc jednak nigdy ze ścieżki Prawa".

3. O tym, jak król oczyszcza się z krwi zabitych wrogów

Judhiszthira rzekł: „O Bhiszma, wojownik zabijając innych setkami dokonuje czynów uchodzących za grzeszne. Wytłumacz mi, dzięki jakimi działaniom może on zdobyć niebo i szczęście?"

Bhiszma rzekł: „O Judhiszthira, król oczyszcza się z krwi zabitego wroga poprzez wymierzanie sprawiedliwości, sponsorowanie rytuałów ofiarnych i dobroczynność. Oczyszcza się mocą swych ofiar i darów i zbiera zasługi działając na rzecz dobra i wzrostu żywych istot. To prawda, że szukając zwycięstwa wiele z nich rani, lecz dzięki zdobyciu zwycięstwa umożliwia im mnożenie się i rozwijanie.

Rolnik, aby mieć ponownie plony, musi zaorać całą swą ziemię niszcząc nie tylko chwasty, lecz również pozostałe w ziemi zboża. Dzięki swemu działaniu nie niszczy jednak zbóż, lecz umożliwia ich ponowny wzrost. Tak samo król, używając swej broni niszczy to, co dojrzało do zniszczenia umożliwiając rozwój i wzrost tym, co pozostają przy życiu. Ochraniając swych obywateli przed złodziejami, mordercami i innymi klęskami staje się dawcą życia, żywności i bogactwa, a poprzez czczenie bogów w wielkich rytuałach ofiarnych i obdarowywanie braminów *dakszinq* uwalnia wszystkich od lęku i cieszy się pomyślnością zarówno na ziemi, jak i w niebie. Ginąc na polu bitewnym w obronie braminów jest uważany za samo wcielenie rytualnej ofiary zakończonej wielką *dakszinq*.

Bogowie uważają, że na ziemi nie ma nikogo, kto przewyższałby heroicznego króla, który walcząc bez lęku zarzuca wroga setkami strzał. Liczba wiecznych regionów, które w ten sposób zdobywa jest równa liczbie strzał przeszywających ciała wroga. Krew płynąca z jego ran obmywa go z jego grzechów i bólu. Znawcy świętych pism twierdzą, że wojownik doświadczając bólu z otrzymanych w walce ran zbiera takie same zasługi jak bramin ze swych umartwień.

Walczący herosi gromadzą ogromne zasługi, gdy pozwalają przerażonym obywatelom, błagającym ich o oddanie życia w ich obronie, na uniknięcie grozy bitwy i pozostawanie na tyłach. W zamian za ich odwagę ci, którzy pozostali na tyłach, powinni wychwalać ich i czcić. Sam wojownik nie powinien jednak nigdy ulegać lękowi, gdyż walcząc z uzbrojonym po zęby wrogiem idzie wyznaczoną mu drogą, która prowadzi wprost do nieba. Hańba wojownikowi, który ucieka przed walką pozostawiając tych, którzy błagają go o pomoc ich własnemu losowi. Bogowie z Indrą na czele ześlą nieszczęście na tych wśród nich, którzy porzucają bitwę, aby ratować życie. Taki tchórz zasługuje na śmierć przez ukamienowanie lub spalenie jego ciała po pokryciu go słomą. Wojownik zachowujący się jak tchórz zasługuje bowiem na marną śmierć bez użycia miecza lub innej broni, która zamyka mu drogę do nieba.

Wojownik grzeszy umierając w swym własnym łożu. Taka śmierć nie zasługuje na chwałę. Każdy jego akt, który nie wymaga heroizmu, jest uważany za grzeszny i haniebny. Powinien umrzeć na polu bitewnym, gdy walcząc z wrogiem pada od uderzenia broni. Ginąc na polu bitewnym z bronią w ręku zdobywa niebo i na ziemi wieczną sławę".

4. O bitwie jako rytuale ofiarnym będącym drogą do nieba

Judhiszthira rzekł: „O Bhiszma, do jakich regionów nieba udają się waleczni herosi, którzy polegli w walce?"

Bhiszma rzekł: „O Judhiszthira, pozwól, że w odpowiedzi na twe pytanie zacytuję starożytną rozmowę między Amwariszą i Indrą.

Gdy król Amwarisza udał się do nieba, zobaczył tam naczelnego dowódcę swej armii, Sudewę, w towarzystwie Indry. Sudewa w swej niebiańskiej formie błyszczał wszelkiego rodzaju energią i stojąc na swym rydwanie wznosił się ku wyższym regionom.

Amwarisza zdziwiony sukcesem swego naczelnego dowódcy i widząc, że wznosi się on coraz wyżej, zbliżył się do Indry i rzekł: 'O Indra, jak to się stało Sudewa o spokojnym sercu, który był naczelnym dowódcą moich wojsk osiągnął sukces większy ode mnie, choć ja sam pragnąc za życia zgromadzić jak najwięcej zasług realizowałem wszystkie swoje obowiązki. On nigdy nie czcił bogów prowadząc wielkie rytuały ofiarne i obdarowując braminów bogactwem. Dlaczego więc przewyższył mnie swym sukcesem?'

Indra rzekł: 'O Amwarisza, mylisz się, twój dowódca Sudewa złożył wiele ofiar prowadząc wiele bitew, które są wielkim rytuałem ofiarnym. Zostało oficjalnie stwierdzone, że każdy wojownik atakujący wroga w wojennej formacji wykonuje ofiarny rytuał bitwy. Podobnie heros, który ofiaruje życie w obronie własności bramina przez swój akt samo-poświęcenia zbiera zasługi równe tym, które płyną z prowadzenia wielkiego rytuału ofiarnego zakończonego *dakszziną*'.

Amwarisza rzekł: 'O bogu setki ofiar, wytłumacz mi, co jest składaną ofiarą w rytuale bitwy, co jest oczyszczonym tłuszczem, co jest *dakszziną* i kto pełni rolę prowadzących ofiarę kapłanów?'

Indra rzekł: 'O Amwarisza, słonie bojowe i konie zastępują kapłanów w tej ofierze bitwy, ciała wroga są zwierzyną ofiarną, a ich krew jest jak wlewany do ognia ofiarnego oczyszczony tłuszcz. Szakale, sępy, kruki i ozdobione lotkami strzały są przybyłymi na uroczystości ofiarne gośćmi, którzy spożywają resztki ofiary wypijając krew i pożerając ciała zabitych. Lance, włócznie, miecze i topory wojenne są pojedynczymi łyżkami służącymi do wlewania do ognia oczyszczonego tłuszczu. Różne rodzaje ostrych strzał, które sypią się na wroga z napiętych łuków, są łyżkami podwójnymi. Potężne miecze z uchwytem zrobionym z kości słoniowej zdolne do obcięcia trąby słonia ukryte w pochwach zrobionych z tygrysiej skóry zastępują drewniane kije służące do znaczenia linii na podium ofiarnym. Ciosy zadawane lancami, strzałami, mieczami i wojennymi toporkami stanowią bogactwo zgromadzone na tę ofiarę. Krew wsiąkająca w pole bitewne jest ostateczną ofiarną libacją obfitującą w zasługi i przynoszącą spełnienie wszystkich życzeń, wlewanym do ognia oczyszczonym tłuszczem (*homą*) tej ofiary.

Okrzyki bitewne są jak dźwięki sylab z *Samawedy* nucone w królestwie boga śmierci Jamy, pierwsze szeregi formacji wroga są jak naczynie na płyny ofiarne, stosy słoni, koni i ludzi osłaniających się tarczami są jak ołtarz dla ognia Sjenaczita, pozbawione głów kadłuby tysięcy zabitych są jak ośmiokątne słupki ofiarne zrobione z drzewa *Khadira*. Wrzask słoni poganianych hakami jest jak melodia mantry *Ida*, uderzenia palców o cięciwę brzmią jak sygnał do oferowania *Waszatów*, a dźwięki bębnów brzmią jak głos głównego śpiewaka'.

Indra kontynuował: 'O Amwarisza, niebiańskie regiony, które należą do mnie, zdobędzie ten, kto walczy bez lęku na czele swej armii w obronie swego króla i nigdy nie ucieka przed wrogiem; kto pokrywa ołtarz ofiarny pola bitewnego odciętymi ramionami, które swym wyglądem przypominają maczugi i nagimi mieczami; kto w pogoni za zwycięstwem sam jeden wdziera się w środek armii wroga nie oczekując pomocy. Walczący na polu bitewnym herosi uwalniają rzekę krwi nie do przebycia. Dźwięki bębnów zastępują kumkanie żab, kości herosów piaszczyste dno, ciała zbitych muł, miecze i tarcze rafy, włosy zabitych wodorosty, stosy trupów koni i słoni mosty, a proporce i transparenty przybrzeżne krzaki. Uwalniając tę rzekę krwi zakańczają ofiarę bitwy ostateczną oczyszczającą kąpielą.

Wszystkie regiony niebieskie otwierają się przed wojownikiem, który na spotkanie z pierwszą linią wroga idzie z taką samą radością, jak do sypialni swej żony uważając pierwszą linię swej armii za naczynie na tłuszcz ofiarny i swych żołnierzy walczących po południowej stronie za prowadzących rytuał ofiarny kapłanów (*sadasjów*), a walczących po północnej stronie za kapłanów sprawujących opiekę nad niebiańskimi ogniami (*agnidharów*). Przestrzeń między dwiema uformowanymi do walki armiami jest dla tego ofiarnika ołtarzem, a trzy *Wedy* są jego trzema ogniami ofiarnymi. Mając w pamięci *Wedy* na tym ołtarzu składa ofiarę.

Tchórz próbujący ratować się ucieczką upada na samo dno piekła, podczas gdy ten wojownik, który swą własną krwią skrapia ołtarz ofiarny pokryty już ciałami, włosami, kośćmi zabitych realizuje najwyższy cel. Za dorównującego Wisznu odwagą i inteligencją Brihaspatiemu uważa się tego wojownika, który po zabiciu naczelnego dowódcy wroga dosiada jego rydwanu.

Nie należy nigdy opłakiwać herosa, który poległ w walce. Idzie on prosto do nieba witany przez setki boskich nimf apsar i cieszy się tam szacunkiem jego mieszkańców. Wojownik, który idzie do końca ścieżką swego obowiązku, gromadzi zasługi równe tym, które płyną z umartwień, prawości i czterech trybów życia. Ja sam stałem się królem bogów idąc ścieżką wojownika i zabijając mych potężnych wrogów'".

Skończywszy swe opowiadanie Bhiszma rzekł: „O Judhiszthira, król Amwarisza zaakceptował w pełni słowa Indry i zrozumiał na czym polega droga wojownika prowadząca wprost do nieba".

5. O pochwale heroizmu

Bhiszma kontynuował: „O Judhiszthira, w kontekście poruszanego przez nas tematu posłuchaj jeszcze starożytnej opowieści o mowie o niebie i piekle, którą przed rozpoczęciem bitwy-ofiary z królem Pratardaną wygłosił do swych żołnierzy znany ze swej prawości władca Mithili, Dźanaka. Rzekł: 'O wojownicy, miejcie w pamięci te niebiańskie regiony o wielkim splendorze zdobywane przez tych, którzy walczą nie odczuwając lęku. Regiony te są wieczne i gwarantują spełnienie wszystkich życzeń. Nie zapominajcie jednak również o istnieniu regionów piekielnych przeznaczonych dla tych, którzy uciekają ze strachu przed walką. Ci, którzy tam się dostaną, będą musieli tkwić tam przez całą wieczność w swej niezmywalnej hańbie. Walczcie z wrogiem będąc gotowi do oddania życia. Bójcie się piekła. Śmierć na polu bitewnym od uderzenia broni jest dla wojownika drogą prowadzącą do nieba'. Wojownicy zachęcani w ten sposób przez swego króla, chcąc go zadowolić swą heroiczną walką wygrali bitwę.

Wojownicy o nieugiętej duszy powinni walczyć w pierwszej linii. Wojownicy na rydwanach powinni być ochraniani przez oddziały wojowników na słoniach. Na ich tyłach powinna ustawić się konnica, a za konnicą piechota. Król, który odpowiednio uformuje swe wojska do bitwy powinien pokonać wroga. Należy więc zawsze starannie formować walczące oddziały w odpowiednie formacje. Herosi wspierając się nawzajem pragną zdobyć niebo swą uczciwą walką. Mącą szeregi wroga tak jak *makary* mącą wodę w oceanie. Zwycięzca powinien ochraniać nowo zdobytą ziemię i zaprzestać ścigania rozgromionych oddziałów wroga, gdyż to spowoduje zemstę. Poza tym ściganie tych, którzy próbują ratować się ucieczką, jest sprzeczne z zasadami postępowania odważnego wojownika.

Istoty nieruchome są pożerane przez ruchome, a bezzębne przez zębate; woda jest wypijana przez spragnionych, a tchórz jest pokonywany przez herosa. Tchórze ponoszą klęskę, choć mają taki sam żołądek i ramiona jak herosi. Ci, których opanował lęk, chylą głowy i składają dłonie na widok odważnych herosów. Cały ten świat opiera się na silnych ramionach herosów, tak jak syn na ramionach ojca. Herosi zasługują na szacunek w każdych okolicznościach. We wszystkich trzech światach nie ma nic cenniejszego od heroizmu. Herosi stoją na straży dobrobytu innych i wszystko, co istnieje zależy od herosów".

Napisane na podstawie fragmentów *Mahābhārata*,
Santi Parva, Part 1, Sections XCV- XCIX
(Rajadharmanusasana Parva).

Opowieść 126
O zasadach zwiększania szans na zwycięstwo

1. O prawych środkach gromadzenia zasług i bogactwa i o użyciu podstępu; 2. O osiąganiu zwycięstwa dzięki użyciu właściwych środków; 3. O cechach ludzi zdolnych do pokonywania wroga; 4. O cechach zwycięskiej armii; 5. O przewadze pokoju nad wojną; 6. O wybaczaniu i karze; 7. O właściwym podejściu do wroga.

> Bhiszma rzekł: „O Judhiszthira, niektóre reguły Prawa opierają się na swym związku z Prawdą, inne na rozumowaniu, jeszcze inne są uzasadnione przez swą wartość instrumentalną. Posłuchaj teraz o regułach instrumentalnych, które są środkami gromadzenia zasług i bogactwa".

(*Mahābhārāta*, Santi Parva, Part 1, Section C)

1. O prawych środkach gromadzenia zasług i bogactwa i o użyciu podstępu

Judhiszthira rzekł: „O Bhiszma, opowiedziałeś mi o obowiązku przestrzegania zasad uczciwej walki i podboju i oczyszczaniu się przez króla swą prawością z krwi wroga. Królowie pragnąc zwycięstwa muszą jednak niekiedy łamać reguły Prawa. Jaka jest twoja opinia w tej sprawie?"

Bhiszma rzekł: „O Judhiszthira, niektóre reguły Prawa opierają się na swym związku z Prawdą, inne na rozumowaniu, jeszcze inne są uzasadnione przez swą wartość instrumentalną. Posłuchaj teraz o regułach instrumentalnych, które są środkami gromadzenia zasług i bogactwa.

Barbarzyńcy łamiący wszelkie możliwe zakazy i bariery często stają się niszczycielami wszelkich zasad własności i religii. Król powinien ich powstrzymać w imię obrony Prawa. Opowiem ci o środkach powstrzymania ich zalecanych przez *Wedy*, abyś mógł w pełni zrealizować swe obowiązki.

Król szukając zwycięstwa powinien znać zarówno ten sposób rozumowania, który jest uczciwy, jak i ten, który bazuje na użyciu podstępu. Nie wolno mu jednak używać podstępu celem ranienia innych. Może korzystać z tych środków tylko dla obrony przed grożącym mu śmiertelnym niebezpieczeństwem.

Wróg często próbuje zniszczyć króla poprzez wytwarzanie niezgody wśród jego ministrów, żołnierzy i sprzymierzeńców. Z takim wrogiem, który używa podstępu, należy również walczyć przy pomocy podstępu".

2. O osiąganiu zwycięstwa dzięki użyciu właściwych środków

Bhiszma kontynuował: „O Judhiszthira, król powinien szukać zwycięstwa poprzez użycie odpowiednich środków, które są instrumentalne w realizacji jego celu.

Powinien być zawsze gotowy do obrony swych granic mając zapasy zbroi zarówno dla swych żołnierzy jak i dla słoni i innych zwierząt bojowych oraz różnego rodzaju broni. Broń powinna być właściwie naostrzona. Żołnierze powinni być odważni i gotowi do walki na śmierć i życie.

Wojska króla przystępującego do wojny powinny starać się rozpocząć ruchy wojenne w miesiącach *Czaitra* (przełom kwietnia i maja) lub *Agrahajana* (przełom listopada i grudnia). W tych miesiącach jest pod dostatkiem wody i żywności i nie jest ani za zimno, ani za gorąco. Jednakże w sytuacji, gdy wróg jest osłabiony przez jakiś rodzaj katastrofy, należy przystąpić do ataku nie zważając na porę roku.

Do marszu wojsk najlepiej służy droga, która daje dostęp do wody i trawy. Obeznani z dżunglą szpiedzy powinni więc najpierw dokładnie zbadać teren wyznaczony dla przemarszu wojsk. Wojska powinny unikać marszu przez zalesione tereny. Król powinien więc specjalnie się zatroszczyć o drogi wyznaczone dla przemarszu.

Na czele armii powinna kroczyć dywizja najodważniejszych wojowników o wielkiej sile i wysokim urodzeniu.

Forty obronne powinny mieć wysokie mury, tylko jedną bramę i być otoczone fosą.

Na obóz lepiej wybrać teren w okolicach zalesionych niż otwartą przestrzeń.

Twoja armia powinna stawić opór wrogowi nieporuszona jak pasmo górskie mając konstelację siedmiu mędrców zwaną *Ursa Major* na swych tyłach. Twoje oddziały powinny być ustawione w ten sposób, aby słońce, wiatr i planetę *Śukrę* mieć za plecami. Wiatr sprzyja bardziej zwycięstwu niż słońce, a słońce bardziej niż *Śukra*.

Teren przeznaczony na bitwę nie powinien być zbyt podmokły i błotnisty, nierówny, pełen dziur i kamieni, aby nie utrudniał ruchu rydwanów i kawalerii. Jednakże dla oddziałów walczących na słoniach teren podmokły i zarośnięty krzakami i drzewami jest najlepszy. Podobnie teren zarośnięty i górzysty jest najlepszy dla piechoty. Armia wyposażona w liczną piechotę jest uważana za silną. Armia posiadająca liczną kawalerię i wojowników na rydwanach jest bardzo skuteczna w pokonywaniu wroga podczas słonecznych dni. W porze deszczowej najbardziej efektywna jest armia posiadająca liczną piechotę i liczne oddziały słoni bojowych.

Król, który przed rozpoczęciem wojny weźmie pod uwagę wspomniane przeze mnie cechy miejsca i czasu, zwycięży dzięki odpowiedniemu pokierowaniu swymi oddziałami.

Reguły walki zabraniają zabijania wroga podczas snu lub gdy jest zmęczony, czy też spragniony, stracił swoją broń, upadł na ziemię lub rezygnując z dalszej walki pogrążył się w medytacjach, ucieka, nie jest przygotowany do walki, stracił rozum, odniósł śmiertelne rany lub jest ekstremalnie osłabiony i wierzy, że nie zostanie zabity, nie doprowadził do końca rozpoczętego rytuału ofiarnego, posiada pewne rzadkie umiejętności, jest w żałobie, opuścił obóz w poszukiwaniu żywności, czeka u bram na króla i ministrów, jest służącym lub szefem służby.

Ci spośród twoich wojowników, którzy złamali szeregi wroga lub zmusili go do ucieczki powinni otrzymać podwójną zapłatę i zostać przez króla uhonorowani specjalnym napojem i jadłem jak i zajmowaniem miejsca równego królowi. Ci, którzy dowodzili dziesiątką żołnierzy, powinni otrzymać pod swe dowództwo setkę, a ci, którzy dowodzili setką, powinni dowodzić tysiącem.

Król powinien w następujący sposób przemawiać do zebranych razem wojowników: 'O wojownicy, przysięgnijmy, że pokonamy wroga i że wspierając się nawzajem nie porzucimy nigdy walki. Niech pozostaną w domach ci, których opanował lęk, którzy pod naciskiem bitwy zapominają o obowiązku heroizmu i przyczyniają się do śmierci dowódców. Niech staną do walki ci, którzy nigdy nie opuszczają pola walki i nie przyczyniają się do śmierci współtowarzyszy. Wroga pokonają ci, którzy bronią zarówno siebie jak i współtowarzyszy. Ucieczka z pola bitwy przynosi ogromne straty i powinna spotkać się z surową krytyką. Niech ucieka armia wroga, lecz nie nasza własna. Ucieczka hańbi wojownika. Pragnąc zdobyć niebo walczmy w uformowanych szeregach, jak na herosów przystało gotowi do oddania w walce swego życia'.

W pierwszych szeregach armii przystępującej do ataku powinna walczyć dywizja żołnierzy uzbrojonych w miecze i tarcze, a na tyłach dywizja na rydwanach. W środku między nimi powinny walczyć wszystkie pozostałe kategorie żołnierzy. W pierwszej linii powinni również walczyć wojownicy doświadczeni i zahartowani w boju oraz ci, którzy charakteryzują się wielką siłą i odwagą ochraniając swych mniej doświadczonych towarzyszy podążających za nimi. Przed rozpoczęciem bitwy należy tworzyć odpowiednie formacje biorąc pod uwagę to, czy armia wroga jest liczniejsza, czy też mniej liczna. Przywódcy powinni też zachęcać innych do walki różnymi okrzykami i dźwiękami bębnów, konch i innych instrumentów".

3. O cechach ludzi zdolnych do pokonywania wroga

Judhiszthira rzekł: „O Bhiszma, powiedz mi teraz o właściwym nastroju, zachowaniu i uzbrojeniu walczących, które zwiększają szanse na zwycięstwo".

Bhiszma rzekł: „O Judhiszthira, poszczególne narody powinny używać tej broni, w której są najlepsze. Mieszkający na zachodzie Gandharowie, Sindhuowie i Sauwirawie, znani ze swej odwagi i siły, są najlepsi w użyciu lanc i gwoździ. Ich armie wyposażone w tę broń są zdolne do przeciwstawienia się każdej sile. Usinarowie z kolei są zdolni do skutecznej walki przy pomocy każdej broni. Mieszkańcy wschodu są zręczni w walce na słoniach i przy pomocy podstępu. Jawanowie, Kambhodżowie i ci, którzy zamieszkują okolice Mathury, są najlepsi w walce wręcz, a mieszkańcy południa w użyciu miecza.

Ludzie o wielkiej odwadze i sile rodzą się w każdym kraju bez względu na to, w jakim znajduje się on regionie.

Ci, których głos i krok są jak ryk i krok lwa lub tygrysa, choć mają oczy gołębia lub węża, są herosami zdolnymi do zmiażdżenia sił wroga.

Ci, którzy mają głosy jelenia, a oczy jak lampart lub byk, charakteryzują się wielką aktywnością.

Ci, których głos jest jak dzwoneczki, są pobudliwi, niegodziwi i mściwi.

Ci, których głos jest jak chmury burzowe, a twarze gniewne lub jak pysk wielbłąda, o haczykowatych nosach i językach, potrafią rzucać swą bronią z wielką szybkością i na dużą odległość.

Ci, którzy mają ciała wygięte jak ciało kota, cienkie włosy i skórę charakteryzują się wielką szybkością i pobudliwością, w walce są nieomalże nie do pokonania.

Ci, którzy mają oczy przymknięte jak iguana, łagodne usposobienie, a głosy i szybkość jak koń, są zdolni do pokonania wroga.

Ci, którzy są przystojni, symetrycznie zbudowani o szerokiej piersi, jak i ci, których gniew rośnie na dźwięk bębnów i trąbek wroga oraz ci, którzy są skłonni do angażowania się w różnego rodzaju spory, marszczą groźnie brwi i mają oczy zielone, głęboko osadzone i wyłupiaste lub jak mangusta, są również odważni i gotowi do oddania w walce swego życia.

Ci, którzy mają zezujące oczy, szerokie czoła, wystające kości policzkowe, ramiona o mocy pioruna, palce noszące koliste znaki jak i ci, którzy są tak chudzi, że widać ich żyły i nerwy, potrafią zaatakować wroga z ogromną szybkością. Przypominają rozwścieczone słonie i równie trudno stawić im opór.

Ci, którzy zamieszkują odosobnione tereny, mają kręcone włosy w zielonkawym odcieniu, pełne policzki, grube twarze, wysokie ramiona, potężne karki i łydki, zapalczywość jak ogier Kryszny Sugriwa lub syn Winaty ptak Garuda, okrągłe głowy, ogromne usta, kocie twarze, przenikliwy głos, skłonność do gniewu, pychy i zawiści, wiodą brawurowe życie—gdy słyszą odgłosy bitwy spieszą do walki. Wszyscy oni powinni walczyć w pierwszych szeregach, gdyż nigdy nie uciekają z pola bitewnego. Bez litości zabijają wroga nie troszcząc się o własne życie. Są barbarzyńscy w swych manierach, niegodziwi w działaniu i ładną mowę uważają za oznakę słabości. Zawsze są gotowi to buntu przeciw swemu królowi, gdy traktuje ich zbyt łagodnie i z pobłażaniem".

4. O cechach zwycięskiej armii

Judhiszthira rzekł: „O Bhiszma, czy istnieją jakieś znaki, na podstawie których można przewidywać, która z walczących armii odniesie zwycięstwo".

Bhiszma rzekł: „O Judhiszthira, istnienie szereg takich znaków. Gdy bogowie są rozgniewani, a człowiek poganiany przez los, mędrcy widząc wszystko okiem niebiańskiej wiedzy wykonują różne dobro wróżące i pokutnicze ryty składając ofiarę do ognia i recytując mantry odstraszające zło.

Można przewidywać, że zwycięstwo odniesie ta armia, w której przed rozpoczęciem bitwy zarówno jeźdźcy, jak i ich wierzchowce są wolni od lęku i w radosnym nastroju, chmury deszczowe rzucają cień za ich plecami, a na niebie pojawia się tęcza. Słońce świeci i wiatr wieje im w plecy, a zachowania sępów i szakali są dla nich pomyślne. Rozpalane przez tą armię ognie ofiarne płoną z czystym splendorem: bezdymne płomienie unoszą się w górę nachylając się lekko w kierunku południowym. Wlewany do ognia tłuszcz ma przyjemny zapach, a dźwięk konch i bębnów jest donośny i czysty.

Za dobrze wróżący znak uważa się również ukazanie się jelenia lub innych czworonogów na tyłach lub po lewej stronie armii, która ruszyła do walki. Ukazanie się ich po prawej stronie wojowników zaangażowanych już w walkę uważa się również za dobry znak. Za znak wróżący klęskę uważa się natomiast ich ukazanie się na czele walczącej armii. Gdy krzyki drapieżnych ptaków napawają walczących radością, jest to również dobry znak.

Zwycięży ta armia, której szyk bojowy w konsekwencji blasku zbroi, broni, maszyn wojennych i rozświetlonych twarzy herosów błyszczy splendorem budząc przerażenie samym swym widokiem, i w której poszczególni żołnierze są prawi w swych działaniach, umiarkowani w manierach i przyjaźni i uprzejmi w stosunku do współtowarzyszy. U korzeni sukcesu armii leżą przyjemne dźwięki i uczucia inspirujące walczących do cierpliwości i poczucia wdzięczności".

5. O przewadze pokoju nad wojną

Bhiszma kontynuował: „O Judhiszthira, opowiedziałem tobie o tym, co zwiększa szansę wygrania wojny. Pokój jest jednak zawsze lepszy od wojny. Nawet ten król, który dowodzi potężną armią, powinien najpierw próbować realizować swe cele drogą pokojową i powinien rozpocząć wojnę dopiero po wyczerpaniu wszystkich środków pokojowych. Bitwa jest najgorszym i ostatecznym sposobem szukania zwycięstwa.

Wygrana w bitwie nigdy nie jest pewna i zależy od wyroku losu. Gdy szeregi walczących zostają złamane i żołnierze rzucą się do ucieczki bardzo trudno ich powstrzymać. Mimo swej odwagi i zręczności są jak stado przerażonych jeleni i w swej żywiołowości są jak powódź.

Przewaga liczebna nie gwarantuje wygranej. Niekiedy wystarczy pięćdziesięciu zdecydowanych na śmierć i polegających na sobie nawzajem wojowników, aby pokonać armię wroga o znacznej przewadze liczebnej. Niekiedy wystarczy ich nawet tylko pięciu lub siedmiu.

Wojna budzi niepokój i wpływa na życie wszystkich żywych istot. Strach paraliżuje bojaźliwych na sam widok siły wroga. Król powinien więc starać się jej unikać i szukać pojednania używając różnych dostępnych mu środków i sztuki dyplomacji wspieranej manifestacją siły. Gdy uda mu się na przykład rozbić jedność wroga poprzez swych tajnych agentów, będzie on bardziej skłonny do utrzymania pokoju. W postępowaniu z wrogiem król musi być bezwzględny, bo inaczej nigdy nie uda mu się go zniszczyć".

6. O wybaczaniu i karze

Bhiszma kontynuował: „O Judhiszthira, Posłuchaj teraz o wybaczeniu i karze. Ten, kto jest dobry, jest zawsze zdolny do wybaczenia, podczas gdy ten, kto jest zły, wybaczyć nie potrafi. Sławę zdobywa ten król, który po dokonaniu podboju i pokonaniu wroga jest zdolny do wybaczenia mu, gdyż wówczas nawet wróg, który popełnił największe przestępstwo ma do niego zaufanie.

Samwara twierdzi, że wrogowi można wybaczyć dopiero po spaleniu go, bo inaczej szybko powróci do swego poprzedniego stanu. Znawcy świętych pism nie zgadzają się jednak z jego opinią i twierdzą, że król powinien ujarzmiać i kontrolować wroga w taki sam sposób, jak ojciec ujarzmia i kontroluje syna—bez gniewu i niszczenia go.

Naucz się właściwie używać wybaczania i kary. Gdy król jest zbyt surowy w swym postępowaniu, wszystkie żywe istoty darzą go nienawiścią, lecz gdy jest zbyt łagodny, jest przez wszystkich lekceważony. Uderzaj więc w wroga osładzając uderzenie słodkim słowem i ukazuj swe współczucie dając mu do zrozumienia, że żałujesz go i opłakujesz.

Po pokonaniu wroga przemów do tych, co przeżyli w następujący sposób: 'O herosi, wcale nie cieszy mnie to, że tak wielu wśród was zostało zabitych przez moich żołnierzy. Wolałbym, aby żyli, bo nie zasłużyli sobie na śmierć. Wszyscy oni byli dobrymi i prawymi ludźmi i nigdy nie uciekali przed walką. Tacy ludzie są prawdziwą rzadkością'. Równocześnie w sekrecie przed nimi powinieneś nagrodzić swoich własnych żołnierzy za ich zabicie.

Aby uśmierzyć ból rannych herosów i przywiązać ich do siebie powinieneś nawet ronić łzy i z uczuciem ściskać ich dłonie.

Król w każdych okolicznościach powinien szukać pojednania. Gdy król jest nieustraszony i prawy, staje się przedmiotem miłości wszystkich żywych istot i wszyscy darzą go zaufaniem. Mając ich zaufanie może cieszyć się władaniem całą ziemią. Król, który pragnie władać ziemią, powinien zawsze starać się swą prawością zdobyć zaufanie wszystkich żywych istot i ochraniać swych poddanych przed różnego rodzaju zagrożeniami".

7. O właściwym podejściu do wroga

Judhiszthira rzekł: „O Bhiszma, jak prawy król powinien zmieniać swe postępowanie w stosunku do wroga biorąc pod uwagę jego agresywne lub łagodne usposobienie oraz to, jak potężną armią dysponuje i jak wielu ma sprzymierzeńców?"

Bhiszma rzekł: „O Judhiszthira, w odpowiedzi na twoje pytanie pozwól mi zacytować starożytny dialog między nauczycielem bogów Brihaspatim i królem bogów Indrą.

Pewnego dnia Indra stanął przed Brihaspatim ze złożonymi pobożnie dłońmi i rzekł: 'O braminie, powiedz mi, jak należy zachowywać się w stosunku do swoich wrogów? Przy pomocy jakich środków mógłbym ich kontrolować nie niszcząc ich jednak całkowicie? Bitwa nie zawsze jest dobrym środkiem, bo wygrana zależy od losu i każda ze stron ma szansę, aby ją wygrać. Jak powinienem postąpić, aby zdobyta przeze mnie dobra koniunktura i przewaga nad moimi wrogami mnie nie opuściła?'

Brihaspati rzekł: 'O Indra, należy unikać ujarzmiania wrogów poprzez wywoływanie kłótni. Tylko niedojrzali chłopcy skłonni do gniewu i niezdolni do wybaczania szukają kłótni. Król, który pragnie ujarzmić swego wroga, nie powinien budzić w nim czujności i gotowości do obrony. Nie powinien ukazywać mu swego gniewu, lęku czy radości tłumiąc je w swym sercu. Nie ufając mu faktycznie powinien zachowywać się w stosunku do niego tak, jakby mu w pełni ufał. Przemawiając do niego powinien używać słodkich słów i unikać prowokowania go do niezgody. Powinien powstrzymać się zarówno od wrogich aktów, jak i wyniosłej mowy. Powinien być jak polujący na dzikie ptaki myśliwy, który wabi ptaki naśladując ich głosy. Król może kontrolować wroga poprzez uśpienie jego czujności.

Po pokonaniu wroga, król nie może o nim zapomnieć i spać spokojnie. Niekontrolowany właściwie wróg ożyje, jak niestarannie wygaszony ogień. Pozostanie w głębi serca nieujarzmiony i podniesie znowu głowę, gdy nadejdzie właściwy moment. Świadomy tego król powinien skrycie pielęgnować w sercu swe uczucia wrogości do wroga i starać się zniszczyć jego siłę wszystkimi dostępnymi mu środkami, takimi jak np. skłócanie, obdarowywanie, czy też użycie trucizny.

Król nigdy nie powinien podpisywać wieczystego układu przyjaźni ze swym wrogiem. Powinien czekać na odpowiedni moment i ujarzmić go w momencie, gdy się tego najmniej spodziewa.

Prowadząc wojnę ze swym wrogiem nie powinien starać się zniszczyć jak największej liczby jego oddziałów. Powinien jednak zabić ich tylu, aby jego zwycięstwo nie budziło wątpliwości. Król nie powinien czynić wrogowi szkody, która wypełni jego serce goryczą. Powinien też unikać zadawania mu ran swoją niemiłą mową. Jednakże w korzystnych dla siebie okolicznościach powinien bez wahania w niego uderzyć. Gdy ktoś raz przegapi okazję wykonania działania, na którą czekał, może już jej nigdy ponownie nie mieć.

Mędrcy twierdzą, że król powinien starać się złamać siłę wroga. Nie powinien jednak tego czynić w niesprzyjających okolicznościach. Nie powinien również prześladować swego wroga nawet wówczas, gdy istnieją ku temu sprzyjające okoliczności. Król wyrzekłszy się żądzy, gniewu i pychy powinien myśleć o swym bezpieczeństwie obserwując słabe punkty wroga. Króla zrujnuje zarówno jego zbytnia łagodność lub surowość, jak i jego bierność i brak czujności i oszukańcze taktyki wroga. Sukces odniesie natomiast ten król, który nie podda się tym czterem słabościom i zdoła przeciwdziałać oszukańczym taktykom wroga.

Chcąc zrealizować swój sekretny cel król powinien konsultować się jedynie z jednym ministrem, który jest w tej sprawie kompetentny. Gdy ministrów jest wielu, wykazują skłonność do zrzucania ciężaru decyzji na siebie nawzajem i nie potrafią utrzymać sprawy w tajemnicy. Król powinien zaciągać rady u wielu ministrów tylko wówczas, gdy konsultowanie się tylko z jednym jest z jakiś powodów niewłaściwe.

W sytuacji, gdy wróg jest niewidzialny, król powinien odwołać się do boskiej kary korzystając z usług kapłana, a gdy jest widzialny i określony, powinien użyć przeciw niemu swej armii wyposażonej we wszystkie cztery siły bojowe, jeżeli podjęte najpierw próby ugody lub rozbicia jego jedności nie udały się.

W stosunku do wroga król powinien używać właściwych środków we właściwym czasie. Król powinien nawet płaszczyć się przed potężnym wrogiem, jeżeli na to właśnie nadszedł właściwy czas. Równocześnie powinien planować jego zniszczenie, gdy straci swą czujność starając się jednak, aby nie wzbudzić jego podejrzliwości. Podczas gdy pokonany władca powinien unikać czynów budzących w zwycięscy podejrzliwość, zwycięzca nie powinien mu nigdy w pełni ufać.

Osobom, którym brak rozwagi, trudno zdobyć pomyślność. Król powinien umieć oceniać, kto jest jego przyjacielem i kto wrogiem, kiedy w swych działaniach powinien być łagodny i kiedy surowy. Tak jak niekontrolowany, gwałtowny nurt potrafi zniszczyć nawet najwyższy brzeg, tak beztroska i błędy króla mogą zrujnować królestwo.

Król nigdy nie powinien atakować w tym samym czasie zbyt wielu wrogów. Powinien ujarzmiać ich po kolei przy pomocy takich środków jak ugoda, dary lub rozbijanie jedności. W stosunku do niewielkiej liczby pozostałych przy życiu wrogów zwycięzca może zaniechać ataku.

Król powinien otwarcie przystąpić do ataku na wroga, gdy jest pewien, że jego armia dysponująca sześcioma siłami (tj. piechotą, konnicą, słoniami, rydwanami, pełnym skarbcem i kupcami podążającymi za wojskiem) przewyższa wroga pod wieloma względami.

Gdy wróg jest silny, zamiast polityki pojednawczej, zaleca się nękanie go przy pomocy sekretnych metod. Wobec takiego wroga nie należy być ani zbyt łagodnym, ani też nie należy ponawiać na niego ataku, co grozi utratą plonów i zatruciem studni przynosząc straty królestwu. W takim przypadku król powinien użyć różnych podstępów i sprytnych posunięć prowadzących do jego osłabienia i przy pomocy swych agentów powinien śledzić działania wroga w jego własnym kraju.

Król powinien wysyłać swych agentów do miast i prowincji wrogów konfiskując ich majątki i ogłaszając publicznie, że są niegodziwcami płacącymi za własne występki, lecz po cichu powinien ich obdarowywać. Równocześnie w swych własnych miastach powinien zachęcać znające święte pisma osoby do wykonania rytów na intencję śmierci wroga'.

Indra rzekł: 'O Brihaspati, po czym mogę poznać tych, którzy są nielojalni i niegodziwi?'

Brihaspati rzekł: 'O Indra, taką osobę możesz poznać po tym, że mówi źle o innych za ich plecami, zazdrości innym ich osiągnięć, milczy słysząc o ich zasługach, czuje niechęć do uczestnictwa w jednogłośności. Samo milczenie w wymienionych okolicznościach nie koniecznie jest wskaźnikiem niegodziwości. Niegodziwiec zdradza swą obecność ciężkimi oddechem, zagryzaniem warg, kręceniem głową. Taka osoba zawsze odstaje od społeczności i mówi od rzeczy. Zawsze je posiłki sama i zawsze narzeka na podawane jej jedzenie. Jej skłonności można poznać po jej sposobie siedzenia, leżenia i jeżdżenia.

Przyjaciela można poznać po tym, że w momentach smutnych smuci się, a radosnych raduje się. Inne zachowanie wskazuje na wroga. Niegodziwiec nigdy nie potrafi całkowicie ukryć swych skłonności. Próbuj więc go rozpoznać bazując na tym, co ci powiedziałem i postępuj wobec swych wrogów zgodnie ze wskazówkami, których ci udzieliłem bazując na tym, co zostało stwierdzone w świętych pismach'".

Bhiszma zakończył swe opowiadanie mówiąc: „O Judhisztira, Indra po wysłuchaniu słów swego nauczyciela postąpił zgodnie z jego wskazówkami. Czyń tak samo i szukając zwycięstwa w sprzyjających okolicznościach postępuj zgodnie z opisanymi instrukcjami i poddaj swych wrogów kontroli".

Napisane na podstawie fragmentów *Mahābharāta*,
Santi Parva, Part 1, Sections C-CIV
(Rajadharmanusasana Parva).

Opowieść 127
O granicy nieuczciwości
jako strategii pokonywania wroga

1. Król Kszemadarsin pyta mędrca Kalakawriksziję o strategię pozbycia się cierpienia wynikłego z utraty królestwa; 2. Kalakawrikszija wskazuje na strategię zaakceptowania niestałości wszystkich rzeczy widzialnych i wycofania się do lasu; 3. Kalakawrikszija opisuje strategię odzyskania królestwa i zniszczenia wroga drogą fałszywej przyjaźni; 4. Kszemadarsin odrzuca strategię fałszywej przyjaźni zyskując tym pochwałę Kalakawrikszji, który proponuje strategię kooperacji korzystną dla obu zwaśnionych stron; 5. O korzyściach wynikłych z budowania zgodny i kooperacji między królem i grupami arystokratów.

> *Król Kszemadarsin rzekł: „O wielki mędrcu, nie chcę prowadzić życia opartego na oszustwie i nieuczciwości. Nie chcę bogactwa, choćby i największego, zdobytego w sposób nieuczciwy i niezgodny z Prawem. Wykluczyłem te środki na samym początku naszej rozmowy. Nie chcę opierać swego życia na tym świecie na praktykowaniu działań, które są potępiane i mają bolesne konsekwencje, lecz na użyciu środków, które są dla mnie korzystne pod każdym względem. Nie potrafię więc iść tą nieuczciwą drogą prowadzącą do odzyskania królestwa, którą mi wskazałeś. Twoje instrukcje do mnie nie pasują".*
>
> *Mędrzec Kalakawrikszija rzekł: „O królu Kosalów, twoja odpowiedź dowodzi, że masz głębokie poczucie prawości. Jesteś prawy zarówno w swych skłonnościach, jak i rozumowaniu. Pomogę ci więc w znalezieniu rozwiązania, które będzie korzystne zcrówno dla ciebie, jak i dla wroga, który jest prawy i pokonał cię w uczciwej walce".*

(*Mahābhārata*, Santi Parva, Part 1, Section CVI)

1. Król Kszemadarsin pyta mędrca Kalakawriksziję o strategię pozbycia się cierpienia wynikłego z utraty królestwa

Judhiszthira rzekł: „O Bhiszma, jak powinien postąpić prawy król poszukujący wiecznego szczęścia w sytuacji, gdy jego ministrowie nie są już mu dłużej posłuszni i gdy stracił całe swe bogactwo, jak i kontrolę nad skarbcem i armią?"

Bhiszma rzekł: „O Judhiszthira, w odpowiedzi na twe pytanie posłuchaj opowieści o królu Kszemadarsinie, która jest często cytowana w kontekście pytania takiego jak twoje.

Bramini opowiadają o tym, jak żyjący w dawnych czasach król Kosalów, Kszemadarsin, cierpiąc z powodu utraty całej swej potęgi udał się do mędrca Kalakawriksziji i rzekł: 'O wielki mędrcu, ty sam poznałeś wszelkie tajniki prawości i jesteś ucieczką dla tych, którzy są chorzy na ciele i umyśle z powodu spadającego na nich nieszczęścia. Wytłumacz mi, co powinna uczynić osoba taka jak ja, która choć zasługuje na posiadanie bogactwa, nie może mimo ponawianych wysiłków odzyskać utraconego królestwa? Czy pozostało mi jeszcze jakieś wyjście poza śmiercią, kradzieżą, szukaniem azylu u mych wrogów lub jakimś innym równie beznadziejnym stylem życia?

Wiem, że człowiek powinien wyrzec się wszelkich pragnień i uwolniwszy się w ten sposób zarówno od smutku jak i radości szukać wiecznego szczęścia mając wiedzę za swe jedyne bogactwo. Cóż jednak ma uczynić osoba taka jak ja, która jest zbyt przywiązana do poszukiwania ziemskiego szczęścia zależnego od posiadania bogactwa? Nie mogę przestać myśleć o bogactwie, którego już dłużej nie posiadam. Straciwszy dobrobyt znalazłem się w ten sposób w żałosnej sytuacji i popadłem w nieszczęście. Powiedz mi, co pozostało mi do zrobienia?'

2. Kalakawrikszija wskazuje na strategię zaakceptowania niestałości wszystkich rzeczy widzialnych i wycofania się do lasu

Mędrzec Kalakawrikszija rzekł: 'O Kszemadarsin, po co pytasz, skoro znasz już odpowiedź na swoje pytanie i znasz drogę prowadzącą do wiecznego szczęścia. Mając tę wiedzę postępuj zgodnie z nią i zaniechaj szukania ziemskiego szczęścia zależnego od bogactwa.

Twoje rozumienie jest słuszne: wszystko to, co jest widzialne, jest niestałe—dotyczy to zarówno nas samych jak i tego, co posiadamy. Przedmioty materialne, które uważamy za istniejące, faktycznie nie istnieją. Ten, kto o tym wie, nie cierpi bez względu na to, jak wielkie spotyka go nieszczęście. Wszystko to, co się wydarzyło, wydarza i co się wydarzy, jest nierzeczywiste. Wiedząc o tym uwolnij się od poczucia niesprawiedliwości. Zniszczeniu ulega zarówno to, co zostało nabyte przez tych, co żyli przed tobą, jak i to, co zostanie nabyte przez tych, co przyjdą po tobie. Skoro tak jest, po co cierpieć z tego powodu. Po co płakać nad tym, czego już nie ma. Płacz nie pomoże w tym, aby to odzyskać.

Nie ma już wśród żywych ani twego dziada, ani ojca. Nie możesz już ich zobaczyć, tak jak i oni nie mogą zobaczyć ciebie. Wiedząc o tej zmienności, po co ich opłakiwać? Pomyśl o tym, że ciebie też tu nie będzie. Nie będzie też mnie, twoich wrogów i przyjaciół. Wszystko, co się rodzi, umiera. Ci, którzy są teraz młodzi, w ciągu następnej setki lat na pewno umrą.

Człowiek, który nie potrafi wyrzec się swego bogactwa, powinien ćwiczyć się w myśleniu, że to, co posiada nie należy do niego będąc wyłącznie środkiem w szukaniu wiecznego szczęścia np. poprzez akty dobroczynności. Nie powinien także uważać za własne tego, co jest dopiero do nabycia, a tym bardziej tego, co stracił. Człowiek nie potrafi zmienić tego, co mu przeznaczone. Ci, którzy o tym wiedzą, posiedli prawdziwą wiedzę. Nawykowe myślenie w ten sposób jest atrybutem tych, którzy są prawi.

Na ziemi jest wielu ludzi, którzy choć dorównują ci lub nawet przewyższają cię inteligencją i staraniami, są pozbawieni bogactwa i nigdy nie władali królestwem. Mimo tego nie rozpaczają tak jak ty. Uwolnij się więc od swego cierpienia, bo nie jesteś od nich gorszy'.

Król Kszemadarsin rzekł: 'O wielki mędrcu, królestwo, które było w mym posiadaniu razem z całym jego bogactwem, zdobyłem bez podejmowania żadnego wysiłku. To wszechpotężny Czas mi je odebrał i w konsekwencji jestem zmuszony do utrzymywania się przy życiu nie siłą mych własnych ramion, lecz z tego, co wpadnie mi w dłonie'.

Mędrzec Kalakawrikszija rzekł: 'O Kszemadarsin, znając prawdę o czasowości życia nie płacz nad przeszłością lub przyszłością. Przyjmij taką postawę w stosunku do wszystkiego, co przyciąga twoją uwagę. Pragnij zdobyć tylko to, co jest osiągalne i ignoruj to, co nieosiągalne, ciesz się tym, co w danej chwili posiadasz i nie opłakuj tego, co jest nieobecne.

Ciesz się tym, co możesz zdobyć i nie opłakuj utraconego dobrobytu. Tylko osoba o niewielkiej wiedzy po utracie tego, co posiadała i niezadowolona ze swego obecnego położenia obwinia o to Najwyższego Pana i uważa, że innym ludziom, choć na to nie zasługują, powodzi się lepiej. Z tego to powodu osoby pełne pychy i urazy są bardziej nieszczęśliwe od innych. Ty sam jednakże nie masz tych wad. Doznawszy samemu niepowodzenia znieś więc z czystym sercem powodzenie innych. Ci, którzy zdobyli potrzebne umiejętności, cieszą się sukcesami innych. Powodzenie opuszcza tych, którzy nienawidzą innych.

Osoby, które zdobyły wiedzę, nauczyły się właściwego zachowania i idą drogą jogi, same z siebie wyrzekają się zarówno dobrobytu, jak i swych synów i wnuków. Wyrzekają się ich również ci, którzy uważają ziemskie przedmioty za nietrwałe i zależne od nieustannego podejmowania działania i wysiłku.

Ty sam zdobyłeś wiedzę. Dlaczego więc opłakujesz utratę bogactwa i pragniesz tego, co ze względu na swą nietrwałość nie jest warte pragnienia i zależy od innych? Dlaczego pragniesz tego nadal, choć zdobyłeś już ten szczególny stan umysłu, który umożliwia cieszenie się błogością, mimo utraty bogactwa?

Posłuchaj mej rady i wyrzeknij się wszystkich pożądanych przedmiotów. Przedmioty, których powinno się unikać, wyglądają często jak te, o które należy się starać, podczas gdy te, o które należy się starać, wyglądają jak te, których powinno się unikać. Niektórzy poszukują bogactwa uważając je za leżące u korzeni wiecznego szczęścia. Inni posiadając bogactwo uważają, że nie ma niczego, co je przewyższa. Takie osoby w pogoni za bogactwem tracą z oczu wszelkie inne cele życia.

Niektóre osoby po utracie nabytego z trudem bogactwa równie wielkiego jak ich żądza, popadają w bierność i desperację i następnie wyrzekają się swego pragnienia bogactwa. Wśród ludzi wysoko urodzonych są też takie osoby o prawej duszy, które z własnej woli wyrzekają się ziemskich przyjemności szukając Wyzwolenia i wiecznego szczęścia.

Ci, którzy są gotowi do poświęcenia życia w poszukiwaniu bogactwa, uważają, że bez bogactwa życie nie ma żadnego sensu. Zauważ ich głupotę i to w jak żałosnej znaleźli sie przez to sytuacji. Nie zważając na to, jak krótkie i niepewne jest ludzkie życie, zamiast myśleć o zbawieniu, skoncentrowali całą swą uwagę na bogactwie. Czy ktoś mądry oddałby całe swoje serce gromadzeniu przedmiotów materialnych wiedząc, że gdy umrze będzie musiał się z nimi rozstać?

Czasami człowiek porzuca bogactwo, a czasami bogactwo opuszcza człowieka. Ten, kto o tym wie, nie powinien opłakiwać utraty bogactwa. Na świecie jest wielu innych ludzi, którzy stracili zarówno bogactwo jak i przyjaciół.

Zastanów się nad tym wszystkim i zrozum, że to ludzie sami sprowadzają na siebie nieszczęście swymi działaniami. Poddaj kontroli swe zmysły, umysł i mowę, bo gdy zaczną one produkować zło, nie zdołasz utrzymać się z dala od pokus stwarzanych przez otaczające cię przedmioty materialne.

Nikt nie może mieć pełnej wizji swej przeszłości i przyszłości, i dlatego ten, kto jest mądry i odważny tak jak ty, doświadczając zjednoczenia lub separacji, zła lub dobra ani się nie cieszy, ani nie płacze. Osoba o takiej postawie, która kontroluje swą duszę i dotrzymuje ślubów czystości, nigdy nie poddaje się rozpaczy i nie traci spokoju ducha z powodu żądzy posiadania lub utraty jakiegoś materialnego przedmiotu o nietrwałej wartości. Szukając spokoju duszy wycofaj się do głębokiej dżungli i kontrolując mowę i duszę i darząc współczuciem wszystkie żywe istoty prowadź tam samotne szczęśliwe życie żywiąc się owocami i korzonkami. Ten, kto żyje w dżungli w ten sposób mając za swych jedynych towarzyszy słonie z wielkimi kłami i zadowalając się tym, co rodzi las, postępuje jak mędrzec. Nie wybieraj jednak żebraczego stylu życia sekty ascetów *Śaiwitów* (wyznawców Śiwy), gdyż jest on grzeszny, okrutny i faworyzowany jedynie przez nikczemników.

Osoba, która zdobywa mądrość, uspakaja się jak wzburzone wody jeziora i może prowadzić dalej w pełni zadawalające życie. Teraz, gdy twój przeszły dobrobyt jest niemożliwy do odzyskania, i gdy straciłeś wszystkich ministrów i doradców, jest to jedna z dróg, która stoi przed tobą otworem'.

3. Kalakawrikszija opisuje strategię odzyskania królestwa i zniszczenia wroga drogą fałszywej przyjaźni

Mędrzec Kalakawrikszija kontynuował: 'O Kszemadarsin, jeżeli sądzisz, że masz jeszcze ciągle w sobie dość odwagi i waleczności, opowiem ci o innej strategii, która mogłaby ci pomóc w odzyskaniu utraconego królestwa. Jeżeli jesteś zdolny do pojęcia odpowiedniego wysiłku i użycia tej strategii odzyskasz utracony dobrobyt. Czy chcesz, abym ci o tej strategii opowiedział?'

Król Kszemadarsin rzekł: 'O wielki mędrcu, opowiedz mi o tej strategii, aby mógł postępować zgodnie z twoją radą. Niech moja rozmowa z tobą nie pozostanie bezowocna'.

Mędrzec Kalakawrikszija rzekł: 'O Kszemadarsin, osoba przywiązana do realizowania swych obowiązków, kontrolująca swe zmysły i duszę zawsze odniesienie sukces w wyniesieniu siebie i zadowalaniu innych. Pamiętając o tym wolny od pychy, żądzy, gniewu i lęku udaj się z pokorą do swego wroga, króla Widehów Dźanaki, znanego ze swej prawości i stań przed nim ze złożonymi dłońmi. Wkradnij się w jego łaski i postaraj się o to, by stać się jego prawą ręką Zjednaj go swymi prawymi uczynkami. Król Dźanaka, który zawsze dotrzymuje słowa, obdaruje cię w zamian bogactwem. Postaraj się również zdobyć zaufanie wszystkich otaczających go osób. W ten sposób zdobędziesz wielu sprzymierzeńców charakteryzujących się odwagą, wytrwałością, czystym zachowaniem i brakiem siedmiu głównych wad, którymi są polowanie, gra w kości, kobiety, alkohol, karanie, nieprzyjemna mowa, marnotrawienie bogactw.

Po zdobyciu akceptacji i gościnności mądrego króla Dźanaki i ciesząc się zaufaniem jego ministrów i twoich wrogów, nie zapominając o swym celu odzyskania królestwa powinieneś zacząć rozbijać ich wewnętrzną jedność skłócając ich między sobą i niszcząc ich tak jak ten, kto niszczy liść *wilwa* przy pomocy liścia *wilwy*. Możesz też zaprzyjaźnić się z wrogami swoich wrogów i wykorzystać ich siłę do ich zniszczenia. Unikaj jednak ukazywania wrogowi otwartej wrogości.

Myśląc o zniszczeniu swych wrogów powinieneś skłaniać ich do przywiązywania się do przedmiotów, które są trudne do zdobycia jak piękne kobiety, kosztowne ubrania, złote trony, łóżka, pojazdy, pałace, ptaki, zwierzęta, napoje, owoce. W ten sposób sami siebie zniszczą.

W obecności swego wroga nie wychwalaj podejmowania wysiłku, lecz mów o przeznaczeniu. Człowiek, który uzależnia się za bardzo od rezultatów zależnych od bogów, wkrótce ulegnie zniszczeniu.

Korzystaj z wszelkiego rodzaju przyjemności dostępnych w pałacu wroga i naśladując zachowanie psa, jelenia, czy wrony ukazuj mu swą rzekomo przyjazną postawę. Skłaniaj go do sporów z potężnymi wrogami. Namawiaj go do realizowania celów, które są trudne do zrealizowania, nabywania drogich przedmiotów, sponsorowania rytuałów ofiarnych i obdarowywania braminów. Bramini otrzymując dary dzięki twemu pośrednictwu będą cię błogosławić w swych wedyjskich rytach. Gdy twój wróg swymi prawymi i bezprawnymi czynami opróżni swój skarbiec, będzie łatwy do ujarzmienia. Pełny skarbiec leży u korzeni szczęścia zarówno w niebie jak i na ziemi. Chcąc zniszczyć wroga należy więc starać się opróżnić jego skarbiec. Skłoń więc swego wroga do sponsorowania wielkiego rytuału ofiarnego *Wiświadżit*, którego wykonanie pozbawi go całego bogactwa. W ten sposób zrealizujesz swój cel.

W momencie gdy wróg straci już całe swe bogactwo, możesz poinformować go, że w jego królestwie najlepsi ludzie cierpią z powodu przymusu wypełnienia skarbca i polecić mu jakiegoś sławnego ascetę znającego jogę, który uwolni go od przywiązania do ziemskich przedmiotów. Pod jego wpływem twój wróg praktykując wyrzeczenie uda się do lasu, aby szukać zbawienia. Gdy tak się stanie, powinieneś przy pomocy trujących ziół zniszczyć wszystkie jego słonie, konie i ludzi'.

Mędrzec Kalakawrikszija zakończył mówiąc: 'O Kszemadarsin, opowiedziałem ci jedną z możliwych wersji strategii zniszczenia wroga przez fałszywą przyjaźń. Istnieje wiele możliwych wersji tej strategii i wszystkie one bazują na oszustwie. Dzięki niej sprytny król może wytruć całą populację swego wroga. Powiedz mi, co o niej myślisz?'

4. Kalakawrikszija odrzuca strategię fałszywej przyjaźni zyskując tym pochwałę Kalakawriksziji, który proponuje strategię kooperacji korzystną dla obu zwaśnionych stron

Król Kszemadarsin rzekł: 'O wielki mędrcu, nie chcę prowadzić życia opartego na oszustwie i nieuczciwości. Nie chcę bogactwa, choćby i największego, zdobytego w sposób nieuczciwy i niezgodny z Prawem. Wykluczyłem te środki na samym początku naszej rozmowy. Nie chcę opierać swego życia na tym świecie na praktykowaniu działań, które są potępiane i mają bolesne konsekwencje, lecz na użyciu środków, które są dla mnie korzystne pod każdym względem. Nie potrafię więc iść tą nieuczciwą drogą prowadzącą do odzyskania królestwa, którą mi wskazałeś. Twoje instrukcje do mnie nie pasują'.

Mędrzec Kalakawrikszija rzekł: 'O królu Kosalów, twoja odpowiedź dowodzi, że masz głębokie poczucie prawości. Jesteś prawy zarówno w swych skłonnościach jak i rozumowaniu. Pomogę ci więc w znalezieniu rozwiązania, które będzie korzystne zarówno dla ciebie jak i dla twojego wroga, który jest prawy i pokonał cię w uczciwej walce. Połączę cię z królem Dźanaką więzią, która jest wieczna i nie do zerwania.

Jesteś wysoko urodzony i potrafisz powstrzymać się od działań okrutnych i niesprawiedliwych. Posiadasz wiedzę i umiejętności rządzenia i doprowadzania do ugody. Któż nie chciałby mieć ciebie za swego ministra? Choć spotkało cię nieszczęście i straciłeś swoje królestwo, ciągle pragniesz iść ścieżką uczciwości i prawości. Twój wróg, król Widehów Dźanaka, jest również znany z tego, że nigdy nie schodzi ze ścieżki Prawa. Zbliża się on właśnie do mojej pustelni, aby złożyć mi wizytę. Gdy opowiem mu o tobie i pozna głębię twej uczciwości, na pewno zechce uczynić cię swoim ministrem'.

Gdy król Dźanaka przybył do jego pustelni, Kalakawrikszija rzekł: 'O królu, poznałem do głębi serce króla Kszemadarsina. Jego dusza jest równie czysta, jak powierzchnia lustra lub jak tarcza jesiennego księżyca. Zbadałem ją ze wszystkich stron. Obdarz go więc takim samym jak ja zaufaniem. Niech rozwinie się między wami przyjaźń. Król nie może rządzić swym królestwem bez pomocy prawdziwie kompetentnych ministrów. Minister powinien charakteryzować się wielką inteligencją i odwagą. Ten, kto posiada te własności, potrafi zdobyć wszystkie trzy światy. Są one konieczne do zarządzania królestwem. Prawy król znajduje autentyczne oparcie w ministrze, który posiada te atrybuty.

Kszemadarsin jest osobą królewskiej krwi o wielkiej duszy i kroczy ścieżką prawości. Taki człowiek jest zawsze cennym nabytkiem. Gdy potraktujesz go z należnymi mu honorami zmieni twych wrogów w twych poddanych. Walcząc w obronie twego interesu nie zejdzie ze ścieżki wyznaczonej dla wojownika broniąc twej sprawy, lecz gdy podejmie walkę z tobą, twym obowiązkiem będzie mu się przeciwstawić.

Wysłuchawszy mych słów powiedz mi, czy mając na uwadze swe własne korzyści i moją rekomendację jesteś gotowy do tego, żeby zamiast z nim walczyć, zatrudnić go, jako swego ministra?

Oczyść się z gniewu i skoncentruj swą uwagę na tym, co słuszne, bo takie podejście jest właściwe. Nie pozwól na to, aby z żądzy walki zejść ze ścieżki Prawa wyznaczonej dla twej kasty. Pamiętaj też o tym, że wygrana w bitwie nigdy nie jest pewna, i że ugoda jest lepsza niż wojna. Należy zawsze myśleć o tym, co się samemu zyskuje i co traci. Zawrzyj pokój ze swym wrogiem obdarowując do żywnością i bogactwem. Ci, którzy są nastawieni na to, aby zniszczyć wroga aż do korzeni, sami doprowadzają się do zniszczenia'.

Prawy król Dźanaka wysłuchawszy słów mędrca z należnym szacunkiem rzekł: 'O wielki mędrcu, słyniesz ze swej wielkiej mądrości. To, co powiedziałeś, mając na uwadze dobro zarówno moje jak i króla Kosalów, jest z całą pewnością dla nas korzystne. Zaproponowane przez ciebie postępowanie jest dobrym sposobem na rozwiązanie naszego konfliktu przynoszącym korzyść każdemu z nas. W tej sprawie nie żywię najmniejszych wątpliwości'.

Następnie Dźanaka zwracając się do króla Kosalów rzekł: 'O Kszemadarsin, podbiłem cały świat krocząc ścieżką wojownika i używając dyplomacji. Teraz jednak zostałem pokonany przez twą prawość i szlachetne atrybuty. Uwolnij się więc od wszelkiego poczucia upokorzenia z racji życia w królestwie zwycięskiego wroga i przybądź do mego królestwa jako zwycięzca. Oddaję cześć twej inteligencji, prawości i odwadze'".

Bhiszma zakończył swe opowiadanie mówiąc: „O Judhiszthira, prawy król Kszemadarsin zaakceptował słowa prawego króla Dźanaki i obaj królowie ufając sobie nawzajem po oddaniu należnej czci mędrcowi Kalakawriksziji udali się do Mithili, stolicy Widehów. Dźanaka uhonorował Kszemadarsina u bram miasta rytuałem oferowania wody do obmycia stóp jak i miodu, mleka i innych przedmiotów oferowanych na powitanie gościa. Dał mu też za żonę swą córkę oraz obdarował go złotem i drogimi kamieniami. Pamiętaj więc o tym, że szukanie pokojowych rozwiązań z korzyścią dla obydwóch stron jest zawsze najwyższym obowiązkiem króla, bo walka nie zawsze kończy się wygraną i jej wynik nigdy nie jest pewny".

5. O korzyściach wynikłych z budowania zgodny i kooperacji między królem i grupami arystokratów

Judhiszthira rzekł: „O Bhiszma, odpowiedziałeś mi już na wiele pytań dotyczących działań, które powinien podejmować król. Powiedz mi teraz, jak powinien zachowywać się król w stosunku do otaczających go licznych zgromadzeń arystokratów krwi i majątku? Powiedz mi, jak król przywiązuje ich do siebie, jak się oni zachowują, jak ujarzmiają swych wrogów i jak zdobywają przyjaciół? Wydaje się, że może ich zniszczyć sam brak zgody. Gdy jest wielu zainteresowanych tą samą sprawą, trudno utrzymać zamiary w sekrecie. Wyjaśnij mi przy pomocy jakich środków, król może utrzymać ich u swego boku?"

Bhiszma rzekł: „O Judhiszthira, skąpstwo i gniew jest tym, co powoduje wrogość między królami i grupami arystokratów. Gdy król traci swą szczodrość i nakłada na nich ciężkie podatki, budzi to ich gniew. Gdy każda ze stron, zamiast szukać współpracy, próbuje się osłabić, w końcu obie ulegną zniszczeniu. Obie strony mogą walczyć ze sobą nawzajem poprzez swych szpiegów, sprytne polityczne posunięcia, użycie siły, politykę pojednania, dary, rozbijanie jedności lub poprzez użycie jakiś innych środków budzenia lęku i osłabiania.

Grupa arystokratów w królestwie tworząca państwo w państwie opuści króla, gdy będzie chciał za dużo od nich wziąć.

Niezadowoleni ze swego króla zaczną jednoczyć się z jego wrogami i doprowadzą do jego zniszczenia. Jednakże gdy grupa arystokratów straci swą wewnętrzną jedność, sama ulegnie zniszczeniu stając się łatwym łupem dla wroga. Arystokraci powinni więc zawsze działać w zgodzie. Dzięki swej jedności stają się potęgą łączącą swe siły i odwagę. Gdy pozostają zjednoczeni, ludzie chcą mieć ich za swych sprzymierzeńców.

Mędrcy wychwalają arystokratów, którzy są ze sobą połączeni więzią miłości. Ich jedność może sprzyjać rozwojowi dobrobytu. Arystokraci mogą sprzyjać wzrostowi dobrobytu poprzez ustalanie prawych biegów działania, realizowanie ich samemu i skłanianie swych synów i braci do ich realizowania, oraz poprzez uprzejme zachowanie wobec osób, które pokonały swą pychę dzięki swej wiedzy. Czynią to również poprzez realizowanie obowiązku wysyłania szpiegów, odpowiednią politykę, wypełnianie skarbca, oddawanie czci tym, którzy zdobyli wiedzę, wytrwałość i odwagę w realizowaniu różnego rodzaju prac.

Arystokraci dzięki posiadaniu bogactwa i znajomości świętych pism ochraniają nieświadome masy przed niebezpieczeństwem i nieszczęściem.

Królewski gniew, kara, prześladowania, kłótnia powodują, że arystokraci zrywają z królem swe więzi i łączą się z jego wrogami. Król powinien więc oddawać przywódcom arystokratów należne im honory. Stan spraw w królestwie w dużym stopniu od nich zależy.

Król powinien konsultować się tylko z przywódcami arystokratów i tylko oni powinni być dopuszczeni do królewskich tajemnic. W porozumieniu z przywódcami powinien działać na korzyść całej grupy. Jednakże w sytuacji, gdy grupa arystokratów jest rozbita i pozbawiona przywódców, powinien wybrać inny sposób postępowania.

Gdy grupa arystokratów jest ze sobą skłócona wewnętrznie i podejmuje działania na własną rękę bez koordynacji z działaniami innych, cały ich dobrobyt znika i pojawiają się różne rodzaje klęsk. Ci wśród nich, którzy zdobyli mądrość, powinni starać się zgasić zarzewie kłótni w zarodku. Gdy starszyzna arystokracji pozostanie w tej sprawie obojętna, kłótnia zniszczy całą grupę.

Ochraniaj więc siebie przed zagrożeniami, które mają źródło wewnętrzne i przed którymi trudniej się chronić niż przed zagrożeniem zewnętrznym. Mogą one zniszczyć cię aż do korzeni w ciągu jednego dnia. Gdy osoby równe sobie krwią i urodzeniem pokonane przez gniew, szaleństwo lub zawiść przestają ze sobą rozmawiać, jest to dowodem porażki. Arystokraci mogą z łatwością zostać zniszczeni przez wroga, gdy stracą swą jedność, i dlatego ich jedność jest uważana za ich najlepszą obronę".

Napisane na podstawie fragmentów *Mahābharāta*,
Santi Parva, Part 1, Sections CIV-CVII
(Rajadharmanusasana Parva).

Opowieść 128
O prawości w sytuacji,
gdy Prawda przybiera wygląd fałszu

1. O najważniejszych obowiązkach człowieka; 2. O konieczności rozróżnienia sytuacji, gdy fałsz przybiera formę Prawdy, a Prawda formę fałszu; 3. O trudnościach w znalezieniu zadowalającej definicji Prawa; 4. O działaniach, które pomagają w pokonywaniu trudności; 5. Opowieść o tygrysie i prawym szakalu, który padł ofiarą fałszywych oskarżeń; 6. O konieczności działania z rozwagą i inteligencją; 7. O konieczności dostosowywania zachowania do wymogów czasu i sytuacji; 8. O zaletach powstrzymywania gniewu przeciw temu, kto wypowiada obraźliwe słowa.

> Bhiszma rzekł: „O Judhiszthira, mówienie prawdy jest zgodne z prawością, bo nie ma nic, co stałoby wyżej od Prawdy. Nie należy jednak mówić prawdy tam, gdzie fałsz przybrał wygląd Prawdy. Gdy Prawda przybierze formę fałszu, tam należy wypowiedzieć fałsz, który pozostaje w zgodzie z wyglądającą jak fałsz Prawdą.
> Grzech popełnia ta osoba, która z braku wiedzy o tym, co jest w danej sytuacji Prawdą, mówi prawdę, która odłączyła się od prawości i zamiast dobra przynosi zło. Prawa pozostaje ta osoba, która potrafi odróżnić Prawdę od fałszu, który w danej sytuacji przybrał formę Prawdy. ...
> Prawo zostało ogłoszone przez Brahmę, aby sprzyjać dobru i wzrostowi wszystkich żywych istot i powstrzymać je od ranienia się nawzajem. Prawem jest więc to, co zapobiega ranieniu żywych istot. Prawo-dharma (*słowo dharma znaczy to, co podtrzymuje, dostarcza wsparcia*) zawdzięcza swą nazwę temu, że jest tym, co podtrzymuje życie wszystkich żywych istot. I faktycznie wszystkie żywe istoty zależą od Prawa. Prawem jest więc wszystko to, co jest zdolne do dostarczania wsparcia wszystkim żywym istotom".

(*Mahābhārata*, Santi Parva, Part 1, Section CIX)

1. O najważniejszych obowiązkach człowieka

Judhiszthira rzekł: „O Bhiszma, droga Prawa (*dharmy*) jest długa i ma liczne zakręty i odgałęzienia. Wskaż mi więc na te obowiązki, o których nie powinno się nigdy zapominać, które są najważniejsze i przynoszą największe zasługi na tym i na tamtym świecie".

Bhiszma rzekł: „O Judhiszthira, najważniejszymi obowiązkami każdego człowieka jest oddawanie należnej czci matce, ojcu i nauczycielowi. Ten, kto je realizuje, zdobywa sławę za życia i niebiańskie regiony szczęśliwości po śmierci. Należy bez wahania czynić to, o co proszą, nawet wówczas gdy jest to niezgodne z innym obowiązkiem i nie wolno nigdy czynić tego, czego zakazują. Ich słowa są rozkazem, który należy zawsze wykonać.

Istnieją trzy światy, trzy tryby życia, trzy *Wedy*, trzy święte ognie. Ojciec jest jak ogień ogniska domowego, matka jak ogień południowy, a nauczyciel jak ogień ofiarny, do którego wlewa się oczyszczony tłuszcz. Te trzy ognie są najznakomitsze. Służąc im z ostrożnością zdobędziesz wszystkie trzy światy. Służąc cierpliwie swemu ojcu przejdziesz przez ten świat, służąc matce zdobędziesz regiony szczęśliwości na tamtym świecie, a służąc nauczycielowi zdobędziesz region Brahmy. Zachowując się w stosunku do nich poprawnie zbierzesz wielkie zasługi i zdobędziesz sławę w trzech światach.

Pamiętaj o tym, aby nigdy się ponad nich nie wywyższać. Nie jedz, zanim oni się nie nasycą, i nie jedz niczego, co przewyższa ich posiłek. Nigdy nie przypisuj im winy. Służ im zawsze z pokorą, gdyż jest to akt godny najwyższej pochwały. Ten, kto oddaje im honory, zbiera honory od całego świata. Ten, kto tego nie czyni, nie zdoła zebrać potrzebnych zasług żadnym innym działaniem i nie odniesie sukcesu ani na tym, ani na tamtym świecie. Wszystko to, co jest im dane, zwiększa swą wartość tysiąckrotnie. Ja sam tylko dzięki zebranym przeze mnie w ten sposób zasługom leżąc na mym łożu ze strzał ciągle widzę jasno wszystkie trzy światy.

Aczarja, który uczy prawego zachowania poprzez dawanie dobrego przykładu przewyższa znaczeniem dziesięciu znawców *Wed*, a jeden *upadhjaja* dziesięciu *aczarjów*. Ojciec przewyższa dziesięciu *upadhjajów*, a matka dziesięciu ojców i być może nawet cały świat. Nauczyciel w mej opinii zasługuje jednak na większą cześć niż ojciec i być może nawet niż matka. Ojciec i matka dają dziecku życie i w ten sposób są twórcami jego ciała. Nauczyciel daje mu natomiast życie niebieskie, które nie podlega tak jak ciało zniszczeniu.

Matki i ojca nie wolno zabijać bez względu na to, jak wielka jest ich wina. Król nie popełnia grzechu odmawiając wymierzenia kary swemu ojcu i matce. Te zasługujące na wielki szacunek osoby nie zanieczyszczają go swą nieczystością. Bogowie i riszi nie pozbawiają swych łask tych, które starają się obdarzać szacunkiem nawet swych grzesznych ojców.

Osoba, która udziela prawdziwie dobrych wskazówek i przekazuje całą wieczną mądrość *Wed*, powinna być traktowana tak samo jak ojciec i matka. Uczeń z wdzięczności za otrzymane nauki nie powinien nigdy w żaden sposób jej ranić. Ci, którzy po otrzymaniu nauk nie oddają nauczycielowi należnej czci poprzez bycie mu posłusznym w myślach, mowie i uczynkach, popełniają grzech równy zabiciu nienarodzonego płodu.

Zostało stwierdzone, że nauczyciele powinni ukazywać uczniom swe uczucie, a uczniowie powinni ukazywać mu swój szacunek. Osoba, która chce iść ścieżką naszych starożytnych przodków, powinna oddawać cześć swoim nauczycielom i dzielić z nimi każdy sprawiający radość przedmiot. Oddawanie im czci zadowala riszich, bogów i Ojców.

Ten, kto zadowala swego ojca, zadowala Pradżapatiego. Ten, kto zadowala swą matkę, zadowala ziemię. Ten, kto zadowala nauczyciela swym działaniem, zadowala Brahmę. Z tego powodu uważam, że nauczyciel jest wart nawet większego szacunku niż ojciec i matka.

Ojca, matki i nauczyciela nie wolno obrażać. Żadne z ich działań nie powinno być uważane za złe. Ci, którzy w swych myślach, mowie i uczynkach zadają im rany, popełniają najgorszy grzech. Ci, którzy ranią przyjaciół, są niewdzięczni, zabili kobietę lub swego nauczyciela nigdy nie zdołają się ze swego grzechu oczyścić.

Nic na tym świecie nie przynosi większych zasług od realizacji opisanego przeze mnie obowiązku, który jest najważniejszym z wszystkich obowiązków".

2. O konieczności rozróżnienia sytuacji, gdy fałsz przybiera formę Prawdy, a Prawda formę fałszu

Judhiszthira rzekł: „O Bhiszma, powiedz mi, jak powinna postępować osoba pragnąca trzymać się ścieżki Prawa, gdy jest zmuszona do działania w świecie, który jest przeniknięty zarówno Prawdą jak i fałszem, które niekiedy są trudne do odróżnienia. Jak rozróżnić Prawdę od fałszu? Na czym polega wieczna prawość? Kiedy prawdomówność jest i kiedy nie jest prawością?"

Bhiszma rzekł: „O Judhiszthira, mówienie prawdy jest zgodne z prawością, bo nie ma nic, co stoi wyżej od Prawdy. Nie należy jednak mówić prawdy tam, gdzie fałsz przybrał wygląd Prawdy. Gdy Prawda przybierze formę fałszu, tam należy wypowiedzieć fałsz, który pozostaje w zgodzie z wyglądającą jak fałsz Prawdą.

Grzech popełnia ta osoba, która z braku wiedzy o tym, co jest w danej sytuacji Prawdą, mówi prawdę, która odłączyła się od prawości i zamiast dobra przynosi zło. Prawa pozostaje ta osoba, która potrafi odróżnić Prawdę od fałszu, który w danej sytuacji przybrał formę Prawdy.

Nawet osoba niegodna szacunku i nieczysta, jak myśliwy Walaka, może w pewnej określonej sytuacji zgromadzić ogromne zasługi swym okrutnym czynem, którym w jego przypadku było zabicie ślepej bestii, jeżeli swym czynem niszczy zło mnożąc dobro. Walaka, choć o tym nie wiedział i sam kierował się chęcią zaspokojenia głodu, zabił bestię, która groziła zniszczeniem wszystkich żywych istot i której nikt inny nie potrafił zabić. Z kolei inna godna szacunku osoba, jak asceta Kauśika, rozumująca fałszywie i niewidząca tego, że Prawda przybrała formę fałszu, poprzez powiedzenie złodziejom prawdy gdzie ukryła się niewinna ścigana przez nich osoba, swym czynem popełnia grzech". (Zob. *Mahabharata*, ks. VIII, opow. 95, p. 6.)

3. O trudnościach w znalezieniu zadowalającej definicji Prawa

Bhiszma kontynuował: „O Judhiszthira, pytanie, które mi zadałeś jest trudne i niełatwo na nie odpowiedzieć, bo trudno zdefiniować, czym jest Prawo (*dharma*) i czym jest Bezprawie (*adharma*). Mimo trwających od dawna dyskusji, nikt nie potrafił uczynić tego w sposób w pełni zadowalający.

Niektórzy twierdzą, że Prawem jest to, co zostało zawarte w świętych naukach (*śruti*). Inni się z tym nie zgadzają. Ja sam uważam, że w świętych naukach nie wszystko zostało wypowiedziane.

Prawo zostało ogłoszone przez Brahmę, aby sprzyjać dobru i wzrostowi wszystkich żywych istot i powstrzymać je od ranienia się nawzajem. Prawem jest więc to, co zapobiega ranieniu żywych istot. Prawo-*dharma* (słowo *dharma* znaczy to, co podtrzymuje, dostarcza wsparcia) zawdzięcza swą nazwę temu, że jest tym, co podtrzymuje życie wszystkich żywych istot. I faktycznie wszystkie żywe istoty zależą od Prawa. Prawem jest więc wszystko to, co jest zdolne do dostarczania wsparcia wszystkim żywym istotom.

Złodzieje chcąc ukraść należące do kogoś innego bogactwo próbują zebrać różne informacje, które ułatwiłyby im kradzież. W tym kontekście nie wolno udzielać im potrzebnych informacji. Taki jest nakaz prawości. Należy zachować milczenie nawet wówczas, gdy ma się potrzebne im informacje, jeżeli uniemożliwi to złodziejom kradzież. Gdy milczenie wydaje się im podejrzane, lepiej skłamać niż powiedzieć prawdę. Tak zostało stwierdzone. Nie popełni się grzechu nawet przez fałszywą przysięgę, jeżeli dzięki niej można obronić się przed grzesznikami. Należy bronić swych dóbr przed złodziejami i nie wolno ich im oddawać. Bogactwo oddane grzesznikowi zabrudza też tego, kto je daje.

Ten, kto pragnie kroczyć ścieżką Prawa, nie popełni grzechu wypowiadając kłamstwo, jeżeli swym kłamstwem ochrania dobro innych lub czyni tak ze względów religijnych. Również w małżeństwie, gdy zagrożone jest życie, można powiedzieć kłamstwo.

Gdy kredytodawca chce, aby dłużnik odpracował niespłacony dług, świadkowie wezwani przez niego w celu ustalenia faktów, powinni powiedzieć prawdę. Ten, kto obiecał spłacić dług, jest zobowiązany do wypełnienia swej obietnicy. Jeżeli tego nie uczynił, musi dług odpracować jako niewolnik. Osoba, która nie realizuje swych zobowiązań, powinna zostać ukarana przez wymiar sprawiedliwości.

Hipokryci, którzy w swym sercu odrzucają obowiązki swej kasty, lecz próbują je ciągle realizować za zapłatę, powinni zostać ukarani śmiercią. Tacy ludzie uważają, że w całym świecie nie ma niczego, co stałoby wyżej od bogactwa. Nie wolno ich tolerować. Nie powinno się w ich towarzystwie jeść posiłków. Należy uważać ich za upadłych z racji swych grzechów. Bez rytuałów ofiarnych i umartwień, pozbawieni człowieczeństwa i boskiej łaski są jak umarli. Tracąc swe bogactwo tracą wszystko. Jedynym, co mogłoby ich uratować, jest prawość i realizowanie swych obowiązków.

Ten, kto zabija takiego hipokrytę, nie popełnia grzechu. Zabija bowiem kogoś, kto już od dawna jest martwy, kto sam siebie zabił swymi czynami. Tacy grzesznicy w zależności od charakteru ich oszustwa są jak wrony lub sępy i po śmierci rodzą się ponownie w ciele wrony lub sępa.

Na uczciwość należy odpowiadać uczciwością, a nieuczciwość należy pokonywać przy pomocy nieuczciwości".

4. O działaniach, które pomagają w pokonywaniu trudności

Judhiszthira rzekł: „O Bhiszma, żywe istoty są ustawicznie pod wpływem różnych zdarzeń i nieoczekiwanych przeszkód. Wskaż mi, w jaki sposób mogą sobie z tym radzić?"

Bhiszma rzekł: „O Judhiszthira, wszystkie trudności są do pokonania przez tych, którzy:

są odrodzeni duchowo i kontrolując swą duszę cierpliwie realizują obowiązki wyznaczone dla różnych trybów życia, nie wchodzą nigdy na ścieżkę oszustwa, realizują ryty powitalne i zdobyli kontrolę nad ziemską żądzą;

gdy ktoś przemawia do nich językiem zła, nie odpowiadają, nie zadają innym ran nawet wówczas, gdy zostali zranieni i zawsze dają zamiast brać;

dają wędrowcom schronienie, nie pozwalają sobie na złą wolę, nie zaprzestają studiowania *Wed*;

znając swe obowiązki zachowują się właściwie w stosunku do swych rodziców i nie śpią całymi dniami;

nie grzeszą w myśli, mowie i uczynku i nie ranią żadnej żywej istoty;

gdy są królami, ochraniają granice królestwa i nie gnębią poddanych zbyt surowymi podatkami;

wypełniają małżeńskie obowiązki wobec swych żon i nie szukają towarzystwa innych kobiet, są uczciwi w swych rytuałach oddawania czci ogniowi;

gdy są wojownikami, są odważni i gotowi do oddania życia w walce, szukają zwycięstwa prowadząc uczciwą walkę, zawsze mówią prawdę nawet wówczas, gdy grozi to utratą życia i swym zachowaniem dają innym dobry przykład, ich mowa jest zawsze uprzejma, a majątek właściwie użyty;

gdy są braminami, studiują *Wedy* we właściwym czasie, praktykują umartwienia i życie w celibacie, oczyszczają się przez zdobywanie wiedzy;

zdobyli kontrolę nad tymi jakościami natury, którymi są namiętność i inercja i realizują tylko dobro, nie budzą strachu w żadnej żywej istocie i sami nie odczuwają przed nikim strachu, widzą wszystkie żywe istoty w swej własnej jaźni, nie zazdroszczą innym powodzenia i powstrzymują się od wszelkich podłych zachowań, mają wiarę, czczą bogów, i mają spokojne dusze;

sami nie gonią za honorami, lecz zawsze oddają je innym, którzy na nie zasłużyli, pragnąc potomstwa z czystym umysłem oddają cześć swoim zmarłym przodkom w odpowiednie dni księżycowego kalendarza, są wolni od gniewu w stosunku do wszystkich żywych istot i potrafią uspokoić gniew innych, od urodzenia powstrzymują się od picia miodu i napojów alkoholowych, jedzą tylko tyle, żeby utrzymać się przy życiu i szukają towarzystwa kobiety jedynie celem zdobycia potomstwa i mówią tylko po to, aby wypowiedzieć słowa prawdy;

są oddani wyłącznie Narajanie, Najwyższemu Panu wszystkich żywych istot, który jest początkiem i końcem wszechświata".

Bhiszma kontynuował: „O Judhiszthira, to Kryszna o silnych ramionach i oczach w kolorze lotosu ubrany w żółte szaty, który jest naszym dobroczyńcą, przyjacielem i krewnym, jest Narajaną o wiecznej sławie. To On dla swej własnej przyjemności przykrywa sobą wszystkie światy jak skórzane etui. To On jest Potężnym Panem, Niepojętą Duszą. To On jest Gowindą. To ten Kryszna, który zawsze czyni to, co jest korzystne dla Ardżuny i dla ciebie jest Pierwszym wśród wszystkich istnień. Jest nie do pokonania i jest miejscem zamieszkania dla wiecznego szczęścia. Ci, którzy z oddaniem szukają u Niego ucieczki zdołają pokonać na swej drodze wszystkie trudności".

5. Opowieść o tygrysie i prawym szakalu, który padł ofiarą fałszywych oskarżeń

Judhiszthira rzekł: „O Bhiszma, jak rozróżnić na tym świecie Prawdę od fałszu? Niekiedy ludzie, których dusze wcale nie są spokojne, wydają się być spokojnymi duszami, natomiast inni, których dusza jest spokojna, zdają się być niespokojnymi duszami. W jaki sposób odkryć ich prawdziwą naturę?"

Bhiszma rzekł: „O Judhiszthira, niekiedy bardzo trudno odróżnić Prawdę od fałszu. Pozwól mi zacytować w tym miejscu opowieść o pewnym królu, który mimo że narodził się ponownie na ziemi jako szakal, zdołał poddać kontroli swą duszę i zdobył niebo. Choć był czystą duszą, mieszkając w ciele szakala budził w innych nieufność i ostatecznie stał się przedmiotem fałszywych oskarżeń, które poddały w wątpliwość nawet zaufanie jego przyjaciela tygrysa.

W dawnych czasach żył na ziemi bogaty król Paurika, który słynął za życia ze swego okrucieństwa i skłonności do ranienia innych. W rezultacie swych podłych uczynków po śmierci odrodził się na ziemi w formie szakala. Pamiętając o bogactwie, które otaczało go podczas życia w ludzkiej formie, żałował swych złych uczynków i pragnąc się z nich oczyścić, choć był obecnie żywiącym się mięsem szakalem, powstrzymywał się od spożywania mięsa nawet wówczas, gdy ktoś inny mu je oferował i żywił się wyłącznie owocami, które opadły z drzew. Darzył współczuciem wszystkie żywe istoty, mówił zawsze prawdę i praktykował surowe umartwienia. Przebywał na terenie krematoryjnym, gdzie się urodził i nie chciał tego zmieniać.

Inne szakale nie mogąc znieść czystości jego zachowania próbowały go zmienić mówiąc do niego: 'O szakalu, jakże możesz pragnąć czystości zachowania żyjąc w tym straszliwym i nieczystym miejscu. Twoje rozumowanie jest błędne, bo szakale z natury żywią się padliną. Zachowuj się zgodnie ze swoją naturą i bądź taki sam jak my. Dostarczymy ci tyle padliny, ile chcesz. Żyw się tym, co pozostaje w zgodzie z twoją naturą i zaniechaj swych umartwień'.

Wysłuchawszy ich słów szakal rzekł ze skupieniem: 'O bracia, tak jak wy urodziłem się w bardzo niskim gatunku. Jednakże istoty pobożne mogą pojawić się w każdym gatunku i tym, co określa ostatecznie do jakiego gatunku się należy, jest postępowanie. Chcę swym postępowaniem zyskać szeroką aprobatę i dlatego, choć mieszkam na terenie kremacyjnym, ślubowałem czystość zachowania.

O podejmowanych działaniach i ich religijności decyduje czyjaś jaźń, a nie warunki życia, w jakich się znalazł. Czyż zabicie bramina nie będzie zawsze grzechem bez względu na to, jaki tryb życia ktoś prowadzi i jakie są jego obowiązki? Podobnie, czy obdarowanie krową nie będzie zawsze źródłem zasług?

Wy sami goniąc za przyjemnością, dbacie jedynie o swoje żołądki i nie potraficie dostrzec ograniczeń własnego zniewolenia. Nie chcę prowadzić życia takiego jak wy, które jest całkowicie pozbawione pobożności i produkuje zło za życia i po śmierci'.

Przebywający w pobliżu tygrys usłyszał tę odpowiedź szakala i uznał go za mędrca o czystym zachowaniu. Zbliżył się do niego i po oddaniu mu honorów wyraził życzenie, aby został jego ministrem.

Tygrys rzekł: 'O prawa istoto, choć mieszkasz w ciele szakala, wiem, kim jesteś naprawdę. Dziel ze mną obowiązki rządzenia jako mój minister. W moim pałacu będziesz mógł cieszyć się wszystkimi przedmiotami, których zechcesz i wyrzec się tych, których zechcesz. My tygrysy jesteśmy z natury drapieżnikami, ale jeżeli będziesz zachowywał się łagodnie służąc mi, uzyskasz wiele korzyści'.

Szakal doceniając w pełni propozycję króla zwierząt pochylił z szacunkiem głowę i rzekł te słowa pełne pokory: 'O tygrysie, szukanie na ministrów osób o czystym zachowaniu, które znają zarówno swe obowiązki, jak i sprawy tego świata, w pełni do ciebie pasuje. Nie mógłbyś utrzymać swej wielkości bez prawego ministra lub otoczony przez nieuczciwych ministrów. I tych ministrów, którzy pragną twego zwycięstwa, są niezależni od siebie nawzajem, tobie oddani, wolni od zawiści, uczciwi i silni psychicznie, obeznani z zasadami polityki i posiadający wiedzę, powinieneś darzyć takim samym szacunkiem, jak swych rodziców i nauczycieli.

Jeżeli jednak chodzi o mnie, to jestem w pełni zadowolony z miejsca, w którym się znajduję i nie szukam żadnej zmiany. Bycie zależnym od kogoś innego, nawet wówczas, gdy jest on pełen splendoru, nie jest czymś, co jest warte chwały.

Nie zazdroszczę nikomu bogactwa i płynących z tego przyjemności i wiem, że ponieważ jestem szakalem, mogę nie podobać się niektórym z twoich dawnych urzędników i jeżeli ich dusze są podłe, będą próbowali zniszczyć twoje zaufanie do mnie.

Jestem faktycznie oczyszczoną i wielce błogosławioną duszą. Nie potrafię być surowy nawet dla grzeszników. Posiadam wielkie zrozumienie, jestem zdolny do podjęcia wielkiego wysiłku i nie interesują mnie sprawy małe.

Nigdy nikomu nie służyłem i nie mam do tego odpowiednich umiejętności. W pełni zadowala mnie samotne życie w dżungli. Wszyscy ci, którzy żyją u boku króla, muszą znosić ból będący rezultatem wygłaszanych przeciw nim złych słów. Ci natomiast, którzy żyją w dżungli realizując swe śluby, spędzają dni bez lęku i niepokoju.

Lęk, który rodzi się w sercu osoby zatrudnionej przez króla, jest nieznany osobie, która żyje w dżungli żywiąc się leśnymi owocami i korzonkami. Proste pożywienie zdobywane bez żadnego wysiłku i wykwintny posiłek spożywany z lękiem dalece się od siebie różnią i preferuję ten, który jest spożywany bez niepokoju. Niewielu wśród tych, co służą królowi, doświadcza sprawiedliwej kary za swe przestępstwa, liczni natomiast padają ofiarą fałszywych oskarżeń.

Jeżeli pomimo tego, co powiedziałem chcesz nadal, abym został twoim ministrem, zawrzyj ze mną następującą umowę: obiecaj mi, że będziesz zawsze wysłuchiwał i brał pod uwagę wszystko to, co powiem mając na uwadze twe dobro i będziesz traktował mnie zawsze w taki sam sposób, jak traktujesz mnie obecnie. Z obawy przed tym, że twoi ministrowie chcąc zdobyć nade mną przewagę będą szukać we mnie różnych wad, nie chcę konsultować z nimi tego, co mam ci do powiedzenia, lecz chcę rozmawiać o tym w sekrecie wyłącznie z tobą. Obiecaj mi także, że nie będziesz mnie pytał o opinię w sprawach dotyczących twych krewnych i karał swych ministrów po rozmowie ze mną. Nawet pod wpływem gniewu nie będziesz karał tych, którzy ode mnie zależą i są moimi zwolennikami'.

Tygrys, król zwierząt, oddając szakalowi należne honory rzekł: 'O szakalu, niech tak się stanie'. I mianował go swym ministrem.

Ministrowie widząc, że szakal zdobył szacunek króla zwierząt, który traktuje poważnie wszystkie jego rady i działania, zjednoczyli się przeciw niemu knując, jak go zniszczyć. Najpierw próbowali uciszyć jego czujność swym pozornie przyjaznym zachowaniem i skłonić go do tolerowania ich wykroczeń. Od dawna przywłaszczali sobie kawałki mięsa, które do nich nie należały. Obecnie jednak żyjąc pod czujnym okiem szakala nie mogli kontynuować swych niecnych praktyk. Chcąc go przeciągnąć na swoją stronę próbowali go oczarować swymi słodkimi mowami i przekupić dużą łapówką. Jednakże szakal, który zdobył prawdziwą wiedzę, skutecznie opierał się wszystkim pokusom.

W końcu nieuczciwi ministrowie nie mogąc tego znieść i chcąc zniszczyć szakala zmówili się między sobą, że ukryją w jego domu najlepszy kawałek mięsa przeznaczony dla króla. Szakal wiedział o tym, że ukradli królowi mięso, ale chwilowo im na to pozwolił, bo wierzył, że król dotrzyma umowy i nigdy nie straci do niego zaufania wierząc zawsze jego słowom, a nie słowom pozostałych ministrów, i że wymierzy im sprawiedliwą karę.

Gdy tygrys poczuł głód i zobaczył, że jego posiłek nie jest jeszcze gotowy i na niego nie czeka, zażądał wyjaśnienia. Jego oszukańczy ministrowie poinformowali go, że przygotowane dla niego mięso zostało ukradzione przez szakala. Widząc okazję do zemsty rzekli: 'O tygrysie, królu zwierząt, ten szakal był zawsze gotowy do okradania nas z mięsa. Ośmielił się nawet okraść ciebie. Jest zdolny do wszystkiego, co najgorsze. Nie jest on wcale taki, jak sądzisz, że jest. Choć jest prawy w swej mowie, jego inklinacje są grzeszne. Będąc faktycznie podły udawał przed tobą, że jest uczciwy. Jego działania są faktycznie grzeszne. Chcąc najadać się do syta udawał, że ślubował ascezę i wegetariańską dietę. Jeżeli nam nie wierzysz, udaj się z nami do jego domu, abyś mógł zobaczyć na własne oczy dowód jego nieuczciwości'.

Król zwierząt popadł w straszliwy gniew i widząc na własne oczy, że przeznaczone dla niego mięso znajduje się w domu szakala, rozkazał go zabić.

Stara tygrysica, królewska matka, usłyszawszy jego wyrok i chcąc przywrócić mu utracony rozum rzekła: 'O synu, nie powinieneś akceptować tego fałszywego oskarżenia. Twoi niegodziwi ministrowie motywowani zawiścią i rywalizacją rzucają oskarżenia na uczciwą osobę nie mogąc znieść jej wyniesienia będącego rezultatem jej prawych uczynków.

Wina może być przypisywana nawet osobie o czystej duszy uprawiającej umartwienia. Nawet asceta żyjący w dżungli, który nie rani nikogo swym działaniem, obok przyjaciół i ludzi w stosunku do niego obojętnych, ma również wrogów.

Ci, którzy są nienasyceni, nienawidzą tych, którzy są nasyceni i czyści. Leniwi nienawidzą pracowitych, głupcy mądrych, biedni bogatych, nieuczciwi uczciwych, brzydcy pięknych. I wielu wśród nich jest gotowych do rzucania fałszywych oskarżeń na niewinną osobę nawet wówczas, gdy swą czystością i inteligencją dorównuje Brihaspatiemu.

Zatrudnienie prawego szakala na ministra przyniosło ci rozgłos wśród sąsiadów, bo prawdziwie trudno znaleźć dobrego ministra. Szakal zawsze miał na uwadze twe dobro i dobrze ci życzył.

Czyżbyś zapomniał o tym, że ten oskarżany o kradzież mięsa szakal odmawia jedzenia mięsa nawet wówczas, gdy zostaje mu dostarczone? Szukaj prawdziwego złodzieja biorąc pod uwagę ten niezbity fakt.

Żywe istoty posiadają wiele różnych cech i uczciwi wyglądają niekiedy na nieuczciwych, a nieuczciwi na uczciwych. Należy więc dokładnie zbadać, kto jest kim. Firmament zdaje się mieć dno tak jak naczynie, a świetlik wygląda jak iskierka ognia. Faktycznie jednak firmament nie ma dna, a świetlik nie jest ogniem. Jak widzisz, bliższe rozpatrywanie jest konieczne nawet w odniesieniu do tego, co widzimy na własne oczy. Ten, kto tak postępuje nie musi potem żałować tego, co uczynił.

Król może z łatwością ukarać służącego śmiercią. Jednakże jego zdolność do wybaczeni jest zawsze godna pochwały i przyniesie mu chwałę. Król, który uzna niewinną osobę oskarżoną przez jej wrogów za winną, wkrótce sam zostanie zniszczony przez niegodziwych ministrów, którzy zdołali go o tym przekonać'.

Gdy królewska matka zakończyła swą mowę, jeden z ministrów porzucił grupę wrogów szakala i wystąpił w jego obronie opowiadając królowi o zmowie ministrów i fałszywym oskarżeniu. Gdy niewinność szakala została w ten sposób dowiedziona, król uniewinnił go oddając mu odpowiednie honory.

Wzruszony uczciwością szakala tygrys ściskał go z uczuciem. Szakal jednakże pozostał smutny. Pokłonił się przed tygrysem i poprosił go o zgodę na rozpoczęcie postu aż do śmierci (*praya*) i pożegnanie się w ten sposób z życiem. Prośba ta wypełniła serce tygrysa jeszcze większym uczuciem i oddając mu cześć zaczął go prosić o zaniechanie tego zamiaru.

Szakal widząc wzruszenie tygrysa rzekł połykając łzy: 'O królu zwierząt, najpierw mnie uhonorowałeś, a potem mnie obraziłeś. Zachowując się w stosunku do mnie w ten sposóbów uczyniłeś ze mnie swojego potencjalnego wroga, choć faktycznie nim nie jestem.

Słudzy, którzy zostali pozbawieni urzędu i należnych im honorów i zostali zredukowani do nicości, bez względu na to, czy sami się zniszczyli swą zachłannością, agresywnością, skłonnością do oszustw, czy też zostali zniszczeni przez swoich wrogów, zawsze są widziani jako ci, którzy czekają na okazję, aby sprowadzić na swego pana nieszczęście i z łatwością stają się narzędziem w rękach wroga. Ja sam doznałem z twej strony obrazy i degradacji, jakże więc zdołasz mi zaufać? Jakże mógłbym dalej mieszkać w twoim pałacu?

Uczyniłeś mnie swoim ministrem po poddaniu testowi mej uczciwości i po uznaniu mych kompetencji. Tracąc do mnie zaufanie i łamiąc naszą umowę obraziłeś mnie. Jeżeli ktoś uznał kogoś za zdolnego do prawego i uczciwego zachowania, nie może bez konsekwencji uznać go potem za niegodziwca. Będąc w ten sposób w twym umyśle poniżony, straciłem twoje zaufanie. Ja sam widząc twój brak zaufania, straciłem cały spokój. Teraz, gdy ty jesteś podejrzliwy, a ja niepokojony, nasi wrogowie będą szukać okazji, aby nas dalej niszczyć. W konsekwencji twoi poddani również stracą spokój i będą niezadowoleni.

Taki stan rzeczy nie jest dobry. Mędrcy uważają za niedobrą sytuację, w której ktoś najpierw uhonorowany, zostaje później honorów pozbawiony. Zaiste, trudno zjednoczyć tych dwóch, którzy zostali rozłączeni, tak jak trudno rozłączyć tych dwóch, co są zjednoczeni. Gdy osoby, które się rozdzieliły, próbują się do siebie ponownie zbliżyć, ich zachowanie traci całą uczuciowość. Sługa rzadko jest motywowany wyłącznie chęcią zwiększania dobra swego pana i jest skłaniany do swej służby również przez swoją jaźń. Większość działań jest podejmowanych z egoistycznych motywów i nieegoistyczne działania są bardzo rzadkie. Królowie, których serce nie może znaleźć spokoju, nie potrafią zdobyć o innych prawdziwej wiedzy i tylko jeden na stu to potrafi i jest naprawdę pozbawiony lęku. Upadek i powodzenie żywej istoty ma źródło w niej samej. Jej pomyślność, niepomyślność i wielkość zależą od słabości w jego rozumieniu'".

Bhiszma zakończył swe opowiadanie mówiąc: „O Judhiszthira, szakal po wypowiedzeniu tych słów biorących pod uwagę Prawo, Zysk i Przyjemność wycofał się do dżungli i pomimo próśb króla zwierząt poddał się ostatecznej głodówce i po uwolnieniu się ze swego ciała dzięki swym dobrym uczynkom za życia udał się wprost do nieba".

6. O konieczności działania z rozwagą i inteligencją

Judhiszthira rzekł: „O Bhiszma, wytłumacz mi ogólnie, jakie działania powinien wykonywać król, aby zdobyć powodzenie?"

Bhiszma rzekł: „O Judhiszthira, król, który szuka sukcesu, nie powinien zachowywać się równie bezmyślnie jak pewien wielbłąd, o którym opowiadają bramini. Posłuchaj tej opowieści.

W okresie kritajugi na ziemi żył ogromny wielbłąd, który zachował pamięć nędzy swego poprzedniego życia i żyjąc obecnie w dżungli uczynił surowe śluby i poddał się umartwieniom. Swą ascezą zadowolił pewnego bramina, który obiecał mu spełnienie jego jednego życzenia. Wielbłąd rzekł: 'O braminie, uczyń mój kark na tyle długi, abym mógł dosięgnąć pożywienia, które znajduje się nawet o sto *jodżanów* ode mnie'.

Bramin rzekł: 'O wielbłądzie, niech tak się stanie'.

Niemądre zwierzę po otrzymaniu daru, popadło w lenistwo. Ogłupione przez los wyciągając swą szyję przestało ruszać się z miejsca i trudzić się skubaniem trawy.

Pewnego dnia, gdy wielbłąd wyciągnął szyję na sto *jodżanów*, aby uchwycić bez wysiłku jedzenie, zerwała się burza. Leniwy wielbłąd schował głowę ze swą szyją do górskiej jaskini, aby przeczekać burzę. Burza była potężna zalewając potokami wody całą ziemię. Pewien szakal wraz z rodziną uciekając przed powodzią wdrapał się na górę i schował w tej samej jaskini. Wygłodzone i mięsożerne szakale, gdy zobaczyły leżącą tam szyję wielbłąda, zaczęły ją jeść. Przerażony tym wielbłąd próbował skrócić swój kark, lecz choć poruszał nim w górę i w dół, szakale trzymały go mocno w zębach i jadły dalej. I w ten sposób wielbłąd pożegnał się z życiem. Deszcz wkrótce ustał i nasycone szakale opuściły jaskinię".

Bhiszma kontynuował: „O Judhiszthira, zauważ jak wielkie nieszczęście przynosi bezmyślność i lenistwo. Unikaj więc ich i poddając kontroli swe zmysły realizuj swe cele przy pomocy właściwych środków. Sam Manu stwierdził ongiś, że ambitni ludzie zwyciężają dzięki inteligencji. Działania wykonane przy pomocy inteligencji stoją najwyżej; wykonane przy pomocy ramion są pośrodku, realizowane przy pomocy stóp stoją od nich niżej, a najniżej stoją działania realizowane poprzez noszenie ciężaru.

Na tym świecie swoje cele realizują ci, którzy słuchają mądrych rad, które są znane tylko wybranym, mają sprzymierzeńców i działają z namysłem. Król, który dysponuje takimi środkami, zdobędzie powodzenie".

7. O konieczności dostosowywania zachowania do wymogów czasu i sytuacji

Judhiszthira rzekł: „O Bhiszma, jak powinien zachowywać się w stosunku do swego potężnego wroga król, który zdobył bogate królestwo, lecz nie ma obecnie odpowiedniej siły do obrony".

Bhiszma rzekł: „O Judhiszthira, w odpowiedzi na swoje pytanie posłuchaj opowieści o rozmowie Oceanu z Rzekami.

Pewnego dnia w dawnych czasach Ocean, który jest panem rzek i miejscem ucieczki dla wrogów bogów, poprosił rzeki o pomoc w rozwianiu pewnej wątpliwości, która narodziła się w jego umyśle. Ocean rzekł: 'O Rzeki, na swych wodach niesiecie wielkie drzewa wyrywając je z ziemi z korzeniami i gałęziami, lecz nigdy nie przynosicie mi trzciny, która rośnie na waszych brzegach i która jest niczym więcej jak łodygą pozbawioną siły. Czy czynicie tak z pogardy do niej lub sądząc, że wyrwanie jej nic wam nie da? Wytłumaczcie mi, jaki jest wasz motyw?'

Ganga rzekła: 'O Oceanie, drzewa stoją sztywno w jednym i tym samym miejscu i nie ustępują nikomu i w konsekwencji tej skłonności zostają zmuszone do opuszczenia swego miejsca przez siłę naszego nurtu. Trzcina natomiast pochyla się na widok naszego nurtu i prostuje po jego odpływie. Trzcina potrafi dostosować się do czasu, sytuacji i pojawiających się możliwości. Jest giętka i posłuszna, nie usztywnia się, lecz ustępuje i dlatego stoi tam, gdzie rośnie i nie jest zmuszona do tego, aby płynąć razem z nami. Te rośliny, drzewa i krzaki, które pochylają się i prostują pod naporem wiatru i wody, pozostają na swym miejscu i nie giną wyrwane z ziemi'".

Bhiszma kontynuował: „O Judhiszthira, król, który nie ustępuje przed potężniejszym wrogiem, który potrafi go zniszczyć, wkrótce zostanie zniszczony. Mądry król, który działa dopiero po dokonaniu pełnej oceny przewagi i słabości swej armii i armii wroga, uniknie zniszczenia. Widząc zdecydowaną przewagę wroga powinien zachować się jak trzcina. Takie zachowanie jest dowodem jego mądrości".

8. O zaletach powstrzymywania gniewu przeciw temu, kto wypowiada obraźliwe słowa

Judhiszthira rzekł: „O Bhiszma, jak powinna się zachować mądra i skromna osoba, gdy podczas zgromadzenia zostaje zaatakowana nieprzyjemną mową przez kogoś o małej inteligencji i wielkiej pysze?"

Bhiszma rzekł: „O Judhiszthira, posłuchaj, co na ten temat mówią święte pisma. Jeżeli osoba o dobrej duszy zdoła powstrzymać się w takiej sytuacji od gniewu, odbierze temu, kto ją obraża wszystkie zasługi, które zebrał dotychczas swymi dobrymi uczynkami i obciąży go konsekwencjami swoich własnych grzesznych uczynków.

Inteligentny człowiek powinien ignorować obraźliwe słowa, które są jak nieprzyjemne ptasie wrzaski. Ten, kto pozwala sobie na nienawiść, żyje w pustce. Taki głupiec często może się nawet chełpić tym, że na oczach zebranych zaatakował swymi słowami szanowaną osobę i że osoba ta, chora ze wstydu, w odpowiedzi zachowała milczenie. Jednakże mimo tego, że bezwstydny głupiec może chełpić się tym, czym nie powinien, powinien być przez mędrca ignorowany.

Osoba inteligentna powinna cierpliwie znieść wszystko, co taki głupiec mówi. Zarówno pochwały jak i oskarżenia wypowiadane przez kogoś tak prymitywnego są bez znaczenia. Są jak krakanie kraczącej bez celu wrony. Miałyby może jakąś wartość, gdyby były czymś więcej niż słowami, ale są tylko jak słowa głupca, który próbuje spowodować nimi śmierć swych wrogów. Człowiek ten po prostu swymi słowami ogłasza własną głupotę. Osoba czystego zachowania nie powinna nawet odzywać się do takiej nędznej kreatury, która nie ma żadnych skrupułów w mówieniu wszystkiego, co jej ślina przyniesie na język.

Człowiek, który mówi komuś komplementy w oczy i obmawia go za jego plecami, jest nieczysty jak pies. Taka osoba traci dostęp do niebiańskich regionów tracąc wszystkie zasługi i owoce zdobyte dotychczas dzięki wiedzy, dobroczynności i oddawaniu czci ogniowi. Człowiek, który zdobył wiedzę, powinien bez wahania unikać takiej osoby o grzesznym sercu, bo zasłużyła ona na unikanie jej jak psiego mięsa. Próbując przeciwstawić się temu niegodziwcowi, który atakuje od tyłu, utonie jak pewien osioł w górze popiołu.

Osoby mówiącej źle o innych za ich plecami należy unikać jak wściekłego wilka lub rozjuszonego słonia. Niech będzie przeklęty ten niegodziwiec, który wybrał ścieżkę głupców i odrzucił wszystkie ograniczenia skromności i bez przerwy raniąc innych działa przeciw własnemu dobru".

Bhiszma zakończył swą mowę mówiąc: „O Judhiszthira, gdy uczciwa osoba chce rozmawiać z takim niegodziwcem, należy jej doradzić, aby nie pozwalała sobie na gniew. Mędrcy odradzają jednak ludziom uczciwym podejmowania rozmów z niegodziwcami, którzy łatwo popadają w gniew i potrafią pozwalać sobie na rękoczyny, rzucanie śmieciami i szczerzenie zębów. Wszystko to jest dobrze znane. Dlatego uczciwy człowiek, który potrafi znieść ze spokojem wygłaszane publicznie oszczerstwa, uodporni się na rany zadawane przez słowo".

Napisane na podstawie fragmentów *Mahābhārata*,
Santi Parva, Part 1, Sections CVIII- CXIV
(Rajadharmanusasana Parva).

Opowieść 129
O konieczności kontroli własnych uczuć przy doborze ministrów

1. Judhiszthira pyta o wpływ królewskich uczuć do otaczających go bezpośrednio osób na jego rządy; 2. Bhiszma ilustruje niebezpieczeństwo zbytniego przywiązania się do swej służby opowieścią o ascecie i psie; 3. O konieczności dobierania takich ministrów, którzy pasują do urzędu swą naturą i kwalifikacjami; 4. Judhiszthira prosi Bhiszmę o posumowanie swych dotychczasowych nauk o Prawie Królów.

> Bhiszma rzekł: „O Judhiszthira, inteligentny król powinien wyciągnąć z tej opowieści o ascecie i jego psie właściwą naukę i zrozumieć, że w stosunku do służby nie powinien kierować się uczuciem i że na ministrów powinien dobierać ludzi, którzy są odpowiedni do realizowania swej pracy. Powinien ich odpowiednio nadzorować i poddać testom ich uczciwość, prawdomówność, czystość, ogólne skłonności, znajomość świętych pism, zachowanie, urodzenie, samo-kontrolę, zdolność do współczucia i wybaczania, siłę, energię, dostojeństwo. Nigdy nie powinien oferować pozycji ministra komuś, kto nie został poddany testowi".

(*Mahābharāta*, Santi Parva, Part 1, Section CXIX)

1. Judhiszthira pyta o wpływ królewskich uczuć do otaczających go bezpośrednio osób na jego rządy

Judhiszthira rzekł: „O Bhiszma, ty sam swą wiedzą jesteś równy Brihaspatiemu i zawsze troszczysz się o dobro całej naszej linii królewskiej. Mam pewną wątpliwość, która mnie niepokoi. Pomóż mi się jej pozbyć.

Wytłumacz mi, w jaki sposób król powinien sprawować władzę, aby sprzyjać zarówno rozwojowi królestwa, jak i swej linii królewskiej i w jaki sposób ma działać na rzecz poddanych będąc w bezpośrednim w kontakcie głównie ze swymi krewnymi, przyjaciółmi, ministrami i służbą i podlegając ich wpływom?

Król, który da się ponieść uczuciom i upodobaniom może zaangażować się w niedobre stowarzyszenia, oddawać cześć niegodziwcom i zatrudnić na swych ministrów i służących ludzi, którzy działają przeciw jego interesom. Taki król nigdy nie zdoła zrealizować tych celów, których realizacja zależy od posiadania dobrych ministrów i służących.

Poucz mnie w tej sprawie i rozwiej moje wątpliwości. Podążając za twymi radami, które mają na uwadze dobro naszej rodziny i królestwa, będę żyć w spokoju jak osoba, która skosztowała eliksiru nieśmiertelności. Wytłumacz mi, jakimi ludźmi powinien otaczać się król, aby spełniać właściwie swe obowiązki sprawowania władzy? Bez pomocy ludzi wysoko urodzonych król nie zdoła dostarczyć swym poddanym ochrony, równocześnie jednak takie wysoko urodzone osoby, które same nie posiadają królestwa, mogą zazdrościć królestwa królowi, który je posiada i któremu służą".

Bhiszma rzekł: „O Judhiszthira, król nie może rządzić całym królestwem sam i bez pomocy swej służby nie zdołałby zrealizować wszystkich swych celów. Radość płynącą ze sprawowania władzy zdobędzie jednakże tylko ten król, którego poddani są zadowoleni i zawsze podążają ścieżką Prawa i którego służba składa się z osób o wysokim urodzeniu, mieszkających w jego pałacu, dzielących z nim jego smutki i radości, o spokojnych duszach, nieprzekupnych, posiadających potrzebne umiejętności i wiedzę, wiernych i nastawionych na dobro i realizowanie celów swego pana, udzielających mu mądrych rad, mających potrzebną wiedzę, co do powiązań między rzeczami i ich uwarunkowań, zdolnych do przewidywania przyszłych wydarzeń i brania pod uwagę zmienności czasu i sytuacji i nie płaczących nad tym, co już się wydarzyło i nie da się odwrócić.

Najlepszym królem jest ten, którego skarbiec jest kontrolowany przez ludzi uczciwych, nasyconych i znających sposoby zwiększania skarbca. Sukces w gromadzeniu bogactwa i religijnych zasług odniesie ten król, którego spichlerze i magazyny są nadzorowane przez nieprzekupnych, godnych zaufania, wolnych od zawiści i zawsze nastawionych na gromadzenie bogactw służących króla.

Zasługi ze swego rządzenia zbierze ten król, w którego miastach wymiar sprawiedliwości jest przejrzysty i sprawiedliwość jest wymierzana właściwie i który przywiązuje do siebie swych poddanych uprzejmością, realizuje swe obowiązki i w polityce zagranicznej przestrzega sześciu zasad, którymi są: utrzymywanie pokoju z silniejszym wrogiem, wojna z wrogiem, który jest równy siłą, podbijanie słabszych, stanie w miejscu, szukanie dla siebie ochrony, sianie waśni wśród dowódców wrogiej armii".

2. Bhiszma ilustruje niebezpieczeństwo zbytniego przywiązania się do swej służby opowieścią o ascecie i psie

Bhiszma kontynuował: „O Judhiszthira, pytałeś o niebezpieczeństwo, na które naraża się król, którzy darzy kogoś ze swego najbliższego otoczenia zbyt silnym uczuciem i nie zauważa, że może to szkodzić sprawom królestwa. W tym kontekście dla ilustracji tego niebezpieczeństwa posłuchaj starożytnej opowieści o tym, na co naraził się pewien asceta, który pokochał towarzyszącego mu wiecznie psa. Opowieść tę usłyszałem od riszich w czasie, gdy przebywałem w pustelni Paraśuramy.

Niegdyś, w odległych czasach, w nieprzebytej dżungli, której nie dotknęła stopa człowieka, mieszkał pewien asceta o spokojnej i czystej duszy żywiąc się owocami i korzonkami, realizując surowe przysięgi i praktykując dobroć w stosunku do wszystkich żywych istot. Zamieszkujące dżunglę zwierzęta znając jego dobroć zbliżały się do niego z miłością i bez lęku. Gromadziły się wokół niego lwy, tygrysy, słonie, leopardy i inne drapieżne zwierzęta, aby go powitać i zadawać mu różne pytania. Zachowywały się w stosunku do niego jak uczniowie w stosunku do nauczyciela i zawsze próbowały zadowolić go swymi uczynkami.

Zwierzęta te, za wyjątkiem pewnego udomowionego psa, po otrzymaniu odpowiedzi na nurtujące je pytania, zadowolone wracały tam, skąd przyszły, aby kontynuować dalej swój styl życia. Jednakże pies potraktowany przez ascetę z miłością pozostał przy nim i cały czas mu towarzyszył. Był mu w pełni oddany i głęboko do niego przywiązany. Tak jak asceta żywił się wyłącznie wodą i korzonkami i tak jak on był łagodny i o spokojnej duszy. Z sercem pełnym miłości osłabiony swą dietą leżał wiernie u stóp swego pana.

Pewnego dnia do psa zbliżył się głodny leopard gotowy, aby go zjeść. Pies obawiając o swe życie rzekł do ascety: 'O święty mężu, ten drapieżnik jest moim wrogiem i chce mnie zabić. Uratuj mnie, proszę, dzięki swej łasce'.

Mędrzec pełen współczucia dla wszystkich żywych istot uznał, że strach psa jest w pełni uzasadniony i rzekł: 'O przyjacielu, dzięki mej łasce porzuć swoją naturalną formę i przybierz formę leoparda i w ten sposób uwolnij się od lęku'.

Pies faktycznie przybrał formę leoparda o potężnych kłach i pręgowanej skórze błyszczącej jak złoto. Leopard zamierzający go poprzednio zjeść widząc przed sobą zwierzę własnego gatunku natychmiast pozbył się wobec niego swych zamiarów.

Jakiś czas potem do pustelni ascety przeszedł wygłodniały tygrys i widząc leoparda chciał go upolować i zjeść. Przerażony pies ukryty pod skórą leoparda ponownie zwrócił się do ascety z prośbą o pomoc. Asceta, który darzył uczuciem ciągle wiernie towarzyszącego mu psa, obdarzył go formą tygrysa. Tygrys widząc zwierzę własnego gatunku, zaniechał swych zamiarów. Tymczasem pies, który otrzymał od ascety formę tygrysa, choć ciągle przebywał w okolicy pustelni ascety, zaniechał swej dotychczasowej diety i zgodnie z tygrysią naturą zaczął żyć jak pan zwierząt i żywić się mięsem upolowanych zwierząt.

Pewnego dnia, gdy spał spokojnie na terenie pustelni ascety, pojawił się tam rozwścieczony słoń. Przerażony tym widokiem pies ukryty w formie tygrysa ponownie szukał obrony u mędrca. Mędrzec pełen współczucia obdarował go formą potężnego słonia, który samym swym widokiem wzbudził lęk w prawdziwym słoniu powodując jego ucieczkę.

Pies ukryty w formie słonia spędzał miło czas kąpiąc się w jeziorze pokrytym kwiatami lotosu, a potem włóczył się po jego brzegach podziurawionych norkami królików. Pewnego dnia, gdy przechadzał się w okolicy pustelni ascety, spotkał na swej drodze urodzonego w górach lwa z wielką grzywą zdolnego do zabicia słonia. Drżąc z przerażenia ponownie szukał ochrony u ascety. Pełen współczucia asceta obdarował go formą lwa i pies uwolnił się z lęku nie bojąc się już dłużej spotkania z przedstawicielem swego gatunku. Prawdziwy lew zadrżał z przerażenia i uciekł, bo pies w formie lwa był od niego jeszcze bardziej przeraźliwy.

Pies ukryty w formie lwa zamieszkiwał dalej w leśnej pustelni ascety odstraszając zwierzęta swym groźnym wyglądem. Bojąc się o swe życie przestały ją odwiedzać. Pewnego dnia do pustelni zawitała straszliwa bestia zdolna do zabicia każdej żywej istoty—o ośmiu nogach i oczach na czole—znana pod imieniem Sarabha. Wdarła się do pustelni z zamiarem zabicia mieszkającego tam lwa będącego psem ascety. Asceta chcąc uratować swego psa nadał mu formę Sarabhy. Prawdziwa dzika Sarabha widząc przed sobą jeszcze groźniej wyglądającego przedstawiciela swego gatunku uciekła do lasu.

Pies ukryty w formie Sarabhy żył dalej szczęśliwie u boku swego wybawcy. Okolice pustelni opustoszały, bo wszystkie zwierzęta bojąc się już samego widoku Sarabhy pochowały się głęboko w dżungli. Pies już dawno zapomniał o ascecie i polował na zwierzęta, aby ich mięsem zaspokoić swój głód. Stał się w pełni mięsożernym drapieżnikiem. I pewnego dnia pies ascety w formie tej krwiożerczej i głodnej bestii zapragnął zabić i zjeść samego ascetę.

Mędrzec odkrył jego zamiary dzięki swym siłom duchowym zdobytym poprzez ascezę. Rzekł: 'O psie, współczując ci i darząc cię uczuciem ochroniłem cię przed twoimi wrogami dając ci po kolei formę leoparda, tygrysa, słonia, lwa i Sarabhy. Ty sam nie jesteś z urodzenia żadnym z tych drapieżnych zwierząt. Przybrawszy ich formę zapomniałeś jednak o swej prawdziwej naturze i chcesz mnie teraz zabić, choć okazałem ci samo dobro i nie zraniłem cię niczym. Okazałeś się grzeszną duszą, powróć więc do swej własnej formy'. I pod wpływem tych słów ascety groźna Sarabha stała się znowu psem.

Pies powróciwszy do swej własnej formy sposępniał, a jego przyjaciel asceta przestał mu wierzyć i wygnał go ze swej pustelni".

3. O konieczności dobierania takich ministrów, którzy pasują do urzędu swą naturą i kwalifikacjami

Bhiszma kontynuował: „O Judhiszthira, inteligentny król powinien wyciągnąć z tej opowieści o ascecie i jego psie właściwą naukę i zrozumieć, że w stosunku do służby nie powinien kierować się uczuciem i że na ministrów powinien dobierać ludzi, którzy są odpowiedni do realizowania swej pracy. Powinien ich odpowiednio nadzorować i poddać testom ich prawdomówność, czystość, uczciwość, ogólne skłonności, znajomość świętych pism, zachowanie, urodzenie, samo-kontrolę, zdolność do współczucia i wybaczania, siłę, energię, dostojeństwo. Nigdy nie powinien oferować pozycji ministra komuś, kto nie został poddany testowi.

Król, który otacza się osobami niskiego urodzenia, nie zdoła osiągnąć satysfakcji. Osoba wysoko urodzona nawet niesprawiedliwie ukarana nie nastawi swego serca przeciw królowi z szacunku dla jego królewskiej krwi, podczas gdy osoba mierna i o niskim urodzeniu, tak jak pies, nawet po zdobyciu całego swego bogactwa dzięki powiązaniu z wysoko urodzoną, szlachetną osobą, zmieni się w jej wroga po usłyszeniu pierwszych słów krytyki.

Minister powinien więc zawsze być wysoko urodzony, zdolny do wybaczania i kontrolowania swych zmysłów, wolny od uczucia zawiści, zadowolony z tego, co posiada, czerpiący radość z sukcesów swego króla i przyjaciół, zdolny do brania pod uwagę wymogów miejsca i czasu, przywiązujący ludzi do siebie swymi dobrymi uczynkami, zawsze dbały o realizację swych obowiązków, obeznany ze sztuką prowadzenia wojny i utrzymywania pokoju, znający wszystkie wojenne formacje, biorący w swym działaniu pod uwagę Prawo, Zysk i Przyjemność, cieszący się miłością mieszkańców stolicy i prowincji, zdolny do wprawiania króla w pogodny nastrój, zdolny do rozumienia znaków i gestów, wolny od pychy, mający zaufanie do swych własnych umiejętności, zdolny do prowadzenia transakcji, czyniący zawsze dobro i otoczony przez podobnych do siebie przyjaciół, charakteryzujący się słodką mową i przyjemnym wyglądem, zdolny do kierowania ludźmi, obeznany z zasadami polityki, znany już ze swych osiągnięć, energiczny w działaniu i zrównoważony, pomysłowy, cierpliwy, odważny.

Nikt nie zdoła poniżyć i pokonać króla, który ma ministrów o opisanych wyżej zaletach. Jego wpływy, tak jak światło księżyca, obejmą wkrótce całą ziemię.

Miłość wszystkich zdobędzie ten król, który poznał święte pisma, ponad wszystko ceni sobie prawość, jest wolny od egoizmu, posiada żonę, zawsze działa z rozwagą, dostarcza ochrony swym poddanym, ma ministrów, którzy troszczą się o jego dobro, jest wyposażony w zalety, takie jak cierpliwość, inteligencja, sprawiedliwość, samo-kontrola, dobra pamięć, czystość zachowania, rozumienie konieczności podejmowania wysiłku, ma zdolność do wybaczania nawet wrogowi, wyrażania szacunku dla starszych, słuchania mądrych rad, zachowania krytyczności umysłu nawet w sytuacji, gdy słyszy różne lub sprzeczne sugestie, co do działania; praktykuje dobroczynność, mówi starannie i słodko i wyciąga pomocną dłoń do tych, którzy potrzebują pomocy.

Król powinien być zdolny do rozpoznania tego, co niepokoi jego poddanych i starać się przyciągać do siebie ludzi czyniąc dobro na ich rzecz. Powinien zawsze nagradzać swych ministrów za ich osiągnięcia i darzyć miłością tych, którzy są mu oddani. Powinien ukazywać służbie pogodną twarz, kontrolować swój gniew i wysłuchiwać ich życzeń. Powinien być zawsze wspaniałomyślny i trzymając w dłoni berło sprawiedliwości używać go właściwie skłaniając wszystkich ze swego otoczenia do prawego działania.

Król, który posiadł wszystkie te wymienione zalety, zdobędzie miłość wszystkich i każdy król powinien starać się je zdobyć. Król powinien również starać się o pozyskanie do swej armii dobrych i walecznych wojowników pełnych zalet, którzy dostarczą mu wsparcia w obronie królestwa przed wrogiem. Król nigdy nie powinien zaniedbywać swej armii. Król, którego żołnierze są odważni, przywiązani do swego króla, obeznani z wojennym rzemiosłem i kroczący ścieżką Prawa, zdobędzie władzę nad całą ziemią. Najlepszym z królów jest ten, który zawsze stara się o zdobycie wierności służby i poddanych, jest zawsze gotowy do podjęcia wysiłku i troszczy się o zdobycie wielu przyjaciół i sprzymierzeńców. Taki król zdobędzie całą ziemię".

Bhiszma kontynuował: „O Judhiszthira, król, który po wysłuchaniu opowieści o psie i mędrcu wyciągnie z niej odpowiednie wnioski i wybierze odpowiednich ludzi na swych ministrów, osiągnie zadowolenie, które płynie ze sprawowania władzy. Psu nie powinno się dawać pozycji wyższej od tej, która do niego pasuje. Gdy zostanie wywyższony, upije się pychą i zapomni o swej prawdziwej naturze.

Poszczególne urzędy powinny więc być dane tym, którzy mają odpowiednie cechy i kwalifikacje. Trzeba unikać przydzielania ich ludziom, do których nie pasują ze względu na ich naturę. Król, któremu uda się tego dokonać zdoła osiągnąć zadowolenie, które płynie ze sprawowania władzy. Tak jak Sarabha, lew, tygrys i leopard powinny pozostać w miejscu odpowiednim dla każdego z nich, tak król powinien zatrudniać ludzi, którzy pasują do danego urzędu. Nigdy nie powinien obdarowywać ludzi wyższymi urzędami niż na to zasługują. Niemądry król, który tak czyni, nigdy nie zdoła zadowolić swych poddanych.

Król, który pragnie mieć dobrych ministrów, nie powinien nigdy zatrudniać ludzi, którym brak inteligencji i mądrości i nie potrafią kontrolować swych zmysłów oraz także takich, którzy padli ofiarą jakichś oszczerstw w związku z wykonywaną przez nich funkcją. Na pozycje ministrów zasługują ludzie wysoko urodzeni, odważni, posiadający odpowiednie kwalifikacje i umiejętni w prowadzeniu transakcji. Osoby blisko związane z królem powinny charakteryzować się skromnością, gotowością do realizowania swych obowiązków, spokojnym usposobieniem, czystym umysłem i licznymi walorami danymi im przez naturę.

Lew powinien zawsze mieć za swego towarzysza innego lwa. Gdy lwu towarzyszy ktoś inny niż lew doświadczy on wszystkiego tego, co jest charakterystyczne dla lwa. Jednakże idący ścieżką lwa lew, który ma za swych jedynych towarzyszy stado psów, nigdy nie zdoła zrealizować tego, co zostało dla niego wyznaczone. Tak samo król, który ma za swych ministrów ludzi pozbawionych umiejętności, uczciwości, wiedzy i bogactwa, nie zdoła na swej drodze osiągnąć sukcesu.

Właściwie dobranych ministrów oddanych swemu królowi nie zdoła zatrzymać żadna przeszkoda. Król powinien zawsze ich nagradzać przyjemnym słowem pamiętając o tym, że to oni są u korzeni jego bogactw. Król, który chce mieć pełne spichlerze, musi mieć właściwie dobranych i uczciwych ministrów i skłaniać swych poddanych do realizowania swych obowiązków".

4. Judhiszthira prosi Bhiszmę o posumowanie swych dotychczasowych nauk o Prawie Królów

Bhiszma zakończył swą mowę mówiąc: „O Judhiszthira, opowiedziałem tobie tę starożytną opowieść o psie i jego panu, aby zilustrować, w jaki sposób król powinien ustosunkowywać się do swej służby i poddanych. Czy jest jeszcze coś innego, o co chciałbyś mnie zapytać?"

Judhiszthira rzekł: „O Bhiszma, opowiedziałeś mi dotychczas o licznych obowiązkach króla i o sztuce rządzenia, tak jak zostały one przedstawione przez naszych starożytnych przodków kroczących ścieżką Prawa. Podsumuj je, proszę, w taki sposób, aby pozostały na zawsze w mej pamięci?"

Bhiszma rzekł: „O Judhiszthira, najwyższym obowiązkiem króla i wojownika jest ochrona wszystkich żywych istot.

Król jest jak paw z rozłożonym ogonem. I tak jak paw stoi dumnie z rozłożonym ogonem pełnym piór w różnych kolorach i odcieniach, tak znający swe obowiązki król bazując na swej bezstronności i dążeniu do dobra stoi nieporuszenie pośrodku swych różnych form i odcieni—uczciwych, nieuczciwych i przenikliwych—które musi przybierać. Król, który potrafi przybierać różne formy właściwe dla różnych zadań, zdoła zrealizować swe najbardziej subtelne cele.

Król powinien ukrywać swe intencje milcząc jak paw w czasie jesieni. Mówiąc niewiele powinien wypowiadać starannie dobrane i słodko brzmiące słowa.

Powinien troskliwie obserwować wszystkie niedomknięte bramy, poprzez które może wedrzeć się nieszczęście, tak jak paw, który porusza się z ostrożnością wizytując wodospady.

Pragnąc przetrwania powinien bazować na mądrości braminów i ascetów, tak jak paw bazuje na opadach deszczu i górskich strumieniach.

Szukając bogactwa powinien działać jak religijny hipokryta manifestując swą rzekomą prawość, tak jak paw nosi na głowie swój czub.

Powinien zawsze działać z uwagą, tak jak paw fruwający między drzewami i być zawsze gotowy do wymierzenia sprawiedliwości i ściągania ze swych obywateli uczciwych podatków biorących pod uwagę poziom ich zysków i ponoszonych kosztów.

Powinien zawsze ukazywać się czysty przed swymi poddanymi oczyszczając się z przywiązania do materii dobrymi czynami, tak jak paw, który w stadzie ptaków swego gatunku oczyszcza swe stopy z robactwa.

Powinien próbować ukrywać swe słabości i odkrywać słabości wroga i tak jak dorosły paw, który uderza wroga swymi skrzydłami, powinien silnie uchwycić i zniszczyć skrzydła wroga. Po zwycięstwie nad swymi wrogami powinien być jak paw, który chowając się w lesie jest ozdobą nawet dla leśnych kwiatów.

Powinien szukać w sekrecie oparcia u najbogatszych i najsławniejszych królów, tak jak paw, który szuka kryjówki w głębokim cieniu, a nocą bez żadnych świadków zanurzać się w sypialni swych żon, tak jak paw zanurzający się w monsunowym deszczu. Powinien strzec swej własnej jaźni i nosząc zawsze swą zbroję unikać pułapek i sieci, a po zniszczeniu ich, tak jak paw zniknąć w głębokim lesie.

Powinien zabijać jadowitych niegodziwców kroczących ścieżką Bezprawia, tak jak paw zabija jadowite węże. I nie powinien polegać wyłącznie na swej armii, tak jak paw nie może polegać wyłącznie na rozłożeniu swego ogona, lecz powinien troszczyć się o to, aby jego obywatele mogli żyć razem w pokoju realizując swe własne obowiązki.

Powinien zbierać nauki z wszystkiego, co napotka na swej drodze, tak jak paw zbiera swym dziobem owady krocząc wśród drzew".

Bhiszma kontynuował: „O Judhiszthira, król powinien ochraniać swe królestwo działając jak paw. Król, który jest jak paw, może czynić wszystko, czego pragnie, bo jego pragnienia są w zgodzie z wymogami prawości. Mądry i podobny do pawia król powinien rządzić królestwem i wybierać taktykę, która jest dla niego korzystna.

Najpierw bazując na własnej inteligencji wzmocnionej przez znajomość świętych pism powinien sam zadecydować we własnym umyśle, jakie zamierza podjąć działania i następnie po konsultacji swych zamiarów z doradcami powinien albo pozostać przy swym postanowieniu, albo zaniechać go.

Powinien ukazywać własną potęgę i równocześnie praktykując sztukę pojednania wzbudzać w sercach wrogów ufność. Powinien ćwiczyć swą własną inteligencję analizując w swym umyśle różne sposoby działania i wyciągając wnioski.

Powinien posiadać wiedzę, być biegły w sztuce ugody i zdolny do wykonania tego, co powinno zostać wykonane i unikania tego, czego należy unikać. Ten, kto posiada wiedzę i inteligencję Brihaspatiego nie potrzebuje instrukcji i nawet wtedy, gdy ściąga na siebie hańbę, szybko powraca do swego poprzedniego stanu, jak rozpalone żelazo po zanurzeniu w wodzie.

Powinien realizować wszystkie cele, zarówno swoje jak i innych, używając środków opisanych w świętych pismach. Znając właściwe drogi nabywania bogactwa powinien zatrudniać ludzi, którzy zdobyli wiedzę, są łagodni w swym usposobieniu, odważni i silni. Gdy każdy z królewskich ministrów wykonuje działania, które są w zgodzie z ich naturą, król może działać w zgodzie z nimi jak muzyk uderzający struny dobrze nastrojonego muzycznego instrumentu.

Powinien działać na rzecz dobra wszystkich ludzi nie łamiąc zasad prawości. Wśród ludzi powinien stać nieporuszony jak góra. Mając za swe zadanie rozstrzyganie sporów powinien wymierzać sprawiedliwość obiektywnie nie robiąc różnicy między tym, kogo lubi i kogo nie lubi.

Na swoich urzędników powinien zatrudnić ludzi, którzy troszczą się zarówno o zbieranie religijnych zasług jak i o gromadzenie bogactwa, znają zasady stosujące się do różnych rodzin, ludzi i krajów których mowa jest łagodna, są w średnim wieku, posiadają odpowiednie umiejętności, nie mają wad, są staranni, wolni od uczuć zawiści, zdolni do samo-kontroli, oddani realizacji dobrych działań i zawsze nastawieni na realizację dobra. Ustanowiwszy dzięki temu biegi działań i ich ostateczne cele powinien je troskliwie z pomocą swych ministrów realizować i spać spokojnie informowany we wszystkich sprawach przez swych szpiegów.

Król, który bez specjalnej przyczyny nie pozwala sobie ani na wybuch radości, ani gniewu i jest zdolny do kontroli swych działań, skarbca i wydatków zdoła zgromadzić wielkie bogactwo.

Sztukę sprawowania władzy posiadł ten król, który publicznie nagradza i karze swych ministrów, gdy na to zasłużyli i który ochrania samego siebie i swe królestwo przed złem. Tak jak słońce oświetla swymi promieniami wszystko to, co znajduje się na dole, tak król powinien troszczyć się o swe królestwo i sprawować kontrolę nad swymi urzędnikami i szpiegami.

Król we właściwym czasie powinien zbierać bogactwo, które daje jego królestwo. Tak jak mleczarz codziennie doi swą krowę, tak król powinien zbierać mleko ze swego królestwa. Tak jak pszczoły zbierają z kwiatów miód po trochu gromadząc go w plastrach miodu, tak król po trochu powinien zbierać ze swego królestwa bogactwo i gromadzić je, tak jak pszczoły. Pozostawiając pewną cześć zgromadzonych bogactw nienaruszoną, całą resztę powinien wydać na działania religijne przynoszące mu zasługi i na własne przyjemności.

Inteligentny król, który zna swe obowiązki, nigdy nie dopuści do zmarnowania bogactw, które zgromadził. Mądry król nigdy nie powinien wzgardzać bogactwem, choćby było najmniejsze, tak jak nigdy nie powinien lekceważyć wroga bez względu na to jak jest słaby. Używając swej własnej inteligencji powinien przyglądać się własnej jaźni. Nigdy nie powinien opierać się na ludziach pozbawionych inteligencji.

Wytrwałość, zręczność, samo-kontrola, inteligencja, zdrowie, cierpliwość, odwaga i zważanie na wymogi czasu i miejsca, są ośmioma cechami, które pomagają w gromadzeniu bogactwa, bez względu na to jak jest ono wielkie. Nawet mały płomyk może doprowadzić do wielkiego pożaru, a z jednego nasienia może wyrosnąć cały las i dlatego nawet bardzo bogaty król nie powinien lekceważyć tego, co zdaje się być małe. Nie poświęcając rzeczom należnej im uwagi można zginąć nawet z rąk dziecka lub starca.

Nieistotny wróg może niepostrzeżenie urosnąć w siłę i zniszczyć najpotężniejszego króla. Dlatego król nie powinien nigdy lekceważyć swego wroga, lecz po dokonaniu oceny swego skarbca i wydatków powinien starać się o utrzymanie z nim pokoju lub rozpocząć z nim wojnę. Z tego też powodu król potrzebuje wsparcia inteligentnego ministra. Inteligencja zdoła osłabić nawet najpotężniejszego wroga i ochronić własny wzrost. Każdy czyn podyktowany inteligencją jest godny pochwały.

Król, który jest cierpliwy, potrafi zebrać ze swego królestwa bogactwo nawet przy pomocy niewielkiej siły. Nie uda się to natomiast królowi, który jest próżny i zawistny. Z tego to powodu król powinien być łagodny w ściąganiu podatków ze swych poddanych. Król, który nieustannie gnębi swych poddanych, zniknie bez śladu z powierzchni ziemi, jak błysk błyskawicy, który trwa tylko kilka sekund.

Umiejętności, ascezę, bogactwo jak i wszystko inne zdobywa się dzięki podejmowaniu wysiłku. Wysiłkiem, do którego są zdolne ucieleśnione dusze, kieruje inteligencja. Wysiłek powinien być uważany za to, co jest najważniejsze wśród wszystkich rzeczy.

Ludzkie ciało jest miejscem zamieszkania dla wielu inteligentnych istot o potężnej energii jak Indra, Wisznu, Saraswati i inni. Człowiek wiedzy nie powinien więc nigdy lekceważyć ani własnego ciała, ani ciał innych.

Król nie powinien nigdy zatrudniać na swego ministra osoby zawistnej, która pragnie tych samych przyjemności, synów, córek i bogactwa, które mają inni. Taka osoba potrzebuje nieustających darów i nawet przywłaszczanie sobie bogactwa należącego do innych nie może jej nasycić. Pozbawiona bogactwa traci wszelkie zalety, które zdobyła dzięki swym przeszłym dobrym uczynkom. Wszystko, co złe rodzi się w zawistnym sercu.

Gdy brakuje właściwych osób potrzebnych do oceny działań i skłonności wroga, król powinien zatrudnić nawet osoby niskiego urodzenia. Mądry władca powinien udaremniać wszystkie wrogie poczynania i zamiary wroga.

Król, który poszukuje rady u mądrych braminów i ma oparcie w swych uczciwych ministrach, zdoła też utrzymać kontrolę nad władcami podległych mu plemion".

Kończąc swą mowę Bhiszma rzekł: „O Judhiszthira, na twą prośbę podsumowałem królewskie obowiązki opisane w świętych pismach. Posłuszny swym nauczycielom realizuj je w swych rządach wspomagany przez swoją inteligencję. Król, który zdaje się na przypadek i nie opiera swych rządów na mądrej polityce, nie zdoła zdobyć ani nieba, ani szczęścia, które płynie ze sprawowania władzy.

Król, który jest uważny i realizuje wszystkie wymogi związane z prowadzeniem wojny i utrzymaniem pokoju, zdoła pokonać nawet tych wrogów, którzy słyną ze swego bogactwa, odwagi i zdolności do podejmowania wysiłku.

Król powinien zawsze aktywnie szukać właściwych działań i środków do realizacji swych celów. Wśród dwóch ludzi wykonujących takie samo działanie mędrcy zawsze wyżej cenią tego, który wkłada weń więcej pracy i wysiłku.

Realizuj zawsze królewskie obowiązki, które ci opisałem. Nastaw swe serce na obronę człowieka. Działając w ten sposób zdobędziesz nagrodę, która płynie z prawości. Zdobycie niebiańskich regionów szczęśliwości zależy od zasług zebranych podczas życia na ziemi".

Napisane na podstawie fragmentów *Mahābharāta*,
Santi Parva, Part 1, Sections CXV-CXX
(Rajadharmanusasana Parva).

Opowieść 130
O znaczeniu kary
i wymiaru sprawiedliwości

1. Kara jako legalna procedura (*Wjawahara*), dzięki której zostaje zatrzymane wszystko to, co jest niewłaściwe; 2. Różne nazwy i formy przybierane przez karę na ziemi; 3. O trzech rodzajach legalnej procedury; 4. O ponownym obudzeniu i czujności kary.

> Bhiszma rzekł: „O Judhiszthira, gdyby kara nie istniała żywe istoty zmiażdżyłyby się nawzajem. To z lęku przed karą jeden drugiego nie zabija. Poddani ochraniani przed samymi sobą przez wymiar sprawiedliwości zwiększają potęgę swego władcy. Z tego powodu wymiar sprawiedliwości jest uważany za największego obrońcę wszystkich i wszystkiego. Sprowadza cały świat na ścieżkę prawości".
>
> (*Mahābharāta*, Santi Parva, Part 1, Section CXXI)

1. Kara jako legalna procedura (*Wjawahara*), dzięki której zostaje zatrzymane wszystko to, co jest niewłaściwe

Judhiszthira rzekł: „O Bhiszma, nauczyłeś mnie już dużo o Prawie Królów i o wymiarze sprawiedliwości (karaniu). Z twych nauk wnoszę, że wymierzanie sprawiedliwości zajmuje wszędzie wysoką pozycję i wszystko od niego zależy. Karanie, które jest obecne wszędzie i jest wyposażone w ogromną energię, zdaje się być najlepszym z wszystkich bytów zarówno wśród bogów, riszich, Ojców, asurów, jakszów, jak i wszystkich żywych istot zamieszkujących ziemię łącznie z ptakami i bestiami. Zostało stwierdzone, że cały wszechświat istot ruchomych i nieruchomych—łącznie z bogami, asurami i ludźmi—od niego zależy.

Wytłumacz mi, proszę, czym faktycznie jest kara? Z czego jest zrobiona? Jak się manifestuje? Jak działa? Jaki jest jej początek? Jakie przybiera formy? Skąd się wziął jej splendor? Jak to się dzieje, że wśród żywych istot jest zawsze czujna? Kim jest ona, która nigdy nie śpi ochraniając cały wszechświat przed zniszczeniem? Czym jest ta najważniejsza z wszystkich rzeczy? Czym jest ten byt o wielkim znaczeniu? Od kogo zależy i jak działa?"

Bhiszma rzekł: „O Judhiszthira, posłuchaj więc o tym, czym jest kara i dlaczego jest nazywana również *Wjawaharą*, czyli. wymiarem sprawiedliwości lub legalną procedurą, która zatrzymuje wszystko to, co niewłaściwe. Kara w rękach króla staje się bowiem tym, dzięki czemu jest utrzymywana prawość (*dharma*) i dlatego jest nazywana wymierzaniem sprawiedliwości. Wiecznie czujny król wymierza sprawiedliwość, aby z ziemi nie zniknęła prawość. W odległych czasach zadeklarował to sam Manu, który powtarzając słowa Brahmy wypowiedziane na samym początku rzekł, co następuje: 'Król, który bezstronnie wymierza sprawiedliwość i ochrania wszystkie żywe istoty, bez względu na to, czy są kochane, czy też uznawane za wstrętne, jest uważany za samo wcielenie prawości (*dharmy*) i ponieważ kara zatrzymuje wszystko, co jest niewłaściwe, nosi on nazwę *Wjawahara*'. Realizowanie przez królewskich poddanych trzech celów życiowych—Prawa, Zysku, Przyjemności—bazuje na prawidłowo funkcjonującym wymiarze sprawiedliwości".

2. Różne nazwy i formy przybierane przez karę na ziemi

Bhiszma kontynuował: „O Judhiszthira, kara jest wielkim bogiem o ognistej formie, cerze ciemniej jak płatki niebieskiego lotosu i twarzy w kolorze miedzi. Ma cztery ramiona, cztery kły, osiem nóg, dwa języki i niezliczoną ilość oczu. Jego uszy są ostre jak strzały, a stojące dęba włosy są związane na czubku głowy w ciężki węzeł. Swe ciało okrywa skórą lwa. Na ziemi pojawia się w różnych formach przybierając kształt miecza, łuku, strzały, maczugi, trójzębu, toporka wojennego, pętli i różnych innych rodzajów broni.

Kara porusza się po ziemi ścigając, uderzając i zabijając swoje ofiary. Jest nazywana również Mieczem, Szablą, Sprawiedliwością, Niepowstrzymanym, Ojcem Dobrobytu, Zwycięstwem, Sędzią, Bramińską Klątwą, Kontrolerem, Wiecznym, Świętym Pismem, Mścicielem, Nieczułym, Pierwszym Prawodawcą, Mścicielem, Niezniszczalnym Bogiem, Wiecznie Czuwającym, Duszą Rudry, Najstarszym Manu, Błogosławionym Wisznu, który jest walecznym Narajaną i Mahapuruszą, którego żona Moralność jest znana również pod imionami córki Brahmy, Lakszmi, Writti, Saraswati i Matki Wszechświata.

Sprawiedliwość ma wiele różnych przejawów. Jej przejawem są błogosławieństwo i przekleństwo, przyjemność i ból, uczciwość i nieuczciwość, siła i słabość, powodzenie i niepowodzenie, zasługi i ich przeciwieństwo, cnota i występek, pragnienie i obrzydzenie, pory roku i miesiące, dzień, noc i godziny, staranność i niestaranność, radość i gniew, niepokój i samokontrola, przeznaczenie i własny wysiłek, zbawienie i wieczne potępienie, lęk i nieustraszoność, ranienie i powstrzymywanie się od ranienia, umartwienia, ofiara i surowa abstynencja, zdrowe i trujące jadło, początek, środek i koniec, konsekwencja wszystkich zbrodniczych działań, wyniosłość, szaleństwo, arogancja, pycha, cierpliwość, dyplomacja i jej brak, siła i bezsilność, szacunek i jego brak, stabilność i zniszczenie, dobroczynność, pokora, dostosowywanie się do zmieniającego się Czasu i jego brak, fałsz i Prawda, wiara i brak wiary, niemożność, handel, zysk i strata, sukces i przegrana, agresywność i łagodność, śmierć i życie, nabywanie i strata, zgoda i niezgoda, to co należy i to czego nie należy zrobić, siła i słabość, zła i dobra wola, bezwstydność i wstyd, energia, uczenie się, elokwencja, bystrość rozumienia. Wszystko to jest formami, które na tym świecie przybiera sprawiedliwość.

Gdyby kara nie istniała żywe istoty zmiażdżyłyby się nawzajem. To z lęku przed karą jeden drugiego nie zabija. Poddani ochraniani przed samymi sobą przez wymiar sprawiedliwości zwiększają potęgę swego władcy. Z tego powodu wymiar sprawiedliwości jest uważany za największego obrońcę wszystkich i wszystkiego. Sprowadza cały świat na ścieżkę prawości.

Prawość bazująca na Prawdzie żyje w braminach. Obdarzeni prawością przywiązują się do *Wed*. Z *Wed* wypływa ofiara, która z kolei zadowala bogów. Zadowoleni bogowie wychwalają mieszkańców ziemi przed Indrą, który mając na uwadze ich dobrobyt oblewa ziemię deszczem dostarczając im w ten sposób żywności, od której zależy życie i wzrost wszystkich żywych istot.

Kara pozostaje zawsze czujna i aby realizować swój cel, przybiera wśród ludzi formę wojownika. Ochraniając człowieka nigdy nie śpi i nie podlega zniszczeniu.

Kara nosi jeszcze osiem innych imion: Bóg, Człowiek, Życie, Potęga, Serce, Pan Wszystkich Żywych Istot, Dusza Wszystkich Rzeczy, Żywa Istota. Bóg dał zarówno bogactwo i wymierzanie sprawiedliwości królowi, który dysponuje militarną siłą w formie armii i sam jest kombinacją pięciu składników: sprawiedliwości, Prawa, kary, boga i żywej istoty.

Wymierzanie sprawiedliwości jest jedną z potężnych kończyn królestwa, które jest ciałem o siedmiu atrybutach i ośmiu kończynach. Wymierzanie sprawiedliwości (w formie armii) jest twórcą królestwa. Bóg z wielką troską złożył karę w dłonie wojowników. Cały wieczny wszechświat jest bezstronną jaźnią kary. Dla królów nie ma nic, co zasługiwałoby na równie wielki szacunek jak wymiar sprawiedliwości, który wskazuje i ochrania ścieżki prawości.

Kara została zesłana na ziemię przez Brahmę, aby ochraniać cały świat i stać na straży obowiązków różnych ludzi".

3. O trzech rodzajach legalnej procedury

Bhiszma kontynuował: „O Judhiszthira, istnieją trzy rodzaje legalnej procedury (*Wjawahary*), które wypłynęły z Brahmy.

Pierwszy rodzaj prawnej procedury zrodził się ze sporu między stronami. Ten rodzaj procedury tworzy dobro poprzez bezstronne podejście do argumentów każdej ze stron. Ten rodzaj procedury jest właściwy dla tzw. prawa cywilnego i karnego. Po wniesieniu oskarżenia król lub jego przedstawiciel orzeka winę na mocy dowodów obrońcy i oskarżyciela i wyznacza karę.

Drugi rodzaj procedury prawnej ma za swą duszę lub podstawę *Wedy*, czyli opiera się na zawartych w nich naukach i zaleceniach dotyczących obowiązków (*dharmy*) ludzi.

Trzeci rodzaj procedury prawnej zwany również *kulachara* jest związany z rodzinnymi obyczajami, które są jednak w zgodzie ze świętymi pismami, tj. *Wedami* i kodeksami etyki (*smriti*).

Pierwszy rodzaj procedury prawnej należy do obowiązków króla i jest również nazwany wymierzaniem sprawiedliwości jak i znajdowaniem dowodu. I choć wymiar sprawiedliwości opiera się tu na faktach, to jednak powiada się, że jego duszą jest legalna procedura (*Wjawahara*), która ma swą podstawę w nakazach *Wed* i dlatego król wymierzając karę nie popełnia grzechu.

Drugi rodzaj legalnej procedury, który ma za swą duszę *Wedy* jest nazywany obowiązkiem, moralnością, Prawem (*dharmą*). Osoby o oczyszczonych duszach, które głęboko zinternalizowały Prawo i obowiązek są przez nie równie silnie związane jak inni przez królewski wymiar sprawiedliwości. I w ten sposób ten rodzaj legalnej procedury rodzi dobro.

Trzeci rodzaj legalnej procedury jest również nauczycielem ludzi i ostatecznie ma swe korzenie w *Wedach* i dostarcza oparcia wszystkim trzem światom. Za swą duszę ma Prawdę i jest źródłem dobrobytu".

Bhiszma kontynuował: „O Judhiszthira, przedstawiłem ci karę jako wieczną *Wjawaharę* (legalną procedurę lub wymierzanie sprawiedliwości). To, co zostało określane jako *Wjawahara* jest zaiste *Wedami*. *Wedy* są obowiązkiem, Prawem i moralnością. Prawo jest ścieżką słuszności. Ścieżka słuszności jest tym, czym na samym początku był dziadek wszechświata Brahma, pan wszystkich żywych istot. Brahma z kolei jest stwórcą całego wszechświata łącznie z bogami i demonami, ludźmi, wężami i wszystkim innym.

Wspomniany przeze mnie pierwszy rodzaj legalnej procedury realizowanej przez króla również wypłynął z Brahmy. I Brahma ustanowił, co następuje: nikt, nawet matka, ojciec, brat, żona i kapłan nie mogą uciec przed sprawiedliwością wymierzaną przez króla, który sprawuje swe rządy krocząc drogą prawości".

4. O ponownym obudzeniu i czujności kary

Bhiszma rzekł: „O Judhiszthira, posłuchaj starożytnej opowieści, którą opowiadają bramini o tym, jak Wisznu ponownie obudził karę, która zniknęła z Brahmy po przybraniu przez niego łagodnej formy.

W odległych czasach żył na ziemi bardzo pobożny król Angów o imieniu Wasuhoma, który praktykował bardzo surowe umartwienia. Pewnego dnia mając swą żonę za towarzysza udał się na teren Mundżapriszthy, zwany również Bramą Kurukszetry. Niegdyś w tym miejscu znajdującym się na szczycie góry Himawat, w sąsiedztwie złotej góry Meru, bramin wojownik Paraśurama odpoczywając pod wielkim drzewem banianowym po zabiciu wielu wojowników rozkazał ze wstydu obciąć swoje związane w ciężki węzeł włosy noszony zwykle przez ascetów. Od tamtego czasu teren ten jest odwiedzany przez Śiwę-Rudrę i jest faworyzowany przez Ojców i niebiańskich riszich.

Przebywając w tym świętym miejscu król Wasuhoma zdobył szereg atrybutów pobożności i był traktowany przez braminów jak niebiański prorok. Pewnego dnia do tego górskiego miejsca odosobnienia przybył przyjaciel Indry, odważny król Mandhatri, który w swym działaniu podążał ścieżką swych starożytnych przodków. Widząc Wasuhomę stanął przed nim w postawie pełnej pokory. Wasuhoma powitał go oferując mu wodę do obmycia stóp i inne przedmioty przeznaczone dla gościa i zapytał o jego zdrowie i powodzenie jego królestwa. Następnie zapytał go o to, co mógłby dla niego zrobić.

Mandhatri rzekł: 'O Wasuhoma, posiadasz ogromną wiedzę i poznałeś zarówno doktryny nauczyciela bogów Brihaspatiego jak nauczyciela demonów Śukry. Wytłumacz mi, jaki jest początek i koniec kary? Co ją poprzedzało? Jak to się stało, że zalazła się we władaniu króla i wojownika? Opowiedz mi o tym wszystkim, bo przybyłem tu do ciebie, jako twój uczeń gotowy do uiszczenia swemu nauczycielowi należnej mu opłaty'.

Wasuhoma rzekł: 'O Mandhatri, posłuchaj więc o tym, jak pojawiła się kara będąca podporą całego świata. Posłuchaj o tej duszy sprawiedliwości, która jest wieczna i została obudzona w celu utrzymania wszystkich żywych istot w dyscyplinie.

Ongiś, dawno temu dziadek wszechświata, Brahma, zapragnął przeprowadzić rytuał ofiarny, lecz nie mógł znaleźć kapłana, który miałby równe mu kwalifikacje. Myśląc o tym stworzył w swym umyśle zarodek i nosił go przez długie lata. Po upływie tysiąca lat wyrzucił go na zewnątrz kichając. To boskie bycie zostało nazwane Kszupa i wyposażone w ogromną moc stało się panem żywych istot i kapłanem w rytuale ofiarnym Brahmy.

Wraz z rozpoczęciem rytuału ofiarnego i przybraniem przez rządzącego wszechświatem Brahmę łagodnej formy ofiarnika ze świata znikła kara, która zamieszkiwała w jego rozgniewanej formie. Wraz ze zniknięciem kary wśród żywych istot zapanował chaos, bo zniknęły wszelkie różnice między tym, co należy i czego nie należy czynić i co jest czystym i co nieczystym jedzeniem. Ludzie nie potrafili rozróżnić, jakie napoje są dozwolone i jakie są zakazane. Żywe istoty zaczęły się nawzajem ranić. Zniknęły wszelkie ograniczenia seksualne oraz idea własności. Żywe istoty zaczęły się nawzajem rabować i walczyć ze sobą tak jak psy o kawałek mięsa. Silniejszy zabijał słabszego. Nikt nie miał żadnych względów dla sąsiada.

Zaniepokojony tym Brahma udał się do boskiego i wiecznego Wisznu i po oddaniu mu czci rzekł: «O Wisznu, zauważ zaistniałą sytuację i ukaż swą łaskę. Spowoduj, aby panujący wśród żywych istot chaos zniknął».

Uzbrojony w swą potężną broń Wisznu po długim namyśle sam przybrał formę kary. Z formy tej mającej prawość za swe nogi bogini Saraswati stworzyła naukę o wymiarze sprawiedliwości, której wkrótce cały świat zaczął oddawać cześć.

Następnie Wisznu po dłuższym namyśle mianował poszczególnych bogów na władców poszczególnych dziedzin. Indrę o tysiącu oczu mianował królem bogów, Jamę syna boga słońca Wiwaswata mianował panem Ojców, Kuberę panem bogactw i rakszasów, górę Meru królem wszystkich gór, Ocean panem rzek, Warunę panem wód i asurów, Śmierć panem życia i wszystkich żywych istot, Ogień panem wszystkiego, co jest wyposażone w energię oraz bogów wasu, Śiwę-Rudrę panem wszystkich rudrów, Wasisztę panem braminów, Surję panem ciał niebieskich, Księżyc panem gwiazd, Somę panem wszystkich ziół, a odważnego dwunastoramiennego Skandę panem różnych duchów o potwornych kształtach czekających na Śiwę. Czas, który niesie w sobie zarówno nasienie wzrostu jak i zniszczenia stał się panem wszystkich żywych istnień jak i czterech narzędzi śmierci (tj. broni, chorób, Jamy i działań) i interwałów smutku i radości. Kara przechodziła kolejno z rąk do rąk na mocy darowizny i dziedzictwa. Wymierzanie kary zostało najpierw oddane w dłonie nowonarodzonego syna Brahmy, Kszupy, który jest panem wszystkich żywych istot i jest najsprawiedliwszym wśród sprawiedliwych[2]. Po szczęśliwym zakończeniu rytuału ofiarnego Najwyższy Bóg Śiwa z właściwym szacunkiem oddał karę, która jest obrońcą prawości, Wisznu. Wisznu oddał karę prorokowi Angirasowi, który oddał ją Indrze i prorokowi Marici, który oddał ją prorokowi Bhrigu. Bhrigu oddał ją w dłonie wszystkich mędrców, którzy z kolei oddali ją w ręce władców świata. Władcy świata oddali ją ponownie w ręce Kszupy, a Kszupa oddał ją synowi Surji, Manu. Manu mając na uwadze obronę prawości i własności przekazał ją swoim synom.

Kara powinna być wymierzana ze starannym różnicowaniem bazującym na Prawie, a nie na kaprysie. Jej celem jest bowiem powstrzymanie niegodziwców. Grzywny i konfiskata majątku mają na celu odstraszanie przestępców, a nie wypełnienie królewskiego skarbca. Okaleczenie ciała, tortury i kara śmierci nie powinny być stosowane bez uzasadnionych powodów.

Kara w dłoniach kolejnych posiadaczy pozostaje zawsze czujna i gotowa do ochrony wszystkich żywych istot. Na samym szczycie stoi czujny Indra ze swym wymiarem kary, za nim budzi się płonący swymi płomieniami Agni, następnie Waruna, a za Waruną Pradżapati; za Pradżapatim Prawo, którego istotą jest dyscyplina, za Prawem syn Brahmy Wieczne Prawo, a za Wiecznym Prawem Energia; za Energią w obronę prawości angażują się oferowane bogom i służące jako lekarstwo zioła; za ziołami góry, a za górami wszelkiego rodzaju soki z ich atrybutami; za nimi bogini zniszczenia Nirryti, a za Nirryti planety i inne ciała niebieskie, a za nimi *Wedy*, a za *Wedami* Wisznu w swej walecznej formie, a za Wisznu Brahma; za Brahmą Śiwa; za Śiwą Wszyscy-bogowie, a za Wszystkimi-bogami wielcy riszi, a za nimi Soma, a za Somą bramini, a za braminami wojownicy angażują się w obronę wszystkich żywych istot'.

---

[2] Ganguli, na którego tłumaczeniu z sanskrytu się w swej adaptacji *Mahabharaty* opieram, twierdzi, że oryginalny tekst musiał zostać tutaj w jakiś sposób zniekształcony i w związku z tym opowieść o pochodzeniu kary jest pełna niejasności i trudno w niej niekiedy doszukać się jasnego sensu.

Wasuhoma zakończył swe opowiadanie mówiąc: 'O Mandhatri, cały wszechświat złożony z istot ruchomych i nieruchomych jest obudzony przez wojowników, którzy są obrońcami wszystkich żywych istot. Żywe istoty nie śpią i żyjący wśród nich wymiar sprawiedliwości nie śpi i mając splendor Brahmy utrzymuje wszystko razem broniąc się przed chaosem.

Czas jest tez zawsze czujny i obudzony tak jak i Najwyższy Bóg Śiwa, który nosi wiele imion. Wymiar sprawiedliwości jest więc również wiecznie czujny. Prawi królowie powinni zawsze sprawować rządy właściwie bazując na wymiarze sprawiedliwości'".

Bhiszma rzekł: „O Judhiszthira, opowiedziałem o czujności kary, która stoi na straży wszechświata rządzonego przez Prawo tak jak przedstawił to król Wasuhoma. Osoba, która wysłucha nauk Wasuhomy i stosuje się do nich w swym zachowaniu, zdoła zrealizować wszystkie swoje pragnienia".

Napisane na podstawie fragmentów *Mahābharāta*,
Santi Parva, Part 1, Sections CXXI-CXXII
(Rajadharmanusasana Parva).

Opowieść 131
O trzech celach życiowych:
Prawie, Zysku i Przyjemności

1. O Wyzwoleniu jako ostatecznym celu podążania za Prawem, Zyskiem i Przyjemnością; 2. O groźbie zanieczyszczenia grzechem podczas szukania Zysku i Przyjemności bez brania pod uwagę Prawa; 3. O dobrym (prawym) zachowaniu jako właściwej drodze do zdobywania Zysku i Przyjemności; 4. O konieczności zarzucenia złudnej nadziei; 5. O załamaniu się zwykłych dróg prawości w sytuacji katastrofy.

> Bhiszma rzekł: „O Judhiszthira, nie należy zbyt pochopnie mentalnie odrzucać realizowania tych celów życiowych, którymi jest Prawo, Zysk i Przyjemność. Może je porzucić dopiero ten, kto uwolnił swą jaźń dzięki surowej ascezie. Realizowanie tych trzech celów powinno ostatecznie prowadzić do Wyzwolenia".

(*Mahābhārata*, Santi Parva, Part 1, Section CXXIII)

1. O Wyzwoleniu jako ostatecznym celu podążania za Prawem, Zyskiem i Przyjemnością

Judhiszthira rzekł: „O Bhiszma, powiedz mi teraz wszystko, co należy wiedzieć o trzech celach życiowych, którymi są Prawo, Zysk i Przyjemność. Niekiedy widzi się je, jako powiązane ze sobą nawzajem, a kiedy indziej jako rozdzielone i niezależne od siebie. Wytłumacz mi, od realizacji którego z nich zależy cały bieg życia? W czym są one zakorzenione i do czego prowadzą?"

Bhiszma rzekł: „O Judhiszthira, gdy zamieszkujący ten świat ludzie są wyposażeni w dobre serca i szukają Zysku poprzez realizowanie Prawa, wówczas Prawo, Zysk i Przyjemność harmonijnie współwystępują na poziomie czasu, przyczyny i działania. Dobrym przykładem jest tu spędzanie nocy ze swą żoną we właściwym czasie. Czyn ten w tym samym czasie realizuje Prawo, przynosi Zysk w postaci syna i jest źródłem Przyjemności.

Zysk ma swe korzenie w Prawie, a Przyjemność jest owocem Zysku. Wszystkie trzy z kolei mają swe korzenie w Woli. Wola odnosi się do zmysłowych przedmiotów, a wszystkie zmysłowe przedmioty służą zaspokojeniu pragnienia i żądzy. Prawo, Zysk i Przyjemność zależą od zmysłowych przedmiotów. Całkowite uwolnienie się od nich prowadzi natomiast do Wyzwolenia.

Podążanie za trzema celami życiowymi i szukanie Wyzwolenia nie muszą jednak pozostawać ze sobą w sprzeczności. Zależy to od tego, w jakim trybie natury dana osoba działa. Przyjemność płynie z zaspakajania zmysłów i gdy Prawo służy ochronie ciała (Przyjemności), a Zysk (bogactwo) ochronie Prawa wówczas, wszystkie trzy cele życiowe są realizowane w trybie namiętności (*guna radżas*) i nie są uważane za wysokie cele. Gdy Prawo, Zysk i Przyjemność są drogą do zdobycia nieba, poszukiwane nagrody są odległe. Są one jednak bezpośrednie, gdy Prawo, Zysk i Przyjemność są drogą do poznania Jaźni i zdobycia wiedzy. Wówczas Prawo jest wyłącznie wyrażeniem czystości duszy, Zysk jest realizowany przez wyrzeczone działania, które nie są nastawione na szukanie owocu, a Przyjemność ogranicza się do utrzymania ciała przez życiu. Ten ostatnio wymieniony sposób realizowania Prawa, Zysku i Przyjemności jest wychwalany przez mędrców. Nie należy więc zbyt pochopnie mentalnie odrzucać realizowania tych celów życiowych, którymi jest Prawo, Zysk i Przyjemność. Może je porzucić dopiero ten, kto uwolnił swą jaźń z kajdan zmysłowych przedmiotów dzięki surowej ascezie. Realizowanie tych trzech celów powinno ostatecznie prowadzić do Wyzwolenia".

2. O groźbie zanieczyszczenia grzechem podczas szukania Zysku i Przyjemności bez brania pod uwagę Prawa

Bhiszma kontynuował: „O Judhiszthira, wyjaśniłem tobie, jaki jest ostateczny cel podążania za Prawem, Zyskiem i Przyjemnością. Nie jest jednak łatwo ten cel zrealizować. Działania, choć przemyślane i starannie wykonane nie zawsze przynoszą oczekiwane rezultaty. Prawo nie zawsze ma swe korzenie w Zysku i Zysk można też zdobyć innymi drogami niż poprzez kroczenie ścieżką Prawa. W wielu przypadkach zdobyty Zysk rodzi zło. Z tego powodu głupiec i ignorant nigdy nie zdoła zrealizować najwyższego celu, którym jest Wyzwolenie poprzez podążanie za Prawem, Zyskiem i Przyjemnością. Prawo jest zanieczyszczane przez szukanie nagród, a Zysk przez gromadzenie bogactwa. Dobre rezultaty osiągnie ten, kto potrafi oczyścić się z tych nieczystości.

W tym kontekście pozwól mi zacytować starożytną rozmowę między królem Angaristhą i mędrcem Kamandaką.

Pewnego dnia król Angaristha rzekł do mędrca Kamandaki: 'O wielki mędrcu, wyjaśnij mi, dzięki jakim czynom król może ostatecznie oczyścić się ze zła wynikłego z grzechu, który popełnił pod wpływem żądzy lub szaleństwa i który już odpokutował?

Wytłumacz mi również, jak król może powstrzymać ludzi od czynienia zła, które oni z braku wiedzy uważają za dobro?'

Mędrzec Kamandaka rzekł: 'O Angaristha, człowiek, który w swym postępowaniu nie bierze pod uwagę Prawa, Zysku i Przyjemności niszczy swą inteligencję. Zniszczenie inteligencji prowadzi do niedbałości i niezważania na nic, co z kolei niszczy Prawo, Zysk i Przyjemność. Niezważanie na nic rodzi ateizm i nikczemność zachowania. Jeżeli król nie powstrzyma ludzi zachowujących się w ten sposób, jego uczciwi poddani będą żyć w strachu i przestaną go słuchać. Sam król narazi się na wielkie niebezpieczeństwo i ryzyko zniszczenia samego siebie i będzie musiał wieść nędzne życie w niesławie. Takie życie jest równe śmierci.

Mędrcy wskazują na następujące środki uwalniania się od zanieczyszczenia grzechem: król powinien być oddany prawości i studiowaniu trzech *Wed*; darzyć szacunkiem braminów i dawać pierwszeństwo tym wśród nich, którzy są zdolni do wybaczania; realizować oczyszczające ryty i recytować święte mantry; sprzymierzać się i łączyć poprzez małżeństwo z wysoko postawionymi rodzinami; szukać towarzystwa ludzi prawych wyganiając ze swego pałacu i królestwa wszystkich niegodziwców; zadowalać wszystkich słodką mową i dobrym zachowaniem; wychwalać zalety nawet wrogów. Takim zachowaniem król oczyści się z grzechów i zdobędzie szacunek innych. Realizując wszystkie obowiązki, które zostały mu przekazane przez starsze pokolenie i nauczycieli zdobędzie ich błogosławieństwo'".

3. O dobrym (prawym) zachowaniu jako właściwej drodze do zdobywania Zysku i Przyjemności

Judhiszthira rzekł: „O Bhiszma, wszyscy ludzie na ziemi wychwalają dobre zachowanie. Czym jednak jest to dobre zachowanie, które zasługuje na taką chwałę? Czym się ono charakteryzuje? Chciałbym również dowiedzieć się, jak się go nauczyć".

Bhiszma rzekł: „O Judhiszthira, takie samo pytanie zadał ongiś twój kuzyn Durjodhana swemu ojcu Dhritarasztrze. Miało to miejsce wówczas, gdy powrócił z Indraprasthy do Hastinapury płonąc ogniem zawiści na wspomnienie waszego bogactwa.

Dhritarasztra słysząc opowiadanie swego syna o waszym pałacu rzekł: 'O Durjodhana, nie masz powodu, aby rozpaczać na widok bogactwa twych braci. Posłuchaj mych argumentów i instrukcji, co do zachowania. Ty sam zgromadziłeś również ogromne bogactwo i co więcej twoi bracia podobnie jak twoi przyjaciele i inni krewni uznają twą władzę i są tobie posłuszni. Nosisz wykwintne szaty, jesz wykwintne posiłki i trzymasz w swej stajni najlepsze konie. Dlaczego więc bledniesz i mdlejesz na widok ich bogactwa?'

Durjodhana rzekł: 'O ojcze, w błyszczącym od klejnotów pałacu Judhiszthiry każdego dnia dziesięć tysięcy braminów je posiłek na złotych talerzach. Jego Gmach Zgromadzeń jest ozdobiony niebiańskimi owocami i kwiatami. W jego stajniach są konie najszlachetniejszej krwi. Bogactwo moich wrogów, synów Pandu, jest równe bogactwu Indry. Widok tego przepychu pali żywym ogniem moje serce! Trudno mi znieść samą myśl o ich sukcesie'.

Dhritarasztra rzekł: 'O synu, jeżeli chcesz zdobyć taki sam sukces jak Judhiszthira lub nawet większy zaangażuj się w realizowanie dobrych działań. Samym dobrym zachowaniem zdołasz podbić wszystkie trzy światy. Dla osoby, która działa w prawy sposób, nie ma nic, co byłoby nie do osiągnięcia. Król Mandhatri znany ze swej prawości podbił cały świat w czasie jednej nocy, król Dźanamedźaja w ciągu trzech, a król Nabhaga w ciągu siedmiu. Wszyscy ci królowie mieli serca wypełnione współczuciem i zawsze wykonywali prawe działania. Ziemia sama oddała im się we władanie zdobyta przez ich dobre zachowanie'.

Durjodhana rzekł: 'O ojcze, powiedz mi, w jaki sposób można nauczyć się tego dobrego zachowania, dzięki któremu można zdobyć ziemię w tak krótkim czasie jak trzej wspomniani przez ciebie królowie?'

Dhritarasztra rzekł: 'O synu, w odpowiedzi na swoje pytanie posłuchaj starożytnej opowieści na temat dobrego zachowania, którą zwykł recytować prorok Narada.

Ongiś w dawnych czasach asura Prahlada dzięki zasługom zebranym przez swe prawe zachowanie pobawił królestwa Indrę i ujarzmił wszystkie trzy światy.

Indra udał się do nauczyciela bogów Brihaspatiego i rzekł: «O Brihaspati, wytłumacz mi, co jest źródłem błogości i szczęścia?» Brihaspati rzekł: «O Indra, źródłem najwyższego szczęścia jest wiedza prowadząca do Wyzwolenia». Indra nie był w pełni zadowolony z tej odpowiedzi i zapytał o to, czy istnieje coś, co stoi ponad wiedzą. Brihaspati rzekł: «O Indra, istnieje jeszcze coś, co stoi wyżej. W tej sprawie poinstruuje cię jednak lepiej nauczyciel demonów Śukra. Udaj się ze swoim pytaniem do niego».

Indra udał się więc do Śukry, który rzekł: «O Indra, dajtja Prahlada zna odpowiedź na twoje pytanie. Udaj się więc do niego».

Indra po przybraniu postaci bramina udał się przed oblicze asury Prahlady i zapytał go o źródło szczęścia. Prahlada rzekł: «O braminie, jestem bardzo zajęty rządzeniem całym wszechświatem i nie mam czasu na udzielanie ci instrukcji, o którą prosisz». Indra rzekł: «O Prahlada, poczekam więc, aż będziesz miał więcej czasu, bo bardzo pragnę poznać, jakie działanie jest źródłem szczęścia». Prahlada zadowolony z pokornej postawy bramina wyraził zgodę.

Indra czekając na odpowiedni moment obserwował pilnie zachowanie Prahlady, tak jak uczeń zwykł obserwować działania swego nauczyciela i z pełnym zaangażowaniem spełniał jego życzenia. Po upływie dłuższego czasu zapytał: «O Prahlada, wytłumacz mi, przy pomocy jakich środków udało ci się zdobyć władzę nad wszystkimi trzema światami?»

Asura Prahlada rzekł: «O braminie, sprawowanie władzy i bycie królem nie jest dla mnie specjalnym powodem do dumy i nie żywię też żadnych uczuć do braminów. W swym działaniu realizuję po prostu nakazy polityki bazujące na naukach mego nauczyciela Śukry. Oddaję należną cześć starszyźnie i braminom. Jestem prawą duszą i nie działam pod wpływem szaleństwa. Pokonałem swój gniew, zdobyłem kontrolę nad swymi zmysłami i duszą. W rezultacie mych działań bramini udzielają mi korzystnych instrukcji. Wypijając nektar ich słów, którym mnie poją, żyję wśród mych krewnych jak księżyc wśród gwiezdnych konstelacji. Nektarem tym są płynące z ust braminów nauki bramina Śukry, których słucham i zgodnie z nimi postępuję. Na tym właśnie polega dobre zachowanie».

Dajtja Prahlada zadowolony z dotychczasowego zachowania Indry w przebraniu bramina zaoferował mu spełnienie jego jednego życzenia. Indra rzekł: «O królu, skoro jesteś ze mnie zadowolony, chciałbym prosić cię o to, abyś obdarował mnie swoim dobrym zachowaniem».

Słysząc to asura Prahlada poczuł wielki lęk. Pomyślał, że osoba, która chce ograbić go z jego dobrego zachowania, nie może być zwykłym braminem i że pod przebraniem bramina ukrył się ktoś o niezwykle potężnej energii. Choć wielce przygnębiony zrealizował swą obietnicę i oddał Indrze swoje zachowanie.

Po uzyskaniu tego daru Indra opuścił pałac Prahlady i powrócił do swego królestwa, podczas gdy Prahladę ogarnął wielki niepokój i nie wiedział, co czynić. Gdy tak siedział pogrążony w ponurych myślach z jego ciała wydostał się promień jasności o niewyraźnej formie i o wielkim splendorze. Zapytany o to, kim jest, promień rzekł: «O Prahlada, jestem twoim dobrym zachowaniem. Opuszczam cię, bo oddałeś mnie komuś innemu. Będę teraz mieszkać w tym pobożnym braminie, który był twoim oddanym uczniem». Po tych słowach zniknął i zamieszkał w ciele Indry.

Po jego zniknięciu z ciała Prahlady wydostała się świetlista forma o niejasnych konturach. Zapytana o to, kim jest odpowiedziała: «O Prahlada, jestem ucieleśnieniem prawości. Mieszkam tam, gdzie mieszka dobre zachowanie. Udam się więc do ciała bramina, twego ucznia».

Zaraz potem z ciała Prahlady wydostała się jeszcze inna świetlista forma pełna splendoru. Zapytana o to, kim jest, odpowiedziała: «O Prahlada, jestem ucieleśnieniem Prawdy i mieszkam tam, gdzie mieszka prawość». Za tą formą z ciała Prahlady wydostała się następna forma, która na pytanie Prahlady wyjaśniła, że jest ucieleśnieniem dobrych uczynków i że mieszka tam, gdzie mieszka Prawda. Za nią opuściła ciało Prahlady jego dzielność, która mieszka tam, gdzie mieszkają dobre uczynki.

Za dzielnością wydostała się z ciała Prahlady bogini o wielkiej jasności. Zapytana o to, kim jest, odpowiedziała, że jest ucieleśnieniem bogini dobrobytu i wyjaśniła, że musi opuścić jego ciało, bo mieszka tam, gdzie mieszka jego dzielność i moc. Opanowany przez coraz większy lęk Prahlada zapytał boginię o to, kim jest ten bramin, w którego ciele zamierza zamieszkać. Bogini odpowiedziała: «O Prahlada, ów bramin, u którego zamierzam zamieszkać i którego obdarowałeś swym zachowaniem jest Indrą we własnej osobie, który przybrał formę bramina. Wiedząc, że to dzięki dobremu zachowaniu—za którym podążają prawość, Prawda, dobre uczynki, dzielność i dobrobyt—zdobyłeś swą władzę nad trzema światami, skłonił cię do obdarowania go swym zachowaniem i okradł cię z twej władzy»'.

Durjodhana wysłuchawszy słów ojca do końca rzekł: 'O ojcze, wytłumacz mi, dzięki jakim środkom nabywa się ten rodzaj zachowania, z którego Indra okradł demona Prahladę?'

Dhritarasztra rzekł: 'O synu, opisując swe własne zachowanie Prahlada podczas rozmowy z Indrą wskazał na środki nabywania go. Pozwól, że ci je przypomnę. Zachowanie godne pochwały nie rani innych i będąc pełne współczucia przynosi innym dobro. Działanie i podjęcie wysiłku, które nie przynosi nikomu żadnej korzyści tylko wstyd, nie powinno być wykonywane. Należy wykonywać tylko takie działania, które przynoszą chwałę'.

Król Dhritarasztra zakończył swą mowę mówiąc: 'O synu, wyjaśniłem ci w skrócie, czym jest dobre zachowanie, które pozwala zdobyć władzę nad całą ziemią. Ten, kto zdobył władzę niegodziwym zachowaniem, nie zdoła utrzymać jej na długo i zniszczy sam siebie. Mając to na uwadze zachowuj się w sposób prawy, jeżeli chcesz zdobyć bogactwo większe od Judhiszthiry'".

Bhiszma kontynuował: „O Judhiszthira, wyciągnij również właściwą naukę z tych pouczeń króla Dhritarasztry i zachowując się w prawy sposób zbierz owoce tego zachowania".

4. O konieczności zarzucenia złudnej nadziei

Judhiszthira rzekł: „O Bhiszma, prawe zachowanie jest więc jest tym, co jest pierwszym wymogiem w stosunku do człowieka. Zrozumiałem to dzięki twym słowom. Nowe pytania cisną mi się jednak na usta. Wytłumacz mi teraz, proszę, czym jest i skąd bierze się nadzieja? Ja sam padłem jej ofiarą i nie mogłem pozbyć się długo nadziei, że mój kuzyn Durjodhana uczyni to, co właściwe i powstrzymywałem się od podejmowania z nim wojny. Nadzieja żyje w każdym człowieku i jej utrata jest jak śmierć. Durjodhana w końcu zabił we mnie nadzieję, która dodawała mi sił. Zauważ jak niemądry jest mój umysł. Wierzę w to, że nadzieja jest większa od porośniętych dżunglą Himalajów lub nawet równie wielka jak firmament. Nadzieja zdaje się nie mieć granic. Nadzieję równie trudno zrozumieć jak i zabić. Czy istnieje jeszcze coś, co byłoby równie trudne do pokonania?"

Bhiszma rzekł: „O Judhiszthira, faktycznie trudno uwolnić się od złudnej nadziei, która wiedzie na manowce. W tym kontekście posłuchaj starej opowieści o rozmowie między królem Sumitrą i mędrcem Riszabhą.

Żyjący w odległych czasach król Sumitra udał się pewnego dnia na polowanie i ścigając zranionego jego prostą strzałą jelenia zagłębiał się coraz bardziej w las. Silne zwierzę nie ustawało w biegu i młody uzbrojony w swój miecz i łuk król ścigał go samotnie przekraczając napotkane po drodze rzeki, jeziora i zagajniki. Ranne zwierzę zdawało się z nim bawić znikając i ukazując się na nowo. Gdy rozgniewany tym król nałożył na cięciwę swego łuku groźną i śmiertelną strzałę, zwierzę przyspieszyło oddalając się na dystans czterech mil od zasięgu strzały. Strzała opadła na ziemię i jeleń zanurzył się w gęstej dżungli, a król ścigał go dalej.

Po jakimś czasie zmęczony i spragniony dotarł do pustelni ascetów. Asceci widząc go wyczerpanego pościgiem i z łukiem w dłoni powitali go oddając mu należne honory. Król odpowiedział im równie uprzejmie i zgodnie z etykietą i zapytany o to, jak to się stało, że dotarł aż tak daleko, odpowiedział, że gnał przez dżunglę w pościgu za jeleniem. Rzekł: 'O święci asceci, jestem królem o imieniu Sumitra. Udałem się na polowanie mając za swych towarzyszy liczną świtę ministrów i dam zamieszkujących w moim pałacu. Swymi strzałami zabiłem tysiące jeleni. Jeden z nich jednak zraniony moją strzałą zaczął uciekać biegnąc z ogromną szybkością. Ścigając go poganiany nadzieją zabicia go zabrnąłem sam jeden w głęboki las i dotarłem aż do waszej pustelni. Stoję teraz przed wami wyczerpany i pozbawiony całego mojego królewskiego splendoru, jak i nadziei na zabicie tego jelenia. Czyż jest coś bardziej godnego pożałowania ode mnie w moim obecnym stanie? Nie żałuję, że dotarłem aż tutaj do waszej pustelni znajdującej się daleko od mojej stolicy, lecz czuję bolesny żal z powodu utraty mojej nadziei. Tak jak król gór Himawat i władca przepastnych wód Ocean nie potrafią zmierzyć rozmiaru firmamentu, tak ja nie potrafię zmierzyć granic mojej nadziei.

O asceci, dzięki bogactwu swej ascezy wiecie wszystko. Pomóżcie mi więc w rozwianiu mej wątpliwości. Co jest bardziej przepastne: firmament, czy ludzka nadzieja? Czym jest to, co jest w nadziei tak trudne do pokonania? Odpowiedzcie proszę na moje pytania, jeżeli sprawy, o które pytam nie są tajemnicą, która jest dostępna jedynie dla tych, którzy tak jak wy praktykują umartwienia i jeżeli możecie ze mną na ten temat rozmawiać'.

Przebywający wśród ascetów riszi Riszabha rzekł z uśmiechem: 'O Sumitra, posłuchaj, co mam do powiedzenia. Wędrując ongiś po całej ziemi pewnego dnia dotarłem do świętego miejsca Badari położonego głęboko w Himalajach, które jest miejscem odosobnienia wielkich proroków Nary i Narajany, przebywających tam w stanie nieustającej ekstazy i szczęśliwości. Tam też wysoko na nieboskłonie leży święte jezioro, z którego wypływa święta rzeka Ganges, a mędrzec Aświsaras bezustannie czyta *Wedy*.

Po oczyszczeniu się w wodach jeziora uczciłem Ojców i bogów rytualną oblacją i następnie po złożeniu wizyty w pustelni Nary i Narajany znalazłem również w tej świętej okolicy miejsce odosobnienia dla siebie. Pewnego dnia siedząc tam w skupieniu zobaczyłem zbliżającego się do mnie wysokiego i wycieńczonego ascezą mędrca o imieniu Tanu, którego bogactwem były jego umartwienia. Był osiem razy wyższy od przeciętnego człowieka i tak wychudzony, że miał grubość jednego palca. Jego kark, ramiona i włosy miały niezwykły wygląd, a jego głowa, oczy i uszy były proporcjonalne do ciała. Jego ruchy i mowa były niesłychanie słabe.

Jego widok zasmucił mnie i przeraził. Po dotknięciu jego stóp stałem przed nim ze złożonymi dłońmi. Powiedziałem mu, kim jestem, z jakiej rodziny pochodzę, wymieniłem imię mego ojca i usiadłem wśród innych mędrców na miejscu, które mi wskazał. Tanu siedząc w otoczeniu licznych riszich podjął rozmowę na tematy związane z Prawem, Zyskiem i Przyjemnością.

Gdy tak siedzieliśmy zanurzeni w dyskusji, w nasze okolice przybył na swym rydwanie słynny i przystojny król Wiradjumna o oczach jak płatki lotosu otoczony przez swój dwór i wojsko. Zabrnął aż tak daleko w poszukiwaniu swego syna o imieniu Bhuridjumna, który gdzieś zginął. Jego syn obraził świętego riszi kierując się brakiem wiedzy i wyrokiem losu. Riszi ten poprosił go o złote naczynie i skórki z jarzyn, lecz królewski syn niemądrze mu ich odmówił. Potraktowany w ten sposób riszi czuł się rozczarowany.

Król Wiradjumna włóczył się po dżungli ze swą świtą zapuszczając się coraz głębiej w las motywowany nadzieją, że idąc dalej w końcu odnajdzie swego syna. Widząc mędrców i ciągle nie tracąc nadziei rzekł: «O wielcy asceci, już od dawna szukam mojego zaginionego syna i nie mogę go odnaleźć. Był on moim jedynym dzieckiem. Choć nie mogę go odnaleźć i co chwilę spotyka mnie zawód, ciągle nie tracę nadziei. Zaiste, z ciągle zawodzoną nadzieją czuję się jak na pograniczu śmierci».

Święty Tanu słysząc te słowa zwiesił głowę zanurzając się w kontemplacji. Widok ten wypełnił serce króla smutkiem. Rzekł: «O niebiański riszi, powiedz mi, czy istnieje coś równie trudnego do pokonania jak nadzieja? Wytłumacz mi to, jeżeli nie uważasz, że rozmowa ze mną na ten temat nie jest niewłaściwa».

Zanurzony w kontemplacji Tanu milczał. W dawnych czasach żyjąc wśród ludzi nie otrzymywał od króla wielu honorów. Rozczarowany takim traktowaniem go, przez długi czas praktykował surowe umartwienia postanawiając nie akceptować żadnego daru od króla, czy też kogoś innego. Rzekł sam do siebie: «Nadzieja pozbawia umysł spokoju. Muszę wygnać z mego umysłu wszelką nadzieję».

Mimo jego przedłużającego się milczenia król Wiradjumna rzekł: «O święty mędrcu, powiedz mi, jak wielka jest najcieńsza z możliwych nadziei i co jest na ziemi najtrudniejsze do zdobycia?»

Tanu przypomniawszy sobie wszystkie przeszłe incydenty braku należnego respektu ze strony królów rzekł: «O królu, nie ma na świecie niczego, co by było cieńsze od nadziei. Próbowałem niegdyś uzyskać szacunek i wsparcie u wielu królów i odkryłem, że nie ma nic, co byłoby trudniejsze do zdobycia od obrazu, który w naszym umyśle maluje nadzieja».

Król Wiradjumna rzekł: «O święty mędrcu, dzięki twym słowom zrozumiałem, co na tym świecie jest najcieńsze i co jest najtrudniejsze do zdobycia. Twe słowa są dla mnie święte. Mam jednak ciągle jeszcze jedną wątpliwość i proszę cię o jej rozwianie, jeżeli wypada ci rozmawiać ze mną na ten temat. Powiedz mi, czy istnieje coś, co byłoby cieńsze od twojego ciała?»

Tanu rzekł: «O królu, trudno znaleźć osobę w pełni nasyconą. Być może nikt taki nie istnieje w całym świecie. Jeszcze trudniej spotkać taką osobę, która nigdy nie zlekceważyła czyjejś prośby. Nadzieja pokładana w takich osobach, które nie realizują swych obietnic, jest cieńsza od mojego ciała. Cieńsza od mego ciała jest również nadzieja pokładana w ludziach niewdzięcznych, okrutnych, skłonnych do ranienia innych, leniwych. Cieńsza od mego ciała jest również nadzieja ojca na odnalezienie swego jedynego zaginionego syna lub że stara kobieta urodzi synów».

Słysząc te słowa król Wiradjumna i towarzyszące mu kobiety padły przed ascetą plackiem na ziemię. Król rzekł: «O święty mędrcu, to, co mówisz jest prawdą. Jednakże mimo twych słów ja ciągle pragnę i mam nadzieję na odnalezienie mego syna».

Na te słowa króla Tanu wyposażony w ogromną duchową moc spowodował, że królewski syn został odnaleziony. Równocześnie upomniał króla, że nie powinien nigdy zapominać o oddawaniu należnej czci ascetom i braminom zamieszkującym w jego królestwie. Po tych słowach święty Tanu ukazał się w swej prawdziwej formie boga Prawa, Dharmy. I po ujawnieniu swej boskiej formy zagłębił się w nieprzebytej dżungli wolny od gniewu i chęci zemsty'.

Kończąc swe opowiadanie riszi Riszabha rzekł: 'O Sumitra, to, o czym ci opowiedziałem, widziałem na własne oczy. Posłuchaj mej rady i zaniechaj swej nadziei zabicia tego wodzącego cię na manowce jelenia, bo nadzieja zrealizowania twego celu jest nawet cieńsza od ciała mędrca Tanu'".

Bhiszma kontynuował: „O Judhiszthira, król Sumitra posłuchał rady mędrca Riszabhy i zaniechał złudnej nadziei. Twoja nadzieja na to, że Durjodhana zmieni swe postępowanie była równie złudna jak nadzieja króla Sumitry. Uwolnij się więc od wszelkiego żalu wynikłego z tego, żeś jej w końcu zaniechał".

5. O załamaniu się zwykłych dróg prawości w sytuacji katastrofy

Judhiszthira rzekł: „O Bhiszma, tak jak ten, kto poznał Jaźń nigdy nie ma dość medytacji, tak jak nie mogę nasycić się twymi słowami. Nauczaj mnie dalej tego, co powinienem wiedzieć na temat Prawa. Wytłumacz mi, proszę, jak powinien postępować król w sytuacji, gdy stracił wszystkich przyjaciół, całe wojsko i bogactwo i jest otoczony przez samych wrogów. Co powinien czynić, gdy ma samych niegodziwych ministrów, fałszywych doradców i gdy nie widzi przed sobą jasnej drogi wyjścia lub gdy zostaje zaatakowany przez silniejszego wroga? Czy powinien w takiej sytuacji szukać pomocy w użyciu środków uchodzących za złe, czy też powinien wyrzec się życia?"

Bhiszma rzekł: „O Judhiszthira, twoje pytanie dotyczy sprawy, która nie jest przedmiotem publicznej dyskusji i jest trzymana w tajemnicy. Nie podjąłbym sam tego tematu, gdybyś mnie o to wprost nie zapytał.

Prawo ma bardzo subtelny charakter i można je zrozumieć tylko dzięki pomocy świętych tekstów. Praktykując dobre zachowanie i odwołując się do pamięci tego, co się poprzednio słyszało można stać się prawą osobą tylko w pewnych sytuacjach. Król nie zawsze zdoła wypełnić swój skarbiec bogactwem działając z inteligencją, która szuka jedynie odpowiedzi na pytania, które powstały w czyimś umyśle, a od pełnego skarbca zależy możliwość realizowanie przez niego królewskich obowiązków.

Posłuchaj o tych środkach, które przynoszą królowi wielkie zasługi i których może używać król, który padł ofiarą nieszczęścia. Mając jednak na uwadze dobro czystego Prawa, nie nazywajmy ich prawymi.

W normalnych warunkach wypełnianie skarbca dzięki uciskowi jest dla króla samoniszczące. Obowiązkiem króla jest bowiem zarówno wypełnianie skarbca jak i okazywanie współczucia swym poddanym. W obliczu nieszczęścia król ma jednak obowiązki innego rodzaju. Pozbawiony bogactwa król może ciągle zbierać religijne zasługi poprzez na przykład umartwienia, lecz w ten sposób nie zdoła zrealizować swego obowiązku podtrzymywania i obrony życia. Król nie może podtrzymywać życia bez bogactwa i dlatego nie powinien szukać religijnych zasług drogą, która przeszkadza w nabywaniu bogactwa. Król, który jest osłabiony przez szukanie religijnych zasług, nie zdoła zdobyć właściwych środków potrzebnych do utrzymania życia i mimo swych największych wysiłków nie zdoła odzyskać władzy wyłącznie dzięki religijnym zasługom. Stąd pewne działania praktykowane przez króla w warunkach katastrofy są uważane za niesprzeczne z prawością, choć w normalnych warunkach mędrcy uważają je za grzeszne.

Gdy kryzysowa sytuacja skończy się wojownik powinien powrócić do dawnych praktyk zbierania zasług. Powinien również wykonać właściwe ryty ekspiacyjne i nagrodzić rannych zapobiegając ich niezadowoleniu. Uważa się to za jego obowiązek. Nie wolno mu poddać się depresji. Jednakże, gdy spada na niego nieszczęście, nie tyle powinien starać się ratować przed zniszczeniem swoich dotychczasowych religijnych zasług, co bronić swego życia. Taka jest ostateczna konkluzja.

Zostało stwierdzone w świętych pismach, że tak jak bramini powinni być biegli w znajomości obowiązków, tak wojownicy powinni być biegli w podejmowaniu wysiłku, bo siła ich broni jest tym, co posiadają. Tak jak w sytuacji katastrofy bramini mogą prowadzić rytuały ofiarne nawet na rzecz tych osób, którym nie powinni służyć w normalnych warunkach i jeść zakazane jedzenie, tak samo wojownicy w takiej sytuacji mogą zabrać bogactwo należące do każdego innego za wyjątkiem braminów i ascetów.

Jakież wyjście może być niewłaściwe dla osoby, która szuka ucieczki przed wrogiem? Jakaż droga jest niewłaściwa dla osoby szukającej ucieczki z lochu? W takich sytuacjach człowiek szuka ucieczki używając wszystkich możliwych środków nawet tych, które uchodzą za niewłaściwe.

Wojownik, który został krańcowo upokorzony przez utratę swego skarbca lub armii, nie może wybrać drogi świętego żebraka dostępnej dla braminów lub wykonywania zawodów typowych dla waiśjów lub szudrów. Zawodem wojownika jest bowiem nabywanie bogactwa poprzez wygrywanie bitew i pokonywanie wroga. Nie wolno mu żebrać od członków swej własnej kasty.

Osoba, która w normalnych warunkach utrzymuje się przy życiu realizując wyznaczone dla siebie obowiązki, w warunkach katastrofy próbuje utrzymać sie przy życiu przy pomocy środków wyznaczonych dla niej jako alternatywne. Wojownik, który nie może w warunkach katastrofy realizować swych zwykłych praktyk, może próbować przeżyć przy pomocy środków uchodzących normalnie za nieuczciwe i niewłaściwe. Podobnie mogą zachowywać się bramini, gdy zwykłe środki normalnego życia uległy zniszczeniu. A skoro nawet bramini w czasach katastrofy mogą zejść ze swej zwykłej ścieżki, przeto dotyczy to również wojowników. Tak zostało ustalone.

Wojownik zamiast popadać w przygnębienie i godzić się biernie ze zniszczeniem, powinien starać się o wypełnienie ponownie skarbca przez odbieranie majątku tym, którzy są bogaci. Wojownik jest zarówno obrońcą jak i niszczycielem ludzi i dlatego w sytuacji, gdy spada na niego nieszczęście, powinien odbierać bogatym siłą to, co może mając na uwadze użycie później tych środków do ochrony ludzi.

Na tym świecie nikt nie potrafi utrzymywać sie przy życiu bez ranienia innym żywych istot. Nawet asceta żyjący głęboko w dżungli nie jest tu wyjątkiem. Wojownik, szczególnie ten, który włada królestwem, nie może zdawać się biernie na wyroki losu. Król i jego królestwo muszą się nawzajem ochraniać. Takie jest wieczne Prawo. Tak jak król ochrania swe zagrożone przez nieszczęście królestwo przy pomocy wszystkiego, co posiada, tak królestwo powinno dostarczać ochrony królowi, na którego spadło nieszczęście. Nawet w warunkach katastrofy król nie powinien zapominać o skarbcu, armii, przyjaciołach, sprzymierzeńcach, o wymierzaniu sprawiedliwości i innych instytucjach w państwie.

Mędrcy ogłaszają, że król powinien troszczyć się o przetrwanie swego nasienia potrącając je ze swego jedzenia. Hańba królowi, którego królestwo marnieje lub który po utracie bogactwa żyje na cudzy koszt. Skarbiec i armia są dla króla jego korzeniami, na których się opiera i z których wyrasta. Armia bazuje na skarbcu i jest u korzeni gromadzonych przez niego religijnych zasług. Jego poddani z kolei opierają się na jego religijnych zasługach.

W normalnych warunkach król nie powinien ciemiężyć poddanych, lecz król, który ciemięży ich w sytuacji katastrofy szukając sposobu na wypełnienie skarbca, aby móc ich później ochraniać, nie popełnia grzechu. W rytuale ofiarnym, aby go szczęśliwie doprowadzić do końca, trzeba również wykonać działania uchodzące w normalnych warunkach za niewłaściwe.

W sytuacji katastrofy celem wypełnienia skarbca praktykuje się czyny, które kiedy indziej uchodzą za niewłaściwe. Jednakże gdyby nie zostały one w tych warunkach wykonane, wynikłoby z tego zło. Mądry król wybierając strategię działania powinien brać wszystkie te czynniki pod uwagę. Tak jak zwierzęta i inne przedmioty są konieczne do przeprowadzenia ofiary, ofiara jest konieczna do oczyszczenia serca, a zwierzęta, ofiara i czyste serca łącznie są drogą do ostatecznego Wyzwolenia, tak polityka służy wypełnianiu skarbca, skarbiec armii, a armia, skarbiec i polityka łącznie służą ochronie królestwa przed wrogiem i jego wzrostowi. Podobnie wszystkie te instytucje w państwie, które zdają się przynosić zniszczenia i cierpienia, jak armia i wymiar sprawiedliwości, istnieją faktycznie z uwagi na powszechne dobro, którego bronią.

Pozwól mi zilustrować to, o czym mówię jeszcze innym przykładem. Wielkie drzewo ścina się po to, aby przygotować właściwy słupek ofiarny i jeżeli inne drzewa uniemożliwiają do niego dostęp, one też zostają wycięte. Podcięte drzewa padając na ziemię niszczą po drodze dalsze drzewa. Podobnie wszystko to, co stoi na drodze do wypełnienia skarbca, musi zostać usunięte. Nie ma innej drogi, która prowadziłaby do realizacji tego celu. Król dzięki bogactwu może zdobyć zarówno ten jak i tamten świat zbierając religijne zasługi. Bez bogactwa jest bardziej martwy niż żywy. Bogactwo jest potrzebne do wykonania rytuałów ofiarnych i król powinien starać się je zdobyć wszystkimi możliwymi sposobami.

Jedna i ta sama osoba, jak król, nie może być zarówno tym, kto nabywa bogactwo poprzez swe własne działania, jak i tym, kto wyrzeka się bogactwa. Dla króla nie ma większego źródła możliwych religijnych zasług niż posiadanie bogactwa i królestwa. Grzeszność działań wykonanych w warunkach katastrofy jest mniejsza od grzeszności tych samych działaniami wykonanych w normalnych warunkach".

Bhiszma zakończył swą mowę mówiąc: „O Judhiszthira, pamiętaj więc zawsze o tym, że gnębienie poddanych zbyt wielkimi podatkami w zwykłych czasach jest grzeszne. W normalnych czasach ludzie gromadzą bogactwo poprzez użycie różnych właściwych dla nich środków. Niektórzy poprzez przyjmowanie darów, rytuały ofiarne, praktykowanie umartwień, inni dzięki własnej inteligencji. Osoba nie mająca żadnych bogactw jest słaba, a mająca jest potężna i poprzez swe bogactwo może wszystko zdobyć. Podobnie król, który ma pełen skarbiec, może zrealizować wszystko, co chce. Może zebrać religijne zasługi sponsorując rytuały ofiarne i rozdając dary, jak i użyć swego bogactwa dla własnej przyjemności i zwiększania Zysku. W warunkach pokoju jego skarbiec powinien być jednak wypełniony dzięki prawemu działaniu, a nie przy pomocy praktyk, które są dozwolone w czasach katastrofy".

Napisane na podstawie fragmentów *Mahābharāta*,
Santi Parva, Part 1, Sections CXXIII-CXXX
(Rajadharmanusasana Parva).

Opowieść 132
O pryncypiach w sytuacji katastrofy

1. O ochronie swego życia dopóki jest to możliwe; 2. O cierpliwości w stosunku do braminów, którzy bazując na swej umiejętności rozróżnienia dobra od zła dostarczają standardów działania; 3. O walce o wypełnienie skarbca; 4. O ochronie istnienia ograniczeń (Prawa); 5. O walce o odzyskanie władzy, na której opiera się Prawo; 6. O użyciu zdobytego bogactwa na utrzymanie armii i realizowanie ofiary; 7. O braniu pod uwagę w swym działaniu miejsca i czasu.

> Bhiszma rzekł: „O Judhiszthira, mędrcy znający święte pisma deklarują, co następuje: zbieranie religijnych zasług i gromadzenie bogactwa są dwoma niepodważalnymi obowiązkami wojownika. Żadne subtelne dyskusje na temat Prawa i ukrytych przyszłych konsekwencji nie powinny powstrzymywać króla od realizowania tych dwóch obowiązków".

(*Mahābhārāta*, Santi Parva, Part 1, Section CXXXIII)

1. O ochronie swego życia dopóki jest to możliwe

Judhiszthira rzekł: „O Bhiszma, wyjaśniłeś mi poprzednio, że w sytuacji katastrofy zwykle ścieżki realizowania Prawa załamują się i że dobry król powinien wykonywać nawet te działania, które w normalnych warunkach uchodzą za grzeszne kierując się jednak pewnymi pryncypiami, i gdy ma na uwadze te pryncypia, to w szerszej perspektywie jest ciągle widziany, jako ten, który realizuje Prawo. Wytłumacz mi, jak decydować o swym postępowaniu, czym się kierować? Jak decydować o tym, które działania są dozwolone, a których należy unikać? Opisz mi owe pryncypia, które król powinien brać pod uwagę w swym zachowaniu, gdy spada na niego nieszczęście. Wytłumacz mi, jakie ma opcje działania, gdy zostaje zaatakowany przez silniejszego wroga i po utracie prawie całej armii nie podejmuje dalszej walki z lęku o życie swych bliskich; gdy jego miasta zostają zajęte przez wroga i on sam pozbawiony bogactwa nie może już dłużej ani utrzymać w sekrecie swych zamiarów, ani zdobyć lojalności przyjaciół poprzez honorowanie ich w odpowiedni sposób".

Bhiszma rzekł: „O Judhiszthira, jeżeli wróg, który napadł na królestwo jest czystego serca i kieruje się w swych działaniach Prawem i Zyskiem, król powinien próbować zawrzeć z nim pokój i przy pomocy zręcznych negocjacji doprowadzić do odzyskania podbitych terenów. Jeżeli jednak najeźdźca jest grzeszny i szuka zwycięstwa przy pomocy nieuczciwych metod, powinien próbować zawrzeć z nim pokój godząc się ze stratą podbitych już przez niego terenów. Jeżeli ów agresywny najeźdźca odmawia zawarcia pokoju, powinien opuścić swą stolicę i pałac w obronie swego życia. Dopóki żyje król, dopóty istnieje nadzieja na pokonanie wroga w przyszłości i odzyskanie utraconego królestwa. W tej sytuacji większą wartość ma ochrona własnego życia przez króla niż złożenie go w ofierze na polu walki. Król powinien również myśleć o ochronie swych żon, jednakże jeżeli już dostały się w ręce wroga, powinien stłumić swe współczucie i powstrzymać się od podejmowania prób ich odbicia.

Król powinien bronić się przed dostaniem się w ręce wroga dopóty, dopóki jest to w jego mocy. Jednakże, gdy nie może uniknąć walki z grzesznym najeźdźcą, powinien ją podjąć ukazując całą swoją odwagę i albo go pokonać, albo oddać życie na polu walki i zdobyć niebo Indry. W takiej sytuacji wspierany nawet przez niewielką garstkę lojalnych i odważnych wojowników może zwyciężyć i zdobyć ziemię, albo zginąć i zdobyć niebo".

2. O cierpliwości w stosunku do braminów, którzy bazując na swej umiejętności rozróżnienia dobra od zła dostarczają standardów działania

Judhiszthira rzekł: „O Bhiszma, powiedz mi teraz, w jaki sposób powinni utrzymywać się przy życiu bramini w sytuacji, gdy praktykowanie prawości znikło z tego świata i wszystkie środki utrzymywania się przy życiu wpadały w ręce barbarzyńców i gdy kierując się uczuciem nie mogą porzucić swych synów i wnuków i udać się do dżungli? W jaki sposób ocenić ich postępowanie, które w takiej sytuacji zdaje się być niekiedy niezgodne z bramińskim Prawem? Jak odróżnić złych od prawych braminów?"

Bhiszma rzekł: „O Judhiszthira, w czasach, gdy zwykłe reguły prawości ulegają załamaniu, bramini mając wsparcie w wiedzy powinni szukać środków utrzymania się przy życiu bazując na swej umiejętności różnicowania Prawa od Bezprawia. Wszystko na tym świecie jest dla tych, którzy są dobrzy i nic nie jest dla tych, którzy są niegodziwi i dlatego każdy, kto odbiera bogactwo niegodziwcom i daje je tym, którzy są dobrzy, postępuje w zgodzie z zasadami prawości obowiązującymi w sytuacji nieszczęścia.

Któż będzie krytykował mądrego człowieka, który potrafi rozróżniać między różnymi drogami życia i który jest dzięki temu czysty nawet wówczas, gdy jest zmuszony do życia wśród ludzi godnych potępienia? Ci, którzy opierają wybór drogi życia na swej umiejętności różnicowania dobra od zła, nigdy nie zadowolą się czymś innym i zawsze będą błyszczeć swą wspaniałością. Tak jak ludzie prawi, lecz przeciętni, kierują się w swym działaniu literą dostępnych reguł, ludzie inteligentni, zdolni do bardziej subtelnych różnicowań, kierują się czymś więcej.

W ciężkich czasach król nigdy nie powinien tracić cierpliwości w stosunku do nauczycieli, kapłanów, braminów, jak i innych osób zasługujących na szacunek, które swój styl życia opierają na umiejętności różnicowania dobra i zła. Swym niecierpliwym zachowaniem naraża się bowiem na naganę i grzech. Wymienieni wyżej są wiecznym okiem świata, jego standardem, którego należy używać do oceny działań w ciężkich czasach. Należy kierować się autorytetem tego standardu. Prawość i grzeszność danego króla jest oceniana poprzez odniesienie do tego standardu.

Król, który wymierza sprawiedliwość, powinien zawsze pamiętać o tym, że mieszkańcy wsi i miast rzucają na siebie nawzajem oskarżenia motywowani zawiścią i gniewem i nigdy nie powinien wymierzać kary lub nagrody bazując wyłącznie na nich.

Nie powinno się wypowiadać oszczerstw i nie powinno się ich słuchać. Powinno się natychmiast opuścić towarzystwo tych, którzy je wypowiadają. Oszczercze mowy wygłaszają tylko niegodziwcy i taka mowa jest wskaźnikiem ich deprawacji. Wychwalanie czyichś zalet w obliczu ludzi, którzy są również pełni zalet, jest natomiast wskaźnikiem prawości mówiącego.

Król powinien cierpliwie znosić ciężar, który na jego ramiona nakłada spadająca na niego katastrofa biorąc przykład z pary wyćwiczonych zwierząt pociągowych, które godzą się na to, aby nosić na grzbiecie swe jarzmo. Inni jedynie podążają za królem, tak jak ci, którzy idą za parą wołów niosących swój ciężar.

Istnieją różne poglądy, co do tego, czy królewski wymiar sprawiedliwości powinien włączać braminów. Niektórzy twierdzą, że działanie bramina jest standardem słusznego działania, który sam siebie uprawomocnia i że w związku z tym bramin nie powinien podlegać królewskiej jurysdykcji. Inni natomiast się z tym nie zgadzają powołując się na przykład kary wymierzonej przez króla braminowi o imieniu Likhita (zob. opow. 111, p. 5), który zjadł owoce należące do jego brata Sankhy podczas jego nieobecności i którego Sankha wysłał do króla z prośbą o wymiar kary. Ich opinia nie musi wcale być podyktowana zawiścią lub szaleństwem. Nawet wśród największych riszi są tacy, którzy twierdzą, że nauczyciele, którzy popełnili zło, powinni podlegać karze. Takie stanowisko nie ma jednak za sobą zatwierdzającego je autorytetu. Wyrok powinien więc należeć do bogów. Oni ukarzą tych, którzy są winni i praktykują zło.

Król, który traktuje swe wyroki jako sposób na wypełnienie skarbca, schodzi ze ścieżki prawości. Ogólna zasada jest taka, że należy podążać za kodem moralnym, który jest bezwzględnie akceptowany przez tych, którzy są dobrzy i w pełni nasyceni tak jak *sadhu*, oraz przez tych, którzy mają uczciwe serca. Swe obowiązki poznał ten, kto wie, że opierają się one na czterech podstawach: *Wedach*, kodach moralnych (*śmriti*), starożytnym zwyczaju i aprobacie serca i sumienia.

Tak jak trudno odkryć ślad węża, tak trudno znaleźć racje, na których opierają się obowiązki. Tak jak myśliwy odkrywa na ziemi krwawy ślad pozostawiony przez rannego jelenia, tak człowiek powinien próbować odkrywać racje przemawiające na rzecz obowiązków. Król powinien je śledzić krocząc z pokorą ścieżką wyznaczoną przez tych, którzy są dobrzy. Tak właśnie zachowywali się wielcy królewscy mędrcy w odległych czasach".

3. O walce o wypełnienie skarbca

Bhiszma kontynuował: „O Judhiszthira, w sytuacji katastrofy król powinien starać się o wypełnienie skarbca czerpiąc bogactwo zarówno z własnego królestwa jak i z królestwa wroga. Na pełnym skarbcu bazują zarówno jego religijne zasługi jak i rozwój jego królestwa i z tych powodów królewski skarbiec musi być wypełniany, ochraniany i powiększany. Taka jest odwieczna praktyka.

Nie można wypełnić skarbca postępując w sposób całkowicie czysty i prawy, ale nie wolno również działać z bezwzględnym okrucieństwem. Należy znaleźć drogę pośrednią.

Słaby król nie zdoła wypełnić skarbca, a król, którego skarbiec jest pusty, nie może stać się silny. Słaby król nie zdoła utrzymać królestwa, a król bez królestwa nie może go rozwijać. Dla króla jego słabość jest jak śmierć i dlatego powinien zawsze umacniać swe siły poprzez rozszerzanie skarbca, armii jak i liczby sprzymierzeńców i przyjaciół.

Wszyscy lekceważą króla, którego skarbiec jest pusty. Jego służba niezadowolona z tego, że tak niewiele może od niego dostać, odmawia pracy na jego rzecz. Gdy król jest bogaty, inni oddają mu honory. Posiadane bogactwo przykrywa jego grzechy, tak jak suknie przykrywają kobiecą formę, która nie powinna być wystawiona na widok publiczny. Widok jego bogactwa zasmuca jego wrogów i choć czekają tylko na okazję, aby go zniszczyć, służą mu jak psy.

Król powinien nieustannie podejmować nowe próby zdobycia wielkości i nie powinien nigdy uginać karku w pokorze i rezygnacji. Wysiłek i walka są cechą męskości. Gdy spada na niego nieszczęście, powinien raczej udać się do dżungli i żyć wśród dzikich zwierząt niż ugiąć przed kimś kolana".

4. O ochronie istnienia ograniczeń (Prawa)

Bhiszma kontynuował: „O Judhiszthira, król nie powinien żyć wśród ministrów i urzędników, którzy tak jak barbarzyńcy łamią wszelkie ograniczenia i zahamowania. Król, który przekracza wszystkie zdrowe ograniczenia, budzi w ludziach trwogę i nawet barbarzyńcy, którzy sami nie znają litości, boją się takiego bezlitosnego króla. Z tego to powodu król powinien zawsze ustanawiać reguły i ograniczenia, aby uspokoić serca poddanych. Ludzie witają z radością nawet te reguły, które dotyczą mało znaczących spraw.

Istnieją ludzie, którzy nie wierzą w nic. Ich serca są pełne lęku i nie zasługują na to, aby im ufać. Dopóki barbarzyńcy mają jakąś wiarę i grabią jedynie cudzą własność przestrzegając innych reguł, dopóty grabież tę można uznać za nieszkodliwą. Zabicie kogoś, kto nie podejmuje walki, gwałt na żonie pokonanego, kradzież własności bramina, niewdzięczność, zniszczenie wszystkiego aż do korzeni, jak i kradzież kobiet są aktami potępianymi nawet przez barbarzyńców. Życie tysięcy żywych istot jest ochraniane w konsekwencji tego, że barbarzyńcy uznają jakieś ograniczenia.

Nie ma wątpliwości, co do tego, że król, który stara się wzbudzić w barbarzyńcach zaufanie swą pokojową postawą, po poznaniu ich wszystkich tajników może ich zniszczyć aż do korzeni. Takie postępowanie nie jest jednak zalecane. Król powinien starać się raczej o podporządkowanie ich swej władzy i nigdy nie powinien zachowywać się w stosunku do nich z okrucieństwem uważając się za potężniejszego od nich. Król, który będzie próbował ich zniszczyć, będzie zawsze żył w strachu przed konsekwencjami swego czynu".

5. O walce o odzyskanie władzy, na której opiera się Prawo

Bhiszma kontynuował: „O Judhiszthira, mędrcy znający święte pisma deklarują, co następuje: zbieranie religijnych zasług i gromadzenie bogactwa są dwoma niepodważalnymi obowiązkami wojownika. Żadne subtelne dyskusje na temat Prawa i ukrytych przyszłych konsekwencji nie powinny powstrzymywać króla od realizowania tych dwóch obowiązków.

Tak jak bezowocna jest dyskusja na temat tego, czy nieznany ślad łapy na ziemi jest śladem wilka, tak bezowocna jest dyskusja nad naturą Prawa i Bezprawia. Na tym świecie nikt nigdy nie widzi owoców Prawa i Bezprawia.

Wojownik powinien szukać środków dających mu władzę. Ten, kto ma władzę, jest panem wszystkiego. Dzięki bogactwu może utrzymać armię i zdobyć inteligentnych doradców. Bez bogactwa jest nikim. Z lęku przed jego potęgą nikt nie odważy się go krytykować nawet wtedy, gdy dokona czynów uchodzących za złe.

Gdy prawość i władza łączą się z Prawdą, ratują ludzi przed nieszczęściem i zniszczeniem. Gdy porównuje się prawość z władzą, władza jest nadrzędna w stosunku do prawości. Prawość wypływa z władzy. Prawość opiera się na władzy tak jak nieruchome przedmioty na ziemi. Tak jak ruch dymu zależy od wiatru, tak prawość zależy od władzy. Prawość szuka oparcia we władzy, tak jak pnącze szuka go w drzewie. Prawość zależy od tych, którzy mają władzę, tak jak przyjemność jest zależna od przedmiotów, które ją dają.

Nie istnieje nic, co posiadający władzę człowiek nie mógłby uczynić. Dla tych, co mają władzę wszystko jest czyste, podczas gdy ten, kto utracił władzę, nigdy nie zdoła uciec przed złem. Pozbawiony dostatku żyje w upokorzeniu i smutku. Jego życie jest jak śmierć. Mędrcy twierdzą, że gdy ktoś zostaje odrzucony przez przyjaciół i towarzyszy w wyniku swego grzesznego postępowania, jest bez przerwy raniony przez słowa innych i płonie żalem. Aby odkupić swe grzechy powinien studiować trzy *Wedy*, oddawać cześć braminom, zadowalać innych spojrzeniem, słowem i działaniem, odrzucić wszelką nikczemność, szukać żony pochodzącej z szanowanej rodziny, wychwalać innych przyznając się do własnej marności, recytować mantry, wykonywać rytuały wody, nie mówić za dużo, zachowywać się z umiarem, praktykować umartwienia i szukać ochrony u braminów i wojowników. Człowiek, który popełnił wiele zła, tak właśnie powinien postępować, powstrzymując swój gniew wywołany wyrzutami czynionymi mu przez innych. Zachowując się w ten sposób może oczyścić się z grzechów i odzyskać szacunek świata. Postępując w opisany wyżej sposób i dzieląc swe bogactwo z innymi zdobędzie sławę na tym świecie i niebo po śmierci".

Bhiszma kontynuował: "O Judhiszthira, pozwól, że w kontekście naszej rozmowy o władzy i prawości zacytuję opowieść o barbarzyńcy o imieniu Kajawja, który uratował swój lud i zdobył niebo dzięki temu, że zdobywszy władzę stał się podporą dla ograniczeń i reguł.

Kajawja był synem wojownika i kobiety Niszadów. Żyjąc wśród barbarzyńców praktykował ścieżkę wojownika. Znał wszystkie obyczaje zarówno Niszadów, jak i leśnych zwierząt i stosując się do wymogów czasu i miejsca wałęsał się po górach polując na jelenie. Jego broń była potężna, a strzała zawsze trafiała do celu. Sam jeden był zdolny do zmierzenia się z całą armią wroga. Waleczny i odważny, pozbawiony okrucieństwa i znający święte pisma oddawał cześć swym rodzicom, braminom i nauczycielom i ochraniał praktykujących umartwienia ascetów. Każdego dnia oddawał honory swym starym, ślepym i głuchym rodzicom jak i wszystkim innym zasługującym na szacunek osobom obdarowując ich miodem, mięsem, owocami i korzonkami i wykonywał na ich rzecz szereg posług. Darzył ogromnym szacunkiem braminów, którzy porzucili wszystkie dobra materialne żyjąc w dżungli. Obdarowywał ich mięsem zabitych jeleni, które—ze względu na swoje nieczyste pochodzenie i obawę, że nie przyjmą od niego daru—zostawiał anonimowo tuż przed świtem u wrót ich szałasów.

Wkrótce jego sława dotarła do uszu tysięcy barbarzyńców, którzy nie znali litości i w swym zachowaniu nie przestrzegali żadnych ograniczeń i te tłumy barbarzyńców zapragnęły mieć go za swego przywódcę. Udali się na spotkanie z nim i rzekli: 'O Kajawja, znasz doskonale wymogi czasu i miejsca, zdobyłeś wiedzę, masz odwagę i jesteś wytrwały w realizacji wszystkich swoich przedsięwzięć, bądź więc naszym przywódcą. Będziemy ci posłuszni i uczynimy wszystko to, co nam karzesz. Będziemy oddawać ci cześć, a ty w zamian ochraniaj nas jak ojciec i matka ochraniają swych synów'.

Kajawja rzekł: 'O barbarzyńcy, zostanę waszym dowódcą, jeżeli zgodzicie się na to, aby przestrzegać wymienionych przeze mnie reguł. Oto one: nie wolno nigdy zabijać kobiety lub samicy jakiegokolwiek gatunku, jak też dziecka, ascety i kogoś, kto nie podejmuje walki lub ze strachu ucieka; należy zawsze oddawać cześć braminom i walczyć na rzecz ich dobra; trzeba zawsze mówić prawdę; nie wolno przeszkadzać w zawieraniu związków małżeńskich; nie wolno niszczyć tych domostw, w których oddaje się cześć bogom, Ojcom i gościom; w swoich zbójeckich wyprawach powinniście omijać własność braminów, bo we wszystkich trzech światach nie znajdzie dla siebie obrońcy ten, kto zrani lub zabije bramina. Ten kto rzuca oszczerstwa na braminów lub życzy im śmierci, sam ulegnie zniszczeniu będąc jak ciemność niszczona przez słońce. Zaakceptujcie również to, że podczas moich rządów wojsko będzie wysyłane przeciw tym, którzy odmówią płacenia daniny. Będziecie również podlegać wymiarowi sprawiedliwości, który ma na celu zniszczenie niegodziwców a nie bogacenie się przez króla. Ci, którzy ciemiężą tych, którzy są dobrzy, zasługują na śmierć. Ci, którzy szukają powiększenia swego majątku w sposób okrutny i bez skrupułów, są jak robactwo zjadające trupy. Stosując się do przedstawionych przeze mnie reguł wygracie niebo, pomimo swego zbójeckiego stylu życia'. Barbarzyńcy zaakceptowali słowa Kajawji i posłusznie wykonywali jego rozkazy. Kajawja, dzięki swemu nastawieniu na dobro i uczciwemu zachowaniu oraz wytępieniu wśród nich złych barbarzyńskich praktyk, zdobył sukces na ziemi i niebo po śmierci".

Bhiszma zakończył swe opowiadanie mówiąc: „O Judhiszthira, ten, kto będzie miał zawsze w pamięci tę opowieść o Kajawaji pozbędzie się lęku przed zamieszkującymi dżunglę barbarzyńcami i wszystkimi innymi żywymi istotami i gdy będzie zmuszony do życia w dżungli, potrafi żyć tam bezpiecznie jak król".

6. O użyciu zdobytego bogactwa na utrzymanie armii i realizowanie ofiary

Bhiszma kontynuował: „O Judhiszthira, posłuchaj jeszcze o tym, jakie metody wypełniania królewskiego skarbca zalecał sam Brahma. Zwykł on nucić, co następuje: 'Nie należy nigdy zabierać bogactwa przeznaczonego dla bogów lub należącego do osób przygotowujących ofiarę. Wojownik powinien zabierać bogactwo tych, którzy nie wykonują rytów religijnych i ofiar i z tej racji są równi barbarzyńcom. Wojownicy są po to, aby zarówno ochraniać, jak i niszczyć ludzi. Całe bogactwo na tym świecie nie należy jednak faktycznie ani do wojowników, ani do nikogo innego i powinno być przez nich użyte na utrzymanie armii i sponsorowanie rytuałów ofiarnych.

Mędrcy twierdzą, że bogactwo osób, które nie używają go, aby dostarczyć żywność bogom, Ojcom i ludziom poprzez rytuał ofiarny jest równie bezużyteczne jak surowe niejadalne rośliny przed ugotowaniem. Prawy król powinien zabierać takie bogactwo. Dzięki temu bogactwu można zadowolić wielu ludzi. Król nie powinien jednak gromadzić i chować tego bogactwa w swym skarbcu.

Prawdziwie obeznany z Prawem jest ten król, który staje się narzędziem w odbieraniu bogactwa tym, co nie wykonują rytów i obdarowywaniu nim tych, którzy wykonują. Król w miarę swej mocy, powoli i z uporem rosnącej ku niebu rośliny powinien walczyć nie tylko o zdobycie ziemi, ale również nieba.

Tak jak mrówki zdają się mnożyć bez wyraźnej przyczyny, tak ofiara wypływa z nieokreślonego źródła. Tak jak odpędza się muchy i mrówki od krów podczas ich dojenia, tak wszyscy ci, którzy nie wykonują ofiary, powinni być wygnani z królestwa. To, co mówię, pozostaje w zgodzie z Prawem. I tak jak piasek ucierany między dwoma kamieniami staje się coraz bardziej miałki, tak pod wpływem dyskusji kwestie dotyczące Prawa stają się coraz bardziej subtelne'".

7. O braniu pod uwagę w swym działaniu miejsca i czasu

Bhiszma kontynuował: „O Judhiszthira, pamiętaj też zawsze o tym, że sukces odnoszą ci, którzy działają w teraźniejszości mając wizję przyszłości w umyśle, podczas gdy ci, którzy zbyt długo ze swym działaniem zwlekają, są zgubieni. Pozwól mi zacytować opowieść o trzech rybach opowiadaną zwykle w podobnym kontekście.

W niezbyt głębokim jeziorze pełnym ryb mieszkały trzy zaprzyjaźnione ryby *śakula*, które ciągle pływały razem. Jedna z nich myślała o przyszłości, druga miała umysł skoncentrowany na teraźniejszości, a trzecia była w swym myśleniu opieszała. Pewnego dnia nad jezioro przybyli rybacy i wynajdując różne ujścia zaczęli spuszczać wodę z jeziora.

Pierwsza ryba przewidująca przyszłość rzekła do swych towarzyszek: 'O drogie przyjaciółki, mieszkańcy tego jeziora znaleźli się w wielkim niebezpieczeństwie. Spróbujmy jak najszybciej udać się do innych wód, zanim droga do nich zostanie całkowicie wysuszona. Wielkich niebezpieczeństw można uniknąć przez przewidywanie ich i użycie właściwej strategii. Posłuchajcie więc mojej rady i opuśćmy to zagrożone miejsce'.

Druga ryba, której umysł był nastawiony na teraźniejszość, rzekła: 'O ryby, jeśli chodzi o mnie, to we właściwym czasie zawsze potrafię użyć właściwej strategii'.

Trzecia ryba, która była opieszała i opóźniała działanie rzekła: 'O ryby, według mojej opinii nie ma co się spieszyć'.

Pierwsza ryba skoncentrowana na przyszłości słysząc odpowiedź swoich towarzyszek postanowiła pozostać przy swoim i natychmiast udała się na poszukiwanie głębszej wody płynąc z nurtem i ratując swe życie.

Tymczasem rybacy po prawie całkowitym wysuszeniu jeziora zaczęli łapać przy pomocy różnych sieci te ryby, które pozostały na dnie. Opieszała ryba, która zawsze opóźniała się z działaniem została złapana razem z nimi i nie zdołała się uratować.

Ryba, której umysł był nastawiony na teraźniejszość, pozostała razem z innymi aż do momentu, gdy rybacy zaczęli wiązać ryby razem sznurkiem, i gdy tylko nadarzyła się okazja, uchwyciła pyszczkiem sznurek i uderzała weń udając, że jest związana. Rybacy sądząc, że wszystkie ryby są związane, włożyli je do głębokiej wody, aby je umyć. Skoncentrowana na teraźniejszości ryba natychmiast wypuściła z pyszczka sznurek i uciekła".

Bhiszma zakończył swe opowiadanie mówiąc: „O Judhiszthira, z przytoczonej przeze mnie opowieści wynika jasno, że na zagładę jest skazany ten, kto tak jak opieszała ryba z braku inteligencji nie potrafi wyczuć zbliżającego się niebezpieczeństwa. Tylko ten, kto potrafi działać przewidując przyszłość i ten, kto reaguje właściwie na teraźniejszość, zdoła się uratować.

Istnieją różne sposoby podziału i mierzenia czasu. Podobnie jak istnieją różne sposoby dzielenia miejsca na ziemi. Czas jest niewidoczny. Zdobycie określonych przedmiotów i realizowanie określonych celów zależy od stylu myślenia. Mędrcy wychwalają tych, których umysł jest nastawiony na przewidywanie przyszłości i rozpoznawanie teraźniejszości i ganią tych, którzy są zbyt opieszali. Sukces odnosi ten, kto działa po namyśle i bliższym rozpatrzeniu środków działania. I ten, kto w swym działaniu bierze pod uwagę zarówno miejsce jak i czas osiągnie lepsze rezultaty od tego, którego umysł jest nastawiony wyłącznie na przewidywanie lub wyłącznie na teraźniejszość".

Napisane na podstawie fragmentów *Mahābharāta*,
Santi Parva, Part 1, Sections CXXXI-CXXXVII
(Apaddharmanusasana Parva).

Opowieść 133
O negocjacjach z wrogiem
i granicy zaufania

1. O konieczności uzależnienia swej strategii w stosunku do wroga i przyjaciela od zaistniałych warunków; 2. O umiejętności rozróżniania sytuacji, w której można liczyć na pomoc swego naturalnego wroga; 3. O granicy zaufania do przyjaciela.

> Bhiszma rzekł: „O Judhiszthira, gdy na kogoś spada nieszczęście, powinien dołożyć wszelkich starań, aby pozostawać w przyjaźni z tymi, którzy są wyposażeni w inteligencję i wiedzę i pragną jego dobra. Powinien jednak także umieć zawrzeć ugodę ze swym wrogiem, jeżeli jest to jedyną drogą uratowania życia. Niemądry człowiek niezdolny do zawarcia pokoju z wrogiem, nie zdoła nigdy zebrać owoców dostępnych dla tych, którzy się o to starają. Sukces w realizacji swych celów zdobędzie ten, kto biorąc pod uwagę konkretne warunki, w których się znalazł, jest zdolny do pokoju z wrogiem i sprzeczki z przyjacielem".

(*Mahābhārāta*, Santi Parva, Part 1, Section CXXXVIII)

1. O konieczności uzależnienia swej strategii w stosunku do wroga i przyjaciela od zaistniałych warunków

Judhiszthira rzekł: „O Bhiszma, przedstawiłeś mi pryncypia, które powinien brać pod uwagę w swym zachowaniu prawy król, który padł ofiarą katastrofy i nieszczęścia. Wskazałeś, że do jego głównych zadań należy ochrona swego życia i poszukiwanie sposobów na odzyskanie władzy i królestwa. Wytłumacz mi teraz, dzięki jakiemu myśleniu prawy król, który zna święte pisma i w swym działaniu jest nastawiony na realizowanie Prawa i Zysku, może ochronić się przed utratą rozumu i działać rozsądnie nawet wówczas, gdy jest otoczony przez samych wrogów, których liczba rośnie i którzy żywiąc do niego urazy z powodu jego przeszłych zwycięstw, chcą go zniszczyć. W jaki sposób będąc osłabiony i sam może bronić się przed atakiem ze wszystkich stron. Gdzie ma wtedy szukać sprzymierzeńców i przyjaciół? Co ma czynić widząc, że jego przyjaciele również stają się jego wrogami? Jak powinien decydować o tym, z kim walczyć i z kim zawrzeć pokój?

Postawione przeze mnie pytania są dla mnie wielkiej wagi i są ściśle powiązane z umiejętnościami realizowania przez króla jego obowiązków w sytuacji wielkiego stresu. Nikt poza tobą, który poznał Prawdę i opanował swe zmysły, nie potrafi mi na nie udzielić odpowiedzi".

Bhiszma rzekł: „O Judhiszthira, zaiste postawione przez ciebie pytania są ciebie godne. Odpowiedź na nie pomoże ci w wyborze działań, gdy spadnie na ciebie nieszczęście. W sytuacji wielkiego stresu, gdy trudno rozróżnić wroga od przyjaciela i bieg ludzkich działań staje się niepewny i trudny do przewidzenia, przy wyborze działania konieczne jest staranne zważanie na zmienne wymogi czasu i miejsca, od których zależy to, w jakim stopniu można wrogowi ufać i w jakim trzeba się go strzec.

Gdy spada na kogoś nieszczęście, powinien dołożyć wszelkich starań, aby pozostawać w przyjaźni z tymi, którzy są wyposażeni w inteligencję i wiedzę i pragną jego dobra. Powinien jednak także umieć zawrzeć ugodę ze swym wrogiem, jeżeli jest to jedyną drogą uratowania życia. Niemądry człowiek niezdolny do zawarcia pokoju z wrogiem, nie zdoła nigdy zebrać owoców dostępnych dla tych, którzy się o to starają. Sukces w realizacji swych celów zdobędzie ten, kto biorąc pod uwagę konkretne warunki, w których się znalazł, jest zdolny do pokoju z wrogiem i sprzeczki z przyjacielem. Pozwól mi zilustrować tę tezę starożytną opowieścią o kocie, myszy i drzewie banianowym".

2. O umiejętności rozróżniania sytuacji, w której można liczyć na pomoc swego naturalnego wroga

Bhiszma kontynuował: „O Judhiszthira, ongiś w odległych czasach w głębi przepastnej dżungli wyrosło wielkie drzewo banianowe o potężnym pniu pokrytym licznymi pnączami, z którego wyrastały w różnych kierunkach liczne gałęzie. W jego wielkiej koronie mieszkało wiele różnych gatunków ptaków, a wokół jego pnia żyło wiele różnych zwierząt. Swym widokiem cieszyło oczy tych, którzy na nie patrzyli, a swym cieniem przynosiło ulgę tym, którzy chcieli odpocząć od słonecznego żaru.

U stóp tego drzewa w norce z setką wyjść zamieszkała mądra mysz o imieniu Palita, a na jednej z gałęzi polujący na ptaki kot o imieniu Lomasa. Pewnego dnia w pobliże drzewa przybył pewien nisko urodzony Czandala (niedotykalny), który zbudował sobie w dżungli szałas i co wieczór przed udaniem się na spoczynek rozstawiał sidła. O poranku zbierał wszystkie zwierzęta, które podczas nocy wpadły w zastawione na nie pułapki.

Pewnej nocy w momencie nieuwagi wróg wszystkich myszy, kot Lomasa, wpadł do wykopanego przez Czandalę dołu i zaplątał się w zastawioną tam sieć. Mysz Palita widząc swego wroga w tak żałosnym położeniu zaczęła biegać bez lęku wokół dołu-pułapki szukając pożywienia. Zobaczywszy tam rozsypane przez Czandalę kawałki mięsa zaczęła je jeść i ciesząc się w duchu z tego, że jej wróg leżał bezbronny złapany w sieć, biegała wokół niego zachowując jednak bezpieczny dystans. Zajęta jedzeniem nie zauważyła, że sama znalazła się w niebezpieczeństwie. Kątem oka dostrzegała jednak, jak w jej kierunku ruszył jej zamieszkujący pod ziemią straszliwy wróg, mangusta Harita, o ciele przypominającym kwiat trzciny i oczach w kolorze miedzi. Zwabiony zapachem myszy zbliżał się szybko chcąc ją upolować. Unosząc się na swych tylnych nogach wzniósł w górę głowę oblizując kąciki ust swym długim językiem. Na domiar złego w tym samym momencie mysz dostrzegła, że na gałęzi drzewa bananowego zaczaił się jej inny wróg, straszliwa nocna sowa Czandraka.

Palita przerażony widokiem tych dwóch czyhających na niego wrogów zaczął intensywnie myśleć: 'Cóż mam teraz uczynić w tej straszliwej sytuacji, w której się znalazłem? Niebezpieczeństwo grozi mi z każdej strony i śmierć zagląda mi w oczy. Jak mam ratować swe życie? Wszedłem do tej pułapki, w którą złapał się kot zapominając o podjęciu jakichkolwiek środków ostrożności. Mangusta nie zawaha się, żeby mnie zjeść, tak jak i czyhająca na gałęzi sowa i ten straszliwy kot, gdy tylko zdoła dosięgnąć mnie łapą lub uwolni się z krępującego jego ruchy sznura.

Mędrcy nauczają, że każdy, kto znalazł się w niebezpieczeństwie powinien starać się nie tracić rozsądku i zimnej krwi i szukać drogi ucieczki. Osoba taka jak ja, wyposażona w mądrość, inteligencję i zdolność do użycia strategii, nigdy nie daje za wygraną bez względu na to, jak wielkie grozi jej niebezpieczeństwo. Muszę więc pomyśleć, gdzie mogę szukać dla siebie ratunku.

Jedyną szansą dla mnie, którą widzę, jest ten unieruchomiony ciągle kot. On jest moim naturalnym wrogiem, ale on sam znajduje się w bardzo trudnym położeniu. Mając ostre zęby mogę zaoferować mu usługę i w zamian za to szukać u niego ochrony przed pozostałymi wrogami. Muszę podjąć z nim negocjacje licząc na to, że to niemądre stworzenie jest zdolne do zrozumienia własnego interesu i zawarcia ze mną na jakiś czas pokoju. Ci, którzy znają się na strategii i polityce zalecają, aby zawierać ugody z mądrym wrogiem, któremu również grozi niebezpieczeństwo. Lepiej mieć mądrego wroga, który potrafi rozróżnić, gdzie leży jego interes, niż głupiego przyjaciela. Moje życie zależy teraz całkowicie od inteligencji tego kota. Muszę wskazać mu na to, że dzięki mym ostrym zębom mogę mu pomóc w wyzwoleniu się z pułapki, w którą wpadł i liczyć na to, że jest zdolny do rozpoznania, gdzie leży jego interes i udzielenia mi w zamian pomocy'.

Palita rozumiejąc sytuację, w której się znalazł i zdolny do myślenia w kategoriach Zysku rzekł do uwięzionego w pułapce kota: 'O kocie, mam nadzieję, że ciągle żyjesz? Choć jesteś moim wrogiem, przemawiam do ciebie jak przyjaciel mając na uwadze zarówno twoje jak i własne dobro. Uwolnij się od lęku. Będziesz mógł żyć długo i szczęśliwie, bo potrafię uratować ci życie, jeżeli obiecasz mi, że mnie nie zabijesz. Doszedłem bowiem do wniosku, że dzięki użyciu wspólnej strategii możemy obaj obronić się przed grożącym każdemu z nas niebezpieczeństwem.

Twemu życiu zagraża śmiertelne niebezpieczeństwo ze strony myśliwego, lecz moje życie też wisi na włosku. Spójrz na tą straszliwą mangustę i sowę, które tylko czyhają, żeby mnie zjeść budząc we mnie przerażenie.

Wystarczy tylko kilka kroków do zawarcia ugody. Bazując na naszej inteligencji pozostańmy w tej groźnej dla nas sytuacji przyjaciółmi. Jeżeli się na to zgodzisz, nie będziesz miał powodów do obaw o swe życie. Obiecuję, że przegryzę krępujące cię sznury, jeżeli pozwolisz mi na schowanie się pod twym brzuchem bez strachu, że mnie zabijesz i zjesz.

Mędrcy nie pochwalają ani tych, którym nikt nie może ufać, ani tych, którzy nikomu nie ufają—obaj są równie nieszczęśliwi. My sami żyliśmy dotychczas dzięki temu samemu drzewu, ty w jego koronie, a ja u jego stóp. Jak sam wiesz, żyliśmy tam w pokoju przez długie lata. Niech pamięć o tym wzmocni nasze przyjazne uczucia i niech będzie między nami pokój. Nie traćmy szansy na uratowanie się nawzajem opóźniając działanie. Mędrcy zawsze pochwalają angażowanie się w działanie we właściwym czasie. I właśnie teraz jest właściwy moment na to, aby porozumieć się i ustalić wspólną strategię ratującą życie każdego z nas. Nasza umowa uszczęśliwi nas obu. Uratuję cię w zamian za to, że ty mnie uratujesz'

Palita zamilkł po wypowiedzeniu tych mądrych słów, które wskazywały na korzyści dla obydwu stron, czekając na odpowiedź. Uzbrojony w ostre pazury kot Lomasa, który był inteligentny i zapobiegliwy, zastanowił się przez chwilę nad swym położeniem i mądrymi słowami myszy i doceniwszy mądrość tych słów rzekł łagodnym głosem: 'O Palita, zarówno tobie jak i mnie grozi śmiertelne niebezpieczeństwo i błogosławię cię za to, że życzysz mi, abym żył dalej. Twoja propozycja w pełni mnie zadowala. Nie wahajmy się nawet przez chwilę przed uczynieniem tego, co będzie miało dla nas pozytywne skutki i zawrzyjmy naszą umowę bez chwili zwłoki. Uczynię wszystko, co jest właściwe i konieczne do zrealizowania naszego wspólnego celu. Za uratowanie mi życia odpłacę ci tym samym. Moje życie jest w twoich rękach! Jestem ci szczerze oddany. Będę ci służył tak jak uczeń służy nauczycielowi. Szukam u ciebie ochrony i jestem na twoje rozkazy!'

Palita widząc, że kot jest gotowy, aby poddać się całkowicie jego władzy, wypowiedział następujące mądre słowa o wielkiej wadze: 'O mój naturalny wrogu, twa mowa jest wielkoduszna. Trudno byłoby oczekiwać innej od osoby tak pełnej mądrości jak ty. Posłuchaj więc, jaki wymyśliłem korzystny dla nas obu fortel.

Ponieważ strasznie się boję zbliżającej się do nas mangusty, schowam się pod twoim brzuchem. Obiecaj mi, że gdy będę w zasięgu twoich zębów i pazurów, nie zabijesz mnie pamiętając o tym, że w zamian za oddaną mi przysługę obiecałem uratować ci życie. Ochroń mnie również przed przyczajoną na drzewie sową, a ja w zamian przegryzę sznury, w które się zaplątałeś. Przysięgam, że mówię prawdę i uczynię to, co obiecuję'.

Kot Lomasa słysząc te rozumne słowa myszy powitał je z radością i po krótkim namyśle rzekł: 'O Palita, zbliż się szybko do mnie i niech będzie między nami pokój. Jesteś dla mnie równie drogi jak moje życie, bo to dzięki twej łasce mogę je uratować. Uczynię dla ciebie wszystko, co jest w mojej mocy. Po uwolnieniu się z tej pułapki razem z całą moją rodziną i przyjaciółmi uczynię wszystko, co jest dla ciebie korzystne. Będę myślał o tym, jak cię zadowolić oddając ci honory i czcząc cię. Ten, kto próbuje odpłacić za otrzymaną usługę, nigdy nie dorówna temu, kto wykonał swą usługę pierwszy, bo motywuje się odpłatą za usługę otrzymaną, podczas gdy ten, kto realizuje usługę pierwszy nie kieruje się takim motywem'.

Mysz po przekonaniu kota, gdzie leży jego własny interes, zbliżyła się ufnie do swego wroga. Ułożyła się na jego piersi, tak jakby to były kolana jej własnej matki lub ojca. Mangusta i sowa widząc mysz ukrytą na ciele kota straciły nadzieję na możliwość upolowania jej. Widok takiej bliskości między myszą i kotem budził w nich zarówno zadziwienie jak i niepokój i nie czuły się na siłach, aby móc oderwać tę mysz od kota. Czując się bezsilne w obliczu rezultatu tej umowy zawartej przez mysz i kota dały za wygraną i udały się do swych zwykłych miejsc pobytu.

Mysz Palita widząc, że jej wrogowie oddalili się, wierna zawartej umowie zaczęła przegryzać sznurki sieci, w którą wpadł kot Lomasa. Czyniła to jednak powoli, nie spiesząc się, aby nie skończyć swej pracy przed nadejściem właściwego czasu, gdy uwolnienie kota będzie dla niej bezpieczne. Tymczasem zdenerwowany swym uwięzieniem kot widząc, że mysz się nie spieszy, zaczął tracić cierpliwość. Rzekł: 'O Palita, czy nie posuwasz się w swej pracy zbyt powoli? Czyżbyś teraz, gdy twój cel został już zrealizowany, zaczął mnie ignorować? Proszę cię, spiesz się z tym przegryzaniem sznurków, bo myśliwy może się tu pojawić w każdej chwili!'

Słysząc to mądra mysz rzekła do kota, który był niecierpliwy i trochę mniej mądry: 'O Lomasa, uzbrój się w cierpliwość i uwolnij się od niepokoju, nie ma bowiem żadnych powodów do pośpiechu. Czyżbyś zapomniał, że na wszystko jest właściwy czas? Gdy działanie zostaje podjęte zbyt wcześnie, nie przyniesie oczekiwanego Zysku. Owoce zrodzi natomiast to działanie, które zostało wykonane we właściwym czasie. Jeżeli uwolnię cię za szybko, sam znajdę się w straszliwym niebezpieczeństwie. Jaką mam bowiem gwarancję, że nie zechcesz mnie zjeść? Czekaj więc cierpliwie na właściwy moment. Jak zobaczę, że uzbrojony w swą broń myśliwy zbliża się do sideł przerażając swym widokiem zarówno ciebie jak i mnie, przegryzę szybko ostatni sznur, który cię więzi i wtedy uwolniony ze swych sideł szybko wskoczysz na drzewo, aby tam się ukryć zapominając o mnie. W tym momencie przerażenia nie będziesz mógł myśleć o niczym innym poza ratowaniem życia i gdy gnany strachem przed myśliwym będziesz uciekał na swą gałąź, ja szybko wskoczę do mojej norki'.

Kot, który zrealizował swoją część umowy ochraniając mysz przed mangustą i sową, widząc jej opieszałość w realizowaniu jej części i słysząc jej słowa rzekł z naganą w głosie: 'O Palita, uratowałem cię przed wielkim niebezpieczeństwem bez chwili wahania. Biada przyjacielowi, który się ociąga się z odpłatą. Zrealizuj to, co obiecałeś z większą gorliwością i pośpiechem. Niech każdy z nas czerpie korzyść z naszej umowy. Jeżeli tego nie uczynisz, w konsekwencji swego podłego czynu sam stracisz życie. Uczyń to, co powinieneś zapominając o wszelkim źle, które ci kiedyś wyrządziłem przed zawarciem naszej umowy. Proszę cię o wybaczenie i nie żyw do mnie urazy'.

Mądra mysz odpowiedziała: 'O kocie, to, co powiedziałeś ma na uwadze twój interes. Posłuchaj, co ja mam do powiedzenia mając na uwadze mój interes. Przyjaźń, której towarzyszy lęk przed działaniami partnera i której nie można oczyścić z lęku, powinna być utrzymywana z taką samą czujnością jak czujność zaklinacza wężów, który zawsze trzyma swą dłoń z dala od jadowitych zębów węża. Gdy słabszy partner po zawarciu umowy z silniejszym nie pozostaje wystarczająco czujny, dozna ran zamiast korzyści.

Nikt nie jest niczyim przyjacielem sam z siebie i nikt nikomu sam z siebie dobrze nie życzy. Poszczególne osoby stają się przyjaciółmi lub wrogami zależnie od stanu ich interesów. Interes przyciąga interes, i gdy partner swym działaniem zrealizuje czyjś interes nie motywuje go dalej do odpłaty. Z tego to powodu, aby nie tracić zainteresowania partnera należy tak działać, że zawsze pozostaje mu coś do zrobienia.

Chcąc zabezpieczyć się przed twoimi zębami uwolnię cię z twych sideł wówczas, gdy z lęku przed myśliwym będziesz myślał tylko o ucieczce i chcąc ratować swe życie nawet nie pomyślisz o tym, aby mnie złapać i zjeść. Spójrz, już przegryzłem większość krępujących cię sznurków i do przegryzienia pozostał tylko jeden. Nie niepokój się, bo zdążę go przegryźć, gdy nadejdzie na to właściwy moment'.

Tymczasem noc powoli dobiegała końca. Wraz z nadejściem świtu, serce kota ściskał coraz większy strach. Dostrzegł, że myśliwy o przeraźliwym wyglądzie zbliża się razem z gromadą psów do pułapki, w którą został schwytany. Włosy myśliwego były czarne i kudłate, biodra szerokie i twarz groźna. Jego wielkie usta sięgały od ucha do ucha, a brudne i obrzydliwe uszy były bardzo długie. Wyglądał jak wysłannik samego boga śmierci Jamy. Przerażony tym widokiem kot rzekł do myszy: 'O Palita, ratuj mnie, bo teraz jest na to najwyższy czas!'

W odpowiedzi mysz bardzo szybko przegryzła ostatni sznurek, który więził kota. Uwolniony z sideł kot nie zważając na nic w wielkim pośpiechu wyskoczył z wykopanej przez myśliwego dziury i ukrył się w gałęziach drzewa banianowego. Myśliwy, który to widział, był bardzo rozczarowany. Straciwszy nadzieję, że w tym miejscu uda mu się coś upolować, zabrał swe sidła i udał się na poszukiwanie innego bardziej obiecującego miejsca.

Kot Lomasa ucieszony tym, że udało mu się ujść życiem, siedząc na gałęzi drzewa rzekł do myszy, która siedziała ukryta w swej norce u stóp tego samego drzewa: 'O Palita, uciekłeś bez słowa do swej norki w tak wielkim pośpiechu. Mam nadzieję, że nie podejrzewasz mnie o to, że żywię w stosunku do ciebie jakieś złe zamiary. Jestem ci ogromnie wdzięczny za to, co uczyniłeś.

Dlaczego po nauczeniu mnie zaufania i uratowaniu mi życia siedzisz w ukryciu, zamiast zbliżyć się do mnie, abyśmy mogli razem czerpać radość z naszej przyjaźni. Ten, kto zapomina o przyjacielu, który oddał mu przysługę, jest uważany za niegodziwca i nie zdoła znaleźć przyjaciół, gdy spadnie na niego nieszczęście i będzie ich najbardziej potrzebował.

Uhonorowałeś mnie swoją przyjaźnią i oddałeś mi usługę najlepiej jak mogłeś. Czyż nie powinieneś teraz czerpać radości z przebywania ze mną? Cała moja rodzina i wszyscy moi przyjaciele będą czcić ciebie i twoich bliskich równie gorliwie jak uczniowie czczą nauczycieli. Któż byłby na tyle niewdzięczny, żeby nie oddawać czci temu, kto uratował mu życie? Bądź panem mojego ciała i mego domu! Rozporządzaj moim majątkiem i wszystkim, co posiadam. Bądź moim doradcą, rozkazuj mi jak ojciec. Uwolnij się od wszelkiego lęku przed nami, gdyż przysięgam, że nic ci z naszej strony nie grozi. Swą inteligencją dorównujesz nauczycielowi demonów Śukrze. Pokonałeś mnie mocą swego rozumowania i dzięki swej umiejętności negocjacji i użycia strategii uratowałeś mi życie'.

Mysz, która nigdy nie traciła z oczu najwyższego dobra, mając na uwadze swój własny interes rzekła: 'O Lomaso, wysłuchałem całej twej mowy. Posłuchaj teraz tego, co ja mam do powiedzenia.

Zarówno przyjaciele jak i wrogowie muszą być dobrze sprawdzeni. Na tym świecie nie jest bowiem łatwo odróżnić wroga od przyjaciela. Przyjaciele mogą pojawiać się pod przebraniem wrogów, a wrogowie pod przebraniem przyjaciół. Gdy osoby zawierają między sobą przyjazny kontrakt, trudno im mieć pewność, czy ich partner nie kieruje się żądzą i gniewem.

Wróg jako taki nie istnieje, podobnie jak nie istnieje sama w sobie rzecz taka jak przyjaciel. To zaistniałe warunki stwarzają zarówno przyjaciela jak i wroga. Osoba, która wiąże swój własny interes z życiem innej osoby, uważa ją za przyjaciela dopóty, dopóki nie pojawi się między nimi konflikt interesów.

Nie ma niczego takiego, co zasługiwałoby na niezmienną nazwę przyjaźni lub wrogości. Zarówno przyjaźń jak i wrogość powstaje z wzięcia pod uwagę interesu i Zysku. Wraz z upływem czasu przyjaźń może zmienić się we wrogość, a wrogość w przyjaźń.

Interes własny jest bardzo potężnym czynnikiem. Ten, kto ślepo ufa przyjaciołom i zachowuje się zawsze z nieufnością w stosunku do wrogów, naraża się na niebezpieczeństwo. Ten, kto ignoruje możliwość użycia polityki i strategii w stosunkach z innymi i nastawia całkowicie swe serce na uczuciową jedność z przyjaciółmi i brak takiej jedności z wrogami, jest uważany za osobę, która straciła rozum. Nie należy ufać tym, którzy nie zasługują na zaufanie, ale również nie można całkowicie ufać tym, którzy zasługują na zaufanie. Niebezpieczeństwo, które niesie ze sobą ślepe zaufanie jest ogromne i reakcja osoby, której się ufa, może zniszczyć ufającego aż do korzeni.

Wszyscy krewni łącznie z ojcem, matką, synem, wujem i synem siostry w swych działaniach biorą pod uwagę interes i Zysk. Nawet ojciec i matka potrafią wyrzec się syna, który popełnił straszny grzech. Ludzie zawsze troszczą się o samych siebie. Zauważ potęgę własnego interesu.

Osoba taka jak ty, która po uwolnieniu się od straszliwego niebezpieczeństwa chce uszczęśliwić swego wroga, nie może być szczera. Poprzednio zszedłeś z czubka drzewa na ziemię niezdolny z powodu swej lekkomyślności do zauważenia rozłożonych pod drzewem sideł. Jakże osoba tak lekkomyślna jak ty, która jest niezdolna nawet do ochrony samej siebie, może być zdolna do ochrony innych? Taka osoba z całą pewnością zrujnuje wszystkie swoje przedsięwzięcia.

Przemawiasz do mnie słodko dowodząc, jak bardzo jestem ci drogi. Posłuchaj jednak, co ja na ten temat myślę.

Nikt nie staje się dla nikogo drogi bez przyczyny. Wszystkie żywe istoty są wprawiane w ruch przez pragnienie Zysku w tej lub innej formie. Zarówno przyjaźń między rodzonymi braćmi, jak miłość między mężem i żoną bazują na interesie. Nie znam takiego rodzaju uczucia między osobami, które nie opierałoby się na motywie własnego interesu. Szczególnie wśród osób, które nie są ze sobą naturalnie związane, tak jak rodzeni bracia, czy mąż i żona, nie zdarza się, aby po kłótni łączyły się ze sobą ponownie z racji naturalnego uczucia. Ktoś staje się dla kogoś drogi z powodu swej szczodrości, słodkich słów lub prawych działań. Mówiąc ogólnie dana osoba staje się dla innej droga z racji celu, któremu służy.

Również w naszym przypadku przyjacielskie uczucie zrodziło się nie bez przyczyny. Przyczyna ta jednak znikła i już dłużej nie istnieje. Wraz z jej zniknięciem zniknęły między nami przyjazne uczucia, bo z natury jesteśmy wrogami. Nie mogę sobie wyobrazić, aby obecnie istniała jakaś inna przyczyna, dla której jestem dla ciebie drogi, poza twym pragnieniem, aby upolować mnie i zjeść? Czas niszczy stare przyczyny. Ty sam podążasz instynktownie za swym własnym interesem. Inni jednak, tacy jak ja, którzy zdobyli mądrość, są świadomi i rozumieją, gdzie leży ich interes i działają z tą świadomością.

Świat opiera się na dobrym przykładzie mędrców. Nie powinieneś przemawiać tak, jak to czynisz, do kogoś, kto tak jak ja rozumie swój własny interes i zdobył mądrość. Jesteś silny i groźny i oferujesz mi swe uczucie w złym momencie. Ja sam jednakże dobrze wiem, gdzie leży mój interes i wiem, że wojna i pokój nie są permanentnym stanem, lecz zależą od zaistniałych warunków. Warunki skłaniające do pokoju lub do wojny zmieniają się równie szybko jak kształt chmur na niebie. Tego samego dnia raz byłeś moim wrogiem, raz sprzymierzeńcem i teraz ponownie stałeś się moim wrogiem. Przyjaźń między nami istniała dopóty, dopóki istniał jej powód, który zniknął wraz z upływem czasu. Wraz z powodem zniknęła przyjaźń. Żywiąc się moim gatunkiem jesteś moim naturalnym wrogiem. Stałeś się moim przyjacielem z powodu zaistnienia szczególnych okoliczności. Okoliczności te jednakże znikły i między nas powrócił dawny naturalny stan wrogości. Sam pomyśl, czy będąc zdolny do strategicznego myślenia mogę wyjść teraz z mej norki na twe wezwanie i zapewnienia przyjaźni? Z mojej strony byłoby to wejście prosto w nastawione na mnie sidła.

Zawierając ze mną chwilowy pakt przyjaźni pomogłeś mi w uratowaniu życia. Podobnie ja dzięki moim ostrym zębom pomogłem ci w zamian uratować życie. Oddaliśmy sobie nawzajem wielką przysługę. Teraz jednak nie ma już powodu do kontynuowania tego przyjaznego paktu, bo jego cel został już zrealizowany. Jestem ci teraz potrzebny wyłącznie po to, abyś mógł mnie zjeść. Jestem z natury twoim pożywieniem. Ty sam jesteś drapieżnikiem, podczas gdy ja jestem słaby i jedyną moją obroną przed tobą jest ucieczka. Skoro nie ma między nami równowagi sił, jakże możemy pozostawać w przyjaźni?

Rozumiem twoje rozumowanie. Ratując mi życie zdobyłeś moją wdzięczność i motywowany przez nią mogę stać się dla ciebie łatwą zdobyczą. Teraz, gdy po upływie całej nocy uwolniłeś się z sideł, musisz być strasznie głodny i myślisz tylko o tym, żeby upolować mnie i zjeść. Wpadłeś przecież w siła nastawione przez myśliwego, bo szukałeś jedzenia. Wiem, że musisz być głodny, bo nadszedł moment na twoje śniadanie i że chcąc coś smakowitego złowić, myślisz o mnie.

O przyjacielu, oferujesz mi przyjaźń, lecz w tym momencie nie mogę jej zaakceptować. Jeżeli nawet ty sam powstrzymasz się od zjedzenia mnie, to z całą pewnością uczynią to twoje dzieci i żony.

Sam więc widzisz, że nie mogę być dłużej twoim przyjacielem. Powód naszej przyjaznej ugody już dłużej nie istnieje. Jeżeli jesteś naprawdę szczery w swej ofercie przyjaźni i wdzięczny mi za mój czyn, zaakceptuj to, że obecnie odrzucenie twej oferty jest w moim najlepszym interesie i zadowól się tym. Pomyśl, czy w mojej sytuacji ktoś, kto posiada choć trochę rozumu, zechciałby zdać się na łaskę kogoś takiego jak ty, kto nie wyróżnia się wcale prawością, jest głodny i rozgląda się za łatwą zdobyczą? Pozwól mi więc schować się głębiej do mojej norki, bo drżę ze strachu, nawet gdy patrzę na ciebie z daleka. Zaniechaj swych prób namawiania mnie na przyjaźń, bo ja nie zamierzam zadawać się z tobą. Jeżeli jesteś mi wdzięczny za moją usługę, pozwól mi odejść i znaleźć dla siebie jakąś inną kryjówkę, bo przebywanie w bliskim sąsiedztwie z drapieżnikiem takim jak ty nie jest dla mnie dobre. Nawet gdy raz udało mi się uciec, zawsze będę drżał ze strachu na widok tych, którzy są ode mnie potężniejsi i mogą mnie zjeść.

Ci, którzy są słabi tak jak ja, uważają tych, którzy są silniejsi za wrogów. Takie rozumowanie bazuje na świętych naukach i nigdy nie traci swej wartości. Jeżeli się co do ciebie mylę i wcale nie chcesz mnie zjeść zapominając o swym własnym interesie, powiedz mi, co mógłbym dla ciebie uczynić? Oddam ci wszystko, co posiadam za wyjątkiem życia. Mędrcy nauczają, że dla ochrony swej jaźni należy poświęć nawet własne dzieci, królestwo, klejnoty i bogactwo. Dopóki się żyje, dopóty można odzyskać utracone bogactwo i dlatego nie należy rezygnować ze swego życia z tą samą łatwością jak z bogactwa. Własna jaźń powinna być zawsze ochraniana. Osoby, które troszczą się ochronę samych siebie i podejmują działania po namyśle i analizie sytuacji, nie narażają się na niebezpieczeństwo z powodu własnych lekkomyślnych działań'.

Zganiony w ten sposób przez mysz kot Lomasa zawstydzony rzekł: 'O Palita, znam twoją mądrość i wiem, że masz na uwadze swoje i moje dobro. Rozważając twój i mój interes dowiodłeś, że są one w konflikcie. Nie powinieneś jednak brać mnie za kogoś, kim nie jestem. Przysięgam, że w moim pojęciu zranienie przyjaciela zasługuje na surową naganę. Z racji tego, że uratowałeś mi życie, bardzo sobie cenię przyjaźń z tobą. Znam Prawo i w pełni doceniam zasługi innych. Jestem ci prawdziwie wdzięczny za otrzymaną usługę. Jestem oddany służbie na rzecz przyjaciół i dlatego uważam, że powinniśmy być dalej przyjaciółmi. Jestem gotowy razem z wszystkimi moimi krewnymi oddać w ofierze swe życie, jeżeli tego ode mnie zażądasz. Osoby, które zdobyły wiedzę, widzą powody do tego, aby ufać istotom o mentalnym nastawieniu takim jak nasze. Zaufaj więc szczerości mych intencji'.

Mysz Palita rzekła po krótkim namyśle: 'O Lomasa, jesteś nadzwyczajnie dobry i z wielką przyjemnością wysłuchałem tego, co masz do powiedzenia. Jednakże mimo tego nie mogę ci zaufać i do kontynuowania przyjaźni z tobą nie zdołasz mnie skłonić ani swą mową, ani darami. Wierz mi, że ci, którzy są mądrzy, nigdy bez uzasadnionego powodu nie oddają się z własnej woli w ręce swych naturalnych wrogów. Istota słaba, która zawarła ugodę z silną w sytuacji, gdy każdej z nich groziło niebezpieczeństwo, powinna w stosunku do silnej zachowywać ostrożność i rozwagę, gdy niebezpieczeństwo zniknie. Po zrealizowaniu celu ugody, osoba słaba nie powinna dłużej ufać silniej. Nigdy nie powinno się ufać komuś, kto nie zasługuje na zaufanie, tak jak nie powinno się ślepo ufać komuś, kto zasługuje na zaufanie. Należy zawsze usiłować polegać na samym sobie i inspirować innych zaufaniem do samego siebie. Nigdy nie powinno się ufać swym naturalnym wrogom i w każdych warunkach należy ochraniać przede wszystkim samego siebie. Czyjeś bogactwo, dzieci i żony moją dla niego wartość tylko tak długo, jak on sam żyje.

Z tego co mówię wynika jasno, że u podłoża wszelkich ugód leży polityka nieufności i dlatego ostrożność i brak zaufania do wszystkich jest tym, co prowadzi do najwyższego dobra. Ci, którzy nie ufają swym wrogom, nigdy nie znajdą się w ich władzy bez względu na to, jak są słabi i jak silni są ich wrogowie. Ktoś, tak bezbronny i słaby, jak ja powinien więc zawsze strzec swego życia przed kimś tak potężnym i drapieżnym jak ty i podobnie ty sam powinieneś zawsze strzec swego życia przed wściekłym myśliwym takim jak Czandala, który złapał cię w sidła'.

Kot słuchając słów myszy tak bardzo przestraszył się wzmianki o myśliwym, że zeskoczył z gałęzi na ziemię i w wielkim pośpiechu uciekł w głęboki las. Mądra i znająca święte pisma mysz Palita, która w rozmowie z kotem ukazała swą potęgę rozumienia, widząc jego ucieczkę schowała się spokojnie w swej norce'".

Bhiszma zakończył swe opowiadanie mówiąc: „O Judhiszthira, jak sam widzisz nawet mysz, choć słaba i sama jedna, dzięki posiadanej wiedzy zdołała pokrzyżować plany swym potężnym wrogom. Ten, kto jest inteligentny i mądry powinien zawsze starać się o utrzymanie pokoju ze swymi potężnymi wrogami. Mysz i kot zdołali w sytuacji wspólnego zagrożenia uciec z życiem dzięki swej umiejętności zawarcia ugody i wzajemnej wymianie usług. Posłuchaj teraz, co w kontekście tej opowieści można powiedzieć o obowiązkach wojowników.

Gdy dwie osoby od dawna zaangażowane we wrogie stosunki zawierają pokój, można być pewnym, że chcą się nawzajem okpić. W takim przypadku osoba, która ma wiedzę dzięki swej mocy rozumienia zdobędzie przewagę nad swym partnerem, który jest nieuważny i pozbawiony wiedzy.

Ważne jest to, aby faktycznie odczuwając lęk rozbić wrażenie osoby nieustraszonej i przy braku zaufania do partnera wydawać się ufnym. Ten, kto działa ostrożnie nie błądzi, a nawet jak zbłądzi, nie będzie zrujnowany.

Gdy nadchodzi na to właściwy moment, należy zawrzeć pokój nawet z wrogiem, i gdy jest na to właściwy moment, należy podjąć wojnę nawet z przyjacielem. Tak powinni postępować ci, którzy poznali zasady wojny i pokoju.

Pamiętając o tym i ze znajomością świętych pism w umyśle należy z pełną świadomością i bez wahania działać jak osoba motywowana lękiem, zanim oczekiwana przyczyna lęku zrealizuje się, lecz gdy faktycznie to, co budzi lęk się zrealizuje, należy udając nieustraszonego działać jak ktoś, kto się boi i próbować zawrzeć pokój z wrogiem. Taki lęk i ostrożność prowadzi do głębi rozumienia.

Ten, kto odczuwa lęk przewidując niebezpieczeństwo, potrafi go uniknąć, zanim się faktycznie zrealizuje, podczas gdy ten, kto nigdy nie odczuwa lęku, zostanie przez nie z powodu swego niedbalstwa zniszczony. Nie powinno się nikomu radzić, aby unikał odczuwania lęku. Osoba zdolna do odczuwania lęku rozwija świadomość swych słabych stron i szuka rady u mędrców i ludzi doświadczonych. Z tego powodu odczuwając lęk powinna jedynie wydawać się nieustraszona i nie mając do innych zaufania, powinna jedynie wydawać się ufna. Rozumiejąc powagę sytuacji i swoich czynów nie powinna uczynić nic, co bazuje na fałszu. Tego uczy opowiedziana ci przeze mnie opowieść o myszy i kocie. Wyciągając z niej właściwe wnioski, co do definicji przyjaciela i wroga i właściwego czasu na pokój i wojnę, nauczysz się sposobów ucieczki w sytuacji, gdy grozi ci śmiertelne niebezpieczeństwo.

Król otoczony przez wrogów powinien zawsze pamiętać o opowiedzianej ci przeze mnie opowieści o wojnie i pokoju między myszą i kotem. Zawierając pokojową ugodę z potężnym wrogiem w obliczu wspólnego zagrożenia powinno się być świadomym czasowości tej ugody, którą niebezpiecznie przeciągać na okres, gdy wspólne zagrożenie minęło. Po zrealizowaniu wspólnego celu nie powinno się dalej ufać przyjaznym deklaracjom wroga. Takie postępowanie jest w pełni w zgodzie z trzema celami życiowymi, którymi są Prawo, Zysk i Przyjemność. Król postępując w zgodzie z tym, jak radzą święte pisma, osiągnie powodzenie w ochronie swych poddanych. Działaj więc ze zrozumieniem, szukając towarzystwa i rady u braminów. Bramini są największym źródłem korzyści zdobywanych zarówno na tym, jak i na tamtym świecie. To oni są nauczycielami obowiązku i moralności i czczeni w należyty sposób będą działać na rzecz twego dobra".

3. O granicy zaufania do przyjaciela

Judhiszthira rzekł: „O Bhiszma, z tego, co mówisz wnoszę, że król nie powinien ufać ani wrogowi ani przyjacielowi, bo w ten sposób może narazić się na niebezpieczeństwo. Jak jednakże król, który nikomu nie ufa, zdoła pokonać swych wrogów? Powiedz mi, proszę, coś więcej na temat nieufności i granic zaufania".

Bhiszma rzekł: „O Judhiszthira, posłuchaj mej opowieści o rozmowie między królem Brahmadattą i ptakiem Pudżani, który potrafił tak jak bażant naśladować głosy wszystkich zwierząt i który za zgodą króla mieszkał w jego królewskich komnatach w pałacu w Kampilji.

Pudżani, choć była tylko ptakiem, zdobyła wiedzę i znała Prawdę. Pewnego dnia, w tym samym czasie, gdy wykluł się z jajka jej jedyny syn, królewska żona również urodziła syna. Pudżani wdzięczna królowi za to, że może zamieszkiwać ze swym synem w królewskich komnatach, każdego poranka przynosiła znad brzegu oceanu dwa dojrzałe owoce, aby nasycić nimi zarówno swego, jak i królewskiego syna. Owoce były słodkie, jak eliksir nieśmiertelności i wzmacniały siły i energię tego, kto je zjadał. Mały książę dzięki jej darowi rósł szybko i nabierał sił. Pewnego dnia leżąc w ramionach swej mamki zobaczył po raz pierwszy małego syna Pudżani. Na ten widok wyrwał się z jej uścisku i kierując się dziecinnym impulsem podbiegł do małego ptaszka chcąc się z nim bawić. Nieświadomy jeszcze w pełni swej siły złapał go w dłonie i zadusił na śmierć. Nie zdając sobie sprawy z tego, co uczynił, powrócił radośnie do swej mamki.

W tym czasie Pudżani przebywała nad brzegiem oceanu szukając owoców i gdy po powrocie zobaczyła martwe ciało swego zaduszonego przez małego księcia syna leżące bez ruchu na królewskiej posadzce, ze złamanym sercem zalewając się łzami rzekła do samej siebie: 'O biada mi, nikt nie powinien zamieszkiwać w domu wojownika lub przyjaźnić się z nim, czy też pozostawać z nim w jakichkolwiek stosunkach. Wojownicy zachowują się z kurtuazją, dopóki mają w tym jakiś interes, ale jak tylko zrealizują swój cel, odrzucają innych jak niepotrzebne narzędzie. Oni wszystkich krzywdzą i nie zasługują na niczyje zaufanie. Po zadaniu ran zawsze próbują bezsensownie przypochlebiać się rannemu. Zemszczę się za tą ohydną zdradę mego zaufania i za ten popełniony przez małego księcia potrójny grzech. Jak wiadomo potrójny grzech popełnia ten, kto odbiera życie komuś innemu, kto urodził się tego samego dnia, wychowywał się w tym samym miejscu, jadł te same posiłki i co więcej szukał u niego ochrony'.

Żądna zemsty Pudżani swymi pazurami wydrapała młodemu księciu oczy. Po dokonaniu zemsty odczuwając w pewnym stopniu ulgę rzekła do same siebie: 'Grzeszne działanie popełnione z rozmysłem uderza prawie natychmiast w jego wykonawcę, lecz ci, którzy mszczą się za otrzymane rany, nie niszczą swym działaniem swych zasług. Konsekwencje grzesznego aktu dotkną nie tylko jego wykonawcę, ale również jego synów i wnuków'.

Król Brahmadatta bolejąc nad ślepotą swego syna, lecz uważając zemstę Pudżani za uzasadnioną, rzekł: 'O Pudżani, wyrządziliśmy tobie krzywdę, którą pomściłaś. Nasz rachunek został więc wyrównany. Nie ma potrzeby, abyś opuszczała mój pałac szukając innego miejsca zamieszkania. Mieszkaj dalej w naszym pałacu'.

Pudżani rzekła: 'O królu, mędrcy nie aprobują tego, aby osoba, która zadała rany innej, mieszkała z nią dalej w tym samym domu. Powinna opuścić stare miejsce zamieszkania. Nigdy nie powinno się bowiem ufać zapewnieniom tych, którzy doznali od nas ran. Głupiec, który uwierzy w takie zapewnienia, zginie. Ci, którzy zadali sobie nawzajem rany nie mogą sobie dłużej ufać, bo nie można ufać temu, kto zawiódł zaufanie i już na nie nie zasługuje. Ślepe zaufanie grozi całkowitym zniszczeniem.

Mędrcy nauczają, że należy próbować wzbudzać w innych zaufanie, nie należy jednak nigdy samemu ślepo ufać innym. Ojciec i matka są najlepsi wśród przyjaciół. Żona jest jedynie naczyniem do noszenia nasienia, syn jest jedynie czyimś nasieniem. Brat jest potencjalnym wrogiem, a przyjaciel ma zawsze mokre dłonie. Szczęścia i nieszczęścia doświadcza się zawsze samotnie wewnątrz swej własnej jaźni.

Między osobami, które zraniły się nawzajem nie może być prawdziwego pokoju. Nie ma już więc żadnego powodu do tego, abym mieszkała dalej w twoim pałacu. Umysł osoby, która zraniła inną, w sposób naturalny staje się podejrzliwy, gdy ten, który doznał od niej ran, honoruje ją i obdarowuje. Takie zachowanie szczególnie wtedy, gdy jest realizowane przez stronę silniejszą, wywołuje w słabszej silny niepokój. Osoba inteligentna powinna więc jak najszybciej opuścić to miejsce, gdzie traktowana najpierw z honorami, doznała później ran, nawet gdy jest ponownie obdarzana czcią.

Zamieszkiwałam długo w twym pałacu traktowana przez ciebie bardzo przyjaźnie. Jednakże teraz pojawił się między nami powód do nienawiści. Z tego to powodu powinnam bez chwili zwłoki opuścić twój pałac'.

Król Brahmadatta rzekł: 'O Pudżani, ten, kto rani w odpowiedzi na zranienie, nie jest uważany za przestępcę. Mściciel jedynie wyrównuje swój rachunek. Mając to na uwadze żyj dalej w moim pałacu i nie szukaj dla siebie jakiegoś innego miejsca'.

Pudżani rzekła: 'O królu, prawdziwe wznowienie przyjaźni między stronami, które nawzajem zadały sobie rany, nie jest możliwe. Ich serca nie zdołają zapomnieć o tym, co się stało'.

Król Brahmadatta rzekł: 'O Pudżani, uważam, że przyjaźń między stronami, z której jedna zrewanżowała się drugiej za otrzymaną krzywdę, powinna być wznowiona, gdyż to ponowne zjednoczenie uleczy starą urazę i zapobiegnie dalszemu ranieniu się'.

Pudżani rzekła: 'O królu, uraza powstała z zadania sobie nawzajem ran nigdy nie wygaśnie. Zraniona osoba nie potrafi zaufać temu, kto ją zranił czując się uspokojona przez jego dobrą wolę. Na tym świecie żywe istoty zbyt często ulegają zniszczeniu z powodu zaufania do tych, którym nie powinny ufać. Z tego powodu, choć byliśmy przyjaciółmi, musimy się teraz rozstać pamiętając o tym, że tych, których nie można pokonać siłą, można ujarzmić przy pomocy nieuczciwej ugody'.

Król Brahmadatta rzekł: 'O Pudżani, wierz mi, że wzajemne uczucie i zaufanie powstaje w sposób naturalny między osobami, które mieszkają razem pomimo tego, że zraniły się nawzajem. Zamieszkiwanie razem stępia ostrość urazy. Uraza znika równie szybko jak woda z liścia lotosu'.

Pudżani rzekła: 'O królu, jak zapewne wiesz, wrogość między stronami może mieć pięć przyczyn. Są nimi: kobiety, ziemia, obraźliwe słowa, naturalna sprzeczność interesów i zranienie. Gdy wrogość powstanie między przyjaciółmi, nie mogą już sobie dłużej ufać. Poczucie urazy żyje ukryte w sercu jak ogień w drzewie. Ogień urazy jest jak płonący wiecznie ogień gniewu, który mędrzec Aurwa wrzucił ongiś do oceanu (zob. *Mahabharata*, ks. I, opow. 7, p. 6) i nie można go ugasić przy pomocy prezentów, odwagi, czy pojednania. Rozpalony raz ogień urazy nigdy nie wygasa, zanim nie spali na popiół tego, kto urazę spowodował. Dlatego sam fakt zadania komuś rany rodzi lęk w tym, kto ją zadał.

Mieszkałam w twym pałacu dopóty, dopóki mnie nie zraniłeś i ja nie zraniłam ciebie. Teraz jednak sytuacja się zmieniła i nie możemy już sobie dłużej nawzajem ufać'.

Król Brahmadatta rzekł: 'O Pudżani, zwróć uwagę na to, że każde działanie wywodzi się i jest wykonywane przez Czas. Jakże więc można powiedzieć, że ktoś kogoś zranił, skoro za wszystko odpowiada Czas? Podobnie jest z narodzinami i śmiercią. Żywe istoty rodzą się i żyją, bo nadszedł na to Czas i podobnie umierają. Niektórzy umierają zaraz po urodzeniu, inni żyją aż do późnej starości. Czas jak ogień konsumuje wszystkie żywe istoty. To nie ja jestem przyczyną twego strapienia i to nie ty jesteś przyczyną mojego. To Czas kieruje dolą i niedolą żywych istot. Wiedząc o tym mieszkaj dalej w moim pałacu obdarzając mnie tym samym, co przedtem przyjaznym uczuciem bez lęku, że spotka cię z mojej strony jakaś krzywda. Wybaczyłem ci zło, które mi wyrządziłaś, wybacz mi więc także to zło, które ode mnie zaznałaś'.

Pudżani rzekła: 'O królu, gdyby faktycznie było tak, jak mówisz, że Czas jest przyczyną wszystkich działań, nikt nie mógłby żywić do nikogo żadnej urazy. Dlaczego jednak różne żywe istoty szukają pomsty za śmierć swych przyjaciół i krewnych? Dlaczego bogowie i demony walczą ze sobą od najdawniejszych czasów? Dlaczego lekarze stosują lekarstwa i leczą chorych? Jaki sens mają w tym kontekście lekarstwa? Dlaczego ludzie tracąc zmysły z powodu czyjejś śmierci dają upust swej rozpaczy? Jak możliwe jest zbieranie zasług swą religijnością?

Wiem, że mszcząc się na twym synu za to, że zabił mojego syna, zasłużyłam na śmierć z twoich rąk. Znam też stosunek ludzi do ptaków: albo polując na nie chcą je zabić i zjeść, albo chcą je zamknąć w klatce. Nie istnieje żaden trzeci powód, dla którego szukaliby z ptakiem kontaktu. Ptak nie chcąc zostać zabity lub uwięziony musi ratować się ucieczką. Zarówno śmierć jak uwięzienie powodują ból. Życie jest drogie dla każdej żywej istoty. Każda z nich jest unieszczęśliwiona przez żałobę i ból i każda pragnie być szczęśliwa.

Cierpienie pochodzi z różnych źródeł. Wypływa z utraty bogactwa, zgrzybiałości, przebywania w sąsiedztwie czegoś, co jest nieprzyjemne lub złe, rozdzielenia od przyjaciół i innych sprawiających przyjemność przedmiotów, śmierci, szczególnie śmierci dziecka, izolacji i innych przyczyn naturalnych. Niektóre niemądre osoby głoszą pogląd, że cierpienie innych nie jest ich cierpieniem. Wśród nich są głównie ci, co sami nigdy nie doznali cierpienia. Nikt, kto sam poznał cierpienie, nie odważy się na wygłoszenie takich poglądów. Ten, kto doświadczył bólu różnych nieszczęść, odczuwa nieszczęścia innych jak swoje własne.

Jednakże w naszym przypadku nawet sto lat będzie za mało na to, aby wymazać z pamięci cierpienie, które ty mi przyniosłeś, jak to które ja przyniosłam tobie. Po tym, co uczyniliśmy sobie nawzajem, pojednanie jest niemożliwe. Każda myśl o twoim synu będzie ożywiać na nowo zarówno moją, jak twoją urazę. Ci, którzy zadali sobie nawzajem rany są jak skorupy rozbitego glinianego naczynia, których nie sposób ponownie połączyć razem.

W dawnych czasach nauczyciel demonów, Śukra, w rozmowie z Prahladą nucił, że ten, kto ślepo wierzy w słowa wroga, prawdziwe czy fałszywe, zginie tak jak poszukiwacz miodu, który podążając za śladem pszczół wpada w dół przykryty sianem. Urazy przeżywają nawet śmierć bezpośrednich wrogów i są kontynuowane przez synów i wnuków, którzy chcą pomścić swych rodziców i dziadów.

Ten, kto chce uniknąć nieszczęścia, nie powinien ufać królowi, który proponuje mu ugodę po tym, jak doznał od niego ran i jak sam w przeszłości go zranił. Królowie zwykli bowiem rozwiązywać swe konflikty z wrogiem poprzez ugodę, czekając jednak na okazję, aby po zdobyciu jego zaufania móc go zniszczyć'.

Król Brahmadatta rzekł: 'O Pudżani, nikomu nie uda się zrealizować swych celów bez zaufania do innych. Ten, kto nikomu nie ufa i pielęgnuje swój lęk, jest jak umarły'.

Pudżani rzekła: 'O królu, człowiek, którego stopy są w ranach, upadnie, jeżeli nie będzie poruszał się ostrożnie. Podobnie ten, kto bez rozpoznania swych sil upiera się, aby kroczyć dalej złą drogą, wkrótce zapłaci za to życiem, a człowiek, który uprawia ziemię nie zważając na właściwą porę roku, nie zdoła zebrać plonów. Także ten, kto je odżywcze jedzenie bez względu na jego smak, będzie cieszył się długim życiem, podczas gdy ten, kto je tylko to, co jest smaczne, choć szkodliwe, umrze wcześnie.

Przeznaczenie i podejmowany wysiłek wspierają się nawzajem. Osoby o wielkich duszach, które nigdy nie zaprzestają podejmowania wysiłku, dokonują wielkich czynów, podczas gdy eunuch zdaje się całkowicie na przeznaczenie. Działania, które są korzystne, powinny być wykonane bez względu na to jak bardzo są nieprzyjemne. Ten, kto pozostaje bierny, zawsze w końcu pada ofiarą nieszczęścia. Z tych to powodów należy zawsze podejmować wysiłek i realizować te działania, które przyniosą dobro.

Naturalnymi przyjaciółmi każdej żywej istoty jest wiedza, odwaga, umiejętności, siła i cierpliwość. Ci, którzy są mądrzy, będą żyć na tym świecie wspomagani przez tych pięciu przyjaciół. Domy, złoto, ziemia, żony i sprzymierzeńcy są zdaniem mędrców drugorzędnymi źródłami dobra, które dzięki pomocy tych pięciu przyjaciół można zdobyć.

Osoba, która zdobyła wiedzę, jest zawsze zadowolona i wszędzie błyszczy swą jasnością. Nie budzi w nikim lęku i sama nie poddaje się lękowi. Choćby najmniejsze bogactwo posiadane przez taką osobę z czasem wzrasta. Wykonuje każde działanie z umiejętnością i dzięki samo-kontroli zdobywa sławę. Z kolei istota o niewielkim rozumie, która jest zbyt przywiązana do swego domu i miejsca zamieszkania, musi znosić swoje jędzowate żony, które pożerają ją żywcem. Nie chce jednak porzucić swego domu mówiąc: «tutaj są moi przyjaciele, tutaj jest mój kraj, jakże mogę to wszystko porzucić?»

Należy jednak porzucić swój dom, gdy jest dotknięty przez zarazę lub nawiedzony przez głód. Powinno się albo żyć w swym własnym kraju mając szacunek wszystkich, ale udać się do innego kraju i tam żyć. Ja sama mam powody, aby opuścić mój dom i poszukać dla siebie innego miejsca zamieszkania. Nie mam odwagi, aby żyć dalej w tym samym miejscu, bo wyrządziłam twemu synowi wielką krzywdę. Należy porzucić złą żonę, złego syna, złego króla, złego przyjaciela, złego sprzymierzeńca i złe miejsce zamieszkania. Nie można ufać złemu synowi, czy czerpać przyjemności z kontaktu ze złą żoną. Nie może być szczęścia w złym królestwie, nie można mieć nadziei na przeżycie w złym kraju i nie można liczyć na złego przyjaciela, którego wierność jest niepewna.

W złym związku nie istnieje nic poza hańbą. Żona powinna być zgodna, syn powinien uszczęśliwiać rodziców, przyjaciel powinien być godny zaufania, a czyjś kraj powinien dostarczać mu środków utrzymania. Prawy król nie ciemięży swych poddanych i wspiera biedaków. W jego królestwie nie ma lęku i poddani mogą tam spokojnie żyć ze swymi żonami, synami, przyjaciółmi i krewnymi. Gdy król jest grzeszny, ciemiężeni przez niego poddani giną. To król umożliwia poddanym podążanie za trzema celami życiowymi (Prawem, Zyskiem i Przyjemnością) i w zamian za odbieranie im szóstej części ich bogactwa w formie podatku powinien ich ochraniać. Król, który nie ochrania właściwie swych poddanych jest złodziejem i obciążony również ich grzechami tonie w piekle, podczas gdy król, który właściwie realizuje swój obowiązek ochrony jest uważany za uniwersalnego dobroczyńcę.

Pan wszystkich żywych istot Manu wymieniał siedem atrybutów króla: król jest ojcem, matką, nauczycielem, obrońcą, Ogniem, Waiśrawaną (Kuberą) i Jamą. Król, który darzy współczuciem swych poddanych jest jak ojciec i poddani, którzy zachowują się w stosunku do niego nieuczciwie, narodzą się ponownie na ziemi wśród zwierząt lub ptakow. Król troszcząc się o biedaków i dostarczając im pożywienia jest jak matka, karząc swych poddanych jest jak Ogień, a wymierzając sprawiedliwość jest jak Jama. Spełniając życzenia i rozdając bogactwo jest jak Kubera, dając przykład prawego zachowania jest jak nauczyciel.

Król, który swymi osiągnięciami sprawia radość mieszkańcom swych miast i prowincji i wie, w jaki sposób oddawać im honory, zdobędzie szczęście zarówno za życia jak i po śmierci, podczas gdy król, którego poddani żyją w lęku uciskani przez niesprawiedliwe podatki i różne inne rodzaje zła, zostanie w końcu pokonany przez silniejszych wrogów'".

Kończąc swe opowiadanie Bhiszma rzekł: „O Judhiszthira, Pudżani po wypowiedzeniu tych słów pożegnała króla Brahmadattę i opuściwszy jego pałac udała się na poszukiwanie dla siebie nowego miejsca zamieszkania dowodząc swym zachowaniem, że trudno odzyskać raz zawiedzione zaufanie do przyjaciela".

Napisane na podstawie fragmentów *Mahābhārāta*,
Santi Parva, Part 1, Sections CXXXVIII-CXXXIX
(Apaddharmanusasana Parva).

Opowieść 134
O naukach mędrca Bharadwadży

> Mędrzec Bharadwadża rzekł: „O Satrundżaja, król powinien być dalekowzroczny jak sęp, opanowany w swym bezruchu jak żuraw, czujny jak pies, waleczny jak lew, nieustraszony jak wrona i powinien poruszać się po terytorium wroga bez lęku i ze spokojem jadowitego węża".

(*Mahābharāta*, Santi Parva, Part 1, Section CXL)

Judhiszthira rzekł: „O Bhiszma, nauczałeś mnie o tym, jakie pryncypia powinien brać pod uwagę król, który został pokonany przez wroga, jak i o tym, kiedy w sytuacji zagrożenia życia należy podjąć negocjacje z wrogiem oraz kiedy trzeba rozstać się z przyjacielem. Udziel mi teraz praktycznych porad, jak powinien działać król kierujący się Prawem, Zyskiem i Przyjemnością, który narodził się na ziemi w okresie końca eonu, gdy prawość zanika i cały świat jest nękany przez barbarzyńców".

Bhiszma rzekł: „O Judhiszthira, żyjąc w takich czasach król powinien sprawować władzę odrzucając wszelkie współczucie. Posłuchaj opowieści o rozmowie między mędrcem Bharadwadżą i królem Satrundżają, w której mędrzec daje królowi wskazówki, co do strategii postępowania w takich czasach.

Król Satrundżaja był wielkim wojownikiem na rydwanie. Pewnego dnia udał się na spotkanie z mędrcem Bharadwadżą szukając u niego rady w sprawie Zysku. Rzekł: 'O wielki mędrcu, powiedz mi, jak starać się o zdobycie przedmiotu, którego się nie posiada? Jak po jego zdobyciu powodować jego wzrost? Jak po jego wzroście go zachować? Jak po jego zachowaniu go używać?'

Mędrzec Bharadwadża rzekł: 'O Satrundżaja, król, który szuka Zysku, powinien zawsze trzymać silnie w dłoni swe królewskie berło, ukazywać odwagę i unikając u siebie wszelkich zaniedbań szukać zaniedbań u wroga. Widok króla wymierzającego karę wzbudza w każdym lęk i dlatego król powinien rządzić przy pomocy kary. Potęga kary jest wychwalana przez tych, co zdobyli wiedzę. Wśród czterech narzędzi sprawowania władzy—ugody, darów, rozbratu i kary—kara jest uważana za najważniejsze.

Gdy podstawa stanowiąca dla innych ucieczkę i obronę ulega zniszczeniu, wszyscy, którzy znajdują w niej oparcie, giną. Jakże gałęzie mogą się utrzymać przy życiu, gdy zostają podcięte korzenie? Mądry król powinien starać się podciąć korzenie wroga przeciągając na swą stronę jego sprzymierzeńców i popleczników.

Gdy królowi grozi nieszczęście, powinien nie tracąc czasu robić to, co najmądrzejsze i najtrudniejsze dla wroga do pokonania. Powinien ukazać swą odwagę, walczyć najlepiej jak potrafi i zaprzestać walki, gdy tak nakazuje rozum.

Pokorę powinien ukazywać jedynie w mowie, ale w swym sercu powinien być ostry jak brzytwa. Wolny od żądzy i gniewu powinien mówić słodko i łagodnie.

Jeżeli przemawia za tym wspólny interes, powinien zawrzeć pokój nawet ze swym rywalem pozostając jednak ostrożny i nie ufając mu w pełni, i gdy wspólnota interesu zniknie, powinien odsunąć się od niego i szukać nowego sprzymierzeńca.

Zjednawszy sobie wroga słodkimi słowami powinien zawsze zachowywać w stosunku do niego bezpieczny dystans jak ktoś, kto przebywa w komnacie razem z jadowitym wężem.

Osobę, której zachowanie było w przeszłości przyjazne, należy próbować zjednać odwołując się do przeszłości. Niegodziwca można zjednać wizją korzyści w przyszłości, a osobę, która zdobyła mądrość, teraźniejszymi usługami.

Gdy sytuacja tego wymaga, król szukający sukcesu powinien być zdolny do złożenia w pokorze dłoni, pochylenia z czcią głowy, przemówienia słodkim językiem i nawet łez. W niekorzystnych dla siebie czasach powinien zgodzić się na wspieranie wroga, lecz gdy tylko nadarzy się do tego okazja, powinien zmiażdżyć go tak jak gliniane naczynie, gdy uderzy w nie kamień.

Człowiek, który ma do zrealizowania wiele celów, nie powinien mieć skrupułów do transakcji nawet z niewdzięcznikami. Jednakże realizując cele takiej osoby nie powinien nigdy realizować ich w całości, lecz zostawiać coś nie zrealizowane, aby móc ją zmusić do wywiązania się ze swego zobowiązania.

Król powinien działać naśladując kukułkę, dzika, górę Meru, pustą komnatę, aktora i oddanego przyjaciela. Tak jak kukułka powinien oddawać swych przyjaciół lub poddanych innym na utrzymanie; tak jak dzik powinien niszczyć swych wrogów u korzeni; tak jak góra Meru nie powinien pozwolić nikomu, aby go przewyższył; tak jak pusta komnata powinien mieć dość miejsca na nowe nabytki; tak jak aktor powinien być zdolny do grania różnych ról; tak jak oddany przyjaciel powinien być oddany interesom poddanych.

Król powinien składać wizyty w domach swych wrogów i pytać ich o ich zdrowie. Bogactwa nie zdołają zdobyć ci, którzy są leniwi, pozbawieni męskości, niezdolni do podejmowania wysiłku, wypełnieni pychą, boją się stracenia popularności i zawsze odkładają wszystkie sprawy na później.

Król powinien działać w taki sposób, aby wróg nie mógł odkryć jego słabości, lecz sam powinien się starać o odkrycie słabości wroga. Wszystkie swe słabe punkty powinien ukryć, tak jak żółw, który chowa się w swej skorupie.

Swe sprawy finansowe powinien analizować z cierpliwością obserwującego taflę jeziora polującego żurawia, a swą odwagę powinien ukazywać tak jak lew. Powinien umieć zaczajać się na swą ofiarę jak wilk i uderzać z mocą pioruna.

Alkoholu, gry w kości, kobiet, polowania i muzyki powinien używać z umiarkowaniem, bo używanie ich nałogowo i bez umiaru rodzi zło.

Gdy jest to konieczne, powinien zmienić swój łuk w źdźbło trawy i spać czujnie jak jeleń. Powinien być jak ślepy i głuchy tam, gdzie jest to konieczne.

Rozumny król używa swej siły we właściwym miejscu i czasie. Gdy miejsce i czas są niewłaściwe, atak będzie bezowocny. Król powinien działać po rozważeniu swych mocnych i słabych stron i umocnieniu swej przewagi nad wrogiem.

Król, który nie zmiażdży podbitego wroga przy pomocy swej militarnej siły, sam naraża się na śmierć.

Drzewo obsypane kwiatami może być słabe. Na drzewo obsypane owocami może być trudno się wspiąć. Czasami rosnące na drzewie niedojrzałe owoce wydają się dojrzałe. Król wiedząc o tym powinien wyciągnąć odpowiednie wnioski, co do wyboru strategii wobec wroga. Król powinien najpierw wzmocnić nadzieję przeciwnej strony na realizację jej życzeń i następnie stwarzać przeszkody w spełnieniu tych nadziei twierdząc, że te przeszkody są chwilowe. Później powinien je przedstawić, jako wynikające z prawdziwie poważnej przyczyny.

Król powinien uczynić wszelkie odpowiednie przygotowania do walki z przyczyną lęku, zanim ta przyczyna się zrealizuje działając jak osoba odczuwająca lęk. Lecz gdy przyczyna lęku się już zrealizuje, powinien nieustraszenie przystąpić do ataku na nią.

Bez podejmowania żadnego ryzyka człowiek nie zdoła zebrać dobra, a ten, kto jest zdolny do przeżycia w sytuacji zagrażającej życiu, zbierze liczne zasługi.

Król powinien być zdolny do oceny wszelkich zbliżających się zagrożeń i gdy się zrealizują powinien być zdolny do stawienia im oporu i zapobiegania ich ponownemu pojawieniu się.

Osoba inteligentna nie powinna porzucać szczęśliwej teraźniejszości w celu poszukiwania szczęśliwej przyszłości, lecz król, który śpi spokojnie po zawarciu traktatu pokojowego z wrogiem, jest jak człowiek, który po zaśnięciu na wierzchołku drzewa budzi się spadając na ziemię.

Gdy na króla spada nieszczęście, powinien próbować pokonać swe poczucie przygnębienia i realizować Prawo. Król powinien zawsze oddawać honory wrogom swych wrogów; powinien odkryć tych wśród własnych szpiegów, którzy pracują na rzecz wroga; powinien też zadbać o to, aby jego szpiedzy byli nierozpoznawalni dla wroga i używać ascetów i ateistów, jako swych szpiegów.

Król powinien rozpoznawać i karać nawet śmiercią grzesznych złodziei łamiących Prawo, gdy zaczną włóczyć się po miejscach publicznych, takich jak ogrody, place rozrywki, domy oferujące spragnionym podróżnikom wodę do picia, czy święte brody.

Król nie powinien ślepo ufać tym, którzy nie są godni zaufania, jak i tym, którzy są godni zaufania. Ślepe zaufanie jest zawsze niebezpieczne i dlatego nie należy nikomu ufać bez starannego przemyślenia sprawy.

Król powinien starać się o zdobycie zaufania swego wroga i w momencie, gdy pojawi się ku temu dobra okazja, powinien go zniszczyć.

Król powinien zawsze obawiać się tych, którzy są nieustraszeni jak i wszystkich innych, których należy się obawiać. Nieustraszeni mogą przynieść totalne zniszczenie.

Król, który szuka dobrobytu, nie powinien mieć żadnych skrupułów w sprawie zabicia syna, brata, ojca i przyjaciela, jeżeli któraś z tych osób stoi na drodze do realizacji jego celów.

Król powinien nawet ukarać nauczyciela, jeżeli jest arogancki, nie wie, co powinien i czego nie powinien czynić, i zszedł ze ścieżki prawości.

Król, tak jak rybak, nie może zdobyć dobrobytu powstrzymując się całkowicie od zabijania innych i popełnienia licznych strasznliwych czynów.

Nie istnieje oddzielny gatunek wroga lub przyjaciela. Żywe istoty stają się przyjaciółmi lub wrogami zależnie od sytuacji, w której się znalazły.

Król nie powinien mieć dla swych wrogów litości. Jego obowiązkiem jest zniszczenie tych, którzy zadali mu rany.

Król, który szuka dobrobytu powinien starać się o to, aby przywiązać do siebie jak największą liczbę ludzi działając na rzecz ich dobra. Powinien przywiązywać do siebie ludzi miłymi słowami, honorami i prezentami skłaniając ich do służby na swą rzecz.

W stosunku do poddanych nie powinien mieć nigdy złych intencji lub ukazywać złej woli. Wymierzając sprawiedliwość powinien karać i powstrzymywać przestępców. Karę grzywny powinien łagodzić ciepłą mową, a karząc kogoś śmiercią powinien sam wyrażać z tego powodu żal.

Król nigdy nie powinien prowadzić pustych i bezowocnych dysput, jak i nie powinien przekraczać granic nieuzbrojony. Jest to bowiem jak jedzenie bydlęcych rogów, które nie mają żadnej wartości odżywczej i smaku i jedynie łamie się na nich zęby.

Król kierując się Prawem, Zyskiem i Przyjemnością powinien unikać podążania tylko za jednym z tych celów, bo wówczas Prawo stoi na drodze do zdobycia Zysku, Zysk na drodze Prawa, a Przyjemność na drodze Zysku i Prawa. Prawość powinna być praktykowana jako droga do Zysku, a Zysk jako droga do Przyjemności i zadowolenia zmysłów. Dla tych, którzy są mądrzy, ostatecznym zrealizowaniem Prawa jest czystość duszy, zrealizowaniem Zysku jest ofiara składana bogom, a zrealizowaniem Przyjemności utrzymanie przy życiu ciała.

Niespłacony dług, nieugaszony do końca ogień i pozostawiony przy życiu wróg bezustannie wzrastają i rodzą lęk. Każde działanie powinno być zrealizowane do końca. Należy być starannym w każdym szczególe, gdyż nawet tak mała rzecz jak cierń może urosnąć do śmiertelnej gangreny. Król powinien zniszczyć królestwo wroga wyniszczając doszczętnie jego mieszkańców, drogi i domy.

Król powinien być dalekowzroczny jak sęp, opanowany w swym bezruchu jak żuraw, czujny jak pies, waleczny jak lew, nieustraszony jak wrona i powinien poruszać się po terytorium wroga bez lęku i ze spokojem jadowitego węża.

Król powinien zdobyć herosa składając przed nim z szacunkiem dłonie, tchórza budząc w nim strach, zawistnika obrzucając go darami, a równego sobie pokonaniem go w walce. Przywódców różnych wrogich sekt powinien próbować ze sobą skłócić, podczas gdy tych, którzy są mu drodzy, powinien próbować zjednoczyć. Powinien ochraniać swych ministrów przed niezgodą i zniszczeniem.

Gdy król staje się zbyt łagodny, ludzie go lekceważą, a gdy jest zbyt surowy, ludzie czują się nieszczęśliwi. Zgodnie z regułą złotego środka król powinien więc umieć być zarówno surowy jak i łagodny w zależności od wymogów sytuacji.

Łagodnością można pokonać zarówno tych, którzy są łagodni, jak i tych, którzy są agresywni. Nie istnieje nic takiego, na co łagodność nie mogłaby oddziałać i dlatego mówi się, że łagodność jest potężniejszą bronią niż agresywność. Król, który potrafi być albo łagodny, albo agresywny odpowiadając na wymogi sytuacji odniesie sukces w realizacji wszystkich celów i pokonaniu wroga.

Ktoś, kto wywoła gniew osoby inteligentnej i posiadającej wiedzę, nie powinien czuć się bezpiecznie nawet wtedy, gdy znajduje się w odległym miejscu, bo ramiona inteligentnej osoby sięgają daleko.

Nie powinno się szukać przekraczania tego, czego nie można przekroczyć. Nie powinno się odbierać wrogowi tego, co potrafi odzyskać. Nie powinno się kopać tam, gdzie nie można dokopać się do korzeni. Nie należy atakować tego, któremu nie zamierza się uciąć głowy.

Opisałem ci strategie działania, które powinien realizować król, który znalazł się w trudnym położeniu. Strategie te nie są zalecane w normalnych warunkach. Wyjaśniłem tobie, jak powinieneś postępować mając na uwadze własny Zysk w sytuacji, gdy znalazłeś się we władzy wroga'".

Bhiszma zakończył swe opowiadanie mówiąc: „O Judhiszthira, król Satrundżaja wziął sobie do serca słowa wypowiedziane przez mędrca Bharadwadżę i postępując zgodnie z jego instrukcjami zdobył dobrobyt, którego szukał".

Napisane na podstawie fragmentów *Mahābharāta*,
Santi Parva, Part 1, Section CXL
(Apaddharmanusasana Parva).

Opowieść 135
O tym jak mędrzec Wiśwamitra spożył nieczyste mięso nie popełniając grzechu

1. O konieczności opierania działania na swej zdolności do rozróżniania dobra i zła w konkretnej sytuacji; 2. O tym jak w okresie głodu Wiśwamitra podejmuje zamiar spożycia nieczystego mięsa należącego do Czandali; 3. Wiśwamitra próbuje przekonać Czandalę, że będąc w obliczu śmierci głodowej może spożyć nieczyste mięso; 4. Wiśwamitra oczyszcza się z grzechu spożycia nieczystego mięsa dzieląc swój posiłek z bogami i praktykując ascezę; 5. O gromadzeniu doświadczenia i rozwijaniu umiejętności rozumienia Prawa.

> Wiśwamitra rzekł: „O Czandala, jestem bardzo głodny. Już nie pamiętam, kiedy ostatni raz jadłem. Nie widzę żadnego prawego sposobu na utrzymanie się przy życiu. Gdy śmierć zagląda w oczy, powinno się próbować zachować życie przy pomocy wszelkich dostępnych środków bez oceniania ich charakteru, aby móc później gromadzić zasługi. Tak jak wojownicy powinni iść drogą Indry, bramini powinni iść drogą Ognia. ...
> Ogień jest ustami bogów i również jest ich kapłanem. Powinien więc żywić się jedynie tym, co jest czyste. Jednakże czasami Ogień konsumuje wszystko. Ja sam stałem się teraz jak konsumujący wszystko Ogień".

(*Mahābharāta*, Santi Parva, Part 1, Section CXLI)

1. O konieczności opierania działania na swej zdolności do rozróżniania dobra i zła w konkretnej sytuacji

Judhiszthira rzekł: „O Bhiszma, powiedz mi jak powinien utrzymać się przy życiu bramin, który nie chce wyrzec się swej prawości w czasach, gdy prawdziwa baza prawości uległa zakłóceniu i zafałszowaniu, Prawo upadło i rządzi Bezprawie, Indra przestał oblewać ziemię deszczem, zaniknęły wszystkie ograniczenia, cztery kasty straciły rozumienie swych obowiązków, ludzie ciemiężeni przez króla i złodziei zaprzestali szukania religijnych zasług i z powodu dominacji żądzy i zawiści czują się zagrożeni z każdej strony i nie potrafią nikomu zaufać, domostwa płoną w całym kraju, sąsiad zabija sąsiada i wszelkie środki do życia znalazły się w rękach złodziei i barbarzyńców. Powiedz mi też, jak w takich grzesznych czasach powinien żyć król, aby nie zboczyć ze ścieżki Prawa i Zysku?"

Bhiszma rzekł: „O Judhiszthira, od królewskich działań zależy zarówno pokój jak i dobrobyt poddanych i uwolnienie się od zagrożeń wynikłych z braku deszczu we właściwym sezonie, chorób i śmierci. Jak już tobie kiedyś mówiłem, to działania króla decydują o tym, czy mamy do czynienia z kritajugą, tretajugą, dwaparajugą, czy kalijugą.

Gdy nastaną czasy tak nieszczęśliwe jak te, które opisałeś, należy ocenę prawości własnych działań podtrzymujących życie opierać na swej umiejętności oceny tego, co jest dobre i co jest złe. W tym kontekście posłuchaj starożytnej opowieści o tym, jak mędrzec Wiśwamitra uratował się przed śmiercią głodową poprzez spożycie nieczystego mięsa należącego do pewnego Czandali (niedotykalny) i o jego rozmowie z Czandalą, w której próbował go przekonać, że spożywając nieczyste mięso w sytuacji, w której się znalazł, nie popełnia grzechu".

2. O tym jak w okresie głodu Wiśwamitra podejmuje zamiar spożycia nieczystego mięsa należącego do Czandali

Bhiszma kontynuował: „O Judhiszthira, to, o czym chcę ci opowiedzieć, działo się to w odległych czasach na przełomie treta i dwaparajugi, gdy na rozkaz bogów ziemię nawiedziła straszliwa susza, która trwała dwanaście lat. W tym przełomowym okresie, gdy Czas się starzeje i wiele żywych istot ginie, Indra przestał oblewać ziemię deszczem. Planeta Brihaspati (Jowisz) zaczęła poruszać się w przeciwnym kierunku, a Księżyc (Soma) porzuciwszy swą zwykłą orbitę zbaczał w kierunku południa. Od dawna nikt nie widział nawet kropli rosy, a na niebie nie było jednej chmurki. Z wielkich rzek pozostały jedynie malutkie strumyczki. Jeziora, studnie, źródła wyschły tracąc całe swe piękno. Gdy zaczęło brakować wody, przydrożne miejsca zaopatrujące podróżnych w wodę do picia opustoszały. Bramini przestali wykonywać rytuały ofiarne i recytować *Wedy*. Nikt nie wykonywał już rytów pokutniczych i nie wypowiadał dobrze wróżących dźwięków *Waszatów*. Zaprzestano uprawiania ziemi i hodowli krów. Porzucono handel i sklepy. Z powierzchni ziemi zniknęły wszystkie słupki do przywiązywania zwierząt ofiarnych i ludzie przestali zbierać przedmioty potrzebne do realizacji rytuałów ofiarnych. Nie celebrowano już dłużej żadnych festiwali i zaniechano wszelkiej rozrywki. Wszędzie było widać góry kości, wokół których gromadziły się mięsożerne demony, szakale i sępy. Miasta i prowincje opustoszały wyniszczone przez bandytów, wojsko i złych królów. Podobnie opustoszały świątynie i miejsca poświęcone bogom. Starcy opuścili pod przymusem swe domy. Zwierzęta hodowlane jak kozy, owce, krowy wyginęły z braku pożywienia. Podobnie umierali bramini. Żywe istoty straciły wszystkich swych obrońców. Zioła i rośliny wyschły. Ziemia straciła całe swe piękno przypominając swym wyglądem miejsce kremacji zwłok.

W tym okresie terroru i Bezprawia ludzie tracili z głodu rozum i zaczęli zjadać się nawzajem. Nawet riszi porzucali swe przysięgi, ognie ofiarne i bóstwa i włóczyli się po dżungli w poszukiwaniu jedzenia. Wśród nich był wielki mędrzec Wiśwamitra, który zaniechawszy codziennej ceremonii oddawania czci ogniowi ofiarnemu szukał pożywienia nie zwracając już dłużej uwagi na to, czy jest to pożywienie uchodzące za czyste, czy też nie. Nie mógł jednak znaleźć żadnego.

Pewnego dnia dotarł do znajdującej sie w głębi lasu małej wioski zamieszkałej przez okrutnych myśliwych Czandalów żywiących się mięsem psów i innych nieczystych zwierząt. Na ziemi pełno było rozbitych naczyń i kości dzików i osłów. Tu i tam leżały zdarte z umarłych ubrania oraz przywiędłe kwiaty oferowane poprzednio bogom i wisiały suszące się skóry psów. Wszędzie pełno było skór porzuconych przez węże. Wioska rozbrzmiewała głosami piejących kogutów i gdakających kur oraz nieprzyjemnym dla ucha rykiem osłów. Głosy mieszkańców były nieprzyjemne i piskliwe i w rozmowie używali wielu nieprzyjemnych słów. Słychać też było dźwięki blaszanych dzwoneczków i tu i tam widać były świątynie bogów o ptasich atrybutach.

Mędrzec Wiśwamitra odczuwając straszliwy głód wszedł do wioski szukając czegoś do zjedzenia. Nikt jednak mimo jego próśb nie zaoferował mu mięsa, ryżu, owoców, korzonków lub czegokolwiek, co nadawałoby się do jedzenia. Kompletnie wycieńczony głodem upadł na ziemię i zaczął rozmyślać nad tym, co w tej sytuacji powinien uczynić, aby uniknąć natychmiastowej śmierci. W znajdującej się niedaleko chacie Czandali zobaczył rozłożony na podłodze spory kawałek świeżego psiego mięsa. Po namyśle doszedł do wniosku, że powinien ukraść ten kawałek mięsa. Rzekł sam do siebie: 'W tym momencie nie dysponuję niczym, co jest mi potrzebne do utrzymania życia. W takiej sytuacji nawet osoba świętobliwa nie zawahałaby się przed popełnieniem kradzieży. Akt ten nie umniejszyłby jej chwały. Zostało bowiem stwierdzone, że nawet bramin może popełnić kradzież dla uratowania życia, i że powinien uczynić to w pierwszym rzędzie w domu osoby nisko urodzonej. Dopiero wówczas, gdy to mu się nie uda, może ukraść coś komuś, kto jest mu równy i jeżeli to mu się też nie uda, może popełnić kradzież w domu osoby prawej i świętobliwej. Stojąc w obliczu śmierci głodowej muszę więc ukraść ten kawałek psiego mięsa, który widzę. Akt ten nie zniszczy moich zasług'.

3. Wiśwamitra próbuje przekonać Czandalę, że będąc w obliczu śmierci głodowej może spożyć nieczyste mięso

Wiśwamitra powziąwszy takie postanowienie pozostał w pobliżu chaty Czandali odpoczywając i czekając aż nadejdzie właściwy moment.

Gdy zapadła noc i cała rodzina Czandali ułożyła się do się do snu, Wiśwamitra wszedł po cichu do jego chaty. Sam Czandala jednak nie spał i usłyszawszy zbliżające się kroki rzekł nieprzyjemnym głosem: 'O złodzieju, kim jesteś? Choć cała wieś śpi, ja czuwam. Przygotuj się na śmierć, bo zaraz cię zabiję'. Przerażony Wiśwamitra zawstydzony z powodu swych intencji i przyłapany na gorącym uczynku rzekł: 'O Czandala, niech bogowie pobłogosławią cię długim życiem. To ja, Wiśwamitra, wdarłem się do twego domu gnany głodem. Niech twa moc rozumienia powstrzyma cię od zabicia mnie'.

Czandala słysząc słowa tego mędrca o czystej duszy powstał z łoża i z sercem wypełnionym lękiem zbliżył się do niego z pobożnie złożonymi dłońmi i oczami pełnymi łez. Rzekł: 'O braminie, powiedz mi, czego szukasz w moim domu tak późną nocą?'

Wiśwamitra chcąc zjednać siebie myśliwego rzekł: 'O Czandala, jestem bardzo wygłodzony i bliski śmierci głodowej. Wdarłem się do twego domu, bo chciałem ukraść ci psie mięso. Głód przemienił mnie w grzesznika.

Ten, kto jest głodny nie ma wstydu. Głód skłania mnie do podwójnego występku: kradzieży i spożycia nieczystego psiego mięsa. Głód zniszczył we mnie całą moją wedyjską mądrość. Czując jak mój życiowy oddech zamiera i omdlewając z głodu straciłem wszelkie skrupuły, co do niejedzenia nieczystego psiego mięsa i choć wiem, że jest to grzeszne, pragnę je zjeść. Nastawiłem swe serce na ten grzeszny czyn, po tym jak nie zdołałem zdobyć żadnego jedzenia chodząc od domu do domu po prośbie. Ogień jest ustami bogów i również jest ich kapłanem. Powinien więc żywić się jedynie tym, co jest czyste. Jednakże czasami konsumuje wszystko. Ja sam stałem się teraz jak konsumujący wszystko Ogień'.

Czandala rzekł: 'O wielki mędrcu, posłuchaj moich prawdziwych słów o twoim obowiązku i po ich wysłuchaniu działaj tak, żeby nie zniszczyć swoich zasług.

Mędrcy twierdzą, że pies jest bardziej nieczysty od szakala, a udziec psa, który zobaczyłeś w mojej chacie, jest najbardziej nieczystą częścią psiego mięsa. Twój zamiar, aby ukraść mięso należące do Czandali (niedotykalnego) uchodzące za najbardziej nieczyste, nie jest w zgodzie z prawością. Szukaj jakiegoś innego sposobu na utrzymanie się przy życiu. Nie pozwól na to, aby twoje zasługi zebrane surowymi umartwieniami uległy zniszczeniu z tego powodu, że chcesz spożyć nieczyste mięso. Jedząc nieczyste mięso zacierasz różnicę między braminem i Czandalą wprowadzając zamieszanie w dziedzinę obowiązku. Nie porzucaj ścieżki prawości, bo należysz do tych, którzy są pierwsi w realizowaniu Prawa'.

Wiśwamitra rzekł: 'O Czandala, jestem bardzo głodny. Już nie pamiętam, kiedy ostatni raz jadłem. Nie widzę żadnego prawego sposobu na utrzymanie się przy życiu. Gdy śmierć zagląda w oczy należy próbować zachować życie przy pomocy wszelkich dostępnych środków bez oceniania ich charakteru, aby móc później gromadzić zasługi. Tak jak wojownicy powinni iść drogą Indry, bramini powinni iść drogą Agni. *Wedy* są ogniem i one są moją siłą. Powinienem więc starać utrzymać się przy życiu nawet jedząc nieczystą żywność. Działania, dzięki którym może być utrzymane życie, powinny być zrealizowane bez skrupułów. Życie jest lepsze od śmierci, gdyż tylko za życia można zbierać zasługi swą prawością. Chcąc zachować życie pragnę z pełnym zrozumieniem zjeść to nieczyste mięso. Daj mi na to swoje pozwolenie. Kontynuując życie będę praktykował prawość i poprzez zdobywanie wiedzy i praktykowanie ascezy zniszczę fatalne skutki mojego obecnego działania, tak jak słońce, księżyc i gwiazdy niszczą ciemność'.

Czandala rzekł: 'O wielki mędrcu, jedząc nieczyste jedzenie nie zdołasz zachować na długo życia, nie nabierzesz sił i nie zdobędziesz zadowolenia, jakie oferuje eliksir nieśmiertelności. Poszukaj innego pożywienia. Nie nastawiaj swego serca na jedzenie psiego mięsa. Dla ludzi z twej kasty mięso to jest nieczyste'.

Wiśwamitra rzekł: 'O Czandala, w okresie klęski głodu, jak ta, której właśnie doświadczamy, zdobycie jakiegokolwiek mięsa jest bardzo trudne. Nie posiadam żadnych środków do zakupu żywności i nie mogę jej zdobyć jałmużną. Z braku pożywienia jestem bardzo wycieńczony, zdesperowany i z trudem trzymam się na nogach. W psim mięsie znajdują się wszystkie sześć rodzajów smaków, które są w innym mięsie'.

Czandala rzekł: 'O wielki mędrcu, jak zostało powiedziane w świętych pismach, czyste i nadające się do jedzenia przez braminów, wojowników i waiśjów jest jedynie mięso zwierząt o pięciu pazurach. Nie nastawiaj więc swego serca na jedzenie tego mięsa, które jest dla ciebie nieczyste'.

Wiśwamitra rzekł: 'O Czandala, wielki mędrzec Agastja zaspokoił ongiś swój głód zjadając demona asurę o imieniu Watapi (zob. *Mahabharata*, ks. III, opow. 23, p. 1). Więc teraz ja będąc straszliwie głodny zjem ten udziec psiego mięsa'.

Czandala rzekł: 'O wielki mędrcu, szukaj lepiej innej jałmużny. Nie wypada ci czynić tego, co zamierzasz. Jednakże, jeżeli to cię zadowoli, proszę cię, weź ten kawałek psiego mięsa, który należy do mnie'.

Wiśwamitra rzekł: 'O Czandala, wielcy *sadu* swym postępowaniem dostarczają wzorów zachowania i są autorytetami w sprawach obowiązku. Ja sam podążam za ich przykładem i w tym momencie ten psi udziec uważam za jedzenie lepsze od jedzenia uchodzącego za czyste'.

Czandala rzekł: 'O wielki mędrcu, tak jak działanie nieczystej osoby—takiej jak ja—nie może być uważane za odwieczną praktykę, tak działanie, które jest niewłaściwe, nie może nigdy stać się właściwe. Nie popełniaj więc grzechu szachrajstwa'.

Wiśwamitra rzekł: 'O Czandala, w swym działaniu idę za przykładem takiego riszi jak Agastja, który nie może popełnić zła, bo to jego działanie dostarcza standardów naśladowanych przez innych. W sytuacji klęski głodu nie ma różnicy między jeleniem i psim mięsem. I dlatego zjem ten udziec psa'.

Czandala rzekł: 'O wielki mędrcu, riszi Agastja zjadł asurę Watapiego, aby ratować braminów i w tych okolicznościach nie mógł popełnić grzechu. Bramini, którzy są nauczycielami trzech wyższych kast, powinni być bronieni i utrzymywani przy życiu bez względu na to, jakimi środkami'.

Wiśwamitra rzekł: 'O Czandala, ja sam jestem braminem i dlatego powinienem utrzymać się przy życiu. Moje ciało jest moim przyjacielem i dlatego jest mi drogie i godne wszelkich honorów. To z pragnienia utrzymania przy życiu mojego ciała chciałem ukraść ten psi udziec i pragnienie to było tak silne, że zapomniałem o lęku przed tobą i twymi budzącymi grozę braćmi'.

Czandala rzekł: 'O wielki mędrcu, ludzie są gotowi do oddania życia i nie nastawiają swego serca na jedzenie nieczystego mięsa i poprzez pokonanie głodu zdobywają wszystko, czego pragną zarówno na tym, jak i na tamtym świecie. Uczyń więc to samo: pokonaj swój głód i w ten sposób zdobądź nagrody, których szukasz'.

Wiśwamitra rzekł: 'O Czandala, dzięki realizowaniu surowych przysiąg i praktykowaniu ascezy moje serce jest spokojne. Teraz jednak muszę zjeść to nieczyste mięso, aby utrzymać przy życiu moje ciało, dzięki któremu mogę zbierać religijne zasługi. Dla osób o czystej duszy moje działanie jest w sposób oczywisty zgodne z bramińskim Prawem. Jednakże dla osoby takiej jak ty, której dusza jest nieczysta, moje działanie wydaje się grzeszne. Moja dusza jest czysta i dlatego nawet, jeżeli moje rozumowanie, że powinienem zjeść to nieczyste mięso, jest niesłuszne, przez zjedzenie go nie upodobnię się do ludzi o nieczystych duszach'.

Czandala rzekł: 'O wielki mędrcu, prowadzę z tobą tę rozmowę, bo jeśli chodzi o mnie, w swym własnym umyśle doszedłem do wniosku, że powinienem uczynić wszystko, co jest w mej mocy, aby powstrzymać cię od popełnienia tego grzechu. Bramin, który popełnia grzeszne czyny, traci cały swój wyższy duchowy stan. Z tego powodu nie aprobuję twego postępowania'.

Wiśwamitra rzekł: 'O Czandala, krowy nie przestają pić wody, choć pełno w niej kumkających żab, a tym sam nie powinieneś rościć sobie pretensji do tego, aby ogłaszać, co jest dobre i co złe. Nie pochlebiaj zbytnio sam sobie'.

Czandala rzekł: 'O wielki mędrcu, traktuję cię jak przyjaciela i dlatego próbuję cię przekonać, abyś zrobił to, co jest dla ciebie korzystne. Nie kieruje mną żaden inny grzeszny motyw'.

Wiśwamitra rzekł: 'O Czandala, jeżeli jesteś moim przyjacielem i pragniesz mojego dobra, ulżyj mojej niedoli i obdaruj mnie tym psim udźcem. Znam swoje obowiązki w odniesieniu do swej duszy i wiem, co czynię'.

Czandala rzekł: 'O wielki mędrcu, nie śmiem ani obdarować cię tym kawałkiem psiego mięsa, ani pozwolić spokojnie na to, abyś okradł mnie z tego, co stanowi moje pożywienie, bowiem w każdym z tych przypadków w następnym świecie obaj utoniemy w regionach piekielnych'.

Wiśwamitra rzekł: 'O Czandala, dokonując dzisiaj tego czynu, który uchodzi za grzeszny, uratuję moje ciało, które jest święte. Po uratowaniu mego życia oczyszczę swą duszę praktykując ascezę i dotrzymując ślubów. Sam powiedz, co jest w tej sytuacji lepsze:

umrzeć z głodu, czy też uratować życie spożywając nieczyste jedzenie?'

Czandala rzekł: 'O wielki mędrcu, najlepszym sędzią w sprawie zaniechania obowiązku własnej kasty jest czyjaś własna jaźń. Ty sam wiesz, które z tych dwóch działań jest bardziej grzeszne. W mojej jednakże opinii ten, kto uzna psie mięso za czyste, nie zdoła się już powstrzymać od jedzenia czegokolwiek'.

Wiśwamitra rzekł: 'O Czandala, w normalnej sytuacji bramin, który akceptuje prezent uchodzący za nieczysty lub spożywa nieczyste jedzenie, popełnia grzech. Jednakże, gdy stoi w obliczu śmierci głodowej, takim działaniem nie popełnia grzechu. Ponadto, gdy w takiej sytuacji spożyciu nieczystego jedzenia nie towarzyszy zabójstwo lub oszustwo i gdy akt ten spotyka się jedynie z łagodną krytyką, jego złe skutki nie są zbyt wielkie'.

Czandala rzekł: 'O wielki mędrcu, twoje argumenty na rzecz jedzenia nieczystego mięsa dowodzą jednoznacznie, że nie idziesz ścieżką *Wed* i aryjskiego Prawa. Patrząc bowiem na to, co zamierzasz uczynić widzę, że lekceważenie różnicy między czystym i nieczystym jedzeniem nie jest grzechem!'

Wiśwamitra rzekł 'O Czandala, spożywając zakazane jedzenie nie popełnia się śmiertelnego grzechu. Podobnie grzech picia wina jest tylko łamaniem ziemskiego zakazu. Wykonanie innych zakazanych działań podobnego typu—faktycznie każdy grzech— nie może zniszczyć czyichś zasług zebranych poprzez duchową praktykę'.

Czandala rzekł: 'O wielki mędrcu, twoje słowa nie zdołały mnie przekonać i w mojej opinii osoba znająca *Wedy*, która przyjmuje dar z psiego mięsa w miejscu tak nieczystym jak moja wioska od osoby równie nieczystej jak ja popełnia czyn, który stoi w opozycji do działania tych, którzy uchodzą za dobrych. W konsekwencji swego czynu z całą pewnością doświadczy męczarni pokuty!'"

4. Wiśwamitra oczyszcza się z grzechu spożycia nieczystego mięsa dzieląc swój posiłek z bogami i praktykując ascezę

Bhiszma kontynuował: „O Judhiszthira, po wypowiedzeniu tych słów Czandala zamilkł, podczas gdy posiadający głębokie zrozumienie Prawa Wiśwamitra wziął ów potrzebny mu do utrzymania się przy życiu udziec psiego mięsa i udał się z powrotem w głąb dżungli, gdzie zamierzał po ofiarowaniu mięsa bogom zjeść resztki z ofiary dzieląc się nimi ze swą żoną. Gdy znalazł się w dżungli rozpalił ogień ofiarny zgodnie z bramińskim rytuałem i wykonując ryt znany pod nazwą *Aindragneja* zaczął sam gotować mięso, jako posiłek ofiarny (*Czaru*). Wykonał odpowiednie ceremonie honorujące bogów i Ojców i podzielił posiłek ofiarny na taką ilość porcji jak jest to zalecane w świętych pismach zapraszając nań bogów z Indrą na czele. Uhonorowany w ten sposób Indra zaczął polewać ziemię deszczem powodując wzrost roślin i ziół, które zaczęły ponownie dostarczać żywym istotom pożywienia. Wiśwamitra sam zaspokoił swój głód dopiero po zakończeniu rytuałów ku czci bogów i Ojców. Oczyszczając się ze swych grzechów surowymi umartwieniami zrealizował cel ascezy".

Kończąc swe opowiadanie Bhiszma rzekł: „O Judhiszthira, jak widać na przykładzie Wiśwamitry, mądra osoba o wielkiej duszy i słusznym rozumowaniu, gdy znajdzie się w katastrofalnej sytuacji, zagrażającej jej życiu, powinna wszystkimi dostępnymi jej środkami ratować swe życie, które jest miejscem zamieszkiwania dla jaźni. Dopóki dana osoba żyje, dopóty może zbierać religijne zasługi i zdobyć zarówno wieczne szczęście jak ziemski dobrobyt. I ponieważ rozróżnienie między tym, co jest i co nie jest zgodne z prawością, nie zawsze jest oczywiste—szczególnie w warunkach zagrożenia—osoba mądra o czystej duszy powinna w wyborze swych działań bazować na własnej inteligencji i zdolności do rozróżniania tego, co jest i co nie jest dozwolone przez Prawo".

5. O gromadzeniu doświadczenia i rozwijaniu umiejętności rozumienia Prawa

Judhiszthira poruszony do głębi opowiadaniem Bhiszmy rzekł: „O Bhiszma, moje myśli są w chaosie, a serce ściska ból. Swym opowiadaniem poddałeś w wątpliwość całe moje przywiązanie do Prawa. Skoro coś tak ohydnego, jak spożywanie nieczystego mięsa uchodzące za oburzające i niezgodne z Prawem, jest przestawione przez ciebie jako obowiązek, to czy w ogóle istnieje takie działanie, którego nie wolno wykonać? Skoro wszystko jest dozwolone, to dlaczego odmawia się szacunku barbarzyńcom? Twoje opowiadanie wprawiło mnie w stan osłupienia. Nie potrafię ani uspokoić mego umysłu, ani działać w sposób, który sugerujesz".

Bhiszma rzekł: „O Judhiszthira, nie udzielam ci instrukcji, co do obowiązku mając na uwadze jedynie to, czego dowiedziałem się z *Wed*. Zachowanie Wiśwamitry, o którym ci opowiedziałem, było rezultatem jego mądrości i doświadczenia. Mądrość i doświadczenie są miodem zbieranym przez tych, którzy się uczą.

Król powinien zbierać mądrość z różnych źródeł. Nie można zrealizować swego zadania na tym świecie jedynie z pomocą jakiejś moralności, która jest jednostronna. Obowiązek musi wypływać ze zrozumienia i dlatego należy zawsze we własnym doświadczeniu sprawdzać działania tych, którzy uchodzą za dobrych (*sadu*).

Weź sobie do serca moje słowa! Tylko ten król, który zdobył zrozumienie, może w swych rządach oczekiwać zwycięstwa. Król powinien zapewniać przestrzeganie Prawa kierując się swym zrozumieniem i wiedzą pochodzącą z różnych źródeł. Król o słabym umyśle nie potrafi czerpać wiedzy z tego, co widzi i dlatego nigdy nie ukazuje mądrości w spełnianiu swych obowiązków.

Prawo przybiera niekiedy wygląd Bezprawia a Bezprawie Prawa i ten, kto o tym nie wie, stając w obliczu konkretnego przypadku takiej zamiany ulega dezorientacji. Powinno się zrozumieć warunki, w których tak się dzieje, zanim to się faktycznie zdarzy. Po zdobyciu takiej wiedzy mądry król wspomagany swym sądem potrafi działać właściwie, choć w takich okolicznościach jego działanie jest często źle rozumiane przez zwykłych ludzi. Istnieją bowiem tacy ludzie, którzy zdobyli prawdziwą wiedzę, lecz są też tacy, których wiedza jest fałszywa. Mądry król, który starannie ocenia charakter każdej zdobytej wiedzy, czerpie swą wiedzę od tych, którzy są uważani za dobrych (*sadu*).

Bazuj na przykładzie *sadu* i strzeż się fałszywych nauczycieli Prawa. Ci, którzy są faktycznie niszczycielami Prawa, szukają winy w świętych pismach, tak jak ci, którzy nie zdobyli bogactwa, szukają winy w traktatach o jego nabywaniu, a nie w swym własnym rozumieniu. Ci, którzy nie szukają wiedzy, jako drogi do Wyzwolenia, lecz tylko po to, aby ją sprzedawać i w ten sposób utrzymać się przy życiu, są faktycznie grzesznikami i wrogami Prawa. Grzesznicy, którym brak zrozumienia, nigdy nie potrafią poznać prawdziwego stanu rzeczy, tak jak osoby, które nie poznały świętych nauk, są niezdolne do kierowania się w swych wszystkich działaniach rozumem. Nastawieni na szukanie w świętych naukach wad, rzucają na nie oszczerstwa. Nawet, gdy rozumieją ich prawdziwe znaczenie, kontynuują swój zwyczaj proklamowania, że ich nakazy są błędne. Rzucając oszczerstwa na wiedzę innych głoszą wyższość swej własnej wiedzy. Swe słowa mają za strzały i mówią tak, jakby byli prawdziwymi znawcami tych nauk. Są handlarzami w nauczaniu i wśród ludzi są jak rakszasowie. Przy byle pretekście są gotowi do odrzucenia tej moralności, która została ustalona w praktyce przez dobrych i mądrych ludzi.

Słyszymy od nich, że pism o moralności nie można zrozumieć poprzez dyskusję lub własne rozumowanie i że sam Indra ogłosił, że tak nauczał nauczyciel bogów, Brihaspati. Niektórzy twierdzą, że każde słowo w świętych pismach ma swe uzasadnienie. Inni choć rozumieją słowa pism właściwie, nie zachowują się zgodnie z nimi. Pewna grupa mędrców z kolei zadeklarowała, że Prawo (*dharma*) nie jest niczym odwiecznym, lecz wyłącznie zaaprobowanym biegiem tego świata, czyli niczym więcej niż tym, co ludzie faktycznie robią.

Człowiek, który zdobył prawdziwą wiedzę, zamiast słuchać takich dyskusji, powinien szukać sam dla siebie właściwej ścieżki podążając za przykładem tych, którzy uchodzą za dobrych. Nawet nauki mędrca nie mają wartości, jeżeli dyskutuje on problemy Prawa będąc pod wpływem gniewu, braku rozumienia lub ignorancji. Tylko te rozmowy o Prawie, które bazują na wglądzie w prawdziwą literę i ducha świętych nauk, są godne pochwały, w przeciwieństwie do tych, które bazują na czymś innym. Jednakże niekiedy nawet słowa wypowiadane przez ignoranta, mogą być uznane za pobożne i mądre, jeżeli obfitują w sens.

W dawnych czasach nauczyciel demonów, Śukra, nauczał asurów prostej prawdy rozwiewającej wszelkie wątpliwości: 'Pisma, które nie potrafią wytrzymać próby rozumu, nie są Pismami'. To samo dotyczy tej wiedzy, która budzi wątpliwości. Takiej wiedzy należy się pozbyć. Ten, kto tego nie rozumie, jest na błędnej drodze.

Czy ty sam nie widzisz, że zostałeś tak jak ja stworzony do wykonania przeraźliwych uczynków? Spójrz na mnie. Podejmując się realizowania obowiązków kasty, w której się narodziłem, wysłałem do nieba niezliczoną liczbę wojowników. Są tacy, którym się to nie podoba. Ja jednakże nie zapominam o tym, że kozioł, koń i wojownik zostali stworzeni przez Brahmę po to, aby służyć wszystkim innym. Wojownik powinien bezustannie walczyć o dobro wszystkich żywych istot. Grzech wynikający z zabicia kogoś, kto nie powinien być zabity, jest równy grzechowi niezabicia kogoś, kto powinien zostać zabity. Taki jest ustalony porządek rzeczy, który król o słabym umyśle ignoruje.

Król powinien być nieustępliwy w zmuszaniu poddanych do realizowania właściwych obowiązków, bo inaczej będą grasować po królestwie jak wilki pożerając się nawzajem. Król, który pozwala na to, aby złodzieje bezkarnie plądrowali majątki jego poddanych, jest niegodny swego imienia. Obowiązkiem króla jest dostarczanie im ochrony. Podobnie król, który nakłada na poddanych podatki pomijając ustalone zwyczaje i akceptowane sposoby działania, jest uważany za niegodnego przynależności do swej kasty. Król nie musi być ani zbyt surowy, ani zbyt łagodny, zasłuży na pochwałę, gdy rządzi sprawiedliwie. Powinien być jednak zdolny zarówno do surowości jak i łagodności, gdy tego żąda od niego sytuacja. Kroczenie ścieżką wojownika jest trudne i bolesne. Ten, kto urodził się w królewskiej rodzinie, został stworzony do realizacji trudnych i bolesnych czynów. Jak to ongiś powiedział Indra, najważniejszym obowiązkiem wojownika jest karanie niegodziwych i obrona sprawiedliwych".

Judhiszthira rzekł: „O Bhiszma, powiedz mi, czy istnieje taka zasada w odniesieniu do królewskich obowiązków, której nigdy w żadnych okolicznościach nie powinno się łamać?"

Bhiszma rzekł: „O Judhiszthira, należy zawsze oddawać cześć braminom praktykującym ascezę i działania zgodne z nakazami *Wed*. Jest to najwyższym i świętym obowiązkiem króla. Niech twe zachowanie w stosunku do braminów będzie takie samo jak w stosunku do bogów. Rozgniewany bramin jest groźny jak jadowity wąż, lecz zadowolony jest jak eliksir nieśmiertelności".

Napisane na podstawie fragmentów *Mahābharāta*,
Santi Parva, Part 1, Sections CXLI-CXLII
(Apaddharmanusasana Parva).

Opowieść 136
O tym jak prawy gołąb
udzielając ochrony okrutnemu ptasznikowi
zmienił jego serce

> Ptasznik rzekł sam do siebie: „O biada mi, jestem okrutny i nieczuły. Jestem łajdakiem. Jakże zdołam się oczyścić z moich grzechów? Jestem niegodny zaufania. Moje myślenie jest niegodziwe. Zamiast wybrać jakiś godny szacunku zawód, zostałem ptasznikiem. Ten gołąb o wielkiej duszy składając w ofierze gościnności swe życie uświadomił mi moją mierność i podłość. Powinienem wyrzec się zarówno swej żony jak i życiowego oddechu. Ten prawy gołąb uświadomił mi mój obowiązek. Od dzisiaj rozpocznę ascezę odmawiając mojemu ciału wszelkiego komfortu".

(*Mahābhārāta*, Santi Parva, Part 1, Section CXLVII)

Judhiszthira rzekł: „O Bhiszma, opowiedziałeś mi o tym, jak mędrzec Wiśwamitra kierując się nabytą przez doświadczenie umiejętnością odróżniania dobra od zła zdołał utrzymać się przy życiu w czasach wielkiego głodu nie popełniając grzechu i o tym jak Czandala o nieczystej duszy nie potrafił zrozumieć prawości jego postępowania. Ty sam poznałeś wszystkie święte pisma i zdobyłeś mądrość swym doświadczeniem. Powiedz mi teraz o zasługach zbieranych przez osobę, która udziela ochrony temu, kto o nią prosi, choć sama padła ofiarą nieszczęścia".

Bhiszma rzekł: „O Judhiszthira, taka osoba gromadzi ogromne zasługi. Wielu sławnych królów zdobyło w ten sposób niebo. Posłuchaj opowieści o gołębiu, który udzielił ochrony swemu wrogowi ptasznikowi i nakarmił go własnym ciałem. Historię tę opowiedział po raz pierwszy syn Bhrigu, Bhargawa, w odpowiedzi na pytanie podobne do twojego, które zadał mu król Muczukunda".

Judhiszthira rzekł: „O Bhiszma, opowiedz mi, w jaki sposób ten prawy gołąb nakarmił ptasznika własnym ciałem i jakie wieczne światy zdobył swym zachowaniem?"

Bhiszma rzekł: „O Judhiszthira, ongiś w dawnych czasach żył na ziemi pewien ptasznik, straszliwy jak sam Niszczyciel, który włóczył się po dżungli polując na ptaki. O skórze czarnej jak kruk, oczach nabiegłych krwią, wielkich ustach, długich nogach i małych stopach budził strach już samym swym wyglądem. Poza swą żoną nie miał na tym świecie żadnego krewnego i przyjaciela, bo z powodu jego okrucieństwa nikt nie chciał mieć z nim nic wspólnego. Każdy, kto jest rozsądny, stara się trzymać z daleka od osoby, która szkodzi samej sobie, bo trudno od niej oczekiwać, że będzie dobra dla innych. Okrutne i grzeszne istoty zabijające inne, są uważane za równie niebezpieczne jak jadowite węże.

Ptasznik ten włócząc się po dżungli łapał dzikie ptaki w sieci, sprzedawał ich mięso i w ten sposób utrzymywał się przy życiu. Żył tak przez długie lata nieświadomy grzeszności swego życia. Przyzwyczajony do tego, co robił i ogłupiony przez Czas polubił swój zawód i niczego więcej nie pragnął. Pewnego dnia, gdy wędrował po dżungli łowiąc ptaki, zerwała się potężna burza. Z pokrytego gęstymi chmurami nieba sypały się błyskawice i padał ulewny deszcz, a silny wiatr wyrywał drzewa z korzeniami. Spowodowana ulewą powódź zalała całą ziemię. Woda była wszędzie i ptasznik nie mając gdzie się schować przed potokami deszczu i tracąc ze strachu zmysły błąkał się bezradnie po lesie. Zabite przez ulewę ptaki spadały z gałęzi drzew na ziemię, a lwy i niedźwiedzie wdrapywały się na wzgórza i drzewa szukając suchego miejsca. Serca wszystkich mieszkańców lasu ściskał strach. Przerażone i głodne biegały w panice po lesie w mniejszych lub większych stadach.

Po dłuższym czasie błądzenia nie widząc nigdzie żadnego suchego miejsca, gdzie mógłby się zatrzymać, śmiertelnie zmęczony i skostniały z zimna przystanął, bo nie mógł już dalej biec. Dostrzegł wówczas leżącą bezradnie na ziemi samiczkę gołębia zesztywniałą z zimna. Choć sam znajdował się w podobnym, co ptak beznadziejnym położeniu, nie okazał jej nawet cienia współczucia i podniósłszy ją z ziemi zamknął ją w klatce. Ulegając sile nawyku nie potrafił powstrzymać się od popełnienia tego grzechu. W tym samym momencie dostrzegł rosnące niedaleko potężne drzewo o kolorze szarym jak chmury, w którego koronie mieszkała ogromna ilość ptaków znajdując tam dla siebie schronienie przed słońcem i deszczem. Drzewo to zdawało się być stworzone przez Stwórcę z myślą o dobrze wszystkich żywych istot.

Tymczasem deszcz przestał padać i na niebie ukazały się tysiące gwiazd. Drżący z zimna ptasznik patrząc na niebo pokryte gwiazdami pomyślał: 'Mój dom jest daleko stąd. Najlepiej będzie, jeżeli spędzę noc u stóp tego wielkiego drzewa'.

Stanął przed drzewem z pobożnie złożonymi dłońmi i rzekł: 'O bóstwa zamieszkujące to drzewo, z powodu tej strasznej ulewy znalazłem się daleko od domu. Proszę was o ochronę i schronienie u stóp tego drzewa'. Po wypowiedzeniu tych słów zrobił sobie łoże z liści i oparłszy głowę na kamieniu usnął umęczony nieszczęściem, które go spotkało.

Na jednej z gałęzi przysiadł gołąb o pięknych piórach, który już od wielu lat mieszkał wraz ze swoją rodziną w koronie drzewa. Tego poranka, zanim rozpoczęła się ta straszna ulewa, jego żona udała się na poszukiwanie pożywienia i dotychczas nie powróciła. Pełen niepokoju lamentował: 'O żono, biada mi, ciągle jeszcze nie wróciłaś. Gdzie jesteś? Jak poradziłaś sobie z tą straszliwą burzą? Bez ciebie mój dom jest pusty, bo dla ojca rodziny dom bez żony jest pusty nawet wtedy, gdy jest pełen synów, córek i żon synów. To nie miejsce zamieszkania, lecz żona tworzy dom. Dom bez żony jest jak pustynia. Jeżeli moja droga żona o oczach z czerwoną obwódką, kolorowych piórach i słodkim głosie nie powróci, moje życie straci wszelką wartość.

O gołębico, jakże prawą byłaś żoną! Wierna swym małżeńskim przysięgom nigdy nie jadłaś i nie zażywałaś kąpieli przede mną. Nie siadałaś i nie kładłaś się do łoża przede mną. Cieszyłaś się i martwiłaś razem ze mną. Gdy byłem rozgniewany, przemawiałaś słodkim głosem, a moja nieobecność napawała cię smutkiem. Zawsze oddana swemu mężowi czyniłaś to, co go zadowalało i było dla niego korzystne. Dlaczego nie wracasz? Wiesz przecież, że jestem głodny i zmęczony. Byłaś mi zawsze oddana i kochająca! Bez żony nawet pałac wydaje się pustynią!

Żona jest niezastąpionym towarzyszem męża we wszystkich działaniach mających na celu Prawo, Zysk i Przyjemność, oraz gdy znajdzie się w obcym kraju. Jest jego największym skarbem. Dzieli z nim jego religijne zasługi, których on sam bez niej nie zdoła zgromadzić. Jest dla niego najlepszym lekarstwem na chorobę i nieszczęście. Nie ma lepszego od niej przyjaciela. Ten, kto w swym domu nie ma prawej i zgodnej w mowie żony, powinien porzucić swój dom i zamieszkać na pustyni, bo dla niego nie ma różnicy między domem i pustynią!'

Jego żona, gołębica, która została poprzednio złapana i zamknięta w klatce przez ptasznika, słysząc te lamenty swego męża rzekła sama do siebie: 'Zaiste, bez względu na to, jakie są moje zasługi, mam wielkie szczęście, że mój mąż tak ciepło o mnie mówi. Żona nie zasługuje na imię żony, jeżeli jej mąż nie jest z niej zadowolony. Żona zadawalając męża zadowala równocześnie wszystkie bóstwa. Małżeństwo zostaje zawarte w obecności ognia i dlatego mąż jest dla żony najwyższym bóstwem. Żona, która nie zdołała zadowolić swego męża, zostanie spalona przez ogień na popiół, tak jak pokryte kwiatami pnącze podczas pożaru lasu'.

Po namyśle rzekła do swego nieszczęsnego męża: 'O drogi mężu, jestem tutaj dotknięta nieszczęściem i zamknięta w klatce ptasznika. Posłuchaj jednak moich słów, bo wypowiadam je mając na uwadze twe dobro i udziel pomocy temu, kto jej desperacko szuka. Pod tym wielkim drzewem, w którego koronie mieszkasz, leży wyczerpany zimnem i głodem ptasznik, który mnie przedtem uwięził. Zapomnij jednak o mnie i wykonaj w stosunku do niego swój obowiązek gościnności. Grzech wynikły z nieudzielenia pomocy szukającemu pomocy gościowi i pozwolenie mu na to, aby umarł, jest równie wielki jak zabicie bramina lub krowy, która jest karmiącą matką świata.

Poznałeś swą jaźń i wiesz, że ptak taki jak ty powinien iść ścieżką, która została wyznaczona dla gołębi z racji ich urodzenia. Naszą jedyną siłą jest realizowanie obowiązku gościnności w sposób właściwy dla nas. Zostało stwierdzone, że głowa rodziny, która w miarę swych możliwości praktykuje cnotę gościnności, zdobędzie niebiańskie tereny wiecznej ekstazy. Mając na uwadze swych synów i liczne potomstwo i nie troszcząc się o własne ciało, podążaj drogą Prawa i Zysku i oddaj cześć temu myśliwemu zadowalając jego serce. I nie rozpaczaj z mojego powodu, faktycznie jestem bowiem bez znaczenia. Możesz kontynuować życie dalej znajdując dla siebie inne żony'.

Siedzący na gałęzi gołąb słysząc te rozsądne i prawe słowa żony i przyznając jej rację poczuł w sercu ciepło i zalał się łzami zachwytu. Widząc siedzącego pod drzewem ptasznika, który żył z zabijania ptaków, zbliżył się do niego i oddał mu należne gościowi honory. Rzekł: 'O ptaszniku, widzę, że szukasz pod naszym drzewem schronienia. Bądź więc gościem w naszym domu i czuj się u nas tak, jakbyś był u siebie. Powiedz mi, cóż mogę zrobić, aby cię zadowolić? Pytam o to, bo wiem, że należy ukazywać gościnność nawet wrogowi, jeżeli przybywa do naszego domu. Drzewo przecież nie odmawia cienia nawet drwalowi, który przybył, aby je ściąć. Co więcej, do realizowania tego obowiązku są szczególnie zobowiązani ci, którzy prowadzą domowy tryb życia wymagający pięciu ofiar. Gdy nie wykonają tych pięciu ofiar, nie zdołają zdobyć ani tego, ani tamtego świata. Powiedz mi szczerze, czego sobie życzysz? Zrealizuję twoje życzenie pomagając ci w twym nieszczęściu'.

Ptasznik rzekł: 'O gołębiu, jestem zesztywniały z zimna. Czy mógłbyś uczynić coś, abym mógł się ogrzać?'

Słysząc to gołąb zebrał sporo suchych liści na ognisko i następnie trzymając w dziobie jeden liść pofrunął w kierunku znanego mu miejsca, gdzie był utrzymywany ogień. Pobrawszy ogień na trzymany liść szybko powrócił pod rozłożyste drzewo i podpalił zebrane liście. Gdy ogień się już dobrze rozpalił, rzekł: 'O ptaszniku, siądź przy ogniu i ogrzej się'.

Gdy ptasznik ogrzał się już wystarczająco przy ogniu, rzekł: 'O gołębiu, jestem bardzo głodny, czy mógłbyś znaleźć dla mnie coś do zjedzenia?' Gołąb pobladły ze wstydu rzekł: 'O ptaszniku, nie mam żadnych zapasów jedzenia, aby zaspokoić twój głód. My, leśne ptaki, jesteśmy leśnymi ascetami i żyjemy z dnia na dzień utrzymując się przy życiu z tego, co nam uda się znaleźć w ciągu dnia. Nie gromadzimy jedzenia z myślą o jutrze'.

Gołąb krytykując w swym umyśle swój styl życia zaczął się zastanawiać nad tym, co powinien teraz zrobić. Po chwili jego umysł rozjaśnił się i rzekł do tego zabójcy swego własnego gatunku: 'O ptaszniku, już wiem jak cię zadowolić. Poczekaj krótką chwilę'. Mówiąc te słowa rozpalił mocniej ogień dodając doń trochę suchych liści. Następnie z sercem pełnym radości rzekł: 'O ptaszniku, słyszałem słowa mędrców, bogów i Ojców o tym, jak wielkie zasługi gromadzi ten, kto uhonoruje właściwie gościa i nastawiłem me serce na to, aby oddać ci należne gościowi honory'. Po wypowiedzeniu tych słów ten gołąb o wielkiej duszy okrążył ogień trzy razy i następnie już bez chwili namysłu wszedł w płomienie. Ptasznik widząc to pomyślał z przerażeniem: 'O biada mi! Cóż ja uczyniłem? Jakże wielki musi być mój grzech! Jestem przeraźliwie okrutny i zasługuję na potępienie!'

Pełen współczucia dla gołębia i potępiając swe własne działania kontynuował swój lament: 'O biada mi, jestem okrutny i nieczuły. Jestem łajdakiem. Jakże zdołam się oczyścić z moich grzechów? Jestem niegodny zaufania. Moje myślenie jest niegodziwe. Zamiast wybrać jakiś godny szacunku zawód, zostałem ptasznikiem. Ten gołąb o wielkiej duszy składając w ofierze gościnności swe życie uświadomił mi moją mierność i podłość. Powinienem wyrzec się zarówno swej żony jak i życiowego oddechu. Ten prawy gołąb uświadomił mi mój obowiązek. Od dzisiaj rozpocznę ascezę odmawiając mojemu ciału wszelkiego komfortu. Wysuszę swe ciało ascezą będąc jak zbiornik wodny podczas upalnego lata. Zdolny do zniesienia głodu, pragnienia i umartwień będę praktykował głodówkę i realizował przysięgi szukając drogi do nieba. Ten szlachetny i niezwykle prawy gołąb poświęcając swe życie pokazał mi, jak powinno się oddawać honory gościowi. Idąc za jego przykładem będę już teraz zawsze szedł drogą prawości. Prawość jest największym obrońcą wszystkich żywych istot'.

I okrutny niegdyś ptasznik po podjęciu takiego postanowienia wyrzekł się dotychczasowego stylu życia wybierając ascetyczne życie w lesie aż do śmierci. Ruszając w las porzucił swe ostre narzędzia służące do zabijania ptaków, swą sieć i klatkę, z której wypuścił na wolność złapaną podczas ulewy gołębicę.

Uwolniona gołębica pofrunęła na gałąź, na której jeszcze niedawno siedział jej szlachetny mąż i na jego wspomnienie zalała się łzami. Lamentowała: 'O ukochany mężu, nie mogę sobie przypomnieć, abyś kiedykolwiek mnie w najmniejszy sposób zranił. Udałeś się już do nieba pozostawiając mnie samą. Wdowa, mimo posiadania dzieci, jest zawsze godna pożałowania. Żona tracąc męża traci swe oparcie i staje się przedmiotem politowania dla przyjaciół. Zawsze troszczyłeś się o mnie i darząc mnie szacunkiem przemawiałeś do mnie słodkimi, zgodnymi i sprawiającymi radość słowami. Ciesząc się razem ze mą fruwałeś po niebieskich przestworzach w kierunku dolin, źródeł rzek i na czubki drzew. Gdzie się teraz podziała cała ta radość? Dary od ojca, brata i syna zdają się być niewielkie w porównaniu z darami od męża! Jaka kobieta nie chciałaby więc oddawać czci swemu mężowi? Kobieta nie ma lepszego obrońcy od swego męża i nikt nie może dać jej więcej szczęścia. Mąż powinien być dla niej jedyną ucieczką. Teraz, gdy twa śmierć nas rozdzieliła, życie straciło dla mnie cały sens. Jakaż cnotliwa żona zechce dalej dźwigać ciężar życia po utracie swego pana i męża?'

Lamentując w ten sposób wierna gołębica rzuciła się w płomienie ognia. I gdy ogień pochłaniał jej ciało zobaczyła na firmamencie swego prawego męża siedzącego na niebiańskim rydwanie w otoczeniu licznych szlachetnych dusz, które za życia zgromadziły wiele zasług. Jego duchowe ciało ubrane w niebiańskie szaty ozdobione było girlandami i ornamentami. Razem z innymi szlachetnymi duszami wznosił się ku niebu, gdzie nagrodzony za swe prawe uczynki mógł kontynuować swe życie w nieustającej ekstazie ze swą żoną u boku".

Bhiszma kontynuował: „O Judhiszthira, odmieniony przez prawość gołębia ptasznik mógł również zobaczyć tę wspaniałą ptasią parę siedzącą na niebiańskim rydwanie. Ich widok raz jeszcze skłonił go do refleksji nad swoim grzesznym życiem i zapragnął zdobyć niebo tak jak oni. Rzekł sam do siebie: 'Muszę tak jak ten gołąb zdobyć niebo praktykując umartwienia'. Powziąwszy takie postanowienie przestał zabiegać o zdobycie jakiegokolwiek jedzenia żywiąc się tylko powietrzem i wyrzekł się wszystkich pragnień poza pragnieniem zdobycia nieba.

Wędrując po dżungli dotarł nad brzeg rozległego i cieszącego wzrok jeziora, którego wody ozdobione kwiatami lotosu i pełne zwierząt wodnych były czyste i chłodne. Sam widok takiego jeziora zaprasza do picia jego wód i ugaszenia pragnienia. Ptasznik, choć wycieńczony głodem i spragniony, z ciałem poranionym cierniami i pokrytym krwią, wierny swej przysiędze ascezy nawet na jego wody nie spojrzał i wędrował dalej w coraz gęstszy i bezludny las zamieszkały jedynie przez dzikie zwierzęta. Pewnego dnia w dżungli wybuchnął ogromny pożar. Ogień wzmacniany przez wiatr szybko się rozprzestrzeniał we wszystkich kierunkach konsumując wszystko po drodze swymi siedmioma językami. Ptasznik, który już od dawna pragnął uwolnić z ciała swą duszę ruszył z radością w kierunku ognia. Skonsumowany przez rozszalałe płomienie oczyścił się z grzechów i zrealizował swój cel. Z sercem oczyszczonym z gorączki zdobył niebo, gdzie wśród jakszów, gandharwów i osób, które zrealizowały cel ascezy błyszczy splendorem równym splendorowi Indry".

Bhiszma zakończył swe opowiadanie mówiąc: „O Judhiszthira, w taki to sposób gołąb, jego żona i podążający za ich przykładem ptasznik zdobyli niebo zbierając zasługi prawym działaniem. Do nieba udała się również podążająca za swym mężem żona ptasznika i świeci tam takim samym splendorem jak żona gołębia. Udzielenie ochrony temu, kto o to prosi, jest działaniem, które pozwala na zgromadzeniu wielu zasług. Praktykowanie tej cnoty oczyści z grzechu nawet tego, kto zabił matkę świata, krowę. Nic jednak nie zdoła oczyścić z grzechu kogoś, kto zabił tego, kto szukał u niego ochrony. Powtarzanie i słuchanie tej opowieści o tym, jak gołąb swym prawym działaniem zmienił serce ptasznika i otworzył przed nim drogę do nieba oczyszcza z grzechów i ochrania przed złem nawet tego, którego umysł zbłądził".

Napisane na podstawie fragmentów *Mahābhārata*,
Santi Parva, Part 1, Sections CXXXI-CXLVIII
(Apaddharmanusasana Parva).

Opowieść 137
O tym jak Dźanamedźaja
dzięki łasce mędrca Indroty
oczyścił się z grzechu
nieświadomego zabójstwa bramina

> Mędrzec Indrota rzekł: „O Dźanamedźaja, wiem, że za wypowiadanie tych nauk do ciebie, zabójcy bramina, spotkam się z krytyką. Sama rozmowa z zabójcą bramina jest uważana za grzech, a nauczanie go wedyjskiej prawdy jest uważane za świętokradztwo. Wielu nazwie mnie za to grzesznikiem i zostanę odrzucony przez przyjaciół i krewnych. Jednakże tylko dzięki usłyszeniu tego, co mam do powiedzenia, będą wiedzieli jak poradzić sobie z trudnymi sytuacjami życia. Tylko ci, którzy zdobyli wielką mądrość, zrozumieją właściwie moje intencje".

(*Mahābhārata*, Santi Parva, Part 1, Section CLII)

Judhiszthira rzekł: „O Bhiszma, powiedz mi teraz, jak można oczyścić się z grzechu, który popełniło się nieświadomie?"

Bhiszma rzekł: „O Judhiszthira, pozwól, że w odpowiedzi na twe pytanie zacytuję starożytną opowieść o królu Dźanamedźaji, który uwolnił się od grzechu dzięki radom mędrca Indroty.

Żyjący w dawnych czasach prawy król Dźanamedźaja pewnego dnia nieświadomie spowodował śmierć bramina. W konsekwencji jego grzechu wszyscy bramini łącznie z jego własnym kapłanem opuścili królestwo. Za braminami odeszli wszyscy jego poddani. Sam król nie mogąc odżałować tego, co uczynił i cierpiąc z tego powodu dniem i nocą, postanowił porzucić swój pałac i szukać dla siebie pokuty w lesie.

Wędrował po całej ziemi i poddając się bardzo surowym umartwieniom poszukiwał sposobu na oczyszczenie się ze swego grzechu. Pewnego dnia spotkał na swej drodze mędrca Indrotę, syna Śaunaki, który praktykował surowe śluby. Zbliżył się do niego i pochylając głowę aż do ziemi dotknął z szacunkiem jego stóp.

Mędrzec rozpoznając go rzekł z wielką dezaprobatą: 'O Dźanamedźaja, popełniłeś śmiertelny grzech zabójstwa bramina! Jak śmiesz się do mnie zbliżać i co więcej dotykać mych stóp będąc tak nieczysty. Czym prędzej odejdź, bo twój widok jest dla mnie niemiły. Pachniesz krwią i wyglądasz jak żywy trup. Będąc nieczysty udajesz czystego, będąc martwy poruszasz się jak żywy. Jesteś nieczystą duszą nastawioną na grzech! Choć ciągle budzisz się i zasypiasz, prowadzisz życie nędzne, nieszczęsne i całkowicie bezużyteczne. Jesteś nędznikiem stworzonym do haniebnych i grzesznych uczynków.

Ojcowie pragną mieć synów, aby zdobyć różnego rodzaju błogosławieństwa i żywiąc nadzieję, że będą praktykować umartwienia, wykonywać rytuały ofiarne, oddawać cześć bogom i rozdawać dary. Zawiodłeś wszystkie nadzieje swych ojców i swymi czynami spychasz swych przodków na samo dno piekła. Twoje życie nie ma żadnego celu, bo odnosisz się z nienawiścią do braminów, zamiast oddawać im tak jak inni cześć i zdobyć przez to długie życie, sławę i niebo. Gdy nadejdzie twoja ostatnia godzina i będziesz opuszczać ten świat, spadniesz wprost do piekła głową w dół i pozostaniesz w tej pozycji w nieskończoność. Sępy i pawie będą rozszarpywać twe pozostawione na ziemi ciało swymi dziobami. Urodzisz się ponownie na ziemi wśród istot najpodlejszego gatunku. I jeżeli sądzisz, że ten świat jest niczym, a tamten świat jest niczym więcej jak cieniem cienia, wykonawcy rozkazów Jamy w podziemnych regionach pozbawią cię twoich złudzeń'.

Dźanamedźaja rzekł: 'O wielki mędrcu, karcisz i potępiasz tego, kto zasłużył na krytykę. Błagam cię jednak o łaskę. Moje dotychczasowe działania były grzeszne, lecz dziś cały płonę w ogniu skruchy. Na wspomnienie mych uczynków mój umysł nie znajduje spokoju. Zaiste, straszliwie boję się Jamy! Jakże mam dalej żyć bez wyrwania z mego serca tej włóczni grzechu? Proszę cię, ucisz swój gniew i zamiast mnie przeklinać, poinstruuj mnie, co mam czynić. Przedtem obdarzałem braminów należną im czcią i przysięgam, że będę czynił tak dalej. Niech wraz ze mną nie wygaśnie moja królewska linia! Niech nie obróci się w proch! Zgodnie z zaleceniami *Wed* nie jest bowiem właściwe, aby król, który wyrządził szkodę braminom i utracił szacunek świata, kontynuował swą linię płodząc synów!

Jestem w rozpaczy i desperacko pragnę poprawić swoje postępowanie. Udziel mi ochrony tak jak mędrcy, którzy nie akceptują darów, aby ochraniać biedaków. Grzeszne osoby, które nie mają dostępu do prawych przynoszących zasługi działań, takich jak składanie ofiar, nie zdołają zdobyć nieba i po śmierci wpadną do piekła, jak barbarzyńcy, którzy nie znają Prawa. Oświeć mnie ignoranta, tak jak nauczyciel oświeca ucznia, a ojciec syna. Bądź dla mnie łaskawy!'

Mędrzec Indrota rzekł: 'O Dźanamedźaja, cóż jest dziwnego w tym, że osoba pozbawiona wiedzy popełnia tak wiele złych czynów? Ten, kto zdobył prawdziwą wiedzę, nigdy nie gniewa się na żywe istoty, które utraciły rozum. Po zdobyciu szczytu prawdziwej wiedzy płacze nad innymi, lecz sam jest zbyt czysty, aby stać się przedmiotem współczucia dla innych. W rezultacie swej mądrości potrafi zobaczyć wszystkie żywe istoty, tak jakby oglądał je z wierzchołka góry.

Osoba, która zasługuje na potępienie ludzi prawych, nienawidzi ich i stara się uciec przed ich wzrokiem, nigdy nie zdoła zdobyć ich łaski i zrozumieć odpowiedniości i nieodpowiedniości swych działań.

Jak sam wiesz, w Vedach i innych świętych pismach została opisana wielka energia i szlachetność braminów. Wiedząc o tym działaj tak, aby uspokoić swe serce i znaleźć ochronę u braminów. Jeżeli zdołasz uciszyć ich gniew, otworzą się przed tobą bramy niebiańskiego szczęścia. I jeżeli pożałujesz swego grzechu, twe widzenie się rozjaśni i zdołasz dostrzec prawość'.

Dźanamedźaja rzekł: 'O wielki mędrcu, bardzo żałuję za swoje grzechy i nigdy więcej nie będę próbował zniszczyć tego, co jest cnotą. Pragnę zdobyć sukces i szczęście. Bądź dla mnie łaskawy!'

Mędrzec Indrota rzekł: 'O Dźanamedźaja, uwolnij się od pychy i wyniosłości i słuchaj z szacunkiem moich instrukcji. Zaangażuj się w działanie na rzecz dobra wszystkich żywych istot pamiętając zawsze o nakazach prawości.

Ja sam nie potępiam cię z powodu wąskiego horyzontu mego umysłu lub zawiści. Chcę, abyś w obecności zgromadzonych tu wokół mnie braminów wysłuchał słów Prawdy. Choć uwolniłem się od pragnień i o nic nie proszę, pouczę cię o drogach prawości. Wiem, że za wypowiadanie tych nauk do ciebie, zabójcy bramina, spotkam się z krytyką. Sama rozmowa z zabójcą bramina jest uważana za grzech, a nauczanie go wedyjskiej prawdy jest uważane za świętokradztwo. Wielu nazwie mnie za to grzesznikiem i zostanę odrzucony przez przyjaciół i krewnych. Jednakże tylko dzięki usłyszeniu tego, co mam do powiedzenia, będą wiedzieli jak poradzić sobie z trudnymi sytuacjami życia. Tylko ci, którzy zdobyli wielką mądrość, zrozumieją właściwie moje intencje. Chcę cię pouczyć mając na uwadze dobro braminów. Obiecaj mi, że po wysłuchaniu moich nauk będziesz działał w ten sposób, aby bramini dzięki mojemu wysiłkowi osiągnęli spokój. Obiecaj mi również, że już nigdy nie zranisz bramina'.

Dźanamedźaja rzekł: 'O wielki mędrcu, dotykając z pokorą twych świętych stóp przysięgam, że nigdy już w myśli, mowie i uczynku nie zranię żadnego bramina'.

Mędrzec Indrota rzekł: 'O Dźanamedźaja, twe serce jest bardzo wzburzone z powodu popełnionego grzechu i dlatego biorąc pod uwagę twą skruchę i pokutę udzielę ci nauk w sprawie prawości. Posiadając wiedzę i wielką siłę szukasz prawości mocą swej własnej woli. Uczyniłeś w ten sposób coś, co jest prawdziwie godne podziwu. Będąc najpierw nadmiernie surowy, ukazałeś następnie w swym działaniu wielkie współczucie dla wszystkich żywych istot. Ludzie mówią, że król rozpoczynający swe rządy z surowością spali cały świat. Ty sam po ukazaniu swej surowości zwróciłeś oczy ku Prawu i wyrzekając się wszystkich pałacowych luksusów i przyjemności oddajesz się już od dłuższego czasu surowym umartwieniom, aby odpokutować za swój grzech. Takie postępowanie króla, który popełnił grzech, jest godne pochwały, tak jak rozdawanie darów przez tego, kto zdobył bogactwo lub wyrzekanie się użycia swej ascetycznej mocy przez ascetę. Wszystkie te działania są rezultatem świadomego wyrzeczenia.

Z grzechów oczyszcza ofiara, dary, współczucie, *Wedy*, Prawda. Szóstym czynnikiem oczyszczającym są umartwienia. Ten ostatnio wymieniony sposób jest szczególnie odpowiedni dla królów. Wykonując umartwienia we właściwy sposób zbiorą wiele zasług i błogosławieństw. Król Jajati recytował niegdyś, co następuje: «Śmiertelnik, który dożył późnej starości praktykując z oddaniem rytuały ofiarne, po osiągnięciu odpowiedniego wieku powinien wyrzec się ich na rzecz umartwień».

Z grzechów można się również oczyścić poprzez pielgrzymkę do świętych brodów. Istnieje wiele świętych miejsc na ziemi jak Kurukszetra i rzeka Saraswati. Święte brody (*tirtha*) Saraswati są jeszcze bardziej święte niż sama rzeka, a bród Prithudaka jest wśród wszystkich brodów najbardziej święty. Ten, kto wykąpał się w tym brodzie i napił się z niego wody, nie musi obawiać się przedwczesnej śmierci. Powinieneś również udać się do Mahasaras, czyli Wielkiego Jeziora jak i do wszystkich brodów noszących imię Puszkara oraz do brodu Prabhasa, Kalodaka i świętego jeziora Manasa, które znajduje się w miejscu, gdzie rzeka Saraswati łączy się z Drisadwati. Osoba, która poznała *Wedy*, powinna wykąpać się w tych świętych miejscach.

Manu rzekł ongiś, że szczodrość jest najlepszym z wszystkich obowiązków, lecz wyrzeczenie jest jeszcze lepszym. W tym kontekście cytowane są słowa Satjawata: «Należy działać jak nowonarodzone dziecko, które jest niewinne, bez grzechu i bez zasług. A co do wszystkich żywych istot, to na tym świecie nie ma ani szczęścia, ani nieszczęścia, gdyż są one jedynie rezultatem chorej wyobraźni».

Taka jest prawdziwa natura wszystkich żywych istot. I wśród nich nadrzędne jest życie tych, które praktykują wyrzeczenie i powstrzymują się zarówno od tych działań, które są grzeszne, jak i tych, które przynoszą zasługi.

Posłuchaj teraz o tych działaniach, które są dla króla najlepsze. Staraj się zdobyć niebo swą mężnością i szczodrością. Miej cierpliwość i panuj nad swymi zmysłami, bo taki człowiek charakteryzuje się prawością. Rządź ziemią z myślą o braminach i wiecznej szczęśliwości. Choć poprzednio działałeś przeciw braminom, od teraz staraj się ich zadowolić. Choć potępili cię i opuścili twoje królestwo, przyrzeknij im, kierując się w swym działaniu znajomością jaźni, że już nigdy więcej nie zadasz im ran.

Wykonując działania, które są dla króla właściwe, dąż do zdobycia najwyższego dobra. Wśród władców są tacy, którzy są zimni jak śnieg, gorący jak ogień, niszczący wrogów do korzeni jak pług, lub spalający ich jak piorun. Ten, kto chce uniknąć samozniszczenia, nie powinien nigdy łączyć się z niegodziwcami dla jakiś szczególnych lub generalnych powodów.

Król może oczyścić się z grzechu popełnionego jeden raz dzięki pokucie; z grzechu popełnionego dwa razy przysięgając, że nie popełni go nigdy więcej; z grzechu popełnionego trzy razy poprzez postanowienie, że od tego momentu nigdy nie zejdzie ze ścieżki prawości; a z grzechu popełnionego wielokrotnie poprzez pielgrzymkę do świętych brodów.

Król, który pragnie zdobyć dobrobyt, powinien czynić wszystko, co przynosi błogosławieństwo. Ci, którzy żyją wśród przyjemnych zapachów, sami przyjemnie pachną, podczas gdy ci, którzy żyją wśród nieczystości, nabierają zapachu nieczystości. Z grzechów oczyszcza się osoba oddana praktykowaniu umartwień, jak również ta, która przez rok oddaje cześć ogniowi w rytuale ofiarnym *homa*. Z grzechu zabójstwa płodu oczyszcza się ten, kto oddaje cześć ogniowi przez trzy lata lub podejmuje pielgrzymkę do świętych brodów znajdujących się na północy, takich jak Puszkara, Prabhasa i Manasa, zbliżając się do nich na odległość co najmniej setki *jodżanów*. Zabójca żywych istot oczyszcza się z grzechów poprzez uratowanie przed nadciągającym niebezpieczeństwem co najmniej takiej samej liczby żywych istot tego samego gatunku, jak te, które zabił.

Manu ongiś rzekł, że nurkując trzykrotnie w wodzie recytując hymn *Rigwedy* «Aghamarśana» zbiera się owoce równe końcowej kąpieli w Ofierze Konia. Osoba oczyszczona w ten sposób z grzechów szybko odzyskuje szacunek świata i zdobywa posłuch u innych.

W odległych czasach bogowie i asurowie zwrócili się kiedyś do Brihaspatiego z następującym pytaniem: «O boski nauczycielu, ty znasz zarówno owoce cnoty, jak i tych działań, które po śmierci prowadzą do piekła. Jeżeli ktoś popełniał zarówno dobre, jak złe uczynki, to które z nich w ogólnym rachunku zdobędą przewagę? Jak osoba, która nawykowo czyni dobro, oczyszcza się ze zła?»

Brihaspati rzekł: «O bogowie i demony, jeżeli ktoś popełnił grzech pod wpływem szaleństwa lub z braku wiedzy, oczyści się ze swego grzechu—tak jak suknie uprane w odpowiednim roztworze soli—poprzez w pełni świadome wykonanie pobożnych działań przynoszących zasługi.

Dana osoba popełniwszy nieświadomie grzeszny czyn nie powinna myśleć, że nie ma już dla niej ratunku. Powróci do łaski poprzez wykonanie dobrze wróżących rytów i uwolnienie swej jaźni z szaleństwa. Tak jak można naprawić dziury w starym ubraniu przy pomocy nowego sukna, tak dobrzy ludzie mogą powrócić do łaski nawet po popełnieniu grzechu. Tak jak wschodzące słońce rozprasza ciemności, tak dana osoba może oczyścić się ze swego grzechu swą religijnością»'".

Bhiszma zakończył swe opowiadanie mówiąc: „O Judhiszthira, mędrzec Indrota po udzieleniu królowi Dźanamedźaji tych nauk posłużył mu swymi kapłańskich usługami w wykonaniu Ofiary Konia. Dźanamedźaja oczyściwszy się zakańczającą rytuał kąpielą ze swego nieświadomego grzechu zabójstwa bramina odzyskał swój dobry los i swą prawością rozjaśniał przestrzeń jak rozpalony ogień. Po pokonaniu wszystkich swych wrogów powrócił do swego królestwa ze splendorem wschodzącego księżyca".

Napisane na podstawie fragmentów *Mahābharāta*,
Santi Parva, Part 1, Sections CL-CLII
(Apaddharmanusasana Parva).

Opowieść 138
O „uczonych" mowach sępa i szakala
i prawdziwej potędze Śiwy

> Bhiszma kontynuował: „O Judhiszthira, i tak sęp próbował dalej przekonać żałobników, że dzień już się skończył i słońce schowało się za horyzont, podczas gdy szakal dowodził, że do zapadnięcia zmroku jest jeszcze daleko. Zarówno sęp jak i szakal byli bardzo głodni i mając na uwadze własny interes walczyli przy pomocy swych pełnych mądrości słów o umysły krewnych zmarłego chłopca. Próbując skłonić ich do korzystnego dla siebie działania, aby móc zaspokoić swój głód, argumentowali używając języka pochodzącego ze świętych pism. Żałobnicy zwiedzeni ich słodką mową ulegali na przemian argumentom każdego z nich. Pogrążeni w głębokim smutku nie zauważyli, że sprytny sęp i szakal mając na uwadze własny interes próbowali jedynie pomieszać im w głowie".

(*Mahābhārata*, Santi Parva, Part 1, Section CLIII)

Judhiszthira rzekł: „O Bhiszma, w swych dotychczasowych naukach przedstawiłeś mi różne przykłady działań podejmowanych przez tych, którzy z różnych powodów znaleźli się w krytycznej sytuacji i które pozwoliły im na pokonanie trudności i zdobycie sukcesu zarówno na tym, jak i na tamtym świecie. Powiedz mi teraz, czy słyszałeś kiedyś o tym lub widziałeś na własne oczy, aby śmiertelnik, który umarł, został przywrócony do życia? Czy jest możliwe pokonanie śmierci?"

Bhiszma rzekł: „O Judhiszthira, pozwól, że odpowiem ci na twoje pytanie cytując pouczającą opowieść o fałszywych, choć brzmiących przekonywująco 'uczonych' mowach sępa i szakala i o prawdziwej potędze Najwyższego Boga Śiwy. Wydarzenie to miało miejsce w starożytnych czasach w Lesie Naimisza.

Ongiś w odległych czasach żona pewnego bramina urodziła mu syna o wielkich oczach, o którego modlił się już od dłuższego czasu. Syn ten jednak dostał dziecinnych spazmów i umarł. Bramin i jego krewni pogrążeni w głębokiej żałobie i głośno lamentując zanieśli jego martwe ciało na teren kremacji zwłok, aby—zgodnie ze zwyczajem pogrzebowym dotyczącym małych dzieci—zostawić je tam na nagiej ziemi bez kremacji z nadzieją, że powróci do życia. Gdy przybyli na miejsce nie mogąc się z nim rozstać przytulali go do piersi głośno płacząc i wspominając jego słodkie dziecinne gaworzenie.

Ich lamenty usłyszał głodny sęp żywiący się zwykle martwymi ciałami, które udało mu się znaleźć w ciągu dnia. Mając nadzieję na posiłek zbliżył się do nich i rzekł: 'O żałobnicy, odejdźcie czym prędzej z tego strasznego miejsca! Zaiste, musicie pozostawić tu tylko jedno małe dziecko! Żywi ludzie od niepamiętnych czasów odchodzą z tego miejsca pozostawiając tysiące mężczyzn i kobiet pokonanych przez bieg Czasu. Cały wszechświat nieustannie doświadcza na przemian doli i niedoli, zjednoczenia i rozpadu. Ci, którzy przynoszą tu zwłoki swych krewnych i opłakują ich śmierć, sami również odchodzą z tego świata, gdy wyznaczony im na życie Czas się wyczerpie. Nie ma potrzeby, abyście przebywali długo w tym strasznym, usłanym kościami zmarłych miejscu, które roi się od sępów i szakali i budzi strach w sercach najodważniejszych. Nikt wśród tych, co umarli, nie zdołał nigdy powrócić do życia. W świecie śmiertelników każdy, kto się urodził, umiera. Taki jest los wszystkich żywych istot. Któż zechce przeciwstawić się porządkowi rzeczy zarządzonemu przez Niszczyciela? Słońce chowa się już za wzgórza Asta i ludzie kończą swój dzień pracy. Porzućcie więc swą miłość do tego martwego dziecka i wracajcie do domów'.

Słowa sępa ukoiły nieco żal żałobników i straciwszy wszelką nadzieję na powrót ich syna do życia położyli jego ciało na nagiej ziemi i zaczęli przygotowywać się do odejścia. Upewniwszy się raz jeszcze, że faktycznie umarł i że nie zdołają go ponownie zobaczyć, ciągle lamentując skierowali się ku wyjściu. W tym momencie dostrzegł ich wychylający się ze swej nory buszujący nocą głodny szakal czarny jak kruk. Obawiając się, że sęp sprzątnie mu sprzed nosa jego posiłek rzekł: 'O żałobnicy, jesteście bez serca i choć jesteście krewnymi tego zmarłego chłopca nie macie dla niego żadnego uczucia! Pozostawiacie go tutaj samego, choć jest jeszcze daleko do zachodu słońca. Uwolnijcie się od wszelkich obaw i dajcie wyraz swym uczuciom. Czas przed zachodem słońca ma wiele ukrytych zalet i wasz syn może jeszcze powrócić do życia. Dlaczego więc wyrywając z serc całą swą miłość zostawiacie go w tym strasznym miejscu samego na ziemi pokrytej trawą *kuśa*? Czyż nie macie żadnego uczucia do tego jeszcze niedawno słodko gaworzącego chłopca, którego słowa sprawiały wam tak wielką radość. Nawet ptaki i dzikie bestie darzą swe potomstwo uczuciem, choć w przeciwieństwie do ludzi za opiekę nad nimi nic w zamian nie otrzymują. Ich uczucie jest równie bezinteresowne jak ofiary czynione przez riszich. I choć ich potomstwo nie odpłaca im tym sam uczuciem, gdy się zestarzeją, to jednak darzą je uczuciem. Czyż nie jest im smutno, gdy ich nie widzą? Patrząc na was zastanawiam się, czyżby ludzie byli niezdolni do odczuwania takiego żalu? Dokąd idziecie pozostawiając tutaj to dziecko, od którego życia zależy utrzymanie waszej linii? Czyż nie powinniście opłakiwać go trochę dłużej patrząc na niego z uczuciem? Czyż nie jest trudno zaniechać równie drogiego jak on przedmiotu? Czyż przyjaciel nie powinien stać po stronie przyjaciela, który jest słabszy, niesprawiedliwie ukarany lub niesiony na teren kremacji zwłok? Życie jest drogie dla każdej żywej istoty i każda żywa istota ma uczucia. Uczucia mają nawet ci, którzy należą do poślednieszego gatunku. Jakże możecie opuszczać ciało tego pięknego chłopca o oczach w kształcie płatków lotosu oczyszczone kąpielą i ozdobione girlandami ze świeżych kwiatów wyrzekając się wszelkich uczuć?'

Żałobnicy słysząc te emocjonalne i pełne żalu słowa szakala nie mogli nie przyznać im racji i choć kierowali się już do wyjścia, zawrócili z drogi z sercami pełnymi żalu. Głodny sęp patrząc na to z niepokojem rzekł: 'O żałobnicy, chyba straciliście rozum wierząc słowom tego okrutnego i nędznego szakala o niewielkim rozumie. Dlaczego płaczecie nad tym martwym ciałem, które jest niczym więcej jak składem pięciu elementów pozbawionym ruchu i sztywnym jak kłoda, który opuściły wszystkie bóstwa i w którym nie mieszka już dusza? Nie o nie się martwcie, lecz o swą własną duszę. Czy uprawialiście ascetyczne umartwienia wystarczająco długo, aby oczyścić się z grzechów? Dzięki umartwieniom można mieć wszystko, a co wam przyjdzie z lamentu? Nieszczęście rodzi się z ciała. I to w konsekwencji zrodzonego z ciała nieszczęścia chłopiec ten opuścił was pozostawiając wam żal. Przestańcie więc lamentować nad martwym ciałem i oddajcie się lepiej praktyce umartwień. Bogactwo, dzieci i wszystko inne ma swe korzenie w umartwieniach. Umartwienia z kolei wynikają z jogi, czyli szukania jedności z Najwyższym Bogiem.

Dola i niedola doświadczana przez żywe istoty za życia jest zdeterminowana przez ich działania w czasie poprzedniego życia. Każda żywa istota rodzi się obciążana z góry swą dolą i niedolą. Los syna nie jest zdeterminowany przez działania ojca, a los ojca nie jest zdeterminowany przez działania syna, lecz przez własne przeszłe dobre i złe działania. Jeżeli chcecie uwolnić się od swego losu i ponownych narodzin, podążajcie drogą Prawa realizując wszystkie swoje obowiązki i unikając działań, które łamią Prawo. Postępując zgodnie z nakazami świętych pism dajcie we wszystkim pierwszeństwo bogom i braminom i uwolnijcie się od przywiązania do przedmiotów zmysłowych. Porzućcie smutek i rodzicielskie przywiązanie do zmarłego syna. Zostawcie jego martwe ciało na terenie do tego wyznaczonym i wracajcie do domów. Owoce własnych dobrych i złych czynów konsumuje wyłącznie ich wykonawca i jego krewni nie mają z nimi nic wspólnego. Po odprowadzeniu zmarłego na teren kremacji należy pozostawić go tam bez względu na to, jak bardzo jest drogi. Każdy jest we władzy Czasu. Opłakiwanie zmarłego go nie wskrzesza, po co więc nad nim się użalać? Czas jest panem wszystkiego i posłuszny swej własnej naturze patrzy na wszystko takim samym okiem. Śmierć zabiera każdego. Taki jest porządek tego świata'.

Szakal słysząc te słowa sępa i widząc, że pod ich wpływem żałobnicy ponownie skierowują się ku wyjściu, rzekł: 'O biada wam, ten niemądry sęp zdołał z łatwością osłabić wasze uczucie do tego zmarłego chłopca i otrzeć łzy! Pod wpływem jego gładkich, uspokajających i przekonywujących słów jesteście gotowi odejść, choć jeszcze daleko do zachodu słońca. Musiałam się mylić zakładając, że ludzie opłakujący śmierć synów odczuwają żal równie wielki, jak krowa po utracie cieląt! Dziś zrozumiałem nieszczerość ludzkich łez, choć jeszcze chwilę temu widząc wasze łzy, sam byłem gotowy płakać razem z wami.

Dlaczego odchodzicie rezygnując z prób przywrócenia go do życia? Nie należy nigdy zaprzestawać podejmowania wysiłku, bo dzięki wysiłkowi można pokonać przeznaczenie. To połączenie wysiłku i przeznaczenia rodzi owoce. Nie należy nigdy rezygnować z nadziei. Szczęście nie rodzi się z upadku ducha! Upragnione przedmioty zdobywa się dzięki stanowczości. Dlaczego więc tak bez serca chcecie odejść pozostawiając w tym strasznym miejscu to dziecko z waszej krwi i kości, które jest waszą jedyną nadzieją na kontynuowanie rodu. Zostańcie tutaj przynajmniej aż do zmierzchu. Wówczas będziecie mogli albo zabrać ze sobą tego chłopca żywego, albo rozstać się z nim'.

Sęp słysząc te słowa szakala i widząc wahanie żałobników rzekł: 'O żałobnicy, wierzcie mi, żyję już tysiąc lat i nigdy nie widziałem, aby ktoś, kto umarł, został przywrócony do życia! Żywe istoty umierają w różnym wieku. Niektóre umierają jeszcze w łonie matki, inne zaraz po narodzeniu, w dzieciństwie lub młodości, a jeszcze inne dopiero w późnej starości. Los wszystkich żywych istot, łącznie z ptakami i bestiami, jest niepewny, choć okres ich życia jest z góry zdeterminowany. Żyjąc na terenie kremacji zwłok widziałem tysiące ludzi opłakujących swych drogich zmarłych, którzy opuszczali bez nich to miejsce i wracali do domów ze złamanymi bólem sercami. Uczyńcie to samo. Pozostawcie tutaj to pozbawione życiowego oddechu, zimne i zesztywniałe ciało, które leży na ziemi jak kłoda drewna. Mieszkająca w nim dusza opuściła je i znalazła dla siebie inne ciało. Ukazywanie temu chłopcu swego uczucia straciło sens i przytulanie jego martwego ciała jest bezowocne. Jego uszy nie słyszą, a jego oczy nie widzą. Moje słowa, choć mogą wydawać się okrutne, są faktycznie pełne rozsądku i w zgodzie z religią Wyzwolenia. Posłuchajcie więc mnie, pozostawcie tutaj to martwe ciało i wróćcie do domów'.

Żałobnicy słysząc słowa sępa, którym nie można było odmówić rozsądku, zaczęli przygotowywać się do odejścia. Szakal zastąpił im drogę i rzekł: 'O żałobnicy, dlaczego słuchacie słów tego podłego sępa i za jego namową chcecie udać sie do domów zastawiając tutaj tego chłopca o złotej cerze, waszego jedynego potomka, tracąc nadzieję na to, że powróci do życia. Od jego życia zależy kontynuowanie oddawania czci waszym przodkom i wasze ryty pogrzebowe. Wasze uczucie do niego i wasz żal nie znikną nawet wtedy, gdy go tutaj zostawicie. Wręcz przeciwnie, wasz żal wzrośnie. Jest kłamstwem to, że nikt, kto umarł, nie został nigdy przywrócony do życia. Na pewno słyszeliście o tym, jak Rama, syn króla Daśarathy i mąż Sity, po odzyskaniu królestwa przywrócił do życia zmarłego przedwcześnie syna pewnego bramina. Ponieważ w jego królestwie nikt przedwcześnie nie umierał, Rama podejrzewał, że śmierć chłopca została spowodowana grzechem popełnionym gdzieś na peryferiach jego królestwa. I faktycznie, Rama odkrył, że pewien szudra o imieniu Samwuka ukrył się w głębi dżungli i uprawiał surowe umartwienia, które nie są dozwolone dla członków jego kasty. Rama uciął głowę grzesznikowi i po przywróceniu w swym królestwie prawości przywrócił życie synowi bramina. Słyszeliście też zapewne o tym, jak ongiś w danych czasach mędrzec Narada przywrócił do życia syna prawego króla Śrindżaji (zob. *Mahabharata*, ks. VII, opow. 80, p. 4). Nie traćcie więc nadziei na to, że wasz zmarły przedwcześnie syn zostanie przywrócony do życia przez jakiegoś boga lub mędrca, który zechce spełnić wasze życzenie widząc, jak opłakujecie jego śmierć i współczując wam'.

Żałobnicy pod wpływem słów szakala zawrócili i zbliżyli się ponownie do martwego ciała ich syna i kładąc po kolei jego głowę na kolanach zalewali go łzami. Sęp widząc ich rzekł: 'O żałobnicy, jaki sens ma oblewanie tego chłopca łzami i czułe dotykanie go palcami, skoro chłopiec ten na rozkaz Jamy zasnął wiecznym snem, z którego się już nie obudzi? Nikt nie zdoła uniknąć śmierci bez względu na to, jak surowe praktykuje umartwienia, jak jest bogaty lub jak wielka jest jego inteligencja, i teren kremacji zwłok jest właściwym miejscem, gdzie ludzie przynoszą ciała umarłych. Pogrążeni w smutku i żałobie przynoszą tu i pozostawiają tysiące swych drogich krewnych, młodych i starych. Nadzieja, że ten zmarły chłopiec powróci do życia, nie ma żadnych realnych podstaw. Budzący w was fałszywe nadzieje szakal nie przywróci mu życia. Dusza opuszcza martwe ciało i życie nie powraca już do takiego ciała. Nawet setki szakali ofiarujące swe życie w zamian za życie tego chłopca przez setki lat nie zdołałoby przywrócić mu życia. Wasze łzy, lamenty i wzdychanie też nie mają tej mocy. Mógłby on powrócić do życia jedynie mocą daru Śiwy, Skandy, Brahmy lub Wisznu. Ja sam, szakal, wy i inni krewni tego zmarłego chłopca, bez względu na to jak wielkie są nasze zasługi, jesteśmy tak samo śmiertelni. Wiedząc o tym powinniśmy wszyscy starać się o zdobycie nieba unikając fałszu i grzechu i szukając Prawa i Prawdy. Cóż wam przyjdzie z opłakiwania tego, kto umarł i nie potrafi już ani niczego zobaczyć, ani się poruszyć?'

Szakal słysząc słowa sępa i widząc, że żałobnicy, choć złamani żalem ponownie ruszają w kierunku bramy z zamiarem pozostawienia ciała zmarłego chłopca na ziemi, rzekł: 'O jakże straszliwy jest ten świat śmiertelników! Biada nam wszystkim! Życie na ziemi trwa krótko i żadna żywa istota nie zdoła uciec przed śmiercią. Ciągle kogoś opuszczają drogie im istoty. Życie ludzi jest pełne próżności, fałszu, oskarżeń i podłych donosów. Ten świat ludzi wcale mi się nie podoba. Biada wam żałobnicy! Choć płoniecie żalem z powodu śmierci swego syna, jesteście gotowi zostawić go tutaj samego słuchając fałszywej mowy sępa! O okrutni nędznicy, dlaczego wyrzekacie się swej rodzicielskiej miłości słuchając słów tego sępa o nieczystej duszy? Na tej ziemi nieszczęście zastępuje szczęście, a szczęście nieszczęście. Żadne z nich nie trwa wiecznie. O istoty ludzkie o niewielkim rozumie, dokąd idziecie, porzucając na gołej ziemi tego pięknego chłopca, tę ozdobę waszej rodziny? Zaprawdę, patrząc na to dziecko o wielkiej urodzie, nie mogę oprzeć się wrażeniu, że ono ciągle żyje! Z całą pewnością nie nadszedł jeszcze właściwy moment na jego śmierć. Jestem przekonany, że uszczęśliwi was dziś jeszcze swym powrotem do życia. Wasza żałoba jeszcze dziś zamieni się w radość. Dlaczego tracicie nadzieję i jak ludzie o niewielkiej inteligencji chcecie tak szybko odejść przewidując dyskomfort związany z pozostawaniem tu razem z waszym synem w ciągu nocy i zostawić go samego?'

Krewni zmarłego chłopca nie potrafiąc podjąć decyzji i nie wiedząc, co uczynić, postanowili pozostać przy ciele zmarłego ulegając wpływowi niepozbawionych mądrości, choć fałszywych słów tego łowcy nocy—grzesznego szakala—który przemawiał do nich w ten sposób będąc głodny i czekając na zapadnięcie nocy, aby móc rozpocząć łowy i zrealizować swój własny cel.

Równie głodny sęp—łowca dnia—myśląc o zaspokojeniu głodu, zanim zdoła to zrobić szakal, rzekł: 'O żałobnicy, straszliwe jest to miejsce kremacji, gdzie nocą słychać jedynie wrzaski sów i gdzie roi się od duchów, jakszów i rakszasów. Starajcie się więc zakończyć wasze ryty pogrzebowe i zostawcie tutaj martwe ciało waszego syna, zanim zapadnie noc i ziemię pokryją ciemności. Koniec dnia się zbliża i słuchać już wycie wygłodzonych szakali. Słońce jest już nisko na niebie, a drzewa pociemniały od dymu płonących stosów pogrzebowych. Gdy zapadnie zmrok, rzucą się na was wszystkie te mięsożerne stworzenia o straszliwych formach zamieszkujące to przeraźliwe miejsce. Gdy pozostaniecie tutaj, znajdziecie się w wielkim niebezpieczeństwie. Zaiste, słuchając słów fałszywego szakala, które są sprzeczne z waszym interesem, wszyscy zostaniecie zniszczeni!'

Szakal rzekł: 'O żałobnicy, nie słuchajcie słów tego fałszywego sępa i pozostańcie tam, gdzie stoicie. Dopóki świeci słońce, nic wam tutaj nie grozi. Motywowani rodzicielską miłością pozostańcie tu ze swym synem aż do zmroku. Opłakujcie go dalej wolni od lęku. Choć miejsce to budzi w ludzkich sercach lęk, nic wam tutaj nie grozi. Faktycznie jest tu cicho i spokojnie. Tysiące Ojców żegna się tutaj z tym światem. Nie traktujcie poważnie słów wypowiadanych przez sępa, bo jeżeli dacie się im przekonać, wasze dziecko straci szansę powrotu do życia z łaski jakiegoś potężnego boga odwiedzającego to miejsce'.

I tak sęp próbował dalej przekonać żałobników, że dzień już się skończył i słońce schowało się za horyzont, podczas gdy szakal dowodził, że do zapadnięcia zmroku jest jeszcze daleko. Zarówno sęp jak i szakal byli bardzo głodni i mając na uwadze własny interes walczyli przy pomocy swych pełnych mądrości słów o umysły krewnych zmarłego chłopca. Próbując skłonić ich do korzystnego dla siebie działania, aby móc zaspokoić swój głód, argumentowali używając języka pochodzącego ze świętych pism. Żałobnicy zwiedzeni ich słodką mową ulegali na przemian argumentom każdego z nich. Pogrążeni w głębokim smutku nie zauważyli, że sprytny sęp i szakal mając na uwadze własny interes próbowali jedynie pomieszać im w głowie.

W końcu zwiedzeni ich słodkimi słowami i słuchając ich pozostawali ciągle na terenie kremacji zwłok, choć zapadła już noc, ciesząc tym głodnego szakala. Szakal nie zdołał jednak zrealizować swego zamiaru, bo wraz z zapadającym zmrokiem na teren kremacji przybył ponaglany przez swą żonę Umę Najwyższy Bóg, Śiwa. Zbliżył się do płaczących żałobników i rzekł: 'O żałobnicy, jestem Śiwa, czy jest coś, co mógłbym dla was uczynić?' Żałobnicy, z sercem ciężkim od smutku, padli przed nim na ziemię plackiem i rzekli: 'O Najwyższy Bogu, utraciwszy tego chłopca, który był naszym jedynym dzieckiem, znaleźliśmy się wszyscy na pograniczu śmierci. Przywróć nam wszystkim życie przywracając do życia naszego syna'.

Śiwa nabrał wody w dłonie i polewając nią martwego chłopca przywrócił go do życia na okres stu lat. Ponadto widząc, że szakal i sęp stracili w ten sposób szansę na posiłek, i mając zawsze na uwadze dobro wszystkich żywych istot, obdarował ich również darem, który zaspokoił ich głód. Krewni przywróconego do życia chłopca z sercami wypełnionymi radością pochylili przed Śiwą głowy w głębokim pokłonie, a następnie szczęśliwi z uzyskanego daru udali się do domów".

Bhiszma kontynuował: „O Judhiszthira, zauważ jak boska łaska i wiara otarła łzy tych żałobników. Zachwyt na widok przywróconego do życia syna i radość wygnały z ich serc smutek. Ich działania zrodziły owoce dzięki uporowi, nadziei i łasce Najwyższego Boga Śiwy. To, co ci opowiedziałem, jest przeznaczone dla wszystkich czterech kast i ten, kto tej opowieści często słucha, przez samo jej słuchanie zdobędzie sukces zarówno za na ziemi jak i w niebie".

Napisane na podstawie fragmentów *Mahābharāta*,
Santi Parva, Part 1, Section CLIII
(Apaddharmanusasana Parva).

Opowieść 139
O tym jak drzewo Śalmali ukarało się za swą pychę

> Bhiszma zakończył swe opowiadanie mówiąc: „O Królu Prawa, drzewo Śalmali słysząc słowa Wiatru i pamiętając również krytyczne słowa mędrca Narady poczuło wstyd i samo ukarało się za swą pychę. Każda słaba i pełna pychy osoba po sprowokowaniu gniewu potężnego wroga będzie musiała to odpokutować tak jak drzewo Śalmali".

(*Mahābharāta*, Santi Parva, Part 1, Section CLVII)

Judhiszthira po wysłuchaniu opowieści o potędze Śiwy, który przywrócił do życia zmarłego przedwcześnie syna bramina, rzekł: „O Bhiszma, wielka jest potęga Śiwy i jakże fałszywe są słodkie mowy sępa i szakala, którzy wykorzystując ból tych, co popadli w nieszczęście, używają religijnych słów tylko po to, aby zrealizować swój własny interes! Jakże trudno czasami odróżnić Prawdę od fałszu. Powiedz mi teraz, co powinna uczynić osoba, która jest faktycznie słaba, lecz kierując się pychą uwierzyła w swoją potęgę i sprowokowała wrogość potężnego sąsiada, który ruszył do walki z nią z zamiarem zniszczenia jej aż do korzeni? Czy taka osoba powinna podjąć z nim walkę, czy też powinna szukać dla siebie ratunku w jakiś inny sposób?"

Bhiszma rzekł: „O Judhiszthira, w odpowiedzi na twoje pytanie posłuchaj starej opowieści o rozmowie między potężnym drzewem *Śalmali*, które unosiło się pychą i potężnym bogiem wiatru.

Jak wieść niesie, ongiś w odległych czasach na jednym ze szczytów góry Himawat wyrosło wielkie drzewo *Śalmali*. Żyło tam i wzrastało przez wiele stuleci. Jego pień mający w obwodzie cztery setki łokci był potężny, korona ogromna, a gałęzie, gałązki i liście niezliczone. Jego kwiaty i owoce dostarczały pożywienia ogromnej liczbie papug obojga płci, a jego głęboki cień dostarczał wytchnienia walczącym ze sobą w okresie rui słoniom jak i wielu innym gatunkom zwierząt. Wędrujące karawany kupców i mieszkający w dżungli asceci znajdowali również odpoczynek w cieniu tego króla drzew.

Pewnego dnia w pobliże drzewa przywędrował boski mędrzec Narada. Patrząc z podziwem na jego ogromny pień i potężne gałęzie zbliżył się do niego i rzekł: 'O drzewo *Śalmali*, jesteś wspaniałe! Jesteś zachwycające! Swym widokiem cieszysz mój wzrok! W twej koronie żyje tysiące ptaków, a w twym cieniu znajdują wytchnienie liczne gatunki zwierząt. Twoje gałęzie i twój pień są ogromne i nie widzę żadnego śladu nadłamania ich kiedykolwiek przez potężnego boga wiatru, Pawanę. Powiedz mi, jak to jest możliwe? Czy zadowoliłeś czymś Pawanę, czy też ochrania cię w tym lesie będąc twoim przyjacielem?

Boski Pawana posiada ogromną szybkość i siłę i potrafi nie tylko złamać drzewa równie wysokie i potężne jak ty, ale również zetrzeć na proch wierzchołki gór! Ten święty nosiciel zapachów potrafi swym podmuchem wysuszyć rzeki, jeziora i morza nie pomijając tych, które znajdują się w piekle. Pawana musi cię ochraniać, bo inaczej nie mogłobyś utrzymać tych wspaniałych, niezliczonych gałęzi uginających się po ciężarem liści, kwiatów i owoców nieuszkodzonych. Z tymi ptakami figlującymi wśród twych gałęzi zachwycasz swą świeżością! Ich śpiewy i melodie rozbrzmiewają w koło jak dźwięki niebiańskich śpiewów i boskich instrumentów. Wtórują im ekstatyczne ryki słoni, które znajdują szczęście u twych stóp. Wszystkie gromadzące się wokół ciebie zwierzęta dodają ci urody. Ozdobione ich obecnością jesteś piękne jak góra Meru. Gromadząc wokół siebie licznych braminów i ascetów zaangażowanych w religijne praktyki, jesteś jak samo niebo!'

Narada kontynuował: 'O drzewo *Śalmali*, przeraźliwy i gwałtowny bóg wiatru musi ochraniać cię z przyjaźni. Między wami musi istnieć równie bliska zażyłość jak między dwiema żywymi istotami, które do siebie należą. Poza tobą nie znam na tym świecie żadnego drzewa, góry czy pałacu, które nie doznałyby żadnych zniszczeń spowodowanych przez Wiatr. Wiatr musi cię z jakiegoś powodu ochraniać i omijać i dzięki temu możesz przez tyle lat stać tu i wzrastać zachowując wszystkie gałęzie i liście nieuszkodzone'.

Drzewo *Śalmali* rzekło: 'O wielki mędrcu, Wiatr nie jest ani moim przyjacielem, ani moim partnerem, ani kimś specjalnie dla mnie życzliwym. Nie jest ani moim panem, ani obrońcą. To moja niepohamowana energia i siła są potężniejsze od jego siły. Jego siła jest faktycznie równa tylko jednej osiemnastej mojej siły. Gdy zaczyna wiać z wściekłą gwałtownością niszcząc drzewa, góry i wszystko inne, co napotka na swej drodze, przeciwstawiam mu się przy pomocy mojej siły. I tak jak Wiatr pokonuje ciągle wiele przedmiotów, tak ja pokonuję Wiatr. Z tego to powodu nie boję się Wiatru, nawet gdy wieje z najwyższą gwałtownością'.

Narada rzekł: 'O drzewo *Salmali*, twe słowa są przewrotne i brzmią fałszywie. Nie zostało stworzone nic, co byłoby równe sile boga wiatru. Nawet Indra, Jama i Waruna nie dorównują mu siłą, a cóż dopiero ty, który jesteś zaledwie drzewem. Wszystko, co żywe istoty na tym świecie czynią, każde ich działanie jest spowodowane przez boga wiatru, gdyż on jest tym, kto daje życie. Gdy bóg wiatru dmie właściwie, wszystkie żywe istoty żyją w spokoju, lecz gdy dmie niewłaściwie, żywe istoty cierpią niedolę.

Cóż innego niż słabość twego rozumowania mogła skłaniać cię do odmówienia należnej czci bogowi wiatru, który jest najpotężniejszą istotą w całym wszechświecie i zasługuje na cześć? Twoje myślenie jest niegodziwe. Twoja inteligencja jest zaburzona przez gniew i inne namiętności i twe słowa są pozbawione wszelkiej wartości. Swoją mową budzisz mój gniew. Istnieje wiele drzew o dobrych duszach, które są od ciebie potężniejsze i nie wypowiadają nigdy równie obelżywych słów przeciw Wiatrowi. Wiedzą, że nie dorównują mu siłą i dlatego chylą przed tym bogiem głowy. Tylko ty w swym szaleństwie zdajesz się nie rozpoznawać nieskończonej potęgi Wiatru. Udam się zaraz przed oblicze tego boga, aby poinformować go o twej pogardzie!'

Mędrzec Narada rozgniewany słowami drzewa *Salmali* udał się natychmiast do siedziby boga wiatru i rzekł: 'O Wietrze, w samym centrum Himalajów wyrosło pewne wielkie drzewo *Salmali* o rozłożystych gałęziach i sięgających głęboko w ziemię korzeniach. To drzewo cię lekceważy i wypowiada słowa, które są dla ciebie obraźliwe. Powtarzanie ich tobie byłoby niewłaściwe. Wiem doskonale, że jesteś najpotężniejszym z wszystkiego, co zostało stworzone i że w gniewie jesteś równie przeraźliwy jak sam Niszczyciel!'

Bóg wiatru po usłyszeniu słów Narady zbliżył się do drzewa *Salmali* w wielkim gniewie i rzekł: 'O drzewo *Salmali*, rozmawiając z mędrcem Naradą wypowiadałeś się o mnie z lekceważeniem. Zapominasz, że jestem bogiem wiatru. Zaraz ci pokażę moją siłę i potęgę! Znam cię dobrze. Wcale nie jesteś ode mnie silniejsze. To ja sam ukazałem ci łaskę pamiętając o tym, że ongiś w twym cieniu odpoczywał zmęczony tworzeniem świata dziadek wszechświata Brahma. To z tego powodu stoisz tutaj ciągle niezniszczone, a nie z powodu swej rzekomej siły. Spoglądasz na mnie z góry, jakbym był jakąś zwyczajną rzeczą. Pokażę ci się jutro w taki sposób, że nie odważysz się mnie dłużej lekceważyć!'

Drzewo *Salmali* roześmiało się z drwiną i rzekło: 'O bogu wiatru, skoro jesteś na mnie rozgniewany, nie wahaj się w ukazać całej swej mocy! Wypluj na mnie cały swój gniew! Nawet, jeżeli tak uczynisz, cóż możesz mi zrobić? Nie boję się ciebie, choć twoja energia ma źródło w tobie samym. Jestem dla twej mocy nieosiągalne. Prawdziwie silni są ci, który są silni w rozumieniu, a nie ci, którzy uważają się za silnych z powodu swej siły fizycznej'.

Wiatr rzekł: 'O drzewo *Śalmali*, jutro wypróbuję twoją siłę!'

Drzewo *Śalmali* mając całą noc na myślenie doszło w swym umyśle do wniosku, że się myliło i że siła Wiatru przewyższa faktycznie jego własną siłę. Rzekło samo do siebie: 'O biada mi, to, co powiedziałem mędrcowi Naradzie jest fałszywe. Jestem zdecydowanie słabsze od Wiatru. Zaiste, siła Wiatru jest faktycznie potężna, a ja jestem nawet słabsze od innych drzew. Nikt jednak nie dorówna mi inteligencją i muszę spojrzeć na ten lęk przed siłą Wiatru okiem mej inteligencji. Gdyby wszystkie inne drzewa w lesie patrzyły tak jak ja okiem inteligencji, wówczas nawet w wielkim gniewie Wiatr nie zdołałby wyrządzić im żadnej szkody. Jednakże nie zdobyły one zrozumienia i nie wiedzą tak jak ja, dlaczego Wiatr potrafi łamać je i wyrywać z ziemi z korzeniami'.

Doszedłszy do takiej konkluzji drzewo *Śalmali* ze smutkiem siłą swej woli zrzuciło z siebie wszystkie liście, kwiaty i spowodowało, że jego wszystkie główne gałęzie i pomniejsze gałązki opadły połamane na ziemię. W takim żałosnym stanie czekało o poranku na niszczycielski podmuch Wiatru.

W końcu rozgniewany Wiatr łamiąc po drodze potężne drzewa swym gwałtownym podmuchem zbliżył się w jego kierunku. Gdy zobaczył je pozbawione gałęzi, liści i kwiatów, roześmiał się i rzekł do tego byłego giganta i króla drzew: 'O drzewo *Śalmali*, uprzedziłeś mnie. Gdybyś się tak nie pospieszył, pozbawiłbym cię twych gałęzi dokładnie w taki sam sposób, jak to sam zrobiłeś! Straciłeś swą dumną koronę, kwiaty i liście i nowe pędy i w konsekwencji własnego postanowienia poddałeś się mej władzy!'"

Bhiszma zakończył swe opowiadanie mówiąc: „O Judhiszthira, drzewo *Śalmali* słysząc słowa Wiatru i pamiętając również krytyczne słowa mędrca Narady poczuło wstyd i samo ukarało się za swą pychę. Każda słaba i pełna pychy osoba po sprowokowaniu gniewu potężnego wroga będzie musiała to odpokutować tak jak drzewo *Śalmali*.

Ci, którzy są mądrzy, nie szukają nagle wojny z tymi, którzy zadali im rany nawet wtedy, gdy dorównują im siłą, lecz raczej stopniowo ukazują swą potęgę. Osoba o niewielkiej inteligencji nie powinna prowokować wrogości kogoś, kto jest inteligentny i dzięki swej inteligencji potrafi znaleźć dla siebie korzystne rozwiązanie.

Inteligencja należy do najcenniejszych rzeczy, które można posiadać. Równie cenna jest siła. Należy jednak przymykać oczy na szkody wyrządzone przez silniejszego, tak jak przymyka się oczy na szkody wyrządzone przez dziecko, głupca, czy ślepca. Durjodhana rozpoczynając wojnę z wami zignorował tę mądrość lekceważąc siłę Ardżuny, która przerastała potęgę zaangażowanych w wojnę armii i za swą pychę musiał zapłacić najwyższą cenę".

Napisane na podstawie fragmentów *Mahābharāta*,
Santi Parva, Part 1, Sections CLIV-CLVII
(Apaddharmanusasana Parva).

Opowieść 140
O grzechu, pokucie, ignorancji, trzynastu wadach, zjadliwości, samo-kontroli, umartwieniach, Prawdzie i ochronie braminów

1. O grzechu; 2. O ignorancji; 3. O samo-kontroli; 4. O umartwieniach; 5. O Prawdzie; 6. O trzynastu wadach człowieka; 7. O człowieku zjadliwym i nieżyczliwym; 8. O darach dla dobrych braminów; 9. O pokucie za grzechy.

> *Judhiszthira rzekł: „O Bhiszma, bramini, riszi, bogowie i Ojcowie wychwalają obowiązek realizowania Prawdy. Poucz mnie teraz o Prawdzie. Jakie są jej oznaki? Jak można do niej dojść? Kim stanie się ten, kto do niej dojdzie?"*
>
> *Bhiszma rzekł: „O Judhiszthira, choć mieszanie obowiązków czterech kast nigdy nie jest aprobowane, to, co jest nazywane Prawdą, zawsze istnieje w czystym i niezmąconym stanie w każdym bez względu na to, w jakiej kaście się narodził. Prawda jest zawsze obowiązkiem wszystkich tych, którzy są prawi. Faktycznie jest ona nieśmiertelnym Prawem. Jest tym, czemu należy się cześć i do czego dociera się po śmierci idąc za życia najwyższą ścieżką".*

(*Mahābhārata*, Santi Parva, Part 1, Section CLXII)

1. O grzechu

Judhiszthira rzekł: „O Bhiszma, opowiedziałeś mi wiele o prawym działaniu w sytuacji, gdy na daną osobę spada nieszczęście. Wyjaśnij mi teraz, skąd w ogóle bierze się grzech i na czym bazuje?"

Bhiszma rzekł: „O Judhiszthira, największymi niszczycielami dobra i zasług są zawiść i nienasycenie. Grzech bierze się właśnie z nich. Zawiść jest źródłem, z którego wypływają wszystkie grzeszne i nierzeligijne działania łącznie z cierpieniem, które przynoszą. Z niej wypływa przebiegłość i hipokryzja, która zalewa ten świat. Z niej wypływają żądza, gniew, podstępność, pycha, utrata rozsądku, arogancja, szaleństwo, mściwość, niepowodzenie, utrata zalet, bezwstyd, niepokój, zła sława, skąpstwo, zachłanność, skłonność do bezprawnych działań, duma z powodu urody, wysokiego urodzenia, wykształcenia, czy bogactwa, nieszczerość, brak współczucia, wrogość i podejrzliwość w stosunku do wszystkich, przywłaszczanie sobie cudzej własności, cudzołóstwo, nieprzyjemna mowa, skłonność do obżarstwa i mówienia źle o innych, ryzyko przedwczesnej śmierci, miłość do fałszu, uleganie namiętnościom, skłonność do obmowy, chełpienie się, zaniedbywanie obowiązków, zuchowatość, łamanie Prawa.

Ludzie młodzi, czy starzy nie potrafią pozbyć się zawiści. Choć Czas stopniowo niszczy życie ludzkie, zawiść pozostaje niezmienna. Taka jest bowiem jej natura. Tak jak ocean nigdy się nie wypełnia, bez względu na to, jak wiele wpada weń rzek, tak żadna nowa zdobycz nie zdoła nasycić zawiści. Ta zawiść—której nie potrafi nasycić realizacja żadnych pragnień i której prawdziwa natura pozostaje tajemnicą dla bogów, gandharwów, asurów, wężów i wszystkich innych klas żywych istot—ta gwałtowna namiętność łącznie z szaleństwem, które pociąga serce ku temu, co fałszywe, powinna być pokonywana poprzez oczyszczanie swej duszy. Pycha, zła wola, nieszczerość, zniesławianie i niezdolność do brania pod uwagę dobra innych są wadami ludzi o nieczystej duszy, którzy są we władzy zawiści. Nawet osoba mądra, która poznała święte pisma i potrafi rozwiewać wątpliwości innych, ulega niekiedy zawiści i w jej konsekwencji popada w nieszczęście.

Zawistni ludzie będący we władzy zazdrości i gniewu, znajdują się poza granicami dobrego zachowania. Ich serca są fałszywe, choć ich mowa brzmi słodko. Są jak sidła przykryte trawą. Przebierają się jedynie w szaty religijności i ukrywając w ten sposób swe małe umysły okradają świat tworząc fałszywe standardy religijnego i prawego postępowania. To oni tworzą w religii różnego rodzaju schizmy opierając się rzekomo na sile rozumu. Motywowani faktycznie chciwością i chęcią zysku, niszczą prawdziwe ścieżki prawości. Gdy takie osoby o podłych duszach motywowane przez zawiść rzekomo praktykują prawość, wówczas jest szansa, że ta ich profanacja Prawa rozszerzy się na cały świat. Pycha, gniew, wyniosłość, nieczułość, parkosyzmy radości i rozpaczy i poczucie znaczenia zawsze towarzyszą osobie motywowanej przez zawiść. Osoby ulegające zawiści zawsze są grzeszne.

Posłuchaj teraz o cechach tych, którzy są dobrzy i których działania są wolne od zawiści. Takie osoby nie odczuwają strachu przed życiem po śmierci i obowiązkiem ponownych narodzin, nie mają nawyku spożywania mięsa, cenią sobie dobre zachowanie, posiadają samo-kontrolę, nie ma dla nich różnicy między bólem i przyjemnością, zamiast brać dają, w swej wierze są uczciwi, oddają należną cześć Ojcom, bogom i gościom, posiadają dużą odwagę umysłu, realizują obowiązki opisane w świętych pismach, są oddani dobru ogółu i gotowi do poświęcenia na jego rzecz wszystkiego, co posiadają łącznie z życiem i są widziani przez innych jako dobrzy i prawi. Tych prawdziwych krzewicieli sprawiedliwości nie można skłonić do zejścia ze ścieżki Prawa. Ich działanie jest niezachwiane bazując na modelu dostarczonym przez starożytnych przodków. Są spokojni, nieustraszeni, łagodni i zawsze kroczą ścieżką prawości. Są wolni od żądzy, gniewu i pychy, pełni współczucia, nieprzywiązani do żadnych ziemskich przedmiotów, praktykują surowe przysięgi. Należy im zawsze ukazywać szacunek. Ci, którzy pragną kroczyć ścieżką Prawa, u nich szukają instrukcji. Ci prawdziwie prawi ludzie nigdy nie demonstrują prawości w celu zdobycia bogactwa i sławy. Ich prawość bazuje na poczuciu powinności. Nie znają lęku, smutku i zniecierpliwienia. Zewnętrzny wygląd rzeczy nigdy nie wprowadza ich w błąd. Nie ma w nich żadnego sekretu. Są w pełni nasyceni i ich sąd nie ulega zaburzeniu z powodu zawiści. Są zawsze oddani Prawdzie i uczciwości. Ich serca są zawsze nastawione na prawość. Są obojętni zarówno w stosunku do nowych nabytków, jak i strat. Wolni od pychy i przywiązania do przedmiotów zmysłowych są oddani tej jakości natury, którą jest dobro (*sattwa*) i na wszystko patrzą takim samym okiem. Zysk i strata, dola i niedola, przyjemność i nieprzyjemność, życie i śmierć są bez różnicy dla tych ludzi wytrwale zaangażowanych w szukanie wiedzy, ciszy i prawości. Bierz z nich przykład i kontrolując swe zmysły oddawaj cześć tym osobom o wielkiej duszy, które darzą cnotę tak wielką miłością. Weź sobie do serca me słowa, choć wiem, że moje nauczanie zrodzi dobro tylko dzięki łasce bogów i bez ich łaski nie zrodzi owoców bez względu na to, jak starannie będę dobierał słów".

2. O ignorancji

Judhiszthira rzekł: „O Bhiszma, pouczyłeś mnie, że zło wypływa z zawiści. Wytłumacz mi teraz, jakie jest źródło ignorancji?"

Bhiszma rzekł: „O Judhiszthira, ten, kto popełnia grzech z ignorancji i nienawidzi innych, którzy kultywują dobre zachowanie, szybko zdobędzie w świecie złą sławę i spadnie na samo dno piekła. Z ignorancji rodzi się niedola. To z jej powodu dana osoba doświadcza nieszczęścia i naraża się na wielkie niebezpieczeństwo.

Przywiązanie do zmysłowych przedmiotów, nienawiść, utrata rozsądku, smutek, radość, próżność, żądza, pycha, lenistwo, pragnienie, awersja, zazdrość i wszelkie grzeszne działania są aspektami ignorancji. Ignorancja i zawiść są w swej istocie tym samym.

Rodzą takie same owoce i ciąży na nich taka sama wina, choć mogą biec różnymi drogami. Ignorancja pochodzi z zawiści i istnieje tam, gdzie istnieje zawiść. Wzrasta, gdy zawiść wzrasta i słabnie, gdy zawiść słabnie. Utrata rozsądku jest zawsze atrybutem zawiści. Ignorancja biegnie w nieskończoność pojawiając się w momencie, gdy przedmiot zawiści pozostaje niezdobyty. Zawiść podąża wówczas za ignorancją, a ignorancja za zawiścią. Zawiść jest więc zarówno przyczyną jak i konsekwencją ignorancji.

Z zawiści rodzi się całe zło i dlatego każdy powinien starać się unikać zawiści. Wielcy królowie tacy jak Dźanaka, Juwanaśwa i inni zdobyli niebo dzięki pokonaniu zawiści. Unikaj więc zawiści mocą swego własnego postanowienia, bo unikając jej zdobędziesz zarówno ten jak i tamten świat".

3. O samo-kontroli

Judhiszthira rzekł: „O Bhiszma, święte pisma wskazują na różne sposoby gromadzenia zasług za życia. Wytłumacz mi, który z tych sposobów jest najlepszy z punktu widzenia zdobywania zarówno tego i tamtego świata? Ścieżka realizacji obowiązku jest długa i ma wiele odgałęzień. Którą drogę wybrać? Która z nich ma najwięcej zalet? Powiedz mi, co jest najlepsze dla osoby studiującej *Wedy*, która pragnie zgromadzić jak najwięcej zasług".

Bhiszma rzekł: „O Judhiszthira, posłuchaj więc o tym sposobie realizowania obowiązku i zbierania zasług, który uchodzi za najlepszy. Ponieważ jesteś mądry, przekazywana ci przeze mnie wiedza będzie dla ciebie jak eliksir nieśmiertelności.

Wielcy riszi bazując na swej własnej mądrości różnią się w interpretacji reguł Prawa. Wszyscy jednak zgadzają się, co do wielkiego znaczenia samo-kontroli. Wszyscy mędrcy starożytności, którzy dotarli do Prawdy, uważali, że samo-kontrola jest najwyższą cnotą przynoszącą najwyższe zasługi.

Jeśli chodzi o braminów, to samo-kontrola wzmaga ich energię i jest ich wiecznym obowiązkiem. Wykonywane przez nich ryty przynoszą właściwe skutki tylko wtedy, gdy są wykonywane z samo-kontrolą. W ich przypadku samo-kontrola przewyższa w zdobywanych zasługach praktykowanie dobroczynności, ofiary i studiowania *Wed*.

Samo-kontrola jest święta. Poprzez samo-kontrolę człowiek oczyszcza się z grzechów, nabywa energię i dociera do tego, co uniwersalne. Mędrcy twierdzą, że we wszystkich trzech światach nie ma takiego obowiązku, który w swych walorach byłby równy samo-kontroli. Samo-kontrola jest zalecana wszystkim tym, którzy chcą kroczyć ścieżką Prawa, jako najdoskonalsza praktyka. Poprzez samo-kontrolę dociera się do tego, co najwyższe i zdobywa się szczęście na tym i na tamtym świecie. Samo-kontrolujący się człowiek usypia, budzi się i porusza w błogości. Jego umysł jest zawsze radosny, podczas gdy człowiek niezdolny do samo-kontroli wiecznie cierpi niedolę, którą sam na siebie sprowadza. We wszystkich czterech trybach życia ślubowanie samo-kontroli uważa się za najlepszą z przysiąg.

Posłuchaj teraz o tych oznakach, które łącznie dowodzą zdobycia samo-kontroli. Są to umiejętność przebaczania, cierpliwość, powstrzymywanie się od zadawania ran, bezstronność, szczerość, uczciwość, kontrola nad zmysłami, łagodność, skromność, niezawodność, szczodrość, inteligencja, uwolnienie się od gniewu i złej woli, nasycenie, przyjemna mowa, życzliwość, szacunek dla nauczycieli, obdarzanie wszystkich współczuciem, unikanie pochlebstw, oszczerstw, deprawacji, hańby, fałszywej mowy, lubieżności, zawiści, pychy, arogancji, lęku, zazdrości, wychwalania samego siebie i lekceważenia innych; uwolnienie się od przywiązania do przedmiotów zmysłowych, które ujawnia się zwykle w takich sformułowaniach jak 'należysz do mnie', 'należę do ciebie'. Osoba, która zdobyła samo-kontrolę bez względu na to, czy mieszka w mieście, czy też w dżungli, osiąga Wyzwolenie. Praktykując uniwersalną życzliwość oraz prawe i dobre zachowanie i poznając własną jaźń realizuje najwyższy cel.

Wszystkie działania uważane na ziemi za dobre i praktykowane przez tych, którzy uchodzą za sprawiedliwych (cała dobra *karma*) tworzą drogę dla ascety, który zdobył wiedzę. Ten, kto jest dobry nigdy nie schodzi z tej drogi. Taka uczona osoba porzucając świat rzeczy materialnych i wycofując się do lasu po osiągnięciu pełnej kontroli nad swymi zmysłami idzie tą drogą w spokojnym oczekiwaniu śmierci i dociera do *Brahmana*. Ten, kto nie ma lęku przed żadną żywą istotą i sam nie wzbudza w nikim lęku, po opuszczeniu ciała nie ma czego się obawiać. Ten, kto oczyścił się ze swej przeszłej *karmy* i patrzy na wszystko takim samym okiem praktykując uniwersalną życzliwość, dociera do *Brahmana* nie pozostawiając za sobą na ziemi śladu tak jak klucze przelatujących ptaków nie pozostawiają śladu na niebie. Przed tym, kto porzuca swój dom i praktykuje religię Wyzwolenia, otwierają się bramy do wspaniałych światów, które są wieczne. I gdy ostatecznie przez rezygnację nawet z praktykowania umartwień i różnych studiów, faktycznie poprzez wyrzeczenie się wszystkiego, co jest drogie dla ludzkiego serca, oczyści się z wszelkich pragnień i wyzwoli z wszelkich materialnych ograniczeń, wówczas z czystym sercem i radosną duszą przebywając we własnej jaźni zdobędzie zarówno szacunek świata jak i niebo.

Tylko ten, kto rozwinął samo-kontrolę może zdobyć tą czystą radość serca możliwą po oczyszczeniu się z wszystkich złych namiętności. Ten, kto dotarł do prawdziwej wiedzy i czerpie z niej przyjemność, stał się oświecony i nigdy nie zranił żadnej żywej istoty, ten nie obawia się ponownych narodzin i tym bardziej nie żywi żadnego lęku przed innymi".

Bhiszma zakończył swą mowę mówiąc: „O Judhiszthira, wychwalana przez mędrców samo-kontrola ma tylko jedną wadę. Człowiek, który ją zdobył jest widziany przez innych jako słaby i niespełna rozumu. Czymże jednak jest ta jedna wada wobec licznych zalet? Człowiek przez swą umiejętność wybaczania, która jest jedną z form samo-kontroli, może zdobyć wieczne światy. Cóż więcej on sam potrzebuje poza dżunglą? Dżungla jest miejscem, gdzie mieszka ten, kto zdobył samo-kontrolę, jest jego azylem".

4. O umartwieniach

Bhiszma kontynuował: „O Judhiszthira, mędrcy ogłaszają, że wszystko ma swe korzenie w umartwieniach. Głupiec, który nie poddaje się żadnym umartwieniom, nie zdobędzie nawet tych nagród, które płyną z jego działań. Potężny Stwórca stworzył cały wszechświat z pomocą umartwień. Dziadek wszechświata, Brahma, stworzył owoce, korzonki i inne rodzaje pożywienia z pomocą umartwień. Riszi zdobywają swoje święte atrybuty i poznają *Wedy* dzięki mocy swych umartwień, a asceci z duszą w ekstazie widzą wszystkie trzy światy. Lekarstwa i antidota na szkodliwe substancje są skuteczne z pomocą umartwień. Realizacja każdego celu, łącznie z tymi, które uchodzą za nieosiągalne, zależy od umartwień. Poprawnie wykonane umartwienia oczyszczają z grzechów.

Ludzie szukający nieba i samo-realizacji umartwiają się poddając kontroli swe zmysły. Istnieją różne rodzaje umartwień, lecz wśród nich najwyżej cenione jest powstrzymywanie się od jedzenia. Ceni się je nawet wyżej niż praktykowanie współczucia, prawdomówności, dobroczynności i powstrzymywanie się od zmysłowych przyjemności.

Nie ma działania trudniejszego do realizacji od obdarowywania. Nie ma trybu życia, który stałby wyżej od służenia swej matce. Nie ma takiej żywej istoty, która stałaby wyżej od tej, która poznała trzy *Wedy*. Podobnie, nie ma umartwienia, które stałoby wyżej od wyrzeczenia, a wśród wyrzeczeń nie ma takiego, które zdołałoby przewyższyć powstrzymywanie się od jedzenia.

Riszi, bogowie, ludzie, bestie, ptaki i wszystkie inne żywe istoty, są oddane umartwieniom i im zawdzięczają swój każdy, choćby najmniejszy sukces. Nawet bogowie stali się bogami dzięki umartwieniom, a ciała niebieskie nabyły swą jasność. Jak widać, sama boskość ma źródło w umartwieniach".

5. O Prawdzie

Judhiszthira rzekł: „O Bhiszma, bramini, riszi, bogowie i Ojcowie wychwalają obowiązek realizowania Prawdy. Poucz mnie teraz o Prawdzie. Jakie są jej oznaki? Jak można do niej dojść? Kim stanie się ten, kto do niej dojdzie?"

Bhiszma rzekł: „O Judhiszthira, choć mieszanie obowiązków czterech kast nigdy nie jest aprobowane, to, co jest nazywane Prawdą zawsze istnieje w czystym i niezmąconym stanie w każdym, bez względu na to, w jakiej kaście się narodził. Prawda jest zawsze obowiązkiem wszystkich tych, którzy są prawi. Faktycznie jest ona nieśmiertelnym Prawem. Jest tym, czemu należy się cześć i do czego dociera się po śmierci idąc za życia najwyższą ścieżką.

Prawda jest Prawem, ascezą, jogą i wiecznym *Brahmanem*. Jest rytualną ofiarą o najwyższej formie. Wszystko ma swe fundamenty w Prawdzie.

Prawda jest stała, niezmienna i odwieczna. Można do niej dojść poprzez praktyki, które nie pozostają w sprzeczności z żadną inną cnotą. Można ją również nabyć praktykując jogę. Wymienię ci teraz we właściwym porządku formy manifestowania się Prawdy i jej oznaki i powiem ci o tym, jak można dojść do Prawdy.

Prawda manifestuje się wśród ludzi na trzynaście sposobów: w prawdomówności, bezstronności, samo-kontroli, wybaczaniu, skromności, cierpliwości, dobrej woli, wyrzeczeniu, medytacji, szlachetności, harcie ducha, współczuciu, powstrzymywaniu się od ranienia.

Bezstronnością nazywa się atrybut, który dana osoba zdobywa po pokonaniu żądzy, awersji, pasji i gniewu i w konsekwencji którego jest zdolna do patrzenia tym samym okiem zarówno na swoją jaźń jak i na jaźń wroga, oraz na dobro i na zło.

Samo-kontrola polega na braku lęku i zawiści, czyli chęci posiadania tego, co należy do innych, oraz odporności na choroby. Zdobywa się ją poprzez wiedzę.

Atrybut wybaczania zdobywa ten prawy i dobry człowiek, który równie cierpliwie znosi to, co przyjemne i co nieprzyjemne. Tę cnotę rozwija przez praktykowanie prawdomówności.

Skromnością nazywa się cnotę, dzięki której mądry człowiek spokojny w swym umyśle i mowie realizuje dobre czyny i nie krytykuje innych. Nabywa się ją poprzez praktykowanie prawości.

Cierpliwością nazywa się zdolność do wybaczania w imię Prawa i Zysku. Ta cnota jest jedną z form wybaczania. Nabywa się ją poprzez praktykowanie cierpliwości i jej celem jest przywiązywanie danej osoby do jej własnej jaźni.

Dobrą wolę tworzę praktykowanie dobroczynności i realizowanie obowiązków. Uniwersalną dobroć nabywa się przez nieustanne oddanie Prawdzie.

Wyrzeczeniem nazywa się uwolnienie się od przywiązania do zmysłowych przedmiotów i wszystkiego, co się posiada. Cnotę tę może zdobyć tylko osoba, która uwolniła się od gniewu i złej woli.

Szlachetnością nazywa się cnotę polegającą na podejmowaniu wysiłku i czynieniu dobra na rzecz wszystkich żywych istot.

Hartem ducha nazywa się zdolność do pozostawania niezmiennym zarówno w szczęściu jak i nieszczęściu. Mądry człowiek zawsze praktykuje tę cnotę mając na uwadze swe własne dobro. Cnotę tę zdobędzie człowiek, który uwolnił się od wpływu radości, lęku i gniewu.

Unikanie ranienia wszystkich innych żywych istot w myśli, słowie i uczynku, uprzejmość i dobroczynność są wiecznym obowiązkiem tych, którzy są dobrzy.

Wymienione trzynaście wyraźnie rozróżnialnych atrybutów należy do jednej Prawdy. Wszystkie one wspierają i wzmacniają Prawdę. Nie sposób opisać wszystkich zalet Prawdy. Bramini, Ojcowie i bogowie oddają Prawdzie nieustającą cześć. Nie ma stojącego wyżej obowiązku od obowiązku Prawdy, jak i nie ma grzechu haniebniejszego od kłamstwa. Prawda jest fundamentem prawości i dlatego nie wolno jej niszczyć. Z Prawdy wypływają dary, rytuały ofiarne obfitujące w dary, oddawanie czci ogniowi (*agnihotra*), *Wedy* i wszystko inne, co prowadzi do prawości. Gdy postawić na jednej szali tysiąc Ofiar Konia, a na drugiej Prawdę, Prawda je przeważy".

6. O trzynastu wadach człowieka

Judhiszthira rzekł: „O Bhiszma, wytłumacz mi teraz, skąd się biorą gniew, lubieżność, żałoba, ułuda, wątpienie, nuda, pycha, nienasycenie, egoizm, zazdrość, pogarda dla innych, niezdolność do zniesienia sukcesów innych (resentyment) i litość. Wytłumacz mi to bez pomijania szczegółów".

Bhiszma rzekł: „O Judhiszthira, wymienione przez ciebie trzynaście wad uchodzi za potężnych wrogów żywych istot. Kuszą one człowieka z każdej strony. Pobudzają i przynoszą nieszczęście na ludzi niedbałych i o słabej duszy. Atakują człowieka jak wilki swą ofiarę i przynoszą mu różne rodzaje smutku. Każdy człowiek powinien wiedzieć, że to z nich wywodzą się wszystkie rodzaje grzechów. Posłuchaj o tym, skąd się one biorą, na czym bazują i o sposobach ich niszczenia.

Gniew wypływa z nienasycenia i jest wzmacniany przez wady tych, ku którym się kieruje. Słabnie i znika dzięki cierpliwości i wybaczeniu.

Lubieżność powstaje z wyobraźni. Folgowanie sobie ją wzmacnia. Słabnie i całkowicie znika, gdy mądra osoba rozpozna ją i świadomie się od niej odsunie.

Żałoba wynika z uczucia obudzonego przez separację. Słabnie, gdy ten, kto opłakuje zmarłego zrozumie, że zmarły nie powróci do życia.

Wątpienie bierze się stąd, że ludzie widzą sprzeczności w świętych pismach. Z tego wypływa pragnienie do różnych sposobów działania. Ta konfliktowa sytuacja znika wraz ze zdobyciem prawdziwej wiedzy.

Nuda płynie z ulegania gniewowi i nienasyceniu. Znika pod wpływem współczucia, poznawania własnej jaźni i obojętności do wszystkich zmysłowych przedmiotów.

Egoizm powstaje z ignorancji i złych nawyków. Znika, gdy ta pozbawiona rozsądku osoba zaczyna cieszyć się towarzystwem i radą ludzi mądrych.

Zła wola wynika z porzucenia Prawdy i poddania się grzeszności. Znika pod wpływem nauk tych, którzy są mądrzy i dobrzy.

Pycha rodzi się z wysokiego urodzenia, zdobytych umiejętności i sukcesu. Znika pod wpływem uświadomienia sobie jej przyczyn.

Zazdrość wypływa z lubieżności i skłonności do przebywania z ludźmi miernymi i wulgarnymi. Niszczy ją zdobycie wiedzy i mądrości.

Nienasycenie wypływa z ignorancji. Ulega zniszczeniu po uświadomieniu sobie przemijalności wszystkich przedmiotów dostarczających przyjemności.

Pogarda dla innych ma swe źródło w zachowaniu odmiennym od zachowania zwykłych ludzi i w nieprzyjemnej mowie wyrażającej niechęć i awersję. Znika po dokładniejszym zbadaniu.

Niezdolność do zniesienia widoku sukcesu innych (resentyment) wynika z nieustannego rywalizowania z innymi i gniewu. Pojawia się wówczas, gdy ktoś jest za słaby, aby zrewanżować się za rany zadane jej przez silniejszego. Skłonność tę niszczy rozwinięcie współczucia do każdej żywej istoty i wyrzeczenie się wszystkich zmysłowych przedmiotów. Gasi ją dobroć i życzliwość.

Litość powstaje na widok ludzi bezbronnych i nieszczęśliwych, których na świecie jest wielu. Znika pod wpływem zrozumienia uleczającej siły religijności.

Synowie króla Dhritarasztry obciążeni byli wszystkimi trzynastoma wadami. Mędrcy twierdzą, że wszystkie wady można pokonać spokojem duszy. Ty sam podążając zawsze za Prawdą wszystkie je pokonałeś".

7. O człowieku zjadliwym i nieżyczliwym

Judhiszthira rzekł: „O Bhiszma, dzięki obserwowaniu ludzi, którzy są dobrzy, wiem, czym jest dobroć i życzliwość. Opowiedz mi teraz o tych, którzy są zjadliwi i nieżyczliwi i wyjaśnij mi naturę ich działań. Ludzie unikają tych okrutników jak ognia, cierni, czy przepaści. Takie osoby cierpią niedolę zarówno na tym, jak i na tamtym świecie. Wyjaśnij mi naturę ich postępowania".

Bhiszma rzekł: „O Judhiszthira, takie zjadliwe osoby ciągle popełniają niegodziwe czyny odczuwając nieodparty pociąg do ich wykonania. Obmawiają i oczerniają innych i zawsze czują się sami pokrzywdzeni i oszukani. Chełpią się swoimi aktami dobroczynności, jeżeli mają takie na swym koncie. Na wszystko patrzą złośliwym okiem, są małostkowi, fałszywi, aroganccy, chełpliwi, skąpi, przebiegli i nie spłacają swych długów. Są podejrzliwi w stosunku do każdego, z kim weszli w kontakt. Ich rozumowanie jest niemądre. Wychwalają tylko to, co jest związane z nimi i żywią szczególną awersję do tych, którzy wycofali się do dżungli. Nie potrafią docenić zasług innych i ranienie innych sprawia im szczególną przyjemność. Są zakłamani i nienasyceni, zawistni i okrutni. Ludzi prawych i cnotliwych mają za nic i widząc innych na swe własne podobieństwo nikomu nie ufają i przypisują im wszystko, co złe. W samych sobie nie dostrzegają żadnych wad. Ludzi, którzy czynią dobro na ich rzecz, uważają za prostaków, którymi manipulują i jeżeli uczynili dla nich coś dobrego w zamian, zawsze tego żałują. Nigdy nie dzielą się z nikim swym posiłkiem zapominając o tym, że ten, kto chce zdobyć wieczne szczęście powinien żywić się tym, co pozostało po złożeniu ofiary bogom i nakarmieniu braminów. Mądry człowiek wiedząc o tym, jakie są cechy takich zjadliwych i nieżyczliwych osób, powinien unikać kontaktu z nimi".

8. O darach dla dobrych braminów

Bhiszma kontynuował: „O Judhiszthira, król, który szuka Prawa i ochrony przed grzechem powinien zawsze troszczyć się odpowiednio o braminów. Wszystkim dobrym braminom, którzy gromadzą zasługi swą prawością—wykonują rytuały ofiarne, studiują i recytują *Wedy*, spełniają obowiązki nauczycieli, oddają cześć bogom i Ojcom—należą się dary z racji służenia Prawu. Ci, którzy nie są biedni, powinni otrzymywać jedynie *dakszinę* tj. dar, realizowany na zakończenie rytuału ofiarnego. Źli bramini, którzy z racji swych grzechów utracili swój bramiński status powinni być obdarowywani surowym mięsem dawanym im z dala od ołtarza ofiarnego.

Bramini pobudzani przez swe religijne inklinacje prześcigają się nawzajem w starannym wykonywaniu rytuałów. Król powinien zawsze obdarowywać ich różnego rodzaju bogactwem. Bramini, którzy zgromadzili wystarczająco dużo zapasów, aby dostarczać swej rodzinie środków utrzymania dłużej niż przez trzy lata, mogą wykonywać wielkie rytuały ofiarne, podczas których ofiaruje się bogom *somę* wypijaną na zakończenie przez ofiarnika i kapłana.

Jeżeli pomimo tego, że na tronie zasiada prawy król, rozpoczęta przez bramina rytualna ofiara nie może zostać zakończona z powodu braku środków na jedną czwartą kosztów, król może zebrać potrzebne środki od rodzin waiśjów, które choć mają duże stada bydła, nie składają ofiar i nie piją *somy*. Król może również zebrać bogactwo z domów szudrów, którzy sami nie składają wedyjskich ofiar i nie posiadają bogactwa na własność, bo wszystko to, co znajduje się w ich domach należy faktycznie do króla.

Odbieranie bogactwa tym, którzy mimo posiadania dużego stada bydła nie składają ofiary, choć powinni, jest obowiązkiem króla. Król powinien również ogłaszać publicznie i odbierać bogactwo tym, którzy nie realizują obowiązku dobroczynności. Czyniąc tak, zbiera zasługi.

Bramin, który nic nie jadł przez trzy dni, ma prawo do zabrania bez pozwolenia cudzej własności o równowartości jednego posiłku z pola, ogrodu, czy nawet domu osoby nisko urodzonej i zaspokoić nią natychmiast swój głód bez pozostawiania niczego na później. O swych akcie powinien jednak poinformować króla nawet wówczas, gdy nikt go o to nie pyta. Znający swe obowiązki król nie powinien nakładać na niego za ten czyn kary pamiętając o tym, że winę za głód bramina ponoszą wojownicy, których obowiązkiem jest dostarczanie im środków utrzymania. Król po dokonaniu oceny wiedzy i zachowania poszczególnych braminów powinien dostarczać im środków do życia i ochraniać ich tak jak ojciec ochrania syna.

Na zakończenie roku bramin, który jest niezdolny do wykonania rytuału ofiary zwierzęcej lub wyciskania *somy* powinien wykonać rytuał ku czci uniwersalnego ognia Waiśjanara. Wykonanie tej alternatywnej ofiary przez prawego bramina nie niszczy jego zasług. W obliczu katastrofy i śmierci bramini i wielcy riszi nie powinni mieć skrupułów w wybieraniu alternatyw sugerowanych w świętych pismach. Jednakże ten, kto ucieka się do alternatyw w sytuacji, gdy może bez trudu żyć w zgodzie z pierwotnym wzorem, jest uważany za grzesznika i po uwolnieniu duszy z ciała nie zdoła zdobyć wiecznego szczęścia.

Prawy bramin znający *Wedy* nigdy nie powinien wychwalać przed królem swej energii i wiedzy, choć swą energią przewyższa energię króla. Król z trudem może znieść energię bramina. To bramini są stwórcami, władcami, zarządcami i bogami. Wojownik powinien pokonywać napotkane na swej drodze trudności siłą swej broni, waiśja swym bogactwem, szudra służbą, a bramin swymi mantrami i wlewaniem do ognia oczyszczonego tłuszczu. Nikt poza nim nie posiada wystarczającej kompetencji i czystości, aby wlewać do ognia ofiarnego oczyszczony tłuszcz i każdy inny za taki akt zapłaci piekłem.

Uczestnicząc w ofierze należy wykonywać ściśle i z prawdziwym oddaniem wszystkie działania opisane w pismach kontrolując równocześnie swe zmysły. Nie należy czcić bogów ofiarą bez *daksziny* oferowanej braminom, bo ofiara bez *daksziny* zamiast zasług przynosi zniszczenie. W świętych pismach zostało stwierdzone, że człowiek, który po rozpaleniu ofiarnego ognia, nie uczynił odpowiedniego daru z jedzenia w formie *daksziny*, nie może być uznany za kogoś, kto rozpala ogień".

9. O pokucie za grzechy

Bhiszma kontynuował: „O Judhiszthira, posłuchaj teraz o tych braminach i arianach, którzy z powodu swych grzechów uważani są za upadłych oraz o pokucie, dzięki której można oczyścić się z popełnionego grzechu.

Cechy szudrów nabywają ci bramini, którzy kładą się do łoża z kobietą w czasie menstruacji, nie wykonują rytuałów ofiarnych lub mają wśród członków rodziny kogoś, kto nie zna *Wed*.

Bramin, który poślubił kobietę szudrów i żyje przez dwanaście lat w wiosce, która pobiera wodę jedynie ze studni, staje się szudrą poprzez swe uczynki.

Bramin, który bierze do łoża niezamężną kobietę lub toleruje szudrę i siada obok niego na tym samym dywanie uważając go za godnego szacunku, powinien uznać się za upadłego. Grzech, który bramin popełnia służąc z uszanowaniem osobie z niskiej kasty nawet przez jedną noc, może zostać zmyty poprzez realizowanie pokuty siedzenia przez trzy kolejne lata na łożu z wysuszonej trawy z tyłu za wojownikiem lub waiśją.

Osoba żarliwie pobożna może zdobyć użyteczną wiedzę nawet od kogoś wykonującego godną pogardy pracę. Podobnie może bez skrupułów zabrać złoto znalezione nawet w nieczystym miejscu i wziąć za żonę kobietę, która jest prawdziwą ozdobną swej płci, choć pochodzi ze złej rodziny. Tak jak eliksir nieśmiertelności można oczyścić z trucizny, tak też można uczynić czystą kobietę, klejnoty, czy wodę.

Kłamstwo jest grzechem za wyjątkiem pięciu przypadków: gdy jest wypowiedziane żartem lub z okazji ślubu, gdy jest adresowane do kobiety, ma na uwadze dobro nauczyciela lub obronę czyjegoś życia.

W sytuacji załamania się kast, nawet waiśjowie mogą sięgnąć po broń dla obrony braminów i krów.

Na grzechy, takie jak picie alkoholu, zabicie bramina, czy też kładzenie się do łoża z żoną nauczyciela—gdy zostają popełnione wielokrotnie—nie ma innej pokuty niż śmierć. To samo dotyczy kradzieży złota i tego, co stanowi własność bramina. Poza tymi siedmioma śmiertelnymi grzechami, wszystkie inne grzechy można odpokutować za życia postępując zgodnie z rozporządzeniami pod warunkiem, że nie popełnia się ich ponownie.

Dana osoba poprzez picie alkoholu i łączenie się z kimś, z kim nie powinna, staje się nieuchronnie człowiekiem upadłym. Ten, kto przez cały rok prowadzi rytuały ofiarne razem z osobą upadłą lub naucza praktyk seksualnych, sam staje się upadły. Nie zdobywa jednak takiego statusu, gdy łączy się z osobą upadłą w sprawach takich jak używanie tego samego pojazdu, siedzenie na tej samej ławie, spożywanie wspólnie posiłku. Za upadłego uważa się też tego, kto bez właściwej przyczyny porzuca rodziców i nauczycieli.

Dla krewnych tych, którzy popełnili trzy pierwsze z pięciu wymienionych śmiertelnych grzechów, nie ma żadnych ograniczeń, jeśli chodzi o zabieranie pozostałych po nich zapasów żywności, czy też noszenia należących do nich ornamentów nawet wówczas, gdy nie zostały dla nich wykonane właściwe ryty pogrzebowe. Ich krewni nie powinni mieć w tej sprawie żadnych skrupułów.

Prawy człowiek powinien zaniechać kontaktów z przyjacielem lub nawet z rodzicem, który popełnił grzech i nie powinien z nim rozmawiać, zanim nie oczyści się on ze swego grzechu pokutą. Osoba, która popełniła grzech oczyszcza się ascezą i niepopełnianiem go więcej.

Nazywając złodzieja złodziejem popełnia się taki sam jak on grzech. Gdy złodziejem nazywa się kogoś, kto złodziejem nie jest popełnia się podwójny grzech.

Grzech kobiety, która przed małżeństwem utraciła swe dziewictwo, jest równy trzem czwartym grzechu zabójstwa bramina, a grzech mężczyzny pozbawiającego ją dziewictwa jest równy jednej czwartej tego grzechu.

Rzucenie oszczerstwa na bramina lub uderzenie go przynosi hańbę na okres stu lat. Za zabójstwo bramina tonie się w piekle przez tysiąc lat. Nikt nie powinien więc mówić źle o braminach, a tym bardziej dopuszczać się ich zabójstwa. Za zabójstwo bramina przy pomocy miecza tonie się w piekle przez tyle lat, ile pyłków kurzu zmieszało się z wypływającą z jego rany krwią.

Tylko śmierć może oczyścić grzesznika z pięciu śmiertelnych grzechów. Grzech zabójstwa bramina, jak i inny grzech równy mu swą powagą, zmywa z siebie ten, kto ginie od ran na polu bitewnym w walce toczonej w obronie braminów lub krów, lub rzuca się w rozpalony ogień.

Z grzechu picia alkoholu oczyszcza picie gorącego alkoholu. Gdy ciało grzesznika zostaje spalone przez taki napój, jego śmierć oczyszcza go ze złej *karmy*. Dla bramina obciążonego tym grzechem jest to jedyny sposób na zdobycie niebiańskich regionów szczęśliwości.

Ten, kto położył się do łoża z żoną swego nauczyciela oczyszcza się ze swego grzechu poprzez śmierć wynikłą z wzięcia w ramiona rozpalonego do czerwoność żelaznego posągu kobiety lub wtedy, gdy po obcięciu swego penisa i jąder niosąc je w dłoniach udaje się w kierunku południowo-zachodnim i tam umiera. Może też oczyścić się z tego grzechu umierając w obronie bramina lub wykonując rytuał Ofiary Konia, Ofiary Krowy lub Ofiary Somy (*Agnisztoma*).

Jednokrotny zabójca bramina powinien praktykować przysięgę celibatu przez dwanaście lat i uprawiając umartwienia wędrować po świecie trzymając w dłoniach czaszkę zabitego i ogłaszając wokół swój grzech. W ten sposób powinien zaadaptować styl życia ascety. W podobny sposób powinien odbywać pokutę zabójca ciężarnej kobiety, który wiedział o jej stanie. Swym czynem popełnia on grzech równy podwójnemu zabójstwu bramina.

Osoba pijąca alkohol powinna żyć na bardzo surowej diecie, praktykować celibat, spać na gołej ziemi i przez trzy lata wykonywać rytuał *Agnisztomy*, na zakończenie którego powinna obdarować dobrego bramina tysiącem krów i jednym bykiem. W ten sposób odzyska czystość. Zabójca waiśji powinien realizować taką ofiarę przez dwa lata i rozdać w darze setkę krów i jednego byka. Zabójca szudry powinien wykonywać taki rytuał przez jeden rok rozdając w darze setkę krów i jednego byka. Zabójca psa, niedźwiedzia lub wielbłąda powinien wykonać taką samą pokutę jak zabójca szudry; podobnie zabójca kota, żaby, wrony, węża i szczura, który popełnia grzech zabójstwa zwierzęcia.

Za różne drobne grzechy należy pokutować przez rok. Za gwałt na żonie bramina należy odpokutować trzyletnim ślubem celibatu i spożywaniem jedynie jednego niewielkiego posiłku podczas czwartej części dnia. Za gwałt na innej kobiecie, która nie jest niczyją żoną, należy wykonywać taką samą pokutę przez dwa lata. Za siedzenie z kobietą na tej samej ławie należy przez trzy dni żyć na samej wodzie. Taką samą pokutą można się oczyścić z grzechu zanieczyszczenia świętego ognia.

Żona winna cudzołóstwa lub osoba przebywająca w więzieniu może otrzymywać jedynie jedzenie i ubranie. Kobieta winna cudzołóstwa powinna realizować te same śluby, co mężczyzna popełniający ten sam grzech. Kobieta, która porzuciła męża z wyższej kasty na rzecz mężczyzny niskiej kasty, powinna zostać wyrokiem króla rzucona psom na pożarcie w publicznym miejscu podczas większego zgromadzenia, podczas gdy mężczyzna powinien umrzeć na żelaznym łożu rozpalonym do czerwoności. W taki sam sposób może też zostać ukarana kobieta winna cudzołóstwa.

Grzesznik, który nie odbył pokuty, zanim upłynął rok od momentu popełnienia grzechu, zasługuje na podwójną karę.

Osoba, która towarzyszy upadłej przez dwa lata, powinna odpokutować to wędrując po świecie, uprawiając umartwienia i żyjąc z jałmużny, a ta, która towarzyszy grzesznikowi przez cztery lata, powinna odpokutować to prowadząc wędrowny tryb życia przez pięć lat.

Jeżeli młodszy brat ożeni się przed starszym, wszyscy troje są uważani za upadłych. Aby się oczyścić powinni poczynić śluby odpowiednie dla tych, którzy zlekceważyli ogień ofiarny, uprawiać przez miesiąc post zwany *Czandrajana* lub jakiś inny rodzaj umartwień. Młodszy brat powinien oddać swą żonę starszemu, który pozostaje nieżonaty i następnie za jego zgodą otrzymać ją z powrotem.

Zabicie zwierzęcia—za wyjątkiem krowy—nie rujnuje człowieka, bo człowiek przewyższa niższe zwierzęta. Ten, kto popełnił ten grzech może oczyścić się wędrując po świecie trzymając w dłoni ogon jaka i gliniane naczynie i ogłaszając swój grzech. Każdego dnia powinien szukać dla siebie posiłku tylko u siedmiu rodzin i utrzymywać się przy życiu z tego, co uda mu się w ten sposób zdobyć. Postępując tak w ciągu dwunastu dni oczyści się z grzechu. Osoba, która nie jest w stanie trzymać w dłoniach ogona jaka i glinianego naczynia, może oczyścić się z grzechu prowadząc przez rok żebraczy tryb życia.

Bramin, który spożywa mięso i nieczystości lub pije mocz psa, dzika, człowieka, ptaka lub wielbłąda musi poddać się ponownie inicjacyjnemu rytuałowi świętej nici.

Gdy pijący somę bramin wciągnie w płuca zapach alkoholu z ust tego, kto pije alkohol, powinien oczyścić się pijąc przez trzy dni gorącą wodę i gorące mleko i wstrzymując się od innych posiłków".

Napisane na podstawie fragmentów *Mahābharāta*,
Santi Parva, Part 1, Sections CLVIII-CLXV
(Apaddharmanusasana Parva).

Opowieść 141
O narodzinach miecza

> Brahma widząc to bycie, które wyskoczyło z ognia ofiarnego, jak i wielki niepokój w całym wszechświecie, który jego ukazanie się spowodowało, rzekł uspakajającym głosem: „O bogowie, mędrcy i gandharwowie, nie ma powodu do niepokoju. To pojawiające się nagle bycie o ogromnej energii jest moją myślą. Nosi ono imię Miecz. Stworzyłem je mając na uwadze obronę całego świata i zniszczenie wrogów bogów".

(*Mahābhārāta*, Santi Parva, Part 1, Section CLXVI)

Nakula, który słynął ze swych umiejętności walki przy pomocy miecza i który przysłuchiwał się razem braćmi rozmowie leżącego na łożu ze strzał Bhiszmy z Judhiszthirą, rzekł: „O Bhiszma, łuk jest bronią najwyżej cenioną w świecie, ja sam jednakże preferuję miecz. Wojownik, który umiejętnie włada mieczem, potrafi skutecznie obronić się przed wrogiem po utracie swego łuku, koni i rydwanu. Z mieczem w dłoni potrafi odeprzeć atak nawet licznego wroga uzbrojonego w łuki, maczugi i strzały. Zastanawiam się więc nad tym, czy to nie miecz jest najlepszą bronią. Wytłumacz mi, proszę, jak to jest naprawdę. Powiedz mi, jak miecz został stworzony i dla jakiego celu? Wyjaśnij mi także, kto był pierwszym nauczycielem walki na miecze?"

Bhiszma rzekł: „O synu Madri, posłuchaj, co mam w tej sprawie do powiedzenia.

W bardzo dawnych czasach cały wszechświat był wyłącznie przepastną przestrzenią wód pozbawioną wszelkiego ruchu, bez nieboskłonu i zanurzonej w nich ziemi. Zalegająca w nim cisza nie miała końca. Pozbawiony światła i niepojęty był przerażający. Jednakże, gdy nadszedł na to właściwy Czas, w tym pozbawionym wszystkiego wszechświecie narodził się dziadek wszechświata Brahma, który stworzył wiatr, ogień i słońce o ogromnej energii. Stworzył również niebo i piekło, ziemię i wszystkie kierunki, jak i firmament z księżycem, gwiazdami, konstelacjami, planetami, oraz rok, pory roku, miesiące, cykle księżyca i inne miary upływającego Czasu. Następnie, po przybraniu widzialnej formy, siłą swej woli spłodził synów o wielkiej energii. Byli to Marici, Atri, Angiras, Kratu, Pulastja, Pulaha, Wasiszta, Rudra, Pracetowie i w końcu Daksza, który z kolei miał sześćdziesiąt córek. Córki te zostały żonami świętobliwych mędrców i urodziły im dzieci. Z nich narodziły się wszystkie żywe istoty zamieszkujące wszechświat łącznie z bogami, Ojcami, gandharwami, apsarami, asurami, rakszasami, roślinami, ptakami, wężami, zwierzętami żyworodnymi i jajorodnymi jak i zrodzonymi z brudu. W ten oto sposób pojawił się znany nam dziś wszechświat zamieszkały przez ruchome i nieruchome żywe istoty.

Po przywołaniu do istnienia wszystkich żywych istot, dziadek wszechświata obwieścił nieśmiertelną religię zapisaną w *Wedach*. Religia została zaakceptowana przez bogów oraz ich nauczycieli i kapłanów i żyli oni w zgodzie z rozporządzeniami Brahmy. Jednakże najpotężniejsi z asurów—jak Prahlada, Namuczi, Wali—ulegając wpływowi zawiści i gniewu odmówili mu posłuszeństwa i zaczęli niszczyć prawość. Ignorując wszelkie ograniczenia wynikłe z obowiązku i religii zabawiali się i czerpali przyjemność z angażowania się w różne grzeszne działania. Uważając się za równych bogom z urodzenia rzucali wyzwania zarówno bogom jak i mędrcom. Nigdy nie uczynili niczego dobrego na rzecz innych mieszkańców wszechświata i nie ukazali im współczucia opierając swą władzę wyłącznie na wymierzaniu kary. Faktycznie zaniechali wszystkich przyjaznych stosunków z żywymi istotami.

Tymczasem dziadek wszechświata Brahma mając boskich mędrców za swych towarzyszy udał się na pokryty wiecznie kwitnącymi drzewami i klejnotami szczyt góry Himawat, który zajmował przestrzeń o wielkości setki *jodżanów* dostarczając miejsca odpoczynku niezliczonym gwiazdom. Przebywał tam przez jakiś czas mając na uwadze sprawy tego świata. Po upływie tysiąca lat poczynił przygotowania do wielkiego rytuału ofiarnego postępując zgodnie z nakazami przedstawionymi w świętych pismach. Wielcy riszi obeznani z zasadami obsługiwania rytuału i ognia ofiarnego przygotowali ołtarz ofiarny, który nakryty naczyniami ofiarnymi zrobionymi ze szczerego złota, wyglądał pięknie. Na uroczystość ofiarną przybyli wszyscy bogowie zajmując wyznaczone dla nich miejsca.

Podczas tego rytuału ofiarnego wydarzyło się coś prawdziwie przeraźliwego. Nagle z ognia ofiarnego wyskoczyło jakaś nieznane bycie otoczone płomieniami, o splendorze równym księżycowi ukazującemu się na nocnym niebie pokrytym gwiazdami. Miało ostre zęby, zapadnięty brzuch, było wysokie i w kolorycie płatków błękitnego lotosu. Charakteryzowało się niezwykłą energią. Na jego widok wzburzyły się oceany, zadrżała ziemia i zachwiały się wszystkie cztery ćwiartki nieba. Zaczęły wiać źle wróżące wiatry, z nieba sypały się meteory, a gałęzie opadały z drzew. Serca wszystkich żywych istot opanował lęk. Brahma widząc to bycie, które wyskoczyło z ognia ofiarnego, jak i wielki niepokój w całym wszechświecie, który jego ukazanie się spowodowało, rzekł uspakajającym głosem: 'O bogowie, mędrcy i gandharwowie, nie ma powodu do niepokoju. To pojawiające sie nagle bycie o ogromnej energii jest moją myślą. Nosi ono imię Miecz. Stworzyłem je mając na uwadze obronę całego świata i zniszczenie wrogów bogów'. Po tych słowach Brahmy nowonarodzone bycie porzuciło swój pierwotny wygląd i przybrało wygląd ostrego i gładko wypolerowanego miecza o wielkim splendorze, niszczącego wszystko, co żywe na koniec eonu.

Po stworzeniu tego ostrego miecza Brahma oddał go Śiwie-Rudrze o szyi niebieskiej od wypitej trucizny i z bykiem na swym proporcu, aby umożliwić mu zniszczenie grzechu i Bezprawia. Boski Rudra o nieskończonej duszy wychwalany przez riszich uchwycił miecz przybierając inną formę. Wznosząc swe cztery ramiona stał się tak wysoki, że stojąc na ziemi dotykał głową słońca. Plując ogniem stał z oczami wzniesionymi ku górze z szeroko rozłożonymi wszystkimi członkami. Ubrany w czarną skórę antylopy zmieniał swój koloryt na niebieski, biały i czerwony patrząc w koło swym szeroko otwartym znajdującym się na czole trzecim okiem, które swym splendorem dorównywało słońcu. Pozostała para jego oczu, z których jedno było czarne, a drugie brązowe, świeciła również przeraźliwym blaskiem. Boski Mahadewa, który pozbawił ongiś oczu syna Brahmy Bhagę i jest nosicielem trójzębu, trzymając w dłoni miecz potężny jak niszczący wszystko ogień końca eonu i tarczę ozdobioną trzema złotymi guzami, która wyglądała jak chmurne niebo przecinane przez błyskawice, rycząc na przemian i śmiejąc się zaczął wykonywać nim na niebie różne ruchy wyzywając asurów do walki. Forma, którą Rudra przybrał była przeraźliwa. Danawowie i dajtjowie, którzy zabawiali się rzucaniem w niego skałami, płonącymi drzewami i różnego rodzaju bronią, na ten widok zaczęli drżeć ze strachu. Choć Rudra samotnie stanął do walki z ich masą, poruszał się ze swym mieczem w dłoni po polu bitewnym tak szybko, że sądzili, iż walczą z tysiącami Rudrów. Wielki Bóg poruszał się wśród gęstej masy wrogów, jak pochłaniający las pożar rozszarpując ich, przebijając, tnąc, ścierając na proch.

Potężni asurowie zabijani przez Rudrę kręcącego mieczem, bez głów i z poobcinanymi członkami, zaczęli opadać na ziemię. Inni, którym udało się zachować życie, uciekali we wszystkich kierunkach szukając kryjówki we wnętrznościach ziemi lub pod górami, wznosząc się ku górze lub chowając się w głębiach oceanu. Ziemia pokryta martwymi ciałami i zalana krwią przestawiała sobą straszliwy widok. Nasiąknięta krwią wyglądała jak piękną kobieta o jasnej skórze odurzona alkoholem i ustrojona w czerwone suknie. Wszędzie ukazywały się przeraźliwe znaki. Pokrywające ziemię góry martwych ciał demonów wyglądały jak szczyty pokryte kwitnącymi na czerworo drzewami *Kinsuka*.

Rudra po pokonaniu asurów i ponownym ustanowieniu na ziemi prawości wyzbył się swej przeraźliwej formy i przybrał swą dobrze wróżącą formę Śiwy. Riszi i bogowie oddawali mu cześć wychwalając jego zwycięstwo. Śiwa oddał wówczas ociekający krwią miecz służący obronie prawości Wisznu, który z kolei oddał go mędrcowi Marici. Marici oddał go wszystkim wielkim riszi, którzy oddali go Indrze. Indra oddał go Strażnikom Świata, którzy oddali go synowi Surji, Manu. Oddając go Manu rzekli: 'O Manu, ty jesteś panem ludzi. Ochraniaj więc wszystkie żywe istoty przy pomocy tego miecza, który jest wypełniony prawością. Ci, którzy przekroczyli granice Prawa, nie powinni zależeć od kaprysu władcy, lecz podlegać ochronie Prawa otrzymując sprawiedliwą karę po troskliwym zbadaniu powagi ich przestępstwa. Niektórzy powinni być ukarani słownym upomnieniem, inni grzywną, jeszcze inni konfiskatą majątku. Nie należy stosować kary fizycznej, jak śmierć czy obcięcie kończyn, w przypadkach błahych i bez uzasadnionych powodów. Te różne formy kary są uważane za różne formy miecza'. Takie są standardy kary, która nie powinna wychodzić poza swój cel.

Manu uczynił władcą wszystkich żywych istot swego syna Kszupę i oddał mu miecz dla ich ochrony. Od Kszupy miecz otrzymał Ikszwaku, a od Ikszwaku Pururawas; od Pururawasa otrzymał go Ajus, a od Ajusa Nahusza; od Nahuszy Puru, a od Puru Amurttarja; od Amurttarji Bhumisaja, a od Bhumisaji Bharata; od Bharaty Ailawilja, a od Ailawilji Dhundhumara; od Dhundhumary Kamwodża, a od Kamwodży Muczukunda, a od Muczukundy Marutta; od Marutty Raiwata, a od Raiwaty Juwanaśwa; od Juwanaśwy Raghu, a od Raghu Harinaswa; od Harinaswy Sunaka, a od Sunaki Uśinara; od Uśinary Bhodża i Jadawowie, a od nich otrzymał go Siwi; od Siwi Pratardana, a od Pratardany Asztaka; od Asztaki Priszadaśwa, a od Priszadaśwy Bharadwadża; od Bharadwadży otrzymał go Drona, a od Drony Krypa; od Krypy ty sam i twoi bracia otrzymaliście ten miecz.

Miecz narodził się pod znakiem konstelacji Karttika (Plejady), Ogień jest jego bóstwem, czerwona planeta Rohini jest dla niego schronieniem, a Rudra jego nauczycielem. Miecz ma osiem imion, które nie są powszechnie znane. Wymienię je tobie. Ten kto je pozna, zawsze zwycięża. Miecz jest nazywany: Asi, Waisasana, Khadga, Srigarbha, o ostrych krawędziach, trudny do zdobycia, zwycięski i obrońca prawości. *Purany* deklarują, że Śiwa był tym, który dzierżył go w dłoni po raz pierwszy. Jeśli chodzi o łuk to pierwszym, który go stworzył był Prithu i z pomocą tej broni władał sprawiedliwie ziemią przez długie lata zbierając z niej bogaty plon".

Bhiszma zakończył swe opowiadanie mówiąc: „O Nakula, na twoją prośbę opowiedziałem ci o narodzinach miecza, tak jak opowiadają o tym riszi, a co oni mówią nie wymaga dowodu. Wojownik używający w walce miecza powinien oddawać mu należną cześć. Już przez samo słuchanie o jego walorach i genezie można zyskać sławę w świecie i zdobyć niebo".

Napisane na podstawie fragmentów *Mahābhārāta*,
Santi Parva, Part 1, Section CLXVI
(Apaddharmanusasana Parva).

Opowieść 142
O wiecznym potępieniu
dla niewdzięcznego przyjaciela

1. O cechach ludzi, których warto wybierać na przyjaciół i których należy unikać;
2. O niewdzięcznym bramirie, który zasłużył na piekło.

> Bhiszma zakończył swe opowiadanie mówiąc: „O Judhiszthira, opowieść tę usłyszałem od proroka Narady i powtórzyłem ci ją z wszystkimi szczegółami. Niewdzięcznik, który jest podły i nie zasługuje na zaufanie, nie zdoła uciec przed wieczną karą. Nikt nie powinien ranić przyjaciela, bo ten, kto tak czyni, nie uniknie wiecznego piekła. Należy być zawsze wdzięcznym w stosunku do przyjaciół i czynić to, co jest dla nich korzystne. Od przyjaciół oczekuje się honorów i różnego rodzaju przyjemności. Z pomocą przyjaciół można uchronić się i pokonać różne niebezpieczeństwa. I dlatego ten, kto jest mądry, dba o swych przyjaciół i unika tych, którzy są grzeszni i niewdzięczni".

(*Mahābhārāta*, Santi Parva, Part 1, Section CLXXIII)

1. O cechach ludzi, których warto wybierać na przyjaciół i których należy unikać

Judhiszthira zachęcany przez Bhiszmę do stawiania dalszych pytań, rzekł: „O Bhiszma, powiedz mi teraz, czym charakteryzują się ludzie szlachetni, którzy przynoszą swym przyjaciołom dobro? Kto jest wart przyjaźni? W mojej opinii ani bogactwo, ani krewni nie potrafią dorównać wartości prawdziwie życzliwego przyjaciela. Takiego przyjaciela trudno jednak znaleźć".

Bhiszma rzekł: „O Judhiszthira, posłuchaj więc o tym, z kim warto i z kim nie warto się przyjaźnić.

Na przyjaciół nigdy nie powinno się wybierać ludzi, którzy porzucają obowiązki własnej kasty, kłamią, łamią zakazy i od których wszyscy się odsuwają; są zawistni, bezlitośni, nieuczciwi, nikczemni, bezwstydni, małostkowi, grzeszni, podejrzliwi, leniwi, lubieżni, podstępni, ociągający się, skłonni do oszustwa, zazdrośni, okrutni, kłótliwi i niezdolni do wybaczenia nawet najmniejszej i niezamierzonej szkody; są ustawicznym przedmiotem plotek, przynoszą hańbę nauczycielom, ulegają siedmiu nałogom, unoszą się gniewem bez powodu, mają niespokojne umysły i podłe dusze, są ateistami, zniesławiają *Wedy*, nie kontrolują swych zmysłów, nie posiadają wiedzy, źle się zachowują, są nałogowymi graczami; mają skrzywione postrzeganie, są niezdolni do rozróżnienia tego, co służy ich dobru i niechętni do czynienia czegokolwiek na rzecz innych, myślą wyłącznie o swoim interesie, zazdroszczą innym bogactwa i nigdy nie mają dość tego, co otrzymują; przemawiają jak przyjaciel, lecz zachowują się jak wróg, wykorzystują swych przyjaciół, ciągle na nich narzekają, porzucają ich w biedzie. Należy również unikać tych, którzy piją alkohol, nienawidzą innych, są niezdolni do współczucia, cierpią widząc szczęście innych, ranią przyjaciół, zabijają żywe istoty, są niewdzięczni, podli i zrzucają całą winę na innych.

Na przyjaciół powinieneś wybierać tych, którzy są wysoko urodzeni, charakteryzują się uprzejmą i elokwentną mową, poznali różne nauki i zdobyli wiedzę, zgromadzili wiele zasług, są wolni od zawiści, wytrwali w podejmowaniu wysiłku, wdzięczni i dobrzy, szczodrzy, prawdomówni, mają liczne pozytywne cechy i są wolni od wad, kontrolują swe zmysły, dbają o ciało i o utrzymanie swego rodu poprzez posiadanie potomstwa, zdobyli sławę. Na swych przyjaciół powinieneś również wybierać tych, którzy doceniają innych, zachowują się w stosunku do nich najlepiej jak potrafią i reagują gniewem tylko w tych sytuacjach, które to uzasadniają i nigdy nie ukazują swego niezadowolenia bez istotnej przyczyny, znają zasady podążania za Prawem, Zyskiem i Przyjemnością, ich umysł pozostaje zawsze spokojny i jasny, są zdolni do służenia dobru przyjaciół z samo poświęceniem i nigdy się do nich nie zrażają pozostając im zawsze wierni. Nigdy nie ukazują wzgardy ani tym, którzy są biedni, ani młodej kobiecie wywołującej u innych żądzę, nigdy nie udzielają przyjacielowi złej rady, są godni zaufania, oddani praktykowaniu prawości, nie widzą różnicy między złotem i kamieniem, są oddani tym, którzy im dobrze życzą, dbają o swych ludzi i dążą do realizowania interesów przyjaciela nie zważając na własne dostojeństwo i ignorując oznaki swego prestiżu. Król, który ma za przyjaciół takich szlachetnych ludzi, jak ci przeze mnie opisani, jest jak księżyc wśród gwiazd i rozwijając się pod każdym względem cieszy się wielkim dobrobytem".

Bhiszma zakończył swą mowę mówiąc: „O Judhiszthira, pamiętaj zawsze o tym, że król powinien wybierać przyjaciół i zawierać sojusze z ludźmi, którzy są obeznani z wszelką bronią, pokonali swój gniew, charakteryzują się wysokim urodzeniem, prawym zachowaniem i osiągnięciami, i powinien unikać tych, którzy są niegodziwi, niewdzięczni i ranią swych przyjaciół".

2. O niewdzięcznym braminie, który zasłużył na piekło

Bhiszma kontynuował: „O Judhiszthira, ku przestrodze posłuchaj starej opowieści o niewdzięcznym braminie, który zdradził zaufanie swego przyjaciela i o karze, która go za to spotkała. Dla takiego grzechu nie ma odkupienia. Wydarzenie, o którym chcę ci opowiedzieć miało miejsce dawno temu w kraju znajdującym się na północy zamieszkałym przez niearyjskie plemiona.

Jak opowiadają bramini, pewien bramin pochodzący z centralnego regionu, który był potomkiem Gautamy, zarzucił studiowanie *Wed* i włóczył się po świecie szukając bogactwa. Pewnego dnia zawędrował do bogatej barbarzyńskiej wioski. Wiedząc o tym, że w wiosce tej mieszka pewien bardzo bogaty barbarzyńca, który mimo swego niskiego urodzenia był obeznany z porządkiem kastowym, szanował braminów i praktykował dobroczynność, udał się wprost do niego. Barbarzyńca ten na jego prośbę obdarował go domem i zapewnił mu środki do życia. Ponadto obdarował go nowym suknem na ubranie i dał mu za żonę kobietę szudrów w kwiecie młodości, która straciła męża.

Otrzymane dary sprawiły mu ogromną radość i przez wiele lat żył szczęśliwie w wiosce barbarzyńskich myśliwych w swym nowym domu z młodą żoną udzielając wsparcia i pomocy jej krewnym i ćwicząc się w łucznictwie, któremu był bardzo oddany. Każdego dania razem z myśliwymi udawał się do dżungli i zabijał drapieżne ptaki i inne żywe istoty. W ten sposób stał się bardzo zręczny w zabijaniu i wkrótce utracił zdolność do współczucia. Na skutek długiego i bliskiego kontaktu z barbarzyńcami stał się taki sam jak oni.

Pewnego dnia do wioski przybył inny bardzo pobożny bramin o czystej duszy i zachowaniu, oddany studiowaniu *Wed* i wierny ślubom celibatu, ubrany w łachmany i skórę jelenia, z włosami związanymi w ciężki węzeł. Był on bliskim przyjacielem Gautamy i przybył tutaj z tego samego, co on środkowego regionu. Będąc bardzo pobożnym braminem nigdy nie przyjmował jedzenia od szudrów i znalazłszy się w wiosce szudrów włóczył się tu i tam szukając domu jakiegoś bramina. W końcu dotarł do domu Gautamy. Tak się złożyło, że w tym samym momencie Gautama powrócił do domu z dżungli po udanym polowaniu i dwaj przyjaciele spotkali się.

Gautama wyglądał przeraźliwie, pomazany krwią, z łukiem w dłoni i z ładunkiem upolowanych ptaków na ramionach. Nowo przybyły bramin widząc, że jego przyjaciel zarzucił praktykowanie czystych zachowań i wygląda i zachowuje się jak barbarzyński myśliwy, zawołał ze zgrozą: 'O Gautama, co czynisz! Ulegasz szaleństwu! Jesteś przecież braminem i głową bramińskiej rodziny. Pochodzisz z szanowanego bramińskiego rodu i należysz do kraju leżącego w centrum. Jak możesz upodabniać się w działaniach do barbarzyńców! Przypomnij sobie o swych wielkich przodkach studiujących *Wedy*. Przynosisz hańbę swej rodzinie. Obudź się! Przypomnij sobie o bramińskich obowiązkach i jak najszybciej opuść to straszliwe miejsce'.

Gautama odpowiedział z wielkim smutkiem: 'O przyjacielu, jestem biedny i utraciłem całą wiedzę *Wed*. Zamieszkałem tutaj wyłącznie ze względu na bogactwo. Twój widok jest dziś dla mnie błogosławieństwem. Spędź noc w moim domostwie. Obiecuję ci, że jutro opuszczę to miejsce'. Wędrowny bramin kierując się współczuciem przyjął zaproszenie na noc, lecz choć był bardzo głodny, odmówił spożycia nieczystego jedzenia, mimo gorących zachęceń Gautamy.

O poranku, gdy jego przyjaciel opuścił jego dom, Gautama chcąc zrealizować swą obietnicę również ruszył w kierunku oceanu. Po drodze spotkał karawanę kupców zmierzających w tym samym kierunku i kontynuował swą wędrówkę razem z nimi. Karawana ta wędrując przez przełęcz została jednak zaatakowana przez wściekłego słonia, który nieomal wszystkich pozabijał. Gautama, któremu jakimś cudem udało się uciec, biegł na północ niezbyt świadomy dokąd zmierza i długo włóczył się sam po przepastnej dżungli jak *kimpurusza* (pół koń i pół człowiek), aż w końcu odnalazł ponownie drogę w kierunku oceanu. Idąc nią dotarł do wspaniałego lasu, który swym wyglądem przypominał niebiański Las Nandana i był zamieszkały przez jakszów i kimnarów. Rosło tam wiele drzew mango pokrytych kwiatami i owocami, jak i wiele innych gatunków drzew. W powietrzu unosił się delikatny zapach kwiatów i z każdej strony dochodziły dźwięki śpiewu rozmaitych gatunków ptaków.

Gautama wędrował przez ten las zauroczony jego pięknem. Po pewnym czasie dotarł do polanki bez żadnych wzniesień pokrytej złotym piaskiem przypominającej swym pięknem samo niebo. Na tej polance rosło wielkie i piękne drzewo banianowe o potężnych konarach i kulistej koronie wyglądając jak otwarty baldachimparasol. Wkoło drzewa rosły kwiaty i przepływał strumyk wypełniony świeżą, przyjemnie pachnącą wodą. Miejsce to swym pięknem przypominało pałac dziadka wszechświata Brahmy. Widok ten wypełnił serce bramina zachwytem. Oczarowany usiadł tam na ziemi z uradowanym sercem. Łagodny podmuch wiatru przynoszący z dala słodki zapach i chłodzący jego zmęczone członki dostarczał mu niebiańskiej przyjemności i ukołysał go do snu.

Tymczasem, gdy słońce zaszło ustępując miejsca księżycowi i niebo pokryło się gwiazdami, na drzewo, które było jego stałym miejscem zamieszkania, powrócił z regionów Brahmy wspaniały ptak o imieniu Nadidżangha, który był przyjacielem Brahmy. Był on księciem żurawi o wielkiej urodzie i mądrości i synem mędrca Kaśjapy i córki Dakszy znanym również pod imieniem Króla Prawa (Radżadharman). Nikt nie przewyższał go mądrością i sławą. Gdy Gautama zobaczył tego wspaniałego ptaka, który oświetlał przestrzeń zdobiącymi jego ciało ornamentami, jak i swym pięknem, nie posiadał się ze zdumienia i ponieważ był bardzo głodny patrzył na niego głodnym okiem myśliwego z żądzą pozbawienia go życia.

Wspaniały żuraw Radżadharman widząc go rzekł: 'O braminie, witaj! Cóż za szczęście, że powróciłem dziś do domu z mojej wędrówki, aby móc cię właściwie powitać jako swego gościa. Zanim o poranku wyruszysz w dalszą drogę, pozwól mi uczcić cię zgodnie z regułami przedstawionymi w *Wedach*'.

Gautama oczarowany słowami ptaka i równocześnie zaciekawiony nie mógł oderwać od niego wzroku.

Radżadharman kontynuował: 'O braminie, jestem synem mędrca Kaśjapy i jednej z córek Dakszy. Będąc braminem zasługujesz na szczególny szacunek. Bądź dziś moim gościem'.

Postępując zgodnie z nakazami świętych pism ptak przygotował dla Gautamy wspaniałe łoże usłane kwiatami z drzewa *Sala*. Zaoferował mu również ogień i kilka dużych ryb, które złowił w wodach Bhagirathi. Gdy Gautama najadł się do syta, żuraw, który zdobył bogactwo płynące z ascezy, mając na uwadze jego komfort wachlował go swymi skrzydłami. Widząc, że jest zadowolony, zapytał go o jego rodowód. Gautama rzekł jedynie: 'O ptaku, jestem braminem znanym pod imieniem Gautama', i zamilkł.

Gdy Gautama ułożył się do snu na pachnącym kwiatami łożu przygotowanym dla niego przez mądrego ptaka, który swą znajomością obowiązków dorównywał bogowi śmierci Jamie, ptak zapytał: 'O braminie, powiedz mi, co skłoniło cię do wędrówki i przybycia aż tutaj?' Gautama rzekł: 'O znakomity ptaku, jestem bardzo biedny. Rozpocząłem wędrówkę w kierunku morza poszukując bogactwa'. Żuraw odpowiedział: 'O braminie, nie niepokój się. Z moją pomocą znajdziesz to, czego szukasz i powrócisz do domu z pełnymi rękami. Wielki mędrzec Brihaspati mówił o czterech sposobach nabywania bogactwa: poprzez dziedziczenie, nagły przypływ szczęścia i dar od bogów, pracę lub pomoc i uprzejmość ze strony przyjaciół. Ja sam jestem twoim przyjacielem i żywię do ciebie przyjazne uczucia. Postaram się o to, abyś zdobył bogactwo, którego pragniesz'.

O poranku żuraw widząc jak uhonorowany przez niego gość wstaje z łoża wypoczęty i zadowolony, rzekł: 'O przyjacielu, podążając dalej tę samą drogą osiągniesz sukces. Jakieś trzy *jodżany* stąd znajduje się miasto, którym włada potężny król rakszasów o imieniu Wirupakhsza, który jest moim przyjacielem. Udaj się do niego. Na moją prośbę obdaruje cię on wszystkim, czego zechcesz'.

Gautama ruszył radośnie w kierunku wskazanym mu przez ptaka najadając się po drodze do syta owocami słodkimi jak ambrozja i odpoczywając w cieniu drzew sandałowych i aloesu. Po jakimś czasie dotarł do miasta o nazwie Meruwradża otoczonego wysokim murem obronnym i fosą. Gdy władający miastem rakszasa dowiedział się, że do bram miasta zbliża się przyjaciel jego przyjaciela żurawia, wysłał do bram swego gońca, aby go powitał i przyprowadził jak najszybciej przed jego oblicze. Goniec rzekł: 'O braminie, nasz król jest bardzo niecierpliwy i bardzo pragnie cię zobaczyć. Spieszmy się więc do jego pałacu'. Gautama zapominając o zmęczeniu ruszył szybko za gońcem podziwiając po drodze piękno i przepych tego miasta.

Wkrótce przybyli do pałacu króla rakszasów, który powitał go w należyty sposób zgodnie z nakazami świętych pism. Zaprosił go, aby usiadł na wskazanym mu tronie i zapytał go o to, z jakiego pochodzi rodu, jakie są jego bramińskie praktyki, czy studiuje *Wedy* i przestrzega celibatu. Gautama ignorując inne jego pytania, wymienił jedynie swe imię i swój ród. Król rakszasów widząc, że Gautama jest pozbawiony bramińskiego splendoru pytał dalej: 'O braminie, powiedz mi skąd pochodzisz, z jakiego przybywasz kraju i z jakiej rodziny wywodzi się twoja żona. Mów szczerze, bo nie masz powodów do żadnych obaw'. Gautama rzekł: 'O królu rakszasów, pochodzę z centralnego kraju, lecz mieszkam obecnie na północy w wiosce myśliwych, a moją żoną jest kobieta szudrów, która w momencie zaślubin była wdową'.

Usłyszawszy to król rakszasów zamyślił się, zastanawiając się na tym, co powinien uczynić, aby móc samemu zebrać zasługi. W swych myślach rzekł sam do siebie; 'Ten człowiek z urodzenia jest braminem. Co więcej, jest przyjacielem ptaka Radżadharmana o wielkiej duszy, który przysłał go do mnie. Muszę uczynić to, co zadowoli mojego przyjaciela, który jest bardzo bliski memu sercu i jest dla mnie jak brat. Zbliża się właśnie miesiąc *Karttika*, który przypada na zakończenie jesieni, w czasie którego podczas pełni księżyca obdarowuję złotem tysiące braminów najwyższego urodzenia, którzy gromadzą się w moim pałacu. Niech Gautama do nich dołączy, szczególnie, że przybył tutaj jako gość. Obdaruję go tak samo jak innych'.

Jak pomyślał, tak uczynił. Gdy nadszedł właściwy moment, do jego pałacu zaczęli przybywać bramini, którzy swymi praktykami zgromadzili ogromne zasługi, ubrani w długie lniane szaty, oczyszczeni kąpielą i pomazani pastą z drzewa sandałowego. Król rakszasów witał ich wykonując ryty przeznaczone dla gości i oferując im do siedzenia odpowiednie maty pokryte trawą *kuśa* oraz nasiona sezamowe, źdźbła trawy i wodę. Ci wśród nich, którzy zostali wybrani, aby reprezentować Wiśwadewy, Ojców i bóstwa ognia byli udekorowani pastą sandałową i kwiatami jak i innymi kosztownymi darami. Wyglądali równie pięknie jak księżyc na firmamencie. Każdy z nich otrzymał specjalnie przygotowany wykwintny posiłek podany na talerzach ze szczerego złota. Następnie król rakszasów obdarował ich złotem, srebrem, różnego rodzaju klejnotami oraz skórami jeleni i antylop. Oferując je braminom w formie *dakszi̇ny* mówił: 'O bramini, weźcie ze sobą tyle złota ile pragniecie i zdołacie unieść. Weźcie też te złote naczynia, na których podano was posiłek'.

Bramini zadowoleni z otrzymanych honorów przed opuszczeniem pałacu zabierali tyle bogactw, ile chcieli. Król rakszasów dodatkowo zachęcał ich mówiąc: 'O bramini, tego jednego dnia podczas pełni księżyca zakazałem rakszasom wstępu do mego pałacu, nie musicie się więc obawiać, że was zjedzą. Bierzcie to, czego pragnięcie, lecz spieszcie się, abyście zdołali odejść, zanim powrócą tu te zgłodniałe demony'.

Słysząc to bramini szybko opuścili pałac niosąc ze sobą dary. Gautama zgromadziwszy tak wiele złota i klejnotów, ile zdołał unieść, również opuścił pałac rakszasy i ruszył w kierunku powrotnym. Uginając się pod ciężarem swego ładunku dotarł pod drzewo banianowe, gdzie poprzednio spotkał uduchowionego żurawia. Usiadł pod drzewem zmęczony i głodny. Gdy Radżadharman powrócił i zobaczył swego przyjaciela, odpowiednio go powitał. Widząc jego zmęczenie wachlował go skrzydłami i przygotował dla niego posiłek.

Tymczasem grzeszny i niewdzięczny Gautama po zaspokojeniu głodu i zaznaniu odpoczynku pomyślał: 'Zabrałem od króla rakszasów pod wpływem zawiści i szaleństwa tak dużo złota i klejnotów, że mój ładunek stał się bardzo ciężki. Przede mną daleka droga, podczas której trudno mi będzie znaleźć coś do jedzenia. Czym będę się żywił? Ten król żurawi jest wielki i łatwy do upolowania, bo stoi po mojej stronie. Najlepiej będzie jak go zabiję i w ten sposób zdobędę zapas jedzenia, który wystarczy mi na drogę'.

Król żurawi troszcząc się o komfort przyjaciela i jego spokojny sen rozpalił wielki ogień odstraszający drapieżników i ufny ułożył się obok niego do snu. Gdy zasnął, niegodziwy bramin zabił go nie mając nawet poczucia, że to, co uczynił, było grzechem. Zadowolony oskubał go z piór i upiekł na ogniu. O poranku niosąc swój ładunek ruszył pospiesznie w kierunku swej wsi.

Następnego dnia król rakszasów Wirupakhsza, który bezskutecznie czekał na wizytę Radżadharmana, rzekł do swego syna: 'O synu, nie widziałem dziś tego królewskiego żurawia przez cały dzień. Zwykł udawać się codziennie w regiony Brahmy i zawsze, gdy wracał wieczorem z nieba, przed udaniem się do swego domu, składał mi wizytę. Dziś z powodu jego nieobecności mój umysł nie może zaznać spokoju. Ów bramin Gautama, który mnie odwiedził i który nie znał *Wed* i był pozbawiony całego bramińskiego splendoru, na pewno znalazł drogę do miejsca, gdzie ten wspaniały ptak mieszka. Boję się, że zabił Radżadharmana. Miał wszystkie oznaki osoby czyniącej zło i niegodziwie myślącej. To okrutnik, pozbawiony współczucia, o wyglądzie ponurym jak barbarzyńca. Bardzo się niepokoję. Udaj się jak najszybciej tam, gdzie mieszka Radżadharman i sprawdź, czy ten ptak o wielkiej duszy jeszcze żyje!'

Młody książę wraz z towarzyszącymi mu rakszasami wyruszył w drogę. Gdy dotarł pod drzewo banianowe, zobaczył jedynie kości, które były wszystkim, co pozostało po ptaku. Zalewając się łzami młody syn króla rakszasów pospieszył w za Gautamą jego śladem. Obciążony złotem Gautama nie zdołał ujść daleko i rakszasowie złapali go i znaleźli w jego posiadaniu ciało Radżadharmana pozbawione skrzydeł, kości i stóp. Poruszając się z wielką szybkością przyprowadzili Gautamę przed oblicze króla rakszasów pokazując mu również to, co pozostało z ciała żurawia. Król rakszasów widząc, co się stało z jego przyjacielem, zalał się łzami. Łzami zalali się również jego doradcy i kapłani. Ich lament dał się słyszeć w całym królestwie, które pogrążyło się w żałobie.

Król rakszasów rzekł do swego syna: 'O synu, ten bramin zasłużył na śmierć. Zabij tę istotę grzesznych uczynków i złych nawyków. Niech rakszasowie rozszarpią i pożrą jego ciało'. Rakszasowie nie chcieli jednak jeść ciała grzesznika. Powiedzieli: 'O królu, oddaj tego niegodziwca myśliwym. Nie wypada, abyś nas karmił grzesznikami'. Król rakszasów rzekł: 'O poddani, niech tak się stanie. Oddajmy go barbarzyńcom'.

Rakszasowie uzbrojeni w lance i toporki pocięli ciało niewdzięcznego bramina na drobne kawałki i zanieśli je do zjedzenia barbarzyńcom. Myśliwi jednak również nie chcieli jeść ciała grzesznika i niegodziwca. Oświadczyli, że choć są ludożercami, nie spożywają tych, którzy są niewdzięczni. Takich ludzi, którzy nie potrafią odwdzięczyć się przyjacielowi nie zechcą nawet zjeść żerujące na trupach robaki.

Król rakszasów zarządził wykonanie rytów pogrzebowych dla swego przyjaciela żurawia zdobiąc jego polane perfumami ciało w kosztowne suknie i szlachetne kamienie. Gdy wykonywano odpowiednie ryty, na niebie ukazała się bogini Surabhi, niebiańska krowa, córka Dakszy, z wymionami pełnymi mleka. Z jej ust na stos pogrzebowy polała się zmieszana z mlekiem piana przywracając Radżadharmana do życia. Królewski żuraw powstał i zbliżył się do króla rakszasów. W tym samym czasie przybył tam król bogów Indra. Indra rzekł do króla rakszasów: 'O Wirupaksza, ten wspaniały ptak został zabity z powodu klątwy, którą ongiś dawno temu rzucił nań dziadek wszechświata, Brahma. Stało się to wówczas, gdy pewnego dnia ten królewski żuraw nie pojawił się w regionach Brahmy, choć Brahma oczekiwał jego wizyty. Rozgniewany tym Brahma rzekł: «O niegodziwy ptaku, skoro z własnej woli nie przyszedłeś do mojej siedziby, przeto wkrótce umrzesz i będziesz zmuszony opuścić ziemię». To z powodu tej klątwy Gautama mógł go zabić. Został przywrócony do życia dzięki polaniu jego ciała eliksirem nieśmiertelności'.

Gdy Indra zamilkł, przywrócony do życia żuraw stanął przed nim z pobożnie złożonymi dłońmi i pochylając głowę w pokłonie rzekł: 'O Indra, skoro twoje serce jest pełne łaski, niech mój drogi przyjaciel Gautama zostanie również przywrócony do życia'. Indra ulegając prośbie ptaka spryskał ciało bramina Gautamy eliksirem nieśmiertelności przywracając go do życia. Ucieszony tym żuraw zbliżył się do swego ożywionego przyjaciela, który ciągle był obciążony ładunkiem złota, które zabrał od króla rakszasów, i uścisnął go z sercem wypełnionym ciepłem i radością. Wybaczając mu całe zło pozwolił mu odejść razem ze zdobytym złotem w kierunku swej wioski, a sam następnego dnia udał się do regionów Brahmy.

Przywrócony do życia Gautama powrócił do swej wsi zamieszkałej przez myśliwych i szudrów i spłodził wielu grzesznych synów. Choć żuraw wybaczył mu jego niewdzięczność za przyjaźń i oddaną mu przysługę, bogowie przeklęli go, że po spłodzeniu synów upadnie na samo dno piekła".

Bhiszma zakończył swe opowiadanie mówiąc: „O Judhiszthira, opowieść tę usłyszałem od proroka Narady i powtórzyłem ci ją z wszystkimi szczegółami. Niewdzięcznik, który jest podły i nie zasługuje na zaufanie, nie zdoła uciec przed wieczną karą. Nikt nie powinien ranić przyjaciela, bo ten, kto tak czyni, nie uniknie wiecznego piekła. Należy być zawsze wdzięcznym w stosunku do przyjaciół i czynić to, co jest dla nich korzystne. Od przyjaciół oczekuje się honorów i różnego rodzaju przyjemności. Z pomocą przyjaciół można uchronić się i pokonać różne niebezpieczeństwa. I dlatego ten, kto jest mądry, dba o swych przyjaciół i unika tych, którzy są grzeszni i niewdzięczni".

> Napisane na podstawie fragmentów *Mahābhārāta*,
> Santi Parva, Part 1, Sections CLXVIII-CLXXIII
> (Apaddharmanusasana Parva).

Opowieść 143
Pochwała Wyzwolenia (mokszy)

1. Judhiszthira pyta Widurę i braci, na którym z celów życiowych należy skupić umysł szukając najwyższego dobra; 2. Widura opowiada się za prawością; 3. Ardżuna opowiada się za szukaniem Zysku; 4. Nakula i Sahadewa opowiadają się za Prawem i Zyskiem; 5. Bhima opowiada się za szukaniem Przyjemności; 6. Judhiszthira konkluduje dyskusję wychwalając Wyzwolenie.

> *Judhiszthira rzekł: „O bracia, osoba, która ani już dłużej nie popełnia grzechów, ani nie szuka zasług i nie troszczy się o Prawo, Zysk i Przyjemność, która wzniosła się ponad wszelką winę i dla której nie ma różnicy między złotem i kamieniem, wyzwala się zarówno z wszelkiej przyjemności i cierpienia, jak i konieczności realizowania jakiegokolwiek celu. ...*
> *Nikt nie może osiągnąć Wyzwolenia poprzez działanie. Wyzwolenie osiąga ten, kto wycofał swą jaźń z trzech celów życiowych. Wyzwolenie przynosi najwyższą błogość".*

(*Mahābhārata*, Santi Parva, Part 1, Section CLXVII)

1. Judhiszthira pyta Widurę i braci, na którym z celów życiowych należy skupić umysł szukając najwyższego dobra

Bhiszma zmęczony długą rozmową zamilkł. Pandawowie chcąc dać mu czas na odpoczynek powrócili na noc do Hastinapury, gdzie powitał ich Widura. Judhiszthira rzekł do swych braci: „O bracia, bieg świata bazuje na realizowaniu Prawa (*dharma*), Zysku (*artha*) i Przyjemności (*kama*). Zastanawiam się nad tym, który z tych celów stoi najwyżej i na którym przede wszystkim powinien skupić się umysł, aby pokonać żądzę, gniew i zawiść i osiągnąć najwyższe dobro. Wypowiedzcie się, jaki jest w tej sprawie wasz pogląd".

2. Widura opowiada się za prawością

Mądry Widura, ktory znał bieg świata, jak i rzeczywistą naturę wszystkich przedmiotów i całą naukę o Zysku, słysząc to pytanie zabrał głos pierwszy. Mając w pamięci stwierdzenia świętych pism rzekł: „O Judhiszthira, studiowanie świętych pism, uprawianie ascezy i dobroczynności, wiara, prowadzenie rytuałów ofiarnych, prawdomówność, uczciwość, zdolność do wybaczania, współczucia i samo-kontroli są zaletami wielkiej duszy i konstytuują to, czym jest Cnota. Nigdy nie trać dla nich serca. Gdy będziesz je kultywował, twój umysł uspokoi się. Zarówno Prawo jaka i Zysk mają w nich korzenie. Wszystkie one zasługują na tę samą nazwę Cnoty lub prawości. To dzięki Cnocie riszi potrafią pokonać wszystkie trudy tego świata. To od niej zależy istnienie wszystkich trzech światów. To dzięki niej bogowie zdobyli swoją nadrzędną pozycję. To na niej bazuje Zysk i zdobywanie bogactwa.

Praktykowanie prawości i rozwijanie Cnoty przynosi najwięcej zasług, dążenie do Zysku zajmuje średnią pozycję, a szukanie Przyjemności stoi najniżej. Mając to na uwadze należy żyć poddając kontroli swą duszę skupiwszy swój umysł na Cnocie i pamiętając o tym, aby nie czynić drugiemu, co nam niemiłe".

3. Ardżuna opowiada się za szukaniem Zysku

Gdy Widura skończył mówić, Ardżuna zabrał głos. Rzekł: „O Judhiszthira, ten świat jest polem działania. Działanie jest więc tym, co zasługuje na chwałę. Uprawianie ziemi, hodowla, handel, różne rodzaje sztuki są tym, co tworzy bogactwo i daje Zysk. Nie ma działania, które nie miałoby na celu jakiej formy Zysku. Gdyby nie było Zysku nie byłoby ani Prawa, ani Przyjemności płynącej ze zdobycia przedmiotu pragnienia. Tak deklarują *śruti*. Ci, którzy są zwycięscy i posiadają dość bogactwa, mogą zarówno wykonywać różne wysoko cenione akty prawości, jak i zrealizować pragnienia dla innych bardzo trudne do zaspokojenia. Jak to deklarują *śruti*, Prawo i Przyjemność są odgałęzieniami wyrastającymi z Zysku. Zarówno Prawo jak i Przyjemność można realizować dopiero po zdobyciu Zysku. Tak jak żywe istoty gromadzą się wokół Brahmy oddając mu cześć, tak nawet wysoko urodzone osoby skupiają się wokół tego, kto zgromadził bogactwo i oddają mu cześć. Prawdziwie bogaty jest ten, kto dostarcza swej służbie przedmiotów przyjemności, a swych wrogów karze. Takie jest moje zdanie. Posłuchajmy teraz, co Nakula i Sahadewa mają w tej sprawie do powiedzenia".

4. Nakula i Sahadewa opowiadają za Prawem i Zyskiem

Nakula i Sahadewa rzekli: „O Judhiszthira, należy zawsze starać się o Zysk nawet używając siły. Ten, kto ma Zysk może zdobyć wszystkie przedmioty dostarczające Przyjemności, a Zysk, który pozostaje w powiązaniu z Prawem jest jak eliksir nieśmiertelności. Według naszej opinii, osoba, która nie szuka Zysku, nie może osiągnąć Przyjemności, a ten, kto nie realizuje Prawa nie może zdobyć Zysku. Ten, kto znalazł się poza granicami Prawa i Zysku, budzi lęk. Należy więc skupić umysł na szukaniu Zysku bez porzucania wymogów Cnoty. Ten, kto ma wiarę w tę maksymę, zdobędzie wszelkie przedmioty Przyjemności. Tak więc, najpierw należy praktykować Cnotę, następnie zdobyć Zysk bez odrzucania Cnoty i w końcu szukać Przyjemności w zaspokajaniu swych pragnień. Przyjemność powinna być ostatnim krokiem dla osoby, która zdołała osiągnąć Zysk".

5. Bhima opowiada się za szukaniem Przyjemności

Gdy Nakula i Sahadewa zamilkli, głos zabrał Bhima. Rzekł: „O Judhiszthira, osoba, która nie ma pragnień—nie szuka Przyjemności płynącej ze zdobycia zmysłowych przedmiotów—nie będzie chciała ani Zysku, ani Prawa, bowiem ten, kto jest pozbawiony pragnień, nigdy niczego nie chce. Z tego powodu sądzę, że posiadanie pragnień stoi najwyżej wśród trzech dyskutowanych celów życiowych. Nawet riszi oddają się ascezie żywiąc się owocami, korzonkami i powietrzem pod wpływem pragnienia; podobnie inni cnotliwi mężowie, którzy recytują i dyskutują *Wedy*, wykonują ryty ofiarne oddają cześć przodkom, przyjmują i rozdają dary. Wszyscy inni jak kupcy, rolnicy, hodowcy bydła, artyści działają również pod wpływem pragnienia. Niektórzy motywowani pragnieniem nurkują w głąb oceanu. Pragnienie przybiera różne formy i przenika wszystko. Na tym świecie nie ma, nie było i nie będzie nikogo, kto nie miałby żadnych pragnień. Zarówno Prawo jak i Zysk bazują na istnieniu pragnienia. Tak jak masło jest ekstraktem z kwaśnego mleka, tak pragnienie jest tym, co zawarte w Prawie i Zysku. Tak jak wyciśnięty z nasion sezamowych olej jest lepszy od nasion, a kwiaty i owoce lepsze od drewna, w takim samym sensie pragnienie Przyjemności jest lepsze od Cnoty i Zysku. Tak jak miód rezyduje w kwiatach, tak pragnienie rezyduje w Prawie i Zysku. Pragnienie to rodzic i dusza Prawa i Zysku. Bez istnienia pragnienia bramini nigdy nie wyrzekliby się bogactwa i tego, co przyjemne. Bez pragnienia rozmaite rodzaje działań konieczne na tym świecie nigdy nie byłyby wykonane. Dlatego uważam, że szukanie Przyjemności stoi wśród trzech życiowych celów najwyżej. Ludzie powinni jednak troszczyć się tak samo o realizację wszystkich trzech celów życiowych i ci, którzy tak czynią przewyższają tych, którzy poświęcają się wyłącznie jednemu z nich".

6. Judhiszthira konkluduje dyskusję wychwalając Wyzwolenie

Po wysłuchaniu i troskliwym rozważeniu słów swych braci Judhiszthira, Król Prawa, rzekł: „O bracia, każdy z was bazując na znajomości świętych pism wypowiedział opinię, która nie jest z nimi całkowicie sprzeczna. Posłuchajcie teraz, co ja mam w tej sprawie do powiedzenia. Posłuchajcie pochwały Wyzwolenia (*mokszy*).

Osoba, która już dłużej ani nie popełnia grzechów, ani nie szuka zasług i nie troszczy się o Prawo, Zysk i Przyjemność, która wzniosła się ponad wszelką winę i dla której nie ma różnicy między złotem i kamieniem, wyzwala się zarówno z wszelkiej przyjemności i cierpienia, jak i konieczności realizowania jakiegokolwiek celu. Wszystkie żywe istoty, które rodzą się i umierają, są ciągle narażone na ruinę i zmianę. Budzone ustawicznie zarówno przez szczęście jak nieszczęście, które przynosi życie, marzą o Wyzwoleniu. Nie wiemy jednak, czym jest Wyzwolenie. Samo-Stwarzający się i boski Brahma stwierdził, że Wyzwolenia nie zdobędzie nikt, kto nosi kajdany przywiązania i uczucia. Tak samo mówią ci, którzy szukają Unicestwienia (*nirwany*). Z tego powodu nie powinno się robić różnicy między tym, co miłe i co niemiłe. Takie widzenie zdaje się być najlepsze. Nikt na tym świecie nie może działać tak, jak zechce. Zarówno ja sam, jak i każdy inny działamy tak, jak zostaliśmy zaprogramowani przez Najwyższą Siłę. Zarządzający Światem podporządkował wszystkie żywe istoty swej woli. On jest Najwyższym i to, co ma być, będzie. Nikt nie może osiągnąć Wyzwolenia poprzez działanie. Wyzwolenie osiąga ten, kto wycofał swą jaźń z trzech celów życiowych. Wyzwolenie przynosi najwyższą błogość".

Słowa Króla Prawa wypowiedziane słodkim i melodyjnym głosem wypełniły serca słuchających go braci zachwytem i stojąc przed nim ze złożonymi pobożnie dłońmi pokłonili głowy.

Napisane na podstawie fragmentów *Mahābhārata*,
Santi Parva, Part 1, Section CLXVII
(Apaddharmanusasana Parva).

Dodatki

Słowniczek *Mahabharaty* (księga XII, cz. 1)
Hasła pojawiające się w poprzednich księgach zostały pominięte.

A

agnidharowie: kapłani sprawujący opiekę nad niebiańskimi ogniami.

Agnisztoma: rytuał ofiary somy.

Alaka: jedno z imion boga bogactwa Kubery.

Alarka: robak, który użądlił Karnę w udo w czasie, gdy jego nauczyciel, prorok Paraśurama, usnął położywszy głowę na jego kolanach.

Ananga: syn Kardamy.

Aranjaki: „Księgi Lasu", należące do świętych ksiąg hinduizmu opisujące różne, szczególnie trudne do realizacji rytuały, które powinny być studiowane w czasie życia w dżungli.

Ardżuna: syn króla Kartawirji, władca Haihajów.

Artha (*materialny dobrobyt*): córka boga Prawa, Dharmy i bogini dobrobytu Śri.

Aszram (*faza, tryb*): klasyczny hinduizm wyróżnia cztery fazy życia przyjmując przeciętny okres życia człowieka na 100 lat. Każda faza rozciąga się na 25 lat. Są to: *brahmacarja* (faza uczenia się), *grihastha* (domowy tryb życia), *wanaprastha* (wycofanie się), *sannjasa* (wyrzeczenie). W fazie uczenia się dziecko do piątego roku życia przebywa w domu z rodziną; następnie zostaje oddane pod opiekę duchowego nauczyciela (Guru), aby nabywać wiedzę, praktykować samo-kontrolę, celibat, realizowanie swych obowiązków i medytacje. W fazie życia domowego człowiek po założeniu własnej rodziny realizuje swe obowiązki wobec rodziny, bogów, gości i Ojców, żyjąc w zgodzie z wedyjskimi nakazami. W fazie wycofania zaprzestaje realizacji swych rodzinnych obowiązków, dzieli się z innymi zdobytą wiedzą i przygotowuje się do ostatniej fazy, którą jest wyrzeczenie się życia, w czasie której oddaje się całkowicie praktykowaniu medytacji i szukaniu *mokszy*.

Aśma: bramin, który zasłynął ze swej rozmowy z królem Dźanaką.

Aświamedha: Ofiara Konia.

Atiwala: syn Anangi.

C

Czarwaka: rakszasa, przyjaciel Durjodhany, który przybrał formę bramina i swą mową zaatakował Króla Prawa po zakończeniu wojny podczas jego koronacji na króla Hastinapury; zabity przez braminów świętym dźwiękiem OM.

Cztery manifestacje Najwyższego Bycia: Wasudewa, Sankarshana, Pradjumna, Aniruddha.

Cztery wymiary duszy: *Brahman*, żywa istota (*dżiwa*), umysł (*manas*), świadomość.

Czwarty stan świadomości: zwykły człowiek doświadcza trzy stany świadomości: obudzony, śniący i śpiący. Czwarty stan jest doświadczany przez joginów i nosi nazwę *Turiya*. Jest to stan doświadczania doskonałej nieświadomości tego świata, kiedy indywidualna dusza (jaźń) uwolniła się od samej siebie i skupiła się całkowicie na Najwyżej Jaźni lub na jakimś jednostkowym przedmiocie.

D

Dakszinajana (*droga południowa*): termin dotyczy okresu między 14 czerwca a 14 lipca kiedy słońce jest na południu i trwa „ciemniejsza" pora roku, gdy jej mniej słońca, więcej deszczu, dłuższe noce; letnie zrównanie dnia z nocą przypada około 14-17 lipca.

Damodara: jedno z imion Kryszny.

Danda: kara.

Dandaniti (*nauka o rządzie* lub *nauka o karze*): obszerny traktat sformułowany podczas kritajugi przez Brahmę na prośbę bogów, którzy szukali u niego pomocy z powodu zaniku religii na ziemi, wprowadzający po raz pierwszy ideę królestwa i króla, i formułujący zasady sprawowania władzy, których znajomość i przestrzeganie przez króla miało na celu ochranianie prawości na ziemi.

Dansa: demon asura, który odrodził się na ziemi w formie robaka, który użądlił Karnę w udo w czasie, gdy jego nauczyciel Paraśurama zasnął kładąc głowę na jego kolanach.

Daśaratha: nazwa odwiecznej drogi królów nakazującej sponsorowanie wielkich rytuałów ofiarnych.

Dattatreja: starożytny mędrzec.

Dewala: starożytny mędrzec.

Dewasthana: starożytny mędrzec.

dżiwa (*żywa istota*): nieśmiertelna część żyjącego organizmu, która nie umiera wraz ze śmiercią organizmu.

G

Gada: młodszy brat Kryszny.
Gadhi: syn Kauśiki, w którego wcielił się sam Indra.

H

Hajagriwa: starożytny król.
Hansa: łabędź, jedno z imion Kryszny.
Hari: jedno z imion Kryszny.
Hiranyagarbha (*Złoty Embrion*): jedno z imion Kryszny, w hymnach *Rigwedy* przyczyna stwarzania świata.

homa: słowo sanskryckie odnoszące się do opisu rytuału, w którym główną czynnością jest wlewanie oczyszczonego tłuszczu do ognia ofiarnego.

J

Jadżusy: ofiarne formuły *Jadżurwedy*.

K

Kajawja: król barbarzyńców, który ustanowił w swym kraju Prawo.
Kalakawrikszija: starożytny mędrzec.
Kardama: syn Krttimata.

kasty (*warna*): w hinduizmie wyróżnia się cztery główne kasty, tj. braminów, wojowników (kszatrijów), waiśjów, szudrów. W hymnie *Rigwedy* 'Purusa-Sukta' znajdujemy informację, że wszystkie cztery kasty powstały z ciała Człowieka: bramini z jego ust, wojownicy z jego ramion, waiśjowie z jego ud i szudrowie z jego stóp. *Mahabharata* jednakże w kilku miejscach stwierdza, ze na samym początku istniała tylko kasta bramińska i pozostałe trzy kasty wyłoniły się z braminów.

Kawi: nauczyciel jogi, który skrócił *Warhaspatję* do tysiąca nauk.
Kesawa: jedno z imion Kryszny.
kimpurusza: pół koń i pół człowiek.
Krittimat: syn Wiradżasa.
Kszemadarsin: król Kosalów.

Kszupa: kapłan, który narodził się z umysłu Brahmy w celu prowadzenia rytuału ofiarnego, w którym Brahma był ofiarnikiem; w innej wersji syn Manu.

L

Likhita: bramin, brat Sankhy.
Lomasa: kot, który zamieszkiwał to samo drzewo banianowe, co mysz Palita.

M

Mahapurusza: jedno z imion Wisznu, Narajany, Kryszny.
Malini: miasto, którym król Dżarasamdha obdarował Karnę.
Mritju (*śmierć*): imię bogini śmierci.
Muczukunda: starożytny król.
Muni: święty mędrzec.

N

Nadidżangha: żuraw, syn mędrca Kaśjapy z córką Dakszy i przyjaciel Brahmy; nosił również imię Radżadharman (Król Prawa).

O

Osiem głównych zalet: umiejętność słuchania, gotowość do uczenia się, zdolność do rozumienia, dobra pamięć, zdolność do krytyki, konstruktywne argumentowanie, zdolność do widzenia rzeczy w ich szczegółach i zdolność do rozumienia ich w terminach fundamentalnej rzeczywistości.

P

Paka-jadżna: drugorzędne rytuały ofiarne, jak zjednywanie sobie złych planet lub oddawanie czci pomniejszym bogom, dozwolone dla szudrów, w których darem (*dakszina*) jest naczynie lub garść ryżu (*Purna-patra*).
Palita: mysz, która zasłynęła ze swej mądrej strategii dobierania przyjaciół i umiejętności przetrwania w trudnej sytuacji.
Parawasu: wnuk Wiświamitry i syn Raiwji, który oskarżał Paraśuramę o tchórzostwo.
Priszini: jedno z imion Aditi, matki bogów.

Prithu: syn Weny, który narodził się z jego ramienia przebitego przez riszich trawą *kuśa*, i który był na ziemi pierwszym królem obdarowanym przez riszich „nauką o rządzie".

Prithudaka: jeden ze świętych brodów na rzece Saraswati.

Punarwasu: nazwa konstelacji.

Puruszartha (*cel człowieka*): w hinduizmie wyróżnia się cztery cele życiowe: *artha* (materialny dobrobyt, Zysk), *dharma* (prawość, Prawo), *kama* (pragnienie, Przyjemność), *moksza* (Wyzwolenie), których realizacja w czasie życia we właściwy sposób sprzyja zachowaniu równowagi w całym świecie i jest uważana za cnotę.

R

Rcika: bramin z rodu Bhrigu, mąż Satjawati, która była córką Gadhiego.

S

sadasjowie: kapłani prowadzący rytuał ofiarny.

Salawrikowie: bramini, którzy we wczesnej historii wszechświata walczyli z bogami po stronie demonów asurów.

Samany: nabożne melodie *Samawedy*.

Sankha: bramin, brat Likhity.

Sannjasinowie: czyli ludzie w swej ostatniej fazie życia żyjący zgodnie z wedyjskimi nakazami i poświęcający się całkowicie sprawom duchowym.

Sarabha: ośmionoga bestia.

Sarwamedha: rytuał ofiarowania wszystkiego, który Śiwa zakończył libacją z samego siebie.

Sarwatobhadra: nazwa tronu, na którym zasiedli Judhiszthira i Draupadi podczas ceremonii koronacji Króla Prawa na króla Hastinapury.

Satakratu (*wykonawca setki ofiar*): jedno z imion Indry.

Satjawati: córka Gadhiego, w którego wcielił się sam Indra i żona bramina o imieniu Rcika, który pochodził z rodu Bhrigu.

Senadżit: starożytny król.

siedem odnóży królestwa: król, armia, doradcy, przyjaciele, bogactwo, terytorium, forty.

siedem rzeczy, o które król powinien się troszczyć: własna jaźń, doradcy, skarbiec, system wymiaru kary, przyjaciele, prowincje i stolica.

siedmioelementowa całość: siedem elementów królestwa, którymi są: król, sojusznicy doradcy, kraj, forty, armia i skarbiec.

Sudjumna: starożytny król.

Sunita: córka bogini śmierci Mritju.

Surparaka: region na południowym brzegu oceanu, gdzie zamieszkał Paraśurama po oddaniu ziemi Kaśjapie.

synowie Weny: pierwszym synem Weny (zabitego przez riszich przy pomocy trawy *kuśa*) był narodzony z jego prawego uda Niszada, który dał początek pogardzanym plemionom Niszadów i nie-arian; jego drugi syn Prithu narodzony z jego przebitego trawą *kuśa* prawego ramienia dał początek władzy królów po otrzymaniu przez riszich nakazu wymierzania sprawiedliwości w stosunku do tych, schodzą ze ścieżki Prawa (*dharmy*).

sześcioelementowe całości: sześć elementów, które zgodnie z traktatem Brahmy powinny być brane pod uwagę przy rządzeniu (ludzkie serca, miejsce, czas, środki, działania, sojusze); sześć elementów suwerenności (utrzymywanie pokoju z silniejszym wrogiem, wojna z wrogiem, który jest równy siłą, podbijanie słabszych, stanie w miejscu, szukanie dla siebie ochrony, sianie waśni wśród dowódców wrogiej armii).

Ś

Śalmali: nazwa jednego z największych drzew rosnących na terenie Indii.

śloka: nazwa sanskryckiego wersetu.

Śrotrija: osoba, która zdobyła wiedzę *Wed*.

T

trójelementowe całości: cele życiowe: Prawo, Zysk, Przyjemność; cele wymiaru sprawiedliwości: Utrzymywanie, Rozwój, Zniszczenie; jakości natury: dobro-jasność, namiętność, ciemność-inercja.

Turiya: jest to stan doświadczania doskonałej nieświadomości tego świata, kiedy indywidualna dusza (jaźń) uwolniła się od samej siebie i skupiła się całkowicie na Najwyżej Jaźni lub na jakimś jednostkowym przedmiocie.

U

Udaja: góra wschodu słońca.

Uktha: tekst wedyjski wymagający specjalnej recytacji, recytowany podczas rytuału ofiarnego zwanego ofiarą Uktha.

Ursa Major: konstelacja siedmiu mędrców.

Urwi: nazwa ziemi trzymanej przez proroka Kaśjapę na kolanach (*uru*).

Uttarajana (*droga północna*): termin dotyczy okresu między 14 stycznia a 14 lipca, kiedy słońce jest na północy i trwa „jaśniejsza" pora roku, gdy jest więcej słońca, mniej deszczu, krótsze noce.

W

Wahudantaka: nazwa *Waisalakaszy* skróconej przez Indrę do pięciu tysięcy nauk.

Waisalakasza: nazwa skróconej wersji *Dandaniti* („nauki o rządzie" Brahmy) zawierająca dziesięć tysięcy nauk opracowana przez Śiwę.

Waiśjanara: jedno z imion ognia i nazwa rytuału ku jego czci.

Waiśrawana: jedno z imion boga bogactwa Kubery.

Warhaspatja: nazwa *Wahudantaki* skróconej przez Brihaspatiego do trzech tysięcy nauk.

Wasuhoma: król Angów.

Wena: syn Sunity (córki Śmierci) i Atiwali zabity przez riszich przy pomocy źdźbła trawy *kuśa*.

Wideha (Dźanaka): starożytny król Widehów, który pozbawił królestwa swego sąsiada króla Kosalów, Kszemadarsina.

wilwa: roślina, której liście mające lecznicze własności są najświętszym darem dla Śiwy w rytualne ofiarnym; symbolizują również obecność samego Śiwy.

Wiradżas (*oślepiający swym blaskiem, jasny*): syn narodzony siłą woli Wisznu z jego własnej energii.

Wirupakhsza: król rakszasów.

Wiśakhajupa: region, gdzie bogowie mają swoje ołtarze.

Wiświadżit: nazwa wielkiego rytuału ofiarnego.

Witana: nazwa ognia ofiarnego w domach należących do szudrów.

Wjasana: siedem głównych wad: polowanie, gra w kości, kobiety, alkohol, karanie, nieprzyjemna mowa, marnotrawienie bogactwa.

Wjawahara (Vyavahara): wymiar sprawiedliwości; dokładniej legalna procedura rozstrzygania sporu łącznie z rozprawą sądową; w skład tej procedury wchodzą sprawa sądowa, wysłuchiwanie i ocena zeznań świadków, wymierzenie kary i zapewnienie realizacji kary; legalna procedura wyłoniła w późniejszych eonach, gdy ludzie zaczęli schodzić ze ścieżki Prawa (*dharmy*); procedura sądowa rozwinęła się z dyskusji na temat tego, czy ktoś w swym postępowaniu zszedł, czy tez nie ze ścieżki Prawa, co ze względu na ogólność wskazówek *Wed* było często trudne do stwierdzenia; nadzorowanie legalnej procedury i realizacji kary jest obowiązkiem króla; *Mahabharata* wyróżnia trzy rodzaje *Wjawahary*.

Wriszadarbha, Wriszakapi: imiona Kryszny.

Indeks imion

A

Abhimanju, 20, 69, 70, 97
adharma, 263
Adhiratha, 21
Adhwarju, 106
Aditi, 44, 58, 97, 106, 424
aditjowie, 57
Aghamarśana, 370
Agni, 44, 144, 161, 294, 350
agnidharowie, 421
Agnihotra, 391
Agnisztoma, 398, 421
Agrahajana, 239
Ahuka, 196
Aila, 176
Ailawilja, 403
Aindragneja, 354
Ajasowie, 68
Ajus, 403
Akrura, 196
Alaka, 181, 421
Alarka, 23, 421
Amurttarja, 403
Amwarisza, 43, 234, 235, 236
Amwariszy, 31
Ananga, 136, 137, 138, 421
Andhakowie, 196
Angaristha, 297, 298
Angiras, 104, 400
Aniruddha, 105, 422
apsary, 78, 401
Aranjaki, 421
Ardżuna, 20, 22, 27, 29, 30, 32, 36, 38, 43, 44, 45, 49, 51, 52, 53, 54, 57, 58, 67, 68, 69, 91, 95, 99, 114, 121, 415, 416, 421

artha, 138, 415, 425
Artha, 139, 421
Arunowie, 68
Asamandżasa, 127
Asi, 404
Asta, 372
asura, 299, 300, 422
asurowie, 17, 31, 58, 67, 77, 78, 106, 109, 117, 126, 129, 152, 155, 220, 288, 293, 356, 370, 385, 401, 402, 403, 425
Aszram, 421
Asztaka, 114, 403
Aśma, 72, 421
Aświamedha, 31, 40, 61, 421
aświnowie, 153
Atasi, 110, 118
Atiwala, 137, 138, 421, 427
Atri, 400
Aurwa, 335

B

Babhru, 196
Badari, 94, 303
Bali, 220
Bhadraśwa, 42
Bhagirathi, 409
Bharadwadża, 129, 340, 403
Bhargawa, 358
Bhima, 20, 27, 34, 46, 47, 48, 90, 95, 99, 111, 415, 417
Bhiszma, 5, 9, 11, 12, 13, 14, 15, 16, 17, 18, 28, 47, 70, 80, 89, 90, 101, 102, 103, 104, 111, 116, 117, 118, 119, 120, 121, 122, 123, 124, 126, 129, 130, 131, 132, 135, 136, 138, 139,

140, 141, 143, 144, 146,
148, 149, 150, 151, 152,
154, 158, 160, 161, 163,
164, 166, 167, 170, 172,
173, 174, 176, 178, 180,
181, 182, 184, 185, 186,
187, 188, 189, 191, 192,
193, 195, 197, 201, 203,
205, 207, 209, 211, 212,
214, 215, 216, 218, 223,
224, 228, 229, 230, 232,
234, 236, 238, 239, 241,
242, 243, 244, 245, 248,
249, 257, 260, 261, 262,
263, 265, 266, 272, 273,
274, 275, 276, 277, 278,
280, 282, 283, 284, 287,
288, 289, 291, 292, 295,
296, 297, 298, 302, 305,
306, 309, 310, 311, 313,
314, 316, 317, 318, 319,
320, 321, 331, 333, 339,
340, 345, 346, 347, 353,
354, 357, 358, 363, 364,
365, 370, 371, 378, 379,
382, 384, 386, 387, 389,
390, 391, 392, 393, 394,
396, 400, 404, 405, 406,
407, 414, 415
Bhodża, 403
Bhrigu, 22, 23, 24, 70, 112,
294, 358, 425
Bhumisaja, 403
Bhuridjumna, 304
Brahma, 5, 11, 14, 17, 22, 23,
24, 45, 89, 94, 108, 111,
121, 131, 132, 133, 134,
135, 136, 140, 149, 154,
158, 162, 176, 216, 219,
260, 261, 262, 263, 289,
291, 292, 293, 294, 295,
317, 356, 376, 381, 389,
400, 401, 402, 409, 412,
413, 416, 418, 422, 424,
426, 427
brahmacarini, 35, 43
brahmacarja, 55, 74, 82, 146,
156, 159, 221, 421
Brahmadatta, 334, 335, 336,
337
Brahman, 29, 37, 41, 49, 52,
53, 54, 56, 58, 59, 68, 103,
104, 105, 106, 113, 124,
125, 129, 141, 155, 160,
181, 193, 388, 390, 422
Brahmany, 105
Brihadratha, 115
Brihaspati, 56, 59, 83, 89,
104, 118, 125, 127, 129,
136, 164, 166, 168, 170,
205, 245, 248, 285, 292,
299, 347, 356, 370, 410,
427

C

Citrangada, 24
Czaitja, 169
Czandala, 321, 331, 346, 347,
349, 350, 351, 352, 353,
358
Czandrajana, 399
Czandraka, 322
Czarwaka, 11, 94, 422

D

dajtja, 300
dajtjowie, 402
Daksza, 58, 59, 61, 104, 400,
409, 413, 424
Daksza Pracetasa, 59
dakszina, 65, 81, 144, 192,
221, 232, 233, 234, 395,
411, 424
Dakszinajana, 68, 422

Damodara, 98, 422
Danawowie, 402
danda, 43
Dandaniti, 5, 11, 131, 136, 422, 427
Dansa, 23, 422
Daruka, 103
Daśaratha, 32, 375, 422
Dattatreja, 422
Dewala, 19, 422
Dewasthana, 10, 54, 55, 56, 422
Dhana, 106
dharma, 5, 6, 9, 12, 18, 76, 90, 137, 138, 153, 218, 219, 220, 260, 263, 289, 291, 356, 415, 425, 426, 428
Dharma, 12, 26, 123, 139, 219, 305, 421
Dharmaradża, 12
Dhatar, 44
Dhaumja, 92, 93, 95, 100
Dhritarasztra, 15, 19, 21, 28, 91, 92, 95, 96, 97, 99, 123, 298, 299, 301, 302, 393
Dhruwa, 98
Dhundhumara, 403
Dilipy, 31
Diwirathy, 115
Diwodasa, 232
Draupadi, 20, 21, 27, 41, 42, 43, 47, 55, 70, 90, 91, 92, 95, 97, 425
Drisadwati, 130, 368
Drona, 22, 70, 403
Drupada, 98
Durjodhana, 24, 25, 29, 94, 298, 299, 301, 302, 305, 383
Durmarszana, 100
Durmukha, 100
Dwaita, 41

dwaparajuga, 161, 171, 347
Dźanaka, 48, 49, 51, 74, 236, 253, 255, 256, 257, 387, 421, 427
Dżamadagni, 112, 113, 114
Dżarasamdha, 25, 424
Dżisznu, 97, 104
dżiwa, 105, 422, 423

G

Gada, 196, 423
Gadhi, 112, 423, 425
Gajatri, 84
Gandhamadana, 113
Gandhari, 91, 95, 97, 101
Gandharowie, 241
gandharwowie, 104, 109, 223, 400, 401, 402
Ganga, 273
Ganges, 19, 20, 54, 90, 115, 303
Garga, 138
Garuda, 98, 242
Gautama, 115, 407, 408, 409, 410, 411, 412, 413, 414
Gautami, 92
Gopati, 115
Gowinda, 110
Griddhrakuta, 115
grihastha, 55, 146, 147, 159, 421

H

Hajagriwa, 63, 423
Hansa, 104, 423
Hari, 97, 104, 105, 106, 423
Harinaswa, 403
Hariścandra, 56
Harita, 322
Hastinapura, 5, 9, 10, 19, 24, 25, 80, 90, 91, 92, 95, 96,

97, 101, 119, 130, 298, 415, 422, 425
Himawat, 138, 292, 303, 379, 401
Hiranyagarbha, 99, 423
homa, 107, 140, 145, 369
Homa, 114, 423
Hrishikesa, 110, 117

I

Ida, 235
Ikszwaku, 403
Indra, 15, 25, 27, 36, 44, 56, 58, 67, 78, 93, 99, 112, 117, 129, 136, 137, 138, 144, 152, 154, 156, 157, 161, 163, 179, 205, 221, 223, 232, 234, 235, 245, 248, 286, 294, 299, 300, 301, 346, 347, 354, 355, 357, 381, 403, 413, 423, 425
Indrota, 365, 367, 368, 370

J

Jadawowie, 195, 196, 197, 403
Jadu, 112
Jadżurweda, 106, 119, 145, 185, 423
jadżusy, 106, 107, 423
Jajati, 61, 114, 227, 368
jakszowie, 104
Jama, 127, 222, 339, 381
Jawanowie, 241
jaźń, 53, 57, 76, 102, 104, 111, 118, 166, 170, 203, 217, 226, 227, 230, 267, 272, 296, 297, 330, 353, 361, 388, 390, 415, 418, 422, 425, 426

Jaźń, 53, 105, 146, 306
joga, 193
Judhiszthira, 9, 10, 12, 14, 17, 18, 19, 21, 24, 25, 26, 27, 29, 32, 41, 42, 43, 47, 48, 51, 52, 54, 56, 58, 61, 62, 65, 67, 68, 69, 74, 75, 76, 82, 85, 87, 88, 90, 97, 99, 100, 102, 103, 111, 112, 121, 123, 124, 129, 138, 139, 143, 148, 149, 154, 158, 160, 161, 163, 164, 166, 167, 170, 172, 173, 174, 176, 178, 180, 181, 182, 184, 185, 186, 187, 188, 189, 191, 192, 193, 195, 197, 201, 203, 205, 207, 209, 211, 212, 214, 215, 216, 218, 223, 224, 228, 229, 230, 232, 234, 236, 238, 239, 241, 242, 243, 244, 245, 248, 249, 257, 260, 261, 262, 263, 265, 266, 272, 273, 274, 275, 276, 277, 278, 280, 282, 283, 284, 287, 288, 289, 291, 292, 295, 296, 297, 298, 299, 302, 305, 306, 309, 310, 311, 313, 314, 316, 317, 318, 319, 320, 321, 331, 333, 339, 340, 345, 346, 347, 353, 354, 357, 358, 363, 364, 365, 370, 371, 378, 379, 382, 384, 386, 387, 389, 390, 391, 392, 393, 394, 396, 405, 406, 407, 414, 415, 416, 417, 418, 425
Jujutsu, 91, 95, 96, 100, 111
Juwanaśwa, 387, 403

K

Kaikejowie, 174, 182, 183, 184
Kailasa, 100
Kajawja, 316, 423
Kala, 44
Kalakawrikszija, 197, 198, 200, 201, 249, 250, 251, 253, 255, 256, 423
Kali, 40, 222
kalijuga, 161, 171, 221, 347
Kalodaka, 368
kama, 138, 415, 425
Kamandaka, 297, 298
Kambhodżowie, 241
Kampilja, 333
Kansa, 196
Kapila, 83
Karambha, 106
Kardama, 136, 138, 421, 423
karma, 388
Karna, 13, 19, 20, 21, 22, 23, 24, 25, 26, 421, 422, 424
Kartawirja, 114, 421
Karttika, 404, 411
Kaśjapa, 115, 116, 173, 179, 180, 426, 427
Kaurawowie, 19, 20, 29, 34, 61, 67, 75, 76, 77, 78, 95
Kaustubha, 101
Kauśika, 112, 263
Kawi, 136, 423
Kesawa, 99, 423
Keśin, 99
Khadga, 404
Khadira, 235
kimnarowie, 408
Kimpurusza, 408, 423
Kinsuka, 403
Kitawowie, 68

Kosalowie, 164, 166, 197, 201, 249, 250, 255, 256, 423, 427
Krauncza, 42
kritajuga, 23, 85, 94, 132, 157, 161, 170, 171, 221, 272, 347, 422
Krittimat, 136, 138, 423
Król Prawa, 5, 9, 10, 11, 18, 19, 20, 26, 27, 30, 32, 34, 46, 51, 54, 58, 64, 67, 68, 69, 71, 76, 80, 89, 90, 92, 93, 95, 96, 97, 99, 100, 101, 102, 103, 116, 117, 118, 120, 121, 123, 130, 131, 141, 170, 174, 185, 409, 418, 422, 424, 425
Krypa, 111, 130, 403
Kryszna, 5, 10, 11, 12, 19, 20, 22, 25, 29, 47, 70, 90, 91, 92, 94, 95, 97, 98, 99, 100, 101, 102, 103, 104, 106, 111, 112, 116, 117, 118, 119, 120, 121, 122, 123, 130, 131, 141, 195, 196, 242, 266, 422, 423, 424, 428
księżniczki Kasi, 70
kszatrija, 114, 141, 148, 149, 150, 152, 155, 423
Kszemadarsin, 13, 197, 198, 200, 249, 250, 251, 253, 255, 256, 257, 423, 427
Kszupa, 293, 294, 424
Kubera, 100, 127, 138, 163, 165, 166, 181, 339, 421, 427
kulachara, 291
Kunti, 5, 19, 20, 21, 25, 42, 91, 95, 189
Kurukszetra, 10, 11, 18, 19, 54, 58, 70, 76, 112, 121, 292, 368

kuśa, 95, 131, 136, 137, 193, 372, 411, 425, 426, 427

L

Lakszmi, 56, 289
Likhita, 59, 60, 61, 312, 424, 425
Lomasa, 16, 321, 322, 323, 324, 325, 326, 327, 330, 331, 424

M

Madhu, 104
Madri, 91, 400
Magadha, 138
Mahadewa, 402
Mahapurusza, 424
Mahasaras, 368
Mahendra, 22
makary, 237
Malini, 25, 424
Manasa, 368, 369
Mandhatri, 11, 43, 152, 153, 154, 156, 157, 158, 218, 220, 221, 223, 292, 293, 295, 299
Manłantara, 138
Mantry, 52, 105
Manu, 56, 80, 85, 86, 87, 88, 123, 124, 129, 162, 163, 187, 215, 230, 273, 289, 294, 339, 368, 370, 403, 424
Marici, 294, 400, 403
Markandeja, 89, 104
Marutta, 56, 127, 403
marutusi, 44, 153
Mathura, 196
Meghapuszpa, 121
Meru, 42, 138, 292, 293, 341, 380

Meruwradża, 410
Mithila, 49
moksza, 6, 9, 14, 18, 27, 29, 32, 47, 48, 51, 52, 53, 415, 418, 421, 425
Mritju, 137, 424, 426
Muczukunda, 181, 358, 403, 424
mundża, 169, 210
Mundżaprisztha, 292
Muni, 146, 424

N

Nabhaga, 232, 299
Nadidżangha, 409, 424
Nagowie, 104
Nahusza, 30, 403
Naimisza, 371
Nakula, 20, 27, 38, 39, 91, 95, 111, 400, 404, 415, 416, 417
Namuczi, 401
Nandana, 408
Narada, 19, 21, 24, 25, 104, 121, 195, 196, 299, 375, 379, 380, 381, 382, 405, 414
Narajana, 94, 104, 106, 111, 118, 136, 152, 154, 158, 303, 424
Niszada, 137, 316, 426
Niszadowie, 137
Niszady, 105
Njaja, 140

P

Paidżawana, 144
Paka-jadżna, 144, 424
Palita, 16, 321, 322, 323, 324, 325, 326, 330, 331, 424

Pandawowie, 9, 19, 92, 97, 99, 100, 111, 119, 120, 121, 130, 131, 415
Pandu, 96, 189, 299
Parasara, 115
Paraśurama, 22, 23, 24, 25, 70, 101, 103, 112, 113, 114, 115, 116, 292, 421, 422, 424, 426
Parawasu, 114, 424
Paurika, 266
Pawana, 380
Pinaka, 110
Prabhasa, 368, 369
Praczetowie, 400
Pradjumna, 105, 196, 422
Pradżapati, 107
Prahlada, 15, 299, 300, 301, 401
Pratardana, 114, 115, 232, 403
Prawo, 5, 6, 9, 11, 12, 14, 18, 30, 36, 38, 39, 43, 46, 52, 58, 75, 84, 89, 122, 123, 133, 136, 139, 141, 149, 152, 153, 154, 158, 170, 178, 188, 218, 219, 224, 230, 232, 260, 263, 272, 280, 291, 294, 295, 296, 297, 298, 306, 308, 310, 314, 330, 333, 343, 344, 346, 354, 355, 356, 360, 373, 415, 416, 417, 418, 423, 425, 426
Priszadaśwa, 403
Priszini, 97, 424
Priszniowie, 68
Prithu, 11, 131, 132, 136, 137, 138, 139, 404, 425, 426
Prithudaka, 368, 425
Pudżani, 16, 333, 334, 335, 336, 337, 339

Pulaha, 400
Pulastja, 400
Punarwasu, 98, 425
Purany, 97, 105, 117, 120, 157, 206, 404
Purna-patra, 144, 192, 424
Puru, 112, 115, 403
Pururawas, 176
Purusa-Sukta, 423
Purusza, 105, 107
Puruszartha, 425
Puszan, 44
Puszkara, 99, 368, 369

R

radża, 131, 139
Radżadharman, 409, 411, 412, 424
Radżapura, 24
Radżasuja, 40, 150
Raghu, 403
Raiwata, 403
Raiwja, 424
rakszasa, 10, 23, 24, 94, 183, 184, 410, 422
rakszasowie, 22, 112, 117, 138, 163, 177, 181, 184, 220, 293, 355, 377, 401, 410, 411, 412, 413, 427
Rama, 375
Rcika, 112, 113, 425
Rigweda, 106, 119, 145, 185, 370, 423
Rikszawat, 115
Riszabha, 302
Rohini, 404
Rudra, 44, 179, 292, 293, 400, 402, 403, 404
rudrowie, 153
Rudrowie, 57

S

sadasjowie, 425
sadhjowie, 153
Sagara, 127
Sahadewa, 20, 40, 91, 95, 96, 100, 415, 416, 417
Saiwja, 121
Saka, 42
Salawrikowie, 77, 425
samany, 106, 107, 425
Samaweda, 105, 106, 119, 145, 185, 235, 425
Sambhu, 98
Samwara, 244
Samwuka, 375
Sanatkumara, 89
Sandżaja, 100, 111
Sanhkja, 107
Sankarshana, 105, 422
Sankha, 59, 60, 61, 312, 424, 425
sannjasa, 55, 159, 421
Sannjasinowie, 108, 425
Sarabha, 279, 280, 282, 425
Saraswati, 286, 289, 293, 368, 425
Saraswatowie, 138
Sarwakarman, 115
Sarwamedha, 32, 56, 61, 425
Sarwatobhadra, 92, 95, 425
Satakratu, 67, 78, 425
Satjaki, 91, 95, 100, 103, 111, 121, 130
Satjawat, 368
Satjawati, 112, 113, 425
Satrundżaja, 340
Saudasa, 115
Sauwirawie, 241
Senadżit, 64, 65, 425
Siddhowie, 104
Sikatowie, 68
Sindhuowie, 241
Sita, 200
Siwi, 115, 403
Skanda, 44
Snataka, 206
soma, 82, 106, 183, 186, 192, 394, 395, 421
Soma, 90, 294, 347
Srigarbha, 404
Sudewa, 234
Sudharman, 95, 100
Sudjumna, 59, 60, 61, 426
Sugriwa, 121, 242
Sumitra, 302, 303, 305
Sunaka, 403
Sunita, 137, 426, 427
Surabhi, 413
Surja, 20, 26, 44
Surparaka, 115, 426
Suszena, 98
Suta, 138
Swetaketu, 82, 127
szudra, 84, 141, 143, 144, 145, 148, 149, 150, 192, 206, 221, 307, 394, 396, 407, 410, 414, 423, 424, 427

Ś

Śaiwitowie, 253
śakula, 318
Śala, 409
Śalmali, 6, 17, 379, 380, 381, 382, 426
Śamtanu, 89, 116
Śaunaka, 365
Śibi, 114
Śikhandin, 70, 98
Śiwa, 6, 17, 31, 56, 114, 136, 253, 292, 293, 294, 295, 371, 376, 378, 379, 403, 404, 425, 427
śloka, 426

Śri, 139, 421
Śrindżaja, 375
Śrotrija, 88, 426
śruti, 263, 416
Śukra, 89, 104, 125, 126, 128, 129, 138, 239, 292, 299, 300, 327, 337, 356

T

Tanu, 303, 304, 305
tretajuga, 161, 171, 221, 347
Turiya, 102, 422, 426

U

Udaja, 101, 426
Uddalaka, 82
Ugrasena, 196
Uktha, 98, 106, 426
Upaniszady, 105
Ursa Major, 239, 427
uru, 115, 427
Urwi, 115, 427
Usinarowie, 241
Utathja, 218, 220, 221, 223
Uttarajana, 68, 427

W

Wahuda, 59, 60
Wahudantaka, 136, 427
Waikhanasowie, 55, 68, 145
Waikuntha, 97, 108
Waisalakasza, 136, 427
Waisasana, 404
Waiseszika, 109
waiśja, 84, 109, 115, 141, 142, 143, 144, 145, 148, 149, 150, 176, 183, 186, 206, 214, 221, 307, 351, 394, 396, 423
Waiśjanara, 395, 427

Waiśrawana, 181, 427
Waju, 44
Walahaka, 121
Walakasła, 112
Walakhiljowie, 138
Wali, 401
Wamadewa, 218, 224, 225, 227
wanaprastha, 55, 146, 152, 154, 159, 421
Warhaspatja, 136, 423, 427
Waruna, 44, 294, 381
Wasiszta, 104, 181, 400
Wasudewa, 47, 104, 105, 120, 195, 196, 422
Wasuhoma, 292, 293, 295, 427
Wasumanas, 114, 164, 166, 218, 224, 225, 227, 228
wasuowie, 57, 153
Waszaty, 235, 347
Watapi, 351
Watsa, 115
Wedy, 10, 11, 14, 19, 27, 31, 33, 34, 36, 37, 38, 39, 41, 42, 45, 48, 50, 51, 52, 54, 55, 57, 59, 61, 62, 63, 66, 67, 68, 69, 71, 74, 75, 81, 82, 83, 84, 86, 87, 88, 89, 90, 95, 97, 99, 103, 104, 105, 106, 107, 111, 117, 118, 120, 122, 123, 125, 129, 131, 132, 133, 137, 140, 142, 144, 146, 147, 148, 149, 150, 151, 156, 157, 159, 165, 168, 174, 175, 176, 178, 179, 180, 183, 185, 187, 188, 191, 192, 193, 206, 215, 216, 219, 221, 236, 238, 261, 262, 265, 290, 291, 294, 298, 303, 313, 315, 347, 350, 353, 354, 357, 366,

367, 368, 387, 389, 390,
391, 394, 395, 396, 401,
406, 407, 408, 409, 410,
412, 417, 426, 428
Wena, 131, 136, 137, 138,
425, 426, 427
Wideha, 427
Widura, 95, 100, 415, 416
Widuratha, 115
wilwa, 254, 427
Winata, 242
Windhja, 137
Wiradjumna, 304, 305
Wiradżas, 136, 138, 423, 427
Wirupakhsza, 410, 412, 413, 427
Wisznu, 11, 14, 97, 102, 104, 110, 111, 131, 132, 136, 138, 139, 149, 152, 153, 154, 155, 236, 286, 289, 292, 293, 294, 376, 403, 424, 427

Wiśakhajupa, 38, 427
Wiświadewy, 411
Wiświadżit, 254, 427
Wiświamitra, 6, 16, 113, 114, 346, 347, 348, 349, 350, 351, 352, 353, 354, 358, 424
wiświasowie, 153
Witana, 145, 427
Wiwaswat, 129, 293
Wjasa, 5, 10, 19, 54, 58, 59, 61, 62, 64, 65, 67, 71, 74, 75, 76, 77, 80, 81, 82, 85, 87, 88, 89, 90, 104, 119
Wjasana, 206, 427
Wjawahara, 288, 289, 291, 427, 428
Wriszadarbha, 98, 428
Wriszakapi, 98, 428
Wriszni, 27, 196, 197
Writti, 289

www.ingramcontent.com/pod-product-compliance
Lightning Source LLC
Chambersburg PA
CBHW071234160426
43196CB00009B/1049